AG ALTA GESTÃO

Coordenação biográfica
Cristiano Lagôas

Memórias de Líderes da Alta Gestão

Um legado para a humanidade

vol. 2

Literare Books
INTERNATIONAL
BRASIL · EUROPA · USA · JAPÃO

Copyright© 2020 by Literare Books International.
Todos os direitos desta edição são reservados à Literare Books International.

Presidente:
Mauricio Sita

Vice-presidente:
Alessandra Ksenhuck

Capa, projeto gráfico e diagramação:
Gabriel Uchima

Revisão:
Rodrigo Rainho

Diretora de projetos:
Gleide Santos

Diretora executiva:
Julyana Rosa

Diretor de marketing:
Horacio Corral

Relacionamento com o cliente:
Claudia Pires

Impressão:
Impressul

Dados Internacionais de Catalogação na Publicação (CIP)
(eDOC BRASIL, Belo Horizonte/MG)

M533　Memórias de líderes da alta gestão: vol II / Coordenador Cristiano Lagôas. – São Paulo, SP: Literare Books International, 2020.
16 x 23 cm

ISBN 978-65-86939-74-3

1. Literatura de não-ficção. 2. Administração de empresas. 3.Liderança. 4. Sucesso nos negócios. I. Lagôas, Cristiano.

CDD 658.3

Elaborado por Maurício Amormino Júnior – CRB6/2422

Literare Books International Ltda.
Rua Antônio Augusto Covello, 472 – Vila Mariana – São Paulo, SP.
CEP 01550-060
Fone/fax: (0**11) 2659-0968
site: www.literarebooks.com.br
e-mail: contato@literarebooks.com.br

Apresentação e agradecimento

É com enorme satisfação que apresentamos mais uma edição da série *Memórias de líderes da alta gestão – um legado para a humanidade*. O livro possui uma grande importância para a sociedade, principalmente nesse momento de crise, em que estamos precisando de uma injeção de motivação para passar pelo período de pandemia, mais fortalecidos, superando a Covid-19.

Na obra, reunimos histórias de líderes, biografando as suas memórias, inspirando a todos que leem, e a nossa missão é deixar um legado intelectual para o planeta, de transformação do mundo em um lugar mais justo e solidário. Reitero os nossos agradecimentos a todos os autores que contribuíram com esta brilhante edição. Gratidão aos membros e conselheiros da Academia Europeia da Alta Gestão.

Não poderia esquecer de mencionar a minha família, equipe, amigos e, principalmente, Deus, pelo carinho, apoio e conselhos, que me fazem trabalhar sempre para ser uma pessoa melhor, além de todo incentivo para que eu tenha otimismo, paixão, alegria e resiliência, na busca incessante das soluções, em vez de ficar travado nos desafios.

Minha mensagem final dedico ao leitor, examine com sabedoria as respostas de cada líder e aplique o conhecimento adquirido em sua vida, obtendo assim crescimento pessoal e profissional. Não hesite em retomar a leitura sempre que achar necessário. Faça desta obra uma rica troca de experiências com pessoas renomadas no mercado e cheias de muita bagagem de vida.

Gratidão!

Cristiano Lagôas
Presidente da Academia Europeia da Alta Gestão
Biógrafo e Jornalista - MTB Nº 36.787

Sumário

Adriana Teruya 7
Alexandre Faria 13
Alvaro Jorge Fontes de Azevedo 21
Amarildo Maia 31
Ana Maria Fonseca Zampieri 37
André Machado 43
André Piovesana 51
André Portella Cunha 59
Antonio Donizeti de Oliveira 63
Belizia Gaulia Costa 71
Bruno Rey 77
Carlos Alberto de Souza 83
Carlos Caselli 89
Carlos Eduardo Porsch 97
Carlos Naufel 105
Cassiano Maschio 111
Catia Sueli Moraes Tamanini 119
Clarissa Schmidt da Rocha 127
Cristina Moreira 135
Daniely Gomiero 145
Dante Mantovani 153
Edinaldo Almeida 161
Eduardo dos Santos Soares 167
Elaine Regina Ferreira 173
Elizabeth Almeida 183
Erika Ferrari Viviani Schneider 191
Evandro Pereira 199
Fabiana Aparecida Seraphim Ribeiro 207
Fátima Primati 213
Fernando Parreiras 221
Frederico Barros 233
Gentil Jorge Alves Junior 241
Glaucia Regina Alves Guarcello 247
Guilherme Pereira Silva 253

Guilherme Trotta	261
Gustavo Justo Schulz	269
Heleno Costa Junior	279
Hilton Vargas Lutfi	285
Hugo Ludwig Werninghaus	291
Irene Azevedo	297
Jairo Tcherniakovsky	305
José Benedito Ramos Valladão Júnior	313
José Geraldo Falcão Britto	321
Juliana Jermolajevas Aboud	327
Julio Cesar Majzoub Vieira	335
Ladmir Carvalho	341
Leandro Souza	349
Leonardo de Assis Santos	357
Letícia Rosas	365
Lídia Gordijo	373
Luciana Rodriguez Teixeira De Carvalho	381
Luís César Pio	389
Luiz Roberto Londres	397
Marcelo Dias Ribeiro	405
Marcelo Couto	411
Marcelo Madarász	417
Márcio Pereira de Barros	427
Marco Antonio Francisconi	433
Marcos Strobel	437
Mariano Javier Mercado	445
Mauricio Chiesa Carvalho	453
Monique Galvão	463
Nilson Bernal	471
Octavius Augustus Uzeda de Azevedo	477
Osvaldo Bícego Júnior	481
Paulo Paiva	491
Pedro Antunes Altomari	499
Raquel Parente	507
Reinaldo José de Oliveira	515
Renata Martins de Oliveira	523

Renato Jorge Galvão Teixeira	529
Ricardo Fernandes de Miranda	537
Ricardo Pinto Lapa Filho	541
Roberta Dias Ribeiro	549
Roberto Pina Figueiredo	555
Rodrigo de Souza Silva	563
Rodrigo Ribeiro Gonçalves	571
Samuel Silva	579
Sandro Freitas Oliveira	587
Silvana Gomes Regitano de Lima	593
Silvano Dias	603
Simone Feu	613
Simone Freire	623
Tânia Aparecida Fernandes Gurgel	629
Thaís Diniz	637
Thiago Isola Braga	645
Thomaz Naves	653
Vanessa Wedekin Montagnoli	661
Vania Thaumaturgo Capela	667
Víctor Raúl Martínez Centurión	675
Vitor Ferreira da Silva Filho	693
Wellington Yogi	699

Adriana Teruya

Empresa:
CYLK Technologing

Função:
Diretora de Recursos Humanos

1. **Como e onde você iniciou a sua trajetória profissional?**

   Trabalhava em um banco durante a faculdade. No último ano, decidi que era o momento de procurar um estágio. Iniciei as buscas e pedi demissão. Meu último dia do banco foi 16 de dezembro; fui aprovada em um processo na Philip Morris e comecei três dias depois.

   Foram oito anos de Philip Morris. Iniciei como estagiária na área de crédito e cobrança, onde fui efetivada. Tive a oportunidade de conhecer outros departamentos, sempre convidada por um gestor. Passei pela controladoria, planejamento financeiro de vendas e, em 1999, fui convidada pela gerente de benefícios para integrar o time de RH.

   Conversamos e me encantei com o desafio; ela precisava de uma pessoa com visão financeira dentro do RH para ajudar nos estudos. Na época, eram várias filiais pelo Brasil e o impacto financeiro nas negociações dos benefícios eram significativos para a empresa.

   Aqui começou a minha carreira dentro do RH. Ainda como analista de recursos humanos para a América Latina, fui transferida para Curitiba, onde ficava a sede.

   Ao chegar na nova unidade, a empresa comunicou a separação (*split*) entre as divisões de alimentos e tabaco. Fiquei nessa última, como *shared services*, por ser a responsável, na época, pelo Programa de Previdência (PMPrev).

   Nesse momento, fui transferida para o time do Valmir Buscariolli, diretor de RH. Nosso primeiro desafio foi a construção do time. Iniciamos com cinco pessoas e, no final, éramos mais de 30.

   Em seguida, assumi a coordenação de quatro áreas: Orçamentária, Fundo de Pensão, Benefícios e Expatriados.

   Encerrei meu ciclo em 2002, quando tomei a decisão de me desligar por um motivo pessoal: me casei e fui morar no exterior. Foram quatro anos entre EUA e Suíça.

   Em 2006, retornei ao Brasil e assumi a Gerência Administrativa de uma clínica médica, com o desafio enorme de gerenciar dois times com perfis muito distintos: um de médicos e outro administrativo, que atendiam aproximadamente 50 cirurgias de alta complexidade por dia.

   Em 2011, iniciei na CYLK Technologing, onde estou até hoje como diretora de recursos humanos. Um projeto encantador, de construção. Crescemos o *headcount* 750% em 10 anos! Entrei com o desafio de ser o *backup* do sócio que cuidava das áreas de *back office*; comecei como gerente administrativo e, com o crescimento da empresa, assumi a Diretoria de Recursos Humanos.

   Junto com o CEO, Carlos Carnevali Júnior, construí um RH Estratégico e parceiro do negócio. Tenho orgulho de fazer parte desta conquista.

   Em 2018, iniciei outro projeto na Vortex TI como consultora de RH, e estamos juntos construindo o ecossistema da área e focados no aspecto estratégico.

2. **O que motiva você?**

   Sou motivada pelos desafios e pela construção. Fazer parte, pertencer, é o que motiva.

   Participei de várias construções e isso, para mim, é encantador. Ter sido estagiária e sair como coordenadora de uma multinacional foi espetacular; esse crescimento me trouxe a visão sistêmica que foi a base para ajudar na construção das organizações.

Não basta ser RH, tem que ser estratégico e parceiro do negócio.

3. Quem da sua história de vida inspirou/motivou a sua carreira?

Cito três nomes que marcaram a minha carreira: Ana Maria Drummond, a gerente que me convidou para o universo de RH; Valmir Buscarioli, o diretor que me ensinou muito e, principalmente, me desafiou a buscar sempre o melhor; e Bete Truisi (*in memoriam*), foi a minha psicóloga por anos, com a alta se tornou minha mentora e depois uma grande amiga.

4. Alguma história na gestão de pessoas que você gostaria de compartilhar?

Desenvolver gente é minha paixão. Tenho duas pessoas que fazem parte da minha vida pessoal e profissional.

A Gabriela Mattos foi minha estagiária na Philip Morris e hoje cresceu pessoalmente e profissionalmente, e recentemente assumiu uma grande responsabilidade.

E a Veruska Pereira, do meu time atual, aprendeu o ecossistema de RH e estamos juntas desenhando a sua carreira.

Desenvolver talentos – participar do crescimento dos profissionais – é encantador.

5. Quais dicas você daria para aqueles que estão iniciando a carreira profissional?

Que não tenham medo de perguntar; que se desafiem a aprender; que identifiquem o seu propósito e tenham determinação.

6. Ao recrutar um profissional, quais características comportamentais você considera fundamentais?

Que tenham valores semelhantes aos valores da empresa; que tenham um propósito de vida e profissional. E, para os iniciantes, um projeto que temos e acreditamos é que tenham foco, garra e determinação. Tendo isso, faremos nossa parte dando todo o suporte para o crescimento.

7. Qual legado você gostaria de deixar para a sociedade?

Que tenham respeito, se respeitem e respeitem ao próximo.

Que tenham determinação para alcançar os objetivos e, ao conseguirem, não se esqueçam de agradecer.

E que, sempre que surgir um obstáculo, revisitem o seu interior, onde, com certeza, encontrarão um caminho.

8. Como você define o papel da liderança?

Líder é aquele que inspira, respeita e extrai de cada um o seu melhor. Precisa estar aberto para o novo e disposto a compartilhar o seu conhecimento.

9. O que você faz para se manter motivada?

Gratidão é a minha base, o meu princípio de vida. Então, quando por algum momento me sinto vulnerável, resgato essa essência, me centro, busco o meu interior e isso me motiva e me fortalece.

10. Qual a importância da inovação nas organizações?

Inovação é oxigenação; temos que inovar como profissionais, como seres humanos, e estar abertos para o novo.

11. Do que você sente saudades?

Sinto saudades da minha mãe, que partiu muito cedo, quando eu ainda estava construindo a minha carreira. Sinto por não a ter hoje ao meu lado, para poder dar todo suporte que ela merecia.

12. Do que você tem orgulho?

Tenho orgulho da minha jornada pessoal e profissional. Tenho orgulho de nunca ter desistido e não ter tido medo de recomeçar.

13. Qual o significado da palavra felicidade?

Felicidade é quando estamos com a sensação de bem-estar, com sentimento de realização. Não somente por um evento próprio: pode ser por um amigo, alguém da família, por uma meta alcançada. Podemos ter vários momentos felizes ao longo do dia, mas é preciso enxergá-los.

14. Qual a sua citação favorita e por quê?

"Amo o que faço e faço porque amo." Porque, quando executamos com amor, o resultado é sempre gratificante.

15. Quais são seus *hobbies* preferidos?

Viajar com o meu marido. Experimentar e conhecer uma cultura diferente, sua culinária e seus hábitos.

16. Qual sonho você gostaria de realizar?

Iniciei um projeto com o meu marido há alguns anos, a Teruya Semijoias.

Meu sonho é ver o sucesso da empresa e que ela traga estabilidade para o nosso futuro e das nossas famílias.

17. O que você aprendeu com a vida, que gostaria de deixar registrado nesta obra?

O mais lindo do ser humano não é crescer, mas, sim, crescer com humildade. Olhar para trás e ser grato por toda a jornada. Ser grato pelas pessoas que, de alguma forma, ajudaram a chegar aonde chegou. Gratidão sempre.

18. Qual a mensagem de motivação você gostaria de deixar para os leitores deste livro?

Sonhos todos temos e sonhar é viver. Sonhem, mas se dediquem, tenham foco e executem. Sem dúvida enfrentaremos obstáculos, mas com que sabedoria os superaremos é o que fará a diferença. Não tenham medo de recomeçar.

19. Com base no que você vivenciou, ao longo de sua vida corporativa, qual o segredo do sucesso para ir da teoria ao topo?

Foco, dedicação, determinação e execução. Não basta planejar se não focar, se dedicar, ter determinação e, principalmente, executar.

A estagiária de 1994 sonhou em ser uma executiva e, com certeza, esses valores foram fundamentais para essa realização.

Agradeço ao meu marido, à minha família, aos meus amigos e aos meus líderes por me apoiarem e me incentivarem.

Galeria de fotos

Alexandre Faria

Empresa:
AeC

Função:
Executivo de RH

ALTA GESTÃO | REGISTRO BIOGRÁFICO

1. Como e onde você iniciou a sua trajetória profissional?

Iniciei minha trajetória profissional aos 12 anos de idade, evidente que de maneira não formalizada. Tudo começou pela minha paixão por ensinar, e foi daí que tive a ideia de começar a lecionar aulas particulares de matemática e química, disciplinas que amava e, em certa medida, me destacava na escola. Comecei com dois alunos, e logo esse número cresceu para cinco. Eu improvisava um cômodo da minha casa, inclusive com quadro branco, para facilitar o entendimento. Confesso que amava, foi talvez o primeiro ato de liderança da minha vida e, desde então, não parei mais. Essa experiência durou aproximadamente dois anos e, aos 14 anos, me aventurei juntamente com o meu cunhado à época em vender *hot dog*. Eu estudava muito durante o dia e, ao final da tarde, mais especificamente às 17 horas, inicia a minha jornada em uma famosa avenida da cidade de Belo Horizonte, avenida Silviano Brandão, no bairro Floresta. Foi um aprendizado incrível, primeiro para desenvolvimento de uma competência fundamental em todos os profissionais, relacionamento. Confesso que foi o grande salto da minha vida profissional, pois amadureci rapidamente frente aos desafios que tinha no cotidiano de vendas e relacionamento. O mais importante é que até os dias atuais continua sendo um valor fundamental para mim, eu amava o que fazia. A minha jornada exigia muito de mim, por vezes, ficava no trabalho até uma ou duas da manhã para acordar no dia seguinte às seis para a escola. Foi tudo muito positivo e me desenvolvi como ser humano e profissional. Essa experiência durou um ano, foi quando decidi que precisava de algo mais formal e iniciar uma carreira corporativa, que era o meu grande sonho. Foi então que realizei a minha inscrição no CIEE (Centro de Integração Empresa-Escola), com o objetivo de galgar um estágio em uma grande empresa. Essa parte da história é muito curiosa e uma jornada que até hoje me inspira em tudo que almejo e desejo. Recordo-me que fiquei por dois meses, diariamente, me deslocando após a escola para o CIEE. Sempre em busca de um estágio em uma grande organização, eu recebia várias ofertas para estagiar, em comércios pequenos, e não aceitava. Eu traduzo muito essa minha espera na competência de resiliência, muito rara hoje aos mais jovens, especialmente os da geração *millennials*. Eles são imediatistas e sofrem muito com frustrações. Pois bem, após a espera de mais de dois meses, me deslocando diariamente até o centro de integração, encontrei-me com a boa notícia de uma possibilidade de estágio em uma grande corporação, a CDL-BH (Câmara de Dirigentes Lojistas de Belo Horizonte). No auge da minha juventude, aos 15 anos de idade, me submeti ao meu primeiro processo seletivo. Confesso que, quando recebi a indicação do CIEE para participar da seleção, não tinha noção e maturidade profissional para prever o que vinha pela frente. Foi sem sombra de dúvida um grande desafio.

No dia da primeira etapa, recordo-me que fiquei bem apreensivo. Ao chegar à seleção, me deparei com mais de 30 candidatos, e confesso que isso me assustou enormemente. Todavia, o desejo de conquistar a vaga era maior que o medo, e assim tudo aconteceu. Passei por diversos testes psicológicos, além de prova, redação e teste prático de digitação com mensuração de toques por minuto. Foram dias de espera até receber a ligação de aprovação na primeira etapa e agendamento para a segunda etapa, com entrevista com a gestora da vaga. E assim tudo se deu, fui para a entrevista final e fui o candidato aprovado. Acredito que a minha experiência de entrada na carreira corporativa, por mérito próprio e sem quaisquer indicações, me fez ser o profissional de hoje, que acredita no autodesenvolvimento e na meritocracia, acima de tudo.

Iniciei então a minha trajetória na posição de estagiário na CDL-BH, sendo responsável pelas rotinas de conferências de inclusão e exclusão de cadastros no serviço de proteção ao crédito. Foram quase dois anos estagiando, até ser efetivado como consultor de atendimento na central de relacionamento aos lojistas, e daí passei por outros setores, como administrativo, análise de crédito e cartão de crédito. Foram mais de quatro bons anos de experiência e vivência que me deram bastante bagagem para decidir-me sobre os meus próximos passos. Era um momento importante em minha vida e precisei tomar a decisão de deixar a empresa, mesmo com proposta de retenção e com maior remuneração. Eu precisei então tomar a decisão mais importante da minha vida, ou seja, decidi dedicar-me ao início da minha jornada acadêmica e conciliar com um trabalho que me demandasse menos jornada diária, já tinha em mente uma de seis horas. E 30 dias após o fim do meu ciclo na CDL-BH, eis que fui convidado para participar de um processo seletivo para consultor de atendimento na AeC e fui aprovado. E, dessa forma, iniciei a minha história de paixão e amor por essa empresa, que perdura até os dias atuais.

Como relatei, iniciei na AeC como consultor de atendimento na central de relacionamento ao cliente, no setor ativo responsável por vendas diretas integralmente à distância. Eu sempre digo, em minhas palestras, especialmente quando tenho oportunidade em falar aos novatos, que a minha história se confunde em certa medida com a da empresa. Quando iniciei, a AeC tinha pouco mais de cem funcionários e nem mesmo sede própria. E, mais uma vez, eu digo que o autodesenvolvimento e a meritocracia andaram juntos comigo. Eu cresci e me desenvolvi muito na empresa, e passei por diversos cargos, sendo eles: consultor de relacionamento, monitor de qualidade, *back office, back office* líder, supervisor de operações, coordenador de operações, gerente de operações júnior, pleno e sênior, gerente de Recursos Humanos, gerente de Recursos Humanos e Departamento Pessoal, executivo de Recursos Humanos e executivo sênior de Recursos Humanos responsável por todos os subsistemas e estratégia de pessoas da empresa. Atualmente nessa última posição, o meu maior desafio é manter a cultura da empresa, com processos ágeis e transparentes, e não menos importante, trazendo para a empresa o que há de mais inovador nas relações de trabalho e negócios.

2. Quais os principais desafios e resultados que você vivenciou ao longo da sua carreira?

Acredito que os desafios em nossa carreira profissional são cotidianos e, não obstantes, importantes. Eu sempre me pautei por me desafiar, estar sempre um passo à frente, seja por atitude ou novas ideias. Sem dúvida, o maior desafio por que já passei foi desconstruir um modelo tradicional de Recursos Humanos, para erguer um modelo contemporâneo e inovador, voltado para o negócio principal da empresa. Evidente que a minha trajetória de quase 15 anos na área de negócios e relacionamento com o cliente, antes de assumir a área de Recursos Humanos, me ajudaram em larga escala a entender a real necessidade dos colaboradores, clientes e usuários em sua generalidade. Ademais, a coragem para fazer a mudança necessária me impulsionou a ousar. Primeiramente, eu tive que defender a minha ideia, com dados, fatos e métodos, à alta direção da companhia. Em seguida, o desafio de gerar o significado às minhas gerências de Recursos Humanos que, em certa medida, gostavam e chancelavam o modelo tradicional. Passada a fase do significado aos meus diretos, construímos uma *timeline* de comunicação e atuação. E assim nasceu o que eu chamo de novo RH, a nova área de pessoas da organização. Vejo que o sucesso da nova estrutura e forma de atuação se traduziu na melhoria da *performance* em todos os indicadores, sejam eles de produção ou de clima organizacional. Para quem deseja dar o primeiro passo, vale a dica de pensar grande, começar pequeno e agir rápido. Com esse lema, nós conseguimos nos manter como *core business* do negócio e com geração de valor inquestionável para toda a organização.

Eu sempre me pautei por avaliar a eficiência das minhas ações, métodos, modelos de negócios e gestão através da análise dos resultados. É muito importante que todo grande líder entenda de números, e através dos números construa sua linha diagnóstica. A seara da percepção é importante e indispensável como complemento para a análise qualitativa, todavia, é a seara estatística, racional, que deve ser observada para estabelecer uma rota certa.

3. Quem da sua história de vida inspirou/motivou na sua carreira?

Inicialmente, no início da minha jornada corporativa, a minha maior inspiração foi a minha tia Adriana. Ela sempre trabalhou gerenciando equipes, e aquilo me fascinava. Às vezes, recordo-me de que ela levava parte do trabalho para casa e me deixava ajudar com algumas análises financeiras. Eu amava tudo aquilo e naquele momento nasceu o grande desejo e aptidão pela administração, em seu sentido amplo. Posteriormente, eu tive outras grandes inspirações, a destacar uma grande gestora, de personalidade forte, com quem aprendi muito, Miriam Magalhães. Ela desenvolveu em mim, especialmente, a competência do posicionamento firme frente às situações complexas. Outro grande gestor que me inspirou de maneira profunda foi Alexandre Moreira. Um profissional completo, com muita personalidade, inteligência acima da média e absurdamente inovador, seja na relação com o mercado, com o cliente contratante ou na liderança dos times. Evidente que não podia deixar de citar o meu atual gestor, Warney Araújo. Sem dúvida, a pessoa que mais me ensinou a ser Recursos Humanos, me deixando criar e inovar. Um profissional humilde, direto e muito atualizado tecnologicamente. Por fim, cito as minhas duas maiores referências, Antônio Guilherme e Cássio Azevedo, o A e o C da AeC. Antônio me inspira pela lucidez, generosidade, por sempre estar à frente de todos nas novas tecnologias e tendências de mercado, por preservar como um maestro por toda a vida a saúde financeira da empresa, pela forte aptidão com os números. Cássio me inspira pela altivez, pelo olhar incessante de empreendedor e, especialmente, por ser uma mente brilhante, com um poder de oratória incrível, com uma veia comercial espetacular e com um raciocínio de antecipação fascinante.

Eu sempre digo, em todos os lugares em que tenho oportunidade de palestrar, que os melhores professores que tive em minha carreira foram exatamente os meus gestores. O mundo acadêmico é muito importante, todavia, sem o complemento prático de qualidade, se torna ambiente comum.

4. Alguma história na gestão de pessoas que você gostaria de compartilhar?

Acredito que a meu maior legado na gestão de pessoas é saber desenvolver e, também, reconhecer o momento em que o ciclo da pessoa se encerra em certa posição ou até mesmo na companhia. Entre vários exemplos, posso destacar que quando gerenciava uma grande operação de negócio na AeC, decidi desligar uma pessoa que, além de fazer parte da minha equipe, acabou tornando-se uma amiga, na época. E exatamente entendendo que o ciclo dela tinha encerrado na companhia, especialmente na perspectiva de crescimento, decidi reprová-la em um processo seletivo para coordenação, e na sequência, desligá-la. Evidente que não foi uma decisão fácil, mas, confesso, foi a mais acertada. Rapidamente ela tomou o destino que eu acreditava que seria o mais ideal para ela, a carreira de vendas, e hoje é uma grande diretora de vendas de uma marca renomada de mercado.

5. Alguma história de relacionamento com o cliente que você gostaria de destacar?

O bom relacionamento com os clientes, especialmente os contratantes, é um dos segredos do sucesso em todas as parcerias que fazemos na vida. Posso destacar o grande relacionamento que construí com todos os executivos, na época, de uma grande empresa multinacional de telecomunicações. Foi sem dúvida um relacionamento que trouxe diversos frutos. Expandimos exponencialmente os negócios e criamos um laço de confiança, no sentido de se confundir as relações de contratante e prestador de serviços.

6. Quais dicas você daria para aqueles que estão iniciando a carreira profissional?

Primeiramente estudar. Não existe desenvolvimento pessoal sem a capacidade cognitiva de aprender novas técnicas, novas metodologias, aprender! Ademais, ter muita coragem e não aceitar ser mediano, ou seja, não aceitar ser um profissional sem valor de destaque. Outra dica também é colocar em prática e obter resultados através de suas ações. De nada adianta muito conhecimento sem aplicação e sem resultado.

7. Ao recrutar um profissional, quais características comportamentais você considera fundamentais?

São três características essenciais e cruciais, são elas:

• **Capacidade de prover soluções e mitigar riscos:** entrando um pouco mais no detalhe, essa característica está ligada à capacidade que o profissional tem de antecipar soluções e mitigar problemas. Observamos essa competência especialmente em pessoas que buscam constantemente as tendências de mercado. Ademais, é aquele profissional que também se autodesenvolve, que não espera as coisas acontecerem;

• **Capacidade de aprendizagem:** essa é na tradução literal mesmo. Esse profissional tem fome em aprender coisas novas e, o mais importante, testa e aplica o aprendizado em seu dia a dia.

• **Capacidade de autogestão:** é aquele profissional que é protagonista do seu sucesso. Consegue se desenvolver sozinho, busca o seu aprimoramento e propaga por toda a organização.

8. Qual legado você gostaria de deixar para a sociedade?

O meu grande legado profissional é poder contribuir significativamente com a sociedade através das ações de cunho social da empresa. É um valor que eu não abro mão e é de grande relevância em todos os locais em que a empresa está posicionada. Posso citar duas dessas ações. A primeira é o Projeto Caravana do Bem, que nasceu do nosso desejo de apoiar o desenvolvimento de instituições com maior necessidade, levando uma trupe com doação de livros para alunos da primeira infância. É um projeto lindo que temos implantado há quase 10 anos. Em 2019, tivemos a ideia de estendê-lo ao que chamamos de Projeto Caravana do Bem da Melhor Idade. Decidimos trazer os familiares dos nossos colaboradores pertencentes à Melhor Idade para dentro da empresa e possibilitar uma capacitação e inclusão no mundo digital das redes sociais. Além disso, eles também passaram por uma capacitação básica de informática. É sem dúvida um projeto que fica para a história e que toca e muda a realidade das pessoas de maneira profunda.

O outro projeto é o AeC Sonha com Você. Esse é um projeto dedicado aos nossos colaboradores e já está na prateleira há seis anos. Também é uma força que rompe as barreiras da empresa, para sonhar juntamente com as pessoas. Contamos em todas as edições com mais de 3.000 cartas escritas pelos nossos colaboradores, e o que mais importa para nós é a história, ou seja, o significado da história contada. Na edição de 2019, o sonho da colaboradora de uma das nossas cidades no Nordeste era ter o seu casamento no jardim da empresa, que por sinal é deslumbrante. E, assim, fizemos um casamento histórico, com cobertura de uma das principais redes de televisão local. Não resta dúvida de que sonhos como esses jamais serão esquecidos, seja na história de quem o teve realizado, seja para todos daquela unidade e cidade que presenciaram o feito.

9. Como você define o papel da liderança?

O principal papel da liderança é inspirar pelo exemplo. Aquele líder que fala, mas não faz, é rapidamente percebido e não aprovado pelos liderados.

10. Qual o significado da palavra felicidade?

Felicidade é acordar todos os dias com a vontade de viver e fazer algo novo e especial. É a alegria de poder compartilhar o aprendizado e, acima de tudo, de amar as pessoas do jeito que elas são. Eu costumo dizer que a maior falha de um gestor é optar em conviver e contratar pessoas em certa medida com pensamentos parecidos ao seu. O que faz um time crescer e ser grande é a pluralidade de pensamentos, opiniões e decisões.

11. Qual mensagem de motivação você gostaria de deixar para os leitores deste livro?

Especialmente por acreditar na meritocracia, por entender que todas as pessoas têm valor e potencial de se desenvolver, sugiro que as pessoas busquem primeiro trabalhar com o que ama e, segundo, fazer melhor, de forma extraordinária, acima da média.

Eu sempre tive como lema que cada pessoa recebe, seja no cunho remuneratório ou não, o equivalente à sua capacidade de ser único. Nesse sentido, sob quaisquer perspectivas, seja o melhor no que faz, seja especial e faça com amor.

Encerro com um alerta especial aos mais jovens: a revolução digital já havia chegado nos últimos anos, e no pós-pandemia se consolidará, contudo, muito importante ressaltar que o mais importante, o maior patrimônio, dentro e fora das organizações, continuará a ser o humano, as pessoas.

Galeria de fotos

Alvaro Jorge Fontes de Azevedo

Função:
Economista Especialista em Finanças, Controladoria e Operações

1. Como e onde você iniciou a sua trajetória profissional?

Iniciei minha carreira profissional em 1983, aos 18 anos, ocupando a função de auxiliar de escritório na sede regional do Rio de Janeiro do Banco Sul Brasileiro S/A, empresa hoje incorporada ao Banco Santander Brasil. Recém egresso, naquele momento, do Colégio Militar do Rio de Janeiro, havia tentado seguir a carreira militar na Academia Militar das Agulhas Negras, porém fui reprovado no exame de vista, por miopia. Havia simultaneamente prestado vestibular para a Faculdade de Economia da Universidade do Estado do Rio de Janeiro (UERJ) e prova de admissão para a Escola de Formação de Oficiais da Marinha Marcante (EFOMM-CIAGA, RJ, Brasil), e fui aceito por ambas. Cheguei a, brevemente, cursar a EFOMM-CIAGA, porém, por uma questão vocacional, optei por dar baixa da carreira e seguir o curso de economia na UERJ, quando também iniciei meu período de trabalho na instituição financeira já mencionada. Trabalhava no departamento de contabilidade da regional.

2. Quais os principais desafios e resultados que você vivenciou ao longo da sua carreira?

Sempre busquei meu crescimento profissional e o afastamento da zona de conforto, por conta disso, tive uma carreira muito precoce, com diversos desafios. Porém destaco alguns que me deram muito aprendizado:

a) Aos 21 anos de idade, fui convidado a trabalhar no Banco Chase Manhattan S/A, com o título de gerente sênior, na área de conversão de balanço local para US GAAP, para fins de reporte à casa matriz, nos EUA. Ainda estava relativamente em início de carreira, pois havia pouco mais de três anos que iniciara minha jornada profissional. Passei cerca de um ano e meio no Banco Sul Brasileiro S/A, como auxiliar de escritório, e dois anos na Roberto Dreyfuss Auditores S/C (posteriormente KPMG), onde ingressei como *trainee* de auditoria e cheguei à função de auditor assistente. Essa nova função demandava inglês fluente e conhecimentos de US GAAP. Embora fosse formado em inglês pelo IBEU, a falta de prática fazia com que meu inglês estivesse longe de ser fluente, e durante meu período de auditoria não tive clientes que fossem subsidiárias de empresas americanas que tivessem permitido algum acúmulo de conhecimento e experiência com US GAAP. E ainda cursava, à noite, a faculdade de economia. Então, muito jovem, e já com bastante responsabilidade profissional, tive que voltar a cursar inglês, encarar um novo desafio profissional, aprender no campo as necessidades técnicas desse novo desafio, com longas jornadas de trabalho, e ainda conciliar isso com o estudo na faculdade de economia, que por ser em uma universidade pública, teria prazo limitado para conclusão. Esse momento ocorreu em meados da década de 1980, quando havia pouco nível de automação em atividades de finanças, o que demandava grande número de intervenções manuais para a conversão de balanço e seu fechamento contábil. Havia semanas, principalmente durante fechamentos de balanço, em que pouco dormia, ia em casa somente para um rápido banho e troca de roupa. Vivi nesse ritmo por quase três anos, quando me surgiu melhor oportunidade em uma outra empresa. As grandes conquistas foram um acelerado crescimento profissional e técnico, boas recompensas financeiras e, o mais importante, a formação de grandes amizades que perduram até hoje, passados mais de 30 anos. Uma grande lição aprendida é que o ambiente adverso e complexo, quando bem trabalhado, une as pessoas.

b) No começo de 2001, assumi a função de Country CFO e diretor estatutário do grupo HSBC Argentina Holdings, com base em Buenos Aires, Argentina, a convite do CEO para a América do Sul do Grupo HSBC. Este havia sido meu CEO no HSBC Bank Brasil S/A e, quando de sua promoção regional, pediu-me para auxiliá-lo naquele país, pois seria um ponto de contato para ele na sua nova atribuição, e ao mesmo tempo eu poderia me desenvolver profissionalmente. No HSBC Brasil, eu ocupava uma posição de diretor na área de finanças, com reporte para o Country CFO, e nunca havia desenvolvido uma atividade de CFO líder, ou de diretor com responsabilidade estatutária. Na nova função, poderia ganhar a experiência de ser um reporte direto de CEO, ter a interlocução direta com os líderes de Finanças da Matriz em Londres, e liderar uma equipe substancialmente maior, evoluindo de uma equipe técnica de cerca de 35 colaboradores para um grupo técnico, porém multifuncional, de cerca de 300 colaboradores. E poderia oferecer, a mim e à minha família, a vivência sob uma nova cultura, com todo o apoio que normalmente é provido por empresas transnacionais a seus expatriados. Dessa forma, parti para Buenos Aires com esposa e dois filhos, um com 5 anos e outro com pouco mais de 1 ano. Tinha 36 anos na época, e creio ter sido, então, o mais jovem Country CFO do Grupo HSBC, com tantos colaboradores sob responsabilidade direta, e em um país que, naquele momento, já começava a apresentar sinais de que seu modelo econômico baseado na paridade cambial entre o dólar americano e o peso argentino, e com livre conversibilidade, estava prestes a se esgotar e poderia trazer efeitos econômicos financeiros adversos à economia e aos seus agentes econômicos. Convivi com profissionais de primeiríssima linha, ingleses e argentinos. Tive que rapidamente me posicionar frente aos meus pares, por ser de outra nacionalidade, mas como todos eram muito seniores e altamente profissionais, isso foi muito fácil, e rapidamente conquistamos respeito profissional mútuo. Mas o mais desafiador foi a crise econômico-financeira que se deflagrou poucos meses após minha chegada, e que culminou no fim do modelo econômico vigente, com ênfase no término da paridade cambial e na livre conversibilidade. A crise política que se instalou por conta da crise econômica foi igualmente intensa, resultando na renúncia do presidente em exercício e em uma sucessão de mudanças presidenciais em um curtíssimo espaço de tempo. Para as instituições financeiras foi desastroso, dadas as diferentes políticas adotadas ao longo dos meses, todos os bancos tiveram que efetuar altíssimas provisões para perdas com créditos e com títulos públicos, e houve conversão assimétrica de balanço, com paridades peso/dólar diferentes para ativos e passivos, o que aumentou ainda mais as necessidades de provisionamentos. Houve grande crise de liquidez, afetando profundamente a habilidade de gestão de fluxo de caixa de bancos e empresas. Saída de reservas em moedas fortes foram proibidas, o que impactava a habilidade das empresas e bancos em honrar seus compromissos no exterior. Todo esse cenário, apesar de extremamente adverso, trouxe-me grande oportunidade de crescimento profissional, pessoal e humano. Gerir um banco não é uma atividade trivial, que dirá gerir um em um cenário de crises – econômica, política, cambial, social e de liquidez – ocorrendo simultaneamente. Foi um salto, em termos de aprendizado e gestão. Lidar com fornecedores, clientes, investidores, credores, agências de *rating*, além de administrar caixa e capital em limites mínimos críticos, efetuar o *rightsizing* da área financeira e auxiliar no das demais áreas, trouxe-me grande crescimento profissional e pessoal. Também fiz amizades na adversidade, que perduram até hoje.

c) Em 2012 fui contratado como CFO e diretor estatutário do Banco Votorantim para, em conjunto com uma nova equipe diretora contratada pelo CEO em exercício, promover o *turnaround* da empresa, que havia apresentado prejuízo no resultado de 2011, e apontava como certo o prejuízo para o exercício em questão, além de apresentar severos problemas nas políticas de concessão de crédito, na forma de informar produção e resultados, e na gestão de custos e de capital, entre outros problemas. No meu papel, tive como atividades críticas implantar forma adequada e documentada de acompanhamento de produções e resultados, efetuar gestão rigorosa de custos, otimizar o uso de capital, implantar modelo e acompanhamento de orçamento e planejamento estratégico, fazer o *rightsizing* da função financeira e estabelecer bom fluxo de comunicação com o Banco Central do Brasil. Foi um trabalho desafiador, pois no primeiro ano o prejuízo foi ainda maior, superior a R$ 2 bilhões, e por conta disso o relacionamento com o regulador encontrava-se tenso. Mas houve um grande trabalho de equipe, e já no ano seguinte, conseguimos reduzir substancialmente o prejuízo para cerca de R$ 500 milhões, e logo, no ano subsequente, apresentou-se resultado positivo de cerca de R$ 500 milhões, tendo somente crescido, desde então. Como resultados positivos, tive novo salto de crescimento profissional, pois ao cumprir adequadamente os diferentes desafios desse *turnaround*, ganhei a confiança de meu CEO e dos conselheiros, progressivamente ganhei novos desafios, ao longo dos anos em que lá trabalhei: estruturei a área de Ouvidoria e acumulei as funções de COO e CIO, com responsabilidades sobre as áreas de Finanças, ALM, Relação com Investidores, Operações Varejo/Atacado/*Wealth Management*, Tecnologia, *Telemarketing*, Atendimento a Clientes, Compras, Gestão de Contratos e Agências no Exterior. Como resultados positivos, aumentei meu escopo profissional, participei de um processo de *turnaround* muito bem-sucedido que me trouxe grandes aprendizados, aumentei minha vivência de liderança, dado que cheguei a ter, entre colaboradores diretos e indiretos, perto de 900 pessoas sob minha liderança, e conheci profissionais de altíssimo nível, os quais tive a oportunidade de trabalhar lado a lado e aprender com eles.

d) Em 2018, percebi que havia dívidas pessoais e familiares que precisavam ser resgatados. Houve o agravamento de uma doença renal hereditária de minha esposa, que com o tempo causa falência renal e poderia ser resolvida apenas por transplante, eu esperava poder ser o doador, mas descobri, naquele ano, que não poderia, por incompatibilidade genética. Ainda naquele ano, passei por uma suspeita de câncer no sistema linfático. E meu filho mais velho, então com 23 anos, estava recém-formado em Comunicação e em Produção Musical, e precisava de apoio e orientação para o desenvolvimento de sua carreira, uma vez que objetivava ser empreendedor, através da abertura de um estúdio de produção musical. Todos esses fatores me levaram a tomar a decisão de interromper as atividades, pois a vida profissional já havia sido muito generosa comigo até aquele momento, e era a hora de parar e me tornar o líder da minha vida pessoal, assim como vinha sendo um bom líder na carreira. Através de longas conversas com meu então CEO no Banco Votorantim, e posteriormente, com seu apoio, do Conselho de Administração, e de minha família, deixei a empresa, não antes da contratação de um profissional que me substituísse. Não foi uma decisão fácil, pois era uma carreira consolidada, profissional e financeiramente compensadora, com uma exposição ao mercado como nunca havia tido antes, dado o grande escopo de funções que exercia naquele momento, mas que trazia como contrapartida objetivos igualmente relevantes, e que não podiam mais esperar. Fazendo curta uma longa história: ao longo de 2018/2019, constatei que meu caso era, felizmente, apenas uma suspeita de câncer, encontramos na família um doador para minha esposa e, recentemente, efetuamos o transplante, e abrimos o estúdio de produção musical de meu filho, que progressivamente se consolida no mercado. E, também, consegui me aproximar um pouco mais da família, incluindo meus outros dois filhos. Desnecessário dizer que esse foi o desafio que mais me trouxe ganhos na vida, e agora que cumprido, ensaio o meu retorno à vida profissional.

3. Quem da sua história de vida inspirou/motivou a sua?

Meus pais, Alvaro de Azevedo e Nivalda Fontes de Azevedo, que me deixaram um legado de formação moral e cristã que formaram a base de tudo o que sou hoje e que humildemente tento replicar junto aos meus filhos, gostaria eu que com o mesmo sucesso e eficiência! A minha esposa, Cleide Maria de Luca Azevedo, que sempre foi grande companheira e esteve ao meu lado nas grandes decisões e mudanças que precisei tomar e enfrentar ao longo dos últimos 30 anos, ajudando-me a crescer como ser humano e espiritualmente. E meus CEO's do Banco Votorantim e HSBC, líderes natos e grandes seres humanos, ensinaram-me e/ou aprimoraram minhas habilidades em liderança, e em alguns casos enxergaram em mim habilidades que eu ainda não tinha percebido, e por conta dessa visão, abriram-me portas e colocaram-me desafios que só me fizeram crescer. A todos eles, meu eterno amor e agradecimento.

4. Alguma história na gestão de pessoas que você gostaria de compartilhar?

Quando retornei ao HSBC Brasil, após meu período de quase três anos na Argentina, ocupei a posição de Country CFO, liderando a área de Finanças. A área apresentava pesquisa de clima entre colaboradores com nota muito baixa. As razões principais estavam no grande volume de horas extras trabalhadas pela equipe, que gerava insatisfação entre os colaboradores, pouco treinamento e conhecimento do que ocorria na empresa (sua estratégia, o que faziam as principais áreas, quem eram os principais líderes, projetos no *pipeline*, por exemplo), e pouca interação entre as diferentes unidades de Finanças (o que, de certa forma, dificultava a execução dos trabalhos e rotinas). A área de Finanças era conhecida como a "campeã" na execução de horas extras, dentro do monitoramento da empresa. Ao me deparar com tal situação, decidi lançar um projeto interno de revitalização e "energização" da função financeira, envolvendo as lideranças da área, o qual batizamos de Finanças do Futuro. Com apoio de consultoria externa contratada e das áreas de TI e O&M, revisitamos todos os fluxos e processos da área, identificando oportunidades de melhoria executáveis em curto, médio e longo prazos, e que necessitassem ou não de investimento. Com a equipe de RH, montamos fóruns de discussão com os colaboradores, buscando sugestões de melhoria de clima organizacional, e analisamos as oportunidades já identificadas na pesquisa de clima. Montamos plano de ação para a execução das ações necessárias, entre investimentos em pessoas, em TI e em processos. Obtivemos a aprovação dos investimentos financeiros com o CEO, e colocamos o projeto em ação. Foram várias iniciativas, mas com relação à gestão de pessoas, destaco o sistema de desligamento de computadores às 18 horas. O TI montou um sistema que desligava automaticamente todos os computadores da área nesse horário, diariamente, e somente poderia ser religado com autorização expressa de um comitê restrito, formado pelo CFO e alguns de seus diretos (por conta de demandas específicas, como fechamentos mensais e prazos com reguladores e matriz, exceções mostravam-se necessárias). Além disso, durante uma semana específica por mês, normalmente de baixa demanda, nenhum colaborador podia ficar na empresa após as 18 horas. Como a cultura da hora extra estava muito enraizada, apesar de não ser apreciada, era necessário que eu pessoalmente saísse percorrendo todo o andar que ocupávamos, forçando quem ainda estivesse no local a sair. Com as melhorias de processos e de tecnologia efetuadas, a interrupção abrupta das horas extras pôde ser executada com relativa facilidade, o que também demonstrou que havia um pouco de acomodação das equipes à cultura de ficar no trabalho depois da hora, por força do hábito, em vez de focar na produtividade das atividades. Esse tema foi muito apreciado pelos colaboradores. Anos depois de eu já ter saído do HSBC, recebi uma mensagem de um colega que trabalhava na equipe de Finanças do banco comentando que a empresa havia decidido adotar o sistema de desligamento dos computadores para todos os colaboradores, visando economia de custos, ação que já havia sido tomada por nós anos antes, porém com o objetivo de qualidade de vida dos colaboradores. Ainda sob a égide do Projeto Finanças do Futuro, criamos em parceria com o IBMEC Paraná o Programa Academia de Finanças, visando melhor qualificar os colaboradores e atender algumas demandas de treinamento. O programa era bastante qualificado e compreendia boa parte de um MBA regular de Finanças, e o colaborador que fosse selecionado para o programa, se desejasse, ao final do treinamento poderia pagar uma quantia menor ao IBMEC e cursar o restante das cadeiras regulares, e tirar seu diploma de MBA em Finanças. Outras diversas ações de treinamento utilizando os próprios colaboradores, jornal eletrônico para o pessoal de Finanças divulgando projetos e novidades, ações internas de reconhecimento, cafés da manhã e almoços com o CFO, serviram para aumentar a integração das equipes. O resultado da pesquisa de qualidade subsequente já foi substancialmente melhor, a qualidade do clima de trabalho interno melhorou, bem como a reputação geral da área.

5. Quais dicas você daria para aqueles que estão iniciando a carreira profissional?

O trabalho, da forma como conhecemos, está mudando de forma acelerada. As relações de trabalho, as carreiras, as contratações, o que deverá se esperar de um profissional no futuro, tudo isso segue em constante evolução, por conta dos progressos em tecnologia e avanços com relação à inovação, em todos os campos. Não há garantia de que qualquer profissão permaneça estável em seus princípios de formação e requerimento técnico ou acadêmico, ao longo do tempo, e muitas deverão desaparecer. Logo, profissionais em início de carreira deverão se preocupar em estudar constantemente, aprender novas tecnologias, diversificar conhecimentos, estar constantemente "antenados" com todas as novidades e acontecimentos de sua profissão, para saber se haverá necessidade de alguma alteração de curso profissional. Os estudos também deverão mudar, pois longos cursos acadêmicos poderão ficar obsoletos até mesmo antes de sua conclusão, por conta da velocidade das mudanças, logo, os estudos pontuais, orientados por necessidade específica, poderão ser a nova fonte de aprimoramento profissional. Lembrando que, independentemente da velocidade das mudanças em tecnologia e carreiras, princípios universais como ética, transparência e sustentabilidade jamais deixarão de existir.

6. Ao recrutar um profissional, quais características comportamentais você considera fundamentais?

Normalmente busco avaliar o grau de empatia que o profissional gera comigo e com os demais entrevistadores; uma equipe bem entrosada e alinhada é fator crítico de sucesso, então é fundamental que qualquer novo profissional que venha a se juntar ao grupo gere, logo nas conversas iniciais, a sensação de que poderá harmonizar com os colegas que já são parte do time. A partir daí, sendo uma busca por um profissional com senioridade, busco avaliar capacidades associadas à liderança, entrega de projetos e resultados, inovação e desenvolvimento pessoal e de equipes, avaliando experiências profissionais vividas. E, se o profissional for menos experiente, procuro avaliar, principalmente, o real interesse em desenvolvimento, pelo máximo de informação que puder coletar nas entrevistas.

7. Qual legado você gostaria de deixar para a sociedade?

Do ponto de vista pessoal, o melhor legado que posso deixar para a sociedade é formar filhos que sigam como bons cidadãos, que pratiquem a caridade e ajudem ao próximo da forma que puderem, promovendo qualquer nível de bem-estar social que seja possível. Do ponto de vista profissional, enquanto executivo, é esforçar-me arduamente para que as empresas onde trabalhe sejam sempre orientadas para a sustentabilidade e o bem-estar social, e que os colaboradores sob minha gestão possam ter sempre orgulho de pertencer à empresa, conjugando alta produtividade com satisfação pessoal e qualidade de vida. Quando encerrar a vida executiva, gostaria de, eventualmente, poder dedicar-me a organizações que tenham como meta cuidar do meio ambiente.

8. Quais os reflexos das práticas de cidadania empresarial para organizações, profissionais e sociedade?

Sempre muito positivos. Os consumidores, cada vez mais, preocupam-se com questões associadas à sustentabilidade. A forma como se produz e como se descartam resíduos e seus reflexos no meio ambiente, como são tratadas as populações direta ou indiretamente afetadas pelas ações das empresas, e as ações de bem-estar social patrocinadas, são cada vez mais observadas pelos clientes e levadas em consideração no momento da decisão de consumo. Além do fato de que a consciência social e ecológica está cada vez mais presente entre cidadãos e empresas, de uma forma geral. Essas práticas resultam em imagem sempre positiva para as empresas que as têm desenvolvido, os profissionais normalmente sentem-se muito mais engajados com a empresa, pelo natural prazer e orgulho que sentem em promover o bem, ou participar de uma empresa que o faz de forma efetiva. E a sociedade, obviamente, colhe os frutos de uma "corrente do bem" promovida por indivíduos e empresas, que resulta em ações de bem-estar social que talvez não pudessem ser totalmente cobertas pelo Estado, por falta de recursos.

9. Cite alguns líderes que, em sua opinião, são inspiradores.

Como líderes políticos, destaco Ronald Reagan e Margaret Thatcher, que foram contemporâneos em seus períodos de governo, e que por suas ações em tornar as economias de seus países mais prósperas através da redução do gasto público, redução do tamanho do Estado e da regulação da economia, melhor gestão de impostos e controle de oferta de moeda, levaram as economias de seus países a momentos de prosperidade que até hoje apresentam reflexos. Também admiro o primeiro-ministro inglês Winston Churchill, pela forma corajosa como liderou uma nação à beira do colapso a uma resistência que, junto com seus aliados, redundou numa vitória estrondosa contra regimes opressores. No âmbito empresarial, admiro muito a família Ermírio de Moraes, pela forma empresarial ética, responsável e sustentável como conduz seus negócios, e Bill Gates, que além de empresário e visionário, exerce a filantropia de forma muito efetiva.

10. Como você define o papel da liderança?

É adequadamente compreender as necessidades e objetivos de um ambiente, que pode ser uma empresa ou uma família, por exemplo, bem como as diferentes personalidades atuantes nesses ambientes, e saber coordenar os interesses desse grupo de personalidades de forma a agirem alinhados aos interesses dos ambientes, de uma forma harmônica e efetiva, trazendo os melhores resultados possíveis e com grande nível de satisfação para todas as partes envolvidas. Logo, um líder precisa ter carisma, empatia com os agentes atuantes e reconhecimento por parte desses agentes como exemplo a ser seguido, de forma que consiga exercer esse papel de catalisador de interesses e promotor de conquistas de objetivos.

11. O que você faz para se manter motivado?

Estudo muito, leio muito para manter-me atualizado, procuro viajar para conhecer novidades, mantenho muitos contatos com colegas de mercado, procuro ajudar os amigos que tenham alguma necessidade.

12. Qual a importância da inovação nas organizações?

A importância é total. Novas tecnologias surgem a cada momento, isso aliado a gerações que apresentam comportamentos distintos aos que a média das empresas está acostumada a lidar como base de clientes, que buscam novas alternativas de compra de produtos e serviços e possuem comportamento distinto de consumo. A inovação permite às empresas manter sua competitividade, ajustar rapidamente seu planejamento, manter e conquistar novos mercados, rapidamente ajustar sua oferta de produtos às necessidades dos consumidores e às dinâmicas do mercado. Porém há que ser conduzida com discernimento, para que não se transforme também num motivo de perda de foco institucional, pura e simplesmente porque "o mercado está loucamente inovando, então vamos fazê-lo, ou morreremos". Recursos continuam sendo escassos, investidores continuam almejando lucro no tempo, capital continua necessitando ser remunerado. Então, inovar com sabedoria será um requisito importante na experiência do bom administrador.

13. Como você realiza o *networking* de maneira efetiva?

A minha forma preferida de *networking* é interagindo pessoalmente com os amigos através de encontros, como almoços, cafés ou jantares. Sempre achei que a conversa presencial é melhor que troca de e-mails, embora nem sempre isso seja possível. Dessa forma, quando possível, procuro agendas para eventos desse gênero. Quando não, utilizo as mídias sociais para contato, e o *WhatsApp* também tem sido um grande instrumento de interação.

14. Do que você sente saudades?

De meus pais, que me deixaram há alguns anos. Olhando para trás, acho que aproveitei pouco do que eles tinham para ensinar. E do Colégio Militar do Rio de Janeiro, onde fiz grandes amigos e aprimorei minha formação moral. De resto, normalmente me adapto muito fácil às situações, então dificilmente sinto saudades de momentos passados.

15. Do que você tem orgulho?

Da minha família, em um escopo abrangente. Primeiramente de meus pais, que souberam da importância da boa formação moral e cultural na criação de seus filhos, apesar de terem vivido menos oportunidades que seus filhos. De minha irmã, Rita Azevedo, modelo de cidadã e pessoa do bem. De minha esposa Cleide Azevedo, esposa líder, minha verdadeira CEO. E de meus filhos Gabriel Azevedo, Raphael Azevedo e Ana Carolina Azevedo (por ordem de idade, 24, 20 e 14 anos), pelos ótimos seres humanos que se tornaram.

16. Qual o significado da palavra felicidade?

Ver que aqueles que amamos estão bem, com saúde, e orientados para a prática do bem. Todo o resto é secundário.

17. Qual a sua citação favorita e por quê?

É uma citação bastante comum e óbvia, mas que a vida ensina ser extremamente importante: *"Não deixe para amanhã o que se pode fazer hoje"*. A procrastinação, normalmente, é um péssimo caminho a ser tomado na vida, pessoal ou profissional. Tomar decisões ágeis, não deixar acumular trabalhos e decisões, criar disciplina na execução de suas rotinas e demandas extraordinárias, planejar sempre que possível e se pautar para a execução de tudo isso, o que garante maior tranquilidade em momentos críticos de decisão, tempo para avaliação e mudança de atitudes, se e quando necessário, e uma vida menos estressante. Disciplina é tudo na nossa vida, e dentro desse conceito, cumprir com seus objetivos, atender tempos e agendas programados, ter disciplina do cumprimento de prazos e compromissos, essas ações não somente são um bom modo de gerenciar sua vida, mas também um sinal de respeito aos demais *stakeholders* que convivem com você.

18. Quais são seus *hobbies* preferidos?

Leitura, cinema, praia e exercícios físicos.

19. Qual sonho você gostaria de realizar?

Do ponto de vista pessoal, tenho uma lista de países que ainda pretendo visitar, e quando definitivamente me aposentar, tenho o sonho de trabalhar em alguma entidade que cuide do meio ambiente. Do ponto de vista profissional, ainda pretendo assumir o desafio de ser CEO.

20. O que você aprendeu com a vida que gostaria de deixar registrado nesta obra?

Aprendi que tudo na vida deve ser baseado no bom equilíbrio das coisas, o bom profissional deve ser capaz de conciliar adequadamente sua vida profissional com sua vida pessoal, dedicar tempo à empresa, à família e a si, em um equilíbrio que permita o ótimo crescimento profissional, com a melhor qualidade de vida e o melhor relacionamento familiar. E não é difícil, desde que se saiba administrar tempos e ansiedades.

21. Qual mensagem de motivação você gostaria de deixar para os leitores deste livro?

Estudem ininterruptamente, estejam atentos às necessidades do mercado, acompanhem as inovações que ocorrem neste momento e em suas carreiras. A velocidade das mudanças será cada vez maior, e isso demandará profissionais flexíveis, adaptáveis e sempre preparados para novos desafios.

22. Com base no que você vivenciou, ao longo de sua vida corporativa, qual o segredo do sucesso para ir da teoria ao topo?

A minha experiência pessoal mostrou-me que o trabalho dedicado, com transparência, honestidade, amizade e espírito de equipe, é crítico para o sucesso, além do equilíbrio adequado entre as vidas pessoal e profissional. Ninguém chega ao topo sozinho, então, saber trabalhar com equipes diversas é fundamental. E é preciso que não se esqueça nunca da vida pessoal, pois o lazer e o convívio em família são fundamentais para uma vida balanceada e bem-sucedida.

Galeria de fotos

Amarildo Maia

Empresa:
AVIVA

Função:
Head de Experiência de Vendas Direta

1. Como e onde você iniciou a sua trajetória profissional?

Há 16 anos, de forma totalmente não planejada, me vi sentado em uma posição de atendimento em uma das maiores empresas de *call center* do país, naquele momento pude observar que tinha apenas dois caminhos, ou fazer disso minha profissão principal e ter sucesso ou fazer desse trabalho apenas uma porta de entrada para o mercado de trabalho.

Nessa situação eu segui, como a minoria dos profissionais que trabalham nesse ramo, resolvi me entregar totalmente ao mercado de *telemarketing*.

Foi exatamente um ano de aprendizado com as bases quando tive a oportunidade de me tornar líder da minha primeira equipe de 32 agentes de atendimento de SAC. Foi partindo daí que observei que liderar era minha vocação, tive apoio de grandes líderes do *call center*, que foram meus tutores para me incentivar e estudar a fundo sobre como os grandes líderes atuavam em seus segmentos e como isso poderia ser totalmente tangível no grupo em que atuava.

Não parei depois desses *insights*, onde ao longo de 12 anos me tornei coordenador, gerente e gerente geral de operações de altar *performance* com produtos de vários nichos do mercado de alta complexidade de atendimento.

Tudo isso conquistado valorizando a forma que comecei minha carreira, que foi entendendo a necessidade do cliente e buscando sempre alternativas que poderiam fazer com que ele se sentisse único naquele atendimento prestado.

2. Quais os principais desafios e resultados que você vivenciou ao longo da sua carreira?

Certamente um dos grandes desafios que vivenciei e vivencio até hoje é enfrentar as constantes mudanças e atualizações voltadas para o atendimento ao cliente, onde as experiências vivenciadas desde o atendimento inicial até a entrega de valor do produto se tornaram protagonistas de uma empresa preocupada não somente com uma das etapas do atendimento. mas sim com toda a cadeia de prestação de serviço do negócio, de modo que como líderes temos que estar alertas e preparados para estarmos sempre à frente dessas inovações e novas experiências de atendimento no mercado global.

A empresa/área que a todo momento pratica a "escuta ativa" e coloca o cliente no centro de seu negócio, tendo a atitude de mudar se necessário todos os seus processos e produtos para atender ao seu bem maior, certamente sai na frente e esse acredito ser até hoje o meu maior desafio frente a um atendimento que é totalmente voltado para a experiência e expectativas do cliente que nos procura.

3. Quem da sua história de vida inspirou/motivou a sua carreira?

Tive grandes inspiradores para minha carreira, no entanto, quero destacar aqui não "quem são eles", mas o que de essencial eles tinham, que era a forma de conduzir os times para excelentes entregas de resultados sem precisar colocar o seu cargo ou posição à frente.

Foram líderes que sabiam colocar o profissional com o perfil certo na atividade certa e garantir que isso tomasse proporções enormes a ponto do profissional se sentir totalmente dono do negócio e assim alcançar os melhores resultados. Esse tipo de liderança sempre me inspirou!

4. Alguma história no relacionamento com o cliente que você gostaria de destacar?

No segmento de Turismo, em que atuo hoje, há histórias lindas que vivenciamos, porém certamente são aquelas histórias que ouço que envolvem os sonhos das pessoas que mais se destacam e me marcam.

É gratificante para todo e qualquer profissional ouvir que você mudou o dia daquela pessoa ou que você está contribuindo para a realização do sonho dela conhecer o destino que nunca imaginava em sua vida que conheceria com sua família.

Alimentar pequenos sonhos nos atendimentos é realmente marcante, neste nicho que atuamos.

Na vida, somos na verdade grandes contadores de histórias que vão se conectando a outras e formando uma grande teia de interatividade, que contribui de forma comum para a melhoria do seu ambiente de trabalho, da sua comunidade e até mesmo do mundo todo.

5. Quais dicas você daria para aqueles que estão iniciando a carreira profissional?

A principal dica que eu daria para essa nova geração de líderes é que estabeleçam sempre propósitos em seus times, e através desse propósito, engaje-os a ponto de se tornarem times de altar *performance*, com metodologia, controles de produtividade, processos bem desenhados e, acima de tudo, que seus liderados possam sentir-se parte totalmente fundamental no resultado final de sua área, negócio e/ou companhia.

O líder que tem ATITUDE certamente sai na frente sobre qualquer desafio/meta que lhe for proposta.

6. Ao recrutar um profissional, quais características comportamentais você considera fundamentais?

No momento do recrutamento, eu procuro descobrir no candidato qual a essência de melhor profissional em que ele acredita, de modo a demonstrar que possui bom relacionamento com as equipes, alto-astral, engajamento e, acima de tudo, vontade de ser protagonista de sua própria história, para que seja exemplo para as pessoas que irão dividir o trabalho do dia a dia com ele.

7. Qual legado profissional e pessoal você gostaria de deixar para a sociedade?

Quero deixar um legado de que para se fazer grandes líderes temos que colocar nossa maior riqueza no centro do negócio, que são nossos liderados, são eles que diariamente promovem a mudança que qualquer empresa deseja e são eles que proporcionam a entrega dos resultados coletivos ao entenderem que possuem um líder com direcionamento, foco e compromisso com a equipe.

Boas equipes se fazem com líderes que estabeleçam propósito e metodologias de trabalho adequadas e aderentes àquele momento e que atendam aos interesses daquele nicho de pessoas, que estão sempre ansiosos para ouvir de você qual o direcionamento a seguir e como fazer.

8. Como você define o papel da liderança?

O papel fundamental da liderança é você conseguir com que aquela equipe seja direcionada para um único propósito sem a necessidade de se estabelecer hierarquia ou autoridade.

O bom líder de hoje deve responder de forma rápida aos membros de sua equipe, engajando-os a todo o momento de modo que contribuam com um modelo de sucesso compartilhado, em que não somente os melhores da equipe ganham, mas sim o trabalho colaborativo, conseguindo extrair o melhor de cada profissional, o sucesso de todo o time se torna fator único e motivador para os liderados, que certamente vão colaborar para esse propósito.

Ser um líder é ser um facilitador para os seus liderados, de forma que contribua sempre com o crescimento profissional e possa sempre engajá-los a dar o seu melhor em prol da equipe e empresa que atua.

9. O que você faz para se manter motivado?

Para me manter motivado, sempre procuro em momentos difíceis ideias e aspirações no mercado de como outros líderes venceram seus desafios, e transporto esses métodos para o meu dia a dia, dando uma repaginada diferente para o desafio, a fim de encontrar uma solução adequada.

Outra situação que mantém a motivação constantemente é ver a evolução dos times os quais lidero e saber que estou contribuindo através de meus conhecimentos e direcionamentos para o crescimento daquele profissional.

10. Qual a importância da inovação nas organizações?

No mercado atual, a inovação se tornou uma área totalmente fundamental para que a empresa possa acompanhar as tendências e necessidades do mercado onde atua; sem inovação, o negócio se torna obsoleto em pouco tempo e com ela as empresas conseguem enxergar o futuro de forma mais rápida, colocando o cliente no centro do seu negócio e estabelecendo governanças totalmente desburocratizadas, de modo que possam desenvolver novos métodos de atendimento, produtos e entregas, atendendo a uma necessidade específica do nicho onde atuam, e querem ser protagonistas e pioneiras.

Sai na frente hoje quem não tem medo de arriscar através da inovação de seu negócio frente às necessidades do mercado. Tem poder quem age!

11. Como você realiza o *networking* de maneira efetiva?

Acredito que todo *networking* começa com uma troca de informações que atendam a ambos os lados, a partir do momento em que os profissionais entendem que podem agregar algo a você e ao seu profissional, está estabelecido o *networking* efetivo.

Em todo *networking* deve haver uma troca de conhecimento e empatia a ponto de, ao ser procurado novamente, você tenha sido relevante para aquela pessoa.

12. Do que você tem orgulho?

Meu maior orgulho é quando encontro pessoas que já trabalharam comigo e se lembram do modelo de gestão em que trabalhávamos e me contam como aquilo transformou as suas vidas a ponto de me tornar lembrança eterna em suas mentes. Isso para mim é a concretização de que pude ensinar e trocar experiências para o crescimento daquele profissional, e que ele leva isso para sua vida como referência também.

Deixar nosso legado é uma das nossas maiores memórias e acredito muito nisso.

13. Qual o significado da palavra felicidade?

Felicidade é algo que se sente, pode estar em pequenas atitudes do dia a dia, pode estar em grandes descobertas ou até mesmo em grandes conquistas que você conseguiu durante a sua vida.

Ser feliz é ser grato por todas as oportunidades que o universo dá todos os dias e que você consegue aproveitá-las.

Ser feliz é você ao final de uma atividade ou jornada entender que pode colaborar para o seu crescimento e o crescimento da comunidade onde atua.

14. Qual a sua citação favorita e por quê?

"Tem poder quem age!"

Isso é o que me move, em momentos que pode parecer que não há saída, sempre há uma atitude que pode mudar todo o cenário, então agir frente a tudo na vida é para mim o principal segredo e a minha melhor citação.

15. Quais são seus *hobbies* preferidos?

Gosto de participar de forma voluntária de uma escola de samba da cidade de São Paulo, a qual tem uma ala de componentes que desfila anualmente, e gosto de reunir os amigos para um bom bate-papo de horas e um bom churrasco.

16. Qual sonho você gostaria de realizar?

Adotar um filho e poder contribuir melhor com a sociedade, tendo uma ONG que ajudará jovens e adolescentes em seu primeiro emprego.

17. O que você aprendeu com a vida que gostaria de deixar registrado nesta obra?

Aprendi na vida que o maior segredo para que ela seja mais leve e prazerosa é você saber aprender e desaprender novas verdades.

É com o dia a dia e se permitindo a aprender o novo e a repensar coisas que durante anos você achou que seriam verdades absolutas, que você pode se tornar uma pessoa melhor e, acima de tudo, ajudar a humanidade ao seu redor.

E também nesta vida sai na frente quem dá o primeiro passo sempre, então: TENHA ATITUDE, acredite em você e não abaixe a cabeça para a primeira pessoa que disser que você não é capaz, pois todos nós somos capazes de tudo, desde que possamos ser o maior torcedor de nós mesmos.

18. Qual mensagem de motivação você gostaria de deixar para os leitores deste livro?

Se você acredita em você e naquela sua ideia que todos estão dizendo que não fará sucesso e não trará felicidade, mas genuinamente você sente em seu coração que é o caminho certo, não tenha medo, faça, vá atrás, seja resiliente com o tempo para as coisas, pois é ele que mostrará se está no caminho certo ou não.

E, se errar, não tenha medo de recomeçar, que sejam inúmeras vezes mais, recomece a vida, não há tempo para indivíduos que só sabem esperar. Reinicie do simples para recomeçar e dia após dia você irá avançar um pouco mais até alcançar os seus desejos.

Seja sempre o protagonista da sua vida e não deixe que o mundo diga a todo o momento o que você deve ou não deve fazer, são os protagonistas de suas vidas que acabam obtendo melhores resultados e felicidade em suas vidas pessoais e profissionais.

19. Com base no que você vivenciou, ao longo de sua vida corporativa, qual o segredo do sucesso para ir da teoria ao topo?

Para chegar ao topo você precisa saber envolver habilidades adquiridas durante sua carreira, resiliência, persistência e estar no momento certo na hora certa.

No topo só há lugar para uma pessoa e é sempre aquela que teve a atitude de mudar um conceito, colocar uma ideia inovadora em prática onde ninguém acredita, envolver pessoas para seguirem seu propósito e, acima de tudo, se errar ter calma, respirar fundo e recomeçar sem desistir, com foco, muito trabalho e gratidão pelas pessoas que contribuíram para você chegar aonde chegou.

Galeria de fotos

Ana Maria Fonseca Zampieri

Empresa:
F&Z ADES LTDA

Função:
Diretora de Ensino e Ciências

ALTA GESTÃO | REGISTRO BIOGRÁFICO

1. Como e onde você iniciou a sua trajetória profissional?

Iniciei minha carreira profissional formalmente aos 23 anos, numa clínica psiquiátrica no Estado de São Paulo. Ao longo dela, experimentei desafios e princípios de realidade da saúde mental que me impactaram, enquanto qualidade e comercialização. Havia, obviamente, muita distância entre o que aprendi na Universidade de São Paulo e o que acontecia com as pessoas que precisavam de tratamentos sérios e eficazes. No entanto, esse impacto também me motivou a buscar nos "extramuros" da Psicologia e do mundo acadêmico novas propostas e metodologias para a saúde mental. Assim, pude estudar e fazer treinamentos com o Psicodrama de Moreno, as teorias da cibernética e do pensamento sistêmico, da sexologia, da neuropsicologia e do EMDR. Pouco a pouco, e até hoje, venho construindo pontes entre a ciência, a teoria e a prática da Psicologia em favor da humanidade, não em termos de assistencialismo, mas como facilitadoras de prevenção primária, secundária e terciária em saúde, para o bem-estar individual e relacional.

2. Quais os principais desafios e resultados que você vivenciou ao longo da sua carreira?

Sou psicoterapeuta clínica, mas mantive os trabalhos sociais quase todo o tempo nestes 44 anos, com exceção de cerca de 16 anos, em que trabalhei e estudei menos, porque me dedicava e aprendia com a formação de meus quatro filhos e com meu marido Paulo Zampieri, cujo maior desafio é a gestão de grupos familiares.

Liderar profissionais voluntários que não confundam voluntarismo com excelência profissional, que um Programa de Ajuda Humanitária Psicológica exige, tem sido minha história de gestão de pessoas que mais me desafia. Tive o privilégio de receber consultoria do Prof. Dr. Juan Cruz Lozada, doutor em Administração, que me abriu várias portas para uma liderança com assertividade, equilíbrio, firmeza e amorosidade. Dessa forma, cada vez mais dou importância às diversas forças da transdisciplinaridade na construção e gestão de pessoas em grupos diversos.

Liderar pessoas com muitas certezas, às vezes dogmáticas, desafia uma gestão que prima pelo equilíbrio emocional. Desenvolver empatia por protagonistas sociais e profissionais onipotentes é outro desafio importante.

3. Quem da sua história de vida inspirou/motivou a sua carreira?

Perto dos meus 8 anos, descobri em experiências de minha família de origem que a realidade social e emocional é diversa e complexa. Comecei a observar o desespero de professores e de pais em lidar saudavelmente com as relações do viver. Leitora precoce, descobri com Erico Veríssimo, no livro *Caminhos cruzados*, a chance de pensar na vida como um fenômeno multicausal e de corresponsabilidade. Em Santos, minha cidade natal, houve um concurso de redação do hospital Santa Casa de Misericórdia, com ideias sobre saúde, e fui honrada com a medalha de primeiro lugar, tendo minha redação publicada no jornal da cidade, e penso que aqui nasceu meu papel de escritora. Cogitei fazer Medicina para estudar o cérebro, mas com os estudos de Filosofia, que iniciei na adolescência, descobri o funcionamento da mente e organizá-la em situações sociofamiliares me fascinava. Comecei a ler os gregos, cheguei a Freud, Jung e, dessa forma, quando fui para o Ensino Médio, eu já havia me decidido a fazer Psicologia. Coordenava grupos de adolescentes chamados os

Minimoderninhos, que junto à paróquia do bairro onde eu morava fazia festas para integrar as pessoas e seus movimentos por melhorias e destinos sociais. Apresentei um programa infantojuvenil de rádio onde artistas mirins se apresentavam e eu os questionava sobre suas vidas, famílias e a busca da música e da arte. Ao mesmo tempo, comecei a dar aulas particulares de matemática e português para os alunos "mais fracos" da escola. Iniciei minha carreira de docente, que permanece até hoje.

Acredito que meus pais, de origem portuguesa, foram exitosos em suas lutas por quatro filhos em estudos e desafios para o enfrentamento da vida, foram os meus maiores inspiradores. Como primogênita, fui exigida em fazer o melhor e cada vez mais estimulada a crer na força dos propósitos e na persistência. Observadora das dificuldades emocionais de minha família de origem paterna, materna e das relações sociais em que vivia, fui incentivada a acreditar que a nossa vida é uma oportunidade crescente de desafios a encarar.

4. Alguma história na gestão de pessoas que você gostaria de compartilhar?

Há cerca de 28 anos, iniciei Programas de Ajuda Humanitária Psicológica, e há 12 anos formei cerca de 2 mil psicólogos, em todo o Brasil, em terapia psicológica breve de crises e catástrofes e, até hoje, atendemos cerca de 15 mil pessoas. Esse trabalho tem sido facilitado e patrocinado pela F&Z ADES LTDA. de São Paulo, pelo Rotary Club Internacional Butantã de São Paulo, na pessoa de Reinaldo Franco, pelo Instituto Udaya, com a presidência de Luciana Mantegazza, e outras instituições parceiras.

Construímos diversas redes nos setores público e privado para atendimento psicológico à população afetada por crises, catástrofes, doenças sexualmente transmissíveis e violências sexuais intrafamiliares, com possibilidades de transformar o sofrimento e os lutos em forças internas para o enfrentamento do "permanecer vivo". Tenho colaboradores importantes, como o psiquiatra Dr. Paulo Zampieri e de Ana Paula Fonseca Zampieri, psicoterapeuta infantil, nesses projetos.

Com um grupo da Rede Latinoamericana da Ecobioética, da UNESCO, com sede em Buenos Aires, na USAL, desenvolvemos psicólogos e psiquiatras latinoamericanos, sob a direção do Dr. Moty Benyakar, teses de doutorado em Psicologia. No meu caso, para legitimar cientificamente o trabalho humanitário de prevenção em saúde mental, com a pesquisa *Aportes Teoricos de lo Disruptivo al EMDR con Damnificados de Catástrofes Naturales en Brasil*, defendida em 2016.

5. Alguma história no relacionamento com o cliente que você gostaria de destacar?

Meus clientes são pessoas em sofrimentos psíquicos, sejam claros e explícitos e/ou confusos e implícitos, em seus comportamentos. Porém minhas maiores dificuldades de gestão têm sido em Programas de Ajuda Humanitária Psicológica, como citado antes, posto que muitas vezes os próprios profissionais atendidos e capacitados passam pelas mesmas catástrofes das pessoas afetadas pela mesma tragédia. Separar as dores de histórias subjetivas é um desafio complexo. Em trabalhos como esses, humanitários, pode haver confusões entre voluntarismos impulsivos de ajudar e resistências em receber capacitações específicas prévias. Uma das consequências de viver um entorno disruptivo pode ser a síndrome da onipotência.

Outras dificuldades quando trabalhamos temas de sexualidade, HIV e Aids e abuso e violência sexual intrafamiliar residem na força de crenças homofóbicas, sexistas e machistas maquiadas por "saberes e poderes científicos", manifestadas por atitudes prepotentes com causalidades lineares, onde a ilusão do certo e do errado ensurdece profissionais para a singularidade com que cada ser humano vive suas mazelas, escolhas e orientações sexuais.

6. Quais dicas você daria para aqueles que estão iniciando a carreira profissional?

Há vários tabus e crenças limitantes, acirradas em maior ou menor graus, em diferentes culturas, ideologias e estruturas de poder na área da saúde mental. Legitimar o eventual sofrimento do agressor sexual exige um olhar profundo e de alta complexidade. Para tratar a violência e/ou abuso sexual intrafamiliar que sofrem principalmente nossas crianças e adolescentes, é preciso que líderes em saúde mental possam facilitar visibilidades e alternativas de tratamentos a todos os atores desse fenômeno sistêmico: abusados, coabusadores e agressores ou ofensores. Isso demanda a psicoeducação sexual para a aprendizagem de várias formas de prevenir e evitar que essa violência ocorra, muitas vezes, com a simplicidade de poder ter atitudes e vozes que digam: não! Esse tem sido outro desejo que desenvolvo com profissionais e comunidades há muitos anos.

Em minha liderança como formadora de profissionais da área da saúde mental, proponho o tripé: cuidar desses cuidadores, treinamento teórico-técnico e supervisões sistemáticas e/ou periódicas da reflexão ética da corresponsabilidade e atitudes compassivas de atender, e, também, os protagonistas dos horrores humanos. E entende com eles como também é importante eu ser cuidada e avaliada.

7. Qual legado você gostaria de deixar para a sociedade?

Gostaria de deixar como legado a coragem e ousadia em ser mulher, mãe, esposa, avó e profissional, nesta minha cultura ainda recheada da herança transgeracional do mundo patriarcal e sexista. Reconheço com gratidão as lutas de homens e mulheres que me antecederam e os que me são contemporâneos. Persisto em aceitar a luta contra a tentação de certezas e observar os mistérios atraentes e muitas vezes incompreensíveis do significado profundo de nossas jornadas como humanos.

8. Cite alguns líderes que, em sua opinião, são inspiradores.

Tenho aprendido com toda a rede de clientes, pacientes, grupos e instituições, como tenho descrito aqui. Mas destaco alguns líderes que me influenciam e inspiram, como: Dr. Humberto Maturana, da Escuela Matriztica do Chile, que me ajuda a buscar conhecer acertos e erros e não uma realidade absoluta de resultados. Tive o privilégio de conhecer Nelson Mandela em uma Conferência Internacional de Aids, na África do Sul, e ouvi-lo clamar novamente pela força da educação permanente, na construção coletiva da saúde da humanidade. Outro líder na filosofia de educação de um povo é o Dr. Edgar Morin, em suas aulas e obras, em que propõe o paradigma da fraternidade como caminho para valorizar e recuperar a ética e empatia, com estranhos que batem à nossa porta, especialmente.

Muito de como fazer gestão de equilíbrio emocional em instituições tem influência da neurocientista Dra. Elisa Kozasa, do Ensino do Albert Einstein de São Paulo. Como praticar a ponte entre o mundo acadêmico e a comunidade tem a marca da Dra. Maria Eugenia Fernandez, presidente da Associação Saúde de Família e parceira de importantes projetos que desenvolvo há mais de 30 anos. Outra liderança importante em meu trajeto profissional é a Dra. Rosa Stefanini Macedo, da PUC-SP, no pensamento sistêmico com a saúde de famílias. Uma figura proeminente na Faculdade de Medicina da USP é a psiquiatra e sexóloga Prof. Dra. Carmita Abdo, docente e pesquisadora da sexualidade do povo brasileiro. O psiquiatra Paulo Zampieri, da USP, também exerce influências enriquecedoras e colaborativas à minha jornada profissional. Conheci e aprendi muito com a Dra. Francine Shapiro, na U.C.L.A, criadora do EMDR e de propostas de Ajuda Humanitária em diversos países. Aqui reitero minha aprendizagem em como liderar pessoas, como a capacidade de inspirar excelências teóricas técnicas, no contexto ético, da ciência que legitima o humano em suas diferenças e na busca incansável da saúde e relações de paz, na construção de cidadãos conscientes.

9. O que você faz para se manter motivada?

Alguns dos caminhos que tenho utilizado nestes 44 anos de vida profissional, para manter-me motivada, têm sido estudos e pesquisas nas áreas da Psicologia, da Neurociência, da Filosofia, da Educação e do EMDR, além de estudos em áreas complexas que ampliam minhas lentes para observar a condição humana, como a Física Quântica e Espiritualidade. Perceber as diferenças infinitas entre as formas de viver, especialmente com meus filhos, netos, marido e as pessoas em sofrimento que descobrem suas forças individuais e coletivas, é outra fonte inspiradora no meu caminhar. Acrescento meu autoconhecimento e buscas constantes de equilíbrio emocional, com meditação, cuidados corporais, alimentares e ioga. Nessa enorme rede de desafios e apoios, encontro a cada dia forças para seguir vivendo o meu viver.

10. Qual mensagem de motivação você gostaria de deixar para os leitores deste livro?

Nesta fase sexagenária de minha vida, a meta tem sido multiplicar e ressignificar o que tive o privilégio de descobrir e aprender. Que meus netos e seus descendentes possam ter orgulho de receber desafios desta minha geração, que propõe a felicidade como um jeito de valer o viver a cada momento; em que o sonhar é o início de alcançar metas; que a arte é o ócio mais criativo que conheci e que o topo da profissão não é alcançado, embora infinita, persistente e utopicamente buscado.

"Viver sem queixas por não ter vivido o que não se viveu" é uma citação de Maturana (2006) que, para mim, melhor define realização pessoal. Outra é de Moreno (1968), o criador do Psicodrama e do Sociodrama: "Sobreviverá quem, em última instância, puder criar, pois toda criatura traz em si uma centelha da divindade criadora e, por meio dessa presença, é possível tornar-se criador. A paz chegará aos homens quando aprenderem a conviver criativamente, mesmo que não compreendam uns aos outros".

Galeria de fotos

André Machado

Empresas:
Alta Performance Gestão e Treinamentos / Thomas Greg & Sons do Brasil

Funções:
CEO / COO

1. Como você se sente nesse momento?

Primeiramente, é uma grande satisfação fazer parte desta nova edição, em continuidade a tudo que eu disse anteriormente, ratificando o meu entendimento de que todos podem conquistar a capacidade de liderança, mesmo aqueles que nasceram sem características intrínsecas para tal.

Ser líder significa entrega, dedicação e estar na linha de frente da guerra...

Infelizmente, muitos pensam que liderar é dar ordem, cobrar ou mandar, esperando que alguém entregue os resultados; mas isso é ditadura e não liderança! Liderança é ser exemplo, é fazer o necessário para que os resultados sejam obtidos, é renunciar a privilégios em prol da equipe, é equilibrar as necessidades corporativas com as necessidades dos colaboradores, é olhar para o outro.

Então, neste momento de pandemia, instabilidade e "guerra", eu me sinto líder, mais líder do que nunca, com a satisfação de ter cumprido (e estar cumprindo) o meu papel com primazia, e principalmente o papel de preparar novos líderes para juntos levantarmos o bastão e gritar "avante pelotão".

Isso nem sempre foi assim, óbvio, mas diversos momentos da minha carreira, alguns tristes e outros alegres, me amadureceram e ajudaram a tornar-me o profissional que sou hoje.

2. Quais foram esses momentos? E quais foram os mais importantes da sua carreira?

Um momento muito triste ocorreu em 2005, na empresa em que eu era funcionário e para a qual me dedicava sem medir esforços, trabalhando dia e noite, muitas vezes madrugada adentro literalmente (e não me arrependo em nenhum segundo por toda a dedicação empenhada). Na ocasião, eu liderava uma equipe de nove funcionários e esperava ansiosamente por uma promoção para que essa situação refletisse em termos de contrato e salário. Num determinado dia, sem querer, e realmente sem querer, escutei uma conversa da minha gestora com o gerente da área na qual ela pedia e argumentava a meu favor para que essa promoção ocorresse.

Eu pensei "chegou a hora de colher os frutos que eu tenho regado há anos", mas não!

O gerente alegou que, se me desse tal promoção, eu nunca mais me dedicaria e me entregaria da forma que eu estava fazendo; ele simplesmente afirmou que a promoção me tornaria um funcionário medíocre.

Uma tristeza enorme invadiu minha alma, um sentimento de desânimo, de porquês, de vontade de abandonar a batalha e recuar. Sem dúvida, um dos momentos mais tristes da minha carreira, que me conduziu até minha residência com lágrimas nos olhos.

Atitude é tudo!

Um líder deve ter atitudes – uma das piores coisas que existem é a que chamo de profissional morno, que não escolhe o lado e que fica em cima do muro. Esse profissional atrapalha, engana, ele fala que está com você, mas é o primeiro a abandonar o barco (que você, leitor, não seja um profissional morno).

E eu tive atitude... decidi levantar a cabeça e me dedicar ainda mais. Essa tristeza criou calos, que eu carrego por esses últimos 15 anos e que me ajudam a ser quem eu sou hoje e a conquistar o sucesso que conquistei. Jamais me aceitaria como um profissional medíocre, eu quero sempre estar no topo da cadeia alimentar. Atitude!

Fiquei na empresa por mais dois meses e pedi demissão. Sem dúvida, foram dois meses de puro destaque, e esse pedido de demissão se tornou outro momento importante da minha carreira, agora um momento de alegria.

Alegria porque saí e fui contratado pela Thomas Greg & Sons do Brasil, um grupo multinacional, onde estou atualmente como COO – *Chief Operating Officer*. Essa contratação foi uma mudança de segmento, de localização e de posição, um grande desafio, desbravar mares desconhecidos, mas o líder precisa ter atitude e eu a tive.

Naquela ocasião, eu não sabia que aquela escolha se tornaria um dos momentos mais importantes e alegres da minha carreira, mas se tornou. E se tornou porque ao longo desses 15 anos eu batalhei e me dediquei, com foco, ética e determinação.

Então, se você ainda não alcançou o sucesso, meu conselho é que, independentemente da sua situação atual, de onde você está e como é reconhecido, que sempre lute, faça a diferença, seja a diferença, e você obterá a alta *performance*.

3. Quais as competências essenciais para o profissional do futuro?

Diversas são as competências essenciais ao profissional do futuro, mas eu desejo destacar somente três neste momento – autogerenciamento, transdisciplinaridade e inteligência emocional.

Isso não significa que essas são as três competências mais importantes e nem que as coloquei em ordem de prioridade, mas a situação que temos vivido nos últimos meses, diante dessa pandemia, fortalecendo inclusive o trabalho remoto, demonstra a essencialidade do desenvolvimento dessas características.

a) Autogerenciamento: diz respeito a gerenciar a si mesmo, sem depender de terceiros, de um líder ou um gestor.

O autogerenciamento é eficiente quando o profissional conhece seus pontos fortes e seus pontos fracos, atuando para maximizar os pontos fortes e se distanciando de suas fraquezas. Em outras palavras, coloca mais energia naquilo em que ele é bom e, portanto, conduz ao sucesso.

Aliado a isso, o autogerenciamento proporciona conhecimento suficiente de si mesmo para que a pessoa possa estabelecer metas e objetivos, por um lado arrojados, mas por outro possíveis de serem atingidos.

Não há dúvida de que na atualidade se conhecer é algo fundamental, porém altamente complexo. Conhecer a si mesmo e administrar suas atividades com foco na obtenção de resultados poderá evitar diversos conflitos pessoais futuros ou até mesmo frustrações.

b) Transdisciplinaridade: com a evolução do mundo globalizado, as empresas necessitam cada vez mais de profissionais habilitados para executar diversas funções e atividades, algumas simultâneas, de forma recíproca e coordenada, integrando os resultados em um sistema global e inovador.

Ao longo da história, ocorreram períodos em que as organizações desejaram um profissional exclusivamente técnico e que realizasse apenas uma atividade; depois passou-se à necessidade da multidisciplinaridade ou mesmo pluridisciplinaridade, mas hoje não, agora quanto mais funções e atividades coordenadas e integradas você for capaz de executar com eficiência, mais relevância terá para a companhia. Se atente, funções e atividades coordenadas e integradas!

Não se trata apenas de executar, as atividades devem ser executadas com eficiência. Isso significa que devem ser feitas com zelo, produtividade, qualidade, foco e empenho. Muitos acabam confundindo a transdisciplinaridade com simplesmente fazer muito e de qualquer maneira, mas essa é uma interpretação equivocada, pois sempre é necessário ter como meta a alta *performance*, sem perder de vista a obtenção dos resultados.

c) **Inteligência emocional:** trata-se da capacidade individual de lidar com as emoções e encontrar um equilíbrio entre a razão e a emoção, inclusive identificando o momento de embasar as atitudes em um ou outro elemento. Em outras palavras, refere-se ao autogerenciamento das emoções.

No mundo corporativo, essa competência ganhou ainda mais relevância, visto que muitos profissionais se deixam levar por seus sentimentos momentâneos, destruindo trabalhos construídos com suor durante anos.

São as emoções que acionam o pensamento e ditam o ritmo do comportamento humano e a forma de se comunicar, demonstrando a existência de uma luta entre o emocional e o racional.

Existe uma frase interessante no filme *À prova de fogo* (2008), que retrata com clareza a importância de se buscar o equilíbrio entre razão e emoção: "E não siga apenas seu coração, porque seu coração pode se enganar. Você precisa guiar seu coração."

Portanto, cabe a cada profissional a inteligência para encontrar tal equilíbrio e guiar suas emoções, de forma a extrair o melhor para si e para sua carreira.

4. Como você desenvolve a sua inteligência emocional para manter o equilíbrio produtivo e positivo?

Eu fui considerado por muitos anos o tal de pavio curto, que por qualquer coisa explodia e saia chutando tudo, mas um dia meu gestor, a quem sou muito grato, disse: "Você é muito bom, mas precisa mudar e encontrar equilíbrio, caso contrário se complicará na organização".

Esse conselho ecoou em minha mente por diversos dias e eu entendi, quis entender, que a mudança era necessária. Ser agitado é uma característica pessoal minha e eu continuo assim, mas precisei aprender que as emoções não podem me controlar, pelo contrário, eu é quem devo controlá-las.

A pergunta chave que você deve fazer constantemente a si mesmo é: "Por que ser quem você é, se você pode ser muito melhor?". Certamente mudanças são difíceis e nem todas são bem-vindas, mas mudar e atingir a inteligência emocional é imprescindível.

Certa vez, John Kennedy disse: "A mudança é a lei da vida. E aqueles que apenas olham para o passado, ou para o presente, irão, com certeza, perder o futuro". Dessa forma, você pode continuar lidando com os problemas causados por sua emoção e temperamento, perdendo o futuro, ou pode simplesmente acordar e decidir que a vida pode ser menos complicada, e descomplicar, tornando-se muito melhor.

É assim que eu desenvolvo a inteligência emocional... diariamente, antes de iniciar o dia, eu me pergunto "onde eu posso ser muito melhor?" e "como eu posso melhorar?"; no final do dia, eu avalio minhas atitudes e verifico se realmente fui melhor ou não.

Trata-se de decisão – todos os dias eu tenho que querer melhorar, mas não é fácil! Na maior parte do tempo, ao fim de cada dia, eu descubro que falhei; no entanto, o conjunto dessas falhas se tornam metas no processo de aprimoramento contínuo, e metas devem ser buscadas.

Algumas dicas para você, daquilo que serve para mim:

- No calor do momento pare, respire e pense. Eu aprendi que, na maioria das vezes, somente esses atos já conduzem a um equilíbrio entre a razão e a emoção;
- Não fale nada sem pensar. Se não sabe o que dizer, peça um tempo e retorne depois;
- Durante uma discussão, saia da sala, vá tomar uma água ou um café;
- Deixe a zona de conforto, não seja indiferente, ouça, tenha empatia e não se precipite.

Uma frase que muito me agrada, de Mahatma Gandhi: "Você nunca sabe os resultados que virão da sua ação. Mas se você não fizer nada, não existirão resultados".

5. Fale sobre resiliência.

Resiliência é um conceito importado da Física, com o objetivo de entender características humanas, que em seu sentido estrito refere-se à capacidade de retornar à forma original após ser submetido a uma deformação elástica.

Assim, no estudo do comportamento humano, resiliência é a capacidade do indivíduo em lidar com adversidades, resistir a pressões, superar obstáculos ou problemas e tirar o melhor disso para sua vida e carreira.

Com isso, a resiliência está totalmente ligada à inteligência emocional, pois o processo de adaptação a mudanças por muitas vezes exige maturidade para enfrentar determinada situação e extrair o melhor dela, sem abandonar o estado de equilíbrio natural.

O mundo sempre estará em mudanças, vide a situação da pandemia causada pela Covid-19. Mas a mudança não é exclusiva da nossa geração; pelo contrário, ao longo dos séculos, o ser humano precisou se adaptar. Fato é que existem adaptações e adaptações, sendo que o profissional de alta *performance* tem a capacidade de se adaptar, extraindo o melhor para si.

Na verdade, resiliência não é persistência, ou persistir em um erro, mas aprender a aprender e, com aprendizado contínuo, evoluir até o sucesso.

6. Como você define o seu estilo de liderança?

Liderar significa comandar, orientar e acompanhar a jornada da equipe em busca das metas e objetivos organizacionais, ainda que nem sempre o líder seja a pessoa a quem a organização imputou o cargo.

A liderança de sucesso envolve paixão, entrega e dedicação.

É notório que algumas pessoas já nascem com "espírito de liderança" e observa-se isso desde quando eram crianças, nos grupos de escola e até nas brincadeiras, mas a liderança, de fato, deve ser aprendida e treinada.

O líder é aquele que inspira sua equipe, seja com palavras, atitudes, carisma ou qualquer outra característica, e a quem a equipe respeita e naturalmente segue, independentemente do estilo de liderança adotado.

Os estudiosos costumam separar os estilos em:

a) **Autocrático:** nesse estilo, o líder costuma ser autoritário, centralizador e controlador, praticamente todas as decisões são tomadas por ele de maneira unilateral, o que claramente torna o processo decisório mais ágil, mas em contrapartida existe a tendência desse líder aparentar ser um ditador e ficar sobrecarregado.

b) **Democrático:** como o próprio nome indica, esses líderes são abertos à participação da equipe e discussão com o time antes da tomada de decisão, gerando motivação em todos, por participarem do processo de escolha, mas por outro lado pode tornar o processo decisório mais lento.

c) **Liberal:** esses líderes deixam a equipe solta e com vontade para atuar e decidir, administrando à distância. Não se trata de ser omisso, mas de delegar para que a equipe atue em seu nome; se mal aplicado, deixará todos os membros sem o direcionamento adequado.

Voltando à pergunta central sobre o meu estilo de liderança, tomo a liberdade de responder "todos". Na verdade, eu aprendi ao longo dos anos que não se deve adotar um estilo fixo, mas adaptá-lo a cada momento, situação e maturidade da equipe.

Em algumas horas, posso ser autocrático e democrático, e em outras, até liberal.

Parece que é mudar da água para o vinho, mas na verdade não é... É mais fácil um líder se adaptar a sua equipe e ao momento (resiliência), do que todos os membros da equipe se adaptarem ao líder.

Àqueles que precisam de um líder presente, eu sou presente. Àqueles que precisam de um líder distante, eu sou distante. Aqueles que são maduros para participarem do processo decisório, participarão; mas aqueles que precisam apenas receber o comando, receberão. Trata-se de uma metamorfose – líderes têm como papel zelar pela continuidade da empresa e torná-la mais rica; se para isso é necessário mesclar estilos teóricos de liderança, assim deverá ser feito para se atingir os resultados almejados.

7. Em sua opinião, a inteligência artificial pode alterar o nosso estilo de liderança?

A inteligência artificial veio para ajudar toda a organização e, claro, ajudar também no processo de liderança, principalmente na execução de tarefas mais simples e de decisões estruturadas, deixando o líder disponível para atuar em atividades de maior valor agregado.

Sem ela, muitas vezes os líderes gastam muita energia em atividades rotineiras e não usam sua capacidade intelectual para desenvolver equipes e criar negócios ou inovar. No entanto, não deverá existir alteração no estilo de liderança, até mesmo porque, como eu disse, todos os estilos devem ser utilizados, às vezes simultaneamente, para se buscar atingir os resultados.

A inteligência artificial deve ser reconhecida como mais uma das inúmeras ferramentas existentes na busca pelo sucesso e pela alta *performance*.

8. Qual a sua definição de sucesso?

Iniciarei por duas frases que escutei durante minha jornada profissional.

a) *"Sucesso é ir de fracasso em fracasso, sem perder o entusiasmo."* (Winston Churchill)

b) "Sucesso é um ato de superar dificuldades e barreiras, um estilo de vida a ser adotado." (autoria desconhecida)

Quando pensamos em sucesso, nos deparamos com diversas questões como "o que é o sucesso?", "como alcançá-lo?", "como se manter no topo?" e por aí vai.

Para o dicionário da língua portuguesa: substantivo masculino, definido como consequência exitosa ou positiva; acontecimento favorável; resultado feliz; êxito. Para a filosofia, uma pergunta simples, mas de resultado complexo.

Muitos afirmam que o sucesso vem da conjunção de dois fatores, os quais são **oportunidade** e **estar preparado** quando da sua ocorrência. A meu ver, isso tem uma boa dose de verdade, porém não se deve esperar a oportunidade "cair do céu".

Criar a oportunidade envolve ter planos, e uma vida sem planos é apenas uma vida de desejos. Quando se vive apenas de desejos e sonhos, queimam-se e pulam-se etapas necessárias ao pleno desenvolvimento, transformando os sonhos em pesadelos. Nada cai do céu... é necessário arregaçar as mangas, criar planos e correr atrás deles.

Qualquer plano feito com paixão e entrega será realizado com a maior facilidade. Se você não é apaixonado pelo que faz, melhor reavaliar suas opções – o sucesso e a alta *performance* dependem de uma boa dose de paixão.

E quando se fala em paixão, o elemento central são as pessoas, e pessoas fazem a diferença nos negócios. Ninguém conquista ou concretiza planos sozinho, apesar de que as conquistas vêm com os próprios méritos, mas também com a ajuda de outras pessoas, pois o trabalho em equipe e colaborativo é um elemento essencial para alcançar o sucesso.

Liderar é uma habilidade individual, mas também é uma habilidade coletiva e que deve ser compartilhada. Quando os bons líderes pensam e agem dessa forma, extrapolam o óbvio e conseguem em conjunto com seus liderados resultados com excelência e sustentáveis – sucesso!

Galeria de fotos

André Piovesana

Empresa:
Mundo Verde

Função:
Gerente de Projetos e
Novos Canais

1. Como e onde você iniciou a sua trajetória profissional?

Após me formar na faculdade, comecei a pesquisar vagas e pensei: por que não investir em algo próprio? Ali me deparei com um bar/ lanchonete quase falido, mas que eu enxergava potencial. Ousadamente, negociei e o comprei. Embora houvesse descrédito por parte de algumas pessoas sobre a viabilidade do negócio, tive a certeza de que eu conseguiria fazer acontecer e no final valeria a pena. Em menos de um ano, aumentei o faturamento em 450% e passamos a ser referência na região. Uma motivação extra era ver os moradores da região comentando sobre a nova administração do bar e seu novo estilo de atendimento. Depois de três anos e meio com o empreendimento, senti que era hora de mudanças e novos desafios. Foi quando decidi voltar ao mercado de trabalho e iniciar um caminho de aprendizado com foco em estratégias para os negócios; e foi assim que ingressei em renomadas empresas que me trouxeram até onde estou hoje.

2. Quais os principais desafios e resultados que você vivenciou ao longo da sua carreira?

O primeiro grande desafio que enfrentei foi fazer uma transição de carreira: de empreendedor para estrategista. Soube que não seria fácil e exigiria de mim uma alta capacidade de adaptação a novas realidades.

Logo que vendi o bar, fui contratado pela Arezzo como consultor de novos negócios, com o desafio de expandir a marca Ana Capri. Nesse momento, minha visão empreendedora falou mais alto e passei a visitar cidades que não constavam na lista cedida pela empresa. Foi um trabalho bastante desafiador, pois pegava estrada todos os dias sem hora para voltar. Mas o trabalho gerou excelentes resultados. Eu me lembro que, no dia anterior a minha saída da empresa, meu gerente disse que estavam extremamente confiantes em meu trabalho e que seria uma perda significativa.

O próximo momento desafiador que me ajudou a crescer profissionalmente foi quando recebi a proposta de estruturar a área de inteligência do Grupo Multi (Wizard), uma das maiores redes de ensino de idiomas e cursos profissionalizantes do Brasil. Estruturar uma área é uma grande responsabilidade, notei a importância de ter uma visão macro da companhia e do mercado focando em mitigar riscos.

Esse pequeno trecho da minha vida já foi capaz de me deixar aprendizados importantes e que nestes tempos de pandemia se mostraram ainda mais importantes: ser resiliente, saber se comunicar, gerir bem o tempo e ter uma visão de dono.

3. Quem da sua história de vida inspirou/motivou a sua carreira?

Meu pai, Celso Ilídio Piovesana, foi minha grande inspiração para seguir na carreira como administrador. Eu me recordo dele conversando sobre sua fábrica de produtos alimentícios, as revoluções que fazia para aumentar a produtividade, os controles de custos e outras coisas que desenvolvia para controlar e impulsionar o crescimento da empresa. Sempre tivemos conversas interessantes sobre como gerir uma empresa, os desafios que ele enfrentava e, às vezes, eu até opinava em algumas coisas, ainda que meio sem entender muito, mas já demonstrando certo dom para com o assunto. Aprendi, com ele, que crer no seu próprio potencial e lutar com ética são algumas das alavancas para o sucesso.

4. Alguma história na gestão de pessoas que você gostaria de compartilhar?

Gerir pessoas é um desafio bastante prazeroso e intrigante. Como líderes, devemos inspirar e ajudar a equipe a se desenvolver. Uma passagem que me motiva como profissional foi quando uma colega, que atuava como analista comercial, me procurou após a divulgação de uma vaga em minha equipe, demonstrando interesse pela oportunidade e dizendo que gostaria de fazer uma transição de sua área atual para a inteligência de mercado. Considerei sua atitude ousada, porém identifiquei um excelente potencial. Essa sutil capacidade de avaliar traços de caráter e ser capaz de enxergar, desenvolver e canalizar as qualidades das pessoas é o que nos torna bons líderes. Tivemos uma boa sinergia como equipe e ela apresentou (e continua apresentando) um crescimento exponencial, com o qual me sinto orgulhoso de ter contribuído.

5. Quais dicas você daria para aqueles que estão iniciando a carreira profissional?

O início de uma carreira é um momento muito importante, pois é ali que começamos a traçar nosso futuro. Dessa maneira, planejamento é fundamental. Devemos nos questionar: onde quero estar daqui a um ano? E daqui cinco anos? E dez anos? E ao final da minha carreira? Esse tipo de pergunta nos ajuda a definir um norte e o que devemos fazer para chegar lá. Devemos, também, definir metas para alcançar esses objetivos e aproveitar todas as oportunidades para aprender. Não menos importante, tenhamos paciência, pois nem tudo vai acontecer no ritmo que esperamos. Sempre haverá pessoas que favorecerão nosso crescimento e outras que tentarão nos bloquear, estejamos preparados para ambas. Por fim, preservar a ética e não nos contentarmos em fazer o mínimo; surpreenda sempre que possível.

O homem sábio constrói o seu futuro, o tolo tenta adivinhá-lo.

6. Ao recrutar um profissional, quais características comportamentais você considera fundamentais?

Uma das características mais importantes nos dias de hoje é a resiliência. Em tempos de pressão por metas, problemas a serem resolvidos, obstáculos a serem superados; resistir a pressões mais diversas; ser resiliente se faz necessário, pois essa é justamente a capacidade do indivíduo de lidar com tudo ao mesmo tempo, sem entrar em surto, e conseguir pensar em soluções estratégicas para superar essas adversidades. Não menos importante é a visão de dono, que faz com que você olhe para a empresa com os olhos de proprietário, como observador sagaz que se esforça para o bem da empresa como um todo, e não faz somente aquilo que lhe é delegado, como se fosse um simples gesto de apagar as luzes quando for o último a sair de uma sala. As empresas são compostas por pessoas e para isso a capacidade de se relacionar com todos é outra característica importante. Lembre-se: "Pessoas constituem o único agente dinâmico de todo o mundo corporativo. Máquinas, tecnologia da informação, materiais e tudo o mais são elementos passivos".

7. Qual legado você gostaria de deixar para a sociedade?

Minha pretensão é alta, realmente gostaria que, um dia, pudessem dizer: "André Piovesana passou por aqui e contribuiu com o crescimento da organização e da sociedade". Dessa forma, venho conduzindo minha vida e carreira.

Há dois pontos que considero importantes: o primeiro deles é a ética. Ser ético no meu entendimento é agir corretamente, ser honesto em qualquer situação, sem prejudicar os outros. Ao longo de minha carreira, notei que algumas pessoas agem de forma não ética para crescerem. Prefiro trocar de empresa, ou ter um crescimento mais lento, a ter uma atitude como essa ou adotar um comportamento egoísta e repreensível. O outro ponto que considero é o de sempre buscar a excelência em tudo que faço. É realmente colocar a mão na massa e entregar algo além do solicitado. O diferencial entre as pessoas está nas entregas de cada um. Pessoas medíocres não têm espaço nas organizações hoje, pouco produzem e não deixam marcas. Portanto, o legado que quero deixar é que possamos tornar a humanidade e as organizações mais éticas, contribuindo com um ambiente e mundo melhores, agindo com excelência.

8. Quais os reflexos das práticas de cidadania empresarial para organizações, profissionais e sociedade?

Quando penso em cidadania empresarial, me lembro de Archie Caroll, que criou um modelo piramidal de responsabilidade social e nela elencou quatro camadas. A base ele chamou de "Responsabilidade Econômica", pois considera o lucro a razão de existir das empresas. Isso significa produzir bens e serviços que a sociedade precisa. Logo acima, incluí a "Responsabilidade Legal", e aqui se garante o respeito às exigências legais de municípios, Estados e Federação. Passando para a "Responsabilidade Ética", aqui entra o comportamento da empresa perante a sociedade não descrito na legislação. Para uma empresa ser considerada ética em suas decisões, deve agir com imparcialidade, justiça e igualdade. Por fim, no topo da pirâmide, a "Responsabilidade Filantrópica", puramente voluntária e orientada ao desejo de contribuir socialmente sem esperar nada em troca.

9. Cite alguns líderes que, em sua opinião, são inspiradores.

Tenho para mim quatro grandes líderes:

Jesus Cristo, que deixou o ensinamento de que qualquer um que deseje ser um líder deve servir primeiro.

Martin Luther King: com seu discurso "I have a dream", que nos incentiva a sonhar com grandes coisas e com um mundo mais igualitário e com respeito.

Barack Obama: por sua emblemática frase "Yes, we can!", que evidencia que somos capazes de mudar algo quando acreditamos.

E, por fim, Steve Jobs: como inspiração de resiliência e em sermos parâmetros de qualidade, independentemente do ambiente externo, pois diz que nem todos estão acostumados a um ambiente onde a excelência é esperada.

Inspire, sonhe, acredite e seja resiliente.

10. Como você define o papel da liderança?

Liderança é peça fundamental dentro de uma organização. Como disse Peter Drucker: "Apenas três coisas acontecem de forma natural numa organização: atritos, confusão e baixa *performance*. Para todo o resto, é preciso de liderança." Uma boa liderança é um misto de *coach* e mentor, em certos momentos devemos questionar, estimular, provocar e desafiar como um *coach*, e em outros devemos orientar, ensinar, direcionar e guiar como um mentor. Nós, como líderes, devemos inspirar as pessoas a crescerem, sem medo de que, um dia, venham ocupar nossos lugares. Devemos ajudá-las a se desenvolver tanto quanto profissionais como pessoas, para tornar o ambiente de trabalho, e até mesmo o mundo, um lugar melhor. Liderar significa estabelecer um objetivo e encontrar caminhos para alcançá-lo, porque como escreveu Lewis Carroll, "se você não sabe aonde quer chegar, qualquer caminho serve". Lidar com pessoas é inspirador e uma responsabilidade imensa!

11. O que você faz para se manter motivado?

Manter-se motivado sempre é um grande desafio. Quem nunca pensou em jogar a toalha e desistir? Mas há algo dentro de mim que me move mais fortemente, que é a vontade de fazer mais e melhor do que tudo que já foi feito. É aquela vontade de transformar algo em um bem ainda maior. Para que tudo isso ocorra, temos que confiar em nossa capacidade e estar sempre fazendo uma autocrítica, buscando o aperfeiçoamento contínuo. Não seremos sempre bons em tudo, mas podemos aprender aquilo que não sabemos e entregar algo com excelência. Não menos importante é confiar que Deus tem sempre o melhor e que está sempre zelando pelo nosso caminhar. Deus nos coloca em situações difíceis, também, para que possamos aprender, e com isso evoluirmos como pessoas e profissionais.

12. Qual a importância da inovação nas organizações?

Uma empresa que não trabalha inovação corre sério risco de fechar as portas. Inovar não é trivial, exige que os gestores estejam abertos a isso. Inovar é muitas vezes quebrar alguns paradigmas e mudar toda uma cultura. Isso não quer dizer sair fazendo tudo ao mesmo tempo e supor que vá dar certo. Importante nesse processo é estabelecer prioridades e saber o momento de cada inovação. Ela não tem a ver apenas com tecnologias, pois podemos inovar em processos, em formas de atendimento e em muitas outras coisas. É como se repensássemos o negócio sempre, procurando melhorar cada ponto de contato com os consumidores e internamente entre funcionários e departamentos. É ela que promove o desenvolvimento organizacional de modo participativo e integrado ao natural desenvolvimento social da humanidade.

13. Como você realiza o *networking* de maneira efetiva?

Considero que cada pessoa que passa pelas nossas vidas é importante. É quase impossível manter contato diário com todas, mas podemos, sempre que possível, compartilhar informações e estarmos presentes, pelo menos virtualmente. Gosto de agendar um café esporadicamente com algumas pessoas para trocarmos algumas ideias, experiências, e entender como está cada negócio e o mercado. A participação em eventos de parceiros e amigos ajuda a aumentar o *networking*. Acredito que o contato com diferentes pessoas é muito importante, pois ele pode gerar oportunidades para ambos.

14. Do que você sente saudades?

Considero a família uma das coisas mais importante da vida de uma pessoa, e é nesse ponto que mais sinto saudade. Há seis anos moro em São Paulo e meus pais em Campinas, e apesar de vê-los todo mês, a frequência é bem menor do que gostaria. Sempre que estou com eles, sinto como se minhas "baterias" fossem recarregadas e isso me dá mais força para seguir meu caminho. Além de meus pais, tenho meu cachorro, que não se adaptou bem quando mudei para cá e precisou ficar com eles, literalmente somos uma boa equipe!

15. Do que você tem orgulho?

Ter chegado até aqui de forma honesta é o que mais me orgulho. Não foi fácil, tem sempre aqueles que desejam prejudicar você no caminho, mas a fé, a força e a perseverança nos ajudam a levantar e seguir em frente. Cada passo que tenho dado é de aprendizados e acredito que tenho deixado bons exemplos para aqueles que cruzam o meu caminho. Assim seguirei, fazendo o meu melhor sempre.

16. Qual o significado da palavra felicidade?

Vemos que a busca pela felicidade é incessante e está no âmago da vida pessoal e profissional. Hoje há um quociente para se definir o nível de felicidade de uma nação, onde, segundo dados de pesquisa realizada pelo World Happiness Report, a Finlândia se encontra em primeiro lugar, e o Brasil aparece um 32º. Felicidade é algo muito peculiar e subjetivo, e há de se buscar a significação da felicidade em nosso interior, ainda que haja momentos ruins em nossas vidas. Saber administrar a vida e as suas adversidades é um dos segredos. Acredito que a felicidade é um estado de satisfação que acontece quando há um equilíbrio positivo entre o físico e o psíquico. Pessoalmente, concordo com o ditado que diz: "A felicidade se encontra nas pequenas alegrias".

A felicidade acontece quando nos conectamos com o lado positivo das coisas. Aprenda com as coisas ruins, mas não as viva repetitivamente, viva o lado bom da vida!

17. Qual a sua citação favorita e por quê?

Há uma citação atribuída a Paulo Coelho que gosto muito: "*O mundo é mudado pelo seu exemplo, e não pela sua opinião*". Em tempos de polarização política e de redes sociais, onde temos muitas opiniões diferentes sendo proferidas e muitos tentando convencê-lo de que a deles é a melhor, ser exemplo, agir corretamente e com ética é o diferencial. O exemplo pode trazer bons frutos para a humanidade. Seja aquilo que você prega!

18. Qual sonho você gostaria de realizar?

Meu maior sonho é poder ajudar a criar um mundo melhor, oferecendo oportunidades para pessoas que aceitem esse mesmo desafio. Para isso, acredito que voltar a empreender possa me ajudar a realizar esse sonho. Às vezes, andando pela rua, vejo algumas pessoas cantando e tocando com sua caixinha de moedas e com um potencial gigante para ser um artista, um pintor de rua que seja, e penso que poderia fazer algo por elas. Quero ter essa capacidade de pegar um pequeno negócio e torná-lo grande, uma pessoa desconhecida e torná-la conhecida. Ou seja, transformar a vida das pessoas para melhor.

19. O que você aprendeu com a vida que gostaria de deixar registrado nesta obra?

Na vida, nada vem fácil, tudo exige muita dedicação e superação. Haverá momentos de glória e momentos de derrotas, mas em todos eles devemos tê-los como ensinamentos e mantermos a fé em Deus. Ele sempre tem o melhor!

20. Qual mensagem de motivação você gostaria de deixar para os leitores deste livro?

Sonhe, como se não tivesse nada a perder. Acredite, como tudo fosse possível. Ame, como seu coração não conhecesse limites. Viva, como se só existisse o hoje.

21. Com base no que você vivenciou, ao longo de sua vida corporativa, qual o segredo do sucesso para ir da teoria ao topo?

A vida é cheia de ensinamentos, devemos aprender com todos. Viver cada experiência como se fosse única e nunca desistir quando as adversidades aparecerem. Use-as como alavancas para seu crescimento. Acredito que sucesso advém de conhecimento, habilidade e atitude. É esse tripé que nos ajuda a ampliar nossos horizontes, adaptar a teoria à prática e transformar projetos em realidade.

Como já dizia Seth Godin: *"Você é mais poderoso do que pensa. Aja de acordo."*

Galeria de fotos

André Portella Cunha

Empresa:
Triscal

Função:
Diretor

1. **Como e onde você iniciou a sua trajetória profissional?**

   Meu objetivo na faculdade era fazer consultoria e comecei a trabalhar na Price Waterhouse, atual PWC. Trabalhei durante três anos lá e aprendi muito sobre consultoria e gestão. Então decidi tentar seguir meu caminho e abri uma empresa com meus sócios. Completei 31 anos de consultoria, aprendendo e ensinando. Foram muitas experiências em petróleo, varejo, bens de consumo, seguros, turismo, bancos.

2. **Quais os principais desafios e resultados que você vivenciou ao longo da sua carreira?**

   Meu principal desafio no início foi conquistar a confiança dos nossos clientes, e por isso esse é um dos pilares da empresa. Ser consultor exige credibilidade, e a transparência no relacionamento é fundamental. Os resultados dessa jornada são muitos clientes satisfeitos e muitas amizades construídas.

3. **Quem da sua história de vida inspirou/motivou a sua carreira?**

   Não posso dizer que fui incentivado, porque fui chamado de maluco por largar uma empresa multinacional para empreender. Acho que a inspiração veio de poder ter a liberdade de construir algo em que eu acreditava.

4. **Alguma história na gestão de pessoas que você gostaria de compartilhar?**

   Com relação à gestão de pessoas, não acredito em hierarquias rígidas, e na empresa todos têm liberdade de se expressar e apresentar ideias e críticas. É assim que estamos sempre tentando melhorar.

5. **Alguma história no relacionamento com o cliente que você gostaria de destacar?**

   Nossa história foi marcada por crescer através de referências, indicação dos próprios clientes. Nós queremos clientes, mesmo que para isso muitas vezes tenhamos que perder algum negócio.

   Já dissemos não a cliente por discordar de uma solução, e o cliente reconheceu depois e nos contratou. Novamente a transparência no relacionamento com o cliente e a abordagem sempre consultiva de tentar entregar o melhor para o cliente.

6. **Quais dicas você daria para aqueles que estão iniciando a carreira profissional?**

   Fazer o que gosta. Você até pode ganhar dinheiro fazendo o que não gosta, mas dificilmente vai ser feliz, estar realizado e inspirar outras pessoas.

7. **Ao recrutar um profissional, quais características comportamentais você considera fundamentais?**

   Facilidade de relacionamento, respeito, comunicação, vontade de aprender. Nós criamos o perfil Triscal e queremos ser uma família. Acredito que todos os requisitos técnicos podem ser aprendidos muito mais facilmente do que mudar o perfil de uma pessoa.

8. **Qual legado você gostaria de deixar para a sociedade?**

   Que a educação é a única forma de transformarmos nossa vida e o mundo. É como conseguimos abrir novas oportunidades. Por isso temos tanto foco em treinamento. Tentar proporcionar oportunidades para as pessoas.

9. Quais os reflexos das práticas de cidadania empresarial para organizações, profissionais e sociedade?

Acredito que o mundo não será mais o mesmo depois dessa pandemia. Uma empresa não existe sem pessoas, sejam colaboradores ou clientes. E, para isso, as empresas precisam cuidar das suas comunidades e serem mais responsáveis. A responsabilidade social não é uma opção.

10. Cite alguns líderes que, em sua opinião, são inspiradores.

Já tive oportunidade de assistir a palestras da família Obama, Barack e Michelle. Acredito que eles inspiram muita gente.

11. Como você define o papel da liderança?

Acredito que a liderança vem do respeito e admiração e não está relacionada a cargos ou hierarquias corporativas. Toda equipe precisa de um líder que inspire o crescimento, transformação e inovação.

12. O que você faz para se manter motivado?

Minha motivação está muito relacionada ao aprendizado. Gosto de aprender com novas tecnologias, novas culturas, novos lugares, novos clientes.

13. Qual a importância da inovação nas organizações?

A inovação permite transformar produtos, formas de trabalho, tecnologias e atender a novas expectativas e demandas do mercado.

14. Como você realiza o *networking* de maneira efetiva?

Mantendo contato com clientes e parceiros, e frequentando eventos internacionais para entender o que está acontecendo no mercado e conseguir agregar valor.

15. Do que você sente saudades?

De ter mais tempo para ler literatura não técnica.

16. Do que você tem orgulho?

De ter construído uma empresa em que clientes e colaboradores confiam e respeitam.

17. Qual o significado da palavra felicidade?

Felicidade é poder estar junto da família e amigos.

18. Qual a sua citação favorita e por quê?

"A educação é a arma mais poderosa que você pode usar para mudar o mundo."
(Nelson Mandela)

19. Quais são seus *hobbies* preferidos?

Vôlei e *videogame*.

20. Qual sonho você gostaria de realizar?
Conhecer mais países do mundo.

21. O que você aprendeu com a vida que gostaria de deixar registrado nesta obra?
Que a educação é o grande agente transformador de vidas e da sociedade.

22. Qual mensagem de motivação você gostaria de deixar para os leitores deste livro?
Acreditar em seus sonhos e fazer com que eles se tornem reais.

23. Com base no que você vivenciou, ao longo de sua vida corporativa, qual o segredo do sucesso para ir da teoria ao topo?
Muito suor e respeito a todos que estão ao seu redor.

Galeria de fotos

Antonio Donizeti de Oliveira

Empresa:
Grupo Empresas Eba

Função:
Diretor-Presidente

1. Quem é você?
- Eu sou Antonio Donizeti de Oliveira.
- Filho de José Luiz de Oliveira e Odercina Valvassore, ambos em memória.
- Data de Nascimento: 17 de novembro de 1960.
- Casado com Eliana Marçal de Oliveira e tem uma filha, Beatriz Marçal de Oliveira.
- Formação acadêmica: Tecnólogo em Mecânica, especialização em Administração de Recursos Humanos, Pedagogia, pós-graduação em Psicopedagogia, especialização em Neurolinguística e participação em mais de 100 cursos de aperfeiçoamento nas áreas técnicas, operacionais, de gestão e comportamentais.
- Nascido em uma fazenda de café nas proximidades da cidade de Alfredo Guedes, Estado de São Paulo, fruto de uma família populosa e pertencente à classe média baixa. Os primeiros doze anos de vida foram vividos na zona rural, e a partir dos 8 anos de idade, executei atividade de auxílio à família na lida com gado da fazenda para compor a renda familiar. O início da vida em zona rural, oriundo de família humilde, contribuiu como base para definir o caráter e valor a serem seguidos no decorrer da vida toda. No início dos anos 70, a família mudou-se para a cidade de Lençóis Paulista, Estado de São Paulo, onde vivo até hoje.

2. Como e onde iniciou-se sua trajetória profissional?

Como mencionei anteriormente, sou oriundo da zona rural, então, não poderia ser diferente, minhas atividades profissionais iniciaram-se na agricultura muito cedo, aos 14 anos de idade fui convidado (em função da minha experiência com lida com animais) por um representante de um grupo empresarial de Lençóis Paulista na função de fertilizador de solo, com o uso de implemento tracionado por animal, essa função foi exercida por um ano e logo em seguida fui transferido para a área de mecanização agrícola, na qual com 17 anos de idade me tornei supervisor operacional de operações mecanizadas nessa mesma empresa. No início dos anos 80, fui convidado para fazer parte de um seleto grupo de instrutores de treinamento, onde atuei como instrutor de operações agrícolas, manutenção mecânica, processos industriais e nas áreas comportamentais.

No ano de 1988, fui promovido para executivo, gestor da área de desenvolvimento de pessoal, com uma equipe técnica para implantar universidade corporativa na empresa que eu trabalhava. E, no ano de 1993, assumi a gestão geral da área de capacitação de pessoal nas três usinas desse grupo empresarial, durante esses anos ganhei muita experiência em desenvolvimento empresarial e de pessoas. E depois de muitos estudos, análises de mercado e viabilidade econômica, nasceu a minha primeira empresa, a Eba Consultoria, na área de treinamento e assessoria empresarial, em 1998. Desde então, com muita técnica, sabedoria e uma equipe com total potencial de resposta e empreendedorismo, foram aproveitadas as oportunidades de ampliação dos negócios e diversificamos as áreas de atuação das empresas, a ponto de formar um grupo empresarial que denominamos Empresas Eba, esse grupo é composto por sete empresas, sendo três delas líderes absolutas de mercado em seus segmentos.

Grupo empresarial

Atuamos fortemente nas áreas de formação, capacitação, aperfeiçoamento de mão de obra, assessoria técnica e operacional em indústrias, agrícolas e administrativas, dentro e fora do Brasil, locações de veículos, assessoria nas áreas de medicina, segurança do trabalho e meio ambiente, realizamos atividades de apoio à agricultura nas áreas de coleta de solo, combate à formiga mecanizada, aplicação de corretivos, análises laboratoriais de solo e folhas, recomendação agronômica, imageamento aéreo, aplicação de agente biológico com *drone* (veículo aéreo não tripulado), análise de óleos lubrificantes e hidráulicos, atuamos também nas áreas de desenvolvimento comportamental e comercialização de fertilizantes.

3. Quais os principais desafios e resultados vivenciados ao longo da sua carreira?

O primeiro desafio de um profissional que atuou como empregado em uma empresa, por mais alto o seu cargo, é compreender o papel de ser um empresário de uma noite para o dia, mesmo que tenha trabalhado em empresas com um excelente plano de gestão. Quando você se transforma em dono de seu negócio, tudo muda, será uma nova fase e uma nova forma de pensar e agir.

Outro desafio para empreender é formar um time que tenha aderência com a visão, missão e valores da empresa, um time capacitado revoluciona na melhor tomada de decisão da empresa e é isso que faz a diferença em ficar ou não no mercado competitivo de trabalho.

Um outro ponto que pode ser um desafio é o relacionamento com o sistema financeiro (os bancos) para tomada de recursos, já na minha primeira empresa, desenvolvi um relacionamento de confiança com um banco, para me apoiar nos momentos de inadimplência dos meus clientes, e isso deu muito certo ao longo dos demais negócios.

Com relação aos resultados, posso dizer que tudo deu muito certo, consegui junto com minha equipe e meus clientes viralizar todas as minhas marcas nas mídias onde elas atuam, mas acredito que o melhor resultado é saber que contribuímos e realizamos nossa missão juntamente com nossos colaboradores e clientes, por mais que as crises viessem, conseguimos vencer até aqui.

4. Quem da sua história de vida inspirou/motivou em sua carreira?

Não quero passar arrogância e nem ser prepotente, mas o que mais me incentivou a mudar minha vida foram as dificuldades vivenciadas na sociedade em que vivi nos primeiros anos da minha vida. Eu entendia desde muito novo que só eu conseguiria mudar aquele cenário, assim, me apeguei a coisas boas, segui as orientações de minha mãe, me aproximei de pessoas boas e gentis e apostei nas oportunidades que surgiam. Muito novo, assumi cargo de gestão, aproveitei as oportunidades em buscar uma boa formação e uma coisa que aconteceu comigo foi que continuei respeitando minhas origens, conservando os meus amigos, e não deixei a mudança de vida influenciar nos meus valores e caráter.

Minha motivação sempre foi buscar o certo, cada emprego que eu gerei senti felicidade, cada novo cliente que consegui me senti gratificado, cada cliente que mantive me senti orgulhoso e a minha esposa foi heroína, me apoiou e permitiu sem cobrança me doar para gerar os resultados nos negócios.

Como mencionei, participei de muitos cursos de aperfeiçoamento e meu modelo mental para atingir os objetivos veio de muitas pessoas. Não conseguiria mencionar um ou mais importantes agentes motivadores em minha carreira profissional.

5. Alguma história na gestão de pessoas que gostaria de compartilhar?

Sim, me sinto muito à vontade para relatar um pouco da minha vivência com as pessoas que estiveram e estão comigo até aqui, segui os bons exemplos, aprendi com as histórias, vejam o caso dos búfalos. Conta-se que na América do Norte foram dizimadas manadas inteiras de búfalos pelos primeiros colonizadores, que conseguiram entender a estrutura organizacional vigente nessas manadas. Nelas, o líder, que geralmente era um dos mais fortes, dirigia todo o grupo, que o seguia até as últimas consequências, sem questionamentos, sem espaço para os "rebeldes", sem discussão ou longas reuniões estratégicas.

Animais tão fortes, tão grandes, mas sem nenhum senso individual de direção. O que o líder decidia estava decidido e pronto. Por isso foi tão fácil eliminá-los. Bastava matar o líder da manada que os outros búfalos ficavam sem direção, sem caminho a seguir, absolutamente perdidos. O que fiz, não segui o exemplo dos búfalos, foram poucas as vezes que necessitei mostrar força, robustez como os búfalos, sempre caminhei junto com a equipe, porém, com muito direcionamento, diálogo, empatia, sinceridade, com muito respeito, procurei gerenciar pelo exemplo.

Aprendi que a vontade é diferente da inteligência, a vontade é o motor que move você rumo ao objetivo, a inteligência facilita, encurta o caminho, minhas ações foram para gerar a vontade, o querer nas pessoas, sempre acreditei que quando o sujeito quer tudo fica mais fácil, o sucesso está muito mais na vontade do que na inteligência, muitas pessoas venceram na vida e não eram tão inteligentes, mas aqui tem uma magia, quando você faz, você desenvolve a inteligência, assim tudo fica muito mais fácil, quando você realiza com vontade e inteligência.

6. Alguma história de relacionamento com o cliente que gostaria de destacar?

Primeiro vamos falar de necessidade de novos conhecimentos, limitação, vontade, urgência, ajuda, frustração, falta de resultado, insumos, novas tecnologias, visão de mercado, aspectos organizacionais e habilitação profissional, essas são algumas das causas que geram o relacionamento entre cliente e fornecedor, foram muitas as vezes em que recebi uma chamada de algum cliente ou futuro cliente dizendo que estava com um problema. Na maioria das vezes, eram problemas simples, pelo menos para mim, e quando iniciávamos um diálogo, logo dava para perceber que a situação era falta de simplificação das coisas (ora era liderança com dificuldade em atingir objetivo com as pessoas, aplicação de tecnologia com alto grau de complexidade, ora eram pessoas com medo do novo etc.).

Meu grande aprendizado com um cliente foi quando fui convidado para assessorar um grande grupo empresarial do Estado do Paraná, fui fazer a minha integração para início dos trabalhos e foi dito por um executivo: "Sua contratação foi feita pela sua objetividade e simplicidade como trata os assuntos". Fiquei nesse grupo com minha equipe por mais de 15 anos, isso mudou minha vida e gostaria de deixar como orientação, para os leitores, que as situações devem ser tratadas de forma simples e com humildade.

7. Ao recrutar um profissional, quais características comportamentais são consideradas fundamentais?

No processo de seleção, procure identificar no candidato se ele gosta de gente, pergunte a ele o que é mais fácil: gerir pessoas ou animais? Se a resposta for que é mais fácil gerir animais, tome cuidado, não basta identificar somente habilidades comportamentais, é necessário saber se o candidato gosta de gente, pois quem gosta de gente tem paciência para ouvir, para treinar, para motivar, para desafiar, para reconhecer, para mostrar os caminhos, para querer crescer junto, quer brindar os bons resultados junto com os outros.

8. Qual legado gostaria de deixar para a sociedade?

Todos os meus resultados só foram possíveis através da minha crença em pessoas. Acredite nas pessoas.

9. Quais os reflexos das práticas de cidadania empresarial para organizações, profissionais e sociedade?

O conceito de responsabilidade social tem se ampliado para as empresas. Anteriormente, o foco era empresa que desenvolvia ações socialmente responsáveis, procurando contribuir com a comunidade. Hoje, o público em geral, sejam clientes, colaboradores ou até mesmo fornecedores, espera que as empresas tenham um comportamento ético mais abrangente no seu processo decisório.

As organizações, independentemente do seu tamanho, estão inseridas e prestando serviços à sociedade. Portanto, aquela visão de empresa baseada na produção com foco estritamente no resultado financeiro já caiu por terra. Empresas que ainda têm esse pensamento estão fadadas ao fracasso.

A geração de resultados ganha um sentido mais amplo, agregando à imagem da empresa perante o público e à sua capacidade de ser útil e surpreender positivamente os clientes. A concepção de empresa praticante dessa nova postura ganha um número de adeptos cada vez maior e passa a incorporar a preservação de recursos naturais não renováveis.

Elas ganham respaldo e reconhecimento pelos investimentos na área social e demonstram que, além de visar lucros, oferecem produtos de boa qualidade e se preocupam em zelar pelo bem-estar da comunidade, não só indiretamente, mas também diretamente, antecipando as demandas futuras.

10. Cite alguns líderes que, em sua opinião, são inspiradores.

Há uma confusão quando se pensa em um líder, logo vem à mente os empreendedores de sucesso. Empreendedores nem sempre são líderes e, também, é verdade que nem sempre os bons líderes são empreendedores, então não tenho um líder como referência, tenho um conjunto de empreendedores e líderes que segui em minha carreira profissional.

11. Como você define o papel da liderança?

Na minha visão, um líder necessita navegar por todos os atributos que menciono a seguir:

• **Visão holística:** possuir visão ampliada e abrangente da empresa, reconhecendo-a como um todo, tendo visão da missão que ultrapasse os interesses pessoais. Ver o colaborador como um ser humano total, em todas suas dimensões, necessidades e expectativas.

• **Flexibilidade:** ser capaz de adaptar-se às situações adversas. Ter capacidade de mudar seus próprios conceitos, de transformar-se.

• **Comprometimento com a equipe:** comprometer-se com os desafios da equipe, atuando em conjunto na busca dos resultados. Acreditar no potencial humano, na força do trabalho em grupo e valorizar os esforços individuais.

• **Competência técnica:** possuir domínio e atualização técnica em seu campo de atuação. Conhecer as variáveis tecnológicas, econômicas, políticas e sociais que impactam em seu trabalho. Saber planejar e coordenar eficazmente a equipe.

• **Competência interpessoal:** possuir habilidade no trato com as pessoas, independentemente do nível hierárquico, profissional ou social, influenciando positivamente e demonstrando respeito às individualidades. Saber compreender e conviver harmoniosamente com as pessoas.

• **Liderança:** possuir poder de influência positiva sobre o grupo e as pessoas, baseado na competência técnica e interpessoal, conquistando credibilidade e confiança, obtendo aceitação, consenso e comprometimento na busca de objetivos.

• **Orientação para a qualidade:** buscar permanentemente a qualidade dos produtos e serviços prestados, do atendimento e do relacionamento geral. Comprometer-se com a política de qualidade, bem como com a implementação e operacionalização dos programas de qualidade da empresa.

• **Descentralização:** compreender que a autoridade não é obtida através da concentração de informações e da centralização das atividades da equipe. Saber delegar, gerando ambiente de confiança na equipe e tempo para cuidar das atribuições próprias de liderança.

• **Autodesenvolvimento:** ter consciência da velocidade das mudanças tecnológicas e sociais e, sabendo reconhecer suas carências técnicas e de relacionamento interpessoal, articular o desenvolvimento contínuo próprio, buscando sempre novos conhecimentos e habilidades.

Todos os ocupantes de cargos gerenciais deverão buscar e incentivar a mudança do perfil tradicional de comando para um perfil realmente identificado com as características de um líder. Ao passo que desenvolve tais conhecimentos e habilidades, aplicá-los, sob forma de atitudes concretas, significa estabelecer um clima de comprometimento das pessoas com a missão das empresas.

12. O que você faz para manter-se motivado?

Eu me envolvo em desafios constantes e sempre acredito que vai dar certo.

13. Qual a importância da inovação nas organizações?

Se estivéssemos falando lá dos anos 50, falaria que pouca importância, mas nos anos 2000, digo que, se não inovarmos, estaremos fadados ao insucesso, à ruína, pois as coisas mudam tanto que você pode parar no tempo em um período curto, além de não conseguir atingir os resultados esperados.

14. Como você realiza o *networking* de maneira efetiva?

Tenho contatos diários com clientes e fornecedores, participo de eventos, realizo palestras e faço algumas participações em redes sociais.

15. Do que você sente saudades?

Da normalidade antes da pandemia da Covid-19, eu nunca imaginei tanta mudança no modo de viver das pessoas.

16. Do que você tem orgulho?

De ser brasileiro, da minha família, da minha vida profissional e pessoal, da minha equipe e dos resultados atingidos até aqui.

17. Qual o significado da palavra felicidade?

Sentir-se bem, fisicamente, mentalmente, espiritualmente, e ter oportunidade de amar e ser amado.

18. Qual a sua citação favorita e por quê?

Pessoas, pois tenho boa capacidade de conviver com as pessoas, consigo criar alianças leais, produtivas e respeitosas.

19. Quais são seus *hobbies* preferidos?

Caminhada, churrasco com os amigos e carros.

20. Qual sonho você gostaria de realizar?

Montar e conservar um time de gestão para perpetuação das minhas empresas para quando eu não tiver mais energia para gerir.

21. Qual mensagem de motivação gostaria de deixar para os leitores deste livro?

Levante pela manhã e permita que esta frase ecoe na sua mente: "Hoje é um novo dia, uma nova forma de pensar e de agir".

22. Com base em suas memórias, qual o legado que você gostaria de deixar para a humanidade?

Não importa filho de quem você é, onde você resida, sua cor, sua raça, o que importa é que você defina seus objetivos e lute com todas as suas forças para alcançá-los, lembrando que o poder da mente remove todos os obstáculos da sua vida.

Quando você perceber o sucesso em alguém, pode ter certeza, houve muito estudo, muita dedicação, muitas noites sem dormir, muita restrição ao convívio familiar, e muitos "nãos" foram recebidos na vida, e para finalizar, NÃO DESISTA NUNCA, e nunca desrespeite um ser humano.

Galeria de fotos

Belizia Gaulia Costa

Empresa:
C.O.N. - Oncologia, Hematologia e Centro de Infusão

Função:
C.O.O.- Chief of Operations Office; Diretoria de Operações e Comercial

1. **Como e onde você iniciou a sua trajetória profissional?**

   Minha história na área de saúde hospitalar começou nos anos 90, ainda muito jovem, não tinha noção de qual carreira iria seguir, ou tão pouco se seria feliz com minhas escolhas, estava em busca de emprego e oportunidade. Nesse momento de procura, tive a chance de começar em um hospital de porte médio na zona sul, que abriu suas portas e me proporcionou uma oportunidade única, ter acesso a uma estrutura médico-hospitalar com toda a sua dinâmica e complexidade.

2. **Quais os principais desafios e resultados que você vivenciou ao longo da sua carreira?**

   Nos últimos 25 anos, acompanhei mudanças constantes na área de saúde hospitalar, como o surgimento de planos de saúde, fusões de conglomerados, verticalizações, aquisições e incorporações. Os atores nesse mercado estão sempre em movimento. O desafio era sobreviver nesse oceano com um mar muito revolto, em ambiente político-empresarial indefinido. Então, nesse cenário de incertezas, a cada novo resultado, seja financeiro ou estratégico, entendia que o principal objetivo era a perenidade das empresas. Durante minha trajetória, pude obter resultados positivos em todas as empresas que atuei, implementando diferenciadas ferramentas e modelos de gestão até então pouco aplicados no setor de saúde, como o *Just in Time*, o *Balance Score Card* e *Aging Lists*.

3. **Quem da sua história de vida inspirou/motivou em sua carreira?**

   Minha história de vida começou no Nordeste, precisamente em Campina Grande, na Paraíba. Cresci em uma família simples e cercada de muitos parentes. Como todo bom nordestino, aprendemos a admirar homens e mulheres que escreveram suas histórias, mudaram conceitos e deixaram um legado para o Brasil, como: Ariano Suassuna, Assis Chateaubriand e Graciliano Ramos. Nesse contexto, posso afirmar que minha grande inspiração foi minha avó, Eliza Pedrosa, esposa e mãe que tinha vontade de viver de forma plena, visto que era paraplégica e faleceu no ano de 1986, tenho em minha memória seus ensinamentos: que todas as mulheres devem se valorizar; conquistar seu espaço através dos estudos e do trabalho, com perseverança e independência.

   Hoje, minha maior motivação de estar sempre perseguindo novos desafios e projetos, sem dúvida, é a minha família, meu marido e meu filho, que estão sempre ao meu lado e me apoiam em todas as minhas decisões.

4. **Alguma história na gestão de pessoas que você gostaria de compartilhar?**

   Ao longo da minha carreira, convivi com muitos profissionais focados, com diferentes histórias de vida, que sempre buscaram a superação. Seria injusto citar apenas uma, porém o que sempre prevalece nessas relações é a mensagem de que precisamos continuar acreditando que na vida vale a pena ser honesto, estudar, trabalhar, e que é preciso construir o caráter, a família, as amizades e os amores, tendo assim uma vida equilibrada.

5. **Alguma história de relacionamento com o cliente que você gostaria de destacar?**

   Na minha história de saúde hospitalar, meu principal cliente é o paciente oncológico, nesse sentido, as histórias são recheadas de emoções, alegrias, perdas, superações e ensinamentos. Aprendemos a cada dia que é preciso ter fé e esperança, ser útil à sociedade e solidário ao próximo. Essa é uma realidade maravilhosa do meu dia a dia.

6. Quais dicas você daria para aqueles que estão iniciando a carreira profissional?

Acredite em você e no seu potencial, trabalhe muito, estude muito, tenha sempre uma inquietude no saber, fique atento às oportunidades, valorize-se e não se acomode com o *status quo*. Esteja sempre preparado para surpresas boas e não tão boas, só no dicionário a palavra sucesso vem antes de trabalho.

7. Ao recrutar um profissional, quais características comportamentais você considera fundamentais?

No modelo atual de gestão empresarial, as organizações necessitam cada vez mais de pessoas multifacetadas, que tenham um comportamento adaptável para lidar com os diversos processos e se adequem às normas da empresa. Dentro dessa perspectiva, é desejável que o candidato tenha: proatividade, pensamento crítico, senso colaborativo, agilidade, pensamento analítico, valores, curiosidade, inovação e imaginação, além do senso de hierarquia. Às vezes, o candidato não preenche todas as habilidades, mas sempre devemos levar em consideração que a vontade de aprender pode contar a favor do candidato e garantir sua contratação.

8. Qual legado você gostaria de deixar para a sociedade?

Como executiva, entendo que meu legado profissional e pessoal será sempre de superação, estou sempre em busca de novos desafios com uma inquietação e vontade de aprender todos os dias, novos processos, novos sistemas e novas oportunidades. Hoje também sou docente, e a troca de experiências com meus alunos e colegas professores sempre deixará um legado, bem como minha relação com os diversos atores da área de saúde hospitalar.

9. Quais os reflexos das práticas de cidadania empresarial para organizações, profissionais e sociedade?

Na gestão em saúde, os reflexos das práticas da cidadania empresarial são sentidos quase instantaneamente. Apesar de muitos atores envolvidos e da dinâmica dos processos, as ações afetam de forma direta e automática a todo o conjunto das organizações, profissionais e sociedade. Temos que entender que estamos falando de ciência e economia, saúde das pessoas e perenidade das empresas, todos os elos estão interligados. A cidadania empresarial na área de saúde se reflete nos valores éticos que expressam sua missão, a responsabilidade social incorpora a cidadania em geral, trabalhando para permear a construção de uma sociedade mais igualitária no quesito saúde.

10. Cite alguns líderes que, em sua opinião, são inspiradores.

Ao longo de minha carreira, trabalhei com alguns líderes inspiradores, empresários e médicos de sucesso, nesta caminhada tive a oportunidade e o prazer de conhecer o médico oncologista Dr. Mixel Tenembaum, me sinto orgulhosa em conviver com uma pessoa tão incrível, um profissional de uma retidão ímpar e um líder que tem em sua simplicidade uma enorme capacidade de inspirar pessoas, isso somado a sua incrível história de vida, de superação, muito trabalho e sucesso.

11. Como você define o papel da liderança?

Por muito tempo, se discutiu o papel do chefe e o papel do líder. Entendo que a liderança tem diversas faces, sendo a mais fundamental gerar bons resultados, porém, com a chegada de novos processos, mais informações e o avanço da tecnologia, houve uma mudança de paradigmas e uma nova visão de liderança se consolidou. Hoje liderança é ter metas claras, motivar colaboradores, trabalhar em equipe, assumir responsabilidades, oferecer *feedbacks* construtivos, ser atuante, delegar, se comunicar, lidar com pessoas e buscar resultados.

12. O que você faz para se manter motivada?

Cada profissional tem seu jeito de se manter motivado, eu estou sempre em busca de equilíbrio, resiliência, organizando ideias e atividades, estabelecendo metas, valorizando meu trabalho, buscando *feedbacks* com meu CEO, presidente e conselheiros, construindo relacionamentos com amigos e convivendo intensamente com minha família.

13. Qual a importância da inovação nas organizações?

Na área de saúde hospitalar e ambulatorial, inovação é quase uma constante, um campo em expansão com possibilidades e expectativas constantes. Tecnologias atuais e futuras podem ser aplicadas no dia a dia das clinicas, consultórios e hospitais, melhorando a qualidade dos cuidados com os pacientes, bem como a *performance* das empresas; podemos citar como vantagens: redução de custos, monitoramento remoto dos pacientes, diminuição do tempo de internação, maior produtividade, simplicidade, maior conviência e autonomia do paciente, *big data*, telemedicina, realidade virtual, *internet* das coisas na saúde, *block chain*, inteligência artificial, impressão 3D, biossensores, rastreadores, genoma etc.

14. Como você realiza o *networking* de maneira efetiva?

Atuando há quase 25 anos na área médico-hospitalar e ambulatorial, minha *network* se formou através do tempo, pois tenho pares em hospitais, clínicas, ambulatórios, indústria farmacêutica, planos de saúde, e nos encontramos para trocar experiências e informações nos congressos, simpósios, reuniões científicas, salas de aula e redes sociais, enfim, são amigos e colegas que estão sempre em movimento e existe uma conexão quase que automática.

15. Do que você sente saudades?

Acredito que, para a maioria de nós, a saudade está ligada ao subconsciente, à infância, fase das brincadeiras, dos amigos de bairro, da ingenuidade, das descobertas, e do não saber o quanto é difícil aprender e sobreviver na fase adulta.

16. Do que você tem orgulho?

Da minha trajetória, do meu aprendizado, das minhas vitórias e, sem dúvida, do meu filho Bernardo Gaulia.

17. Qual o significado da palavra felicidade?

Felicidade sempre será um estado de espírito, simples assim, nem mais, nem menos, o suficiente para ser feliz.

18. Qual a sua citação favorita e por quê?

"O caminho mais difícil sempre será o caminho do meio, o caminho do equilíbrio." Porque dentro das relações humanas, na sociedade, entendo que essa é a melhor forma de viver.

19. Quais são seus *hobbies* preferidos?

Neste momento de *home office*, temos trabalhado muito, quase não sobra tempo para *hobbies*, quando possível, tento ficar com a família e curtir o meu filho, fazer ioga, malhar nas horas possíveis, ler e assistir aos vídeos de Leandro Karnal.

20. Qual sonho você gostaria de realizar?

Isso eu já realizo todos os dias, quando acordo e vejo meu filho crescer e se tornar um jovem promissor, junto com minha família vivemos momentos incríveis.

21. O que você aprendeu com a vida que gostaria de deixar registrado nesta obra?

Sempre que posso, costumo fazer uma reflexão da minha história e entendo que a vida me ensinou a ser forte, superar dificuldades, ser resiliente, uma mãe e esposa melhor sempre, nesta obra, gostaria de deixar um depoimento sincero de uma pessoa e profissional ética e justa.

22. Qual mensagem de motivação você gostaria de deixar para os leitores deste livro?

"Lutem sempre, até cordeiros virarem leões". Estudem muito, trabalhem muito, tenham ética e sejam justos, escrevam as suas histórias com equilíbrio e solidariedade, e nunca se esqueçam dos pequenos e grandes prazeres da vida.

23. Com base no que você vivenciou, ao longo de sua vida corporativa, qual o segredo do sucesso para ir da teoria ao topo?

Não tem segredo, tenha muito trabalho, muito estudo e uma busca constante por uma vida saudável e equilibrada.

Galeria de fotos

Bruno Rey

Empresa:
Olos Tecnologia

Função:
CSO

1. Como e onde você iniciou a sua trajetória profissional?

Iniciei minha trajetória profissional aos 17 anos de idade, no departamento jurídico da Lello Condomínios, como estagiário de Direito.

2. Quais os principais desafios e resultados que você vivenciou ao longo da sua carreira?

Até aqui, separo minha carreira em três etapas importantes. A primeira delas ficou marcada pela minha passagem como executivo pelo setor bancário, por grandes instituições, e a segunda no setor de tecnologia. A terceira iniciou-se em 2016, quando decidi empreender, fundei minha primeira empresa e, posteriormente, ingressei como sócio e investidor em outras frentes. Sem dúvida alguma, o primeiro grande desafio que tive em minha carreira foi migrar para o setor de tecnologia, após consolidação executiva no setor bancário. O segundo grande desafio aconteceu exatamente no início de 2016, quando, com muita coragem, decidi deixar a carreira executiva e empreender. Como resultados marcantes, destaco o meu primeiro desafio como diretor, em uma das empresas de tecnologia pelas quais passei, onde, em três anos, eu e meu time dobramos o número de clientes da base e triplicamos o faturamento da empresa. O segundo resultado marcante para mim foi quando empreendi pela primeira vez, começando do ponto zero e conseguindo em três meses de vida da empresa atingir o *breakeven* e, após um ano da fundação, ter quase 15 clientes potenciais na base ativa.

3. Quem da sua história de vida inspirou/motivou em sua carreira?

Sem dúvida alguma, minha mãe Silvia Geraldes, uma guerreira, por toda a garra e dedicação, e meu avô Manoel Geraldes, pessoa simples, sem muito estudo, mas com um conhecimento de vida prática incomparável e muito carisma, um ser humano fantástico.

4. Alguma história na gestão de pessoas que você gostaria de compartilhar?

Não necessariamente alguma história específica, o que me deixa muito realizado e feliz é saber das histórias de executivos que trabalharam comigo, em minhas equipes, e atualmente ocupam cargos de confiança e gestão em conceituadas instituições.

5. Alguma história no relacionamento com o cliente que você gostaria de destacar?

Em minha primeira passagem por uma das empresas de tecnologia que atuei, na função de *account manager*, chegando cru e sem *know how* nesse segmento, assumi uma carteira de clientes pequena com contas de baixa rentabilidade e, em uma delas especificamente, que estava num momento de crise e estávamos praticamente perdendo a conta, percebi potencial de reversão. Resumidamente, passei quase um ano fazendo um trabalho de reconquista e relacionamento, desde a copeira até o CEO desse cliente. Dentro de minha empresa era uma conta totalmente desacreditada e que todos davam como perdida. Com paciência, jeito e escutando todas as dores profissionais e principalmente pessoais de alguns colaboradores do cliente, fui ganhando a confiança de cada um e, ao final de um ano que eu havia assumido, a conta tornou-se a de maior rentabilidade e com o segundo maior faturamento da empresa.

6. Quais dicas você daria para aqueles que estão iniciando a carreira profissional?

Investir em autoconhecimento e ser um bom ser humano, antes de ser um excelente profissional.

7. Ao recrutar um profissional, quais características comportamentais você considera fundamentais?

Olho no olho, caráter, dedicação e proatividade em função do todo.

8. Qual legado você gostaria de deixar para a sociedade?

Ao longo de nossa vida pessoal e profissional, vivemos muitas experiências, positivas, construtivas, cada qual em seu momento e, à medida que avaliamos e somatizamos isso, chegamos a algumas conclusões. E o que aprendi me faz querer ser justo, fazer o bem, eu tenho a intenção de construir um mundo melhor, colaborar com as pessoas profissional e pessoalmente, torná-las também pessoas melhores, afinal, se cada um fizer um pouco, podemos, por que não, sonhar com esse mundo melhor.

9. Quais os reflexos das práticas de cidadania empresarial para organizações, profissionais e sociedade?

Exposição saudável, satisfação e conscientização.

10. Cite alguns líderes que, em sua opinião, são inspiradores.

Steve Jobs, por sua crença, persistência e legado, e Paulo Godoy, CEO e fundador da Olos, que tem uma história de vida e de superação pessoal e profissional fantástica, a qual acompanho desde os 5 anos de idade.

11. Como você define o papel da liderança?

Ser líder não é ser chefe, ser líder é ser admirado, ser seguido, liderança não se impõe, se conquista. O papel da liderança é ser verdadeiro, ser justo, dar *feedbacks* positivos e construtivos para ajudar, ser o ombro de consolo nos momentos complicados ou difíceis.

12. O que você faz para se manter motivado?

Tento sempre manter o equilíbrio entre a vida pessoal e a profissional. Existe tempo e momento para tudo, não adianta estar num momento profissional maravilhoso e se furtar de aproveitar os momentos pessoais, e vice-versa. Nada se sustentará sem esse equilíbrio, cedo ou tarde, faltará motivação.

13. Qual a importância da inovação nas organizações?

Como nunca, inovação nas organizações hoje é fundamental. Sempre foi, mas com a transformação digital e com as novas gerações que chegaram e chegarão, as mudanças têm acontecido muito depressa e as organizações que não estão se preparando e inovando estão parando no tempo, temos diversos exemplos de gigantes que morreram e morrerão em virtude de acomodação e falta de inovação.

14. Como você realiza o *networking* de maneira efetiva?

Todos os momentos são importantes e oportunos para realizar o *networking* de maneira efetiva. Não existe momento único de realizá-lo, é importante fazê-lo no dia a dia, profissionalmente, principalmente em momentos descontraídos, fora do ambiente de trabalho, que é onde a maioria se sente mais à vontade. Fazê-lo de forma sincera acaba sendo ainda mais efetivo, tenho convicção de que quem está do outro lado deseja estar por prazer e não necessariamente por uma posição ou função que o outro ocupa.

15. Do que você sente saudades?

De meu avô, Manoel Geraldes, meu maior exemplo de superação, caráter e carisma.

16. Do que você tem orgulho?

Eu me orgulho da garra, persistência e principalmente da coragem que tive em passagens importantes da vida para encarar desafios que marcaram e mudaram minha trajetória.

17. Qual o significado da palavra felicidade?

Para mim, felicidade é satisfação, realização, sensação de bem-estar, de equilíbrio, é estar em paz interior e espiritual.

18. Qual a sua citação favorita e por quê?

Tenho duas citações favoritas, uma delas é: *"Na natureza nada se cria, nada se perde, tudo se transforma"*, de Antoine Lavoisier; e a outra é: *"Liderança não se impõe, liderança se conquista"*.

19. Quais são seus *hobbies* preferidos?

Viajar, sem dúvida alguma, é meu *hobby* preferido, adoro conhecer novos lugares ao redor do mundo, culturas diferentes, história, etc. Outro *hobby* simples, mas que gosto demais e me faz muito bem, principalmente mentalmente e espiritualmente, é jogar meu futebol às terças e quintas-feiras, e logo em seguida fazer aquele velho e bom churrasco com os amigos, bater papo é bom demais.

20. Qual sonho você gostaria de realizar?

Embora já participe de algumas ações, pretendo construir ou participar mais incisivamente de alguma instituição focada em ajudar na evolução do ser humano, na aquisição de mais conhecimento, na fé e, ainda, tornar cidadãos melhores, que pensem em fazer cada vez mais o bem ao próximo.

21. O que você aprendeu com a vida que gostaria de deixar registrado nesta obra?

Aprendi que a felicidade está nas coisas simples. Ter ambição é necessário e talvez tenha sido o que me trouxe até aqui. Quando iniciei minha trajetória sonhava com muitas coisas, sonhava em crescer, construir equipes, chegar ao topo, conquistar e aumentar patrimônio etc. Acredito que tenha conseguido atingir boa parte dos meus desejos, mas quando cheguei a eles, vi que aquilo não era o essencial, não era o fundamental. Isso é muito bom, óbvio, mas existem muitas coisas mais importantes, e o que eu aprendi com a vida é que outras coisas muito mais simples me fazem muito mais feliz, me fazem mais realizado, contribuir e escutar as pessoas, colaborar com o próximo, entrar nos problemas e ajudar de alguma forma a encontrarem a saída, enfim, para mim, o essencial, o fundamental hoje, é "servir".

22. Qual mensagem de motivação você gostaria de deixar para os leitores deste livro?

Acreditem em seus sonhos, em seu potencial, tenham fé, tenha garra, lutem por seus ideais, nunca desistam e sempre estejam dispostos a aprender, tenham sabedoria.

23. Com base no que você vivenciou, ao longo de sua vida corporativa, qual o segredo do sucesso para ir da teoria ao topo?

Garra, persistência, determinação, fé, coragem.

Por fim, gostaria de agradecer e dedicar também minha participação nesta série biográfica à minha querida esposa Marcella Peixoto Sellinas Rey, mãe de nosso Matteo Sellinas Rey, a qual sempre esteve ao meu lado em todos os momentos e acompanhou de perto minha trajetória com muito amor, paciência, respeito e parceria.

Galeria de fotos

Carlos Alberto de Souza

Empresa:
JABRA

Função:
Country Manager

1. **Como e onde você iniciou a sua trajetória profissional?**

   Iniciei minha trajetória em uma estatal, concessionária de energia elétrica, desempenhando por dez anos um trabalho de pesquisa para eletrificação rural, em seguida, atuei por mais cinco anos no setor de desenvolvimento de sistemas, atuando como programador e analista de sistemas. Deixei a empresa para empreender, mas recebi uma proposta para atuar no segmento de *call center*. Atuei como gerente de operações, com a responsabilidade de mais de 900 colaboradores, mas recebi o convite para atuar na área comercial, desse mesmo *outsourcing*, e na sequência, em empresas de tecnologia. Estou na empresa atual há dez anos, sendo o funcionário número 1 da América Latina, dando o *start up* da empresa na região. Hoje, consegui posicionar a empresa como número 1 no país.

2. **Quais os principais desafios e resultados que você vivenciou ao longo da sua carreira?**

   Tive vários desafios:

   • Em empresa de *contact center*, montar uma operação de 500 colaboradores em 30 dias e, como resultado, em 90 dias ter o maior faturamento da empresa;

   • Por duas vezes, dei *start up* comercial em empresas estrangeiras no Brasil, iniciando operações do marco zero. A primeira empresa está consolidada no mercado, e muito bem posicionada, e na empresa atual, a Jabra, posicionei-a em primeiro lugar, sendo a maior do segmento no país, com médias de crescimento maiores que dois dígitos, e no último ano calendário, crescimento de 70%, na contramão das empresas de tecnologia.

3. **Quem da sua história de vida inspirou/motivou na sua carreira?**

   Minha família. Minha esposa e filhos sempre me incentivaram muito, e superar desafios e dificuldades me motivava no dia a dia.

4. **Alguma história na gestão de pessoas que você gostaria de compartilhar?**

   Eu acredito que gerir pessoas é uma das atividades que mais gosto. Formar profissionais, formar times, motivar as pessoas a dar o seu melhor e, claro, colocar cada jogador na posição que melhor desempenha é algo que me agrada. Eu penso que falar de resultados pessoais atingidos por meio do grupo não é a melhor coisa a ser compartilhada, mas minha mensagem é que tive muitos funcionários que ajudei a formar, que estão ocupando posições importantes dentro das empresas.

5. **Alguma história de relacionamento com o cliente que você gostaria de destacar?**

   Venho desempenhando um trabalho B2B há dez anos, mas entendo que todos os clientes são importantes e merecem a sua atenção. Tenho mais de 3.200 clientes no Brasil, todos eles indiretos, mas tive o privilégio de conhecer mais de 80% deles, pessoalmente.

6. **Quais dicas você daria para aqueles que estão iniciando a carreira profissional?**

   Eu acredito que as gerações que estão vindo são muito mais bem preparadas, mais conectadas, falam mais de um idioma, enfim. Tecnicamente, um passo adiante. Minha observação é com relação ao aprendizado. Temos que aprender sempre, se atualizar, nunca entrar em zona de conforto. Se conhece mais coisas, podemos assumir novos desafios e, claro, novos desafios remetem à ascensão profissional. Só avança quem dá passos adiante.

7. Ao recrutar um profissional, quais características comportamentais você considera fundamentais?

A primeira é com relação à ética. Sempre efetuo algumas perguntas direcionadas a esse tópico, onde consigo avaliar situações futuras. Acredito também em positividade e automotivação, me agradam muito as pessoas positivas, que sempre observam as coisas pelo melhor cenário.

8. Qual legado você gostaria de deixar para a sociedade?

Avaliando toda a minha trajetória, todas as conquistas e também as situações dificultosas, verifico que a maneira como se tratam as pessoas faz toda a diferença. Minhas experiências me ajudaram no autoconhecimento e isso me ajuda nas atitudes, em como motivar com boas palavras, em como exigir um pouco mais, sem que a pessoa se sinta ofendida, mas, sim, fazer que cada um faça um pouquinho a mais por você, e esse pouco a mais possa resultar em incrementos para a empresa e para a pessoa, no futuro.

9. Quais os reflexos das práticas de cidadania empresarial para organizações, profissionais e sociedade?

Somos corresponsáveis pela sociedade em que vivemos, não somente para criar programas sociais ou algo relacionado, mas atitudes que orientem e deixem as pessoas socialmente mais responsáveis. Isso pode inclusive auxiliar a ter lideranças mais conscientes. Na nossa empresa, todos os materiais são recicláveis, os produtos são construídos com materiais biodegradáveis, e tudo pensado na preservação.

10. Cite alguns líderes que, em sua opinião, são inspiradores.

Gosto muito de Walt Disney, por ser um grande visionário e pensar que as pessoas que estão com você podem fazer a diferença. Uma segunda opção é Silvio Santos, não pela sua habilidade em comunicação, mas sim pela sua trajetória e início empresarial. Uma brasileira que me agrada é Luiza Trajano, pela capacidade em empreender.

11. Como você define o papel da liderança?

Acredito que em toda nossa vida, para toda busca existe um ato de liderança a ser seguido. Em casa, no trabalho, no lazer, no esporte, sempre existe uma inspiração. Por isso, acredito que liderança é um ato de motivar e orientar, colocar as peças no seu devido lugar, avaliar os riscos, os desvios, e pensar assertivamente. Liderança é uma facilitação do grupo. Dar exemplos e ser seguidor por suas atitudes.

12. O que você faz para se manter motivado?

Tenho sonhos, assumo novos desafios e coloco metas para realizar. É um processo de autoconhecimento, pois, como líder, não tem como ter um grupo motivado se não se demonstrar assim.

13. Qual a importância da inovação nas organizações?

Sempre comparo as empresas com os carros de Fórmula 1, se em um ano é o carro mais rápido, na próxima temporada deve haver incrementos e novos recursos, pois se andar na mesma velocidade, ficará para trás. Neste mundo globalizado, onde as informações são em tempo real, as empresas têm que se preocupar com as tendências e em como será o comportamento do consumidor e do mercado futuro. Todo planejamento deve ter métricas inovadoras para curto, médio e longo prazos, pensando ainda no risco de antecipação.

14. Como você realiza o *networking* de maneira efetiva?

Visito a maioria dos meus clientes e *prospects*. Faço FUP, utilizo todas as ferramentas de comunicação e interação, telefone, *softphone*, mídias sociais corporativas. Participo e palestro em seminários e eventos. Efetuo *workshops* e, dentro do possível, sempre entro em contato com as pessoas.

15. Do que você sente saudades?

Eu relaciono saudade à perda, ou seja, o que você nunca mais pode ver, tocar ou conversar. Um membro querido da família que se foi, uma paisagem trocada por uma edificação. De resto, cabe a nós retomar, contatar ou reviver.

16. Do que você tem orgulho?

Profissionalmente, tenho muito orgulho de ter conquistado um espaço no mundo corporativo, ter reconhecimento profissional entre os colegas, mas principalmente por agir corretamente, com ética e honestidade. Pessoalmente, tenho muito orgulho de minha família, da conquista de todos, e da maneira como conduzem a vida.

17. Qual o significado da palavra felicidade?

É um estado de espírito amplo. Para mim, é estar em paz sempre, aproveitar todos os momentos, dos mais simples aos mais sofisticados, ver a beleza na vida, nas pessoas, olhar tudo sempre sob a ótica positiva. Deitar a cabeça no travesseiro e descansar em paz, sem arrependimentos, sem egoísmo, sem vaidade.

18. Qual a sua citação favorita e por quê?

"Você é livre para fazer suas escolhas, mas é prisioneiro das consequências." (Pablo Neruda)

Gosto muito dessa frase. Temos a liberdade de escolha na nossa vida, em todos os aspectos, entretanto, tudo tem um resultado.

19. Quais são seus *hobbies* preferidos?

Gosto muito de futebol, gosto de estar com amigos, jogar baralho e jogos de tabuleiro.

20. Qual sonho você gostaria de realizar?

Escrever um livro.

21. O que você aprendeu com a vida que gostaria de deixar registrado nesta obra?

Minha maior lição de vida foi que, por mais que tenhamos muita inspiração e facilidade com qualquer coisa, para alcançar algum objetivo temos que ter dez vezes mais transpiração. Não existe resultado por sorte, tem que ter um trabalho árduo anterior.

22. Qual mensagem de motivação você gostaria de deixar para os leitores deste livro?

Não tenha medo de errar, se acontecer, aprenda para que não haja reincidência, arrisque com responsabilidade, assuma novos desafios e comemore as conquistas, ciente de que a próxima vai lhe custar muita dedicação, mas isso é o que motiva.

23. Com base no que você vivenciou, ao longo de sua vida corporativa, qual o segredo do sucesso para ir da teoria ao topo?

Dedicação. Acho que o mundo corporativo é muito competitivo, mas as pessoas algumas vezes não têm paciência para ter a sua oportunidade. Tentam mudar muito rápido e algumas vezes tentam antecipar um desafio sem que estejam preparadas.

Aprendizado e capacitação contínuos, e um passo de cada vez.

Galeria de fotos

facilidade com qualquer coisa, pra começar algumas vezes o cansaço me fez vezes mais transpiroto. Não sei se a sociedade é acolhedora ou leva em conta habilidades interior.

22- Qual mensagem de motivação você gostaria de deixar para os leitores deste livro?

Não tenha medo de errar, se acertar, compartilhe para que haja remodelação, arrisque com responsabilidade, assuma novos desafios, estude, conquiste o certo de dizer eu provei o vento na cara, ontem foi diferente de hoje e amanhã.

23- Com base no que você vivenciou, ao longo de sua vida começar atrás, qual o segredo do sucesso para ir da teoria ao topo?

Dedicação, velho jp o mundo corporativo é muito competitivo, mas as pessoas algumas vezes não tem vontade mas tem isso porém...bla bla bla, dedicação muito rápido e algumas vezes trabalhe o dobro, dedicação sem querer, pra pegar isso.

Aprendizado e chances dão muitos trampolins. Jp.j.a.

Unidade de laúde

Carlos Caselli

Empresa:
Banco Digio S/A

Função:
CTO e COO

1. Como e onde você iniciou a sua trajetória profissional?

Recém-graduado como engenheiro aeronáutico pelo ITA, iniciei a minha carreira profissional em 1995 no Banco de Investimentos Garantia S/A, criado por Jorge Paulo Lemann. Entrei na área de *Fixed Income Research*, atuando inicialmente na previsão de índices de inflação para apoiar a mesa de Tesouraria do banco, e em seguida passei a suportar a análise de preços de títulos da dívida externa brasileira (*Brady Bonds*), para a mesa de *Trading Offshore*. Seja na etapa acadêmica, seja na primeira experiência profissional, eu não tinha total clareza da carreira a seguir, mas sentia uma necessidade de me desafiar para crescer.

2. Quais os principais desafios e resultados que você vivenciou ao longo da sua carreira?

Os principais desafios que encontrei ao longo da minha carreira foram os seguintes:

• **Escolha da carreira:** não é trivial para um jovem de 17 anos definir para onde seguir tão jovem. Principalmente quando ele acredita (equivocadamente) que não pode errar. Eu vivi a experiência de escolher uma carreira universitária e, na vida profissional, seguir por dois caminhos distintos ao da universidade, e ambos foram fundamentais para o meu amadurecimento pessoal e profissional.

• **Passagem do ambiente estudantil, que é mais colaborativo, para o ambiente corporativo, que é mais competitivo:** essa é uma etapa claramente desafiadora para a grande maioria das pessoas. Nesse cenário, se for possível escolher um bom gestor, o caminho é menos cheio de pedras. Pois um bom gestor, que reconhece sua função de inspirar, orientar, desenvolver, pode encurtar muitos processos nesse caminho profissional. Felizmente tive ótimos gestores na minha carreira que foram fundamentais, principalmente para mostrar-me que é possível crescer e desenvolver-se na carreira sendo menos competitivo e mais colaborativo. No fundo, os seres humanos em geral anseiam por isso. E quando encontram essa conduta, às vezes inesperada, em outros, até pessoas naturalmente competitivas mudam algo no seu modo de ser.

• **Aumento crescente de responsabilidade:** fui aprendendo isso durante a caminhada. Ou seja, na vida pessoal e profissional, o caminho natural é que a responsabilidade vá crescendo. Mas é um processo que, apesar de difícil, muitas vezes é belo, pois a responsabilidade cresce à medida que há ombros mais largos para suportá-la, sem que seja um peso. E a beleza está em buscar constantemente esse equilíbrio entre a carga e a capacidade de carregá-la. Venho aprendendo que o prazer é maior quando esse equilíbrio é máximo. Ou seja, ter capacidade e não a usar é desperdício, e, portanto, gera insatisfação. Assim como carregar um peso maior do que o suportável desgasta, esgarça, estressa.

• **Reconhecimento dos elementos que levam aos melhores resultados pensando no todo:** isso também tem muito a ver com a questão da competitividade versus colaboração. Venho aprendendo continuamente que a competição no ambiente colaborativo, que deveria ter como único foco os objetivos da empresa, tem um desgaste de energia extraordinário. Pois é como uma soma de vetores na Física: a energia total aplicada é a soma do tamanho, ou valor absoluto, dos vetores. Mas a resultante depende da direção dos vetores. Portanto, quando todos apontam na mesma direção comum, o resultado é o máximo possível. E quando a competição se sobrepõe aos objetivos comuns, a resultante pode chegar a ser mínima, ou até contrária daquilo que a organização busca.

Todos esses desafios, e o trabalho realizado para enfrentá-los e superá-los, têm gerado resultados muito importantes na minha vida, mas o principal é o crescimento como ser humano: cada vez mais tenho a certeza de que o ambiente profissional tem como objetivo ser um laboratório de desenvolvimento humano. Pois desde que comecei a ter essa consciência, sinto que a evolução em diversos aspectos se acelerou. Ou seja, não se trata simplesmente de um tema de sobrevivência, de trabalhar para pagar as contas. O trabalho profissional ganha outra dimensão quando nos damos conta de que somos todos diferentes e, portanto, temos algo distinto e único para contribuir com a sociedade. Além disso, as dificuldades naturais do relacionamento entre as pessoas nos levam a aprimorar aspectos fundamentais de qualquer ser humano, como paciência, tolerância, respeito, humildade e conhecimento de nós mesmos. E quanto mais desenvolvemos esses aspectos, melhores os resultados próprios e das pessoas no nosso entorno. Pois isso nos leva a tirar o melhor de cada um, principalmente de nós mesmos, o que se reflete em todos os grupos nos quais participamos: com clientes, com colegas de trabalho, na família. É um círculo virtuoso: as coisas melhoram cada vez mais.

3. Quem da sua história de vida inspirou/motivou na sua carreira?

No início da minha carreira, meus pais foram os principais motivadores do caminho que eu escolhi. Eles tiveram uma participação fundamental para fortalecer a minha autoconfiança nessa etapa naturalmente cheia de incertezas que permeia a transição da vida estudantil para a vida profissional. Eles conseguiram ao mesmo tempo me dar liberdade de escolha e servir de apoio para as decisões mais difíceis da minha vida até então. À medida que eu amadurecia e crescia, minha esposa e filhos passaram a ser as minhas maiores inspirações. Principalmente porque minha esposa e eu escolhemos, quando do nascimento de nossos filhos, complementar-nos: depois de quase 15 anos de experiência, ela abriu mão da atividade profissional que exercia para dedicar-se à criação e formação de nossos filhos, e eu me concentrei em atender às necessidades materiais dessa célula familiar que estávamos formando. Com as exigências dos dias de hoje, foi uma decisão muito difícil, os obstáculos encontrados também foram muitos, mas analisando depois, os frutos foram muito positivos. Afinal, essa decisão me impulsionou a alavancar a minha carreira profissional, e nossos filhos tiveram a presença física, o amor, o carinho e a atenção da mãe na etapa mais importante da formação de suas personalidades e valores. A satisfação da minha esposa, ao já ter vivido muito da sua carreira profissional antes dos filhos, e ao poder dedicar-se à formação dos seres mais importantes para quaisquer pais, também foi muito especial. Hoje, vemos em suas condutas que o sacrifício valeu a pena para todos nós, que percebemos em cada um o crescimento como seres humanos que esse processo gerou, e continua gerando.

4. Alguma história de relacionamento com o cliente que você gostaria de destacar?

Durante a minha carreira profissional, tive várias situações com clientes que me fizeram crescer muito. E foram justamente as mais difíceis. Quando eu direcionei a minha carreira para tecnologia, mais especificamente para o desenvolvimento de *software*, comecei a cruzar com pessoas extremamente críticas, diretas e duras. Até enfrentar essas situações, eu buscava inconscientemente as pessoas que eram mais fáceis de lidar. Ou seja, de certa forma, eu buscava conforto. Foi quando essas pessoas começaram a surgir na minha vida profissional que, pela necessidade de enfrentar a situação, comecei a perceber que em vez de "fugir" delas, eu deveria agradecer por ter cruzado com elas no meu caminho. Pois em todas essas situações, o que elas falavam, o que elas criticavam, seja no produto do trabalho, seja nas minhas próprias condutas, fizeram com que eu começasse a me conhecer real e profundamente. E a partir daí começaram a acontecer as mudanças mais importantes, no sentido de aprimoramento do ser, o que gera resultados construtivos não só na vida profissional, como também na vida pessoal. Aliás, um dos grandes aprendizados nessas experiências com clientes ou pessoas que chamamos "difíceis" foi que não existem várias vidas, como por exemplo a profissional ou a pessoal. Existe uma vida só. Somos sempre o mesmo ser, que precisa se manifestar adequadamente em qualquer meio onde estejamos presentes.

5. Quais dicas você daria para aqueles que estão iniciando a carreira profissional?

Buscar fazer aquilo que você gosta, que dá prazer, que você faz naturalmente melhor que a maioria das pessoas que conhece.

Saber que errar a escolha da carreira e/ou da empresa é natural. Alguns acertam de primeira, outros não, porém qualquer dos casos é possível e aceitável, não sendo o primeiro necessariamente melhor que o segundo. Cada um vive as suas próprias experiências necessárias para seguir o seu rio da vida. O maior risco é a comparação com os demais. Essa comparação pode gerar frustrações desnecessárias que só drenam energia e nos desviam do caminho que escolhemos.

Dedicar-se, buscar sempre dar o melhor de si, seja nos estudos, na vida profissional, na vida pessoal ou afetiva. Simplesmente ter potencial não gera felicidade. Mas dar utilidade para o potencial existente gera felicidade para si e para os demais. E somente acionando esse potencial é que nos damos conta de que é assim que ele cresce cada vez mais.

Nenhum dos anteriores tem qualquer valor se o que você fizer não for feito com respeito. Respeitar é dar importância para tudo e para todos. Busque respeitar todas as pessoas, as oportunidades, inclusive os erros cometidos que servirão de alavanca para o autoaprimoramento.

6. Ao recrutar um profissional, quais características comportamentais você considera fundamentais?

As características comportamentais que mais busco em um profissional são a colaboração, a vontade de crescer, o respeito, a responsabilidade, a humildade e a resiliência no sentido de ver oportunidades de crescimento e autoaprimoramento em qualquer problema ou obstáculo encontrado.

7. Qual legado você gostaria de deixar para a sociedade?

Eu gostaria de estimular, de gerar oportunidades, para que cada pessoa com quem cruze na vida profissional e na pessoal possa ser cada vez melhor em todas as dimensões da vida de qualquer ser humano: em conduta, em relacionamentos afetivos, no ambiente profissional, na família, no grupo de amigos, enfim, em tudo. E principalmente fazê-las ver o que tenho tido a oportunidade de ver cada vez mais: que existe um caminho, uma forma de ser que leva a estados de felicidade crescentes, quando o que fazemos beneficia não somente a nós mesmos, mas a todo o nosso entorno. É quando percebemos que todos nós podemos ser úteis para todos os demais, e que podemos aprender de tudo e de todos.

8. Quais os reflexos das práticas de cidadania empresarial para organizações, profissionais e sociedade?

Assim como acontece com as pessoas, as organizações, particularmente aquelas que têm representatividade e se tornam marcas admiradas, passam a ter uma responsabilidade adicional pelo exemplo que dão e que é observado pela sociedade. Portanto, para estarem em conformidade com essa responsabilidade crescente, é fundamental que elas busquem cultivar e praticar os valores que constroem um mundo bem melhor. Ou seja, valores nobres que dignificam o ser humano e o meio em que vivemos, ou seja, todos os seres e todo o planeta.

9. Cite alguns líderes que, em sua opinião, são inspiradores.

Os líderes contemporâneos e conhecidos de todos que admiro muito são Mahatma Gandhi e Nelson Mandela. Seus exemplos de vida, tão recentes e próximos da nossa sociedade moderna, geram a esperança, para toda a humanidade, de que é possível viver em paz e harmonia num mundo com tantas complexidades e diferenças. Buscar seguir seus exemplos, ainda que seja em coisas aparentemente pequenas, gera esperança para muitos outros que estão próximos de nós.

10. Como você define o papel da liderança?

A liderança cumpre vários papéis. Os que mais destaco são inspirar, orientar, dar a direção, apoiar, desenvolver, tirar obstáculos, compor e conciliar. Claramente são ações muito desafiadoras, pois somos humanos e, portanto, temos altos e baixos, momentos bons e ruins, enfim, temos aquelas oscilações naturais. Porém ter claro esses papéis nos ajuda a pelo menos atuar corretamente a maior parte do tempo. Às vezes, quando falamos de liderança, as exigências parecem ser as de um ser quase perfeito, ideal, o que claramente não é viável. Por isso, os próprios líderes devem estar conscientes de que vamos falhar, mesmo dentro desses papéis fundamentais. Porém é necessário entendê-los para que possamos corrigir as nossas condutas rapidamente e seguir em frente. Todos nós precisamos de um porto seguro para atracar nos momentos mais difíceis. Se tivermos esse porto seguro em nossas mentes, dentro de nós, a correção de rota será mais rápida e consistente.

11. O que você faz para se manter motivado?

Eu aprendi com um grande mestre, Dr. Celso Charuri, que é importante ter um objetivo tão grande, tão grandioso, que seja maior do que a duração de nossas vidas. Dessa forma, estaremos sempre motivados a trabalhar por esse objetivo. E é um objetivo assim que me move, que me motiva a seguir adiante, não importa o que aconteça.

12. Do que você sente saudades?

Durante o período de minha vida profissional no qual estive no Itaú BBA, tive o privilégio e a oportunidade de viver por quase seis anos em Bogotá, na Colômbia, para liderar, sob a gestão do CEO da operação local, a implantação da *startup* da operação de atacado no país. Foi um dos melhores períodos da minha vida em todos os aspectos que se possa imaginar: na família, porque nos uniu e nos fortaleceu, na vida profissional, porque me desafiou no limite da minha capacidade, e no pessoal em geral, pois conheci pessoas muito especiais com quem convivi e aprendi tanto que sinto que voltei um outro ser humano dessa experiência, que era aparentemente "somente" um grande desafio profissional. Eu diria até que, mais do que saudades, eu sinto uma gratidão eterna por ter recebido do Alto esta oportunidade tão bela de aprimorar-me como ser humano, de poder ter compartilhado esta possibilidade com a minha família e com amigos tão especiais, e de poder trabalhar por um propósito que vai muito além de uma atividade profissional.

13. Do que você tem orgulho?

Felizmente de muitas coisas: da minha família, que considero um presente divino, dos amigos que tenho e com os quais trabalho por um mundo bem melhor, do fato de reconhecer as minhas limitações e meus erros, e querer aprender cada vez mais, e de hoje trabalhar no Banco Digio, de longe o melhor lugar no qual já trabalhei e onde encontrei pessoas que, além de excelentes profissionais, têm valores humanos tão sólidos e nobres que me dão cada vez mais a certeza de que o ambiente profissional, corporativo, pode ser gerador de tanto aprendizado, alegria e satisfação como os demais meios que chamamos de "vida pessoal".

14. Qual o significado da palavra felicidade?

Do grande mestre que já mencionei, aprendi que a verdadeira felicidade só poderá ser encontrada quando descobrirmos que a maior felicidade é DAR felicidade.

15. Qual a sua citação favorita e por quê?

"Temos por princípio evoluir o homem, porque não acreditamos que o homem seja produto do meio, mas sim que o meio é produto do homem" (Dr. Celso Charuri). Essa é a minha citação favorita, pois ela me dá a certeza de que somos responsáveis por tudo o que acontece conosco. Não somos vítimas, mas sim os autores do nosso Livro da Vida. Se queremos um meio melhor, um mundo melhor, temos que começar necessariamente evoluindo a nós mesmos.

16. Quais são seus *hobbies* preferidos?

O que mais gosto é conviver com a família e com os amigos. Também aprecio muito ir ao cinema com a família. Finalmente, gosto muito de fazer exercícios físicos sozinho, pois esse é o meu momento de refletir sobre a vida, sobre mim mesmo, sobre os demais, e de ordenar meus pensamentos.

17. O que você aprendeu com a vida que gostaria de deixar registrado nesta obra?

Eu aprendi que não estamos aqui por acaso, que existe uma razão de vida Superior, que aquele que acredita que tem mais capacidade se plenifica quando usa essa capacidade para suprir a necessidade daqueles que têm menos. Que o autoconhecimento é o caminho para que vejamos além de nós mesmos. E que tudo isso aplicado na vida em geral, e particularmente no ambiente profissional, leva a estados crescentes de alegria, satisfação e felicidade. Sentimos crescer a nossa utilidade em todos os meios.

18. Qual mensagem de motivação você gostaria de deixar para os leitores deste livro?

Eu gostaria de dizer que vale a pena o esforço para aprender sempre, para aprimorar-se como profissional, mas principalmente como ser humano, cultivando valores nobres como o respeito a tudo e a todos. Que errar é natural e, se analisados os erros, o aprimoramento é cada vez maior e benefícios são gerados para todo o entorno.

19. Com base no que você vivenciou, ao longo de sua vida corporativa, qual o segredo do sucesso para ir da teoria ao topo?

Eu acredito que o "topo" é o momento ou período de máxima satisfação profissional. Portanto, para mim, o segredo para chegar ao "topo" está no equilíbrio, que é algo individual, entre fazer o que gosta, sentir-se útil, estar onde e com quem tem valores compartilhados, e ser recompensado financeiramente com aquilo que você considerar apropriado, e não com o que os demais consideram.

Galeria de fotos

Carlos Eduardo Porsch

Empresa:
Sapien Consultoria em Saúde

Função:
CEO

1. Como e onde você iniciou a sua trajetória profissional?

A minha vida profissional teve início em uma pequena fábrica de móveis, que pertencia à minha família, aos 10 anos de idade. Desde muito cedo, meus pais e avós me ensinaram a reconhecer o trabalho como a única forma possível para ascensão profissional e para que pudesse realizar todos os meus sonhos. Nessa empresa, ajudava com pequenas tarefas, desde lixar móveis a pregar gavetas. Em pouco tempo, já tomava conta de uma linha de montagem. Passei a auxiliar nas atividades de escritório, fazer controle de estoque, tabelas de preços, atividades que aprendi e me espelhei em meu pai, Amauri Porsch, professor de contabilidade. Na época, poucos dominavam a informática, e com o destemor típico da juventude, mergulhei na área da gestão de forma muito precoce, mas com o comprometimento e energia de gente grande.

2. Quais os principais desafios e resultados que você vivenciou ao longo da sua carreira?

Não há como separar a história pessoal da vida profissional. Aos 13 anos, precisei interromper minhas atividades para um desafio ainda maior: estudar! E, para isso, tive que ir morar sozinho. Embora tenha crescido em um ambiente humilde, com muitas dificuldades, sempre esteve no meu projeto de vida o estudo, como sendo a principal forma de possibilitar meu crescimento profissional e estratégia principal para mudar a minha condição de vida.

Nasci e cresci em uma cidade muito pequena, Guarujá do Sul, em Santa Catarina, com aproximadamente 4.000 habitantes. Embora fosse uma cidade muito acolhedora, não proporcionava muitas possibilidades de estudo e de trabalho. E foi reconhecendo essa limitação que minha família me estimulou a prestar um concurso na cidade de Pato Branco, Paraná, para uma Escola Técnica Federal (CEFET-PR), no curso de eletromecânica. Não foram anos fáceis. As dificuldades financeiras eram muitas e a distância dos pais e amigos, para um adolescente nessa idade, era implacável. Não foram poucas as vezes que pensei em desistir. Nesse momento, o apoio e perseverança da família toda foram fundamentais, em especial meu avô Sabino. Nesse período, muitas foram as caronas de bem-aventurados desconhecidos, pães, congelados e gostosuras, que minha mãe Leila Straub passava o final de semana a cozinhar, e malas repletas de roupas alinhadíssimas, fruto da dedicação abnegada de minha avó Maria Riffel.

Os tempos mudaram quando meus pais se mudaram para Florianópolis, cidade onde surgiram as melhores oportunidades de minha vida, tanto profissionais quanto pessoais.

Em Florianópolis, estudei Medicina, sendo bem-sucedido em uma das provas vestibulares mais concorridas do Brasil, fui aprovado entre os dez mais bem colocados entre mais de 50.000 inscritos. Obtive graduação em Medicina na Universidade Federal de Santa Catarina (UFSC) e fiz residência médica em Cirurgia Geral no maior hospital de trauma do Estado de Santa Catarina (Hospital Regional de São José). Mas os maiores desafios ainda estavam por vir.

Noites intermináveis de plantões, falta de estrutura e suporte, remuneração inadequada e isolamento social e familiar foram apenas alguns dos obstáculos.

Tão logo terminei a residência médica, decidi trabalhar no interior, no extremo oeste de Santa Catarina. Lá aprendi que a Medicina possível é muito diferente da praticada nos grandes centros. Também pude perceber que a ausência de uma gestão adequada e eficiente dos recursos pode acarretar uma infinidade de mazelas para os pacientes, que carecem de um serviço de saúde que verdadeiramente entregue valor, com o tratamento correto, no tempo adequado.

Talvez essa percepção, aliada à minha história pessoal e profissional, após um curto período de tempo tenha me levado ao caminho da gestão em saúde. Retornei à Florianópolis e ingressei na equipe de auditoria médica da Unimed Grande Florianópolis. Nesse período extremamente desafiador e estimulante, procurei conciliar atividades assistenciais com as atividades inerentes à gestão. Atuei como plantonista do Imperial Hospital de Caridade, maior hospital privado da região, e como médico intervencionista e regulador no SAMU Grande Florianópolis (Serviço de Atendimento Móvel de Urgência). Além dos inestimáveis conhecimentos adquiridos, foi nesse período que a atuação como médico gestor me presenteou com o amor da minha vida: Dra. Carolina Covalski, ex-colega de faculdade e agora colega auditora, veio para abrilhantar o meu caminho com o seu profissionalismo, companheirismo e dedicação. Além de cônjuges, com o passar dos anos nos tornamos sócios, empreendedores e pais de nossos dois filhos encantadores: Helena e Adolph.

Coincidentemente, foi nesse período que iniciei em outro grande desafio: atuar na estruturação de um plano de saúde público (SC Saúde), através da empresa Qualirede.

Minha experiência e *networking* adquiridos na Unimed Florianópolis me proporcionaram o convite para participar da construção da então pequena e promissora empresa gestora de planos de saúde, a Qualirede, que acabara de vencer uma licitação para gerir o Plano de Saúde dos Servidores do Estado de Santa Catarina. Começamos com uma equipe de aproximadamente dez pessoas, sendo quatro médicos, a fundadora da empresa e ex-executiva da Unimed Grande Florianópolis, Irene Minikovski Hahn, e mais alguns profissionais com formação administrativa, praticamente todos egressos do Sistema Unimed.

E foi nesse momento, a partir de 2011, que surgiu também a minha própria empresa de consultoria médica, a Sapien Consultoria em Saúde, que iniciou a sua atuação exclusivamente como parceira da Qualirede.

A experiência de incorporar um plano de saúde com aproximadamente 200 mil vidas em um período de aproximadamente 90 dias foi extremamente desafiadora. Assumimos uma carteira deficitária, envelhecida, desdenhada pelos demais planos de saúde, desacreditada pelos médicos do Estado, e em menos de um ano, a tornamos sustentável, com uma sinistralidade abaixo de 80% e com uma satisfação de mais de 90% dos segurados e da rede prestadora. Sem mágica, com muito trabalho, dedicação e foco em construir relações "ganha-ganha", tornamos esse "case" a nossa vitrine para o mercado brasileiro.

Na Qualirede, auxiliei na construção das diretrizes do plano de saúde, atuei como médico auditor hospitalar, auditor de autorizações, consultor de cirurgia geral, coordenador médico de auditoria, coordenador de custos assistenciais, gerente médico, responsável técnico e diretor médico. Recentemente fui incorporado ao quadro societário da empresa. Esse crescimento profissional coincidiu com a expansão da Qualirede. Com o propósito de levar mais saúde para mais pessoas, contamos hoje com mais de 1.100 colaboradores, sendo 200 médicos, atuamos em mais de 300 hospitais em todas as regiões do país, temos uma carteira de mais de 750 mil vidas gerenciadas em TPA *Full (third-party administration)*, 1,2 milhão de vidas atendidas pelas nossas soluções e um faturamento na ordem de R$ 200 milhões por ano. Recentemente, após assumir o cargo de

CEO na Sapien Consultoria em Saúde, passei a atuar como consultor técnico no Núcleo de Informações em Saúde.

Com relação à Sapien Consultoria em Saúde, empresa em que atuei concomitantemente durante oito anos, alcançou a maioridade no mercado de auditoria médica em saúde suplementar, assumindo operações de auditoria prévia e auditoria concorrente para grandes operadoras do sistema Unimed, a destacar: Central Nacional Unimed e Unimed Grande Florianópolis. Como *founder* da Sapien Consultoria em Saúde e sócio administrador, atuei como consultor técnico especializado de alta complexidade em saúde no sistema UNIMED e após 2016 passei a exercer o cargo de conselheiro externo, apoiando os sócios e gestores nas decisões estratégicas. Em fevereiro de 2020, assumi o cargo de CEO, com a missão de estruturar a empresa para alcançar a liderança nacional no mercado de auditoria em saúde. A Sapien Consultoria em Saúde conta atualmente com aproximadamente 80 médicos auditores e consultores médicos especializados, que atuam fornecendo subsídio técnico qualificado para apoio à gestão em saúde, dentro dos limites éticos da profissão, respaldados pelas melhores evidências científicas e boas práticas médicas, prioritariamente dentro do sistema UNIMED. A empresa está em plena expansão, com crescimento sustentado na ordem de 500% ao ano nos últimos quatro anos e com um faturamento estimado em 2020 na ordem de R$ 12 milhões.

3. Quem da sua história de vida inspirou/motivou em sua carreira?

Sem dúvida foi minha mãe, Leila Straub, a principal inspiradora para que me tornasse médico. Com poucos recursos, muita perseverança e muito amor, sempre foi o meu "porto seguro" nos momentos de grandes dificuldades. Todavia, não posso deixar de compartilhar os méritos com minha esposa, Carolina Covalski Porsch, que percebeu em mim um futuro promissor como gestor médico, me estimulou e apoiou em todas as decisões, e de forma determinante, contribuiu com esse reconhecimento.

4. Alguma história na gestão de pessoas que você gostaria de compartilhar?

Gerir pessoas talvez seja um dos maiores desafios da gestão. As pessoas são muito diferentes entre si, do ponto de vista profissional, cultural e de valores. Extrair o melhor de cada um, somando forças em busca de um propósito em comum, é o papel de um grande líder.

Acreditar nas pessoas e saber reconhecer o seu potencial são atitudes fundamentais. Tive a oportunidade de conhecer excelentes profissionais que, por algum motivo, não tiveram o reconhecimento adequado nas empresas em que trabalharam. Felizmente, pude reencontrá-los e auxiliá-los em sua recolocação, proporcionando um recomeço, uma nova história, sob uma nova liderança. Os resultados foram surpreendentes. Contribuir com esse "resgate" é extremamente gratificante e certamente um bom desafio para um líder de verdade.

5. Quais dicas você daria para aqueles que estão iniciando a carreira profissional?

Seja um inconformado. Inove! Não se acomode e não desista nunca, mesmo após um grande fracasso.

Saia da zona de conforto, faça diferente. Estude, estude, estude... trabalhe mais ainda. Tenha espírito vencedor e não se abale com as dificuldades. Aprenda com as derrotas e aceite os desafios que a vida apresenta.

6. Ao recrutar um profissional, quais características comportamentais você considera fundamentais?

Persistência, comprometimento, dinamismo e capacidade de adaptação.

7. Qual legado você gostaria de deixar para a sociedade?

Contribuir com a sociedade aprimorando ferramentas de gestão que resultem na melhoria dos processos assistenciais e no cuidado dos pacientes. Possibilitar que o sistema de saúde seja sustentável e entregue valor para os envolvidos, levando em consideração a qualidade da assistência, os desfechos clínicos e a experiência do paciente.

8. Cite alguns líderes que, em sua opinião, são inspiradores.

Jesus Cristo, Steve Jobs e Sergio Moro.

9. Como você define o papel da liderança?

Liderar é inspirar. Há uma diferença enorme entre ser chefe e líder. O líder estimula, conquista, se compromete. O líder compartilha os méritos nas vitórias e assume a responsabilidade nas derrotas. Líder não precisa da autoridade constituída, o exemplo traz legitimidade.

10. O que você faz para se manter motivado?

Busco fazer a diferença na vida das pessoas.

11. Qual a importância da inovação nas organizações?

Fundamental, assim como é para as pessoas e para as relações interpessoais. A inovação requer estímulo, método, aceitação dos eventuais erros e persistência. Nem todas as empresas estão preparadas para isso.

12. Como você realiza o *networking* de maneira efetiva?

O principal fator para se estabelecer um *networking* é a credibilidade. Nenhuma metodologia é mais eficaz do que uma relação pautada pela confiança, pelo cumprimento dos acordos e pelo compromisso com o que estiver pactuado. Há séculos as alianças duradouras são construídas dessa forma. Na era digital não é diferente. Nos aproximamos das pessoas que acreditamos e confiamos e, a partir disso, se perpetuam as parcerias.

13. Do que você sente saudades?

Das pescarias com meu avô e meus tios. Das pessoas queridas que já se foram. Da infância maravilhosa em companhia dos primos e de minha irmã, Luiza Carolina. Dos amigos que desencontramos no caminho. Do tempo onde as pessoas se orgulhavam do seu caráter, de sua palavra e de sua integridade.

14. Do que você tem orgulho?

De minha família, da minha história e das minhas raízes.

15. Qual o significado da palavra felicidade?

Meus filhos.

16. Qual a sua citação favorita e por quê?

"*Let it Be*" – esse é o título e a mensagem principal da música homônima dos Beatles. Aprender a dar o devido tempo – e "deixar passar" – foi muito importante nos momentos mais difíceis.

17. Quais são seus *hobbies* preferidos?

Viajar em família! Planejar detalhadamente cada atividade, programa, refeição, passeio... inclusive, algumas vezes, o tempo dedicado ao planejamento tem sido mais prazeroso do que a viagem em si. Conhecer a história de uma região, pesquisando a cultura do povo e descobrindo os tesouros de cada lugar, é algo que me traz muita satisfação. Estar fisicamente nesses locais, a partir disso, faz muito mais sentido e nos torna parte.

18. Qual sonho você gostaria de realizar?

Envelhecer entre uma Villa na Toscana e os Alpes Suíços, caçar trufas, cultivar videiras e produzir meu próprio vinho.

19. O que você aprendeu com a vida que gostaria de deixar registrado nesta obra?

O esforço sempre é recompensado. Nem sempre da forma e no tempo que gostaríamos. Persista, lute, confie em Deus, pois a lei universal do retorno sobrevém a todos.

20. Qual mensagem de motivação você gostaria de deixar para os leitores deste livro?

Deixo uma citação que representa muito para mim: *"Ser feliz não é ter uma vida perfeita, mas deixar de ser vítima dos problemas e se tornar o autor da própria história.".* (Abraham Lincoln)

21. Com base no que você vivenciou, ao longo de sua vida corporativa, qual o segredo do sucesso para ir da teoria ao topo?

Por mais que estejamos capacitados, a maior certeza é de que em muitos momentos iremos fracassar. Uma, duas, três vezes ou muitas mais... Não importa quantas, devemos persistir e recomeçar sempre e levar como bagagem o ensinamento adquirido. A vida real é muito diferente dos livros, embora seja inegável a sua importância. Sabendo que as falhas são inevitáveis, não precisamos temer o novo, o fazer diferente, pois o máximo risco que corremos é o de dar certo.

Galeria de fotos

Carlos Naufel

Empresa:
Azul Linhas Aéreas

Função:
Diretor Técnico

1. Como e onde iniciou-se sua trajetória profissional?

Eu me lembro como se fosse hoje aquele jovem estudante de Engenharia Mecânica da UFRGS em seu último semestre, indo para uma entrevista de estágio na Rio-Sul Linhas Aéreas Regionais (empresa do grupo Varig) na cidade de Porto Alegre-RS. Ao chegar no hangar para essa entrevista, confesso que já fiquei encantado em ter a chance de ver de muito perto as aeronaves que estavam em manutenção. Na entrevista, meu futuro gestor me disse que tinha gostado de mim e que seria admitido no estágio, porém as minhas chances de permanecer na empresa após o término dessa fase eram menores do que 1% e que não teria vaga. Sem hesitar, falei que aceitava a oportunidade e tinha certeza de que seria contratado. O que "incrivelmente" se materializou na sequência. Começava ali a minha trajetória profissional, sem saber ainda de algumas características de liderança que me acompanhariam durante toda a minha vida: a capacidade de acreditar na transformação, ter resiliência, trazer inovações e influenciar positivamente e genuinamente a vida das pessoas.

2. Alguma história na gestão de pessoas que gostaria de compartilhar?

Eu me recordo de um caso no qual havia um colaborador que tinha uma excelente formação acadêmica, bastantes recursos financeiros e tempo disponível. Ele era jovem, solteiro e gostava de fazer muitos cursos e treinamentos de gestão. Tinha muita energia e ambição. O maior problema que percebi é que ele não sabia exatamente o porquê de estar fazendo todos aqueles cursos e treinamentos. Ao final de cada treinamento, ele vinha conversar comigo e perguntava se teria aumento de salário ou um cargo de gestão. Isso se repetiu algumas vezes e o chamei para conversar sobre a sua carreira e seus cursos. Conversamos que cursos/treinamentos eram importantes, mas como ferramentas. Você tem que saber como utilizá-las e o que quer fazer com elas, que resultados quer atingir para as equipes e organização. Lembro que ele ficou chocado quando falei que tinha feito curso de MBA para mim mesmo e nem avisei a empresa. Falei que o importante são os resultados e transformações que fazemos com os cursos na vida das pessoas e organizações. Fazer um curso de gestão e pendurar o diploma na parede é quase igual a comprar uma medalha e pregar nós mesmos na nossa roupa. Só mostra uma boa dose de insegurança e narcisismo. Para não perder o momento e nem desperdiçar todo o esforço e aprendizado dele com os treinamentos, dei uma tarefa de gestão para ele, com a qual poderia utilizar uma das ferramentas que tinha aprendido recentemente. Dei tempo, espaço e autonomia e pedi para implementar em um pequeno grupo. Passados seis meses, o chamei e perguntei como estava indo. Ele falou que ainda estava estruturando e pensando como fazer. Dei algumas sugestões e ofereci apoio. Seis meses depois, ele não tinha implantado nada e tinha decidido sair da empresa e mudar para a área financeira. Antes de sair, ele me agradeceu pelo *coaching* e viu que o importante era a execução, colocar em prática e se preocupar com a equipe. Percebeu que estava mais preocupado com ele, só comprando medalhas e ficando com uma roupa pesada e um tanto alegórica. Viu que tinham outras características que são importantes para a gestão de pessoas e que muitas vezes são mais simples e humanas do que parecem.

3. Alguma história de relacionamento com o cliente que gostaria de destacar?

Tendo trabalhado por quase vinte anos em uma grande multinacional fabricante de aeronaves brasileiras e tido a oportunidade de viajar para todos os continentes, tive contato com diferentes culturas. Eu me recordo de vários aprendizados importantes no relacionamento com clientes. Em um desses aprendizados, eu me lembro de um grande cliente americano que estava enfurecido com um comportamento genuinamente do brasileiro. Nós temos algumas características muito marcantes, como o otimismo e a fé de que tudo vai dar certo, e que entregaremos as soluções e serviços no prazo acordado, apesar das dificuldades e desafios. E tendo essa característica em vista, nos comprometemos com algo que era possível, mas improvável de ser entregue no prazo desejado. O cliente deu um sermão mencionando que era adulto e podia lidar com a frustração de não ter algo que ele queria. Que nós brasileiros queremos ser agradáveis, não queremos dar notícia ruim e temos um otimismo às vezes fora da realidade. Mas que era muito importante passarmos uma data viável e sem falha, porque ele teria que gastar muitas horas para planejar e que toda a operação poderia ser afetada se aquele serviço atrasasse. Ficou um grande aprendizado de tratar sempre o cliente com a transparência adequada sobre os riscos. Que qualquer notícia desagradável deve ser dada imediatamente e se comprometer com algo que possa ser entregue sem falhas e com excelência.

4. Quais dicas daria para aqueles que estão iniciando a carreira profissional?

Primeiramente, escolher trabalhar em algo que seja realmente apaixonado. Ter muita curiosidade e questionar por que as coisas são de determinada maneira. Buscar formas diferentes de fazer a mesma coisa. Ter muita humildade para aprender, perguntar e gostar de trabalhar em grupo.

5. Ao recrutar um profissional, quais características comportamentais são consideradas fundamentais?

A atitude é uma das características fundamentais. A capacidade de realização e sair do abstrato ou do teórico para a ação. Um profissional deve ter em mente que em empresas nada se realiza sozinho e a capacidade de trabalhar em grupo é fundamental. Êxitos individuais não se sustentam no longo prazo. A capacidade de interagir, expressar opiniões (não ter medo de se posicionar) e propor soluções são grandemente desejadas. O altruísmo para ajudar outras pessoas, dividir e perpetuar conhecimentos e uma leveza para aprender também são características essenciais. Flexibilidade e resiliência são fundamentais também. E isso tudo com muito bom humor (outro comportamento que contagia positivamente qualquer equipe).

6. Quais legados profissional e pessoal gostaria de deixar para a sociedade?

No meu campo de atuação profissional (que sempre foi a aviação), gostaria de fazer parte da construção de uma empresa aérea com foco em pessoas e que fosse reconhecida como a melhor empresa área do mundo! Saber que os clientes têm uma experiência mais agradável, alegre e com menos medo de voar. Tornar os voos mais acessíveis e saber que mais pessoas puderam voar pela primeira vez em sua vida. E ter certeza de que isso tudo foi conseguido com trabalho em grupo através de uma gestão mais humana e compartilhada. Como legado pessoal, ajudar e influenciar a vida das pessoas para que tenham mais felicidade, prosperidade e qualidade de vida.

7. Quais os reflexos das práticas de cidadania empresarial para organizações, profissionais e sociedade?

Sempre tive o privilégio de trabalhar em empresas que valorizam muito e executam atividades sociais e filantropia. É muito importante as empresas se beneficiarem da união e espírito de grupo que naturalmente criam internamente para resolver seus problemas, para executar ações sociais e devolver para a sociedade em seu entorno a possibilidade de melhorar as suas condições. É revigorante e muito gratificante participar de ações voluntárias. Certa vez, fui instrutor voluntário de inclusão digital em uma comunidade carente. Foi muito importante perceber que coisas que são corriqueiras e muito normais no nosso dia a dia fazem uma diferença incrível na vida de pessoas mais carentes. É estarrecedor também ver a falta de recursos e ensinamentos que a maioria da nossa população está exposta. Uma hora por semana do nosso tempo dedicada a comunidades mais carentes certamente pode fazer muita diferença para a sociedade e à desigualdade que observamos todos os dias.

8. Como você define o papel da liderança?

A liderança tem um papel essencial no desenvolvimento das pessoas, uma vez que os resultados sustentáveis, duradouros e excepcionais vêm através delas. Daí a importância do líder em trabalhar a sua equipe. Um líder deve dar desafios, espaço e ferramentas para suas equipes brilharem. Tem o papel de remover obstáculos que possam atrapalhar as pessoas. O líder tem a missão de ser o exemplo e a inspiração para que todos se engajem nos desafios. O líder tem que ser o mais humilde da equipe, e o mais convicto e confiante de que todos podem chegar lá. O líder tem que ter o inconformismo e buscar a excelência em tudo que é feito. O líder tem que estimular um ambiente de cooperação e inovação contínua.

9. O que você faz para manter-se motivado?

É fundamental ser apaixonado por aquilo que você faz. A certeza de saber que pode transformar um processo, uma experiência de um cliente, uma organização ou a carreira de uma pessoa é motivador. Ser altruísta e superar resultados através de uma liderança mais humana e inspiradora. Gostar de pessoas e sempre buscar a excelência nos resultados.

10. Qual a importância da inovação nas organizações?

A inovação tem importância fundamental na longevidade e sustentabilidade das organizações. As empresas que buscam soluções inovadoras conseguem se diferenciar da concorrência definindo novos padrões de excelência e invariavelmente trazendo mais valor para seus produtos e serviços. A inovação tem muito a ver com um processo contínuo, estruturado e estimulado de colocar em ação novas ideias. A abertura para o erro e experimentação são características necessárias para que esse ambiente se expanda e traga frutos. Como diz Elon Musk (fundador do PayPal, Space X e Tesla): "Falhar é uma possibilidade. Se você não está falhando, você não está inovando o suficiente".

11. Quais são seus *hobbies* preferidos?

Meu *hobby* preferido é a música. Gosto muito de rock clássico. Toco guitarra desde os 13 anos e sou apaixonado por aprender novas músicas. Tocar um instrumento é muito importante também para aliviar o estresse e dar vazão a ideias novas. A arte tem esse poder!

12. Qual mensagem de motivação gostaria de deixar para os leitores deste livro?

Não tenham medo de errar e perseguir aquilo que acreditam. Saibam que nada se consegue sozinho ou se sustenta passando por cima das pessoas. Obras grandiosas de impacto são construídas com o esforço e integração de muitas pessoas. Sejam humildes para aprender com os outros, perguntar e acreditar. Não esperem que as coisas aconteçam. Sejam protagonistas das suas vidas e trabalhem muito. Não são vocês que sobem, mas sim as pessoas que os empurram para cima. Quanto mais ajudam e incluem os outros, mas a vida ajuda vocês.

Galeria de fotos

12. **Qual mensagem de motivação você daria para deixar os leitores deste livro?**
Não tenham a honra, pois é por aquilo que conhecem, sabem que nada se consegue sozinho ou se suporta por uma das pessoas. O foco é a influência de impacto são construídos com sabedoria, ação de muitas pessoas. Sejam humildes para aprender com os outros e para ensinar. Não esperem que as coisas aconteçam. Sejam protagonistas das suas vidas e trabalhem muito. Não são vocês que sobem, mas sim os vínculos que os empurram para cima. Quanto mais ajudam a reduzir os outros, mais a vida ajuda vocês.

Cassiano Maschio

Empresa:
Inbenta

Função:
Diretor Comercial e Marketing

1. Como e onde você iniciou a sua trajetória profissional?

A minha trajetória profissional é muito importante para descrever e ilustrar o profissional que me tornei. Por incrível que pareça, iniciei minha carreira passando em um concurso público para a Trensurb (Empresa de Trens Urbanos de Porto Alegre S.A.), em 2003, ao mesmo tempo em que cursava Engenharia de Produção na Universidade Federal do Rio Grande do Sul. Desde o primeiro dia de trabalho, percebi que não tinha vocação para a estabilidade e o certo conforto que esse tipo de trabalho proporcionava, e em 3 meses decidi sair dali e focar em finalizar meus estudos na Engenharia.

Já em 2006, passei em um processo seletivo na Gerdau, como estagiário na área de vendas, sendo posteriormente efetivado como assistente técnico-comercial. Apesar de ter aprendido muito em uma empresa como a Gerdau, e com os profissionais com quem trabalhei nesse período, também considerei que era momento de novos ares e desafios e, em 2010, ao receber uma proposta da Cosin, consultoria de negócios, aceitei e trabalhei na loucura e no aprendizado acelerado desse tipo de negócio por três anos, onde novamente percebi que não era o meu lugar.

Em uma espécie de período sabático, passei um ano na Irlanda estudando inglês e fazendo alguns cursos de especialização. Quando voltei ao Brasil, em 2013, recebi o contato do *country manager* da Inbenta, para gerir projetos de Inteligência Artificial, interagindo com os clientes do Brasil e com as equipes da empresa em vários locais do mundo, utilizando os idiomas que recém havia aprendido (além do inglês, acabei conhecendo minha esposa, que é uruguaia, e aprendi também o espanhol).

Na Inbenta, acabei participando do crescimento da empresa no país e me mudando em 2017 de Porto Alegre para São Paulo, para focar na expansão da empresa onde me encontro até hoje.

2. Quais os principais desafios e resultados que você vivenciou ao longo da sua carreira?

Em diversas fases enfrentei total desconhecimento sobre o processo que deveria executar, seja por formação, como no caso da Gerdau, onde exercia uma função em que precisava de conhecimentos metalúrgicos que eu não possuía como engenheiro de produção. Já no caso da Cosin, atuei em projetos com temas que desconhecia, como Controladoria ou *Supply Chain*. Todos esses casos de inexperiência, desconhecimento técnico e falta de capacitação me obrigaram a ser autodidata, a ter jogo de cintura e contar com meus colegas e gestores para conseguir entregar satisfatoriamente.

Mas o principal desafio que considero estar superando é o de dirigir uma área comercial de uma empresa de tecnologia com recursos limitados e com concorrentes de peso, e ainda assim estar alcançando excelentes resultados.

3. Quem da sua história de vida inspirou/motivou em sua carreira?

Meus pais me ensinaram a buscar sempre segurança e ser pé no chão com anseios e objetivos, me orientaram a ter ambição, mas não descuidar do fundo de reserva que vai garantir subsistência em momentos de crise. Com esses ensinamentos em mente, me tornei de certa forma rebelde e sempre busquei arriscar e abrir os horizontes, nunca gostei de zona de conforto e rotina.

Meu primeiro chefe, Walnei Almeida, gestor da área de vendas na Gerdau, quando me conheceu comentou que eu iria me apaixonar pela área comercial e eu duvidei disso naquele momento, nunca havia cogitado e até tinha um certo preconceito com essa área, mas ele estava certo. Tive mais dois chefes inspiradores na Gerdau, Rihito Nakamura, que me ensinou muito sobre gratidão e ética, e Alexandre Mendes, sobre relacionamento e motivação.

Na Cosin, tive alguns chefes marcantes, como Yuri Sanches e Marcelo Shiramizu, com eles aprendi a ser estruturado, organizado e a ter autonomia para correr atrás de conhecimento.

Por fim, atualmente tenho dois gestores inspiradores: Angel Trujillo, responsável pela oportunidade na Inbenta e incentivador da minha autonomia para crescer com a empresa, e Jordi Torras, inspirador pela sua veia empreendedora que o levou a sair da Espanha e investir na selva do Vale do Silício.

4. Alguma história na gestão de pessoas que você gostaria de compartilhar?

Quando recebi a proposta da consultoria Cosin Consulting, recém havíamos passado por um momento de crise na Gerdau e apesar do momento de redução de custos e de pessoal, eu havia recebido uma valorização do meu chefe naquele momento, Alexandre Mendes, tendo um plano de crescimento e estando em uma situação favorável na empresa. Ao conversar com Mendes, apesar de a minha saída atrapalhar a formação da equipe que ele estava reorganizando, ao explicar a proposta que eu havia recebido, ele buscou entender os meus objetivos profissionais e anseios, para perceber e até estimular que eu aceitasse a proposta. Foi um exemplo de liderança inspiradora e desapego pelos próprios interesses para pensar no lado pessoal do seu liderado.

5. Alguma história de relacionamento com o cliente que você gostaria de destacar?

Eu gosto de destacar os relacionamentos com clientes pelo formato e cumplicidade, onde as interações se parecem mais parcerias autênticas, nem parecem a típica relação cliente-fornecedor. Nos clientes em que conseguimos esse tipo de relação, sem exceção, os resultados são excelentes, uma vez que, ao encarar o fornecedor como um parceiro, o cliente busca dar as melhores condições, recursos e acessibilidade para que implantemos e evoluamos os projetos da melhor maneira. Relações entre empresas são na verdade relações entre pessoas com anseios, objetivos, problemas e emoções. Eu me orgulho muito de conseguir construir relações muito sólidas e no verdadeiro sentido de dar/receber ao longo de minha carreira.

6. Quais dicas você daria para aqueles que estão iniciando a carreira profissional?

- Ser *digital first* (ver artigo https://www.mckinsey.com/business-functions/mckinsey-digital/our-insights/digital-strategy-in-a-time-of-crisis#);
- Focar na prática de dar para receber de maneira autêntica;
- Investir em capacidade de comunicação;
- Fortalecer características de liderança dentro do seu perfil profissional;
- Manter relações duradouras e verdadeiras;
- Buscar fazer algo que realmente goste;
- planejar o longo prazo para ter uma direção, estar ciente de que esse planejamento vai ser ajustado no curto prazo;

- ser extremamente profissional, mas sem levar tão a sério, no sentido de enfadonho, o dia a dia profissional e pessoal, para que seja agradável e divertido trabalhar e interagir com colegas de trabalho e amigos (não é necessário ser chato para ter resultados!);
- envolver-se com o máximo de atividades possíveis que garantam o contato e relacionamento com pessoas melhores que você em alguma característica.

7. Ao recrutar um profissional, quais características comportamentais você considera fundamentais?

- Espírito empreendedor, pessoas que tenham ambição e busquem sempre exceder a expectativa;
- Proatividade/autonomia/espírito de *startup*, profissionais que recebam uma missão e entreguem, não importando o que precisem fazer ou com quem precisem conectar para tanto.
- Foco no cliente e em resultados, independentemente da função a exercer, as entregas devem estar sempre em linha com a agregação de valor para o cliente final. Ter esse *mindset* é fundamental!

8. Qual legado você gostaria de deixar para a sociedade?

Ser um exemplo de liderança, uma inspiração, uma referência em soluções inovadoras. Tenho um propósito de vida também que é atuar na área de educação para jovens focada em tecnologia e inovação.

9. Cite alguns líderes que, em sua opinião, são inspiradores.

Alguns profissionais que para mim são referência e que de certa forma estão próximos do meu círculo atualmente: Rodrigo Tavares, da RecargaPay e também da Academia Europeia da Alta Gestão, que sempre que escuto falar sobre CX aprendo algo e tenho excelentes referências de seus liderados; Christiano Kruel, que é um fenômeno no universo da inovação; e Miguel Marioni, que tem uma trajetória profissional e uma rede de relacionamentos e confiança impressionante.

10. Como você define o papel da liderança?

Liderar é inspirar, confiar, doar tempo, atenção, ser exemplo para um bem maior. Nesse sentido, considero que estamos neste momento carentes de verdadeiros líderes na sociedade como um todo. Temos excelentes exemplos no universo corporativo, mas precisamos de referências para a sociedade, governantes, profissionais das mídias, filósofos, que inspirem a crescermos de maneira sustentável, com ética, trabalho e solidariedade. As referências que temos e que influenciam as pessoas na política, na imprensa e nas mídias sociais são em sua maioria carregadas de ideologia, segundas intenções e desprovidas de valores éticos e morais, salvo marcantes exceções.

11. O que você faz para se manter motivado?

Sempre tento fazer o que gosto, no local que gosto e com as pessoas que gosto, com objetivos claros de curto, médio e longo prazos. Outro ponto que ajuda nesse sentido é estar rodeado de pessoas com potencial e/ou melhores que eu, dessa forma, além de facilitar alcançar os resultados, estimula a busca constante por atualizações e conquistas.

12. Qual a importância da inovação nas organizações?

Inovação em processos, ferramentas e soluções serve para adaptação às mudanças em momentos de crise, mas também ter inovação como diretriz torna a equipe mais motivada e inquieta, com a ambição de inovar para crescer junto com a empresa. O momento atual de crise pandêmica, sem precedentes na história recente da humanidade, devido ao novo coronavírus, é um bom exemplo de situação onde ter uma cultura de inovação e agilidade para inovar é decisivo para o sucesso e perpetuidade de uma organização.

13. Como você realiza o *networking* de maneira efetiva?

Não considero que realize de maneira tão efetiva como deveria, mas busco me envolver em associações, grupos temáticos, ações sociais, além de buscar fomentar eventos com clientes e parceiros. A lógica de dar/receber que tenho tentado adotar também é uma forma que tende a ser muito efetiva, ninguém gosta de pessoas que são apenas receptoras e tentam sempre usufruir de relações sem buscar dar a sua contrapartida.

14. Do que você sente saudades?

Da família e amigos, como saí de Caxias criança e depois de Porto Alegre há quatro anos, acabei perdendo o convívio com muitas pessoas queridas. Não me considero uma pessoa saudosista, penso muito no presente e no futuro, tento apenas aprender com o passado, não lamentar ou sentir saudades no sentido ruim da palavra.

15. Do que você tem orgulho?

Tenho orgulho de ter construído uma trajetória e um momento profissional muito bons, com perspectivas igualmente boas. Tenho orgulho de ter tomado a decisão de passar um ano na Irlanda, onde além de ter crescido pessoal e profissionalmente, conheci a minha esposa, que é empreendedora e me inspira diariamente das mais variadas formas. Tenho orgulho de tê-la conquistado também, ela é uma pessoa maravilhosa.

16. Qual o significado da palavra felicidade?

Sensação de satisfação temporária e renovável com o momento que se vive. Não existe felicidade plena, assim como não existe tristeza plena, a vida é feita de períodos e momentos que se alternam e, dependendo de como encaramos, podem ser piores ou melhores. Ser uma pessoa positiva em momentos de crise, embora não seja algo fácil, é o segredo para ter uma vida mais feliz (na média).

17. Qual a sua citação favorita e por quê?

Já é bem conhecida, mas considero pertinente para o momento atual e para a nossa vida: *"Teste rápido, falhe rápido e ajuste rápido."*. (Tom Peters)

18. Quais são seus *hobbies* preferidos?

Viajar, passar o dia na praia, assar um churrasco e assistir aos jogos do colorado.

19. Qual sonho você gostaria de realizar?

Gostaria de fazer parte de algo grandioso em relação à educação empreendedora de jovens carentes e ver a qualidade de vida da população melhorar com isso.

20. O que você aprendeu com a vida que gostaria de deixar registrado nesta obra?

Não existe sucesso sozinho e não existe sucesso em grupos de pessoas que não têm um objetivo em que realmente acredite, o tão falado propósito.

21. Qual mensagem de motivação você gostaria de deixar para os leitores deste livro?

Busque fazer algo que:

• Você goste a ponto de acordar toda segunda-feira de manhã de bom humor (ou no mínimo metade das segundas);
• Traga um propósito factível e nobre, seja para a sua vida ou família, seja para a sociedade;
• Possibilite um retorno financeiro suficiente (não necessariamente ficar rico).

Qualquer um desses pilares que esteja desequilibrado será fator crítico de insucesso na sua vida.

22. Com base no que você vivenciou, ao longo de sua vida corporativa, qual o segredo do sucesso para ir da teoria ao topo?

Trabalhe com o que goste e tenha vínculo com o seu propósito, em uma empresa que motive você (ou na sua própria empresa), com o objetivo em que acredite e com as pessoas que agreguem e sejam agradáveis de conviver. Balance isso com uma vida pessoal bem vivida, cercado de família, amigos e lazer.

Não foque seus maiores esforços em suprir os gaps em suas habilidades profissionais natas, foque em potencializar no que você é bom e gosta de fazer e conte com uma equipe de especialistas e mentores para os demais temas.

Galeria de fotos

Catia Sueli Moraes Tamanini

Empresa:
Gosoft Informática / Ayní Desenv. Humano e Organizacional

Função:
CEO e Sócia / Cofundadora

1. Quais os momentos mais importantes da sua carreira?

Todos os momentos, de certa forma, foram e ainda são importantes. Cada um a seu tempo e com sua relevância. O início da minha trajetória na GoSoft como sócia da empresa, aos 21 anos, foi um momento muito importante. Período em que fui capaz de criar sistemas como analista programadora, mesmo sem ter me graduado na área, período também que fui descobrindo minha habilidade com pessoas, com atendimento, com relacionamento, algo além de mim e do computador. Depois, próximo aos 32 anos, deixando a área técnica para focar na gestão das pessoas na empresa e do relacionamento com os clientes, foi algo maravilhoso. Apesar da grande vontade de continuar criando soluções através das aplicações que desenvolvíamos e de aprender novas ferramentas de desenvolvimento, naquele momento decidimos que o meu potencial seria mais bem aproveitado em outras áreas da empresa, que passavam por um momento de crescimento e estruturação.

2. Quais as competências essenciais para o profissional do futuro?

Estamos vivendo uma transformação digital, constantes e velozes mudanças tecnológicas, como robotização, IOT e Inteligência Artificial, fazendo com que algumas profissões deixem de existir enquanto outras surgem. Em razão desse cenário onde tudo acontece ao mesmo tempo e agora, acredito que o relacionamento humano é uma das principais competências para o profissional do futuro. O equilíbrio emocional, a sustentabilidade do ser – equilíbrio entre o profissional e o pessoal, qualidade de vida, propósito de vida –, assim como as capacidades de adaptar-se, atualizar-se e aprender sempre, inovar e criar. Na GoSoft, por exemplo, há mais de dez anos criamos o Programa Vida Soft, que engloba ações, campanhas, encontros, discussões, treinamentos e outras iniciativas em torno desses temas que mencionei, envolvendo a equipe interna e muitas vezes estendendo a clientes e comunidade. São ações como campanhas de arrecadação de alimentos ou produtos de higiene, saraus culturais, sessões regulares de massagem, vivências de sensibilização, cafés de discussões, biblioteca comunitária e concursos de culinária, entre tantas outras.

3. Em sua opinião, a Inteligência Artificial pode alterar o nosso estilo de liderança?

Acredito que a Inteligência Artificial pode melhorar o estilo de liderança, sendo utilizada como um meio, uma ferramenta complementar para inovação e criação de melhorias, de subsídios para tomadas de decisão e ações.

4. Quais atitudes do líder conquistam a cooperação da equipe?

Um verdadeiro líder tem seguidores, tem pessoas apaixonadas e inspiradas, que são movidas a ação. Para isso, é importante que tenha atitudes como reconhecer em cada liderado quais são suas fraquezas e suas potencialidades, transformar o caos em oportunidades, não deixando a equipe "no olho do furacão", mas ajudando-os a ter um outro olhar sobre as situações caóticas, com foco nas soluções e não nos problemas. Manter uma postura de coerência em todas as situações e liderar com empatia são tópicos que considero fundamentais.

5. Como o *design thinking* pode contribuir com a resolução de problemas e criação de oportunidades nas organizações?

O *design thinking* é uma abordagem que centraliza todas as suas ações na experiência do ser humano. Partindo dessa base, ele pode ser uma verdadeira revolução para a gestão empresarial. Estimular a liberdade no criar, buscando soluções que tragam mais conveniência e qualidade de vida para as pessoas, é um ponto básico para a aplicação da metodologia. O fato de prototipar cada solução considerada antes de se tornar um novo produto ou serviço, trazendo o usuário para dentro do processo, permite uma economia de recursos e de tempo, além de promover uma mudança radical de *mindset* ao considerar o erro um aliado e não algo a ser evitado.

6. Fale sobre aprender com os erros e aproveitar as oportunidades.

O estado de presença é fundamental para a percepção de nossos erros. Muitas vezes somos atropelados com uma imensidão de responsabilidades, tarefas, compromissos que mal deixam respirar e refletir. Vivi isso durante um bom tempo em minha vida, no piloto automático. Por mais que percebesse meus erros, não era capaz de parar para refletir a respeito. Reconhecia-os, porém não com a intensidade que deveria. Não conseguia olhar para aquele erro e acolhê-lo, interiorizar e transformar. Como em muitos casos, o sair do piloto automático veio para mim através da dor, em 2014. Passei por um período de tonturas, náuseas, fortes dores de cabeça e até alucinações, cheguei a pensar que minha mente entraria em colapso, pois o meu corpo foi se exaurindo, já não a controlava. A terapia com medicamentos "me apagou". Após 10 dias de internação em um hospital renomado em São Paulo, fui revirada do avesso com muitos exames e nada foi diagnosticado, pois fisiologicamente nada havia de errado em meu corpo. Saí da internação sendo acompanhada por uma equipe de neurologia e recebi a seguinte recomendação: "Ou você leva a vida de uma forma mais leve ou será levada dessa vida em breve". A partir desse momento, a ficha caiu. Agradeci muito por ter a oportunidade de continuar vivendo, por ter a oportunidade de fazer e principalmente ser diferente. E eu mudei... ah, eu mudei...

> Eu mudei, ah! eu mudei
> Ninguém estava olhando
> Foi entre o sol e a lua
> Eu mudei, ah! eu mudei
> Enquanto o relógio
> Piscava seus olhos na rua
> Eu mudei foi coisa de sentir depois
> De não saber exatamente como foi
> Entre um choro e um Lívio
> Entre uma dor e um sorriso
> Entre o inferno e o paraíso
> Eu mudei
> Na pequena distância muda
> Entre dois finos pingos de chuva
> Eu mudei... (Zélia Duncan)

Acredito que esse tenha sido um dos maiores aprendizados que tive em minha vida.

Quanto a aproveitar oportunidades, uau! Durante minha trajetória de vida fiz o possível para aproveitar as oportunidades surgidas, como também enxergar oportunidades onde não se via perspectiva, onde havia crises. Aprendi também a importância da sabedoria, clareza e análise nas escolhas, pois diante de uma oportunidade, reflito: realmente vale a pena? Terei de abrir mão de meus valores e princípios para abraçar essa oportunidade? Essa oportunidade condiz com meu propósito de vida? Isso posto, sendo a resposta favorável, é abraçar de corpo e alma e fazer acontecer.

7. Fale sobre resiliência.

Uma das competências mais importantes para um indivíduo. No mundo corporativo, diante das demandas, pressões, velocidade, competitividade, é essencial que sejamos capazes de nos recompor, de reagir positivamente diante das adversidades, de sermos flexíveis às mudanças, nos adaptarmos.

Não ser resiliente dificulta muito a convivência, os relacionamentos, o trabalho em equipe. Traz sofrimento, muitas vezes transtornos e depressão, entre outros males.

8. Quais valores são importantes para você?

Respeito é um deles, a partir do momento que tenho respeito pelo outro, consigo exercer a empatia, o não julgamento, a compreensão, a tolerância, entre muitas outras coisas. A humildade, a honestidade, o amor próprio.

9. Como você conseguiu deixar sua marca?

Sendo exatamente quem eu sou, sem uso de máscaras em qualquer um dos papéis que represento na vida. Aprendendo com os erros, errando novamente e acolhendo-os para transformá-los. Enxergando o outro como ele é, com suas características positivas e negativas, sem a pretensão de querer transformá-lo. Sempre fui determinada e comprometida, algo gostoso que vem de dentro, que me faz vibrar pela vida, pelos desafios, pelo novo, agradecendo e acolhendo o que vivi, vivendo o presente com intensidade.

10. Quais habilidades pessoais você adquiriu com a sua vida executiva?

• A resiliência é uma delas, ser capaz de me refazer após tormentas, tropeços e adversidades;

• Aprender a dizer não foi um grande desafio;

• Dar ouvido e voz à minha intuição;

• Equilíbrio emocional;

• Diminuir autocobrança, ser menos exigente comigo mesma;

• Delegar, ter a percepção de que nada neste mundo é perfeito e que as outras pessoas são capazes de fazer o que você faria, farão do jeito delas e ficará tão bom ou até melhor do que se você o fizesse.

11. O que faz você feliz?

Ser mãe de Guilherme e Julia, amar e ser amada por Marcela, fazer parte das vidas de Amora (Golden) e Kiara (vira-lata que adotei como presente de dia das mães), que estão sempre serelepes quando volto para casa, família, amizades sinceras, meu trabalho, natureza, viagens, desafios e uma boa taça de vinho!

Não há como ser feliz sempre, somos seres humanos com emoções e sentimentos, mas cabe a cada um de nós encontrar prazer e felicidade na simplicidade da vida, em momentos que muitas vezes são desprezados por não estarmos presentes, de fato, de corpo e alma, é viver o ócio prazerosamente sem culpa, é mergulhar de cabeça num projeto, é engajar e inspirar pessoas ao nosso redor, é ser e fazer a diferença transformando o ambiente em que vivemos em algo melhor.

12. Como você concilia a vida pessoal com a profissional?

Algo extremamente importante em nossas vidas, principalmente para as mulheres, que tem atribuição de vários papéis. Durante um bom tempo em minha vida, me dediquei muito à vida profissional como se não houvesse amanhã. Hoje, continuo com todo comprometimento e prazer pelo meu trabalho, porém de uma forma sensata, estabelecendo limites, me permitindo cuidar de mim, de minha vida pessoal. Acredito que os segredos sejam: estabelecer limites, se permitir, organizar o tempo e planejar para que possamos ser e estar presentes em todos os papéis em que atuamos em nossas vidas. A quantidade de tempo que despendemos no trabalho é muito maior que o dispêndio na vida pessoal, porém a qualidade do tempo reservado a nós é essencial, quer seja para si, com a família, com amigos etc. Uma coisa gostosa também é transformar os momentos corporativos, ou encontros, congressos, em momentos de descobertas, de novas amizades ou de cultivo aos bons relacionamentos, que nos proporcionam agregar aprendizados e valor à vida.

13. O que você não tolera?

Falta de caráter, desonestidade, inveja, desrespeito.

14. Quando você erra, reconhece isso?

Sim, reconheço com humildade para voltar atrás, para pedir desculpas, para fazer diferente, para ouvir o outro sobre meu erro, analisar e refletir.

15. Qual o sonho não realizado?

Sonhos alimentam a vida. Já realizei vários, mas ainda continuo sonhando. Um deles é me envolver com um projeto social e de sustentabilidade, que consiga apoiar comunidades de arte e artesãos.

Um outro sonho já começa a tomar corpo: é a Ayni, uma empresa de Desenvolvimento Humano e Organizacional que dá seus primeiros passos. Através dela queremos colaborar com a transformação do mundo, ajudando pessoas e organizações a SE transformarem. Principalmente na área corporativa, nossa missão é levar um olhar humanizado para as relações, acreditando que novas maneiras de fazer negócios são possíveis e, mais do que isso, necessárias.

16. Como você lida com a frustração?

Aprendi a lidar com a frustração a partir do momento que parei de criar expectativas.

Tanto no ambiente profissional quanto no pessoal sempre esperamos algo, e quando não somos correspondidos, quando não temos o resultado esperado, vem a frustração. A partir do momento que se trabalha com outra perspectiva, com outro olhar, em vez de se frustrar, você se surpreende muitas vezes.

17. Como você se define?

Eu me defino como um ser que vibra pela vida, que tem tesão pelo que faz, que ama pessoas, que preza bons relacionamentos. Sempre fui muito determinada, de saber o que quero e principalmente o que não quero. Enxergo o lado bom mesmo em situações completamente desfavoráveis. Valorizo as boas amizades, a sinceridade e a simplicidade. Sigo em frente colhendo as flores que plantei, mesmo que elas me tragam alguns espinhos.

18. Como você mantém o foco para a realização dos seus objetivos?

Determinação, planejamento, estabelecendo prioridades. Quando se tem muito claro qual o objetivo, é planejar o caminho para alcançá-lo e começar a trilhá-lo. Digo que a clareza e determinação são primordiais, pois no dia a dia novas demandas surgem o tempo todo e possivelmente podem nos tirar do foco, então é estabelecer prioridades e seguir em frente, avaliando, reavaliando e ajustando o que for necessário para que as metas traçadas para cada etapa do caminho se façam cumprir.

Algo que, para mim, o essencial é: querer algo que realmente é latente dentro de nós, que dificilmente perdemos o foco para realizá-lo e facilmente passamos a ser malabaristas de forma saudável, para dar conta de todas as demandas sem perder o foco.

19. Qual a sua visão sobre a solidão do poder?

Em primeiro lugar, não acredito na detenção do poder. Essa sensação é extremamente efêmera e totalmente dependente de eventos externos. Quando você tem clareza interna, você tem liberdade, e com liberdade você não ficará nunca preso às armadilhas do poder. Mas reconheço que no mundo corporativo existe, sim, essa corrida insana que cega as pessoas com uma falsa sensação de pertencimento ao grupo. É um círculo vicioso: para manter essa posição e esse *status*, você cada vez mais se afasta da sua verdadeira essência: as pessoas passam a enxergar a máscara construída e não o seu verdadeiro EU. Assim, o sentimento de solidão é inevitável.

20. Fazer o que gosta é fundamental para o sucesso?

Não tenho dúvida alguma de que sim! Quando fazemos o que gostamos tudo se torna mais leve e prazeroso. Costumava dizer sempre para meus sobrinhos e depois para meus filhos quando da escolha de uma profissão: não seja um profissional medíocre, não escolha isso ou aquilo por questões externas, faça sua escolha por você, pois a partir do momento que fizer algo que brilhe seus olhos, que encha você de tesão, você pode ser você naquilo que faz e fará o melhor. E não apenas em relação a uma profissão, mas até mesmo na escolha de uma atividade física, de uma atividade social, de lazer etc., escolha sempre o que gosta. Quando não souber ainda do que gosta, experimente, tente, vivencie, e logo descobrirá o que fará vibrar.

Galeria de fotos

Clarissa Schmidt da Rocha

Empresa:
WIZ

Função:
Diretora de Gente e Gestão

1. **Como e onde você iniciou a sua trajetória profissional?**

Sou formada em Administração de Empresas, pela Universidade de Brasília, e possuo MBA Executivo pelo Ibmec – DF. A decisão pelo meu curso por si só já não foi fácil. Já havia considerado Direito, Arquitetura, Psicologia, Nutrição e Dermatologia (Medicina). Tudo muito alinhado entre si, não é mesmo? Foi quando eu parei para observar quais eram as minhas características pessoais e os meus objetivos, e de que forma ambos podiam combinar para uma decisão profissional mais acertada. Como qualidades, poderia destacar minha capacidade de execução, liderança, sociabilidade, foco e dedicação. Ao mesmo tempo, ao fazer o clássico exercício de "como você se vê em 5, 10 e 20 anos?", eu me dei conta de que gostaria de ser uma pessoa que não fosse só mais uma em sua profissão, eu gostaria de me destacar, gostaria de liderar pessoas, trabalhar em equipes, tomar decisões estratégicas, conhecer a fundo as nuances do mercado, enfim, me dei conta de que gostaria de ser uma executiva. Olhei a ementa do curso de Administração e já me imaginei, dali a alguns anos, numa posição de CEO, de preferência, na capa da Forbes (brincadeira com fundo de verdade). Estava tomada minha decisão e, a partir de então, as escolhas que eu fiz foram pensando no lugar aonde queria chegar.

Costumo dizer que minha trajetória profissional começou ainda na faculdade. Muitos jovens depositam no momento da faculdade a carta de alforria para poder viver a juventude na sua última potência, acompanhada, se possível, de muita curtição, farra, festas e seus sinônimos mais criativos. Comigo não foi diferente, porém, desde meu primeiro dia de faculdade, sabia que os quatro anos que viriam pela frente poderiam ser definitivos para a minha vida profissional (e foram), dessa forma, não poderia reduzir a minha jornada na universidade à experiencia real de um filme adolescente americano.

Em busca de aproveitar ao máximo aquele período, usufrui de todos os recursos possíveis que a universidade me oferecia para ser uma profissional melhor e mais capacitada. Logo no início do curso, já me candidatei para fazer parte da empresa júnior da faculdade, a AD&M, uma das empresas juniores mais relevantes desse ecossistema. Durante meu tempo de faculdade, essa foi a minha principal experiência profissional, cheguei a assumir o cargo de diretora dentro da empresa júnior, dentro da área de gestão de pessoas. A moeda de pagamento da empresa júnior é o conhecimento. Lembro de um grande amigo que perguntava: "Você não cansa de trabalhar 'de graça'? Mas eu sabia que aqueles anos muito me agregariam. A experiência de viver a realidade da empresa júnior do seu curso, caso você tenha essa oportunidade, é riquíssima. Ainda que não queira trabalhar numa empresa, a experiência de ser uma espécie de empreendedor dentro da sua realidade profissional completa o aluno com inúmeras competências que a sala de aula não poderá agregar. É um estágio onde você, de fato, aplica na prática a teoria e, hoje, faculdades, independentemente do curso, oferecem esse tipo de oportunidade.

Além de já ter adicionado ao currículo uma universidade renomada na minha cidade e uma experiência como empresária júnior, nas minhas pesquisas descobri que os melhores candidatos a *trainees* ou funcionários de grandes empresas passavam por experiências internacionais. Após egressa da empresa júnior, precisava completar meu currículo com tal vivência. Eu estava recém-formada, mas em vez de me jogar em uma experiência em uma grande empresa, optei por não iniciar uma relação longa, para investir no meu intercâmbio, que desde o ensino médio foi muito desejado, mas não foi possível. Pelo meu perfil, sabia que uma vez dentro de uma empresa, eu almejaria crescer e dar o melhor de mim, iniciar um processo que precisaria ter fim, para que eu pudesse viajar – isso não estava nos planos.

Em virtude dos meus contatos da faculdade (sim, muitos dos seus contatos profissionais vão sair da sua faculdade), fui convidada para trabalhar em uma consultoria, num projeto com início, meio e fim, em outra frente de atuação: processos, como eu vinha de uma experiência na área de gestão de pessoas, isso agregaria na minha experiência. O projeto era perfeito para meu momento e planos futuros. Assim, trabalhei durante um ano na Secretaria do Tesouro Nacional, vivendo a oportunidade de ser consultora externa dentro de um órgão público. Para quem está começando, cada experiência conta para você formar o profissional que quer ser. Após um ano, o projeto acabou se estendendo, mas segui com meu plano de viver uma experiência fora do Brasil.

Por já ter tido a oportunidade de estudar inglês no ensino médio e no fundamental, optei por viajar para um país de língua espanhola, para que eu tivesse uma outra língua no meu currículo. Passei quatro meses em Barcelona, na Espanha, estudando espanhol. Aos 23 anos, morando com os pais, viver no exterior gera inseguranças, frustrações, desespero, ao mesmo tempo liberdade, mas, acima de tudo, muito aprendizado, crescimento e autoconfiança.

Retornando ao Brasil, um outro desafio que me coloquei foi o de diversificar minha carreira, não queria ficar presa apenas à área de gestão de pessoas, e particularmente processos não foi a coisa que mais me apaixonei. Adicionalmente, sabia que, para ser uma executiva, experiências em outras áreas eram essenciais. Foi então que encontrei um dos primeiros desafios da minha carreira fora da faculdade: conseguir o primeiro emprego (remunerado), em outra área de atuação. Apesar de primeiro emprego, muitas vagas exigem uma "experiência mínima" dos candidatos nas áreas de interesse.

Uma grande amiga trabalhava no RH da Ambev e sempre me enviava as vagas para me candidatar, principalmente no RH. Sem dúvida, trabalhar em uma gigante como a Ambev fazia parte do meu *checklist* profissional, porém não tinha interesse em seguir na área de recursos humanos. Foi quando, na mesma época que voltei ao Brasil, houve um processo seletivo para a área de *marketing*. Com algumas ressalvas à minha pouca experiência na área, segundo meu próprio chefe, eu fui aprovada.

Seguimos então, eu e minha jornada indefectível de me provar a melhor profissional no cargo que eu estava ocupando, além de tudo, sendo mulher, num universo extremamente masculino. A minha meta de ser uma executiva é o que me movia todos os dias a viver cada experiência como um aprendizado, mas também como um desafio para ser melhor.

Como uma pessoa muito crítica e observadora, sempre procurei aprender com as pessoas que encontrei ao longo da minha jornada, principalmente quem ocupava cargos acima de mim, tendo-as como exemplo, avaliando e pautando também como seria meu estilo de liderança, formato de trabalho, entre outros aspectos. Posso dizer que todos meus gestores me ensinaram muito, cada um à sua maneira e com sua particularidade, seja com relação a como eu gostaria de ser, mas também como eu não gostaria de ser.

Assim eu fui me tornando aos poucos a profissional que sou hoje, cresci dentro da Ambev, me tornei gerente e após quase quatro anos de história fui convidada para assumir um novo desafio, no hoje atual Wiz, onde estou há quase sete anos.

Na Wiz, tive a chance de conhecer um novo mercado, sair de varejo para serviços. De cerveja para seguros. Aprender novas siglas, indicadores, métricas de sucesso. Entrei na Wiz em 2014 em um projeto de atração de média gerência, um Programa de Trainee Executivo. Tive oportunidade de trabalhar na área de produtos, marketing, negócios digitais e até mesmo tocar uma *startup* encubada dentro da companhia. Aprendi muito, me provei, conquistei meu espaço, cresci e hoje alcancei minha primeira experiência como *C-level*, aquilo que desejei em 2005, quando escolhi minha faculdade.

2. Quais os principais desafios que você vivenciou ao longo da sua carreira?

Alcançar o seu sonho exige esforços. Posso citar inúmeros desafios que enfrentei, principalmente pelo fato de que em poucas vezes estive na minha zona de conforto. Sempre tinha um assunto novo para aprender, uma equipe nova para gerenciar, uma entrega difícil para fazer, viagens, noites viradas.

Mas hoje percebo que meu principal desafio foi o nível de exigência que tenho comigo mesma. Meu nível de cobrança me fez ter picos de ansiedade extrema na minha carreira, que só prejudicaram a mim, até um momento em que tive Síndrome de *Burnout* e precisei me afastar do trabalho obrigatoriamente por um período. Nessa fase, eu comecei a achar que escolher a carreira executiva havia sido um erro e a vontade era de jogar tudo para o alto.

Durante essa ausência, voltei para a terapia e descobri a meditação, que me ajudou muito a controlar minha ansiedade.

O jornalista e escritor Dan Harris encontrou a melhor definição da meditação a meu ver: "Meditação tem um sério problema de marketing". Mergulhei na meditação após ler um livro dele, sobre sua experiência com um surto de pânico ao vivo, como âncora de um jornal nos Estados Unidos, e como a meditação o ajudou. Foi quando me dei a oportunidade de conhecer melhor a meditação. Esse "problema de marketing" afasta pessoas que não querem ser monges, andar de bata, ir para a Índia. Afasta pessoas que mais precisam: aquelas que mergulham no trabalho sem limites, que vivem o mundo capitalista e exigente, onde temos sempre que estar no topo e sermos os melhores. Porém o autoconhecimento e autocontrole nos fazem ser melhores inclusive em cenário de alta competitividade, pois somos capazes de aumentar nossa concentração e produtividade, e ao mesmo tempo, aliviar a tensão do dia a dia e saber viver em paz, mantendo a nossa saúde mental em dia.

Hoje, sigo a minha rotina louca, mas sou capaz de prestar atenção aos sinais do meu corpo e mente, de forma que eu não entre em colapso novamente. De forma que eu não tenha reações exageradas frente à uma situação de crise, de forma que eu consiga avaliar um problema com calma e serenidade, buscando a melhor solução, e isso naturalmente me faz um profissional melhor.

3. Quais dicas você daria para aqueles que estão iniciando a carreira profissional?

Se eu puder escrever conselhos para quem está no início da carreira, recomendaria que não pare de estudar. O mundo está mudando muito rápido e para acompanhar e estar sempre atualizado é necessário reconhecer a necessidade de estar sempre aprendendo. Existe até um novo conceito, o *Lifelong Learning*, que nada mais é que sobre continuar aprendendo por toda a vida.

Uma frase que tenho gostado bastante e usado de forma mais recente é: "As pessoas são contratadas pelas *hard skills*, mas são promovidas (ou demitidas por outro lado) pelas *soft skills*". Ou seja, não adianta ser o técnico mais brilhante na sua área de atuação, se não conseguir se relacionar, ter boa comunicação, habilidades interpessoais como um todo. Foi-se o tempo onde ser bom significava apenas ter conhecimento técnico. Claro que isso é crucial e condição mínima para sermos bom profissionais, porém estamos (felizmente) em uma fase onde comportamento também é parte importante do processo.

4. Ao recrutar um profissional, quais características comportamentais você considera fundamentais?

Pegando o gancho da resposta anterior, sem sombra de dúvida, a vontade de estar sempre aprendendo e se desenvolvendo, além de paixão, comprometimento, dedicação e boa comunicação. Costumo dizer que habilidade técnica se aprende, já a comportamental é muito mais difícil, por isso, avalio muito a questão comportamental ao avaliar um candidato.

5. Como você define o papel da liderança?

Acredito muito no modelo de gestão transparente, com relações de confiança e aprendizado mútuo, se eu puder influenciar outras pessoas no estilo de gestão que acredito, já sentirei que os meus dias corporativos não foram em vão. Hoje, temos profissionais e organizações adoecidos, focados em resultados a qualquer custo, e não é que eu não acredite que as empresas não estão aqui para não gerar resultados, muito pelo contrário. Eu só acredito que temos muitas maneiras de chegar lá e que uma gestão focada em pessoas é um modelo que costuma ser de sucesso para muitas empresas. Porém isso perpassa pela cultura de uma companhia, e cultura não é o que está na parede, mas sim aquilo vivido no dia a dia. Os líderes são os grandes responsáveis pela consolidação da cultura de uma empresa, uma vez que são os representantes dela.

Mas, acima de tudo, os líderes são profissionais que devem ser os responsáveis por compreender as particularidades dos seus times, forças e fraquezas, desenvolvendo-os enquanto profissionais e direcionando esforços para engajá-los e motivá-los no objetivo final e na entrega do resultado. Um bom líder é aquele que prepara e desenvolve sucessores, para que todos possam crescer.

6. O que você faz para se manter motivada?

Eu me recordo de toda a trajetória que vivi para chegar até aqui e que foi aqui que desejei estar, olho para frente, lembro aonde eu ainda quero chegar e, principalmente, penso no tanto que ainda tenho para aprender e para contribuir no mundo corporativo.

7. Qual a importância da inovação nas organizações?

A inovação nada mais é que a capacidade de continuar aprendendo e se desenvolvendo, só que aplicada às empresas. Se as empresas continuarem sem se reinventar e encontrar novas formas de fazer melhor o que fazem hoje, seja inovando processos ou descobrindo novos produtos, mercados, elas vão estagnar, pois, o mundo de hoje exige que estejamos sempre prontos para a mudança e para a adaptação.

8. Do que você sente saudades?

Minha maior saudade é a minha mãe, mas gosto de dizer que "saudade é o amor que fica".

Em 2013, após sete anos de luta contra o câncer, ela infelizmente nos deixou cedo, aos 55 anos. Foram 55 anos muito bem vividos e compartilhados com pessoas que ela amava muito e que a amavam muito, também, a passagem de minha mãe por esta vida ficou marcada em todos que a conheceram. A perda dela foi muito dolorosa, mas alavanca para que eu siga firme nos meus objetivos de vida, para que ela, lá de cima, se orgulhe de mim.

9. Do que você tem orgulho?

Ainda tenho uma longa jornada pela frente, mas já tenho muito orgulho da trajetória que segui até hoje, tanto pessoal, quando profissional. Se pudesse mandar um recado para a Clarissa de 15 anos atrás, seria: "Seja confiante, que você está no caminho certo". Espero que eu possa repetir essas mesmas palavras daqui a 15 anos, para a Clarissa do futuro.

10. Qual a sua citação favorita e por quê?

Don't Stop Me Now. Minha citação favorita é mutável, de acordo com meu momento de vida, mas já tem uns 2 anos que tenho me identificado com esse trecho, da música de Freddie Mercury, que representa muito o que tenho sentido tanto em relação à minha vida pessoal, quanto profissional.

11. Quais são seus *hobbies* preferidos?

Quem me conhece sabe como sou cheia de amigos, família grande, gosto de festa e principalmente de carnaval, de preferência, na Bahia. Eu adoro viajar, conhecer novos vinhos e restaurantes. Mudar para São Paulo foi estratégico nesse aspecto da vida. Quando falta energia para gastar fora de casa, me jogo no sofá, o bem mais precioso da minha residência, e assisto seriados. A dança sempre foi uma paixão, mas hoje, na correria do dia a dia, acabo tendo pouco tempo para praticar, meu objetivo de 2020 era voltar a dançar, mas fui impedida pela pandemia.

12. Qual sonho você gostaria de realizar?

Após mais de dez anos de carreira, ainda tenho muito a aprender, a construir. Já naveguei por várias áreas de atuação e hoje, como diretora de gestão de pessoas de uma empresa consolidada, de capital aberto, que é a Wiz, ainda tenho vontade de me provar em outras cadeiras, voltar para a área de negócio, conhecer outras realidades e desafios. Mas todos esses planos são futuros, pois meu próximo objetivo de vida é ser mãe. Plano esse que, assim como o casamento, foi postergado em virtude da pandemia do coronavírus, mas que muito em breve irá se consolidar para dar completude à minha vida.

Quem será a Clarissa profissional pós maternidade eu não sei, confesso. Mas sei que hoje, aos 33 anos, me sinto realizada profissionalmente e orgulhosa da trajetória que cumpri até aqui, e gostaria de focar nessa realização pessoal.

13. Com base no que você vivenciou, ao longo de sua vida corporativa, qual o segredo do sucesso para ir da teoria ao topo?

Acredito que muitas das conquistas que tive e onde cheguei foram em virtude de sempre travar relações transparentes, de confiança e colaboração com qualquer pessoa. Sempre trabalhei em parceria com qualquer área ou nível hierárquico, inclusive isso já foi ponto de vários *feedbacks* que recebi: que sou capaz de me relacionar com qualquer pessoa e hoje percebo que isso também foi e é definitivo para o meu crescimento profissional.

Além dessa *soft skill* muito importante, as entregas que fiz, e me colocar sempre disponível para ajudar a alcançar qualquer resultado, foram imprescindíveis.

Por último, me considero uma T-Professional, o que me permitiu navegar em muitas áreas diferentes, entregando resultado.

Galeria de fotos

Cristina Moreira

Empresa:
Cummins Inc.

Função:
Diretora de Recursos Humanos

1. Como e onde você iniciou a sua trajetória profissional?

Iniciei minha jornada profissional há 12 anos, na montadora automobilística General Motors. Inicialmente na unidade de São José dos Campos, na função de representante de relações trabalhistas, dando suporte a várias unidades de negócios nas frentes relacionadas às negociações sindicais, bem como na gestão dos empregados, para gerar melhor ambiente de trabalho e consequentemente reduzir reclamações e demandas ao sindicato. Durante esse período, tive a oportunidade de desenvolver discussões internas trazidas pelos líderes das áreas de negócios e também pelos dirigentes sindicais, tendo ativa participação e preparando a liderança frente às diversas negociações com o Sindicato dos Metalúrgicos de São José dos Campos, mais conhecido como CONLUTAS, sindicato esse, com mais de 40 anos de história, conhecido por discussões com viés partidário ao PSTU (Partido Socialista dos Trabalhadores Unificado), liderou inúmeras greves e barreiras negociais que findaram muitos empregos e empresas da região. Nessa posição, além do desenvolvimento dos líderes em como entender as estruturas do sindicato, como lidar com as demandas do dia a dia e como serem lideranças que geram um ambiente de confiança para fazer sempre os primeiros contatos dos empregados, foram bons e ricos anos de experiência e desenvolvimento. Após aproximadamente dois anos nessa função, tive a oportunidade de mudar para a matriz dessa montadora, na cidade de São Caetano do Sul, ABC Paulista, com o objetivo de trabalhar na área de relações trabalhistas e fazer parte das discussões com o sindicato e dar suporte aos líderes de diversas áreas da empresa, desenvolvendo-os em gestão de pessoas e gestão de conflitos. Nessa posição, mesmo sendo um movimento lateral de carreira, mas sem dúvida um rico movimento de conhecimento e experiência em tratativas com o Sindicato dos Metalúrgicos do ABC, sindicato esse representando o partido da Força Sindical, conhecido como o sindicato mais atuante do Estado de São Paulo, diante às montadoras da região. Após aproximadamente um ano nessa posição, recebi um convite da liderança da General Motors para uma posição em um processo de expatriação para a Colômbia, para assumir uma posição de HRBP, *Human Resources Business Partner*, nessa função, fui responsável pelo desenvolvimento de líderes, promover discussões de estratégia de talentos, treinamentos e pesquisa e ações de clima organizacional. Além de ter sido um grande presente, viver intensamente uma nova cultura, conhecer pessoas e sem dúvida conhecer mais de mim mesma. Esse período na Colômbia foi muito intenso em todos os sentidos. Começando pelo fato de estar sozinha, ter deixado minha família e amigos no Brasil para viver uma experiência profissional tão sonhada. Os desafios começaram no voo de ida para Bogotá, em que percebi que o idioma não seria tão fácil o quanto parecia. Mas descobri que o colombiano é extremamente acolhedor com as pessoas. Os primeiros dois meses foram intensos e de muitas enxaquecas, acredito que meu cérebro estava em pura adaptação a ouvir, falar e escrever espanhol, a entender a estrutura da organização naquele país, além de envolvido na criação de novos hábitos do dia a dia. Durante essa fase profissional, participei de muitas discussões de novos líderes, negócios, implementação de construção de equipes, mas o maior presente foi o desenvolvimento do "Orgulhosamente GM", ação liderada e desenvolvida por mim junto aos demais membros do time de Recursos Humanos, em que fizemos ações de reconhecimento 360°, valorizando resultados e promovendo integração e gratidão entre todos, foi sem dúvida um dia muito especial e que deu início a mais que um processo, tornou-se uma cultura de valorizar ótimos resultados, trabalho em time entre todos os níveis da organização. Ao final desse processo de expatriação, tive uma proposta pela liderança da General Motors de retornar ao Brasil, mas para assumir uma posição de liderança generalista de recursos humanos em dois *sites* do interior de São Paulo, são eles: Centro de Distribuição de Peças de Sorocaba e Campo de Provas de Cruz Alta, em Indaiatuba. Comecei ali o exercício real de práticas de liderança, até então ensinada aos líderes de negócio, estudada incansavelmente pela literatura acadêmica, treinamentos profissionais e pós-graduação, mas na prática sempre um desafio e ao mesmo tempo uma realização desenvolver pessoas para atingirem o seu melhor e maior potencial.

Na posição de líder de RH para ambos os *sites*, liderei, por dois anos e meio, dois times com frentes de trabalho diferentes dentro de Recursos Humanos, desde recrutamento e seleção, treinamento, desenvolvimento, relações trabalhistas, comunicação interna, proteção patrimonial, segurança do trabalho até departamento médico, ou seja, zero rotina e muitos desafios e aprendizados. Fui presenteada com um time rico em experiência, que foi fundamental em todos os projetos implementados, resultados atingidos e na satisfação dos colaboradores. Sim, aqui começo a explorar mais e mais o *employee experience*. Tema esse em que, anos depois, após muita autoanálise, finalmente descobri meu propósito de vida. Mas, mais adiante, compartilharei mais sobre isso.

Durante o período de liderança nos *sites* do interior, descobri mais e mais que a inovação não é algo distante e somente bonito de dizer, e também que a inovação não necessariamente é criar algo novo, mas também pode se melhorar algo já existente. Enquanto líder de dois *sites* distantes da matriz, tivemos a oportunidade de revisar e melhorar vários processos, implementar novas ações, porém a inquietude de seguir crescendo continuava. Então, busquei oportunidades internas na General Motors, mas em posições gerenciais e, em um dia, a posição que brilhava mais aos meus olhos surgiu! Gerência de Relações Trabalhistas, na unidade de Gravataí, no sul do país. Eu me inscrevi de imediato, não podia perder a oportunidade de concorrer e testar as minhas habilidades que eu tanto buscava desenvolver para estar pronta. Naquela época na General Motors, todos os gerentes tinham uma placa nominal no estacionamento reservado aos gerentes, e aquele era meu medalhão: a placa do estacionamento. Todos os desafios, dias difíceis e barreiras enfrentadas, eu pensava tudo que estava sendo necessário para plantar sementes, sementes estas que significavam experiências, conhecimento, aprendizados do que fazer e do que não fazer. Horas e horas de trabalho e na estrada dedicadas a crescer e estar preparada para quando a oportunidade chegasse. Eis que aquele *posting* interno chegou! Então, não pensei duas vezes e logo me inscrevi. Dias depois, meu líder imediato me ligou para avisar que eu teria uma entrevista com ele e com o líder de negócio da vaga. Após quase duas horas de entrevista, sem exagero no horário, com a camisa encharcada de suor, não de calor, mas de nervoso, finalizei a entrevista em inglês com eles. A resposta do processo seletivo viera dias depois, um agradecimento pela participação e desejo de boa sorte para que eu continuasse me esforçando e desenvolvendo. É... naquele dia, eu chorei, chorei muito, e vi minha placa do estacionamento cada vez mais distante. Mas, no dia seguinte, as lágrimas ficaram para trás e a energia voltou mais do que nunca. Eu sempre tive em mente que, se eu quisesse algo diferente, então a pergunta seria: se não quero o mesmo resultado, então devo fazer algo diferente? Então, me matriculei em uma escola de inglês com aulas particulares, porque coloquei como objetivo avançar no idioma e me envolver mais e mais em projetos corporativos para praticar a língua, mas também para aprender visões diferentes e mais amplas do negócio e do mercado em geral.

Em um dia normal de trabalho, meu telefone tocou e era meu líder, fazendo uma única pergunta: você está com seu passaporte válido? Uma pergunta interessante e intrigante, mas sim, estava válido, dois dias depois, eu estava voando para o Chile para assumir imediatamente a liderança de Recursos Humanos da unidade do Chile em Santiago. Devido a assuntos pessoais, a líder anterior precisou sair da organização e fui enviada para liderar as inúmeras mudanças naquele momento. Revisões de contratos de benefícios, reestruturação da organização, redução do número de pessoas e reorganização das estruturas de liderança, processos de *compliance* e ambiente, com tantas mudanças de uma única vez, manter o ambiente de engajamento sem dúvida foi um grande desafio. Essa foi uma experiência incrível, pelo primeiro contato em fazer parte de um *board* de comitê executivo do país, reportar naquele momento para a VP de Recursos Humanos, vi todos aqueles problemas como inúmeras oportunidades de aprendizado, de fazer melhor e diferente e passar por aquele momento mantendo os melhores talentos e colocando as pessoas certas nas posições corretas. Foram seis meses de ponte aérea, duas semanas no Chile e duas semanas no interior de São Paulo, em Indaiatuba e Sorocaba. Sim, acumulando desafios, mas com tamanha alegria e satisfação. Após seis meses, muitos processos ajustados e findada a contratação da líder de HR que assumiria a posição do Chile, e feita a transição dos temas, voltei para o Brasil com a sensação de missão cumprida, legado deixado com orgulho.

Não passaram tantos meses assim, e mais uma posição apareceu disponível, agora na matriz da General Motors em São Caetano do Sul, como gerente de relações trabalhistas. Eu acredito que fui a primeira pessoa a clicar e me inscrever na vaga, dessa vez mais calma e colocando à frente do meu sonho a minha fé, para que pudesse ter serenidade em participar do processo e sabendo que aconteceria o que fosse o melhor para mim. Após entrevistas e processo seletivo, recebi um e-mail do meu novo líder dando boas-vindas e me chamando de gerente. Naquele momento, senti lágrimas no meu rosto, dessa vez, de alegria, satisfação, gratidão por cada esforço, horas e horas de trabalho e estudos, que resultaram em preparação para esse novo desafio. E lá fui eu, mais uma mudança de função, de cidade, de expectativas e rumo a minha placa, até então meu medalhão, símbolo em dias difíceis, que me inspirava a continuar.

Chegando a São Caetano do Sul, conhecendo a área em que eu já havia trabalhado anos antes, como analista, e retornando como líder, adaptando a mudança de *sites* do interior, com 600 a 800 colaboradores para a matriz com 10.000 colaboradores, muitas mudanças e muita energia para fazer e acontecer. Findado meu primeiro dia de trabalho em São Caetano do Sul, ao sair recebi o acesso ao tão sonhado estacionamento dos gerentes, e vi finalmente a placa: CSouza. Tive, sem dúvida, minutos intensos de sentimentos, gratidão, lembranças de dias difíceis, e ali estava o reconhecimento a mim mesma. E a pergunta foi: ok, agora qual será o meu medalhão? Qual será meu novo símbolo de perseguição nesta jornada?

O dia a dia e os grandes desafios começaram a surgir, não tive dúvida de que havia uma longa jornada de desenvolvimento, necessária para ter êxitos nesse novo cargo. Como diz uma grande líder que tive na organização: cuidado com o que deseja, você pode conseguir.

Nesse momento, as experiências de estar à frente na mesa de negociação junto aos demais líderes da General Motors, na construção dos acordos sindicais dos temas mais variados, como dissídio salarial, participação nos resultados, implementação da nova linha de produção, gerando mais empregos e sustentabilidade para a empresa, para os trabalhadores e para a comunidade. Foram assim bons dois anos de negociações diárias, mas levo comigo o último acordo realizado e de grande felicidade, foi aquele que viabilizou o recebimento da produção do modelo Onix pela unidade de São Caetano do Sul, após dias e dias de horas exaustivas de negociação junto a demais lideranças da GM com o sindicato dos metalúrgicos, eis que chegamos a um acordo. Após a conclusão da proposta, durante a preparação para a assembleia de votação tive a mesma sensação, de estar em um filme de suspense ouvindo a sua própria respiração, de tanto silêncio e tensão.

No dia da assembleia, na frente da portaria da GM, na avenida Goiás, eram tantos carros, tantas pessoas, vizinhos nas janelas dos prédios, todos ali acompanhando o discurso do sindicato, que perdurou pouco mais de uma hora. Ao colocarem a proposta em votação, era mais do que valores de reajustes salariais, prazos de contratos, implementação de faixas salariais etc. Estávamos votando pelo futuro. Votávamos por mais de 600 novos empregos, mais de dez anos de produção, reflexos em toda a cadeia produtiva de fornecedores, maior renda em circulação na cidade. Foi aí que o presidente do sindicato fez a pergunta: "Quem aceita essa proposta levante as duas mãos". Quando virei e olhei aquele mar de pessoas com os braços levantados, senti uma alegria sem igual. Mais do que Copa do Mundo. Ver o Onix circular nas ruas me remete a esse dia, tão feliz e de conquista.

Mas claro que a carreira está em nossas mãos, e tempos depois, eu havia descoberto o que seria meu medalhão, meu símbolo de crescimento, eu buscava um cartão de visita com o título de diretora de recursos humanos.

Analisando esse novo objetivo, com certeza, um movimento necessário seria ter uma função corporativa, seria de alguma maneira conhecer mais profundamente uma área técnica de Recursos Humanos, tal qual remuneração e benefícios, *talent managment*, folha de pagamento, entre outros. E tempos depois, acompanhando as posições que surgiram, pude observar no último dia de inscrição uma vaga de gerente de GBS (*Global Business Services*), nomenclatura que referia-se à liderança de remuneração e benefícios, *talent services* e contratos de benefícios, como restaurante, transporte e frota, vi ali mais um degrau a ser escalado. Ter uma visão diferente do *business*, contato direto com líderes globais, atender a essas frentes olhando para todos os *sites* da General Motors no Mercosul. Era isso que eu buscava, ainda não era a posição do cartão de visita, mas sem dúvida era uma passagem que garantia mais bagagem para estar pronta quando a oportunidade chegasse.

Então, após participar do processo seletivo, inúmeras entrevistas, tive o retorno de que fui a pessoa escolhida. Aqui, vivi uma mistura de alegria, por estar seguindo adiante com meu sonho, mas deixando para trás amigos queridos, um time fantástico e um líder que acumulou tantos papéis na minha vida, foi meu líder, meu amigo, meu mentor, foi muito bravo, me corrigiu, me ensinou e foi tão generoso em compartilhar comigo tanto conhecimento que mesmo fazendo graduações, pós-graduações, mestrado e doutorado, eu não teria obtido, porque ele compartilhou comigo experiências reais de vida, me ajudou a ter mais e mais maturidade e a ser forte perante as adversidades da vida.

Então, assumi a posição de líder de GBS para Mercosul, e logo me vi suando muito em reuniões em inglês, entrando em assuntos que até então eu recebia prontos da área corporativa, mas, espere, agora eu era a área corporativa. E era isso que eu queria.

Os primeiros movimentos dessa nova função foi viajar para a matriz da General Motors nos EUA, isso, fui para Detroit. Um sonho, uma cidade abandonada, mas chegar à matriz e ver a imponência e a potência daquele lugar, e ver onde eu havia chegado, foi de tirar o ar por alguns segundos.

Participar de conferências com pessoas do mundo inteiro, ser mulher, jovem e latina representando uma região, foi suficiente para me motivar e me fazer pensar que sim, quando queremos e buscamos os caminhos para conquistas é possível de chegar.

Nessa jornada corporativa, entre projetos, resultados, times em várias localidades diferentes, me trouxeram noites sem dormir e os primeiros fios brancos no cabelo.

Em um dia comum, um *headhunter* me ligou para me convidar a fazer parte de um processo seletivo para uma posição em outra empresa. O coração parou por alguns segundos, dúvida, curiosidade, será que estou pronta? Mas como eu digo, a carreira está em nossas mãos e mesmo tendo uma gratidão pela General Motors, fui participar do processo. E logo vi que se tratava da Cummins. Empresa global de autopeças, americana e de valores de diversidade jamais vistos. A posição? Era para o segmento de motores, liderança de Recursos Humanos para a América Latina, sim, era o meu cartão de visita. Próximo, chegando perto de mim. Lá foram várias entrevistas, presenciais, e conferências com líderes globais, e a cada etapa, mais e mais intrigada com essa organização. Mas e a cultura, como são as pessoas? O que fazem? Muitas e muitas dúvidas, mas maior era a ânsia de conhecer, e ao final do processo, desejei muito ser escolhida, e fui.

Hoje, há dois anos na Cummins, lidero Recursos Humanos para segmentos de motores para América Latina, e para todos os segmentos no Brasil, fazemos, além de motores, geradores de energia, componentes, turbos, filtros e serviços. Sim, a diversidade é cativante, envolve você em algo que jamais havia visto antes, e muito conectada com meus valores pessoais.

Meu próximo medalhão, símbolo de busca e desenvolvimento? Tenho, sim, mas desta vez não é para mim, busco rostos de satisfação, rostos de pessoas crescendo em suas carreiras e felizes por atingirem seus sonhos e conquistarem seus objetivos.

2. Quais os principais desafios e resultados que você vivenciou ao longo da sua carreira?

Meus principais desafios foram definir limites possíveis de serem alcançados, me desafiar dia a dia, e decidir fazer meu melhor sem me importar se teria alguém me observando ou não, mas somente porque eu estava me observando a todo momento.

3. Quem da sua história de vida inspirou/motivou a sua carreira?

Minha mãe, com certeza, mulher de fibra, que na simplicidade e em sua sabedoria sempre me ensinou que *o sol brilha para todos e que devemos aproveitá-lo*. Essa frase sempre ouvi, que ela me ensinou, sobre competir comigo mesma sem olhar os demais e que um novo dia é motivo suficiente para eu poder tentar de novo e melhor.

4. Alguma história de relacionamento com o cliente que você gostaria de destacar?

Anos atrás eu era analista de relações trabalhistas no interior de São Paulo, em São José dos Campos, uma menina de pouco mais de 20 anos, e com muita energia para trabalhar. Eu atendia a uma área produtiva grande com pouco mais de 1.200 colaboradores, e lá havia uma gerente de produção, pessoa incrível, sagaz, e um dia me chamou e perguntou se eu gostaria de mover minha carreira para a área produtiva? E com muita surpresa da minha parte, eu somente perguntei: como assim? E ela quis saber se eu não gostaria de liderar uma linha de produção como supervisora de um time. Naquele momento, eu achei que ela não estava se sentindo bem. Pensei, imagine, eu tenho pouco mais de 20 anos, mulher em uma linha de produção, não sou engenheira, acabo de me formar em Direito e não fiz cursos técnicos. E ela vendo minha surpresa, ela me disse "calma, Cris, você tem habilidades natas de liderança, você pode fazer isso. Você só precisa de um time forte, pessoas que conheçam o processo e isso nós temos aqui. Então, eu percebi o preconceito que eu tinha comigo mesma, por ser mulher, jovem e não ter claro naquele momento quais seriam meus medalhões, símbolos de crescimento. Eu não aceitei o convite, porque realmente desde lá eu via meus olhos brilharem em Recursos Humanos, mas a reflexão foi ótima e certamente uma quebra de paradigma.

5. Quais dicas você daria para aqueles que estão iniciando a carreira profissional?

Estudem, encontrem razões atrás de suas ações, trilhem quais são os degraus da escada que vocês querem subir ao longo de sua vida profissional. Precisa ser desafiador, mas também possível.

6. Ao recrutar um profissional, quais características comportamentais você considera fundamentais?

No recrutamento e seleção, não há certo ou errado, há sim quais candidatos estão mais próximos e preparados para a posição. Aos candidatos externos, é importante que a seleção seja mútua, ou seja, a empresa encontrar *fit* cultural com o candidato, e este também escolher a empresa mais do que pelo o salário que irá receber, mas pelo produto que ela faz, pela representação no mercado e na sociedade.

7. Qual legado você gostaria de deixar para a sociedade?

Essa pergunta é maravilhosa! Levei bons 34 anos para descobrir genuinamente meu legado. E descobri que desenvolver as pessoas para atingirem seus sonhos e seu maior potencial é, sem dúvida, o legado que quero deixar, ser lembrada em vida e após ela, por ter ajudado as pessoas em suas aspirações profissionais.

8. Cite alguns líderes que, em sua opinião, são inspiradores.

Tenho inspirações múltiplas pelo Papa Francisco, por sua história de vida e a forma de liderar diretamente e indiretamente o mundo.

9. Como você define o papel da liderança?

O líder não está nas organizações para tirar resultado, ou para pedir coisas. Ele ou ela está nas empresas para colocar times remando na mesma direção. Identificar habilidades e conectar com as necessidades do negócio, desenvolver pessoas e gerar um ambiente seguro. A consequência serão resultados extraordinários.

10. O que você faz para se manter motivada?

Busco relevância, impacto em tudo o que faço. Entender o porquê das coisas é magnífico na motivação, para que façamos o nosso melhor a cada dia.

11. Qual a importância da inovação nas organizações?

Inovação é subsistência, é o agora, é crescimento. Inovação não é somente criar algo novo, do zero. Mas também é mudar, revitalizar, melhorar um processo existente. Muitos conectam isso somente com empresas de tecnologia. Eu conecto isso todos os dias com o mundo, todos os lugares, todas as pessoas. Devemos inovar nós mesmos, para ser pessoas melhores a cada dia.

12. Como você realiza o *networking* de maneira efetiva?

Eu vejo o *networking* como algo muito importante, mais do que para conexões nas organizações, mas para compartilhamento de conhecimento, experiências, responsabilidades e decisões. Dessa forma, o *networking* precisa ser pautado por confiança e dedicação. Hoje eu ensino você e amanhã você me ensina, e assim, a solidificação da relação, acontecendo ao longo do tempo.

13. Do que você tem saudades?

Saudades dos amigos das várias cidades em que morei, do dia a dia de cada uma das posições profissionais que tive, e de pessoas especiais que convivi e que não as tenho mais.

14. Do que você tem orgulho?

Da história que estou construindo, das pessoas que desenvolvi, das experiências geradas aos colaboradores por onde estive, e sinto orgulho de ser sonhadora, de projetar e buscar.

15. Qual o significado da palavra felicidade?

Felicidade para mim são pequenas coisas, é ver um lindo pôr do sol, ter saúde, estar com minha família, olhar para trás e ter orgulho do que fiz e do que faço.

16. Qual a sua citação favorita e por quê?

Sonhe, planeje, planeje mais, busque, aprenda com o caminho e celebre.

17. Qual sonho você gostaria de realizar?

Quero estar perto dos que amo, família é meu bem maior.

18. O que você aprendeu com a vida, que você gostaria de deixar registrado nesta obra?

Aprendi na infância que não temos tempo para lamentar a decisão das pessoas, ou planos que não deram certo. Se queremos de verdade, devemos ter claro o que temos em nossas mãos e perseguir.

19. Qual mensagem de motivação você gostaria de deixar para os leitores deste livro?

Decisões desafiadoras exigem coragem, exigem mudanças em sua grande maioria, e elas vêm acompanhadas de medo. Mas se sua fé é maior que o seu medo, então vá.

Galeria de fotos

Daniely Gomiero

Empresa:
Instituto Claro e Claro

Função:
Vice-Presidente de Projetos do Instituto Claro e Diretora de Comunicação Interna e Responsabilidade Social Corporativa da Claro

ALTA GESTÃO | REGISTRO BIOGRÁFICO

1. Como e onde você iniciou a sua trajetória profissional?

Ainda durante o ensino médio, quando fiz o curso técnico de Administração e Contabilidade na Fundação Bradesco, em Campinas, iniciei minha carreira como estagiária do departamento jurídico de uma instituição financeira. O ano era o de 1993. Por algum tempo, participei de programas de estágio e, já na segunda oportunidade profissional, acabei entrando na área de Recursos Humanos. Desde então, me apaixonei pela gestão e mobilização de pessoas, *expertises* em que me aperfeiçoei e acredito que esteja contribuindo nas empresas e projetos dos quais tenho a honra de fazer parte.

Tenho a certeza de que a minha escolha profissional pela Psicologia e, mais tarde, pela área de Recursos Humanos, teve forte influência de uma grande professora da própria Fundação Bradesco: Anna Christina Milan. Esta educadora foi uma grande motivadora da minha paixão pelo comportamento humano. Também na Fundação Bradesco, tive a oportunidade de atuar em um projeto de Empresa Júnior, que assegurou a minha primeira experiência profissional e o meu primeiro reconhecimento: fui alçada a "gerente de recursos humanos" dessa "empresa" de estudantes. Foi uma experiência muito enriquecedora e da qual me lembro com gratidão e carinho.

Ao ingressar na faculdade de psicologia, pude aprofundar na teoria aquilo que já vivia na prática. Novos aprendizados e uma bagagem extremamente importante para meu crescimento. Ainda na faculdade, tive minha primeira experiência profissional em uma *startup* de grande porte, na indústria do entretenimento, e depois de dois anos, parti para o segmento de telecomunicações e serviços, no qual atuo até hoje. Essas experiências marcaram uma transição para novos modelos de atuação e de negócio, novos desafios e responsabilidades que me trouxeram até aqui.

2. Quais os principais desafios e resultados que você vivenciou ao longo da sua carreira?

Um dos desafios que me trouxeram grandes aprendizados e resultados foi a oportunidade de ter atuado em *startups*: em várias das minhas experiências fiz parte de equipes responsáveis por dar o pontapé inicial em grandes projetos de empresas. Portanto, fazer parte de times inovadores, ousados e de alta *performance* me ensinou a ter a capacidade de criar e implementar projetos, áreas, ver nascer companhias.

Acredito ainda que minha experiência de 19 anos no mercado de telecomunicações, com seus constantes avanços em tecnologia e seu ritmo acelerado de movimentações de mercado, me trouxe uma capacidade de adaptação e velocidade de reação que me ajudam a todo momento a encarar as mudanças e o novo como oportunidades.

Acredito que manter a coerência com os meus próprios valores e a minha linha de trabalho tenha sido um grande desafio, vencido até aqui. Desde 1993, quando iniciei minha jornada profissional, ainda como estagiária, vivenciei uma diversidade de cenários políticos, econômicos, sociais e empresariais; segui com firmeza em meio a vários modelos de gestão e desafios encontrados em conjunturas de fusões e aquisições. O lado humano e minha orientação a pessoas sempre nortearam a busca pelos resultados, ambos em equilíbrio e coerência. Eu me alegro ao constatar o quanto evoluí como gestora de equipes realizadoras, pensantes e felizes em fazer parte de projetos. Hoje, trabalhando com projetos de transformação cultural, responsabilidade social e comunicação, enxergo o quanto esse olhar humano é capaz de fazer a diferença nas grades organizações.

3. Quem da sua história de vida inspirou/motivou na sua carreira?

Não teria como responder a essa questão sem voltar o olhar, em primeira instância, para as grandes mulheres da minha família, especialmente minha avó Maria e minha mãe Sandra. Minha avó, nascida em 1927, sempre foi uma mulher à frente de seu tempo: ousada, corajosa, inovadora, buscando incansavelmente a própria liberdade, foi e é uma inspiração para minha conduta profissional e de vida. Minha mãe, Sandra, encarou com bravura os momentos difíceis de nossa família, voltando ao mercado de trabalho com muita luta e esforço depois de anos cuidando dos filhos. Nunca se deixou desestimular pelos percalços e dificuldades.

A minha figura paterna também tem sua força na construção de quem sou: a honestidade e a coerência com os próprios valores sempre foram e sempre serão grandes legados de meu pai para mim. Seu otimismo e sua fé de que o próximo passo sempre vale a pena me fazem ser uma gestora, profissional e mulher que sempre dá o primeiro passo. Ainda que não enxergue o degrau a ser alcançado.

4. Alguma história na gestão de pessoas que você gostaria de compartilhar?

Tive a oportunidade de trabalhar com um presidente visionário na Vivax. Duas características me chamam a atenção nele: coerência e carisma. Chris sempre deixou claro que só era possível fazer com e pelas pessoas. E suas atitudes como líder, empoderando seus liderados e dando força para a atuação da área de Recursos Humanos, sempre foram diferenciais. Ele sempre fez questão de atuar com comitês de pessoas e de líderes, aliando teoria e prática e alcançando resultados rápidos e consistentes. Em cinco anos de existência, a empresa já era reconhecida pelo Great Place to Work como uma das melhores para se trabalhar no Brasil. O projeto de construção de uma identidade corporativa foi feito por todos e para todos, ganhando o devido reconhecimento por isso. Chris também sempre teve uma postura acessível: circulava pelas áreas, conhecia seus funcionários pelo nome, fazia questão de estar próximo da operação e de gerar oportunidades de trocar conhecimento e informação com pessoas de todos os níveis hierárquicos. Certamente essa combinação fez dele um exemplo a ser seguido e um profissional a ser admirado.

Faço questão de destacar também as qualidades de um outro gestor inspirador, de quem também acredito ter absorvido grandes exemplos. José Felix, atual presidente da Claro, é um líder visionário, autêntico e muito carismático. A cada reunião com ele, me sinto provocada a pensar de uma forma diferente e desafiada a ir além. Sua maneira pouco convencional de nos levar a um raciocínio sempre fora do padrão e de chegar a soluções sempre diferenciadas e inovadoras nos tira da zona de conforto e nos faz crescer como profissionais.

Felizmente, não são os únicos líderes inspiradores com quem tive a gratidão de compartilhar experiências profissionais de valor. São aqueles que mais se destacam, entre tantos que admiro e reconheço como grandes gestores.

5. Quais dicas você daria para aqueles que estão iniciando a carreira profissional?

Esteja disposto a conhecer tudo, até mesmo aquilo que aparentemente não tenha ligação com a sua atividade; esteja disposto a conhecer todos, pois relacionamento é a chave para um grande trabalho em equipe; aprenda com as diferenças e com as oportunidades: as lentes do otimismo podem sempre levar você além; encontre o seu propósito, mas um propósito tangível, possível, que gere sentido para as suas ações diárias.

6. Ao recrutar um profissional, quais características comportamentais você considera fundamentais?

Brilho no olhar, sonhos e aspirações, comportamentos e atitudes. Acredito muito que as respostas que um ser humano dá aos desafios que a vida profissional lhe apresenta são infinitamente mais importantes do que somente seu conhecimento técnico. Admiro pessoas solucionadoras e propositivas, que enxergam oportunidades e ocupam seus espaços sem medo. Pessoas que acreditam e que dão um passo à frente com coragem.

7. Qual legado você gostaria de deixar para a sociedade?

Acredito na vontade de realizar cada atividade do dia a dia com a preocupação de fazer o melhor, deixar sua marca e ocupar os espaços disponíveis. Creio que cada profissional da minha equipe tenha essa vontade. Acredito também que dar o exemplo seja fundamental, e mais: abrir caminhos para que todos possam encontrar as próprias oportunidades. Gosto de me lembrar que fui uma adolescente atendida por um projeto de educação financiado pelo investimento social privado. E me emociona constatar que, hoje, o meu trabalho é gerir um instituto que promove a mesma oportunidade para tantos jovens brasileiros. Eu acredito no legado da oportunidade e do exemplo que inspira.

8. Cite alguns líderes que, em sua opinião, são inspiradores.

Na contemporaneidade, considero inspiradores a mulher e o homem Michelle e Barack Obama. Michelle por seu pragmatismo, força e dedicação, valores; pela obstinação em busca de seus objetivos pessoais e causas coletivas. Barack por seu olhar visionário e sonhador, por sua coragem de seguir atuando por um mundo melhor e mais justo, além do espírito conciliador que o caracteriza. Nelson Mandela, pela resiliência, pela luta e pelo legado que deixou ao mundo.

9. Como você define o papel da liderança?

O papel da liderança é envolver, engajar, motivar. E creio que sem uma relação de confiança, apostando em uma atitude aberta, apoiada em exemplos claros e com comunicação transparente, não se consegue levar uma grande equipe a grandes resultados. O grande líder é aquele que inspira e influencia as pessoas em prol de um objetivo comum.

10. O que você faz para se manter motivada?

Uma das coisas que mais me motivam é a relação com minha equipe. Ter ao meu lado pessoas com brilho nos olhos, que buscam a superação, que desejam fazer e realizar cada vez mais, é inspirador. Enxergar os projetos e as entregas crescendo, transformando realidades e culturas, é algo emocionante e mágico. Acredito ainda que chegar a esse nível de maturidade com um time e perceber a minha contribuição para esse estágio me faz querer ainda mais. Aliás, pessoas são um fator motivacional para mim, para além da minha equipe: ver o impacto que os projetos que conduzo promovem, seja em comunicação ou em responsabilidade social, é incrível. Sentir os *feedbacks* das pessoas – enxergar sua transformação – me energiza.

Outro fator de motivação é ter a oportunidade de imprimir a minha marca na condução das áreas e projetos. Autonomia me motiva e ter o cuidado para que essa autonomia seja produtiva e coerente com os resultados esperados é altamente estimulante.

11. Qual a importância da inovação nas organizações?

Inovar é manter-se vivo e pode ser pelo amor e pela dor. Inovar é sempre sobre pessoas. Diversidade é inovação, inclusive pelo aspecto da troca entre gerações.

12. Como você realiza o *networking* de maneira efetiva?

Acredito que o *networking* acontece de forma espontânea e natural. Gosto do convívio com pessoas, do relacional, das trocas que surgem nas relações profissionais. O universo de cada profissional é de uma riqueza muito grande – cada um traz em si as experiências e vivências de sua trajetória. Poder ouvir, falar e compreender melhor o mundo com a ajuda do olhar do outro é inspirador e motivador. As oportunidades profissionais e de negócio que surgem através dessas trocas são uma consequência de grandes conexões.

13. Do que você sente saudades?

Sinto saudades da minha infância, dos tempos de escola. Das pessoas importantes que já partiram. Sinto saudade do mundo um pouco mais humano em que vivíamos e que hoje se encontra em uma sensível crise de valores. Apesar da nostalgia, também acredito em ciclos. E tenho a certeza de que evoluiremos. Assim como reconheço em minha vida a importância de tentar, errar e aprender para evoluir, estou certa de que o mesmo acontece com a humanidade. Tenho fé no que ainda vem.

14. Do que você tem orgulho?

Tenho muito orgulho da minha história, da construção que venho fazendo ao longo de todos esses anos de carreira. Tenho orgulho das relações que desenvolvi, de ter conquistado um espaço para trazer mais gente para as causas que eu acredito, para perceber que lidero um grupo que quer sempre mais, desde que seja com respeito à diversidade, aos valores individuais e coletivos e com um olhar empático para o outro. Tenho orgulho de ter uma obstinação positiva, movida por valores.

15. Qual o significado da palavra felicidade?

"Felicidade é uma atitude". Essa frase não é minha, é da mexicana de origem libanesa Soumaya Domit. Acredito que essa tradução de felicidade se encaixa em minha história de vida, pois nunca esperei que os momentos felizes chegassem até mim: segui sempre em busca deles, acreditando em meu merecimento e buscando um equilíbrio entre as dificuldades e as oportunidades.

16. Qual a sua citação favorita e por quê?

Não tenho citações, tenho mantras. Acredito que repetir palavras que reforçam os meus valores me traz segurança e coragem. Assim, sempre digo para mim mesma que preciso ter bravura e ter muita fé. Acredito em felizes descobertas, em afinidade e conexões. E busco direcionar meu olhar para encontrar todas as boas surpresas que a vida me reserva.

17. Quais são seus *hobbies* preferidos?

Dançar (a música me inspira!), viajar para mergulhar em culturas desconhecidas, encontrar os amigos em torno de uma boa mesa e um bom vinho, estar em família e curtir o carinho e a diversão com meus cachorros – amigos de quatro patas.

18. Qual sonho você gostaria de realizar?

Tenho o sonho de conhecer diversos países do mundo e poder mergulhar em suas culturas, sorvendo o máximo de conhecimento.

19. Qual mensagem de motivação você gostaria de deixar para os leitores deste livro?

Acreditar, se permitir, ter coragem. Parece um clichê (e talvez seja), mas o mundo corporativo, o mundo dos negócios, exige resiliência, obstinação, uma boa dose de fé em si mesmo e de força para seguir realizando e impondo sua marca ao mundo.

20. Com base no que você vivenciou, ao longo de sua vida corporativa, qual o segredo do sucesso para ir da teoria ao topo?

Acredito que o topo seja o horizonte da próxima meta. Sendo assim, me motivo tendo a certeza de que estou em constante busca e aprendizado. Gosto de pensar que cada conquista é uma grande vitória e que todos os êxitos devem ser celebrados. E que venha o próximo "topo"!

Galeria de fotos

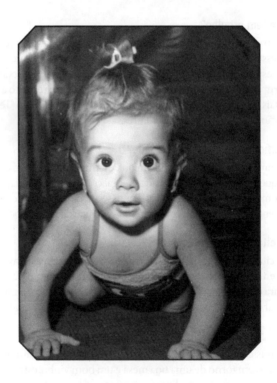

Dante Mantovani

Empresa:
DMHD Desenvolvimento Humano

Função:
Consultor de Educação Corporativa, *Coach* Executivo e Professor

1. Como e onde você iniciou a sua trajetória profissional?

Comecei a minha trajetória profissional fazendo um estágio, enquanto estudava engenharia na Poli (Escola Politécnica da USP). Meu objetivo, na época, era aprender a projetar uma televisão. Esse objetivo foi algo que vinha sendo construído desde minha infância.

Minha mãe conta que, desde pequeno, eu tinha curiosidade sobre o funcionamento das coisas. Aos 12 anos, comecei a consertar meus brinquedos; rezava para as bonecas das minhas irmãs quebrarem, assim, eu tinha álibi para desmontá-las. O liquidificador também foi vítima, pois vi meu avô fazendo consertos e aprendi com ele a consertar também.

No terceiro ano da Poli, resolvi montar uma nova turma do curso extracurricular, sobre engenharia de televisão, minha grande paixão. Na época, a Poli não oferecia mais esse curso. Essa foi minha primeira iniciativa de treinamento e desenvolvimento, algo que nunca sonhava em vir a ser minha principal atividade profissional.

2. Quais os principais desafios e resultados que você vivenciou ao longo da sua carreira?

Pensando em desafios na minha carreira, o principal foi o de me reinventar. Quando fiz o estágio no laboratório de eletrônica da Semp Toshiba, o ambiente era, literalmente, uma casinha isolada do resto da empresa, cheia de técnicos muito competentes. Porém, a maioria reclamava da vida, dizia que a empresa não compreendia nem valorizava o seu trabalho. Eu, no auge dos meus vinte e poucos anos, pensei: será que eu quero trabalhar em um ambiente no qual todo mundo reclama da vida e que parece uma entidade à parte da empresa? Será que meu futuro está aqui, em um laboratório que adapta projetos prontos, desenvolvidos no Japão, e não desenvolve produtos próprios como eu esperava? Foi então que me decepcionei com a escolha da carreira, pois não vi futuro nos projetos de eletrônica de TV. A Toshiba do Japão lançava novos modelos totalmente prontos para o Brasil, os quais dispensavam até a adaptação para ajustar ao sistema de cor, PAL padrão M, adotado no Brasil para televisão analógica. Em suma, não precisavam mais do conhecimento do engenheiro de televisão que tanto quis obter. Eu precisava encontrar outro caminho. As opções que eu considerava eram cavar uma oportunidade de ir para o Japão e ser engenheiro projetista, morando por lá, ou então mudar de área e experimentar outra atividade.

Resolvi que ainda não era hora de sair do Brasil e procurei conhecer outras áreas. Fui aprovado em uma vaga de estágio na Rhodia, hoje pertencente ao grupo Solvay, em uma área ligada à minha área de formação: planejamento de telecomunicações. Entrar para a Rhodia permitiu-me conhecer outras áreas e entender outro tipo de cultura empresarial, diferente da cultura familiar, na qual havia iniciado a minha carreira.

Estabeleci contato com André Leite Alckmin, um engenheiro que era o braço direito do presidente para assuntos de gente e gestão – uma função que nem era chamada assim na época. André era uma pessoa inspiradora e muito à frente do seu tempo. Encantei-me com o PRHOEX – Programa Rhodia de Excelência, que ele idealizou e colocou em prática, algo que revolucionou a gestão na Rhodia e tornou-se um programa vitrine da empresa, uma referência mundial. Vi o quanto a área de Recursos Humanos poderia fazer a diferença e isso me influenciou muito na busca de novos caminhos para minha profissão.

Depois da Rhodia, fui para a Gradiente, era meu primeiro emprego. Após atuar dois anos na área de compras e mais dois anos como coordenador de projetos de implantação para fabricação de kits em Manaus, constatei que minha carreira se voltava para a administração de empresas, área que ainda não tinha nenhum conhecimento. Resolvi que era preciso estudar administração e obtive a oportunidade de fazer um MBA no exterior, patrocinado em parte pela Gradiente, mediante um acordo de permanência após a minha volta. Retornei do Boston College em 1999, após dois anos de estudo, encantado com o que aprendi nas disciplinas voltadas para operações e gestão de pessoas. Logo que voltei, mostrei meu interesse em atuar no RH e fui aceito, iniciando uma nova mudança na carreira.

Desde aquela época, tenho atuado no desenvolvimento de pessoas, no qual encontrei meu propósito. Após trabalhar dez anos como executivo de recursos humanos na própria Gradiente, EY e Grupo CCR, tomei coragem para seguir o meu coração e buscar mais liberdade, abrindo mão da relativa (ou pseudo) segurança financeira que um emprego representa. Foi com o apoio da Gisele, minha esposa, que realizei a terceira grande mudança na carreira: trabalhar como consultor, professor e *coach*, o que venho fazendo desde 2009, cada vez mais feliz e realizado. Sem entrar em pieguices, afirmo que a minha vida foi, é e sempre será uma jornada de contínua descoberta e renovação – mesmo que apareçam alguns buracos no percurso e o caminho não seja reto, verde e ensolarado todo o tempo.

3. Quem da sua história de vida inspirou/motivou a sua carreira?

Meu avô materno, Luis Vietri, me inspirou. Ele era uma pessoa que veio do nada e se tornou um pequeno fabricante de máquinas e equipamentos eletromecânicos, sempre se esforçando para buscar os conhecimentos que eram necessários para prosperar. Sou filho de pais arquitetos, irmão mais velho de arquiteta e de marketeira – a arquitetura não veio em meu DNA. Creio que houve um salto de geração, me vejo mais próximo vocacionalmente do meu avô, uma pessoa que gostava de mecânica, máquinas e consertava rádios, como eu. Lembro quando meu pai me trouxe revistas de eletrônica, na minha adolescência. Com a ajuda do meu avô, montei vários circuitos da revista e até um pequeno rádio, aos 13 anos (tenho ele até hoje). Talvez seja por isso que estudei engenharia.

4. Alguma história na gestão de pessoas que você gostaria de compartilhar?

Logo que voltei do MBA, quando fiz essa virada de carreira para atuar em gestão de pessoas, a Gradiente estava formando uma nova área, unificando a direção de *marketing* com a de RH. Foi a tal sincronicidade! Meu líder imediato, Eugenio Staub Filho, também tinha acabado de voltar do MBA no exterior, e havia assumido a direção dessas duas áreas, formando duas equipes. Eu me juntei à equipe de RH que já existia e, juntos, fizemos um trabalho de base para desenvolvimento de pessoas. Criei um comitê interno para escrever as políticas de RH de maneira participativa, num processo de cocriação. Em parceria com o departamento de marketing, trouxemos uma consultoria para levantar e escrever nossa identidade empresarial: visão, missão e valores. Conduzi pesquisa de clima e contratamos uma renomada escola de negócios para desenvolver as lideranças, em função dos *gaps* que apareceram. Começamos a buscar caminhos para que o RH pudesse ser visto como meio para contribuir com a execução da estratégia e aprimorar a gestão de pessoas e do clima. Tudo isso em um trabalho com um olhar interno, para as pessoas, e externo, para a marca, com o intuito de que os atributos desejados fossem sustentados pelas competências das pessoas. Após dois anos coordenando as ações em RH, Rogério Barão veio para integrar o time e acelerar todo o processo. Rogério foi meu gerente e é meu amigo até hoje, aprendi muito com ele.

Na época, nem se falava ainda em *Employer Branding*, mas tínhamos a visão de que era preciso ter uma coerência entre a imagem que se queria transmitir para a marca no mercado e a identidade organizacional, que norteia a ação das pessoas que constroem essa marca. Essa foi uma experiência bem inovadora para mim e uma das épocas profissionais mais felizes da minha vida.

5. Alguma história de relacionamento com o cliente que você gostaria de destacar?

Entrando no meu lado consultor, *coach* e *trainer*, comecei a construir a nova identidade atuando pela DorseyRocha Consultoria, uma das mais antigas e tradicionais do mercado brasileiro, na qual trabalhei por sete anos.

Nos meus trabalhos como *coach* é lindo ver como algumas pessoas abrem-se e mostram coragem de encarar, de frente, uma transformação pessoal. Trabalhei com pessoas que conseguiram fazer grandes viradas, diretores que se tornaram vice-presidentes, pessoas que realmente aproveitaram o processo para alavancar a carreira ou mesmo mudar o rumo da vida pessoal. Acredito que o sucesso do trabalho de *coaching* está sustentados por três pilares: clareza do que se quer desenvolver, abertura para experimentar o novo e uma ótima química entre *coach* e *coachee*.

No trabalho com equipes, um dos que eu mais gostei foi feito com a Conta Azul, uma empresa exponencial brasileira que faz *software* de gestão na nuvem, sediada em Joinville. Fiz um *teambuilding* com o presidente e os diretores para fortalecer a coesão do grupo executivo. Construímos juntos um retrato de forças (com instrumento apropriado), priorizando os aspectos mais importantes que eles precisavam para uma execução de sucesso. O trabalho participativo gerou um compromisso coletivo com os caminhos escolhidos. Tratamos os gatilhos para conflitos: por exemplo, se alguém que se identifica com a força competitiva precisa compreender também o colega de outra área cuja força maior está na colaboração. Quando um é capaz de reconhecer as fortalezas e as fontes de valor pessoal do outro, torna-se mais fácil evitar levar o conflito para o lado pessoal, aprendendo a ajustar a comunicação e se conectar melhor com essa pessoa. Quando não se sabe disso, as pessoas reagem às diferenças rotulando, atacando ou se afastando. Foi um trabalho no qual as pessoas se reconectaram e fortaleceram muito seus laços, fato que foi fundamental para as decisões estratégicas que viriam nos dias subsequentes.

Comecei o trabalho proporcionando conversas significativas entre eles, provocando o compartilhamento de momentos marcantes de suas vidas, que define quem é cada um no momento atual. Isso gerou uma forte energia e conexão porque, ao entender de onde cada pessoa veio, fica mais fácil compreender por que ela faz o que faz, de maneira empática. O presidente levou esse trabalho muito a sério: deu exemplo, abrindo caminho para que os outros participantes fizessem o mesmo e se tornando guardião dos "combinados" entre eles, transferindo para o dia a dia pós programa.

6. Quais dicas você daria para aqueles que estão iniciando a carreira profissional?

Não basta ser competente, ter *fit* com os valores da organização e um histórico de boas entregas. As empresas querem saber quem você é. É importante reconhecer o que move você para frente, o que o inspira e mobiliza, a causa que defende, a marca que quer deixar. Quanto mais você tiver clareza e sintonia com o que acredita, mais chances de sucesso você tem de encontrar a empresa que se encaixa mais com seu propósito. Raramente você terá 100% de compatibilidade de propósitos – mas, por outro lado, se for somente 5%, provavelmente irá trabalhar só pelo salário, o que não faz ninguém se motivar, ser protagonista ou atingir o alto desempenho.

Na época em que cursei o MBA nos Estados Unidos, fiz um estágio em marketing em uma empresa de *software* local. Fiz esse estágio já pensando que, quando eu voltasse, talvez fosse uma área que quisesse trabalhar. E descobri, na prática, que não era – apesar de *marketing* ser uma área muito valorizada na Gradiente, não me identifiquei, não achei que tinha sintonia comigo. Por tentativa e erro, até o acerto, me descobri mais na área de gestão de pessoas. Então, parei de lutar comigo mesmo, de querer gostar de algo só porque a empresa valoriza, e fui atrás de procurar fazer o meu melhor, em uma área que encontrei sentido.

A minha dica para o jovem é: busque se conhecer, saber o que você gosta, saber o que você não gosta, as batalhas que valem a pena lutar e as que você pode abrir mão. Um conselho: essa descoberta é uma jornada que acontece ao longo do tempo, de maneira empírica: as respostas não estão em livros de autoajuda, não estão em *role-models* e não dá para queimar etapas, tomar a "pílula da maturidade". O importante é abrir-se para as experiências e refletir sobre o que faz sentido para você e o que não quer mais para si. Procure obter o máximo de experiências que puder, especialmente se você não tiver grandes compromissos que o inibam de arriscar. Veja o que você realmente gosta. Não se frustre, errar faz parte, o processo é tentativa, erro e acerto.

7. Qual legado você gostaria de deixar para a sociedade?

A coisa mais importante que um profissional pode ter na vida é encontrar a felicidade e realização em seu trabalho. Você passa a maior parte do tempo acordado, no trabalho, portanto, por que não ser feliz nele? Claro que existem bons e maus momentos, é preciso fazer sentido estar lá, estar por escolha e não por falta de opção. Qual o seu propósito? Eu acredito que o que faz uma pessoa feliz no trabalho é encontrar seu propósito, sua causa. Eu encontrei a minha causa por volta dos 40 anos: ajudar as pessoas a se transformar, principalmente as lideranças. Sei o impacto que tem na vida da equipe quando tem um líder que torna sua vida um inferno e o impacto que tem quando o líder desenvolve ou inspira você. O legado que eu quero deixar é um conjunto de pessoas que se transformam e se tornam melhores. Quero deixar um rastro de líderes que fazem a diferença positiva na vida das equipes.

8. Como você define o papel da liderança?

O papel do líder vem mudando radicalmente. O paradigma de liderança que valorizava o líder detentor de todas as respostas não encontra ressonância nos tempos de transformação digital. A sociedade muda mais rápido que as empresas. Ou elas aprendem a ler melhor e de maneira mais ágil essas mudanças ou se tornarão anacrônicas, desaparecendo em meio ao darwinismo do mercado.

Isso ameaça as lideranças, especialmente as que estavam acostumadas com o modelo que funcionou bem até o século passado. Esse modelo premiava os líderes especialistas no seu segmento de mercado, aqueles que tinham todas as respostas, um modelo de gestão que separa quem pensa e quem executa.

O líder que teve carreira bem-sucedida no século 20 utilizou bem as armas clássicas de comando e controle, se tornando um especialista em algum segmento, sendo premiado por errar pouco. Acostumado a ostentar símbolos de poder, salas enormes, almoços separados, o líder adorava entrar na sala de reunião e sentir que todo mundo ficava em silêncio, esperando sua fala e direção.

Esse modelo não funciona mais. No século 21 é preciso criar um modelo de gestão que traduza a estratégia e propósito para as pontas, para que a proposta de valor da empresa chegue às equipes, e essas tenham autonomia e velocidade suficiente para encantar o cliente.

O novo caminho exige do líder a capacidade de conduzir um verdadeiro choque de digital, navegando em estruturas organizacionais mais ágeis, com menos níveis, com ciclos curtos (tipicamente três meses), resultado rápido, clientes satisfeitos e, consequentemente, mais receita – tudo isso em um ambiente empresarial complexo – quase como manobrar um Boeing ou fazer um elefante dançar. Um caminho no qual as armas clássicas do passado, ensinadas nos melhores MBAs, não funcionam mais.

Como transformar um líder acostumado ao comando e controle em alguém que vai inspirar mais do que controlar, alguém que não quer ter todas as respostas, mas sim fomentar um ambiente mais experimental, onde se cometam muitos pequenos erros para ter grandes acertos e novas respostas?

A mudança vem pelo amor ou pela dor. Ou o líder muda e se transforma ou ele será mudado. O desafio é que não basta mudar comportamentos, a mudança acontece no nível mais profundo, de crenças e valores, de modelos mentais. Uma mudança nesse nível não se faz em um estalar de dedos, exige perseverança, disciplina e um mentor ou *coach* externo para acelerar o processo.

O líder que operar essa transformação, migrando para o modelo de líder que chamo de colaborativo, começará uma "desierarquização", removendo pouco a pouco os símbolos de poder e que mostram "quem manda". O líder colaborativo sentirá as evidências no seu dia a dia: ao entrar na sala, as pessoas continuarão a reunião, uma vez que a presença dele não é ameaçadora, ele será visto como um participante da cocriação, conectando-se ao processo coletivo de encontrar soluções. Ele não só sabe como aceita que a equipe na sala é mais inteligente do que o indivíduo. Esse líder passa a ser um elemento que se junta a outros pontos de vista e isso faz a empresa muito mais sábia e ágil. É uma mudança não trivial, leva tempo, mas gera mais leveza, resultado e menos necessidade de heroísmo ou apagar incêndios.

9. O que você faz para se manter motivado?

Eu me pergunto todo dia: o que faço me traz satisfação, está fazendo sentido? Quando estava em organizações e encontrava essa sintonia, eu me encontrava muito motivado. Esse sentido e satisfação eram alvos móveis, mudavam à medida que pivotava a carreira. Hoje, revisitando o passado enquanto escrevo, concluo que todos os momentos de transição profissional, sejam por iniciativa minha ou da empresa, se deram quando não encontrei mais sentido no que estava fazendo. Nos momentos de crise profissional, me perguntava: "O que estou fazendo aqui? Estou trabalhando em prol daquilo em que acredito? Estou vivenciando meus valores? Essas são as]s que sugiro que você, leitor, faça de vez em quando.

10. Como você realiza o *networking* de maneira efetiva?

Uma rede de contatos sólida é extremamente importante – acredito que 30% do valor de um executivo *C-level* é composto por sua rede de contatos, quem ele conhece. Quanto mais você sobe na organização, mais importante é fortalecer seu *networking*. Se você não nutre seu *networking*, só usa quando interessa extrair o valor, sem contribuir, ele acaba ficando fraco. A dica é: mantenha-se em contato com as pessoas, alimente seu *networking*. Marque reuniões sem agendas ocultas – mostre interesse genuíno pelos outros, não só considerando o que podem oferecer a você, mas como pode ajudá-las. O efeito da reciprocidade é muito importante. Se quiser dicas de como fazer, recomendo fortemente o livro *Networking*, de José Augusto Minarelli, já me ajudou a encontrar dois empregos.

11. Do que você tem orgulho?

Tenho orgulho de ser brasileiro, apesar de todas as decepções que, às vezes, a gente tem com o nosso país. Afinal, foi aqui que me formei, aqui me criei. Aqui é a minha pátria. Sou daqueles que se emocionam sempre que ouvem o hino. Penso, sim, em passar um tempo no exterior, como já fiz na época do MBA, mas hoje não me vejo saindo do país definitivamente.

Também tenho orgulho da minha família, tanto de minha família de origem como também da família multiespécie que formei com minha esposa Gisele e nossas duas cachorras, Lilika e Larinha.

Tenho orgulho da orientação que recebi dos meus pais, tive uma família que me deu todo apoio, todo suporte. Boa parte dos meus valores, da minha identidade, caráter e da maneira como me reconheço e defino veio dessas raízes.

12. Qual a sua citação favorita e por quê?

"Não importa o que fizeram com você. O que importa é o que você faz com aquilo que fizeram com você", de Jean Paul Sartre. Essa é minha citação favorita, pois fala de protagonismo e não de vitimismo. Se você teve as suas circunstâncias, o que você fez com isso? Você que tem as rédeas da sua vida nas mãos não entrega às circunstâncias ou aos outros.

13. Qual sonho você gostaria de realizar?

Um sonho material é comprar um carro com motor V8, como um Camaro ou um Mustang. Gosto muito do som do motor e da força desses *big blocks* americanos – depois sim, quem sabe, ter um Tesla. Um sonho não material é poder continuar fazendo a diferença na vida das pessoas, criando meios para que cada pessoa e cada organização alcance o seu melhor. Um sonho que procuro viver a cada dia, todos os dias.

14. O que você aprendeu com a vida, que você gostaria de deixar registrado nesta obra?

Aprendi que é importante curtir e aproveitar os momentos da vida. Não existe um estado permanente de felicidade, existem momentos de felicidade, é preciso criá-los e apreciá-los. Quando eu era criança, sempre ficava sonhando com o dia em que seria um adulto. Ao ser adulto, continuava a sensação de que algo estava faltando e esse algo estava sempre no futuro, a felicidade sistematicamente adiada. Hoje, penso que é importante ter alguma coisa que me mova para o futuro, que me impulsione – mas isso não tem a ver com a ideia de felicidade sempre voltada para um estado futuro. É preciso encontrar a felicidade agora, nas pequenas bênçãos do momento presente. Ser feliz com os recursos que você tem, na idade que se está. Como diz minha amiga e mentora Marta Castilho, ser feliz dá trabalho – mas vale a pena. Não espere que os outros motivem você. *Carpe diem!*

Galeria de fotos

Edinaldo Almeida

Função:
Diretor de Relacionamento
Pós-Vendas

1. Como e onde iniciou-se sua trajetória profissional?

Comecei minha carreira como atendente em uma rede mundial de lanchonete *fast-food*, McDonald's. Foi o meu primeiro trabalho em equipe e aparentemente a atividade parece simples. Porém existem vários procedimentos para operar a abertura da loja, o que torna o processo complexo e que exige muita organização para que aconteça de forma eficiente, rápida e segura. Nessa primeira oportunidade, cresci profissionalmente. Fui promovido e cheguei a gerente de loja. Depois dessa experiência, trabalhei por sete anos em lojas de departamentos (Mesbla, Sears e Dillard's) como *trainee*, conseguindo alcançar novos postos de liderança. Entendi que precisava mudar de mercado e recomecei trabalhando com prestação de serviços no segmento de refeição e convênio na Vale Refeição. Agendava muitas visitas; era o vendedor com maior índice de visitas, mas minha conversão estava muito baixa e, depois de alguns treinamentos, entendi que falava demais e ouvia muito pouco, assim não entendia a necessidade do cliente. Mudei a estratégia e passei a escutar mais, os resultados melhoraram e fui promovido para supervisor, liderando equipes. Tive na sequência uma nova oportunidade e reiniciei a carreira no segmento de saúde suplementar, trabalhei em três grandes empresas (Amil, Central Nacional Unimed e Blue Life), alcançando o cargo de diretor, nesse segmento atuo há mais de 20 anos com conquistas relevantes.

2. Quais os principais desafios e resultados vivenciados ao longo da sua carreira?

Motivar equipes e conciliar expectativas de todos os envolvidos nas empresas. Constantemente, a busca por melhores resultados movimenta sonhos e desejos, assim, meu foco sempre foi empoderar as equipes que liderei. Como consequência, novos negócios expressivos sempre se consolidaram de forma efetiva.

3. Quem da sua história de vida inspirou/motivou a sua carreira?

Tive oportunidade de trabalhar com grandes líderes que foram inspiradores e, com certeza, contribuíram muito com o meu crescimento, agradeço a todos. Quero registrar aqui um muito especial, meu pai, o grande Miguel Nogueira de Almeida. Um nordestino de família pobre, que em sua juventude veio para São Paulo em busca de uma vida melhor. Mesmo sem muito estudo, conseguiu galgar degraus na vida profissional, graças à sua vontade de trabalhar, dedicação e comprometimento. Virtudes que superaram em muito a carência de um diploma. Trabalhou a vida inteira em uma única empresa, a Coca-Cola, e lá, de assistente de produção chegou a gerente geral de distribuição. E além de ser meu maior exemplo de garra e perseverança, também me ensinou que, acima de tudo, temos que realizar nossas atividades com muita humildade.

4. Alguma história na gestão de pessoas que gostaria de compartilhar?

Citei acima que empoderar equipe sempre norteou minha carreira. Além disso, como sempre estive envolvido em grandes negociações, minha proximidade com diretores e presidentes sempre foi grande. Em uma ocasião, a renovação com um grande cliente trouxe cenários extremamente desafiadores, com rodadas de negociações intermináveis. Toda vez que apresentávamos opções, o cliente devolvia com novas solicitações. Um colaborador participou de toda essa negociação, mas se mostrava inseguro em algumas ocasiões, talvez pelo envolvimento de diretores e presidente, que acompanhavam de perto esse assunto, muito importante para a empresa. Isso estava emperrando a renovação. Conversei então com o meu colaborador e o incentivei a não deixar que aquele cenário o intimidasse, afinal, ele dominava como ninguém todos os detalhes técnicos envolvidos. Refizemos alguns pontos da estratégia e no retorno com o cliente, onde estavam presentes gestores, diretores e o presidente, olhei para o meu colaborador e disse: "Você vai conduzir a reunião; lembre-se de tudo o que conversamos, você conhece muito sobre esse processo, vai lá e arrasa". Após uma hora e meia de reunião, saímos com a renovação feita, o cliente satisfeito e o colaborador motivado, muito mais seguro de si, alguns meses depois esse mesmo colaborador assumiu a gerência de renovação.

5. Alguma história de relacionamento com o cliente que gostaria de destacar?

A confiança é a base de qualquer relação, seja ela pessoal ou principalmente profissional. Tive uma passagem com um cliente que nos gerava uma fatura de mais de R$ 20 milhões/mês, sendo um dos maiores que eu gerenciava naquele momento. Por um erro sistêmico, o faturamento não foi emitido, chegou o dia do pagamento do cliente, mas teríamos que cancelar e reprocessar tudo novamente, o que causaria um enorme prejuízo naquela semana de recebíveis. Entrei em contato com o diretor da empresa, expliquei claramente o que estava acontecendo e que precisava da ajuda dele para liberar o pagamento, acertei com ele que arrumaríamos todo o reprocessamento e que, em alguns dias, tudo estaria regularizado, mesmo com os trâmites burocráticos do cliente e a política de *compliance*, o pagamento foi realizado. Foi uma demonstração de muita confiança, a qual sempre foi retribuída de forma muito sincera.

6. Quais dicas daria para aqueles que estão iniciando a carreira profissional?

Busque constantemente conhecimento, sempre temos algo para aprender. Compartilhe seu aprendizado de forma intensa, assim você conquista pessoas. Procure algo que você goste e se identifique. Quando trabalhamos no que gostamos, a chance de sucesso é muito maior.

7. Ao recrutar um profissional, quais características comportamentais são consideradas fundamentais?

A capacidade de adaptação ao mundo globalizado, porque as mudanças são constantes, todo profissional precisa estar preparado e aberto para novas ideias. A velocidade tecnológica muda diariamente nossa rotina, adaptar-se a essa realidade é uma premissa básica nos dias atuais.

8. Qual legado gostaria de deixar para a sociedade?

Inspirar pessoas para transformar suas carreiras e, assim, se tornarem profissionais bem-sucedidos. Por isso, me esforço em constante compartilhamento de conhecimento.

9. Quais os reflexos das práticas de cidadania empresarial para organizações, profissionais e sociedade?

Atitude empresarial tem grande influência na formação da sociedade e nos indivíduos. Atualmente, as organizações estão mais antenadas com temas como sustentabilidade, inclusão social, diversidade, governança, código de ética e responsabilidade social. Todos estão sendo cada vez mais requisitados para tratar esses temas de forma séria e transparente.

10. Cite alguns líderes que, em sua opinião, são inspiradores.
Steve Jobs, Roberto Setubal, Jorge Paulo Lemann, Frederico Trajano. Todos transformaram seus negócios e impactaram diretamente o mundo em que vivemos pela liderança, inovação e forma arrojada como dirigem as suas empresas.

11. Como você define o papel da liderança?
A liderança deve ser natural e conquistada, nunca deve ser impositiva. O líder motiva equipes, é o responsável direto pelo clima organizacional, isso é fundamental para que as pessoas alcancem objetivos. Lembrando que são as pessoas que entregam resultados.

12. O que você faz para manter-se motivado?
Todos os dias acordo com o propósito de melhorar o dia das pessoas a minha volta. Essa energia acaba contagiando as pessoas e se torna uma via de mão dupla, que se renova no dia a dia.

13. Qual a importância da inovação nas organizações?
Eu vejo a inovação como uma grande oportunidade de fazer diferente, reinventar, aperfeiçoar, trazer novas soluções para melhorar a vida de todos.

14. Como você realiza o *networking* de maneira efetiva?
Sempre cuido de todos os meus contatos com carinho e respeito, isso permitiu manter uma ampla conexão, que me colocou como referência no meu mercado de atuação.

15. Do que você sente saudades?
Dos amigos que, por circunstâncias da vida, estão dispersos pelo mundo.

16. Do que você tem orgulho?
Ter conquistado a confiabilidade das pessoas à minha volta, sejam membros da família, amigos, equipes ou clientes.

17. Qual o significado da palavra felicidade?
Felicidade é um estado de espírito, intangível, mas que irradiamos quando nos sentimos bem. É dar valor às pequenas conquistas diárias, gestos e acontecimentos. A minha família é um sinônimo de felicidade.

18. Qual a sua citação favorita e por quê?
"Encare a realidade como ela é hoje, não como foi um dia ou como você deseja que seja.". (Jack Welch, lendário CEO da Empresa GE)
Viva o presente, simples assim, é uma máxima que estou aprendendo cada vez mais.

19. Quais são seus *hobbies* preferidos?

Gosto muito de viajar, principalmente com a minha família, conhecer novos lugares e culturas. São momentos de total conexão entre nós, que sempre ficam registrados nas fotos e nos nossos corações.

20. Qual sonho você gostaria de realizar?

Sonho é um processo mágico que pode ser um desejo coletivo, neste momento é ver um mundo mais harmonioso.

21. Qual mensagem de motivação gostaria de deixar para os leitores deste livro?

Acredite no seu propósito e os seus sonhos serão alcançados.

22. Com base em suas memórias, qual o legado que você gostaria de deixar para a humanidade?

Ser lembrado como uma pessoa que provocou mudanças positivas.

Galeria de fotos

Eduardo dos Santos Soares

Empresa:
CPFL Serviços

Função:
Diretor-Presidente

1. Quais os momentos mais importantes da sua carreira?

Fiz meu segundo grau em um excelente colégio técnico, ETE Domingos Minicucci Filho, Instituto Paula Souza, me formei técnico em eletrotécnica, algo que amo, e consegui iniciar carreira como ajudante de eletricista na CPFL Paulista, uma empresa muito respeitada no setor. Meu sonho era ser Engenheiro Eletricista, mas os desafios da vida me obrigaram a trabalhar muito cedo, e admiro aqueles que conseguiram fazer engenharia em cursos noturnos, eu, infelizmente, por vários motivos pessoais, não consegui. Eu me formei em Administração de Empresas, e me apaixonei por matemática financeira, matemática sempre foi uma paixão para mim. Em 2000, precisei tomar uma importante decisão, fazer uma segunda graduação, Engenharia Elétrica, ou um MBA em Finanças, e esse, provavelmente, foi o momento mais importante da minha carreira, nesse momento, ao decidir por manter a linha financeira, suportada pelo conhecimento técnico, dei meu primeiro passo para construir minha carreira. Saí de Bauru, interior de São Paulo, para abraçar uma oportunidade em Campinas, que abriu as portas para o mundo para mim, após isso, já se vão 20 anos de planejamento financeiro, fusões, aquisições, conselhos de administração e carreira com executivo. É pesado pensar que uma decisão tomada aos 23 anos teve tão grande impacto em minha vida.

2. Quais as competências essenciais para o profissional do futuro?

Adaptação a tudo, tecnologias, mudança da cultura corporativa, diversidade, *home office*, a maneira como nos comunicaremos e trabalharemos pós pandemia. A única certeza que temos é a mudança, constante, e isso é bom!

3. Em sua opinião, a inteligência artificial pode alterar o nosso estilo de liderança?

Eu acredito que sim, mas como uma boa coisa. A inteligência artificial nos ajudará muito em substituir "achismos" por informações mais bem preparadas. Possibilitará mudar o perfil de mão de obra, preparando pessoas, com treinamento e educação, algumas vezes básica, para realização de serviços com maior valor agregado. Mas o papel do líder, em minha opinião, o mais importante papel do líder, é entender as pessoas, equipe, clientes, parceiros, e buscar a melhor solução para todos, servir, com toda sua experiência e dedicação, ainda será o melhor estilo de liderança, e IA será mais uma ferramenta para aqueles que se dedicam sinceramente a esse papel.

4. Quais atitudes do líder conquistam a cooperação da equipe?

Para mim, nada supera o *"walk to talk"*, em outras palavras, demonstrar ao time o que você acredita através de suas atitudes, suas decisões e ações, e, apenas quando necessário, usar palavras. Discursos bonitos podem ser motivadores, mas são apenas suas ações que darão lastro e verdade àquilo que você diz. Seu time precisa ver que você acredita em cooperação, que acredita neles, que o erro de quem tenta acertar será respeitado e acolhido, que trabalho duro é premiado, que aquele que se preocupa mais com o todo do que com seu silo é aquele que será promovido a projetos maiores.

5. Como o *design thinking* pode contribuir com a resolução de problemas e criação de oportunidades nas organizações?

Design thinking é mais uma ferramenta muito prática que pode nos ajudar muito na criação de uma mentalidade mais aberta, com variadas visões, de diversos e diferentes profissionais, áreas e prismas, algo que combina demais com os desafios que temos pela frente. Um desafio de treinamento, educação e mudança de mentalidade nas empresas, que eu recomendo e incentivo.

6. **Fale sobre aprender com os erros e aproveitar as oportunidades.**

Essa pode ser uma das mais perigosas armadilhas em discursos de nossos líderes. Tornou-se uma obrigação discursiva dizer que os erros são necessários e devem ser celebrados e acolhidos no nosso dia a dia. Mas recomendo sermos realistas sobre esse assunto – nossas obrigações, prazos e pressões do dia a dia não nos permite, por várias vezes, lidar com tamanha grandeza de espírito em relação aos erros. Relatórios, dados, números, em pouco tempo, para decisões importantes, urgentes, essenciais. Minha experiência e minha prática, minha recomendação: seja honesto com seu time sempre. Se estamos em um projeto, um cronograma, uma agenda, que nos permite errar, se temos um P&D, um ambiente que possibilite essa oportunidade: faça! Erre e deixe errar! Mas se você tem uma informação crítica, algo que demanda tripla checagem, seja honesto da mesma forma com as pessoas, não use a frase "mas isso era óbvio". Muitas vezes, o seu óbvio não é o óbvio de outras pessoas. Mais uma vez, transparência, honestidade, liderar é ser claro com as pessoas quanto a expectativas e responsabilidades, e se o combinado era que temos espaço para testes e erros, se acontecerem, respeite, celebre e acolha.

7. **Fale sobre resiliência.**

Eu realmente amo esse conceito, vou usar uma definição da física que pode nos ajudar bastante: *resiliência é a propriedade que alguns corpos apresentam de retornar à forma original após terem sido submetidos a uma deformação elástica*. Pressão é uma certeza tão grande quanto à mudança, ser líder é, a todo momento, ser pressionado e esticado pelos desafios, e isso não deveria nos assustar, ou desanimar, deveria nos incentivar. Ter resiliência, para mim, é entender que todas essas pressões são parte do jogo, e que você precisa estar preparado, com conteúdo e pessoas competentes que o cerquem, para se adaptar a tudo isso, sem perder sua essência, e sempre dormir em paz, pois sua ética pode até ser testada, mas você pode tomar suas decisões sempre retomando a sua forma original. Lembre-se, não podemos confundir flexibilidade e resiliência com ceder a pressões que desrespeitem seus valores.

8. **Quais valores são importantes para você?**

Respeitar minha espiritualidade e dos demais, família sempre em primeiro lugar, trabalhar duro naquilo que você ama e acredita, dizer e incentivar a verdade sempre, por mais dura que ela seja, e buscar ao máximo ser empático com as outras pessoas.

9. **Como você conseguiu deixar sua marca?**

Ainda estou trabalhando nisso, tomei uma decisão muito importante na minha vida, que eu trabalharia todos os dias para a geração de riqueza para a sociedade, e decidi fazer isso recuperando empresas, e buscando gerar e manter empregos de qualidade. Buscar caminhos que sejam bons para todos, empregados, sociedade, acionistas. Já estou na terceira companhia fazendo esse papel, acredito ter colaborado para a geração de mais de

3.000 empregos diretos, mas acho que ainda tenho muito a entregar, Deus e a vida foram muito generosos comigo, e ainda vejo que posso ir além.

10. Quais habilidades pessoais você adquiriu com a sua vida executiva?

Resiliência, negociação, observação daquilo que move e motiva as pessoas.

11. O que faz você feliz?

Passar o tempo com minha esposa, meu filho e meus amigos, cozinhar para quem eu amo, enfrentar algum desafio profissional e encontrar uma solução em conjunto com meu time. Temos uma prática em nossas bases operacionais, e antes de todos saírem a campo para execução das obras, oramos um Pai Nosso, todos juntos, sempre que consigo participar com meu time, é um momento de muita felicidade para mim, me enche de energia positiva para seguir em frente.

12. Como você concilia a vida pessoal com a profissional?

Eu realmente não consigo separar essas duas coisas, minha casa está dentro da empresa, e a empresa está dentro da minha casa. Meus padrinhos de casamento são amigos do trabalho, minha família do coração tem pessoas que trabalham ou trabalharam comigo ou com minha empresa. Eu realmente amo o que faço e o setor em que trabalho, assim, para mim, nunca foi tão complicado conciliar ambos. Mas, de toda forma, assim como sou dedicado as minhas agendas profissionais, sou com minha agenda com minha família. Nos últimos 5 anos, tenho conseguido não trabalhar aos domingos, assim, meu domingo é dedicado a mim, minha família. Tenho me dedicado ao meu filho, com 1 ano, e o *home office* tem me ajudado muito, sendo que, quase todos os dias, consigo colocar meu filho para dormir, dar um beijo nele e dar uma bênção, como eu recebia do meu avô, me faz entender que estou conseguindo equilibrar as coisas.

13. O que você não tolera?

Desonestidade, sou daqueles que não aceita esquemas para resolver nada, que não negocia soluções criativas e flexíveis, que não aceita respostas como "pode até ser imoral, mas não é ilegal". Preguiça, sou de uma família muito pobre, lutei muito durante minha vida, tive três empregos quando precisei, e isso só me fez mais forte, sempre ajudarei quem não tem medo do trabalho duro.

14. Quando erra você reconhece isso?

Não serei hipócrita aqui, sim, eu reconheço, mas sempre dói. Tendo a ser muito exigente comigo, já me peguei várias vezes tentando buscar uma explicação ou justificativa, em vez de simplesmente admitir e me desculpar. Mas acredito que isso seja algo que ganhamos com a maturidade, entendemos que o erro é um processo saudável e necessário para nosso crescimento. Minha dica: peguem mais leve com vocês mesmos, respirem e aceitem, peçam perdão, a vida fica mais leve.

15. Qual o sonho não realizado?

Eu me sinto uma pessoa muito realizada, família, amigos, emprego, grandes projetos concluídos, mas ainda sonho em ver a CPFL Serviços crescer muito, gerando empregos, riqueza e distribuição de renda através do trabalho, empregos de qualidade. Ainda sonho em ver meu filho, hoje com 1 aninho, um cidadão respeitável, de valores sólidos. Ainda sonho em envelhecer com minha esposa e olhar para um legado honesto e que fiz diferença na vida de muitas pessoas.

16. Como você lida com a frustração?

Acredito que assim como o medo, a tristeza, dúvida, a frustração é um processo natural na vida de qualquer pessoa, algo amargo, mas necessário. Tenho minhas convicções com Deus, na hora dói, mas costumo aceitar quando algo não era para ser, tendo a esperar o tempo, e acredito que tudo concorre para o bem daqueles que buscam o bem. Eu me dou o direito de ficar triste, não acredito em felicidade plena. Gosto da ideia de que há tempo para tudo, inclusive para lidar com nossas frustrações.

17. Como você se define?

Família, Deus, amigos e trabalho. Família sempre em primeiro lugar, casa cheia, e cozinhar para quem amo mostra meu lado cuidador, Deus é para mim, além de religiosidade, um modelo mental de honestidade, justiça, força, valores que procuro viver todos os dias. E trabalho duro, sim, sou um *workaholic*, acredito que Deus, a vida, me deram força e inteligência para fazer a diferença, e se eu preciso trabalhar 70 horas por semana para fazer o meu papel, posso me sentir cansado, mas um dia duro de trabalho sempre me faz dormir tranquilo, com sensação de missão cumprida.

18. Como você mantém o foco para a realização dos seus objetivos?

Uma frase que uso muito: "A diferença entre um sonho e um projeto é apenas planejamento". Toda vez que tomo uma decisão pessoal ou profissional, sobre um objetivo, paro, escrevo, penso, repenso, calculo custos, impactos, expectativas. Listo as pessoas chaves que me ajudariam a atingir esse objetivo, tento entender o que temos em comum e o que motiva quem pode me ajudar. Ajusto expectativas e, planejamento feito, trabalho duro. E uma segunda frase que me ajuda muito: "Projetos de longo prazo só sobrevivem com entregas de curto prazo". Se dê o direito de comemorar cada pequena conquista, cada passo que leva você ao seu objetivo, não espere o final, curta a jornada do seu objetivo.

19. Qual a sua visão sobre a solidão do poder?

Algo corriqueiro e muito perigoso. Muitas vezes, por questões de confidencialidade, pressão, medo de admitir alguma insegurança, podemos nos isolar, em nossa sala, nossa casa, ou nos nossos pensamentos. Minha estratégia está lastreada nas amizades. Poucas e de valor, mentores que me acompanham há anos, pessoas que me ajudam nas horas mais difíceis, não apenas com suporte intelectual, conselhos, mas com a empatia de ouvir, compartilhar dúvidas e experiências.

20. Fazer o que gosta é fundamental para o sucesso?

Essa é uma dúvida que não tenho. Amar o que você faz é desafiador, é difícil e cansativo, por mais prazeroso que seja. Mas fazer algo que você não se identifica, que não gosta, que não vê sentido para a sociedade, é missão inglória e injusta contigo. E sempre há tempo de recomeçar!

Galeria de fotos

Elaine Regina Ferreira

Empresa:
Oi

Função:
Diretora de Desenvolvimento e Atração

1. Como e onde você iniciou a sua trajetória profissional?

Venho de uma família humilde de imigrantes portugueses e italianos. Faculdade, carreira, nunca foram temas muito discutidos em casa, nem mesmo entre os amigos. Este assunto era distante da realidade em que vivíamos.

Comecei a trabalhar aos 14 anos e ao terminar o colegial – hoje ensino médio – iniciei um curso técnico de programação linguagem Cobol e não me identifiquei com o curso, mas o concluí. Foi aos 18 anos, recepcionista da Interclínicas, que descobri a minha vocação. Foi durante um encontro com as recepcionistas das demais unidades da empresa, promovido pela área de RH para integração e desenvolvimento das jovens, que me descobri. Havia uma atividade para discutir carreira e o que cada uma queria ser no futuro. Falávamos sobre nossos sonhos e vocações e eu não sabia ao certo o que estudar. Foi quando questionei a profissional de RH, que conduzia a dinâmica, sobre o que ela havia cursado. Aquilo era o trabalho que eu queria fazer. Queria atuar com as pessoas, ajudá-las no seu desenvolvimento e naquele contexto. Quando ela respondeu que havia cursado psicologia, meu mundo se abriu. Pesquisei a respeito e não tive dúvida, iria estudar psicologia e conduziria todo o meu estudo e desenvolvimento para o ambiente corporativo, pois o mundo dos negócios sempre me atraiu. E fui à busca do meu sonho. Já havia 2 anos que tinha concluído o ensino médio (colegial na época) e todos me indicavam fazer um cursinho primeiro, mas meu salário não era suficiente para pagar um. Então, decidi prestar o vestibular com o que eu tinha e entrei em 17º lugar na primeira universidade que apliquei. Uma felicidade inicial, mas não conseguia pagar nem a matrícula, quanto mais as mensalidades. Durante um encontro com a minha madrinha, comentei sobre o resultado e ela não teve dúvida, eu iria cursar psicologia. Pagou os três primeiros anos do curso e sou eternamente grata à ela por isso, pois foi a responsável pela carreira que tenho hoje.

Ingressei no curso de Psicologia na Faculdade São Marcos. No primeiro ano, durante a semana da psicologia, estava numa palestra com uma estudante - 5º ano do curso - sobre psicologia organizacional. Durante sua apresentação, ela comentou que um ponto negativo da faculdade era a carga horária de estágio para psicologia organizacional, pois era bem inferior à carga horária de estágio relativa à psicologia clínica. Isso me assustou. Incomodada, comecei a conversar com colegas no trabalho a respeito, pesquisei outras universidades para entender se era o mesmo padrão. Nesta busca, através de um amigo no trabalho, descobri que não era um padrão. Fui visitar uma outra universidade e resolvi mudar. Afinal, precisava de todo conhecimento e experiência para atuar em Recursos Humanos.

Quanto mais estudava, mais decidida ficava: a área de Recursos Humanos era a minha vocação. No início do 2º ano eu já estava estagiando. Ingressei na área por Recrutamento & Seleção em uma empresa multinacional (Blindex do Grupo Pilkington), mas não queria me limitar àquele departamento, queria conhecer os demais departamentos de RH. Cumpria as minhas obrigações e oferecia ajuda aos meus colegas das outras áreas. Mantive este comportamento em toda empresa que trabalhei. Com isso, fui aprendendo sobre Folha de Pagamento, Serviço Social, Cargos e Salários em diferentes empresas que trabalhei.

Após um ano de estágio, fui efetivada na área de treinamento. Era uma área nova, incentivada pelo governo pela Lei 6297, cujo todo gasto com treinamento, inclusive infraestrutura, poderia ser deduzido do imposto de renda da empresa. Época de glória para RH. Eu não conhecia nada, mas tinha muita vontade de aprender e isso me fez visitar empresas na região, buscar modelos e criar treinamentos para operação. Vivia no chão da fábrica, falando com os operadores, entendendo como realizavam o seu trabalho e daí saíram os primeiros manuais de treinamento operacional. Eu mesma escrevia e preparava as transparências para os treinamentos. Isso era o máximo de tecnologia que tínhamos na época. Todo o plano anual de treinamento era feito em uma máquina de escrever elétrica e ,com a ajuda de um telefone, ligava para as consultorias e identificava o valor dos treinamentos, esta informação era necessária para buscar a aprovação do valor a ser investido em treinamento dos colaboradores.

Permaneci na empresa até a conclusão do curso de psicologia.

Nessa época, o Brasil passava por um período bem complicado, com a inflação nas alturas. Veio o Plano Collor e assisti vários executivos perderem o controle, entrarem em total desespero quando suas reservas foram confiscadas. Não durou muito para a área de treinamento ser fechada. Não havia dinheiro para manter os salários, quanto mais para novas contratações e treinamento do pessoal existente, foi o que eu ouvi na minha demissão.

Fui para o mercado de trabalho e junto comigo vários profissionais capacitados, com larga experiência. Foi um período muito difícil para todos. Fiquei um ano desempregada e neste período minha madrinha me socorreu novamente. Ela tinha uma importadora e distribuidora de matéria-prima para a indústria de cosmético e me convidou para ajudá-la como assistente. Fiquei com ela por um ano, fazendo tudo no escritório, atendimento telefônico, secretária, operadora de telex, contas a pagar, contas a receber e ainda ajudava o contador com os livros fiscais. Trabalho nunca me assustou.

Após este período, consegui uma oportunidade na área de treinamento no Makro Atacadista. Minha experiência com os manuais de treinamento operacional era o que precisavam para padronização do processo de capacitação dos operadores das lojas da empresa. Nesta empresa iniciei na área de desenvolvimento, atuando com avaliação de desempenho, análise de potencial, programa de estágio e *trainee* e como não poderia ser diferente, ainda com tempo para participar de projetos de outras áreas. Insistia tanto que vencia pelo cansaço. Acho que me deixavam participar dos projetos para eu parar de insistir. E, com essa persistência, fui conhecendo as outras áreas.

Nunca tive dúvida sobre o que eu queria na minha carreira, queria ser a HEAD de RH em uma grande empresa. E a fala da minha mãe sempre me acompanhou. Quando adolescente, minha mãe me colocava para ajudá-la com os deveres domésticos e eu não gostava nada. Toda vez que eu reclamava e dizia que teria alguém para me ajudar, minha mãe respondia que para mandar precisava saber. Eu nunca me esqueci disso e, de certa forma, estas palavras contribuíram para a minha carreira. Precisava conhecer todas as atividades da área de RH, mesmo que não fosse com a mesma profundidade que tinha na área de desenvolvimento organizacional, para alcançar o meu objetivo.

A minha curiosidade intelectual, determinação e persistência foram a minha mola propulsora na construção da minha carreira. Atuei em grandes empresas, nacionais e multinacionais, em diferentes setores e participei de vários projetos, como fusões e *startups*, projetos de transformação digital, organizacional e cultural, implantando RH ERP (Enterprise Resource Planning – sistema de gestão para Recursos Humanos), o que fortaleceu ainda mais algumas características, como: adaptabilidade, flexibilidade, habilidades de negociação, construção de relacionamentos *"win-win"*, entre outros.

São mais de 25 anos atuando na área de Recursos Humanos e nunca parei de estudar. A psicologia não me deu uma visão de negócio e nem o conhecimento necessário para atuar em empresas. Precisava conhecer mais e não parava de buscar novos conhecimentos. Fiz várias pós-graduações, MBA, cursos de liderança (dentro e fora do Brasil) e muita leitura, diversificada. Estou sempre envolvida em temáticas da atualidade, quero saber o que está sendo discutindo no mundo e como posso ingressar neste contexto, mas nunca me desviei do meu propósito: ajudar pessoas a se desenvolverem dentro do contexto empresarial.

Este meu propósito é meu guia até hoje. O livro de Nadler – *Arquitetura Organizacional* – me marcou muito e contribuiu para a definição deste lema. Vejo o meu trabalho com um propósito claro: trabalho todos os dias para construir pontes entre os sonhos pessoais e as possibilidades organizacionais. Nós, profissionais de Recursos Humanos, identificamos e desenvolvemos talentos que assegurem a continuidade e o crescimento do negócio, e que tais talentos possam realizar os seus sonhos dentro dessas organizações.

Sou feliz com a minha escolha e com a certeza que tenho sobre a minha carreira. Tive a oportunidade de aprender muito com pessoas com quem trabalhei, com bons líderes - e outros não tão bons – e que me trouxeram até aqui. Sou muito grata por tudo e a todos que partilharam comigo a minha trajetória.

2. Quais os principais desafios e resultados que você vivenciou ao longo da sua carreira?

O principal desafio que tive de superar na minha carreira foi a barreira do gênero. Confesso que nunca dei muita importância para isso e acredito que por este mesmo motivo acabei superando esta barreira. Apesar de reconhecer a dificuldade, nunca lamentei muito a sua existência. Seguia insistindo nos meus objetivos e esta característica acabou contribuindo para a superação. Não aceitava um não facilmente, questionava bastante e a insistência acabava por abrir portas e gerar oportunidades. O principal resultado alcançado é chegar ao topo da carreira na área de RH e ter orgulho desta trajetória. Estive à frente de grandes projetos, implantei a área de RH em grandes organizações, participei de projetos de transformação cultural e organizacional, além de projetos de transformação digital internacionalmente. Hoje, levanto a bandeira de maior espaço para as mulheres, aumentando a sua representação nos conselhos de administração em empresas privadas e públicas. O Brasil tem o menor percentual de mulheres com assento em conselhos de administração e precisamos elevar este número. Sou integrante do Grupo Mulheres do Brasil e do WCD Brasileiro (Women Corporate Directors - maior organização da sociedade do mundo e comunidade de mulheres conselheiras corporativas) e acredito que podemos, juntas, alterar este cenário.

3. Quem da sua história de vida inspirou/motivou a sua carreira?

Não tenho uma única pessoa a ter este papel. Tive a sorte de trabalhar com profissionais altamente qualificados e inspiradores. Mas alguns me marcaram mais do que outros. Acredito que todos nós temos as primeiras inspirações dentro de casa, no seio familiar, mesmo que não reconhecemos. Eu carrego um pouco do meu pai e da minha mãe.

Apesar de autoritário e severo, meu pai foi uma figura muito importante na minha vida e carreira. Ele não me inspirou na escolha da minha profissão ou me ajudou neste processo, sua grande contribuição foi na minha formação e os exemplos que me deu ao longo da minha vida. Na minha adolescência, não tivemos uma relação muito próxima, pois havia a sua autoridade e a minha rebeldia. Hoje, mais madura, tenho claro o quanto carrego comigo os seus ensinamentos. Autenticidade, honestidade, respeito e verdade são valores que estão na minha formação. Tem uma frase do meu pai de que nunca me esqueço e só na fase adulta é que compreendi seu total significado. Sua liberdade termina quando começa a do próximo, era a frase que mais escutava. E hoje levo-a comigo como um lema, é parte essencial da minha vida pessoal e profissional. Saber o limite da nossa liberdade, reconhecer que há outras pessoas e que devemos considerá-las, norteou meus passos sempre.

Fora da família tive uma inspiração muito forte, uma diretora de RH que tive no Makro Atacadista: Iara de Souza, uma mulher forte e intensa entre tantos homens. Ela tinha uma história similar a minha, vinha de uma família humilde, tinha sido secretária (eu também fui), morou nos EUA e chegou a uma posição de diretoria, tudo que eu almejava para minha carreira. Adorava ouvi-la, bebia dos seus ensinamentos e sempre a tive como modelo.

Ao longo da carreira tive outros líderes e alguns me marcaram mais, apesar de terem estilos totalmente diferentes. Estas diferenças me enriqueceram como profissional e como pessoa.

Penso que todos nós buscamos alguma referência na vida, seja na família seja no núcleo social ou profissional, e são essas referências que nos ajudam a construir a nossa identidade, profissional e pessoal.

4. Quais dicas você daria para aqueles que estão iniciando a carreira profissional?

Não acredito na sorte, pois toda sorte vem acompanhada de muita dedicação, tempo investido e esforço adicional. A única dica que daria para quem está iniciando a carreira profissional é a mesma que dou aos meus filhos. Não importa qual a profissão que você escolher, o importante é ser o melhor nela. Faça o que gosta, dedique-se e seja o melhor no que faz. Para mim, o sucesso profissional é o resultado desta combinação: amor pelo que faz e dedicação, o fruto disso será uma carreira bem-sucedida.

Escolher uma profissão apenas pela motivação de ganhar dinheiro pode trazer um resultado contrário. O dinheiro deve ser a consequência de um bom trabalho.

5. Qual o legado profissional e pessoal você gostaria de deixar para a sociedade?

Tudo que fiz na minha vida sempre teve um propósito, um significado para mim. Durante a faculdade queria entregar à sociedade algo em troca de tudo que recebi, algo heroico e grandioso. Nunca soube como e pensava que esta entrega teria de ser marcante, visível a olho nu. Ao longo da vida fui percebendo que de alguma forma eu entrega algo a sociedade, mas de uma forma mais sútil, não visível e tampouco heroica. Acredito que fui entregando líderes melhores, mais preparados e humanizados; entreguei profissionais de RH mais capacitados e que fazem a diferença em outras organizações e para pessoas que nela estão; implantei universidades corporativas que qualificou pessoas, deu novas possibilidades; implantei escola para dar chance aos jovens menos favorecidos; possibilitei uma segunda chance para aqueles que já não acreditavam que poderiam ter. Aos poucos, de formas diferentes, entreguei à sociedade um legado, por onde passei deixei uma marca e desenvolvi pessoas, fiz o que me propus a fazer desde o primeiro dia de aula no curso de psicologia.

6. Quais os reflexos das práticas de cidadania empresarial para organizações, profissionais e sociedade?

A cidadania empresarial está obrigando as empresas a repensarem seu papel e a forma de conduzirem seus negócios. Trata-se de uma atitude socialmente responsável e ética em todas as relações, seja com a comunidade, com os trabalhadores, com os fornecedores e clientes, com o governo e, principalmente, com o meio ambiente. Pesquisas recentes estão mostrando que a cidadania empresarial vem se tornando cada vez mais um fator decisivo para o crescimento das empresas. Nos Estados Unidos e na Europa, 50% dos consumidores pagariam mais por produtos de indústrias socialmente responsáveis e 70% não os comprariam, mesmo com descontos, se fabricados por empresas não preocupadas com as questões éticas. Já há reflexos no Brasil, diante de algumas situações em que trabalhadores são forçados a trabalhar em regime de quase escravidão, do trabalho infantil, por exemplo. Os profissionais mais qualificados e talentosos preferem trabalhar em organizações que sejam éticas, transparentes. Na pesquisa Carreira dos Sonhos, Cia de Talentos 2019, 87% dos brasileiros desejam que empresas sejam transparentes. Desenvolver um trabalho social garante, portanto, não somente o respeito de seus consumidores, como também de seus funcionários, que cada vez mais satisfeitos e orgulhosos terão uma maior produtividade e estarão na empresa por mais tempo. Um funcionário satisfeito é o melhor *marketing* que uma empresa pode ter.

7. Como você define o papel da liderança?

Liderança é capacidade de compor diferentes talentos em torno de um objetivo comum, extraindo de cada um o seu melhor; é respeitar e reconhecer essas diferenças; é saber ouvir e interpretar; é ser exemplo; é tomar decisões mesmo que sejam impopulares. É capaz de defender suas opiniões sem menosprezar a opinião dos demais. Mas o principal papel de um líder é desenvolver, e redesenvolver seu time continuamente para estar capacitado a lidar com a constante onda de mudanças, incubando a diversidade, a inclusão, a flexibilidade no seu ambiente de trabalho. Um líder precisa estar antenado para monitorar as mudanças e experimentar com as novas formas de trabalho, tirando seu time da zona de conforto e redefinindo seu negócio, não em termos de competitividade, mas em termos de propósito, mobilizando todos em torno deste.

8. O que você faz para se manter motivada?

Motivação é um processo intrínseco e buscar o novo é o caminho que encontrei para me manter motivada. Em tudo que faço me questiono se não teria uma forma diferente de realizar o mesmo trabalho; o que estão fazendo de diferente que ainda não sei; quais temas estão sendo discutidos e que não sei. Como dizia Leonardo da Vinci, "aprender é a única coisa de que a mente nunca se cansa, nunca tem medo e nunca se arrepende".

Enfim, a busca por novos conhecimentos me mantém motivada.

9. Qual a importância da inovação nas organizações?

O mundo está mudando numa velocidade além da capacidade da maioria de nós. Simplesmente não podemos aplicar muitas das soluções tradicionais para a complexidade dos problemas que surgem com as mudanças. Esta onda de mudança, não vivenciada antes, mudará radicalmente nossa forma de trabalhar e fazer negócios. Uma era de rápida evolução tecnológica, demográfica, modelos de negócio, e todos mudando simultaneamente, fará das mudanças uma constante em nossas vidas e em níveis exponenciais. O desafio é encontrar novas maneiras de lidar com elas. Inovação é a palavra de ordem em toda organização, independente do seu tamanho, origem ou setor. Toda organização deverá enveredar esforços para estimular seu pessoal a pensar diferentemente, em criar iniciativas que promovam a inovação internamente, e em todos os níveis.

Inovação não é mais um diferencial, é um fator de sobrevivência.

10. Do que você tem orgulho?

Tenho orgulho da minha história, de onde vim e onde cheguei, da família que constituí e da parceria e cumplicidade que tenho com meu marido. Tenho orgulho de ter conseguido criar bons cidadãos para o mundo, responsáveis e que respeitam o próximo.

11. Qual a sua citação favorita e por quê?

Tenho várias citações de que gosto muito, mas a minha predileta e que retrata o que acredito e faço é a frase de São Francisco de Assis: *"Comece fazendo o que é necessário, depois o que é possível e, de repente, você estará fazendo o impossível".*

Essa citação resume quem sou, o que acredito e o que faço. Ela ilustra a determinação, reforça a perseverança e nos estimula a nunca desistir, fortalecendo a crença de que tudo é possível, basta querermos.

12. Quais são seus *hobbies* preferidos?

Adoro cinema, ler e correr. O cinema estimula meu imaginário, minha capacidade de sonhar, alimenta a minha alma. Os livros aumentam o meu repertório, alimentam meu intelecto, incitam o meu senso crítico, melhoram o meu vocabulário e minha escrita e estimula a empatia. Já a corrida, além de fazer bem a minha saúde, é a minha fonte de energia.

Para alcançar o meu projeto de vida – viver no mínimo 100 anos – precisarei do meu cérebro em pleno funcionamento e os livros são a "academia" para este objetivo, o cinema é a fonte da minha imaginação e criatividade e a corrida manterá meu corpo saudável.

13. Qual sonho você gostaria de realizar?

Acredito fortemente que sonhar é o motor que nos mantém vivos, que nos impulsiona a realizar, a seguir em frente. Sou uma sonhadora por essência, quando criança, e na fase da adolescência também, ficava horas sonhando em como seria quando eu tivesse tal idade. Imaginava como seria a minha vida quando fosse o ano 2000, assistia as "Panteras" e sonhava em ser como elas – mulheres fortes, vencedoras e destemidas – e queria conhecer o mundo. Estes sonhos alimentaram meus objetivos, talvez de forma indireta, mas tiveram uma significativa contribuição. Viajei muito, e quero continuar viajando, aprendi outros idiomas e acredito que a sua língua define o seu mundo. Meu mundo não poderia ser só em português, era muito restrito para mim. Continuo sonhando e não tenho apenas um sonho a ser realizado. Mas entre tantos, quero muito fazer um doutorado, estudar é parte de mim e como diz Leonardo da Vinci (adoro ele), "Nosso conhecimento tem origem em nossas percepções", e sonhar é perceber uma realidade singular, só sua.

14. O que você aprendeu com a vida, que gostaria de deixar registrado nesta obra?

O tempo é o melhor remédio para todas as dificuldades. Ouvimos isso desde jovens, seja pelos pais, seja pelos chefes, mas não aceitamos muito. A juventude é mais acelerada, temos urgência de tudo, queremos respostas para tudo, e hoje parece que a velocidade está muito maior. Isso aumenta a ansiedade, traz muito desconforto e, principalmente, denota-se baixa resiliência à frustração. Eu sempre fui muito acelerada, a ponto do meu pensamento atropelar a minha fala. Não que seja de todo mal, pois esta velocidade, por muitas vezes, foi minha mola propulsora, é o alimento para a minha capacidade de realização. Contudo, a vida me mostrou que podemos alcançar os mesmos resultados de uma forma mais suave, sem atropelar etapas ou pessoas, que podemos respeitar a velocidade de outras pessoas também. A vida também me provou que, de fato, o tempo é o melhor remédio para tudo. Saber esperar é o aprendizado que a vida nos dá e, no meu caso, foi meu grande aprendizado. Aprender que há tempo para avançar e há tempo para esperar; que em determinados momentos um passo para trás é o melhor caminho a seguir, que não precisamos ter todas as respostas, que assumir que não sabemos de tudo traz alívio e que esperar não é desistir.

15. Qual a mensagem de motivação você gostaria de deixar para os leitores deste livro?

Como disse antes, motivação é um processo intrínseco, mas este processo recebe diversos estímulos e o estímulo que posso deixar aqui é: tenha força e fé. Força para não parar no primeiro obstáculo, na primeira palavra mais rude, no primeiro não. Enfrente todos estes "nãos" com a sua força interior, com as usas crenças e valores, seu propósito deve ser muito maior do que os "nãos" que lhe darão na vida. Tenha fé, fé em você, na sua capacidade de realização e superação, fé de que tudo dará certo. Se ainda não deu certo ainda, é porque não chegou ao fim. Como Nietzsche disse, *"Quem tem um porquê, enfrenta qualquer como"*.

16. Com base no que você vivenciou, ao longo de sua vida corporativa, qual o segredo do sucesso para ir da teoria ao topo?

Determinação e perseverança, respeito ao indivíduo (sua liberdade termina quando começa a do próximo) e alto desempenho (entregar além do esperado) são o meu segredo de sucesso. Determinação e perseverança não permitirão que você perca o foco, o seu objetivo principal. Você se deparará com vários obstáculos e não poderá esmorecer diante deles. Respeite todos que o cercam, independente da condição social, nível hierárquico, cor e sexo, pois são eles que o conduzirão ao topo e supere expectativas em tudo o que faz. Não existe trabalho pequeno e trabalho grande, a qualidade do que faz deve estar presente em tudo que entregar.

Essas três competências contribuíram para a minha trajetória pessoal e profissional.

Galeria de fotos

Elizabeth Almeida

Empresa:
13 Consulting

Função:
Diretora

ALTA GESTÃO | REGISTRO BIOGRÁFICO

1. **Como e onde você iniciou a sua trajetória profissional?**
    Vou iniciar citando Patrícia Galvão: "Tenha até pesadelos, se necessário for. Mas sonhe". Essa frase mostra nossa capacidade de acreditar em nós, nas pessoas e nos nossos objetivos. Resolvi começar com essa frase para que fosse um resumo da minha história, mas vou me apresentar... Sou brasileira, nascida em Salvador (BA), de origem simples, e um dos primeiros objetivos que me impus foi independência financeira, e a cada decisão que tomava, pensava nessa meta, por isso, quando entrei no ensino médio optei por curso técnico contábil, iniciando minha carreira profissional aos 14 anos como estagiária de contabilidade no Incra (Instituto Nacional de Colonização e Reforma Agrária). Após concluir o ensino médio aos 17 anos, ingressei na Universidade Federal da Bahia na graduação, bacharel em Estatística, durante o período universitário entrei no mercado metalúrgico como estagiária na Cimba - Companhia Metalúrgica da Bahia, onde fui contratada e fiquei trabalhando durante 5 anos. Na sequência, trabalhei na Souza Cruz durante três anos na área comercial, paralelamente atuei como professora na UFBA durante 2 anos, após a Souza Cruz fui para Companhia Brasileira de Petróleo Ipiranga, na qual trabalhei em várias áreas durante 14 anos, e nos últimos sete anos de trabalho descobri minha paixão pela área de relacionamento com o cliente. Durante o período na Ipiranga, assumi outro objetivo, ser para a equipe a gestora que eu queria ter. Mantendo meus objetivos, deixei o mundo corporativo e empreendi em uma loja de presentes e cosméticos, a Maktub, durante quatro anos nesse negócio, construí e liderei uma equipe de mais de 1.500 consultores de beleza. Em seguida, de volta ao mundo corporativo, assumi o cargo de gerente sênior em uma empresa de *call center*, liderando uma equipe de 1.700 pessoas, em paralelo fiz um projeto para a Vale do Rio Doce na área se relacionamento com colaboradores. Fui convidada pela Coca-Cola Brasil para um projeto de 8 meses e acreditando no potencial desse novo desafio, mergulhei de cabeça, aceitei o convite, permanecendo na Coca-Cola por dez anos. Atualmente, tenho uma empresa de consultoria, a 13 Consulting, projeto pessoal, para o qual estava esperando o momento para executar.

2. **Quais os principais desafios e resultados que você vivenciou ao longo da sua carreira?**
    Alguns desafios foram vivenciados ao longo da minha carreira, o primeiro foi de ser uma mulher com ambição de crescimento profissional, junto com o de conciliar com a família, sem deixar de acompanhar o crescimento dos meus filhos (minha maior conquista de vida). Com a habilidade de gerir esses desafios e meu perfil profissional focado em resultado, pude, em todas as oportunidades que tive, melhorar a qualidade do serviço. Posso citar alguns exemplos de resultados: na metalúrgica iniciei o projeto de informatização das informações dos clientes, transportadores e fornecedores, naquela época esse projeto era altamente inovador. Na Souza Cruz, participei do projeto de automação dos pedidos e redução de erro na entrega. Na Ipiranga foram muitos bons resultados, aprendizados e crescimento como gestor de pessoas, realizando a implantação da URA (Unidade de Resposta Audível), *e-commerce* e sistema de CRM (*Customer Relationship Manager*). Projeto de inclusão com PCD (Pessoas com Deficiência), Projeto Cobrança, com redução da inadimplência em mais de 80% no 1º ano e a implantação do atendimento ao consumidor (usuários dos postos) com 0800. Essa implantação do atendimento ao

consumidor virou *benchmark*, e a ANP (Agência Nacional de Petróleo) tornou obrigatório para todas as distribuidoras o atendimento ao consumidor através de 0800. Na Coca-Cola foi um trabalho de transformação da área de atendimento ao consumidor (SAC) em área estratégica do negócio, tenho muito orgulho de ter tornado a Coca-Cola Brasil uma referência nacional em atendimento ao consumidor. Com a ajuda de pessoas especiais, pude transformar a experiência do consumidor no relacionamento com a marca em todos os canais de atendimento que usávamos (telefone, e-mail e redes sociais). Essa história de transformação de *mindset* e digital colocou a área de relacionamento com o consumidor da Coca-Cola Brasil em uma posição estratégica na companhia globalmente, também. Em dez anos, ganhamos 30 prêmios nacionais, todos baseados em pesquisa de opinião com o consumidor, e um internacional.

3. **Quem da sua história de vida inspirou/motivou na sua carreira?**

Na minha história de vida, muitas pessoas inspiraram e motivaram minha carreira, mas meu pai foi a primeira pessoa que me inspirou. Com ele, aprendi lições importantes: sempre fazer o que é certo, mesmo que seja mais trabalhoso, pois fará apenas uma vez, respeitar todas as pessoas igualmente e ética, esses ensinamentos trago comigo até hoje. Eu sou uma pessoa genuinamente motivada, mas os meus filhos chegaram e alimentaram fortemente essa motivação em mim. Eles me retroalimentam com a energia que preciso para alcançar meus objetivos.

4. **Alguma história na gestão de pessoas que você gostaria de compartilhar?**

Como gestora, muitas são as histórias de e com pessoas que gostaria de compartilhar, aqui vou falar de duas equipes que tive com as quais aprendi muito, vou começar com a da Ipiranga, equipe diversa e numerosa, cujo time eu liderei com foco nas pessoas, para que fossem felizes nas horas que estivessem na companhia, que ao acordar soubessem o quanto eram importantes, para irem ao trabalho motivados e fazer seu melhor. Construir uma relação de confiança efetiva e afetiva, mas claro que cometi erros, e juntos contornávamos os erros e seguíamos em frente nos desenvolvendo. E foi incrível a convivência com aquela equipe. Felizmente até hoje mantenho contato pelas redes sociais e aplicativos de mensagens com a maioria deles. Foi um período de grande desenvolvimento em gestão de pessoas. A outra equipe foi a da Coca-Cola, independentemente de serem profissionais terceirizados, fornecedores, fabricantes ou funcionários, o engajamento – e compromisso – desse time com os resultados era maravilhoso. Com essas pessoas, construí uma liderança colaborativa e transparente.

5. **Alguma história de relacionamento com o cliente que você gostaria de destacar?**

São muitas histórias de relacionamento com o cliente que felizmente posso contar, entre elas, escolhi uma história da Coca-Cola Brasil, onde construímos muitos casos de sucesso, quebrando paradigmas, com foco no consumidor e usando a simplicidade como estratégia. Essa história conta como a equipe respondeu ao consumidor de forma genuína, e mantendo o tom da conversa, na qual o consumidor faz analogia dos ingredientes do refrigerante aos personagens da obra cinematográfica *Star Wars*. A equipe, baseada nas informações oficiais disponíveis na base de conhecimento para relacionamento com consumidor, também se utiliza dos personagens e conhecimento da saga para responder ao consumidor. A atitude surpreende os internautas e gera *buzz* nas redes sociais. O resultado foi texto e imagem memetizada. Uma página, conhecida por abrir discussões e apresentar casos *fail* de comunicação nas redes sociais, elogia a interação, aprovando o relacionamento gerado, e chega a mandar "um beijo para Coca-Cola Zero e seus analistas lindos!". Foram mais de 1.700 *likes*, compartilhamentos e comentários para o *post* de resposta ao consumidor. Isso em 2013 era um recorde.

6. Quais dicas você daria para aqueles que estão iniciando a carreira profissional?

Quando me perguntam sobre dicas profissionais, costumo dizer que eu faço o que gosto, então minha dica é: seja um profissional feliz, veja propósito no que faz. Retomando os estudos acadêmicos, fiz um MBA em *Marketing*, estou contando isso porque minha carreira caminhou na direção do *Marketing*, e eu busquei me aperfeiçoar, nunca tive medo de mudar a direção e/ou arriscar em novas oportunidades, até porque quando escolhi Estatística eu tinha 18 anos, pois gosto da área de exatas. Como exemplo, sair da metalúrgica, onde minha função era assessora da diretoria comercial, e fui para ser escriturária na Souza Cruz, pode parecer um *downgrade*, mas na verdade eu fui em busca de uma experiência em empresa multinacional, a nomenclatura da função não era relevante, e ainda não é para mim. Quando pedi demissão da Ipiranga após 14 anos para ir cuidar de um negócio próprio, foi para buscar novos conhecimentos, desafios e experiências. Minha dica: viva intensamente sua carreira como parte de sua história, sendo protagonista dela, sem receio de aprender, reaprender e/ou mudar a direção, mas, acima de tudo, seja feliz.

7. Ao recrutar um profissional, quais características comportamentais você considera fundamentais?

Durante minha carreira como líder, com toda a experiência adquirida, busquei sempre ter em minha equipe profissionais com comportamentos adequados, capazes de trabalhar em ambiente colaborativo, com comprometimento, humildade e busca constante de conhecimento. Com esses comportamentos básicos, na minha opinião, seria possível desenvolver esse profissional.

8. Qual legado você gostaria de deixar para a sociedade?

Quando penso em legado, eu penso nos meus filhos, e também penso nas pessoas que fizeram parte das minhas equipes ao longo da minha carreira, sempre tive a preocupação, a dedicação e o cuidado em transmitir valores e dar os melhores exemplos, pois as atitudes são mais fortes que as palavras, como: respeitar a todos igualmente, independentemente de função/cargo, classe social, raça, religião, gênero, entre outros, ser autêntico e honesto sempre e compartilhar conhecimento, isso posso chamar de legado.

9. Quais os reflexos das práticas de cidadania empresarial para organizações, profissionais e sociedade?

Qualidade de serviço e boas práticas sempre estiveram em foco para mim, e durante toda minha carreira como líder, procurei mostrar a todos que o aprendizado deve ser constante, e que os colaboradores ou clientes devem ser estimulados no seu maior potencial. Escutar os clientes internos e externos de maneira a melhorar a sua experiência com a empresa, inspirando-os a ser pessoas melhores e reafirmando a importância de sua participação na melhoria contínua.

10. Cite alguns líderes que, em sua opinião, são inspiradores.

Liderança é um tema muito importante, vou destacar dois líderes que me inspiraram, entre alguns que pude conhecer, Geraldo Ferronato e Luiza Helena Trajano, o que eles têm em comum, e para mim é essencial em um líder, é o cuidado com as pessoas. Geraldo foi meu líder durante anos na Ipiranga e aprendi muito com ele sobre liderança. A Luiza, acredito que dispensa comentários, mas me identifico muito com ela no aspecto da autenticidade. Tive oportunidade de conhecê-la e ratificar essa identificação.

11. Como você define o papel da liderança?

O papel da liderança é fundamental, sendo a bússola de uma equipe. Eu acredito na liderança colaborativa que traz a participação como mola impulsionadora dos resultados, dessa forma, o papel do líder é conduzir a equipe na direção dos melhores resultados, com constante desenvolvimento, orientação e *feedback* 360°.

12. O que você faz para se manter motivada?

A motivação para o líder é essencial e dever ser alimentada, eu alimento minha motivação mantendo positiva minha contribuição com a equipe, amigos e familiares. Gosto de pessoas e procuro exercitar diariamente a empatia, assim posso recarregar a energia para o dia seguinte.

13. Qual a importância da inovação nas organizações?

Inovação é o tema mais falado nos últimos anos, eu entendo que inovação não é uma coisa nova, e também não apenas tecnologia, mas a releitura dos processos, funções, recursos, produtos e serviços dentro do cenário atual de mercado. Ou seja, a inovação sempre foi uma necessidade do negócio, pois os negócios que não inovaram (inventaram ou reinventaram) deixaram de existir.

14. Como você realiza o *networking* de maneira efetiva?

Networking é uma ferramenta poderosa para todas as pessoas, seja profissionalmente ou pessoalmente. Com o olhar profissional, o *networking* efetivo não são apenas contatos com líderes das organizações, mas com todas as pessoas do seu contato diário também. Pois a efetividade está na manutenção desse círculo de contatos e no crescimento dele, além do potencial de *networking* que faz parte do círculo de contatos das pessoas do seu círculo direto. Tenho uma história interessante que ouvi em uma das palestras que dei no Brasil, sobre um executivo desempregado, que abordado pelo porteiro do seu prédio luxuoso sobre a mudança de sua rotina, compartilhou que perdeu o emprego, nesse momento o porteiro perguntou se poderia passar o contato dele para uma empresária, a qual prestava serviço de lavagem de carro. O executivo aceitou e 40 dias depois agradeceu ao porteiro pela indicação, pois estava trabalhando na empresa da pessoa do *networking* do porteiro. Ou seja, é difícil saber o potencial do *networking* das pessoas, seja ela quem for.

15. Do que você sente saudades?

Tenho saudades de muitas coisas, da minha infância e da infância dos meus filhos, mas profissionalmente sinto saudades da rotina diária em contribuir com minha equipe em solucionar os problemas do negócio e do cliente, como também ajudá-los a se desenvolver. Por isso, continuo trabalhando como consultora para estar próxima do ambiente de negócios.

16. Do que você tem orgulho?

Meu maior orgulho são meus filhos e ter me mantido aderente aos meus valores, tanto na vida profissional como na pessoal, e como consequência transmiti-los aos meus filhos e também às pessoas das equipes que liderei ao longa da minha carreira.

17. Qual o significado da palavra felicidade?

A felicidade é feita de momentos, é saber que fez a diferença na vida das pessoas com suas atitudes, é amar as pessoas como são, esperando delas o que elas podem dar e nada mais. É ter empatia como mantra e buscar exercitá-la diariamente. E, por fim, e não menos importante, se apegar às pessoas, e não às coisas.

18. Qual a sua citação favorita e por quê?

Tem uma citação que uso com frequência: *"Não se melhora o que não se mede."*, porque quando temos objetivos ficamos motivados, para ter objetivos é necessário saber aonde quer chegar, e para isso é indispensável saber onde está, além de saber valorizar cada conquista na direção do objetivo.

19. Quais são seus *hobbies* preferidos?

Não tenho *hobbies*, mas gosto de aprender algo novo, ficar com minha família, ver filme tomando vinho.

20. Qual sonho você gostaria de realizar?

Eu tenho muitos sonhos, mas tem um em especial que quero realizar, criar uma instituição de formação de profissionais para estabelecer no mercado relação positiva entre empresas e clientes, atingindo nível de excelência, para tornar menos necessárias as leis de proteção de consumo e órgãos reguladores.

21. O que você aprendeu com a vida que gostaria de deixar registrado nesta obra?

Ao longo da vida, aprendi muito com familiares, amigos, acadêmicos, etc. E isso me desenvolve, entre esses aprendizados os principais são: colocar minha energia no que tem relevância e dar valor às pessoas e não às coisas, pois todas as pessoas fazem parte da nossa história, em contrapartida às coisas conquistadas, elas se tornam obsoletas e são substituídas ao longo da vida.

22. Qual mensagem de motivação você gostaria de deixar para os leitores deste livro?

Uma mensagem que quero compartilhar: coloque no cume da montanha o que quer alcançar, comemore e compartilhe cada degrau que subir, nessa direção. Nessa jornada, não abra mão dos seus valores e reconheça e agradeça às pessoas que o ajudarem. Seja feliz!

23. Com base no que você vivenciou, ao longo de sua vida corporativa, qual o segredo do sucesso para ir da teoria ao topo?

O mundo corporativo é desafiador, alguns chamam de selva, e para vencer os desafios e ter sucesso, não existe fórmula mágica, mas ingredientes essenciais que fizeram parte da minha fórmula: foco, determinação, capacidade de realização, *benchmark* e humildade.

Galeria de fotos

Erika Ferrari
Viviani Schneider

Profissão:
Publicitária

ALTA GESTÃO | REGISTRO BIOGRÁFICO

1. Como e onde você iniciou a sua trajetória profissional?

Iniciei minha trajetória aos 14 anos, auxiliando meu finado pai em seu escritório de advocacia. Lá trabalhei por três anos, até optar por Comunicação, deixando para trás o Direito na USP.

2. Quais os principais desafios que você vivenciou ao longo da carreira?

Meu primeiro desafio foi exercer minha profissão. Escolhas são feitas quando somos ainda jovens demais e não temos todos os talentos revelados. Demorei a perceber que havia um método em tudo o que eu fazia, sempre buscando melhorias. Elegi Marketing de Produtos como estrada, e por ela caminhei durante muitos anos. Foram muitos desafios, como construir e manter um time coeso, motivado, energizado e comprometido. Idealizei uma matriz com atividades cruzadas e outras lineares; escopos idem. O tempo todo, fazíamos e medíamos. Afinal, se você não controla, não gerencia. Após oito anos à frente da área, decidi transitar para Projetos. Descobri uma nova estrada, na qual encontrei um propósito que foi se revelando – na verdade, revela-se todos os dias, até hoje: o de servir. Já sem equipe, por opção, tornei-me líder servidora e passei a tratar com os *stakeholders*, numa outra dimensão do trabalho, em um novo ecossistema. Ali começava uma trajetória em projetos com abordagens preditivas, e, mais recentemente, as metodologias ágeis. É preciso critério para pivotar no ágil e não perder de vista os instrumentos de controle, os métodos que guiaram organizações de sucesso por décadas, sua filosofia e, sobretudo, as pessoas. Assim, decidi imergir também no universo de transformação organizacional e gestão de mudança humana para abordagens ágeis. Aprofundei-me em *Lean Six Sigma*, retomei os conceitos dos projetos preditivos e fiz a ponte desses universos de conhecimento, para servir as organizações que desejam transformar-se. Esse é o novo desafio.

3. Quem da sua história de vida inspirou sua carreira?

Quando eu tinha 8 anos, mudei de uma escola montessoriana para o Dante, pois meu pai acreditava que teríamos uma educação de melhor qualidade lá, mesmo que ele precisasse sacrificar-se ainda mais pelos filhos. Eu não estava alfabetizada, pois a escola anterior adotava uma abordagem mais cognitiva, diferente do método Piaget. Foi um impacto receber os livros da 3ª série com muitas letras e números em fileiras horizontais e símbolos matemáticos. Então, minha mãe amorosamente alfabetizou-me. Se amo estudar (e amo mesmo), devo esse amor à minha mãe. Ela é minha inspiração, não para a carreira, mas para a vida.

4. Uma história de gestão que marcou você...

Certa vez, logo após a entrega de um projeto complexo e extenuante, realizou-se o evento de abertura do ano fiscal num hotel e éramos cerca de mil naquele auditório. Eu ainda anotava os pontos em destaque quando ouvi meu nome pelo microfone e vi minha com um texto num enorme painel. O colega ao lado sorriu e disse: "Vá lá, estão chamando você no palco". Fiquei pálida. Dediquei aquela premiação a todas as mais de oitenta pessoas que trabalharam comigo (e não para mim) naquele projeto, que somava gestão de mudança, transformação digital, comunicação, aprendizado empírico e espírito de time. Nenhum membro do time, *stakeholder* ou fornecedor foi esquecido.

Uma segunda história que merece ser relatada é um tratado sobre o capricho. Parafraseando Cortella, "capricho é fazer o seu melhor com as condições que você tem, até que tenha condições melhores para fazer melhor ainda". Designada para um grande projeto com foco num conjunto de KPIs da organização, dimensionei os esforços, que passavam pela unificação de cinco áreas. O plano era entregar o projeto e partir para o próximo, mas o fato é que fui nomeada gerente da nova área, algo totalmente fora dos meus planos. A área era composta por várias células que respondiam a diretorias diferentes. O cenário não era muito promissor, pois não havia *budget* para campanha, tampouco um local que comportasse as pessoas. Em uma das muitas noites em claro pensando nas pessoas, lembrei-me do Capitão Chesley "Sully", que decidiu pousar o A320 sobre o Rio Hudson em 2009, poupando 155 vidas após um *birdstrike*. Pensei: "Posso fazer isso com a ajuda de Deus". Colocamos a área em pé, unimos os times, revisamos os protocolos, tornamos enxutos (*lean*) os procedimentos e superamos aquele desafio, como o jogador Brock em "Desafiando Gigantes", que cruza o campo inteiro com os olhos vendados e o companheiro de time nas costas. Eu sabia que a missão demandaria uma gestão ainda mais humana. Amo cozinhar para as pessoas, como forma de amá-las. Todas as segundas-feiras, eu levava um bolo que nos unia em torno da mesa de reunião, que se tornara a "Távola Redonda" do departamento. Mas faltava algo. Ao lado da minha mesa, havia uma enorme vidraça coberta por uma persiana bege. Aquilo me lembrava Lorelay Fox declamando "A gente se acostuma". Descerrei as persianas, preenchi parte da vidraça com balões de festa fixados com fita adesiva e enviei uma mensagem a todos do time. Fiquei observando as reações em cada rosto: um sorriso, uma expressão de interrogação ou de surpresa. Ali nascia "Pequenas Recompensas", uma campanha muito simples, com pequenos prêmios resgatados através do estouro de um balão. Todos os balões continham bilhetes com prêmios como "sair minutos mais cedo", "mais meia hora de almoço" ou "vale lanchonete". E, assim, superamos juntos um hercúleo desafio.

5. Uma história de relacionamento com o cliente que você gostaria de destacar?

Há pouco tempo, um projeto estratégico sofreu um ajuste no triângulo de ferro e o vértice sacrificado foi o tempo. Busquei a solução na sabedoria da água, que não discute com o. A missão era contatar uma base enorme de clientes e propor uma negociação. A equipe não daria conta, portanto, adicionei-me à operação. Lá pelo 50º contato, um cliente mostrou-se inflexível e rude. O fato é que eu precisava expor-lhe as condições e buscar um denominador. Eu alternava os contatos e voltava nele, sem sucesso, até que concordou em dialogar. Disse-lhe com sinceridade: "Quero calçar os seus sapatos. Diga-me o número que ficará confortável para os pés de sua empresa". Então, ele pensou e devolveu um número em reais. Não só conseguimos tecer o acordo como ele pediu sinceras desculpas, enviou um elogio formal e permaneceu conosco.

6. Quais dicas você daria aos que estão iniciando a carreira profissional?

Eu nasci na era militar, durante o governo Médici. Naqueles tempos, a OPEP já regulava o preço do petróleo e impunha medidas que elevavam dramaticamente os preços. De lá para cá, a matriz mudou. Os combustíveis fósseis já não são a única opção e o petróleo já não é o pistão central da economia global: a informação é o novo petróleo. Quem tiver informação qualificada e útil e enxergar à frente estará apto a sobreviver no mundo em redesenho constante. Disse o professor Leon C. Megginson, referindo-se a Darwin: "Não é o mais forte que sobrevive, nem o mais inteligente, mas o que melhor se adapta às mudanças". O início de carreira é uma maquete ideal, porém, antes de erigir o que será a representação real, é preciso considerar as fundações, as estacas e etapas da construção. Há também os reveses, que podem cancelar partes ou a íntegra de um plano. E há o imponderável: estamos em 2020 e escrevo estas linhas durante o distanciamento social imposto pela pandemia no novo coronavírus. A dica humilde de uma profissional com estrada corporativa, mas antes disso, a mãe do Pedro, que tem 20 anos, é: estudem com afinco e nunca deixem de fazê-lo. Busquem informação de qualidade, pois vivemos na era da pós-verdade, onde os elementos são líquidos e a fugacidade é a ordem do dia. Sejam consistentes em suas buscas e persistentes em suas escolhas, pois o futuro será desenhado, construído e mantido por aqueles que se sobressaírem através da adaptação. Diz Marcelo Gleiser, em *A ilha do conhecimento*: "O que chamamos de realidade está sempre mudando".

7. Ao recrutar um profissional, quais traços comportamentais você considera fundamentais?

A verdade, em primeiro lugar, pois se o candidato forjar informações sobre a sua, correrá o risco de ser um VUC tentando transportar uma tonelada de minério de ferro. Se a pessoa tiver brilho no olhar, desejo de aprender, palavra e lealdade, um propósito, compartilhar conhecimento à medida que absorve e que esteja aberto a desafios e devolutivas, essa pessoa terá destaque, pois entrego, confio, participo e sirvo a todos de igual forma, acreditando e apostando no indivíduo.

8. Qual legado você gostaria de deixar para a sociedade?

Primeiramente, a honestidade. De acordo como Warren Buffett: "A honestidade é um presente caro, não espere recebê-lo de pessoas baratas". E, não menos importantes, a liderança pelo exemplo e a tenacidade.

9. Quais os reflexos das práticas de cidadania empresarial para organizações, profissionais e sociedade?

Disse Disraeli: "A juventude de uma nação é depositária da posteridade". É preciso olhar a sociedade que nasce a cada registro em cartório pelos rincões deste. É preciso investir nos jovens, desde a sua alfabetização, pois a Língua Portuguesa é vilipendiada a cada sílaba. Para o idioma, há sempre um corretor, mas o que dizer de cálculos? Ou de um viés proposital de História nas escolas e das disciplinas que não são ministradas, como Empreendedorismo e Planejamento Individual? De acordo com pesquisa realizada com jovens pelo Ibope para a Unicef, o 1º fator de sucesso na vida é a escolaridade (49%), e o 2º é o esforço individual (47%).

É imperativo nos mobilizarmos em direção à cidadania em sua mais ampla representação, pois vivemos num país com fendas abissais. Como disse um luminar do Direito: "A Estatística é a arte de torturar os números até que falem a verdade". A verdade, já sabemos, devemos mudá-la hoje para que o amanhã seja mais promissor dentro das nossas fronteiras. O PIB e o IDH caminham lado a lado e a mão da liderança empresarial empunha a caneta que chancela o passaporte para o desenvolvimento da nação.

10. Cite alguns líderes que, em sua opinião, são inspiradores.

Sem uma ordem ou categoria: Walt Disney, Margareth Thatcher, General Sun Tzu, Warren Buffett, Soichiro Honda, Kiichiro Toyoda, Bill Gates, Steve Jobs, Jack Welch, Antônio Ermírio de Moraes, Leonardo da Vinci, Marie Curie, Dorothy Vaughan, Amelia Earhart, Daniel Goleman, Mahatma Gandhi, Yuval Noah Harari e Ayrton Senna fazem parte da minha linha de pensamento, além de empresários, estrategistas e tantos expoentes que ousaram cruzar as fronteiras demarcadas, tornando-se pessoas à frente de seu tempo.

11. Como você define o papel da liderança?

O líder não tem o poder de revogar memórias e cancelar histórias individuais dos liderados, sejam elas de dor ou amor. Ao assumir a responsabilidade por lidar com vidas humanas, é necessário imbuir-se de propósito, humanidade e legitimidade.

Liderar não é fazer com que as pessoas exaltem o que você tem de melhor, mas sim o que há de melhor nelas mesmas. E a legitimidade do líder em praticar o reconhecimento vem da humildade, pois ela caminha à frente das virtudes pelas quais o líder é respeitado, a equipe fará de tudo para perseguir um resultado, seja ele grande ou pequeno, a tenacidade será real e contagiante.

O sucesso coletivo passa pelas crenças individuais mais imaculadas que guardamos, como por exemplo de que podemos ser reconhecidos. É necessário compartilhar o que se aprende, prestar-se à audiência, motivar pelo exemplo, aplicar *feedforward* após cada *feedback* e cultivar os talentos, mostrando-lhes que o caminho para o êxito passa pela estrada do compartilhamento. A essência da liderança consiste em manter acesa a chama do progresso, para que o time se mantenha coeso em torno de um propósito, o que é totalmente diferente de promover comportamentos de manada. Liderar é inspirar e reconhecer é expirar.

12. O que você faz para se manter motivada?

Procuro sempre ir além da borda da ilha do conhecimento para aprender e compartilhar. Já dizia Da Vinci: "Aprender é a única coisa que a mente nunca se cansa, nunca tem medo e nunca se arrepende". Também pratico a gratidão. Agradeço a Deus pela vida todas as manhãs e faço o mesmo antes de deitar-me, quando faço um único pedido: "Senhor, se eu acordar amanhã, esteja comigo; se não acordar, que eu esteja Contigo". Como tenho acordado até aqui, faço o melhor pelo meu dia: mantenho disciplina e vigor para trabalhar com afinco, traço linhas mestras para a minha vida, durmo apenas o necessário, estudo e leio muito, doo-me ao próximo e mantenho meu rosto voltado para o sol, para que as sombras fiquem para trás.

13. Qual a importância da inovação nas organizações?

Vital, sobretudo em nossa era exponencial. A inovação não só impulsiona os negócios como proporciona saltos evolutivos à humanidade. Organizações que não inovam estão fadadas a derreter. E lembremo-nos de que o cliente é o Quinto Poder. Se não inovarmos para o cliente, mas entropicamente, igualmente fracassaremos.

14. Como você realiza o *networking* de maneira efetiva?

Mantenho-me em movimento dentro da minha área de conhecimento técnico, o *"inner circle"*, e no espectro ampliado, o *"outer circle"*. O primeiro é onde há intercâmbio intenso e o segundo, onde a presença e frequência de pessoas de várias áreas e linhas de pensamento criam possibilidades, inovação, parcerias e ações coordenadas. Procuro frequentar eventos, *workshops*, estar presente nas redes, reconhecer e parabenizar, conectar-me a pessoas e entidades e sempre zelar pela diplomacia.

15. Do que você sente saudade?

Do meu pai, que era um bastião da dignidade, da ética e da humildade. Quando soube que ele estava com câncer, um silêncio absoluto invadiu a minha mente. A sentença médica era aterradora e as opções, nada animadoras. Mas uma pareceu-me viável: o transplante intervivos de fígado. Foram meses de exames e papéis, numa corrida contra o tempo. Fomos operados, ele faleceu após trinta horas de cirurgia e eu tive encefalopatia hepática. Foram muitos passos até a recuperação plena, num processo de idas e vindas. Hoje, estou aqui para contar, resumidamente, uma história que um dia será uma obra completa, com fotos e fatos de um tempo em que meu pai sorria todos os dias, mesmo quando seus problemas insistiam em tornar impossível sorrir.

16. Do que você tem orgulho?

De não me deformar. Tenho convicções sólidas e muita fé. As convicções fundamentam as minhas práticas e a fé me guia: primeiro eu ponho o pé, depois Deus põe o chão.

17. Qual o significado da palavra felicidade?

Saber que meu filho é um bom homem, com valores decentes e um propósito nobre. Também sou feliz por alcançar com ações, muito além de palavras, aqueles que posso beneficiar. Segundo Madre Teresa, "mãos que ajudam são mais sagradas que os lábios que rezam". E, ainda, por trabalhar com amor, pois faço o que amo.

18. Qual a sua citação favorita e por quê?

"Se você quer construir um navio, não chame homens para juntar madeira ou atribuir-lhes tarefas, mas ensine-os a desejar a infinita imensidão do oceano". Para mim, esse pensamento de Saint-Exupéry traduz o genuíno propósito da liderança.

19. Quais são seus *hobbies* preferidos?

Ainda danço balé na sala de estar. Eu amo cozinhar, ler, escrever, estudar e pesquisar. Também gosto muito de bricolagem, *kart* amador, paraquedismo, tiro esportivo, *rafting*, treino funcional e jardinagem.

20. Qual sonho você gostaria de realizar?

Espero ver meu filho atuando na área de pesquisa de propulsão de foguetes. Se possível, também quero mudar-me para o interior e plantar variedades de Éricas, flores que inspiraram o meu nome.

21. O que você aprendeu com a vida que gostaria de deixar registrado nesta obra?

Mar calmo não forma bom marinheiro. Já enfrentei severas tribulações, perdas e derrotas. Aprendi também que a felicidade está no caminho, a focar na solução e não no problema e, acima de tudo, a manter a fé na humanidade.

22. Qual mensagem de motivação você gostaria de deixar para os leitores deste livro?

Seja o sapo surdo: não dê ouvidos àqueles que não torcem por você. Seja fiel aos seus princípios e dê tudo de si para segui-los. No caminho, encontrará pessoas que comungam dos mesmos ideais que você. Faça valer a sua jornada.

23. Com base no que você vivenciou, qual o segredo do sucesso para ir da teoria ao topo?

Não abandone suas origens, não se inebrie com o poder e não perca seu propósito. Já dizia Barack Obama: *"Livre-se dos bajuladores. Mantenha perto de você as pessoas que avisam quando você erra"*.

Galeria de fotos

Evandro Pereira

Empresa:
Plastipak Packaging do Brasil

Função:
Managing Director

1. Como e onde você iniciou a sua trajetória profissional?

Meu pai, atuando na área de vendas, era a minha maior influência durante o período da minha adolescência, e através de sua *network*, conseguiu me colocar no mercado de venda de tintas. Foi onde tudo começou.

Foi um rápido aprendizado na área de vendas e em questão de meses eu também já auxiliava os donos da empresa no escritório, nas impressões dos relatórios de estoque e vendas em uma gigante impressora matricial e na execução diária dos *backups* de todos os dados de um PC. Nessa época já estávamos avançados e tínhamos uma coleção de disquetes 3½ de Alta Densidade Extra Super com capacidade de 5,6MB e com uma taxa de transferência de 2Mbits/s, ou seja, passava a maior parte do meu dia cuidando de assuntos administrativos e consequentemente perdendo muitas comissões.

Logo percebi que eu tinha um diferencial, tornando-se claro que minha carreira tomaria outros caminhos, devido a minha facilidade de trafegar entre diferentes áreas e uma paixão pela área técnica e de inovação.

Meus olhos não brilhavam em ser como o Abel, um dos vendedores mais antigos da loja, fazendo a mesma coisa durante mais de 20 anos. Abel era o nosso especialista em vendas de tintas automotivas, que ao olhar um carro, logo sabia a cor exata no catálogo. Claro que era admirável ver tamanha destreza e precisão em seu trabalho, trazendo sempre uma confiança e autoridade nas decisões de seus clientes, mas era muito específico, tornando-o perfeito e único. Ao mesmo tempo, admirava a versatilidade do Henry, um dos proprietários da loja, com sua arte de liderar pessoas e na administração de todo o seu negócio. Ele também vendia, mas não como qualquer outro vendedor, pois desenvolvia perguntas poderosas para estimular os clientes a comprar, buscava informações adicionais, investigava novas tecnologias com uma visão inovadora na expansão de suas lojas. Esse, sim, trazia um legado que eu gostaria de seguir.

Ainda novo percebi que tinha uma cabeça *hiperlink*, com a versatilidade de um nexialista e aberta a encontrar alternativas e soluções inteligentes e inovadoras diante da enorme gama de dados que recebíamos na época da revolução digital em que vivíamos – o início da internet.

Sem nenhum planejamento para minha profissão no futuro, já não me recordo os motivos que me levaram a prestar um colégio técnico com apenas 15 anos de idade na modalidade de mecânica, e passado um ano e oito meses no mercado de tintas, tive que me despedir do primeiro emprego e seguir com meu estágio do colégio técnico em uma empresa de embalagens. Foi nessa empresa que conheci Flavio Krejci, que foi a peça fundamental para chegar à empresa que estou há mais de 20 anos. Flávio foi quem me contratou no estágio da Flaskô, mas depois desligou-se da empresa. Aproximadamente dois anos após ter deixado a Flaskô, Flávio me fez um novo convite para ir trabalhar na empresa que estava trabalhando na época, a Plastipak. Trabalhamos pouco tempo juntos nas duas empresas, porém foi o tempo necessário para ser o agente, ligando meu passado ao presente, que levaria a um futuro promissor que ainda perdura.

2. Quais os principais desafios e resultados que você vivenciou ao longo da sua carreira?

Após os primeiros cinco anos de carreira, me tornei líder, enfrentando muitos desafios pela falta de maturidade e experiência, que ocasionaram alguns erros iniciais. Acredito que errar é apenas um processo impulsionador para o sucesso, portanto, eu estava no caminho certo. É como um aço que, para atingir a melhor qualidade de dureza e resistência, deve ser tratado termicamente a altas temperaturas e com um rápido esfriamento, em um processo de têmpera, e para forjá-lo, passa por uma alta pressão de impacto.

Hoje avalio a minha liderança em alta excelência devido ao contínuo processo de mudanças que enfrentei, não somente as diferentes temperaturas regionais entre +45ºC do norte do Brasil como a -30ºC na Romênia, mas também na liderança de diferentes culturas e costumes, dos diferentes Estados brasileiros ao eslávico do centro da Europa.

Quando morei em Recife e na República Tcheca, foi um processo de têmpera de resiliência, desenvolvendo um *coping* às mudanças e desempenhando uma entrega contínua de humanidade, empatia e servidão, indiferente às alterações de gestão, cultura e localização em que estivesse atuando. A maturidade foi forjada junto às competências existentes mediante os valores da empresa, que enraizaram em meu DNA, tornando um só foco o meu propósito de influenciar pessoas.

Sempre aconselho meus liderados a evitarem dentro do possível duas ou mais grandes mudanças simultâneas em seu processo de desenvolvimento pessoal e profissional, por exemplo, ter filhos e mudar de emprego ao mesmo tempo. Isso foi um dos maiores desafios que enfrentei ao longo da minha carreira, mas quando consolidada em minhas competências, se tornou uma das maiores virtudes de crescimento.

Eu e minha família tivemos várias mudanças ao longo do caminho. Logo nos primeiros meses de casados, eu e minha esposa tivemos que nos mudar para Recife, fazendo que ela saísse do emprego e, logo após um ano, deixasse sua carreira profissional para me acompanhar à Europa, para alguns projetos na França e República Tcheca. Viver em um país de língua eslávica e uma cultura completamente diferente da nossa já era um grande desafio, mas decidimos ainda ter nosso primeiro filho fora de casa. Em seu primeiro ano de vida, fui transferido para o leste Europeu, e assim que conquistamos uma estabilidade nos negócios, tivemos o segundo filho, já retornando em alguns anos para casa.

No primeiro ano como executivo no Brasil, com o desafio de restabelecer o crescimento da empresa, após a crise de 2014 a 2016, enfrentei a primeira greve nacional dos caminhoneiros e, logo em seguida, uma crise mundial devido a uma pandemia causada pelo novo coronavírus. Desafios e crises são os principais agentes que nos fazem extrair o melhor de nosso potencial para um crescimento de maturidade e liderança.

3. Quem da sua história de vida inspirou/motivou em sua carreira?

No processo do crescimento de maturidade e desafios de nossa carreira, encontramos muitos influenciadores que nos inspiram e mantêm o nosso nível de motivação elevado para continuarmos focados em nosso propósito.

Durante minha vida, tive várias pessoas influenciadoras que marcaram o meu crescimento profissional e definiram os meus valores e competências. Já logo no início de minha adolescência, tive dois grandes líderes que participaram de minha transformação, meu pai Alaercio, na instrução diária dos valores da obediência e integridade, e meu tio César Medici, na excelência do meu propósito, dedicando uma alta capacitação e desenvolvimento àquilo que eu amava fazer.

Atuando profissionalmente, aprendi a ser versátil com Henry Kelly. Honra, produtividade e alta qualidade em minhas entregas, com Mike Leo Kelly. Com Frank Pollock e William Young, obtive uma motivação inspiradora para uma liderança não somente voltada à equipe, mas com um alto envolvimento social em nossa comunidade, de forma humanizada.

Várias pessoas marcam nossas vidas, e é um privilégio podermos reconhecer a tempo nossa gratidão a todas elas. Tolo é aquele que ainda acha que cresceu sozinho.

4. Alguma história na gestão de pessoas que você gostaria de compartilhar?

Evidentemente, no ínterim dessa liderança de alta excelência, pessoas passam por nossas vidas deixando um legado de influência e outras histórias, marcadas por conquistas ou frustrações.

Lembro claramente de quando finalizei o projeto de construção de uma nova fábrica no Leste Europeu, e logo em seguida fui convidado para liderar a equipe para expansão do negócio. Um dos funcionários da manutenção era o representante da União dos Empregados, ou seja, o representante do sindicato local, e a cada ano era a pessoa que eu tinha que negociar as novas solicitações dos funcionários nos termos da extensão do contrato anual. Já no primeiro ano, ele disse que tinha muito respeito por mim e muita admiração, isso quando eu apenas era gerente de projetos, posteriormente, após minha promoção, ele não gostava de diretores, a partir desse dia rompeu esse laço, mantendo somente o respeito pela hierarquia. Sei que não agradamos a todos, mas era a primeira vez em minha carreira que alguém declarava de forma genuína e transparente uma troca abrupta de opinião.

Foram quase cinco anos negociando bravamente com ele, ano após ano, até sua saída para uma nova oportunidade na Inglaterra. Durante todos esses anos, nunca desisti e declarei que iria mudar sua opinião, envolvendo-o em todos os treinamentos de *lean manufacturing*, devido ao seu grande *know-how* técnico, conseguindo uma bolsa de estudos para sua filha em Londres e todo auxílio emocional para sua saída para sua nova jornada em outro país europeu. Mesmo não fazendo mais parte da empresa, ele sempre voltava no período da Páscoa Ortodoxa e nos visitava. Como costume entregávamos um kit de Páscoa aos nossos colaboradores e eu sempre deixava um guardado para sua visita. Praticamente um ano antes de minha transferência ao Brasil, ele reconheceu que não tinha mais aversão pela alta gestão, mas sim por pessoas específicas, aprendendo que existe uma clara diferença entre as atuações de um gestor e de um líder, comprovando a humanidade e empatia em uma liderança de alta excelência.

Essa foi uma das histórias de sucesso e transformação de *mindset* por um processo de influência de alta excelência em humanidade e empatia na arte de liderar pessoas.

5. Quais dicas você daria para aqueles que estão iniciando a carreira profissional?

Vivenciamos uma constante mudança na sociedade, hábitos, costumes, culturas, gerações, opiniões, crenças e fé, mas uma das coisas mais importantes aos líderes que estão iniciando uma carreira de influenciar pessoas é nunca desistir de lutar pela humanidade. Lembre-se sempre de que somos líderes porque existem pessoas a serem lideradas e não simplesmente números, que indiferentemente da quantidade de pessoas que se reportam a você, cada uma se torna um número exponencial de influência através de seu legado. Esse humano precisa ser ouvido, pois tem sonhos, precisa ser agradecido, pois é um herói nas conquistas desses sonhos, precisa ser respeitado, pois é um pai, uma mãe, um marido, uma esposa, ou simplesmente filho de alguém que o ama muito.

Nosso fundamental papel de líder é saber que esse outro humano tem sentimentos elevados a uma expectativa, ao seguir nosso direcionamento. Isso torna essencial a prática de nossa inteligência emocional em um processo de alta empatia, lidando com as emoções de cada liderado de forma única e especial.

6. Ao recrutar um profissional, quais características comportamentais você considera fundamentais?

Considerando que o cuidado das emoções de um liderado é o principal foco de um líder de alto desempenho para ter uma equipe de sucesso, e isso demasia muito esforço, tempo e dedicação, é importante que em um processo de recrutamento você contrate profissionais pelas competências, atributos e valores que esses novos colaboradores podem oferecer em similaridade com os valores da sua organização e não somente pelas habilidades técnicas. Já presenciei vários gestores contratando profissionais altamente técnicos, ou os melhores do mercado na especialidade, e perderem parte da equipe, pois os valores destoavam com o que a organização visualizava, como também vi contratações que simplesmente se espelhavam no candidato a sua própria imagem, à sua visão, e não à visão da empresa, tendo réplica de seus pensamentos, evitando assim possíveis contradições, conflitos e conversas difíceis.

Patrick Lencioni, autor de 11 *best-sellers* e com mais de 5 milhões de cópias vendidas, descreve que líderes de alta excelência têm que ter conversas difíceis, e não as evitar, caso contrário tornará a sua gestão e a equipe disfuncionais.

Acredito que um profissional, mesmo com uma opinião diferente da liderança, que, contudo, tenha as competências e atributos de gestão coligados com os valores da empresa, trará muito mais resultado de sucesso do que um que simplesmente seja a própria semelhança do líder.

Não precisamos de pessoas que façam o que mandamos, isto é, gestão pelo poder. Precisamos de pessoas que tenham competências e atributos coligados com os valores da nossa organização e que desafiam constantemente o nosso *status quo* para um sucesso promissor, nos respeitando pelo que somos, pela confiança e admiração que possuem e não pelo poder do cargo que exercemos.

Gosto de mencionar que o maior líder de todos os tempos tinha todo o poder dos céus, mas nunca utilizou esse dom para conquistar seus seguidores, apenas pela autoridade de seu nome conseguiu que seu legado durasse mais de 2 mil anos.

7. Qual legado você gostaria de deixar para a sociedade?

Um legado de alta influência transformacional é o que eu gostaria de deixar para a sociedade, esse é o meu propósito! Sempre finalizo minhas palestras com a seguinte frase:

"A única coisa que fica após você morrer são as sementes que você deixou e não quem você era".

Isso para mim é um legado! Hoje em dia, todos estão focados em deixar seus nomes marcados na história, como se isso fosse o mais importante de tudo, e na verdade o que você pode deixar de maior valor não é o seu nome, mas sim réplicas eternas de um bem maior que você plantou.

Sementes que você plantou, não simplesmente em suas ações e atitudes, mas nas pessoas que estiveram próximas a sua liderança. Uma transformação na subsistência humana, em que o valor da empatia no desenvolvimento do próximo é mais importante do que qualquer bem material ou outra conquista pessoal. Multiplicar nossos conhecimentos para que outros possam multiplicar de forma exponencial nossas ideias é a forma de liderar por influência, isso é transformação, isso é legado!

8. Como você define o papel da liderança?

Não existe líder figurante, ele tem que ser o protagonista da equipe e deve ter o papel principal de definir uma visão clara e objetivos tangíveis, mensuráveis e assertivos. Esses objetivos devem estar alinhados aos valores e à estratégia da organização, e revisados periodicamente com seus liderados em um processo contínuo de *feedback*.

Além do papel de protagonismo, existem outras características importantes que definem um líder de alta gestão, entre elas:

- Respeito;
- Confiança;
- Ousadia;
- Criatividade;
- Inteligência emocional (autoconhecimento e controle pessoal);
- Poder de inspirar e conquistar;
- Preocupação do desenvolvimento da equipe para um desempenho de alta excelência;
- Excelente ouvinte;
- Estimular "*feedback*" positivo e de desenvolvimento;
- Generosidade e servidão.

Liderar através de motivação e servidão traz respeito e cria um ambiente alegre, fazendo com que todos da sua equipe caminhem lado a lado com você.

Segundo Adam Grant, psicólogo americano, há três tipos de pessoas no trabalho, os doadores (aqueles que priorizam ajudar os outros), os tomadores (aqueles que ajudam a si mesmos) e os igualitários (que procuram ajudar os outros e a si mesmos em igual medida), sendo os doadores (*givers*) os de perfil mais raro: são pessoas que ajudam os demais sem esperar nada em troca. Para Grant, são as pessoas generosas, ou seja, os doadores (*givers*), que atingem as posições mais altas na organização.

"*Os doadores trazem à tona o melhor dos outros*", disse ele ao *site Business Insider*, em 2018. "*Boa parte disso envolve enxergar nos outros mais potencial do que eles enxergam em si mesmos. Doadores sempre olham para os outros como joias a serem lapidadas, investindo nas pessoas e permitindo que elas alcancem seu potencial.*"

"*Doadores também se tornam exemplos e mudam o comportamento de grupos*", explica Grant. "*Eles aumentam as chances de que as pessoas se ajudem e compartilhem conhecimentos – o que, no fim das contas, gera um ambiente de mais criatividade e inovação.*"

Essas competências são essenciais para trafegar entre todas as diferentes gerações que existem no mercado de trabalho nos dias de hoje, incluindo as mais novas, que buscam constantemente um crescimento profissional e estão dispostos a mudanças rápidas e de grandes impactos.

9. Qual o significado da palavra felicidade?

Em meu livro a ser lançado ainda neste ano, *Liderando em fé*, exploro em um capitulo as diferenças entre paixão, felicidade e alegria, deixo aqui um *spoiler*:

"*Vivemos em uma busca contínua de informações nesta nova revolução pós-digital, sob uma constante pressão de comparação entre hábitos, prazeres e rotinas através de rede sociais, onde pessoas postam o ilusório desejável e não a essencial necessidade. A busca da comparação para uma vida perfeita ou felicidade plena não é o que está sendo oferecido, pois por muitas vezes não é genuína e verdadeira. E, mesmo assim, é possível vivermos uma felicidade duradoura?*"

Segundo pesquisa em 2005, da professora e escritora americana do departamento de Psicologia da Universidade da Califórnia, Sonja Lyubomirsky, apenas 10% de nossa felicidade está conectada a circunstâncias de nossa vida, 50% são diretamente determinadas pelos nossos genes de DNA, e em 40% é possível adotar novos hábitos saudáveis físicos e mentais, tomando medidas deliberadas para ficar mais feliz e permanecer no controle de nossa própria felicidade.

Novamente o papel do protagonista surge e se faz fundamental para a felicidade duradoura ou de eterna alegria, acreditando que nossa formação humana traz um DNA em desenvolvimento de felicidade positiva e potencializado das decisões físicas e mentais que possam conduzir uma felicidade sem fim, mesmo mediante aos altos e baixos da vida.

10. O que você aprendeu com a vida que gostaria de deixar registrado nesta obra?

Deixo aqui uma citação de minha autoria, como impulsionador de um legado que estou desenvolvendo ao longo de minha carreira de liderança.

"*Líderes não são criados, mas sim identificados e desenvolvidos.*" (Evandro Pereira)

Galeria de fotos

Fabiana Aparecida Seraphim Ribeiro

Empresa:
Coca-Cola FEMSA

Função:
Head of Risk Management and Control - KOFBR

1. **Como e onde você iniciou a sua trajetória profissional?**

    Eu iniciei minha carreira aos 18 anos como estagiária em um sindicato de tecnólogos, localizado dentro da faculdade que eu cursava, trabalhei por seis meses aprendendo a buscar alternativas para atender e resolver os problemas apresentados pelo meu público, uma experiência marcante e reveladora, desde esse momento eu buscava entender, questionar como tudo era efetuado e se poderíamos fazer diferente e melhor. Na sequência, participei de um processo seletivo, e ingressei no estágio de uma empresa multinacional alemã, com novos desafios, novo público, nova experiência e cada vez mais crescimento e aprendizado profissional. Poder trabalhar falando em uma língua estrangeira me encantava, e poder ser alemão, então, me fascinava, e busquei me aperfeiçoar para conseguir fazer melhor. Segui minha carreira dessa forma, 12 anos nessa empresa, aprendendo e exercendo novas atividades a cada dia, mais que uma escola profissional, foi uma escola para a vida, conheci os meus melhores amigos e pude ter o privilégio de aprender com eles como ser uma profissional e uma pessoa melhor. Conseguimos desenvolver novas metodologias de trabalho, realizar trabalhos em conjunto com a equipe de trabalho da matriz no Brasil, na Alemanha e nos países da América Latina. Até que fui convidada a trabalhar em uma empresa conhecida por sua cultura de conquista de resultado, de conquista de desafios e crescimento constante, e junto a um profissional brilhante, o qual foi o meu diretor por dois anos, e me ensinou a alcançar e a ultrapassar o meu limite todos os dias, um aprendizado de liderança, persistência e busca constante de resultados. Nesse momento, outro desafio surgiu, mudar para outra empresa do mesmo ramo de atividade, mas com uma cultura diferente, uma cultura que busca resultados, mas que tem as pessoas como o seu primeiro pilar. O desafio aqui é buscar o equilíbrio em ser ágil, eficaz com um relacionamento laboral saudável. Tenho o prazer de vivenciar essa cultura e esses desafios há quase nove anos, aprendo a cada dia algo novo, com a equipe, com os meus colegas, com a companhia e comigo, como buscar algo melhor e mais eficiente a cada dia, pensar fora da "garrafa", como falamos por aqui.

2. **Quais os principais desafios e resultados que você vivenciou ao longo da sua carreira?**

    Ao longo de toda a minha carreira, e acredito que continuará assim, os desafios sempre se resumem a adaptação, flexibilidade, objetividade e principalmente vontade. Temos que sentir um compromisso genuíno no querer, e esse querer irá nos levar a buscar desenvolver habilidades ou conhecimentos que não temos tão desenvolvidos, mas que fazem a diferença e que precisam ser trabalhados com as mudanças de cenários, de gerações, de culturas e até mesmo com as nossas mudanças internas, como pessoas.

3. **Quem da sua história de vida inspirou/motivou na sua carreira?**

    Tenho o prazer em dizer que tive e tenho vários mentores na minha vida, vários exemplos que muitas vezes nem se quer sabem disso, me incentivaram a ser um ser humano e uma profissional melhor. Definitivamente tenho muito orgulho em ter a Dona Regina como a minha mãe, ela me ensinou a ser guerreira e ter a certeza de que podemos vencer, mesmo nos piores momentos, tudo depende da sua atitude perante cada problema, fugir ou enfrentar, ela sempre enfrentou e me ensinou a ser uma pessoa assim, o que tem me ajudado muito na minha trajetória de vida. O presente de ser irmã da Flávia, uma menina doce, amorosa e verdadeira, com ela aprendi a desenvolver o altruísmo, e ver a vida dessa forma nos faz bem. Ao longo da minha vida profissional, tive mentores incríveis, o meu primeiro chefe que acreditou em mim e me deu uma chance, mesmo com a minha pouca experiência, que me incentivou, sou grata ao Oberdan por isso. O Marcio D´Andrea, que será sempre o "Capitão, meu Capitão", um gestor incrível que viu potencial em mim e acreditou na minha vontade de mudar radicalmente de profissão, aos meus eternos amigos e mentores Sandro Onofre, Fabio Laxy, Wendel, Waldyr e Vera, pessoas que me ensinaram como ter amigos em um ambiente profissional é maravilhoso e traz uma melhora incrível ao seu nível de comprometimento e de responsabilidade. O meu exemplo de líder, exigente e amigo, Fabiano, e o meu grande parceiro Julio. E, sem dúvida alguma, o meu mentor diário, o homem que me faz há 9 anos a acreditar que a vida é e pode ser cada dia mais linda, quando realmente amamos verdadeiramente cada dia, quando chegamos cansados em casa, mas com o sentimento de vitória, para recarregar as "baterias" e começar no dia seguinte com mais vontade e entusiasmo, o meu marido, meu amor, meu amigo, grande parceiro e guerreiro Hugo. Sem dúvida, é uma dádiva ter alguém do meu lado que me respeite, me entenda e me apoie como profissional.

Cheguei até onde estou hoje, e pretendo seguir me desenvolvendo como pessoa e como profissional, graças à participação de todos esses mentores, e muitos outros que não consigo detalhar aqui, mas que me ajudaram e continuam me ajudando a construir os valores e a essência de quem eu sou e como acredito que um profissional deve ser e estar envolvido com suas responsabilidades.

4. Quais dicas você daria para aqueles que estão iniciando a carreira profissional?

Faça sempre o seu melhor, e busque se superar sempre. Aproveite cada dia da sua vida para se sentir melhor com você, com o seu desempenho, com o que pode fazer por você e principalmente pelas pessoas que o rodeiam, aprenda muito, ensine muito, compartilhe conhecimento, entregue sempre seu melhor, esteja disposto a parar tudo para apoiar alguém quando precisar de você, e seja sempre muito verdadeiro contigo e com todos. Ame o que você faz, ame genuinamente o que você faz, com amor e vontade, os aprendizados ficam mais leves e o sucesso será naturalmente a consequência dessa caminhada.

5. Ao recrutar um profissional, quais características comportamentais você considera fundamentais?

O brilho no olhar, a disposição em buscar ser melhor, em ajudar, em ser colaborativo e em construir, construir com respeito a todos os integrantes da equipe que o apoiará nessa construção.

6. O que você faz para se manter motivada?

Eu me motivo por desafios, quanto mais difícil, mais complicado, com mais vontade e motivação eu fico para conquistar. Precisamos conseguir conhecer e reconhecer isso em cada um de nós.

7. Do que você tem orgulho?

Eu tenho muito orgulho da minha história e de todas as minhas conquistas, desde a mais simples, quando aprendi a datilografar sem olhar para a máquina de escrever (aqui já acabo de entregar a minha idade), até os mais complexos, como ir trabalhar em um país estrangeiro, sozinha com uma língua ainda em aprendizado, e tirar o melhor aprendizado e desenvolvimento profissional e pessoal dessa fase, em encontrar oportunidades para agregar valor, um valor real das atividades realizadas, e poder entregar junto com a minha equipe de trabalho soluções que apoiem as demais equipes e a organização na busca de seus objetivos e resultados. Eu me orgulho em ser reconhecida como uma profissional ética, firme e justa, em ser identificada na família como uma pessoa que apoia e ajuda os demais integrantes do clã quando ocorre algum problema ou quando alguém precisa de algo, e mais, eu me orgulho de estar satisfeita e feliz com as ações que tomo dia a dia, em reconhecer os meus erros e saber que estou em constante aprendizado e evolução.

8. Qual legado você gostaria de deixar para a sociedade?

Poder fazer sempre o melhor, não se contentar com o básico, com qualquer entrega, buscar entregar a melhor versão de você como profissional todo dia, e saber que o melhor de hoje não será o melhor de amanhã, porque amanhã você irá buscar se desenvolver e entregar muito mais.

9. Quais os reflexos das práticas de cidadania empresarial para organizações, profissionais e sociedade?

A cidadania é um espelho, um exemplo de como devemos e precisamos tratar e sermos tratados. Um ensinamento para que os demais sigam, gera marcas profundas, por isso, precisam ser boas marcas, que gerem benefícios para a construção de uma sociedade melhor.

10. O que você aprendeu com a vida que gostaria de deixar registrado nesta obra?

Eu aprendi que devemos sempre correr atrás do que queremos, não podemos nunca desistir dos nossos objetivos, por mais difíceis ou complexos que sejam. Que temos desafios lindos e que também temos pessoas maravilhosas que aparecem para nos apoiar nesta jornada, como todos os meus amigos, familiares e o meu amor.

11. Com base no que você vivenciou, ao longo de sua vida corporativa, qual o segredo do sucesso para ir da teoria ao topo?

Definitivamente acredito que o sentimento genuíno e verdadeiro de conseguir, de fazer cada dia melhor, de aprender e de ensinar. O sucesso é uma consequência das escolhas diárias, de fazer o eu melhor, de ajudar o seu colega de trabalho, de reconhecer que não sabe algo e precisa aprender, em dizer sempre a verdade, por pior que possa ser, com a certeza de que a verdade constrói, buscar resolver e não "empurrar" para que o outro faça algo que você deveria fazer, assumir responsabilidades pelos seus erros e acertos e amar sempre o que faz, sempre.

Galeria de fotos

Fátima Primati

Empresa:
Laureate Brasil

Função:
CIO

ALTA GESTÃO | **REGISTRO BIOGRÁFICO**

1. Quais os momentos mais importantes da sua carreira?

Antes de responder esta questão, passou um filme na minha mente: tive que pensar um pouco para relembrar esses bons momentos, já que foram muitos. Como é importante e gratificante recordar etapas importantes na minha carreira. Assim, gostaria de compartilhar oito marcos relevantes:

• **Estágio:** ainda na faculdade, recebi o convite para iniciar um estágio sem nenhuma ideia do que viria pela frente. Ali nascia a vontade de seguir na área de tecnologia. Tive o privilégio de estagiar em uma empresa em que um dos fundadores era professor da USP. Consciente da importância do estágio para quem está iniciando no mercado de trabalho, ele adotou uma excelente didática para me fazer apaixonar pela minha carreira. Desempenhei naquela época muita energia, atenção, respeito, curiosidade, iniciativa e vontade de aprender.

• **Demissão:** no início da carreira, fui demitida. A empresa entrou em concordata e enfrentou um período difícil, com movimentação de várias pessoas, até chegar na minha vez. Lembro que na minha área os demitidos eram comunicados ao final do dia. Não sei exatamente o motivo, mas naquele dia pela manhã procurei a liderança para dizer que seria mais adequado fazer esse tipo de anúncio logo cedo porque a atitude de comunicar somente ao final do dia causava apreensão nas pessoas. Dessa forma, cada profissional poderia digerir melhor ao longo do dia. Para a minha surpresa (e decepção), ele disse que eu estava na lista e fui demitida. Por mais que tenha passado meses naquele ambiente de incertezas, não tinha sentido na pele. Foi uma sensação de confusão, vazio, incompetência, medo, dúvida, um *mix* de sentimentos. Por fim, chorei quando contei essa experiência aos meus pais, bons ouvintes que me acolheram. Bola para frente, comecei a me preparar para o próximo capítulo de minha jornada. Depois de um certo tempo, quando me tornei gestora, percebi que demitir alguém também é uma tarefa bastante difícil.

• **Gestão:** quando me tornei líder, notei que um universo de novas competências eu precisaria aprender para exercer essa função. Dia após dia, fui desenvolvendo habilidades para gerir, desenvolver, ensinar, recrutar, incentivar e inspirar pessoas. Começar essa trajetória foi um caminho sem volta. Às vezes, excelentes profissionais optam por construir uma carreira técnica, mas realmente gostei de fazer gestão de pessoas. Sempre fui curiosa para conhecer os diversos estilos de liderança. Aprendi muito em treinamentos, mas também na vivência – sou grata a todos os meus gestores, com quem aprendi muito. Não escolhi todos meus chefes, mas sempre respeitei e fui leal a todos, me empenhei a entendê-los mesmo em ocasiões de divergências de ideias, o que foi fundamental para o meu desenvolvimento profissional.

• **Empresária:** o empreendedorismo também foi outro momento que marcou minha carreira: administrar uma organização e estar do outro lado na mesa como dona me trouxe uma bagagem incrível em negociação, contratos, parcerias de longo prazo, entre outras ações.

• **Empresa multinacional:** quando decidi voltar a ser uma profissional de carteira assinada, logo entrei em uma empresa multinacional. Ao fazer parte desse novo contexto, percebi ainda mais o quanto a cultura, a língua, os costumes, o modelo operacional influencia a linguagem da companhia, do sucesso até o fracasso. Adorei a complexidade e fui estimulada a expandir o meu aprendizado por áreas ainda desconhecidas, principalmente ao vivenciar aquisições, fusões e transições.

- **CIO:** quando me tornei uma *Chief Information Officer*, realizei o sonho planejado quando entrei na faculdade. Naquele momento, me senti tão realizada que fiz uma reflexão sobre cada passagem da minha jornada e concluí que cada experiência valeu muito a pena. A realização dos nossos sonhos é fascinante.
- **Maternidade:** mesmo tendo planejado uma gravidez tardia, senti um aperto no coração ao retornar ao trabalho. Vivenciei o sentimento que todas as mães enfrentam ao fazer isso. No entanto, com bastante disciplina, consegui atingir esse equilíbrio entre a maternidade e a profissão. Eu me senti ainda mais completa e descobri qualidades antes em mim ainda escondidas. Com certeza, tudo que aprendi exercendo o papel de mãe agregou às minhas competências profissionais.
- **Covid-19:** a pandemia mundial trouxe uma nova ordem. Essa crise sem precedentes fez de repente o mundo parar e trouxe uma ruptura em nossa realidade. A transformação digital foi acelerada, os modelos operacionais revistos, uma onda de solidariedade, de ajuda ao próximo e de querer o bem tomou conta da sociedade. Este foi um momento em que a área de tecnologia intensificou as suas ações. Ainda vivemos um período bem difícil e incerto, que definiu uma nova era, um período AC (antes da Covid-19) e DC (depois da Covid-19), sendo esse considerado como "novo normal".

Todos esses tópicos deixaram uma marca na minha trajetória e, com certeza, não para por aí. Tenho em minha memória inúmeros exemplos, que de alguma forma fazem parte do que sou: momentos de alegria, tensão, tristeza, euforia, pressão, aprendizado, frustração, medo, dentre outros. Além disso, recordo das pessoas que passaram pelo meu caminho: professores, amigos, chefes, pares, colaboradores e parceiros. De alguma forma, de maneira mais ou menos intensa, tudo isso contribuiu com a formação da profissional que me tornei hoje.

2. Quais as competências essenciais para o profissional do futuro?

A transformação digital avança de forma avassaladora, mudando a forma como vivemos, trazendo facilidades, atualizando modelos operacionais, impactando profissões e criando hábitos. No entanto, muitas competências existentes hoje continuarão sendo essenciais para o profissional do futuro. Outras, também, haverá necessidade de serem desenvolvidas, como:

- Comunicação
- Resolução de problemas
- Colaboração
- Empatia
- Competência em tecnologia
- Pensamento crítico

- Criatividade
- Gestão de pessoas
- Inteligência socioemocional
- Orientação para o servir
- Negociação
- Flexibilidade cognitiva
- Adaptabilidade
- Iniciativa
- Trabalho em equipe
- Resiliência

Hora de fazer um *self-assessment*, descobrir o que falta e se preparar para o aprendizado. Para isso, importante deixar a mente aberta para rever conceitos, desaprender, aprender e reaprender. Era do desapego, momento de buscar novos hábitos e ampliar as competências.

3. Como o *design thinking* pode contribuir com a resolução de problemas e criação de oportunidades nas organizações?

O *design thinking* é uma forma de abordagem, um conjunto de processos para solucionar um problema. O processo de *design thinking* combina empatia, criatividade e racionalidade para atender às necessidades do usuário e criar soluções bem-sucedidas de forma inovadora. A contribuição é valiosa para as organizações, pois busca solucionar os problemas com inovação, trazendo várias perspectivas de colaboração e de experimentação. Proporciona agilidade para solução de problemas, com a prototipação permite o ajuste, experimentação, MVP (*minimum viable product*), uma versão mais simples do produto. São inúmeras as contribuições, desde a inovação, agilidade, trabalho em equipe para a solução de problemas.

4. Fale sobre resiliência.

Esse assunto resiliência ganhou destaque em tempos de VUCA (*volatility, uncertainty, complexity, ambiguity*) – quatro conceitos que descrevem bem o mundo em que vivemos atualmente, com mudanças, transformações, rupturas... e o que significa essa palavra, que foi crescendo junto às mudanças, uma competência que é essencial e todos nós devemos ter?

Resiliência é a capacidade do indivíduo em lidar com adversidades, superar pressões, obstáculos e problemas. Reagir positivamente a elas sem entrar em conflitos psicológicos ou emocionais. É a capacidade de se recuperar de situações de crise e aprender com ela. É ter consciência de suas emoções, entender, fazer a pausa necessária e reformular, sendo otimista e tendo pensamento positivo. Parece simples, mas garanto que não é, tem que ser desenvolvida uma conexão entre o corpo, o coração, a mente e o espírito.

Cada um de nós deve praticar o olhar interno e identificar o momento da pausa, como relaxar, respirar, entender que as situações adversas fazem parte do nosso cotidiano e como isso nos afeta, tanto física como emocionalmente. O primeiro passo é entender o que é, conhecer a si mesmo, identificar o seu metabolismo e a sua capacidade de lidar com problemas sem que afetem você. Não deixe o seu botão da explosão no automático e ativado. Abaixo, compartilho algumas dicas para conseguir essa habilidade essencial e despertá-la dentro de si:

- Remodelar e refazer
- Pensamento positivo, escolha ver o copo cheio
- Sorrir ativa coisas boas
- Compartilhar – conexões são essenciais
- Manter a energia – descubra o que tira sua energia
- Equilíbrio emocional
- Inspire
- Descubra a sua válvula de escape
- Tenha equilíbrio pessoal-profissional
- Tenha gratidão
- Lembre-se de que tudo passa

Ser resiliente é importantíssimo para se tornar uma pessoa mais feliz e alcançar as suas metas.

5. **Quais valores são importantes para você?**

A honestidade, a ética, o respeito e a confiança são valores fundamentais para mim. Já me demiti de uma empresa quando faltou um deles e já demiti colaboradores pelo mesmo motivo – quando esses valores ficaram escassos. Esses atributos fazem a minha linha vermelha, meus princípios morais e éticos.

6. **Quais habilidades pessoais você adquiriu com a sua vida executiva?**

Fui adquirindo algumas habilidades pessoais ao longo da minha trajetória executiva, que fazem parte do que sou hoje. Trabalho em equipe, gestão de conflitos, resiliência, capacidade de adaptação, multitarefa, resolução de problemas, liderança, dentre outras. A vida executiva é uma grande escola, em que cada empresa, cultura, pessoas e liderança são fontes de aprendizado constante. Importante estar preparado para fazer a captação das informações e ter a maestria e habilidade em usá-las.

Cada fase me trouxe muito aprendizado. É claro que tive momentos de frustração, decepção, sobrecarga, estresse, dentre outros, mas hoje, com mais maturidade e senioridade, entendo que os momentos foram relevantes para estar onde estou. Cada empresa, com a sua cultura própria, também me ajudou a entender diferentes modelos, diferentes estratégias. Cada líder me desenvolveu, me ajudou a escalar na minha trajetória, e cada colaborador também foi único, me trazendo ensinamentos importantes.

Respeito e humildade foram essenciais. Aprendi que todos, sem exceção, podem me desenvolver, vejo isso com muito mais clareza hoje e prezo bastante as relações interpessoais e interprofissionais. Acredito que nada é por caso e que todas as passagens são necessárias e obrigatórias, tenho imensa gratidão por todos os momentos e por todas as pessoas que passaram pelo meu caminho.

Uma citação que adoro:

"Cada pessoa que passa em nossa vida passa sozinha porque cada pessoa é única e nenhuma substitui a outra. Cada pessoa que passa em nossa vida passa sozinha e não nos deixa só, porque deixa um pouco de si e leva um pouquinho de nós. Essa é a mais bela responsabilidade da vida e a prova de que as pessoas não se encontram por acaso." (Charlie Chaplin)

7. O que faz você feliz?

Pergunta simples e que se espera uma resposta igualmente simples, mas não é. Penso que ser feliz primeiramente é uma opção que se liga a chave todas as manhãs. Ser feliz para muitos pode ser o sonho a ser realizado. Existem diversos tipos de felicidade. Eu penso que ser feliz é cada momento que faz sorrir, por fora e por dentro. Ser feliz é estar de bem com a vida, com você e com os outros. É ver o lado bom das pessoas e entender que felicidade contagia e gera felicidade. Ser feliz pode ser o momento gostoso de um café, pode ser um trabalho realizado com maestria, ser mãe, comer um chocolate ou saborear um sorvete, também pode ser a entrega de um grande projeto, pode ser a presença de quem amamos. Ser feliz é ter um amigo, uma família, filhos, ter paz... tento encontrar a felicidade nas pequenas coisas, entendo que a felicidade vem primeiro de dentro. Ser feliz é a decisão mais acertada na vida de tantas que temos para escolher.

"Ser Feliz
Que você seja alegre
mesmo quando quiser chorar
Que você seja sempre jovem
mesmo quando o tempo passar
Que você tenha esperança
mesmo quando o sol não nascer
Que você ame seus íntimos
mesmo quando sofrer humilhações
Que você jamais deixe de sonhar
mesmo quando vier a fracassar.
Isso é ser feliz."
(Augusto Cury)

8. Qual o sonho não realizado?

Sou uma pessoa bastante sonhadora, antes mesmo de realizar um sonho já estou planejando outro. Percebo que isso é algo que faz parte de mim: sonhar, planejar e realizar é algo que me faz feliz.

Já realizei muitos sonhos e espero ainda realizar muitos mais, pequenos e grandes. Tenho alguns sonhos que estou trabalhando para alcançar, como deixar um legado para os jovens que construirão o nosso futuro; sonho em preparar sucessores capazes de continuar fazendo com que a tecnologia contribua cada vez mais com a vida, simplificando e ajudando as pessoas. Pessoalmente, quero deixar minha filha preparada para a vida, viajar para diversos lugares, conhecer novas culturas e pessoas, dentre outros... sonho também com uma nova etapa em minha vida, que me traga prazer e me conduza à felicidade. Quando eu deixar de sonhar, parte de mim provavelmente terá morrido, então sonhar faz parte da minha essência.

9. Fazer o que gosta é fundamental para o sucesso?

Sim, é fundamental fazer o que gosta, não apenas para o sucesso. Fazer o que gosta traz leveza e não um fardo. Às vezes, devemos aprender a gostar, sempre com um olhar de positividade, de propósito. Mas, o que é sucesso? É ter êxito, é ter um bom resultado, é amar o que faz... sim, a chave para o sucesso é a felicidade. Aprendi a ter paixão pelo meu trabalho e isso me motiva, talvez isso seja a chave do meu sucesso, gostar, querer mais, ir além do meu além. Importante não ter como meta somente o sucesso final, ir construindo aos poucos, com pequenos avanços, celebrações e sentir cada realização.

Sucesso é você se aplaudir cada resultado satisfatório, tanto na vida pessoal quanto na profissional. Somos diferentes, então sucesso também pode ser visto de forma diferente; sucesso para uns pode ser fardo para outros. Então, busque o seu sucesso, o seu sorriso interior, algo que faça você feliz e completo. Uma vez li que devemos ser empreendedores de nossos sucessos, e concordo com essa afirmação. Precisamos analisar as derrotas, eliminar hábitos tóxicos e adquirir novos, em um processo cíclico e contínuo. Para mim, sucesso não é sinônimo de dinheiro, nem de acaso, mas sim de muito trabalho e felicidade. Tem uma outra citação que acredito: "O sucesso é a soma de pequenos esforços – repetidos dia sim e no outro dia também." (Robert Coller)

Galeria de fotos

Fernando Parreiras

Empresa:
Robbyson

Função:
CTO - Chief Technology Officer

1. Como e onde iniciou-se sua trajetória profissional?

Essa pergunta é de difícil resposta. Considero o início da minha trajetória profissional bem antes dela, de fato, começar, pois acredito que essa trajetória – não só para mim, mas para todas as pessoas – começa ainda na infância. Na formação de caráter, valores, disciplina e, lógico, de afinidades com determinadas áreas do conhecimento.

Por isso, acho que preciso contar um pouco da minha história. Sou o irmão caçula de três irmãos (único fruto do segundo casamento da minha mãe com meu pai). Nasci na cidade de Contagem, na Região Metropolitana de Belo Horizonte (MG), e muito conhecida por seus parques industriais. Meus pais são mineiros, de origem humilde, mas sempre com muita dedicação ao trabalho e à família.

Durante minha infância, sempre tive o necessário, dentro das condições possíveis que meus pais podiam prover. Minha educação formal foi feita em escola pública e guardo boas recordações dessa época, mas hoje, vejo a disparidade da qualidade de ensino em escolas particulares e públicas em nosso país e o quanto o investimento em educação é essencial. Por isso, mesmo ainda não tendo filhos, aconselho a todos os pais que invistam na formação escolar dos seus filhos, para que a jornada deles durante o caminho profissional seja mais suave e com mais oportunidades.

Tive uma infância feliz com brincadeiras tradicionais da época, como pega-pega, esconde-esconde, e me recordo de muitas aventuras, como subir em árvores e tocar campainhas nos vizinhos. Tive vizinhos amigos, daqueles que chamavam para brincar pela janela de casa, mas apesar de tudo isso, tenho poucas ou quase nenhuma recordação de brincadeiras e interações com meus pais, e isso me faz falta. Mas tenho muitas recordações da prática de esportes (artes marciais), parte importantíssima da minha vida e da minha formação.

Aos 14 anos de idade, saindo do ensino fundamental, tive a oportunidade de fazer uma prova para a única escola técnica da cidade e fui selecionado em terceiro lugar para o curso de Processamento de Dados, mais conhecido como Informática – palavra usada na época para quem "mexia" com computadores na década de 1990. Logo no primeiro ano de curso, comecei a procurar estágios na área e surgiu uma oportunidade para estagiar como monitor em cursos de informática no histórico CNI (Centro Nacional de Informática). Por lá, fui monitor em turmas de cursos como Windows, Office, Corel, Photoshop, FrontPage, lógica de programação básica e até montagem e manutenção de computadores. Esse início no CNI me trouxe uma excelente base em Informática em uma época em que os computadores estavam sendo alcançados pela população e tínhamos também a chegada da internet. Ensinar também me proporcionou aprendizado. Foi lecionando que desenvolvi uma boa oratória, a coragem para falar em público, a empatia com pessoas de todos os perfis e idades.

Um parêntese bem pessoal: enquanto escrevo este texto, minha mente traz lembranças fotográficas daquele garoto franzino que praticava *tae kwon do* em meio aos estudos e início da vida profissional. Tenho enorme gratidão por esse período, pois vejo hoje o quanto curti a jornada por que passei desde o início.

Mas voltando... Com a conclusão dos estudos de segundo grau, decidi me graduar em Desenho Industrial e resolvi arriscar meus próximos passos profissionais na cidade de Belo Horizonte – me lembro que falar em Belo Horizonte com meus pais era algo muito distante. Minha mãe, ao se referir a algo de lá, dizia: "Semana que vem preciso ir até a cidade" e isso significava para mim que trabalhar em Belo Horizonte seria conquistar Belo Horizonte. Uma tarefa quase impossível para minha cabeça.

Ainda no início do meu curso, resolvi me inscrever no IEL (Instituto Euvaldo Lodi) à procura de estágios na área. Após minha terceira visita ao instituto, para verificar as vagas de estágio disponíveis, encontrei uma oportunidade para estagiar no setor de *Marketing* de uma empresa em Belo Horizonte e decidi me inscrever. E que decisão certa!

Na noite anterior ao primeiro dia de estágio, tive a famosa insônia por ansiedade. Acordei por volta das 5 horas da manhã, me preparei, e peguei dois transportes públicos para chegar à região da Savassi, em Belo Horizonte, ainda cedo para não atrasar. Esperei por mais de uma hora na portaria, aproveitei e agradeci a Deus, e às 8 horas da manhã estava subindo no elevador até o quinto andar de um imponente prédio.

Durante meu período de estágio de seis horas, muitas vezes me sentia dentro dos filmes com pessoas falando inglês pelos corredores. Nos primeiros dias, conheci Antônio Guilherme Noronha Luz e Cássio Rocha Azevedo, fundadores da AeC – empresa com uma incrível história de sucesso e da qual tenho orgulho em fazer parte até os dias atuais. Na AeC, tive a oportunidade de conviver diretamente com profissionais – como os fundadores – que me ensinaram valiosíssimas lições. Quando olho para trás, reflito que a maior de todas as lições estava em não entender exatamente o tamanho da responsabilidade e riscos em falar diretamente com os acionistas e fundadores. Vejo hoje que essa lição me trouxe persistência e gestão de produtividade sem olhar para riscos ou para o medo em errar. Afinal, ainda sem muita experiência e vícios do mundo corporativo, o que eu tinha a oferecer era um "olhar de criança com o qual podia arriscar", e principalmente uma vontade de entregar o mais correto e rápido possível.

Após algumas semanas de estágio na AeC, conheci o Ricardo Vargas (sócio do grupo AeC na época) e, pouco tempo depois, soube que eu acabara de conhecer a maior referência de gerenciamento de projetos no mundo. Ainda no estágio, dentre minhas atribuições, estavam as atividades de design gráfico, que envolviam diagramação e desenhos para os conteúdos dos livros do Ricardo. Além dessas atividades, me recordo de participar de várias atividades criativas do Ricardo, como testar a montagem dos domos geodésicos usando palitos de picolés, palitos de acrílico, jornais enrolados, que mais tarde seriam técnicas usadas por ele nos treinamentos práticos de gerenciamento de projetos: o PMDOME, um marco no mundo de gestão de projetos. Que experiência! Sou muito grato por essa oportunidade!

Alguns meses se passaram e, em um dia comum de trabalho, soube que a área de treinamentos da AeC estava precisando urgentemente de um instrutor de Microsoft Project para lecionar um curso no Rio de Janeiro, e que precisavam decidir rapidamente para comprar as passagens de avião. Logo que escutei aquilo, fiquei empolgado – seria minha oportunidade de andar de avião pela primeira vez e ainda conhecer o Rio de Janeiro – e decidi que essa seria uma oportunidade. Peguei os livros do próprio Ricardo Vargas e levei para estudar em casa, afinal não queria perder aquela oportunidade, mesmo que não tenha sido direcionada diretamente a mim. Passei a noite lendo partes do livro, fazendo a simulação de aulas, e, no outro dia cedo, estava batendo à porta do Ricardo me oferecendo para lecionar o curso. Lembro dele olhando para mim e, de forma prática, dizendo: "Sério? E qual experiência você tem?" Falei para ele da minha experiência durante meu segundo grau lecionando cursos de Informática, e que havia passado a noite estudando. Ricardo, então, completa: "Você tem três dias para voltar aqui e me dar uma aula. Depois, faça a prova oficial de Microsoft Project e então decidiremos". Estudei incansavelmente nos livros durante os três dias. Treinei muito, treinei de novo e de novo, e entrei na sala do Ricardo para fazer o teste. No outro dia, estava recebendo as passagens para embarcar em direção ao Rio de Janeiro na semana seguinte.

Chegando ao Rio de Janeiro, fui levado pelo gerente de contas da AeC, Marcelo Cruz, para a cidade de Volta Redonda, onde o curso aconteceria. No primeiro dia de curso, ao entrar na sala, observei algo que me chamou a atenção: a turma era composta por aproximadamente 40 engenheiros que, pelas minhas contas feitas naquele momento, tinham a minha idade em experiência profissional. E foi bem nesse ponto que me lembro de pensar: "Se cabelos brancos são sinal de experiência e conhecimento, estou ferrado". Mas não bem o que ocorreu. Por duas semanas inteiras, tive uma das melhores experiências da minha vida profissional, ensinando, aprendendo e aproveitando a oportunidade que mais tarde me transformaria novamente. Após esse curso que me fez voar de avião pela primeira vez, deixei a área de *marketing* e fui contratado pela área de treinamentos do grupo AeC, onde fiquei por dois anos e me especializei.

Passados esses dois anos, decidi que queria mais um desafio, e a área de consultoria em projetos e tecnologias do Grupo era meu próximo objetivo. Uma das premissas para me tornar consultor era obter as certificações dos cursos que eu já havia feito na área de treinamentos. Como era uma oportunidade com ajuda de custo da empresa para os aprovados, fiz mais de 30 provas e obtive certificações em tecnologia e projetos, que me levaram até o meu objetivo na área de consultoria do Grupo AeC.

Como consultor, tive a oportunidade de conhecer grandes empresas multinacionais, atuar em projetos grandes no Brasil e no exterior, e já não queria mais viajar tanto de avião (ironia, não?). Foram projetos que envolviam gestão de paradas de plataforma de petróleo, implantação de telefonias no Brasil e América do Sul, projetos nas Olimpíadas, expansões de grandes plantas de siderurgia, migração de sistemas de ERP de multinacionais e fusões de grandes empresas.

Assim, após dez anos de dedicação, muito trabalho e muitas oportunidades, me tornei executivo (aos 28 anos de idade) e recebi uma proposta do Grupo para assumir o desafio de estruturar a área de PMO (*Project Management Office*), para que essa pudesse gerenciar o processo de expansão da área de *outsourcing* e de atendimento ao cliente da empresa. Foram quatro anos gerenciando projetos para a construção de mais de 12 unidades espalhadas pelo Brasil, empregando mais 30 mil pessoas.

Durante todo esse período, mantive meus estudos e capacitação atualizados, principalmente nos assuntos ligados à tecnologia e, entre 2014 e 2015, observei o crescimento do conceito de gamificação pelo mundo e resolvi me especializar no assunto. E foi assim – por sorte ou obra do destino – que uma nova oportunidade se apresentou nos horizontes do Grupo AeC que, nessa mesma época, estava desenvolvendo um projeto que envolvia a gamificação.

Com uma visão em curvas para empreender, Antônio Guilherme e Cássio (se até aqui ainda não ligaram, são o A e o C) apostaram nesse novo negócio. E lá estava eu, mais uma vez, iniciando um projeto dentro do PMO para desenvolver um sistema de reconhecimento de pessoas por meritocracia e gamificação.

Hoje, em 2020, atuo como CTO – Chief Technology Officer – da Robbyson, uma empresa que desenvolveu uma plataforma de mesmo nome que tem a missão de reconhecer e melhorar pessoas e KPIs por meio da análise e inteligência de dados. A Robbyson é fruto daquele projeto iniciado no PMO, com os pilares de meritocracia e gamificação, e que agora também se tornou a minha tese defendida no Mestrado.

Continuo como eterno aprendiz: estudando, me especializando, mesmo já tendo títulos de mestre e buscando outros, como o doutorado, não só para a profissão, mas principalmente para aprender sobre meu próprio SER, pois como diz Whitney Johnson no livro *Throw your life an S-Curve*: "Na curva S de aprendizado, o Mastery é apenas um estágio".

Ah! E sobre o esporte? Ele esteve sempre presente em minha trajetória. Comecei aos 4 anos no judô e me graduei no *tae kwon do* e no *Brazilian Jiu-Jitsu* como faixa preta. Os esportes marciais me ajudam a exercer meus princípios, caráter e disciplina, em busca de um estilo de vida mais saudável.

2. Quais os principais desafios e resultados vivenciados ao longo da sua carreira?

Quando penso em minha carreira, penso que nunca tive a real noção dos riscos dos novos desafios. Engraçado dizer isso, já que tenho um *skill* forte de gerenciamento de projetos e riscos, mas o que quero dizer aqui é que os resultados positivos conquistados tiveram todos uma mesma característica: nunca quis analisar os ricos em demasia para que esses não causassem medo ou paralisia e me evitassem de executar algo ou assumir algum grande desafio.

Nos últimos quatro anos, após sólidos e longos anos de experiência, tive a oportunidade de iniciar do zero um novo negócio no Grupo AeC, a Robbyson e, mais uma vez, tive que trabalhar novos *skills*, muito embora, o gerenciamento de projetos e as especializações em tecnologia (como a de *Gamification* pela Penn State University via Coursera) tenham sido de grande valia nessa empreitada.

E, fazendo um recorte dos últimos quatro anos à frente da Robbyson (primeiro como executivo e agora como CTO), percebo uma grande "virada de chave" nas minhas habilidades como líder, de uma nova geração que chegou ao mercado com demandas e comportamentos muito diferentes das gerações anteriores (a minha, por exemplo). Hoje, comando uma grande equipe de profissionais do setor de tecnologia (um mercado extremamente aquecido) e que são em grande parte muito jovens (tenho estagiários de 18 anos e analistas nas primeiras casas dos 30 anos). Essa nova geração chega ao mundo do trabalho com um outro perfil, e a valorização mais acelerada deles e a oferta de um ambiente mais dinâmico e descontraído foram alguns dos grandes desafios que encontrei. Fazer a ponte entre a alta gestão da empresa e esses jovens foi e tem sido uma intensa jornada, porém muito gratificante.

3. Quem da sua história de vida inspirou/motivou na sua carreira?

Diariamente, encontramos pessoas inspiradoras. Nem sempre são inspiradoras na carreira, mas são na vida, em suas histórias. Encontramos pessoas melhores que nós em suas atividades pessoais e profissionais e isso é o que nos permite estar em um continuado processo de aprendizado.

Minha carreira é muito híbrida atualmente, e isso é fruto de várias oportunidades que enxerguei por meio das inspirações e referências que tive ao longo da carreira.

Mais adiante, na questão 10, citarei algumas personalidades inspiradoras para a vida, mas das profissionais, que tive o prazer de conviver e observar, cito aqui os fundadores e acionistas do Grupo AeC e, consequentemente, da Robbyson, Antônio Guilherme e Cassio Azevedo. E a história deles é inspiradora, por mostrar duas personalidades que poderiam ser conflitantes, mas que eles transformaram em complementares.

Cássio Rocha Azevedo me inspira por sua capacidade de leitura das pessoas e situações, por suas ideias fora da caixa, por pensar em curva, ousar e sempre incentivar sua equipe a sair da zona de conforto. Já o Antônio Guilherme é uma referência em comportamento. Em como manter a calma em situações adversas, em sua visão de gestão e administração financeira apurada.

Dentro do grupo de empresas AeC sempre dizemos que Cássio e Antônio Guilherme são equivalentes ao acelerador e à embreagem, que fazem um veículo se mover, e saber equilibrar essas competências é a equação ideal para um profissional.

Ainda tive, no início da minha escolha profissional em relação aos meus *skills* (a que deveria me dedicar), tive a honra da mentoria e prática do Ricardo Viana Vargas. Estar lado a lado dele, referência em gestão de projetos durante meus oito primeiros anos profissionais, foi uma imensa oportunidade de aprendizado, e com ele aprendi muito sobre organização, planejamento, criatividade e didática para ensinar.

4. Alguma história na gestão de pessoas que gostaria de compartilhar?

Não tenho uma história específica sobre gestão de pessoas, mas gostaria de compartilhar algo que me fortalece como líder: sou apaixonado por ver o crescimento profissional dos jovens que querem fazer jus a esse reconhecimento.

É gratificante e desafiador quando encontramos talentos que precisamos ajudar para que encontrem sua direção profissional. A gratidão vem ao ver o crescimento e as conquistas de cada um. Já o desafio é fazê-los entender que eles não resolverão todos os problemas, que a velocidade do mundo nem sempre é a que queremos e que, por vezes, temos que driblar as diferenças pessoais. Mas como sempre digo, é melhor frear alguém ao invés de empurrar o tempo todo.

5. Quais dicas daria para aqueles que estão iniciando a carreira profissional?

Sendo direto e preciso: disciplina, coragem, dedicação e caráter.

Sempre me pautei por isso e gosto de falar sobre o paralelo entre esportes e carreira. É muito comum, ao vermos o atleta na mídia, vincular seu sucesso ao talento que possui naquele esporte, e não ao caminho trilhado por ele para fazer disso sua profissão. E isso não é correto.

Astros do esporte, tais como Mike Tyson e Muhammad Ali-Haj, do boxe; Ayrton Senna e Lewis Hamilton, das corridas de F-1; Cristiano Ronaldo, do futebol, ou Michael Jordan e Kobe Bryant, do basquete, se destacam e são comparados a heróis e mitos pela sociedade (principalmente pelos jovens), mas há um lado que poucos sabem. Todos esses nomes citados acima venciam e eram primeiros lugares porque uniam o talento ao trabalho. Tinham determinação, punhos e pés firmes, calculavam cada curva, golpe ou jogada, tinham uma energia interior exigida de campeões, e trabalhavam muito. Desde exercícios para manter a parte física, até os estudos dos adversários, a concentração, entre outros. Todos treinavam diariamente horas a fio, sob sol e chuva, calor ou frio. Para eles, o esporte não era um brinquedo ou simples diversão e nem sequer somente um talento.

O fenômeno das redes sociais também contribui para essa visão equivocada de que o retorno de qualquer coisa (investimento, dieta, negócios, relações) é rápido, fácil e repleto de atalhos. E essa talvez seja a principal orientação ou dica para os jovens: não existem atalhos.

Isso mostra que para que se tenha sucesso é preciso dedicar-se. É preciso entender que, diariamente, a competição não está ganha. O campeonato não acabou. É preciso também entender que ninguém faz nada sozinho. E isso é o reflexo do que disse no início: coragem para começar e recomeçar diariamente. Disciplina para entender onde pode melhorar. Dedicação para não desistir e caráter para reconhecer quem está ao seu lado.

6. Ao recrutar um profissional, quais características comportamentais são consideradas fundamentais?

Hard Skills aceitáveis, *Soft Skills* em destaque. Dentre eles, destaco a importância do *reskilling*, que basicamente consiste em atualizar-se de forma contínua.

7. Qual legado gostaria de deixar para a sociedade?

Durante minha jornada até aqui, com meus 38 anos, gostaria de deixar um legado de autoconhecimento. Da importância de encontrarmos o nosso próprio SER e de viver quem realmente queremos SER, ao invés de somente pensar em TER.

Vejo a necessidade de entender os ciclos da vida (pessoalmente, me pauto pelos setênios: os ciclos de sete em sete anos) e aflorar os próprios princípios para determinar uma base sólida para os sentidos e direções dos propósitos que escolhemos.

8. Quais os reflexos das práticas de cidadania empresarial para organizações, profissionais e sociedade?

Os reflexos são muitos e muito abrangentes, mas me arrisco a citar o de inclusão. Marcas que se posicionam a favor da diversidade, do empoderamento feminino e da compreensão e absorção das diferenças sociais estão levando a sociedade a entender que precisamos falar de tabus, que precisamos de mais compreensão e de que o universo corporativo precisa se transformar para lidar com a nova geração que chega ao mercado.

No caso da Robbyson, há ainda uma questão mais latente: o core da empresa é, em essência, a cidadania social, do ponto de vista da meritocracia, de reconhecer e ajudar as pessoas em suas habilidades e oportunidades, de aliar a inovação tecnológica ao desenvolvimento das pessoas e, em consequência, de tornar o ambiente corporativo um local saudável e feliz.

A plataforma tem em seus pilares a transparência, a comunicação, a autogestão e a meritocracia. Todas elas voltadas para melhorar negócios e pessoas. E isso é fundamental para o mundo moderno.

9. Cite alguns líderes que, em sua opinião, são inspiradores.

Quando me perguntam de líderes inspiradores, sempre respondo que para mim existem dois grupos: os que estão longe e o que estão perto. Particularmente, gosto de líderes que seguem filosofias como guias de suas vidas.

A primeira inspiração é Jesus e a filosofia cristã de fraternidade. Mas me inspiro também em pessoas como Rudolf Steiner, pai da antroposofia, que disseminou a filosofia dos setênios e que estabelece a "pedagogia do viver" e como podemos entender os ciclos de vida de uma maneira prática e sábia para os aspectos da vida humana. Outros que me inspiram são Marcus Aurelius (imperador de Roma), a filosofia helenística (estoica) de Zenão de Cício, fundamentada nas leis da natureza, que considera a "virtude" como suficiente para atingir a felicidade, e por último, as referências daqueles que estão longe, os Samurais, a filosofia *Bushido*, o caminho do guerreiro e o modo de vida dos Samurais (a classe guerreira do Japão feudal ou *bushi*), que define que é possível viver e morrer com honra.

Para os líderes com quem convivi e já citados em questões anteriores, sou grande apreciador dos fundadores do Grupo AeC, Cassio Azevedo e Antônio Guilherme.

Sou um apreciador de boas histórias profissionais baseadas em fatos e realizações "sem atalhos", e em histórias pessoais de perseverança e atitude. Então, diariamente tento tirar o que seria a inspiração de todos aqueles que leio sobre suas obras ou daqueles que encontro diariamente, independentemente da sua posição social.

10. Como você define o papel da liderança?

A liderança para mim é, basicamente, uma conquista. É preciso, antes de tudo, ser aceito pelos liderados. Uma liderança que se impõe ou é imposta é meramente burocrática (uma caixinha no organograma). A liderança conquistada e respeitada é a melhor forma de validar o nosso SER. É a maior prova que SER antes de TER faz todo sentido. Só podemos liderar algo ou alguém se lideramos a nós mesmos, a nossa vida, as nossas escolhas, já que não podemos controlar o mundo em que vivemos.

Um bom líder não pode ser tão somente uma referência técnica. É necessário que haja admiração, empatia e exemplo. Ser líder não é ser chefe. Ser líder é se atualizar, é ser um bom ouvinte, é respeitar a ideia dos outros e é, principalmente, servir mais do que ser servido – para qualquer posição hierárquica.

11. O que você faz para manter-se motivado?

Antes de tudo, é preciso entender o real significado de motivação. O conceito hoje está banalizado e serve a um sem número de iniciativas de autoajuda que não trazem em si propósito algum. Uma das minhas reflexões favoritas sobre motivação é o exercício de levantar-se da cama, seja em dias frios ou quentes. É necessário um movimento contra o conforto, contra o ócio, onde é preciso entender os motivos e as ações do dia. Todo grande resultado inicia-se em pequenas ações, e levantar-se da cama é a mais básica e simples de todas – quando não há limitações físicas. Mas também é a mais conflitante e ofensora para obter resultados positivos. O ato de levantar-se da cama nunca pode ser deixado para depois, e esse ato, além de imperativo, traz consigo um propósito. Ou seja, não há motivação sem propósito. E, por isso, mantenho meus propósitos em mente.

Meu conselho para esse pequeno ato de motivação diária é: sempre faça de forma regular e disciplinar, e quando precisar dormir mais horas, planeje-se e encare como um presente dado a você.

12. Qual a importância da inovação nas organizações?

Inovação nas empresas é imperativa. E aqui, não podemos confundir inovação com tecnologia pura e simples. Inovar é sobreviver. Inovar em processos, em ideias, na formação dos times, na forma como executar algo, é o que faz as empresas evoluírem. Porém há uma grande distância entre inventar e inovar. Inventar e tirar do papel é a primeira etapa de um grande ciclo até consolidar um negócio inovador. Inovar desde sempre está em melhorar um produto ou serviço, mas atualmente, com a velocidade das transformações, o principal objetivo é acertar o tempo certo da inovação.

A Robbyson, por exemplo, foi fruto de uma inovação. Não simplesmente a forma como foi feita, mas principalmente na forma como foi pensada. Resolvemos criar algo que nunca havia sido criado (uma forma de reconhecer pessoas individualmente em grandes operações e de auxiliar os gestores nas decisões de forma ágil e justa). As tecnologias aplicadas e todas as inteligências vieram no momento de tirar a ideia do papel. E é importante ressaltar que o processo de criação, de inovação e de construção é também um processo doloroso (e qual processo de crescimento não é?). É um momento onde identificamos gargalos, onde afinamos as engrenagens, e por muitas vezes outras inovações surgem nas tentativas e erros de um projeto.

É necessário manter a mente aberta para entender como fazer e, principalmente, para saber como aplicar. Uma inovação sem uso é, simplesmente, uma ideia que não saiu do papel.

13. Do que você sente saudades?

Não costumo ter saudade. Esse é um sentimento adormecido em mim. O princípio de viver cada momento curtindo a jornada por onde passo faz com que eu me renove a todo momento, fazendo o passado ser de gratidão e não de saudade.

14. Do que você tem orgulho?

Do meu próprio SER. Isso pode soar estranho, mas preciso primeiramente ter orgulho de mim mesmo. Quando me coloco na terceira pessoa e avalio o meu SER que anda neste plano do universo, vejo que até aqui está sendo possível equilibrar corpo, mente e espírito em uma só vida (pessoal e profissional).

15. Qual o significado da palavra felicidade?

Felicidade é um estado de emoção e não de razão, e por isso ela só pode ser sentida e não traduzida. Sentir a felicidade é acessar a plenitude, sentir-se pleno, ir além da execução básica das atividades que nos propomos a fazer. Todos nós buscamos a felicidade. Ela pode estar em pequenas emoções, como em um estado de êxtase, sentimentos como euforia, paz, amor. Sabemos que esse tipo de felicidade é raro, momentâneo e rápido, e costumo chamar isso de experiência do pico do SER. Geralmente, chegamos a esse estágio através de experiências sensoriais (como sexo, música, dança), de momentos que nos tocam, como quando abrimos um presente desejado, e principalmente de relações com a natureza, como adotar um *pet*. Em resumo, a felicidade para mim é curtir a jornada por onde passamos.

16. Qual a sua citação favorita e por quê?

"Em meio a toda e qualquer desgraça, algo de bom somos obrigados a tirar". Essa citação é minha, e é um mantra em minha vida. Nós, seres humanos, temos a facilidade de aceitar a felicidade, mas somos resistentes em aceitar a dificuldade. Porém o fato é que, durante a jornada de nossa vida, teremos a tendência maior a encontrar momentos difíceis, perdas e derrotas. Quando aprendemos que isso é inevitável, que não controlamos o mundo, o que nos resta é equilibrar a emoção com a razão e tirar algo bom de qualquer momento vivido durante a jornada.

17. Quais são seus *hobbies* preferidos?

Posso dizer que não é um *hobby*, é uma filosofia e um estilo de vida para mim: o *jiu-jitsu*.

O *jiu-jitsu* é um esporte baseado em artes marciais e que até hoje (20 anos depois do meu início) me deixam grandes ensinamentos sobre como superar meus medos. A filosofia do esporte deixada por Hélio Gracie nos mostra uma oportunidade do mais fraco vencer o medo contra os mais fortes. Porém o nosso maior medo não é só do mais fraco contra o mais forte em qualquer situação, mas principalmente que nossa forma física envelheça, diminua a vitalidade e traga a incapacidade de cumprir a jornada de nossa vida. E, então, sofremos com o envelhecimento e, ao mesmo tempo, nos paralisamos enquanto a areia da ampulheta da vida vai diminuindo. Aliado a esse medo de envelhecer, temos o ego, que aparece e nos torna "inimigos" uns dos outros. Quando aprendemos a olhar com imparcialidade e a não deixar que a mente nos domine, entendemos que o medo e o ego não fazem parte de quem somos. O *jiu-jitsu* é um esporte maravilhoso para ensinar a superar todos os medos.

Além do esporte – e como sou uma pessoa muito ativa – tenho outros *hobbies*, como leitura, desenho a mão livre, planejar viagens e, ultimamente, aprender a tocar violão com meu sobrinho "filho" Enzo de 13 anos. A vida é tão bela que nos proporciona aprender coisas novas com quem tanto ensinamos a viver.

18. Qual sonho você gostaria de realizar?

Um sonho que tenho é o de conseguir tirar um período sabático. Quero poder viver e conhecer culturas diferentes com minha esposa, já que optamos por não ter filhos. Quem me conhece um pouco mais sabe o quanto me dedico a planejar meus passos, e esse projeto de vida já está no papel, com a etapa de planejamento e preparo em execução. Estou com 38 anos e pretendo executar com 42 anos. Então, temos nos preparado financeiramente, mentalmente e fisicamente para isso. Será incrível e não tenho dúvida de que acontecerá, se ainda estiver neste plano do universo.

19. Qual mensagem de motivação gostaria de deixar para os leitores deste livro?

Queria deixar uma reflexão motivadora. Na verdade, uma questão: quem é o seu SER? Essa reflexão parece óbvia, mas você já tentou responder a essa simples pergunta?

Antes de tentar responder, retire das opções de respostas as suas profissões, formações e negócios. Agora pare por alguns segundos e responda! Aposto que se deparou com uma certa dificuldade para encontrar respostas, assim como seria para responder quais os seus propósitos.

Em um mundo cada vez mais tecnológico e baseado no TER, refletir sobre o SER é algo incrível e motivador. Procure inspirar-se e revisar seus princípios e filosofias de vida, definindo sentidos e direções aos seus propósitos.

Por fim, posso dizer que não existem gurus, mágicas ou atalhos. O que existe é muito esforço com planejamento, criatividade e disciplina para que seja possível encontrar o SER existente aí dentro e, assim, curtir plenamente as jornadas por onde você passar.

20. Com base em suas memórias, qual legado que você gostaria de deixar para a humanidade?

Durante minha jornada até aqui, com seus 38 anos, gostaria de deixar um legado de encontrar o nosso próprio SER e viver quem realmente queremos SER, ao invés de TER. Vejo a necessidade de entender os setênios e aflorar os próprios princípios para determinar uma base sólida para os sentidos e direções dos propósitos que escolhemos. Viva! Tudo é muito rápido, e não sabemos o quanto de areia temos na ampulheta da vida. Lidere-se e mostre ao mundo quem gostaria de o ter como líder.

Galeria de fotos

Frederico Barros

Empresa:
FB Consultoria, Treinamentos e Eventos

Função:
Chef Pâtissier e Boulanger Proprietário

1. **Como e onde você iniciou a sua trajetória profissional?**

   Minha carreira se desenvolveu de forma consistente, passei por diversos cargos técnicos até chegar ao nível executivo. Iniciei talvez como a maioria das pessoas, através de um estágio. No meu caso, queria ser engenheiro elétrico, cursei a Escola Técnica Federal de Pernambuco e comecei o curso de Engenharia Elétrica na Universidade Federal de Pernambuco.

   No entanto, a vida acaba nos colocando em situações não previstas, pois aquela era uma época difícil na universidade, devido às constantes greves durante vários meses no ano. Um semestre acadêmico que em tese deveria durar 6 meses acabava sendo feito em até um ano. Isso foi decisivo no meu caminho, porque comecei a fazer um curso técnico de computação na Universidade Católica de Pernambuco. De lá fiz um estágio na área, onde acabei me interessando mais pelo assunto. Assim, iniciei o curso noturno de Ciências da Computação na própria Universidade Católica de Pernambuco, porque já trabalhava na área.

   Comecei a trabalhar como analista de sistemas júnior na Alimonda Irmãos S/A, uma fábrica de produtos alimentícios e de limpeza em Recife, que fazia parte do Grupo Bunge. Lá eu percebi que para crescer profissionalmente precisaria mudar de cidade e ir para São Paulo, onde estava a sede administrativa. Trabalhei duro para que meu trabalho pudesse ser percebido e reconhecido, até que recebi um convite para mudar de cidade. Não foi fácil, pois ainda não havia terminado a faculdade, precisaria deixar os meus pais – e como filho único essa não foi uma decisão fácil, mesmo com o apoio deles – e meus amigos, minhas raízes, e me casar, pois à época, eu estava noivo.

   Eram muitas mudanças de uma única vez, mas tudo isso valeu a pena e não tenho do que reclamar da carreira que construí a partir dessa decisão.

2. **Quais os principais desafios e resultados que você vivenciou ao longo da sua carreira?**

   Sempre tive grandes desafios, pois muitas vezes iniciei em posições nas quais eu não estava totalmente preparado, mas esse era o preço para poder crescer na minha carreira, e eu sempre acreditei no meu potencial. Entretanto, sendo uma pessoa oriunda de uma área técnica, onde só se trabalha com *"bits"* e *"bytes"*, o maior desafio está na área comportamental. Deixar de ser um técnico, passar a ser um gestor de pessoas e posteriormente um líder. Esse foi um processo de "renascimento", onde tive que reaprender a me relacionar e enxergar tudo de maneira diferente, ser "cartesiano" e "emocional" ao mesmo tempo.

   Na Zurich Seguros, quando eu já era CIO, estruturei toda a operação no Brasil. Havia uma pressão muito grande da matriz para utilizarmos o *datacenter* da Europa e uma solução de sistemas chilena. Isso não era bom para a unidade de negócio porque o sistema chileno era antiquado e os custos seriam cobrados em dólar, péssimo para uma operação que ainda estava no início. Conseguimos montar um *datacenter* no Brasil que era completamente aderente a todos os critérios de segurança exigidos pelo grupo e encontramos uma solução sistêmica moderna que atendia totalmente às necessidades da empresa a um custo que a operação podia suportar.

   Na Itaú Seguros, criei toda a estrutura de internet e canais eletrônicos, que receberam inúmeros prêmios de inovação e eficiência, colocando a seguradora em um patamar bem mais elevado em termos de tecnologia e eficiência operacional.

   E, mais recentemente, outros desafios: perseguir um sonho antigo na área de Gastronomia, interromper uma carreira de sucesso de mais de 30 anos como executivo de TI para começar algo novo, do zero e diferente de tudo o que já fiz. Mudar de profissão, de país, ficar longe da família por mais de um ano para estudar e buscar o aperfeiçoamento necessário para exercê-la.

3. Quem da sua história de vida inspirou/motivou na sua carreira?

Na realidade, não existe "uma" pessoa, são muitas, pois ao longo da minha vida eu sempre procurei observar todos ao meu redor, independentemente da posição que ocupavam ou carreira que exerciam, percebendo o que faziam de maneira certa ou errada, e o impacto dessas decisões nas pessoas e no ambiente. Com isso, aprendi e trilhei a minha carreira até chegar ao ponto que planejei.

De qualquer maneira, tudo o que sou eu devo aos meus pais, pois foram eles que me deram a base da ética, da honestidade e do respeito por todos. Eles são o meu alicerce e sempre me apoiaram em todo o meu caminho, mesmo quando não concordavam 100% comigo.

4. Alguma história na gestão de pessoas que você gostaria de compartilhar?

Na maior parte da minha trajetória profissional estive diretamente envolvido em processos de fusão, aquisição e cisão de empresas, ou de reestruturação de áreas de tecnologia. Esse é um momento muito difícil para quem participa desses processos, não importa "qual" lado que você está, estamos mexendo na vida das pessoas, nos planos de carreira e na vida pessoal. Por isso, o mais importante é fazer o que precisa ser feito com muita honestidade, respeito e transparência. Rapidamente definir de forma clara as regras para que todos saibam "o que" tem que ser feito, "quem" será impactado e "como" será feito. Afinal, muitas dessas pessoas não esperavam passar por esse momento, e merecem ser tratadas com respeito, não apenas como seres humanos, mas também pela história e trajetória que construíram na organização.

Foi isso que fiz na fusão da seguradora do Banco Itaú com o Unibanco, onde vi a oportunidade de mesclar as duas equipes de tecnologia para termos um único time, não importasse o nível hierárquico ou empresa origem. O resultado dessa estratégia: no ano da integração, a receita da seguradora cresceu 27%; o ROE da seguradora aumentou 2 p.p.; houve uma redução de 0,58 p.p. no TCO (custos totais de TI) no ano da integração e de 0,31 p.p. no orçamento de TI nos três anos seguintes; mesmo durante a migração dos sistemas, não foi registrado nenhum incidente que afetasse a operação ou gerasse uma situação de atrito com clientes ou parceiros; todo o projeto de integração e desligamento dos sistemas antigos foi concluído seis meses antes do prazo; nenhum colaborador pediu demissão ou foi demitido; e ainda houve um aumento de 27 p.p. no resultado da pesquisa interna de clima.

5. Alguma história de relacionamento com o cliente que você gostaria de destacar?

São várias as histórias curiosas e desafiadoras, mas tem uma em especial que me marcou por diversas razões. Foi importante não apenas porque ganhamos prêmios, mas porque demos início a um processo que hoje é extremamente comum, só que na época era um grande desafio. Trabalhava na Itaú Seguros quando um dia o diretor da área de sinistros me pediu para criar uma nova forma de comunicação com o corretor, de maneira que sempre que fosse aberto um sinistro de um cliente dele, o sistema deveria enviar um *e-mail* para que ele pudesse entrar em contato com o cliente e prestar o devido suporte em um momento que geralmente é muito difícil para eles. O pedido era simples de ser desenvolvido, o problema é que daquela forma não iria atingir o objetivo proposto, porque *e-mail* é uma ferramenta passiva e, além disso, estamos falando do início dos anos 2000, onde poucas pessoas utilizavam correio eletrônico. Foi então que, em uma reunião com o time, tivemos a ideia de trocar o *e-mail* por SMS, e com isso o aviso seria imediato e totalmente proativo.

Falar nisso hoje até parece brincadeira, porque é algo tão comum e que já faz parte do nosso dia a dia. O problema era que naquela época tínhamos inúmeras operadoras de telefonia, cada uma com protocolo de comunicação diferente, poucos sistemas integrados ou que não falavam com empresas externas. Isso significaria construir uma interface com cada operadora, depender do cronograma de desenvolvimento delas, muitas horas de desenvolvimento e testes, algo inviável para a necessidade do nosso cliente. Então decidimos procurar um parceiro que já tivesse construído essas "pontes" com as operadoras, e assim teríamos apenas que desenvolver a interface com uma única empresa. Pesquisamos e achamos uma empresa que tinha essa solução pronta, mas que não havia encontrado nenhuma empresa no mercado que quisesse ser inovadora o bastante para utilizá-la: "BINGO" – uma solução pronta para uso e a nossa espera.

Resumo: em um mês, conseguimos construir e testar tudo; fomos a primeira seguradora do mercado com esse tipo de serviço, que em menos de um minuto após a abertura do sinistro, nossa central já enviava o SMS para o corretor entrar em contato com o seu cliente e assim prestar apoio nesse momento tão difícil; ganhamos prêmios de inovação e eficiência; fortalecemos o relacionamento dos corretores com seus clientes e com a seguradora, tudo isso graças a pensarmos "fora da caixa" e não nos deixar abater por dificuldades que aparentemente não tinham solução. No final, o melhor de tudo isso foi que ficamos com uma infraestrutura pronta que nos permitiu ao longo do tempo incluir outros serviços que fortaleceram a comunicação com outros parceiros em nossa operação.

Na visão dos prestadores de serviço, o "cliente" é a razão da nossa existência, temos que nos colocar no lugar deles para entender suas "dores" e "necessidades", fazer o possível para ajudá-los a terem sucesso e SEMPRE buscar ir além do esperado.

6. Quais dicas você daria para aqueles que estão iniciando a carreira profissional?

Que tenham paciência e humildade porque nada acontece antes do tempo, trabalhem duro, estudem bastante, saibam fazer as conexões corretas, observem e aprendam com aqueles que têm mais conhecimento. Saber fazer a escolha certa depende do caminho que seguimos e das pessoas que temos ao nosso redor.

7. Ao recrutar um profissional, quais características comportamentais você considera fundamentais?

A sua capacidade de se relacionar e se integrar com as pessoas, sua humildade para reconhecer um erro e aprender com ele, pedir desculpas ou agradecer por algo que recebeu. Competências técnicas são fáceis de serem desenvolvidas com a devida capacitação, porém as competências comportamentais dependem exclusivamente do indivíduo e não são fáceis de serem trabalhadas.

8. Qual legado você gostaria de deixar para a sociedade?

O legado profissional é o de poder ter ajudado muitas pessoas em suas carreiras profissionais e, em alguns momentos, também em suas vidas pessoais. É ter feito muitos amigos e ter pessoas que falem bem de terem trabalhado comigo. Em relação à sociedade, ainda estou trabalhando nessa parte, por hora sou apenas mais um cidadão.

9. Quais os reflexos das práticas de cidadania empresarial para organizações, profissionais e sociedade?

As empresas têm um papel muito importante em nossa sociedade que precisa ser mais difundido e praticado. Elas são responsáveis por milhares de empregos diretos e indiretos, podem criar ações para mobilizar as pessoas nas cidades, observando as carências e atuando proativamente para mudar a situação em questão. Já para os profissionais, elas devem fornecer condições de trabalho dignas em um ambiente onde sejam praticadas a diversidade e a igualdade em todos os sentidos, onde todos tenham a mesma oportunidade de crescimento, respeito e possibilidade de expressar suas opiniões sem medo de perseguição ou punição.

10. Cite alguns líderes que, em sua opinião, são inspiradores.

Na realidade, todas pessoas que conheci ao longo da minha vida geraram impactos positivos e foram fonte de inspiração, porque encontrei nelas algo que me tornou uma pessoa melhor e me ajudou no crescimento pessoal e profissional. Para citar uma pessoa, Osmar Marchini, meu diretor na Itaú Seguros, por sua versatilidade na gestão de assuntos que muitas vezes não estavam relacionados com sua formação ou área de experiência, seu relacionamento com clientes, sua capacidade de estabelecer parcerias e sua forma de gerir pessoas, atuando muitas vezes como meu mentor.

11. Como você define o papel da liderança?

A liderança não está no cargo que você ocupa, nos títulos que possui, ou até mesmo em sua posição na empresa ou sociedade, ela vem das suas crenças, valores e do impacto que você pode causar na vida das pessoas, de forma que elas acreditem em você, se engajem e se comprometam, passando a apoiá-lo – não existe um líder sem aqueles que o seguem. A liderança vem do coletivo, não do individual.

12. O que você faz para se manter motivado?

Durmo, sonho e acordo todos os dias buscando um novo desafio, algo que nunca fiz e que me tira da zona de conforto, que desafia os meus limites em todos os aspectos. É muito importante ter metas e persegui-las, pois sem "algo" que faça sentido em sua vida, você deixa de ter um propósito e acaba morrendo.

13. Qual a importância da inovação nas organizações?

A inovação é como o ar que nós respiramos, se não for renovado, você asfixia e morre. Em um mundo cada vez mais conectado, com mudanças rápidas e constantes, as pessoas e organizações não podem ficar um segundo sem pensar no que vão fazer em seguida, qual a necessidade dos seus funcionários, parceiros e clientes. É preciso saber se destacar no mundo em que todos têm acesso às informações e principalmente torná-las importantes para o seu negócio, fazendo com que você se diferencie da concorrência.

14. Como você realiza o *networking* de maneira efetiva?

Procuro sempre estar em contato com os meus amigos, saber o que estão fazendo, contar o que eu estou fazendo e, sempre que possível, estar presente nos encontros dos grupos dos quais participo.

15. Do que você sente saudades?

Tenho saudades dos meus amigos que não estão mais neste plano, pessoas que ainda tinham muita energia e conhecimento para compartilhar, mas que pela vontade de Deus nos deixaram tão precocemente.

16. Do que você tem orgulho?

Falando apenas de quem está mais próximo de mim: dos meus pais, que me deram a base para tudo o que sou na vida, dos meus filhos, que seguem suas vidas com tudo o que ensinei a eles, e da minha esposa, que me apoia e me suporta com minhas ideias, às vezes malucas, nos momentos mais difíceis e decisivos da minha vida.

17. Qual o significado da palavra felicidade?

Felicidade é estar em paz consigo mesmo e com as pessoas ao seu redor. A partir daí, tudo fica muito mais fácil.

18. Qual a sua citação favorita e por quê?

"*Feliz quem ensina o que aprende e aprende o que ensina.*" (Cora Coralina)
Essa frase traduz o sentido de "deixar" um legado, de gerar um impacto positivo na vida das pessoas e na sociedade, ser útil.

19. Quais são seus *hobbies* preferidos?

Eu gosto de velejar, andar de bicicleta, fazer trabalhos manuais, como marcenaria, por exemplo, viajar, ir ao cinema. Enfim, tudo que me desconecta do mundo profissional e que pode arejar minha mente, pois só assim é que posso estar aberto a novos desafios, ter novas ideias e refletir sobre o que fazer em seguida.

20. Qual sonho você gostaria de realizar?

Certamente ainda tenho muitos sonhos a realizar, alguns que ainda nem sei quais serão, só que neste momento é o de começar a pôr em prática tudo o que aprendi no meu curso de *Pâtisserie* no Le Cordon Bleu, juntamente com a experiência vivida no Hotel Plaza Athénée em Paris.

21. O que você aprendeu com a vida que gostaria de deixar registrado nesta obra?

a) Não se chega a lugar algum sem muito trabalho e energia;

b) O conhecimento é a base para qualquer coisa que deseje fazer;

c) Ninguém é uma ilha, sem as conexões certas, dificilmente terá sucesso;

d) Sonhe sempre, sonhe alto, busque objetivos que estão além das suas capacidades, pois só assim é que você crescerá;

e) Não tenha medo de errar, tenha humildade para pedir ajuda ou desculpas, porque ninguém sabe tudo, e nunca se esqueça de agradecer a todos;

f) Sobretudo seja honesto consigo mesmo e com os outros.

22. Qual mensagem de motivação você gostaria de deixar para os leitores deste livro?

Esta obra tem a história de pessoas de sucesso em várias áreas profissionais e das mais diferentes empresas. Talvez você não encontre alguma história da sua área de atuação, mas como eu disse antes, "a liderança não está no cargo que você ocupa, nos títulos que possui, ou até mesmo em sua posição na empresa ou sociedade", por isso, leia tudo com atenção, procure tirar o melhor proveito da riqueza de informação que está nas suas mãos e não perca a oportunidade de entrar em contato com algum autor e conhecê-lo pessoalmente.

23. Com base no que você vivenciou, ao longo de sua vida corporativa, qual o segredo do sucesso para ir da teoria ao topo?

Estudar muito, trabalhar duro, ser resiliente, saber respeitar tudo e todos, ser humilde, honesto e sempre procurar ter um excelente relacionamento pessoal com aqueles que o cercam, mesmo que não os conheça diretamente.

Galeria de fotos

ALTA GESTÃO | REGISTRO BIOGRÁFICO

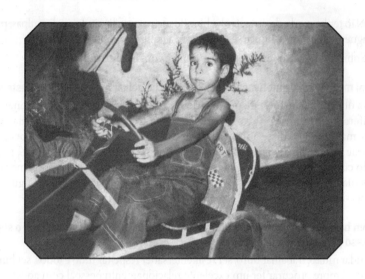

Gentil Jorge Alves Junior

Empresa:
Amparo Saúde

Função:
Sócio-Diretor de Relações com o Mercado

ALTA GESTÃO | REGISTRO BIOGRÁFICO

1. Como e onde você iniciou a sua trajetória profissional?

Desde a infância eu tinha o firme propósito de me tornar médico. Nenhum outro tema me fascinava tanto quanto os mistérios do corpo humano e a complexidade do seu funcionamento. Em 1991, ingressei na Escola Paulista de Medicina, uma das principais escolas médicas do país. Ao longo de seis anos, tive a oportunidade de conviver e aprender com grandes mestres da Medicina. Rapidamente me identifiquei com a pediatria, por ser uma especialidade que exige uma grande capacidade de raciocínio clínico, visão integrada do paciente e conhecimento das suas intricadas relações sócio-familiares. Em 1997, ingressei na residência médica na Escola Paulista de Medicina, onde cursei dois anos de pediatria geral, e a seguir fui contemplado com a oportunidade de cursar mais um ano como *fellow* no Miami Children's Hospital, na Flórida, onde aprofundei meus conhecimentos em pediatria geral, medicina de urgência e gestão médica. Em 2000, retornei ao Brasil, tornando-me preceptor da residência médica em pediatria da Escola Paulista de Medicina e pediatra chefe de equipe do setor de Emergências Pediátricas do Hospital Universitário, cargo que ocupei por nove anos.

2. Quais os principais desafios e resultados que você vivenciou ao longo da sua carreira?

Entendi muito cedo que gostaria de me tornar um bom administrador em saúde, e para isso precisaria buscar novos conhecimentos que não são parte da formação médica, e ao mesmo tempo manter a minha prática assistencial. Comecei minha carreira na saúde suplementar como analista médico na Amil e rapidamente fui galgando novos postos de gestão, passando por praticamente todas as áreas de grandes seguradoras, operadoras de saúde e hospitais, como Grupo São Francisco, Allianz Saúde, SulAmérica e Hospital Sírio-Libanês. Precisei complementar minha formação médica nas áreas de administração, finanças e gestão com diversos cursos, dentre os quais destaco um MBA pelo IBMEC. Conciliar a carreira médica com a de executivo do setor de saúde foi sempre um grande desafio e consegui manter-me ativo como pediatra durante toda a minha vida profissional, ao mesmo tempo em que pude construir um legado como gestor na saúde suplementar.

3. Quem da sua história de vida inspirou/motivou na sua carreira?

Ao longo de quase 25 anos de carreira foram muitas as pessoas que me serviram de inspiração e modelo de liderança. Não poderia deixar de citar meus grandes mestres da Escola Paulista de Medicina, professora Sandra Oliveira Campos, professor Ulysses Fagundes e Professor Manoel Girão, mentores que me conduziram no aperfeiçoamento do meu raciocínio clínico e de minhas expertises assistenciais. Na gestão, foram minhas grandes referências Dr. Jorge Ferreira da Rocha (ex-presidente e cofundador da Amil) e sua esposa Dona Neuza Rocha, Dr. Paulo Chapchap e Dr. Fabio Gregory, do Hospital Sírio Libanês, entre tantos outros mestres. Todos eles tinham em comum o forte compromisso com a ética, a transparência e uma incrível determinação e resiliência. Foram figuras marcantes que, muito mais que acreditar no meu trabalho e dar grandes oportunidades de crescimento, serviram como paradigma de meu próprio modo de ser. Deles absorvi a determinação e o firme compromisso com a ética em todas as minhas relações profissionais.

4. Alguma história na gestão de pessoas que você gostaria de compartilhar?

Cultivo relacionamentos profissionais de longo prazo e na minha trajetória tive a satisfação de liderar e formar excelentes profissionais que hoje desempenham cargos de alta liderança em grandes corporações. Sempre que tive a oportunidade, busquei trazer os talentos que formei para o meu time. Confiança é, na minha opinião, a principal característica que procuro nas minhas equipes. Acredito na máxima que preconiza que se deve contratar pelo caráter e treinar as habilidades.

5. Alguma história de relacionamento com o cliente que você gostaria de destacar?

Em 2017, quando eu estava à frente do projeto de Saúde Corporativa do Hospital Sírio-Libanês, o relacionamento pessoal travado com os gestores diretos das instituições clientes permitiu a implantação em tempo recorde do Projeto de Atenção Primária à Saúde, que revolucionou a saúde suplementar no Brasil, servindo de paradigma para diversas outras iniciativas semelhantes em gestão de saúde. Parte fundamental do sucesso dessa empreitada deveu-se ao relacionamento de confiança mútua entre nós e parceiros como Santander e Banco Votorantim (nossos dois primeiros clientes). Esses projetos não poderiam ter acontecido sem a confiança estrita dos gestores médicos dessas empresas. A transparência, a generosidade, a confiança mútua e o "olho no olho" possibilitaram o engajamento dos times e solução de questões extremamente complexas relativas à implantação e execução do projeto.

6. Quais dicas você daria para aqueles que estão iniciando a carreira profissional?

Ousem sonhar alto, nunca se contentem com o meramente bom, busquem a excelência em todas as suas ações. Mantenham-se não só atualizados, mas estejam à frente em suas áreas de conhecimento. Cerquem-se de bons profissionais, pessoas leais e éticas. Se forem gestores, busquem liderados que tenham mais conhecimento que vocês mesmos. Formem sucessores para que possam sempre galgar o próximo passo de suas carreiras. Construam relacionamentos de longo prazo, tenham em mente que as empresas passam, mas as sólidas relações criadas permanecem para sempre.

7. Ao recrutar um profissional, quais características comportamentais você considera fundamentais?

Acima de tudo, a ética e a lealdade. Todas as demais características e competências técnicas podem ser treinadas e adquiridas com o tempo. Ética e lealdade, por outro lado, são características inatas de caráter, e no longo prazo constituem o alicerce de qualquer equipe ou organização de sucesso.

8. Qual legado profissional e pessoal você gostaria de deixar para a sociedade?

Hoje, mantenho-me como médico e empreendedor e tenho muito orgulho de estar à frente da empresa de gestão médica Amparo Saúde. Tenho claro que minha responsabilidade é com um setor de saúde mais ético, humano, transparente e comprometido com a saúde da sociedade como um todo. Acredito que prover qualidade de vida é um dever não só do Estado, mas também de toda a iniciativa privada, e que nesse sentido minha missão é devolver à sociedade, na forma de um serviço médico de excelência, todo o privilégio que tive acumulado nesses anos no mercado. É fundamental olharmos com respeito para cada um de nossos clientes dentro do contexto social no qual eles estão inseridos, considerando todos os determinantes de saúde que os envolvem, nas particularidades únicas de seus momentos de vida. Nós efetivamente buscamos cuidar das pessoas para que elas tenham a melhor qualidade de vida, estimulando cada um a ser protagonista de sua própria saúde. Queremos construir um novo modelo assistencial no Brasil, melhorando a saúde da nossa população, garantindo a satisfação e o vínculo de nossos pacientes e auxiliando dessa forma o setor de saúde a reduzir os altíssimos custos decorrentes de anos da prática de modelos assistenciais antiquados, ineficazes e descoordenados. Sinto-me dessa forma plenamente realizado em deixar como legado minha contribuição na construção desse novo sistema de saúde, mais equânime, justo e fraterno para a população do meu país.

9. Quais os reflexos das práticas de cidadania empresarial para organizações, profissionais e sociedade?

Uma nova consciência ética vem transformando as organizações. A busca por um propósito já define padrões de consumo e as relações de colaboradores com seus empregadores. Sobreviverão num mundo cada vez mais competitivo as organizações que tiverem sólidos compromissos com a sociedade em que estão inseridas, propósito coletivo e transparência em suas relações. Não haverá espaço para a busca incessante pelo lucro ou por ações que não estejam direcionadas para o bem comum. Pode ainda parecer ainda uma utopia, mas o anseio legítimo das novas gerações por mudanças já é um ponto de inflexão para essa transformação.

10. Como você define o papel da liderança?

Cite alguns líderes que, em sua opinião, são inspiradores.

Liderar é servir ao outro. O líder deve ser um bom estrategista, alguém capaz de sonhar alto, elaborar, inspirar e transmitir de forma clara sua mensagem. Além disso, deve ser um facilitador, alguém capaz de conduzir e destravar processos. Líderes egoístas e centralizadores não são benéficos para as organizações. Acima de tudo, um bom líder precisa influenciar positivamente seus liderados e ter inteligência para agir em diferentes situações. É importante também que o líder seja ele mesmo um exemplo, uma referência, alguém que faça o que prega, gerando o sentimento de confiança, respeito e autoridade. A capacidade de construir um time de confiança e delegar tarefas talvez seja um dos atributos mais essenciais da liderança. Como cristão, considero que Jesus é a maior fonte de inspiração e liderança que a humanidade já conheceu.

11. O que você faz para se manter motivado?

Há alguns anos, fiz um compromisso comigo mesmo de só me envolver em projetos que realmente façam sentido para mim, que estejam alinhados com meus valores e aspirações. Tenho períodos protegidos no meu dia para pausa e reflexão. Mantenho meu corpo e mente saudáveis, pratico atividades físicas regulares, procuro me alimentar com parcimônia e dormir bem todos os dias. Nos momentos de dúvida ou fraqueza, eu coloco meus joelhos no chão, oro a Deus e peço direcionamento e discernimento para a tomada da melhor decisão. Nesses momentos, nunca fiquei sem respostas adequadas e que me fizeram superar as maiores adversidades.

12. Como você realiza o *networking* de maneira efetiva?

Invisto minha energia em relações pessoais de longo prazo. Todo meu *networking* profissional é pautado por relações pessoais genuínas e interessadas na pessoa e não no cargo ou empresa. Acredito que as pequenas gentilezas do dia a dia constroem grandes relacionamentos, da mesma forma as pequenas rusgas podem levar a grandes desentendimentos. Ser gentil e cortês em todas as situações e ter uma escuta verdadeiramente atenta às pessoas e suas realidades são formas inequívocas de se construir fortes vínculos pessoais e profissionais.

13. Do que você sente saudades?

Da minha infância no Rio de Janeiro, onde morei dos 7 aos 10 anos. A vida praiana, a proximidade com meus primos, de quem era muito próximo, foram momentos muito felizes que carrego com saudades.

14. Do que você tem orgulho?

Das minhas três filhas: Laura, de 19 anos, que sonha em seguir meus passos como médica, Lívia, de 16 anos, que sonha em ser diplomata, e a caçula Sofia, de 13 anos, que também quer ser pediatra. Elas são a razão da minha vida e tenho muito orgulho das mulheres íntegras, sensíveis e inteligentes que elas vêm se tornando. Tenho muito orgulho dos meus pais, que me permitiram, ao custo de muitos sacrifícios pessoais, acesso a recursos para minha educação e desenvolvimento e que sempre foram referências de apoio, honestidade e trabalho duro.

15. Qual o significado da palavra felicidade?

Felicidade é estar plenamente presente no agora, em paz com minha própria consciência, com minhas escolhas e com Deus.

16. Qual a sua citação favorita e por quê?

"Mas a vocês que me ouvem, eu digo: amem os seus inimigos, façam o bem a quem os odeia, abençoem quem os amaldiçoa, orem por quem os maltrata. Se alguém lhe der um tapa numa face, ofereça também a outra. Se alguém exigir de você a roupa do corpo, deixe que leve também a capa. Dê a quem pedir e, quando tomarem suas coisas, não tente recuperá-las. Façam aos outros o que vocês desejam que eles lhes façam." (Lucas 6:27). Para mim, essa é a maior definição de amor e uma regra pétrea de convivência em uma sociedade mais justa e fraterna.

17. Quais são seus *hobbies* preferidos?

Sou apaixonado por corrida de rua. Participei de todas as maratonas e das principais ultramaratonas do mundo. Destaco aqui a Comrades, na Africa do Sul – 90 quilômetros nas montanhas – e a Brazil 135 – 217 quilômetros na Serra da Mantiqueira. São provas que duram entre 24 e 48 horas, e exigem extrema resistência física e mental. Hoje em dia mantenho o hábito de correr entre 5 e 10 quilômetros por dia. Esse é um momento de relaxamento onde consigo organizar minhas ideias e me livrar das tensões. Também já fui paraquedista, tendo acumulado mais de 800 saltos livres. A idade e uma luxação no ombro me tiraram dos aviões, mas continuo fascinado pelo esporte. Adoro cinema, sou um ávido consumidor de filmes, com uma predileção especial pela obra de Woody Allen.

18. Qual sonho você gostaria de realizar?

Gostaria de aprender a escalar montanhas e subir até o Pico do Monte Everest. Também tenho a intenção de aprender a pilotar aviões.

19. O que você aprendeu com a vida que gostaria de deixar registrado nesta obra?

Aprendi que para se chegar ao sucesso é preciso muito trabalho, foco, determinação. Não existem atalhos para o sucesso. A excelência é alcançada através da repetição, da disciplina e da resiliência. Aprendi que nada substitui a paz de espírito de se ter a consciência sempre tranquila, de se ter uma ação ética em todas as relações pessoais e profissionais. Aprendi a identificar o momento certo de me lançar num projeto e o momento exato de me retirar dele. Aprendi que na maior parte das vezes ouvir é bem mais importante do que falar, e que o silêncio pode ter muito mais significado do que o discurso. Por fim, aprendi que ainda que planejemos e tentemos controlar as situações, Deus está no controle de tudo e nunca desampara quem Nele confia. Nossa fé realmente é capaz de mover não só as montanhas, mas todas as coisas ao nosso redor!

Galeria de fotos

Glaucia Regina Alves Guarcello

Empresa:
Deloitte

Função:
Diretora de Consultoria em Inovação

1. Como e onde você iniciou a sua trajetória profissional?

Eu sempre fui muito curiosa, amava entender como as coisas funcionam e por que são como são. Nunca lidei muito bem com regras estabelecidas, desafiava tudo e queria fazer apenas o que tivesse sentido para mim. Dessa curiosidade surgiu o interesse pela engenharia, pela construção. Acabei optando por me formar em Engenharia Civil e logo comecei a trabalhar com obras de infraestrutura. Nesse ambiente, me apaixonei por processos de melhoria contínua e inovação. Com o sucesso dos programas de *lean construction*, rapidamente me tornei *head global* de excelência e inovação em uma construtora multinacional. Aos 29 anos eu já era diretora e estava diretamente ligada ao CEO da companhia, com mais de 250.000 funcionários. Apoiei e liderei diversos programas de transformação e inovação na América Latina, Europa, Ásia e África. Fiz meu mestrado em Engenharia de Produção, já voltada ao desenvolvimento de produtos inovadores. Acabei optando por seguir em um MBA e doutorado focados em Estratégia de Inovação. Desde a minha infância, a inovação era parte de mim, traduzi isso em uma carreira. Hoje, atuo como diretora de consultoria no tema em diversas corporações, ajudando as pessoas a serem curiosas, autênticas, a não se conformarem com padrões preestabelecidos sem entender as razões por trás.

2. Quais os principais desafios e resultados que você vivenciou ao longo da sua carreira?

Atuo primordialmente em indústrias baseadas em engenharia, como construção, mineração, energia e *oil & gas*. Ser mulher em um ambiente predominantemente masculino sempre foi um desafio, ainda mais quando se trabalha com inovação, um tema que por vezes questiona o *status quo*. As pessoas resistem às mudanças e têm aversão à tomada de riscos. Gerir as mudanças, sendo um agente de transformações, é muito desafiador. Por vezes, as pessoas reagiam de maneira passional, me desmotivando do propósito da transformação. O foco em algo que é maior do que eu mesma – em uma causa, no impacto social que seu trabalho pode provocar – é a forma que encontrei para seguir em frente.

Dentre os maiores resultados que alcancei, ressaltaria a oportunidade de trabalhar com projetos de inovação em mais de 40 países, gerando mais de 1 bilhão de dólares de impacto na geração de resultados. Pude liderar times de várias nacionalidades, cheguei a ter um time de 110 engenheiros em cinco continentes simultaneamente. Eu me tornei a diretora mais jovem da história da construtora multinacional que trabalhava e fui aprovada para o visto americano de habilidades excepcionais em *business*.

3. Quem da sua história de vida inspirou/motivou na sua carreira?

Minha maior motivação de vida e carreira foi o meu pai. Ele abdicou de tudo por mim. Meu pai me criou sozinho, pois perdi minha mãe muito cedo e sempre me ensinou o valor do trabalho, do estudo, do foco e da consistência. Ele é o meu ídolo e a melhor pessoa que já existiu neste mundo. Outra grande inspiração é o meu marido Claudio. Ele me ensinou o valor da família, o amor incondicional, a construção conjunta de futuro. Meus dois maiores amores nesta vida.

4. Quais dicas você daria para aqueles que estão iniciando a carreira profissional?

Duas dicas principais: continue aprendendo sempre e seja autêntico. Aprender é parte de estar vivo. Ninguém nasceu sabendo andar, ler, fazer matemática. Todos nós aprendemos. Testar novas hipóteses (e errar) é como a gente aprende. Se sempre ficarmos na zona de conforto, no conhecido, não aprendendo nada, não terá sentido viver. Com a vida profissional é a mesma coisa. Cabe a você ser o protagonista da sua carreira, buscar sempre novos conhecimentos, novas responsabilidades, novas soluções. Além disso, acredito que a autenticidade é a chave do sucesso. As pessoas não querem seguir um líder padrão, robótico, que copiou os modelos dos livros ou de outras pessoas. É na nossa humanidade que está a nossa maior força. Encontre a sua própria definição de sucesso e corra atrás dela. Não abra mão de quem você é.

5. Ao recrutar um profissional, quais características comportamentais você considera fundamentais?

Voracidade e curiosidade em aprender, empatia, colaboração, raciocínio, inteligência, comunicação, abertura às novas possibilidades.

6. Qual legado você gostaria de deixar para a sociedade?

Gostaria de ser lembrada como alguém que inspirou as pessoas a pensar diferente e a inovar, que facilitou esse processo e compartilhou conhecimentos relevantes. Alguém que teve humildade para aprender e força de vontade para assumir os riscos inerentes a fazer coisas novas. Pessoalmente, quero também criar uma família unida e feliz.

7. Cite alguns líderes que, em sua opinião, são inspiradores.

Walt Disney, Jeff Bezos, Steve Jobs e Bill Gates.

8. Como você define o papel da liderança?

Ser líder é ajudar as pessoas a irem mais longe do que elas iriam sozinhas. É entender os maiores potenciais e incentivar as pessoas a exercê-los. Criar um ambiente de colaboração efetiva.

9. O que você faz para se manter motivada?

Sou ligada às causas, aos impactos que podemos gerar na sociedade. Entender que o propósito do meu trabalho é maior do que eu mesma é o que me motiva a continuar. Quero chegar ao resultado, ajudar o mundo a ser um lugar melhor. Dessa forma, as adversidades ficam pequenas, viram parte do processo, percalços do caminho. Além disso, tenho muita consciência da importância da minha saúde mental e física na minha motivação e produtividade. Medito todos os dias e cuido da minha alimentação. Além disso, tenho hábitos de alta *performance*, como GTD e gestão da rotina diária. Monitoro como invisto meu tempo e aprendi a falar "não" para coisas não alinhadas ao meu propósito de vida.

10. Qual a importância da inovação nas organizações?

A inovação é o motor do crescimento organizacional, seja de forma orgânica ou inorgânica. Mais importante do que o produto ou serviço que você fornece é o problema da sociedade que você se propõe a resolver. As empresas deveriam se apaixonar pelos problemas e não pelos produtos ou serviços que vendem. O papel da inovação é garantir a reinvenção dos negócios, seja pela melhoria contínua, pela migração para mercados adjacentes ou pela criação de soluções novas a novos mercados. Sem inovação não existe futuro sustentável, e em tempos exponenciais como o que vivemos, ela não é mais opcional.

11. Como você realiza o *networking* de maneira efetiva?

Através da criação de valor. As conexões se alimentam e em conjunto constroem novos valores. Não é uma questão de quantas pessoas você conhece, é uma questão de quantas conexões efetivamente têm o potencial de criar um valor em conjunto. Essa troca vai consolidando *network* efetiva, onde os membros conhecem as forças e *expertises* dos demais e alavancam os impactos positivos gerados.

12. Do que você sente saudades?

A maior saudade que tenho é dos meus pais. Eu os perdi muito cedo e sempre ficou a sensação de várias coisas que gostaria que vivêssemos juntos. Do mais, não sou uma pessoa muito nostálgica, adoro viver as novas experiências e penso mais sobre o futuro do que sobre o passado.

13. Do que você tem orgulho?

Da família que estou construindo, do time maravilhoso que trabalha comigo, dos projetos relevantes que já liderei e participei, dos amigos fantásticos que tenho e da minha força de vontade para, apesar de todas as dificuldades, buscar construir sempre um futuro melhor.

14. Qual o significado da palavra felicidade?

Conhecer-se profundamente e poder exercer o seu eu mais autêntico sem apegos ou culpas. Permitir-se viver os seus sonhos de forma plena e aproveitar cada minuto da vida em coisas que realmente importam.

15. Qual a sua citação favorita e por quê?

"A paz vem de dentro de você mesmo. Não procure à sua volta." (Buddha)

Acredito que todo conflito é interno. Você não pode controlar o que acontece com você, mas pode permitir ou não que isso o afete. Todos os nossos sentimentos e sensações são permitidos pela nossa mente e nós possuímos formas de gerir nossos pensamentos e buscar constantemente saúde mental. A vida fica muito mais leve quando nos tornamos protagonistas dos nossos próprios sentimentos e pensamentos em vez de culparmos o mundo exterior por tudo. Ter uma mente de abundância e não de escassez.

16. Quais são seus *hobbies* preferidos?

Adoro desenhar, montar quebra-cabeças e dançar. Também sou apaixonada por cinema.

17. Quais sonhos você gostaria de realizar?

Garantir que todos os jovens do Brasil tenham acesso a conhecimento sobre inovação e ser mãe.

18. O que você aprendeu com a vida que gostaria de deixar registrado nesta obra?

Nem sempre os caminhos da vida são os que planejamos. Saber nos adaptar, nos mantermos confortáveis no desconforto, é a base para uma vida mais equilibrada. Não é porque o caminho da vida não é determinístico que não deveríamos tomar as rédeas e sermos protagonistas da nossa própria vida. Tudo é uma questão de escolhas e prioridades que você define. Ninguém vai conquistar os seus sonhos por você, tenha resiliência e faça a sua parte.

19. Qual mensagem de motivação você gostaria de deixar para os leitores deste livro?

A história de outros líderes inspira, engaja, mas não adiantará nada se você não tiver ações consistentes na criação do seu próprio futuro e sucesso. Sucesso é um construto de definição extremamente pessoal. Conheça-se, conheça e defina o que é sucesso para você e não se contente com menos que isso. Você pode tudo o que sonhar.

20. Com base no que você vivenciou, ao longo de sua vida corporativa, qual o segredo do sucesso para ir da teoria ao topo?

Seja fiel a você mesmo, seja autêntico e busque fazer a diferença positivamente para o mundo. Escolha solucionar problemas que importam.

Galeria de fotos

19. **Qual mensagem de motivação você apostaria a seguir aos leitores deste livro?**
A história do sucesso é uma história curiosa, porque o sucesso não tem como construir uma coisa se você estiver em uma situação de conforto. Supere o sistema, saia, se vire. Confuga as coisas, saia do que se paga antes de tê-lo construído. Tomou isso, você pode fazer o que quiser.

20. **Com base no que você já realizou, ao longo desta jornada, qual o recado do sucesso para aqueles ao longo?**

Seja fiel a você mesmo, faça alguma coisa que o ajude e ajude também o mundo. Escolha bem como problemas que importam.

Guilherme Pereira Silva

Empresa:
Grupo Elo

Função:
Sócio-Diretor

1. Como e onde iniciou-se sua trajetória profissional?

Quando, logo após me formar no 2º Grau, na capital de Minas Gerais, vivenciava a grande dúvida adolescente em decidir qual seria a minha carreira para "toda a minha vida", embora me faltasse a clareza em um ponto, sobrava em outro: eu estava diante do início da minha jornada profissional. Até aquele momento segui, como a grande maioria, um caminho escolhido e determinado pela sociedade. Porém, dali para frente seria o que eu quisesse e gostasse, poder que para um jovem que não tinha tantas certezas pesava bastante nos ombros. Portanto, antes de me comprometer com uma faculdade de quatro anos, tive interesse em experimentar um curso menor, de dois anos, no CEFET, uma escola federal renomada, e em uma nova formação que me atraía muito: Turismo. Essa decisão acabou por desencadear todos os desdobramentos da minha carreira ligada ao *customer service*, pois, após ingressar nessa rota acadêmica, a Telemar estruturava um atendimento diferenciado para os mineiros que se chamava Disque Turismo, e em uma parceria entre a empresa e o CEFET, consegui preencher uma vaga de estagiário para esse novíssimo *call center* à população. Em um momento que a internet ainda era um privilégio de poucos e não continha toda a informação atualizada como hoje, no Disque Turismo passávamos informações sobre cinema, teatro, festas, *shows*, pontos turísticos da cidade, entre outras. E assim começou, há 21 anos, a minha trajetória profissional!

2. Quais os principais desafios e resultados vivenciados ao longo da sua carreira?

Tenho um grande orgulho de poder ter construído a minha carreira através da base, galgando com minhas próprias virtudes e méritos cada novo estepe de crescimento. O primeiro desafio, com certeza, foi o primeiro passo: ingressar no mercado em um horário difícil de trabalho, adentrando a madrugada, aliando o estudo a essa jornada. O segundo grande desafio veio através da transformação do mercado, onde de dentro das grandes empresas surgiam as empresas de *contact center* e um novo segmento de atuação nascia. Todo o atendimento da Telemar foi terceirizado para a Contax. Antes estagiário com um tempo de trabalho predeterminado, uma história com início, meio e fim, passou a ser uma história empregada com muitas possibilidades, passando para o terceiro desafio: conseguir a minha primeira promoção. A Contax, uma das pioneiras no segmento, crescia vertiginosamente no início dos anos 2000 e, portanto, muitas novas vagas eram abertas e, consequentemente, muitas promoções internas. Minha primeira promoção foi para trabalhar na equipe de Qualidade, onde comecei a evoluir em gestão de pessoas e desenvolvimento humano. Como mote principal, temos a responsabilidade de desenvolver as pessoas para um atendimento melhor, e isso envolvia entender o atendimento e o processo, além de ensinar. Porém a segunda promoção foi a mais transformadora, onde, através da curiosidade e habilidades técnicas desenvolvidas através do esforço e horas vagas, aprofundei meus conhecimentos em Excel e VBA, conseguindo assim uma vaga de analista na equipe de Planejamento. Alguns relatórios na área não estavam sendo gerados devido à ausência de conhecimentos técnicos, outros demoravam muito tempo para serem confeccionados, e minha primeira conquista foi, em cinco dias, facilitar a vida de outros analistas e gerar informações mais automatizadas. Nessa cadeira, participei de um dos primeiros projetos de operações *Blended* no segmento de Televendas, em parceria com a McKinsey, e tivemos uma elevação fantástica da produtividade do produto. Algumas oportunidades surgiram após esse trabalho e após uma passagem pela Telemig Celular, tive o convite para ser coordenador da área de Planejamento na AeC, empresa nova no mercado, mas que crescia muito e onde solidifiquei minha carreira. Na AeC, além de crescer junto com a empresa, onde comecei como coordenador e meu último cargo foi de gerente executivo, respondendo direto à presidência, pude também vivenciar diversas áreas da empresa que compõem o relacionamento com cliente, sendo elas: Planejamento, MIS, Operações e Comercial, me tornando um profissional mais completo. Como principal desafio dessa fase foi suportar todo o crescimento da empresa, com o projeto de interiorização, levando a empresa para cidades do interior de Minas Gerais e Nordeste que não tinham experiência com *contact center*, toda a equipe ligada ao atendimento precisava ser desenvolvida. Em paralelo, esse crescimento exigia procedimentar e sedimentar suas atividades e conhecimento, bem como fortalecer seu nome no mercado.

Após essa passagem vitoriosa, recebi um convite para a construção de um sonho antigo: ser sócio de uma empresa de *contact center*. Como filho e irmão de empresários, sempre tive um desejo profundo de construir minha própria empresa, apesar dos riscos sabidos em um país de política confusa e dificuldades em empreender. A resposta foi um rápido sim e começou então minha jornada de empreendedor e responsável pela empresa. Os desafios foram incontáveis nesses últimos sete anos, mas começar uma empresa de zero cliente e profissional, tendo sua primeira sede em São Luís do Maranhão, com um sócio investidor e outros três sócios executivos, e ter hoje aproximadamente 3.000 funcionários e 15 expressivos clientes, gera uma enorme satisfação. Foi preciso aprender sobre tudo: construção, infraestrutura, tecnologia, folha de pagamento, jurídico, tributos, relações governamentais e institucionais, além do que já dominava, que era como atender bem os clientes de nossos clientes. Todo dia há um novo aprendizado e um novo desafio, e é isso que mantém viva a chama de conseguir mais uma nova conquista como profissional.

3. Quem da sua história de vida inspirou/motivou na sua carreira?

Ao longo da minha carreira, tive diversos gestores que me apoiaram e suportaram meu desenvolvimento profissional. Entretanto, as pessoas que mais me inspiraram nessa jornada foram três. Em ordem cronológica, primeiramente o gerente de planejamento da Contax, Diego Leite, que sempre demonstrou extremo conhecimento no segmento, clareza e serenidade na condução de qualquer reunião, além de extrema assertividade na tomada de decisão. Tivemos oportunidade de trabalhar novamente de forma direta na AeC e, em um novo momento, consegui aprender e me desenvolver sobre sua gestão. O segundo líder com quem obtive inspiração foi o presidente da AeC, Alexandre Moreira, pessoa responsável por me permitir conhecer diversos setores da empresa e me tornar um profissional mais completo. Consegui acompanhar também sua ascensão profissional de perto e, além do poder de propor soluções inovadoras, sempre me admirou a sua relação com a família e saúde, sempre equilibrando as funções de líder, pai e amigo. Por fim, tenho grande inspiração pelo meu irmão empreendedor Frederico Silva, que com sua visão de negócio, determinação e controle financeiro, conseguiu emplacar seu próprio empreendimento, sendo referência na área de Games em Belo Horizonte.

4. Alguma história na gestão de pessoas que gostaria de compartilhar?

Costumo dizer que a melhor recompensa do verdadeiro líder é conseguir desenvolver cada integrante do seu time e, através dessa evolução, proporcionar a promoção de cargo e/ou salário desses que se empenharam e se destacaram. Sou extremamente grato por ter diversos liderados e ex-liderados ocupando cadeiras executivas em grandes empresas.

5. Alguma história de relacionamento com o cliente que gostaria de destacar?

Tive o privilégio de criar grandes histórias de relacionamento com os clientes que trabalhei, mas como destaque cito brevemente a participação e iniciativa na reformulação do modelo de atendimento de uma grande empresa do segmento de telecomunicações do Brasil, que apresentava antes dessa reformulação grande perda de chamadas na central e baixo índice de resolubilidade, refletindo baixa satisfação do atendimento, recorde de reclamações na Anatel (órgão de regulamentação do setor) e aumento de *churn* na base de clientes. Através dessa reformulação, aumentamos em mais de 15% o percentual de chamadas atendidas, conseguimos uma redução da improdutividade do atendimento superior a 21% e consequente aumento da satisfação do cliente final.

6. Quais dicas daria para aqueles que estão iniciando a carreira profissional?

Curiosidade, resiliência, persistência, generosidade e honestidade. Para crescer é preciso aprender e para aprender o melhor ingrediente é a curiosidade. Como diz o provérbio oriental: "Homens fortes criam tempos fáceis e tempos fáceis geram homens fracos, mas homens fracos criam tempos difíceis e tempos difíceis geram homens fortes". Resiliência porque suportar os momentos difíceis já nos qualifica para um novo nível profissional.

Nem sempre o nosso momento é o momento da empresa e é preciso persistir nos nossos objetivos.

Quem é generoso com o próximo, ensinando e se doando, também aprende e recebe. Honestidade, porque é a base fundamental de qualquer bom profissional e líder.

7. Ao recrutar um profissional, quais características comportamentais são consideradas fundamentais?

Para recrutar um profissional, as principais características que busco são honestidade, o quanto o profissional reconhece suas forças e fraquezas, desejo pelo desempenho do papel e de trabalhar na empresa e, por fim, seu relacionamento interpessoal e poder de mobilização, o que é fundamental para conseguir atingir os objetivos da empresa.

8. Qual legado gostaria de deixar para a sociedade?

O grande legado para mim está em poder ajudar o máximo de pessoas possível a realizar seus sonhos, através da inclusão social, aprendizado e desenvolvimento do seu potencial. Acredito que prover oportunidade de trabalho e crescimento profissional é uma das principais formas de evoluir nossa sociedade e contribuir para um mundo melhor.

9. Quais os reflexos das práticas de cidadania empresarial para organizações, profissionais e sociedade?

A prática de cidadania empresarial compreende um conjunto de princípios e processos de gestão com o objetivo de criar e preservar valor para a sociedade. Esse comportamento ético e sustentável pelas organizações é um caminho sem volta e que sustenta os três pilares empresa-cidadão-sociedade. A empresa se beneficia com produtos e serviços de maior qualidade, sendo reconhecida por clientes e mercado; os profissionais se desenvolvem com o desenvolvimento do conceito ético e aumento do capital intelectual através da busca de soluções econômicas e sustentáveis. E finalmente a sociedade consegue preservar ao máximo seus recursos naturais, culturais, amplia a inclusão social e recebe condições de trabalho dignos que aumentam o bem-estar da população.

10. Cite alguns líderes que, em sua opinião, são inspiradores.

Ayrton Senna, Barack Obama, Michael Jordan, Bernardinho e Nelson Mandela.

11. Como você define o papel da liderança?

O líder é aquele capaz de instigar o desejo de realização do seu time e empresa, identificando os pontos fortes e fracos de cada integrante e os organizando para o melhor desempenho da equipe. A mobilização é o grande mote desse papel, mas é fundamental que consiga ensinar, delegar e direcionar os liderados de acordo com a necessidade específica do momento, sabendo se adaptar a cada intempérie surgida.

12. O que você faz para manter-se motivado?

Minha principal motivação é olhar para os próximos objetivos a serem conquistados. Olhar para o passado traz a sensação de realização e satisfação pelas conquistas, mas olhar para frente e para as metas pessoais me faz levantar da cama com vontade de ter mais um dia memorável. O equilíbrio se dá pelo movimento!

13. Qual a importância da inovação nas organizações?

A inovação tem papel fundamental para as organizações e somente através dela é possível uma empresa se manter viva. A inovação não necessariamente se dá através da tecnologia, mas também através de processos, novos segmentos, uma nova forma de se posicionar no mercado ou em novos produtos. A cultura de inovação vem para auxiliar as empresas a fomentar seu desenvolvimento e garantir que as pessoas da organização consigam implementar iniciativas que garantam a melhoria da empresa dentro do cenário atual e tendências.

14. Como você realiza o *networking* de maneira efetiva?

Acredito que a principal forma de efetivar o *networking* é sendo generoso, estando disponível para ajudar e sendo proativo nas relações. O *networking* amadurece quando há uma relação de troca efetiva e todos saem ganhando dessa relação.

15. Do que você sente saudades?

Sinto saudades do olhar inocente da descoberta em cada etapa vivida. A juventude traz consigo um mundo de descobertas que aguça curiosidade e sentidos, nos fazendo viver um aprendizado mais intenso. Apesar de a vida nos exigir novos aprendizados a cada dia, hoje vivemos muito mais adaptações de uma realidade existente do que a abertura de um novo mundo.

16. Do que você tem orgulho?

Principalmente da minha trajetória profissional, por construir relações íntegras e por poder transformar tantas famílias com inclusão no mercado de trabalho e desenvolvimento do conhecimento profissional através da nossa empresa.

17. Qual o significado da palavra felicidade?

Gosto da definição apresentada pelos gregos de que a felicidade é um instante de vida que vale por ele mesmo. Entendo que podemos medir a felicidade em todos os momentos em que gostaríamos que eles demorassem um pouco mais. Tenho os meus momentos de felicidade quando consigo acrescentar algo na vida de outra pessoa através de um ensinamento, conselho, atenção ou qualquer outra forma, quando consigo observar o meu desenvolvimento, quando tenho a benção de poder realizar um dos meus *hobbies* preferidos ou quando tenho a alegria de amar e ser amado.

18. Qual a sua citação favorita e por quê?

Minha citação favorita é do livro *O lobo da Estepe*, de Hermann Hesse: *"Nada lhe posso dar que já não exista em você mesmo. Não posso abrir-lhe outro mundo de imagens, além daquele que há em sua própria alma. Nada lhe posso dar a não ser a oportunidade, o impulso, a chave. Eu o ajudarei a tornar visível o seu próprio mundo, e isso é tudo."*.

Esse trecho do livro traz uma excelente reflexão acerca da autorresponsabilidade. Todo grande líder tem a capacidade de impulsionar as ações individuais e de toda uma equipe, potencializando resultados, contudo nada substitui a responsabilidade individual de cada um em se dedicar, aprender, desenvolver e ser honesto e verdadeiro em suas relações. Nós somos os grandes protagonistas da nossa vida.

19. Quais são seus *hobbies* preferidos?

Praticar esportes, principalmente corrida, futebol e *squash*, cozinhar, ler, assistir a filmes e séries, receber família e amigos em casa.

20. Qual sonho você gostaria de realizar?

Quero ainda construir uma instituição sem fins lucrativos com o principal objetivo de prover ensino para crianças e adolescentes carentes, possibilitando a elas maiores oportunidades profissionais no futuro.

21. Qual mensagem de motivação gostaria de deixar para os leitores deste livro?

Acredite em si mesmo e acredite em seus sonhos. Leve o tempo que for para descobrir o seu propósito, o que mobiliza você, o que lhe dá lugar no mundo, mas após esse despertar não recue sob nenhum pretexto. Sorria o máximo que conseguir, pois o sorriso abre portas e dá vida ao coração.

22. Com base em suas memórias, qual legado você gostaria de deixar para a humanidade?

Tenho como objetivo de legado poder ser reconhecido por pessoas próximas a mim, que pude proporcionar de alguma forma momentos de felicidade para elas, ou conseguir ter transformado a vida de alguém para melhor.

Galeria de fotos

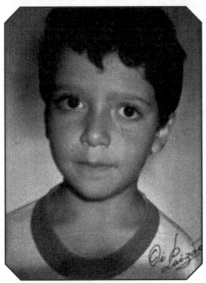

Guilherme Trotta

Função:
Diretor Comercial

1. **Como e onde iniciou-se sua trajetória profissional?**

    Iniciei minha trajetória na área técnica. Comecei na IBM como operador de fax, sim, já existiu essa função. Após seis meses de minha contratação, um vendedor havia saído de forma repentina, deixando uma posição disponível. De imediato, procurei o chefe de vendas e disse o quanto eu gostaria de ir para vendas, e se caso houvesse uma posição contasse comigo.

    Com o processo lento de contratação de uma grande empresa, o chefe de vendas resolveu dar uma oportunidade àquele operador de fax. Iniciei como representante de vendas, vendia peças de reposição de máquinas de escrever. Estava no Rio de Janeiro, por onde fiquei trabalhando por mais 14 anos sempre na área de vendas.

2. **Quais os principais desafios e resultados vivenciados ao longo da sua carreira?**

    Foram muitos, e em grande parte os maiores sempre foram relativos à mudança, à quebra de paradigmas. Um grande desafio foi quando eu tomei a decisão de sair do Rio de Janeiro e vir para São Paulo. Em 2006 eu já possuía uma experiência de 15 anos no mercado do RJ no mercado de tecnologia. Nos últimos dois anos, eu havia recebido uma promoção e respondia pelo segmento de *Oil & Gas* do Brasil. Tendo como *report* indireto internacional, eu atuava como um executivo de grandes negócios que envolviam em grande parte Petrobras e Siemens. Contudo, naquele momento eu já trazia comigo uma vontade de mudar, de trabalhar com algo mais humano, que eu ainda não tinha a certeza do que seria. Foi quando eu fui convidado a participar de um processo seletivo para ser gerente de vendas na Natura Cosméticos, veja, eu trabalhava no mercado B2B há mais de 15 anos, em empresas multinacionais com uma cultura masculina e muitos processos, tendo um ciclo de negócios de aproximadamente seis meses. Chego em São Paulo em outubro de 2006, assumo uma equipe composta por 24 gerentes que se reportavam a mim, equipe 100% feminina, em uma empresa feminina e brasileira.

    Sem dúvida foi um grande desafio para me adaptar aquele modelo, onde os negócios aconteciam em 20 dias e não havia uma segunda chance, em apenas 20 dias você poderia perder um ano inteiro. Uma equipe com altíssima energia, em um negócio que é relacionamento, digo, todo o negócio é focado em relações, e quanto mais gente você se relaciona e traz para o negócio, mais resultado você tem.

    Essa experiência foi o meu maior desafio, nem tanto pela complexidade em construir o resultado, mas, sim, extremamente enriquecedor. Esse mundo fascinante que é o feminino – a determinação, o foco, a lealdade que conheci – me encantou. Pude ver o quão forte é a mulher e como conseguimos conquistar o que talvez fosse incansável em outro momento.

    Ali eu conheci uma cidade que me acolheria muito, que foi São Paulo, conheci quem hoje é a minha companheira e mãe de minha filha, meu maior presente.

3. **Quem da sua história de vida inspirou/motivou na sua carreira?**

    Cresci em uma família de classe média onde meu pai era advogado e minha mãe, secretária em uma multinacional.

    Tive em casa duas pessoas com uma personalidade muito forte, e com muito amor. Sem dúvida, meu pai e minha mãe sempre foram pessoas que me inspiraram muito. Aprendi desde cedo que só se vence através do trabalho e estudo, e respeito, honestidade e educação não são qualidades, são deveres que temos que levar. E esses sempre foram os meus direcionamentos em todas as minhas decisões.

Por isso, posso afirmar com segurança que dentre os exemplos que tive, a minha maior inspiração foi minha mãe.

Mulher, nasceu em 1940, formou-se em Administração de Empresas, trabalhou por 30 anos em uma grande multinacional como secretária bilíngue. Com todas as atribuições, ainda assim uma excelente mãe, sempre presente. A partir dela, eu pude conhecer a força da mulher, a capacidade que uma mulher tem de exercer vários papéis com sucesso sem deixar que um problema qualquer chegue em sua casa, assim sempre conseguiu ter um lar harmonioso.

4. Alguma história na gestão de pessoas que gostaria de compartilhar?

Foram muitos momentos, mas tomo a liberdade de comentar o caso de um profissional que tive o privilégio de ter tido em meu time.

Quando assumi a equipe recebi como *briefing* do antigo gestor e do RH que eu deveria desligar esse profissional. A razão seria que ele não estava produzindo e era muito relapso em suas tarefas. Analisei com detalhes todo o histórico desse profissional, que estava nesta companhia há 10 anos, sempre trazendo resultados significativos e em suas avaliações sempre muito bem avaliado. Entretanto, eu notei que em suas últimas três avaliações anuais, ele sinalizou claramente que queria sair da área de engenharia e tinha o interesse de ir para a área de vendas. Bom, com base nessas informações, eu estava com a "opinião formada". Claro, um bom engenheiro, que cansou de suas atividades, quer mudar e nunca recebeu um *feedback* da razão de não ter ido, por conta disto, pensei eu, ele estaria desmotivado.

Fui conversar com o profissional, coisa normal quando assumimos uma equipe. Ele entrou em minha sala, pediu licença para sentar-se, olhou para mim e disse:

– Guilherme, fico muito feliz em ver você como diretor, mas, por outro lado, triste, pois você vai conhecer em mim um péssimo profissional.

Fiquei assustado com seu posicionamento, mas positivamente. Sua postura me mostrou coragem, maturidade em assumir que não estava fazendo suas entregas e protagonismo trazendo para si toda responsabilidade do que estava acontecendo.

Foi nessa conversa que entendi a razão de toda sua dispersão e desânimo, ele havia se separado e não aceitou tal fato.

Terminamos nossa conversa de 45 minutos, e não o prometi nada e ele da mesma forma me olhou nos olhos e desejou-me boa sorte.

Após esse dia, eu refleti muito sobre o que deveria fazer, de uma forma lógica e simplista eu deveria demiti-lo e contratar outro ou promover alguém, o que de alguma forma até seria positivo para minha gestão, levaria aquele sentimento de "chegou arrumando a casa". Mas existem outras formas de "colocar ordem na casa", não seria de uma forma fria que eu resolveria aquilo, eu sabia que tinha que dar uma chance para aquele profissional que sempre fez suas entregas e de uma forma muito honesta me mostrou algo que não tenho como ajudá-lo.

Após três dias, agendei uma reunião com o RH e o gerente de vendas, saímos dessa reunião com uma decisão, que eu precisei assumir todos os riscos.

Em seguida, chamei o engenheiro para uma reunião. Quando ele entrou na sala ficou pálido, pois estavam nessa reunião, além de mim, a diretora de RH, o gerente da engenharia (seu chefe) e o gerente de vendas, este até então sem razão de estar ali.

Foi quando eu pedi para o engenheiro se sentar em minha frente e, mais uma vez olhando nos olhos, eu fiz uma pergunta a ele:

– Eu tenho duas opções e preciso saber de você qual decisão tomamos, eu tenho em minha mão esquerda uma carta de dispensa para você, e em minha mão esquerda eu tenho uma carta de promoção, levando você para a área de vendas. O que devo fazer?

Imediatamente ele abaixou a cabeça, apoiou seu rosto sobre suas mãos que estavam em minha mesa. Passados dez segundos aproximadamente, ele olhou para mim com os olhos marejados e me disse:

– Você terá em mim o melhor vendedor desta empresa.

Nesse momento, o gerente de vendas assumiu a reunião, dando-lhe as orientações em conjunto com o gerente da engenharia.

Esse profissional cresceu, todos os meses cumpriu suas metas, em dois anos o promovi a gerente de vendas de uma nova unidade de negócios e hoje ele está com a posição que eu ocupava quando o promovi.

Fazer gestão de pessoas vai muito além de garantir que todos tenham a melhor *performance*, precisamos entender o momento de cada um para, aí sim, poder ter o melhor de cada profissional.

5. Quais dicas daria para aqueles que estão iniciando a carreira profissional?

Seja honesto em suas relações, construa uma história baseada em lealdade. Doe seu melhor, tenha a certeza de que quem o colocou ali está confiando muito em você. Faça o que você gosta e, principalmente, não trabalhe por dinheiro. Trabalhe no que faz você feliz e terá muito mais do que imagina.

6. Ao recrutar um profissional, quais características comportamentais são consideradas fundamentais?

Para mim, o mais difícil ao recrutar alguém é conseguir tirá-lo do curriculum, sair das frases prontas (gosto de desafios, o que me motiva são desafios, meu defeito é trabalhar muito...). Eu sempre busco conhecer quem é a pessoa, qual sua bagagem de vida, seus valores, estrutura familiar.

Quando eu consigo fazer com que a pessoa se solte, eu começo a analisar sua capacidade de lidar com frustrações, seus valores pessoais, e quais seus movimentos e a razão por ter feito. A partir dessas características, eu fico mais seguro em evoluir com esse candidato.

Contudo, é sempre importante saber que estamos contratando um ser humano, existe sim um período de adaptação, o momento que a pessoa está vivendo. Veja, se vou contratar um profissional que está bem empregado com uma carreira sólida, sua postura é muito mais cética, claro, uma postura de quem está entrevistando a empresa e a posição que poderá assumir. Por outro lado, quando falo com um profissional que está desempregado há mais de três meses, é normal que a pessoa esteja insegura, que queira muito trabalhar e que em alguns casos passe até uma ansiedade, normal.

Há pouco, por exemplo, eu estava contratando um profissional para a posição de gerente regional. O candidato tinha 53 anos, coisa que para mim não interfere em nada, mas a insegurança, que isso fosse um problema, o candidato se dedicou mais em me mostrar sua jovialidade do que falar de suas experiências, conquistas e até frustrações profissionais, foi preciso que eu, de forma muito sutil, demonstrasse para o candidato que sua idade não interferiria em nada na sua contratação. Por isso, precisamos ter uma grande sensibilidade ao avaliar um candidato para depois não acharmos que a pessoa nos enganou em uma entrevista.

7. Qual legado gostaria de deixar para a sociedade?

Quero deixar o legado de que com muito trabalho, dedicação com respeito, honestidade e educação você conseguirá atingir seus sonhos.

Sonhar, planejar, disciplina e muito trabalho são armas imbatíveis para seu sucesso. Estar sempre preparado para o que você almeja, por mais longe que possa parecer.

8. Cite alguns líderes que, em sua opinião, são inspiradores.

Sempre tive sorte por ter convivido com grandes mestres, seja na Motorola, com o Luiz Sobral, que me ensinou a mapear um negócio, desenhar uma conta para atingir seus objetivos, na Siemens, tive três grandes líderes que me inspiraram muito, Sérgio Nishida, um profissional com foco total no negócio, uma intuição que poucos têm, Paulo Costa, um jovem gestor que trazia toda sua simplicidade à sua gestão, colocando sempre sua equipe como protagonistas, e Paulo Alvarenga, um alto executivo com uma visão sistêmica clara e um perfil pragmático, que me desenvolveu muito com seu jeito jovem e uma inteligência admirável, mas com uma linguagem adequada para qualquer tipo de público.

Na Natura foram muitos líderes que me inspiraram, o profissional que foi capaz de mudar muitos conceitos que tinha e se tornou meu exemplo a ser seguido foi Alessandro Carlucci. "Alê", como chamávamos, é um alto executivo, com educação e delicadeza no trato, uma capacidade de influenciar, lidar com temas complexos, que fez dele um exemplo para mim. Hoje fora do Brasil, ainda vejo algumas publicações suas e cada vez mais tenho a certeza em afirmar que, sim, é o meu exemplo a ser seguido. Para se ter uma ideia, com ele eu aprendi que ser chamado a atenção por alguém educado é muito mais doloroso e provoca uma reação positiva imediata, ao contrário de uma pessoa com pouca educação.

Fui diretor de vendas e *marketing* na Telehelp, lá trabalhei com o executivo José Carlos Vasconcellos. Líder nato, alta energia, sempre conectado com tudo o que está acontecendo no mercado, aprendi com JC que precisamos sempre estudar lançamentos, aprofundar tecnicamente em seu mercado e ter muita garra e determinação.

Na Avon também trabalhei com o executivo José Vicente Marino. Pragmatismo, foco em seu objetivo, capacidade de reverter cenários são as armas que Marino usa. Um executivo "moderno", onde para ele existem duas verdades: a verdade real e a verdade reportada. Aprendi com Marino o quão importante é estar próximo do negócio, trabalhar sempre em uma estrutura com pouca hierarquia. Meu primeiro momento com JV foi na Natura, quando ele assumiu a posição de VP de Negócios. Deu outra "cara" para a empresa, soube ir diretamente ao consumidor final. Soube usar muito bem a marca, lançou produtos na mídia, o que apoiou muito para o crescimento do resultado. Na Avon, JV assumiu como CEO Brasil. Uma empresa com queda de resultado em mais de cinco anos consecutivos. De uma forma muito pragmática, identificou pontos de melhoria, criou seu plano de execução e em seu primeiro ano a queda de resultados já estava controlada.

9. Como você define o papel da liderança?

Identificar o talento individual, ser empático, carismático, determinado e definir prioridades, saber separar o urgente do importante.

Identificar o talento individual: cada pessoa tem suas forças e fragilidades, um líder é aquele que sabe desenvolver e incentivar as forças de cada um. Acredito que um time de sucesso precisa ter vários talentos que nem sempre precisam ser iguais, respeito à individualidade se constrói em time.

Ser empático: muitas vezes a empatia é confundida por "se colocar no lugar do outro".

10. O que você faz para manter-se motivado?

Por mais clichê que possa ser, eu acredito que cada pessoa tem uma causa para se motivar. Alguns acreditam que sua motivação está na promoção em uma organização, outros entendem que sua motivação está em lucros monetários, outros no poder...

Hoje, aos meus 46 anos e com 30 anos de vivência em grandes companhias onde sempre fiz as minhas entregas, para mim o que me motiva é realizar, construir algo, saber que fiz a diferença na vida de alguém. Em toda a minha carreira, sempre busquei posições de destaque em organizações com destaque nacional e internacional. Contudo, hoje eu quero poder deixar um legado, independentemente do tamanho da companhia ou da posição que ocupo. Sabe aquela coisa de buscar a felicidade? Poder unir trabalho feliz com um convívio maior entre família e amigos.

11. Como você realiza o *networking* de maneira efetiva?

Procuro manter a minha rede sempre ativa, as ferramentas tecnológicas ajudam muito. O LinkedIn é uma boa ferramenta para você saber de movimentos no mercado e mostrar suas movimentações profissionais através de postagens pessoais ou compartilhando a postagem de alguém. A agenda de aniversários do Google também ajuda muito a se manter ativo, todo mundo gosta de ser lembrado em seu aniversário.

Existem as formas *off-line*, como *happy hours* com colegas de outras companhias, participar de eventos, estar presente em palestras, seja como palestrante ou assistindo. Outro ponto que uso que me ajuda muito a manter minha *network* ativa é sempre anunciar as minhas vagas à minha rede, seja em grupos de *WhatsApp* ou *e-mail*. Como em cultivar amizades, precisamos servir quando podemos, quando temos oportunidade.

12. Do que você sente saudades?

Saudade...

Sinto saudade da minha família, da época em que vivíamos todos juntos, pai, mãe e minha irmã, na Tijuca (RJ). Sinto falta dos finais de semana em que íamos a Friburgo, no sítio que lá tínhamos, quase consigo sentir o sabor das frutas, a voz da minha mãe me chamando para almoçar. Foram momentos felizes, quando éramos unidos. E tudo passa tão rápido que só sabemos depois que passou, se eu soubesse que iria durar tão pouco tempo, eu teria ficado mais próximo do meu pai, teria ouvido mais suas histórias, teria feito perguntas que não fiz... Teria ficado mais próximo da minha mãe, teria deitado a cabeça em seu colo e teria pedido para ela me fazer cafuné, teria visto aquele pôr do sol no Arpoador que ela tanto admirava, e me dizia: "Como a natureza é perfeita, né, filho?". Saudades...

Teria ficado mais perto da minha irmã, teria ido a mais baladas com ela, teria tido mais paciência com as amigas dela, sempre tão maduras, teria visto mais televisão, teria ouvido com ela o *Queen* mais vezes, saudades... Hoje são momentos de boa recordação, minha mãe e meu pai não estão mais fisicamente neste plano, minha irmã, sempre tão querida, hoje na Espanha, e sempre minha melhor amiga, saudade de todos, mas feliz por poder ter vivido momentos tão felizes ao lado de pessoas tão especiais.

13. Do que você tem orgulho?
Tenho orgulho de poder olhar para trás e saber que por onde passei construí bons relacionamentos, boas amizades, um legado de trabalho, dedicação e verdade com todos.

14. Qual o significado da palavra felicidade?
É poder estar com quem você ama.

15. Qual a sua citação favorita e por quê?
"Todas as vezes que a sorte me procurou ela me encontrou trabalhando." (Pablo Picasso)
Acredito muito que sem nossa dedicação, esforço e trabalho não há conquistas.

16. Quais são seus *hobbies* preferidos?
Gosto de cozinhar, pois eu acredito que cozinho bem (veja, eu acredito... risos). Aos 40, eu pude voltar a andar de moto depois de muitos anos, adoro poder sentir o vento batendo em mim, o motor da máquina, a liberdade.

17. Qual sonho você gostaria de realizar?
Ver minhas filhas Ana Clara, e felizes.

18. Qual mensagem de motivação gostaria de deixar para os leitores deste livro?
Seja você sempre, seja leal com seus amigos, e faça sempre o seu melhor em todos os papéis que ocupa. Trabalhe duro para ser feliz.

19. Com base em suas memórias, qual legado você gostaria de deixar para a humanidade?
Um legado de lealdade, não precisamos nos corromper, ferir nossos valores por qualquer ganho.

Galeria de fotos

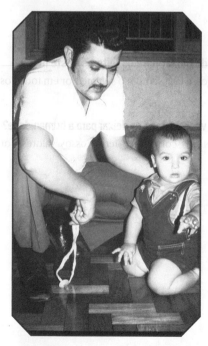

Gustavo Justo Schulz

Empresa:
Hospital Vita

Função:
Superintendente Médico

1. Como e onde iniciou-se sua trajetória profissional?

A minha trajetória profissional pelos caminhos da gestão iniciou-se já na época da residência médica em cirurgia geral, mesmo sem saber. Lembro-me que me fascinava demais a organização do serviço de cirurgia geral do Hospital de Clínicas da Universidade Federal do Paraná, de modo a conseguir sempre respostas mais ágeis, tanto para os colegas que nos acionavam, quanto para os pacientes. Quando assumi a chefia da residência, lá mudamos muita coisa, desde o início da visita médica de manhã bem cedinho até o tempo de resposta para os pedidos de consulta que nos eram feitos, assim como o comportamento dos residentes, exigindo-lhes sempre profissionalismo ao extremo e o máximo de respeito e empatia com os pacientes. Assim, sem mesmo saber que trilharia esse caminho, a gestão começou a me fascinar. Anos mais tarde, com a realização de duas pós-graduações em Gestão em Saúde pelo Hospital Sírio-Libanês de São Paulo, sendo a primeira em parceria com a Fundação Dom Cabral, fui adquirindo o ferramental necessário para me desenvolver como gestor, aprimorando habilidades que já tinha de liderança. Após esses cursos, assumi um enorme desafio: a direção geral de uma Fundação Municipal de Saúde, que era responsável por um terço de toda a saúde pública de Curitiba, no Paraná, com cerca de 2.000 funcionários. Aí, de verdade, iniciava a minha carreira na gestão, uma grande prova de fogo logo no início da carreira.

2. Quais os principais desafios e resultados vivenciados ao longo da sua carreira?

Ao longo da minha trajetória profissional, tive enormes desafios. O maior deles foi a inauguração de um hospital público do zero, voltado para idosos, não tendo à época nenhum *benchmarking* nacional. A proposta era extremamente ousada, aliando um hospital totalmente digital (*"paperless"*) a um modelo assistencial diferente do praticado até então, de modo a inserir o profissional médico horizontalmente no cuidado do paciente e não mais verticalmente. Criamos a figura do médico horizontal à época, hoje mais conhecido como médico hospitalista. Os resultados foram impressionantes e frutos de um intenso trabalho em equipe: em três anos, o hospital já estava certificado em nível 6 pela HIMSS (Health Information Management System Society), ombreado nesse quesito com hospitais do porte do Sírio-Libanês (que também era HIMSS 6), enquanto assistencialmente conseguimos reduzir o tempo médio de permanência dos pacientes (grande desafio num hospital geriátrico) de 12 para 7 dias. Algo inacreditável e empolgante. A prova de que gestão bem-feita pode salvar muitas vidas, reforçando o que sempre digo: desconhecimento de processos de trabalho na saúde pode afetar mais os pacientes do que o desconhecimento da fisiopatologia das doenças. Outro grande desafio foi administrar nove Unidades de Pronto Atendimento (UPAs) em Curitiba. Introduzimos conceitos oriundos do *Lean Healthcare*, estruturando estudo do *takt time, lead time*, valor agregado e valor não agregado, de modo a reorganizar a operação dessas unidades, com balanceamento do trabalho e adequação da capacidade com a demanda em diferentes períodos do dia, de forma a gerar um *"saving"* elevadíssimo para a Fundação que administrava essas unidades. Para se ter uma ideia desse valor, a folha líquida de pagamento da Fundação tinha quase o mesmo valor três anos depois, tendo passado por três dissídios, incorporado outras unidades de negócio e contratado 700 funcionários a mais. O que permitiu tudo isso? A reorganização dos processos de trabalho através da metodologia *Lean*. Mais recentemente, já na Superintendência

Médica do Hospital Vita Batel, em Curitiba, que é um hospital privado, conseguimos em três anos auxiliar na melhoria dos resultados financeiros e assistenciais da instituição, promovendo uma importante aproximação com o corpo clínico (aberto), com muita informação e transparência, criando um ambiente de extrema confiança. Isso tudo, que chamamos de governança clínica, nos permitiu aumentar em 60% o volume de cirurgias do hospital, concentrado principalmente na ortopedia, urologia, cirurgia do aparelho digestivo e alta complexidade em ginecologia (procedimentos para endometriose). O desafio atual é igualmente empolgante. Estou vinculado ao Projeto *Lean* nas Emergências do Ministério da Saúde e executado pelo Hospital Sírio-Libanês de São Paulo, que já alcançou mais de cem hospitais pelo Brasil inteiro (públicos e filantrópicos), organizando processos e fluxos hospitalares, de modo a reduzir ou eliminar a superlotação das portas de emergência desses hospitais. Conseguiu-se redução de até 70% da superlotação (medida através de um indicador composto chamado NEDOCS) e de 40% no *Lead Time* do Pronto-Socorro, com impressionantes aumentos nas taxas de agregação de valor na perspectiva dos pacientes.

3. Quem da sua história de vida inspirou/motivou na sua carreira?

Com toda certeza, minha carreira foi inspirada e motivada pelo meu avô materno, que também era médico. Nós dois nos formamos na mesma universidade, com uma pequena diferença de tempo. Ele em 1939 e eu em 1997, na Universidade Federal do Paraná. Conversávamos muito sobre tudo, ele era meu guru. Com ele aprendi que existem dois jeitos de se fazer as coisas: o jeito certo e o jeito errado, não tem um terceiro. E isso me acompanha todos os dias, em todas as decisões que preciso tomar, seja na gestão, seja na vida pessoal. Ele foi e continua sendo um grande exemplo para mim.

4. Alguma história na gestão de pessoas que gostaria de compartilhar?

A gestão de pessoas numa instituição tem uma importância crucial. Recordo quando uma de nossas coordenadoras médicas veio falar comigo me pedindo uma promoção a gerente médica, mesmo sem alteração do salário, apenas para ganhar mais respeitabilidade através do cargo. Com todo jeito, expliquei a ela que era uma excelente coordenadora, que a liderança e, consequentemente, a respeitabilidade nunca são outorgadas. É uma característica inata do indivíduo, que por óbvio podemos aperfeiçoar, mas que título de cargo algum é capaz de nos entregar. O respeito e a admiração das pessoas com as quais trabalhamos precisam ser conquistados, e isso se faz com muito trabalho, honestidade e transparência.

5. Alguma história de relacionamento com o cliente que gostaria de destacar?

No relacionamento com o cliente, em nosso caso, com o paciente destaco que a transparência é o valor mais elevado e mais difícil de se atingir. Quando um paciente reclama de algo num hospital, precisamos ouvi-lo atentamente e encontrar em suas argumentações possíveis pontos de melhoria. E isso é uma estratégia importante: a busca pela melhoria contínua. Recordo muito de quando conversei com um paciente de cerca de 70 anos, engenheiro aposentado, cheio de queixas. Ouvi-o atentamente, agradeci pelas intervenções e mostrei a ele como estávamos desenhando um hospital melhor, inclusive com utilização da ouvidoria (escuta ativa) como ferramenta de gestão. Ao final da conversa, que foi muito agradável e girou muito em torno de ferramentas do *Lean* na Saúde, ele se dispôs a participar do Conselho Consultivo de pacientes da instituição. Foi uma grande alegria.

6. Quais dicas daria para aqueles que estão iniciando a carreira profissional?

A dica que daria para quem está iniciando a carreira é: faça a coisa certa. Seja honesto, cerque-se de pessoas competentes e forme um time vencedor. Dê autonomia ao seu time e cobre resultados e responsabilidades.

7. Ao recrutar um profissional, quais características comportamentais são consideradas fundamentais?

Ao recrutar profissionais para trabalhar no meu time, sempre penso na máxima: "Contrate caráter, treine habilidades". Dessas habilidades, a mais importante na minha opinião, como *soft skill*, é a inteligência social, ou seja, a capacidade de se relacionar com pessoas. Esse é realmente um diferencial e tanto na carreira das pessoas. Bons técnicos, sem essa *soft skill*, fatalmente não atingirão o sucesso em suas carreiras.

8. Qual legado gostaria de deixar para a sociedade?

Como legado, gostaria de deixar uma mensagem muito objetiva: nada resiste ao trabalho. Trabalhe duro e honestamente e o resultado virá.

9. Quais os reflexos das práticas de cidadania empresarial para organizações, profissionais e sociedade?

O conceito de responsabilidade social tem se ampliado para as empresas, já não era sem tempo. Tanto que acredito mais em compromisso social do que em responsabilidade social. Antes o foco eram empresas que desenvolviam projetos socialmente responsáveis, impactando em maior ou menor grau na comunidade. Nos dias atuais, o que se espera das empresas (e os hospitais não são diferentes) é um comportamento ético mais abrangente, que esteja capilarizado em todos os processos decisórios. A visão estritamente no resultado financeiro está fadada ao insucesso. O que se precisa é a busca por ser útil para a sociedade, preservar recursos naturais não renováveis, zelando pelo bem-estar da comunidade na qual está inserida.

10. Cite alguns líderes que, em sua opinião, são inspiradores.

Conheço vários líderes inspiradores, mas sem sombra de dúvida o ex-presidente dos Estados Unidos, Barack Obama, é o que mais me inspira. Posso citar também, no âmbito nacional, o CEO do Hospital Sírio Libanês de São Paulo, Dr. Paulo Chap Chap, e a superintendente de responsabilidade social desse mesmo hospital, Vânia Bezerra, ambos com uma visão humanística inigualável e genuína, além do Dr. Welfane Cordeiro Junior, que tem liderado brilhantemente o Projeto *Lean* nas Emergências no Brasil, transformando a realidade dos hospitais públicos Brasil afora, mostrando que é possível montar equipes vencedoras e com o mesmo propósito fazer isso acontecer.

11. Como você define o papel da liderança?

Para mim, sendo muito, mas muito objetivo mesmo, liderar é inspirar. O papel da liderança é inspirar as pessoas na busca pela excelência, na melhoria contínua com compromisso social. Isso exige aperfeiçoamento de habilidades de um líder, que só é possível na perspectiva do líder servidor. A ele impinge-se uma característica de fundamental importância para a perenidade de uma empresa: a preocupação em replicar novos líderes, ensinando outras pessoas a liderar e oferecendo oportunidades de crescimento. O líder de verdade é preocupado em ajudar os outros, seja em questões relacionadas à vida ou ao trabalho, estabelecendo uma cultura institucional de respeito e de confiança plena. As escolhas do líder devem sempre ter um olho no futuro, no próximo líder e nas próximas oportunidades.

12. O que você faz para manter-se motivado?

Para manter a motivação, o que eu faço é me desafiar constantemente. Acredito piamente que as pessoas nascem ou não motivadas. É sempre muito difícil, para não dizer impossível, motivar alguém. Até porque a motivação acontece de dentro para fora. No entanto, a manutenção da motivação com foco – até porque motivação sem foco gera muito desperdício de energia e de tempo – tem a ver com desafio. É preciso que nos desafiemos constantemente. Habilidades novas podem ser desenvolvidas e tenho plena convicção de que com direcionamento adequado podemos fazer várias coisas ao mesmo tempo, inclusive. Veja Leonardo da Vinci, quantas coisas fez e desenvolveu. Provavelmente porque tinha grande nível de desafio pessoal naquilo que fazia. E assim devemos ser cada um de nós. Foi-se o tempo em que as empresas pagavam bons salários e com isso mantinham seus profissionais motivados, engajados e no emprego. As pessoas das gerações atuais querem mais, querem ser melhores, adquirir novos conhecimentos, testar novas habilidades. E, com toda certeza, não será fazendo sempre as mesmas coisas por anos que isso vai acontecer. É preciso crescer nos conhecimentos e nas experiências, para que ao final de 10 anos tenhamos 10 anos de experiência, em vez de 1 ano multiplicado por 10. Acredito também, piamente, numa motivação chamada PROPÓSITO. Precisamos encontrar um propósito no que fazemos, e faremos melhor a cada dia. Equipes ou pessoas com propósito são altamente mais eficazes se comparadas com equipes com senso de dever. Na minha modesta opinião, senso de dever é para aqueles que não têm propósito e ao menos algum resultado conseguimos alcançar. Mas equipes com propósito estão em outro patamar. E ao líder cabe identificar essas nuances e não transformar equivocadamente um tipo de equipe na outra, com resultados desastrosos.

13. Qual a importância da inovação nas organizações?

A inovação tem tudo a ver com a ideia de melhoria contínua. As organizações precisam encontrar formas de gerar valor para os indivíduos e para a sociedade, e isso só é possível através da inovação. E perceba que inovação não está totalmente atrelada à tecnologia. As empresas devem entender que inovar é encontrar uma nova forma de resolver um problema, gerando benefício para as pessoas e que possa trazer algum tipo de valor para quem inova, nem que seja a tal da manutenção da motivação. Cada vez mais estaremos atrás de inovações que melhorem a experiência do usuário, sobretudo na área da saúde. Entendo que, diferentemente de outros negócios, o valor em saúde é diretamente proporcional ao desfecho clínico (RESULTADO), somado à experiência do paciente e inversamente proporcional ao custo. No entanto, é preciso lembrar da tal da pertinência. Afinal, se o que fazemos ou fizermos não for pertinente, o valor daquilo que se faz ou pretende fazer é igual a zero. Sendo assim, precisamos encontrar nossas oportunidades a partir da necessidade das pessoas, criando o máximo de alternativas possíveis, envolvendo nossa equipe, nossos mentores e nossos clientes fundamentalmente. A inovação é de fundamental importância para a perenidade das empresas. É preciso acabar com o mito de que inovação é só para a área de tecnologia ou tem a ver com cientista maluco. Inovação é fruto de muito trabalho e esforço, é um processo, e como todo processo, tem muito pouco de acaso. Além disso, inovar é uma atividade de equipe e não coisa de lobo solitário. É necessário ter várias pessoas de setores diferentes, com diferentes pontos de vista, devidamente treinadas e utilizando ferramentas adequadas. As pessoas têm visões diferentes e complementares. Novas ideias podem vir de qualquer lugar. Inovação é um tema da organização como um todo, do pessoal da limpeza ao diretor geral. Concluindo, inovação para as empresas ou organizações é importante hoje porque é sinônimo de sobrevivência, perenidade. Quem não inova está fadado a desaparecer. A inovação é uma ferramenta poderosa para manter a competitividade. É preciso inovar para crescer. É preciso parar de reclamar de tudo e passar a enxergar oportunidades até mesmo nas crises mais graves que uma organização passa ou passará.

14. Como você realiza o *networking* de maneira efetiva?

A realização de *networking* como forma de cultivar relações profissionais em diversos ambientes e utilizar essas relações com finalidade de melhorar o seu negócio e o do outro é fundamental para as organizações e para seus executivos. Manter bons relacionamentos profissionais é fundamental para qualquer executivo. Sempre há de existir muitos benefícios nas trocas de informações e experiências. Afinal, não é necessário inventar a roda novamente. Eu, particularmente, acredito que o *networking* se faz a todo instante e não necessariamente com grandes ações. Isso pode se dar através de pequenas ações, que nos aproximam de pessoas que até então não conhecíamos. Isso pode se dar através de um curso, uma viagem a negócios ou com a família, na faculdade onde dou aula, ou no próprio trabalho. Agora, neste mundo globalizado em que vivemos, com todas as novas tecnologias de comunicação, estamos muito mais próximos uns dos outros, às vezes a um toque do celular ou do computador. Potencializamos nosso *networking* com ferramentas digitais, como as redes sociais (*Facebook, Instagram, LinkedIn...*), *WhatsApp* etc. Mas o que gosto de verdade é conviver com pessoas inspiradoras. Isso sim é uma oportunidade ímpar de aprimorar ideias e aflorar meu potencial criativo. Cabe salientar que esta arte de se relacionar é, ou deve ser, uma troca de informações onde todos saem ganhando, e para que o *networking* seja efetivo, precisamos ser autênticos, ter senso de utilidade, buscar pessoas com interesses comuns e ter uma abordagem muito sincera, mostrando interesse real e verdadeiro pelos outros. Afinal, o segredo do sucesso, quer na vida pessoal, quer na profissional, passa, com certeza, pela forma com que nos relacionamos com as outras pessoas.

15. Do que você sente saudades?

Tenho saudades da minha infância numa cidade pequena do interior do Estado de Santa Catarina chamada Caçador. O *networking* da infância, mantido até hoje com alguns daqueles tempos, era o verdadeiro exemplo de autenticidade que citei anteriormente. Também tenho saudades da convivência com meu avô e suas intermináveis conversas dos tempos de faculdade. Histórias quase sempre repetidas, mas que eu fingia desconhecer apenas para ouvir novamente. Talvez esse fingimento (do bem) tenha me aproximado muito dele e me feito aprender muito com seus erros e seus acertos, me tornando uma pessoa melhor.

16. Do que você tem orgulho?

Orgulho eu tenho da família, que eu e minha esposa Danielle, que também é médica, construímos. Temos três filhos: o João Vitor, de 13 anos, o Pedro, de 9 anos, e a Manuela, de 3 anos. São crianças espetaculares que já aprenderam duas coisas importantíssimas, entre tantas outras. Primeiro, que só existem dois jeitos de se fazer as coisas: o certo e o errado. Não existe a terceira via. Segundo, uma história que ouso copiar do filósofo paranaense, radicado em São Paulo, Mario Sergio Cortella. Vaca não dá leite. Para se conseguir o leite é preciso ir lá e retirar. O que se conquista nesta vida é fruto do trabalho e nada além disso. As coisas não nos vêm de graça. É preciso batalhar. E ninguém pode travar essa batalha por nós. Essa é uma luta de cada um. É o que nos faz melhores.

17. Qual o significado da palavra felicidade?

Felicidade é poder dormir com a consciência tranquila. Tranquila porque fizemos a coisa certa, seja lá o preço que isso possa ter. Felicidade também pode ser definida como um almoço de domingo com a família reunida e saudável para comemorar o simples fato de estarmos vivos.

18. Qual a sua citação favorita e por quê?

Minha citação favorita também é do filósofo paranaense, radicado em São Paulo, Mario Sergio Cortella: *"É preciso fazer o melhor que nós podemos nas condições que temos, enquanto não temos condições melhores de fazer melhor ainda."*. Entre tantas citações, essa é a minha preferida, por nos lembrar que sempre é possível fazer mais e melhor, independentemente das condições a que estejamos submetidos. Então, pare de reclamar e trabalhe.

19. Quais são seus *hobbies* preferidos?

Meus *hobbies* preferidos são viajar com a família para conhecer novas culturas e fazer novas amizades e ler livros, o que não deixa de ser uma forma de viajar sem sair do lugar. Para quem gosta de ler, um livro é sempre um bom companheiro na rotina. Uma das formas mais eficazes de sair do cotidiano, fugir da correria e relaxar. Com livros podemos conhecer o mundo sem sair do lugar, ou podemos ter vontade de conhecer um novo lugar.

20. Qual sonho você gostaria de realizar?

O sonho que gostaria de realizar é ver meus filhos bem formados, cidadãos do mundo, aplicando os ensinamentos que receberam em casa, batalhando com propósito acima de tudo, fazendo diferença na vida das pessoas para melhor, seja lá em que profissão se encaixem. Acho que é o sonho de todo pai, criar descendência para a perenidade familiar.

21. Qual mensagem de motivação gostaria de deixar para os leitores deste livro?

Como mensagem de motivação para quem está lendo este livro, gostaria de dizer que são as crises, as dificuldades, as intempéries que nos lapidam, que nos transformam em pessoas melhores. Em minha convivência com o presidente do Grupo Vita, Edson Santos, e com o vice-presidente do grupo e ex-presidente da Associação Nacional dos Hospitais Privados (ANAHP) aprendi a olhar a crise como oportunidade. Enquanto muitos passam os dias se lamentando, trabalhamos focados para estarmos prontos para o momento que a crise passar. Valorizem seus mentores, honrem suas famílias e lembrem-se: nada resiste ao trabalho!

22. Com base em suas memórias, qual o legado que você gostaria de deixar para a humanidade?

Trabalhando há tantos anos na área da saúde, gostaria de deixar como legado para a humanidade um trabalho exercido com muito amor e tendo como foco principal a atenção ao paciente e às suas necessidades. Ao profissional de saúde, cabe se "desvestir" de suas vaidades e de seus interesses pessoais exclusivos. Calçar os sapatos dos nossos pacientes e sentir onde o calo aperta. A isso chamamos de empatia. Considero que todo profissional, mas sobretudo os da área da saúde, precisa ter duas qualidades, por assim chamar, que me parecem essenciais: a empatia, que é a capacidade de nos colocarmos no lugar dos outros, e a compaixão, que é um nobre sentimento que não nos torna insensíveis ao sofrimento alheio. Aprendi ao longo da minha carreira que a manutenção da dignidade das pessoas é, em certa medida, mais importante que a cura. O conteúdo é mais importante que a forma. O que se deseja de verdade é mais importante que o que está aparente. O que somos é mais importante que o que temos.

Galeria de fotos

Heleno Costa Junior

Empresa:
Consórcio Brasileiro de Acreditação

Função:
Superintendente

ALTA GESTÃO | REGISTRO BIOGRÁFICO

1. Como e onde iniciou-se sua trajetória profissional?

Na empresa Golden Cross Assistência de Saúde, em 1986, que depois adquiriu o Grupo IGASE, no qual fui gestor nacional de uma das áreas técnicas e depois gerente de uma das maiores unidades assistenciais do Grupo. Posteriormente, em 1998, integrei o grupo de profissionais que fundou o atual Consórcio Brasileiro de Acreditação (CBA), que se associou no ano 2000 à Joint Commission International (JCI), com um acordo formal mantido até a presente data. A JCI é uma empresa de alcance global, para aplicação de padrões internacionais de excelência para avaliação de qualidade e segurança de instituições de saúde, sendo o acordo aplicável para instituições brasileiras. Entre os anos de 2014 e 2018, atuei também como gerente do Instituto de Conhecimento, Ensino e Pesquisa do Hospital Samaritano de São Paulo, o qual depois foi incorporado à empresa americana UnitedHealth Group (UHG), no qual fui promovido à gerente nacional de educação corporativa, oportunidade que ampliou significativamente minha experiência na formação e recrutamento de pessoas.

2. Quais os principais desafios e resultados vivenciados ao longo da sua carreira?

O de atuar como profissional de saúde em instituições públicas e privadas como enfermeiro graduado pela Universidade Federal do Rio de Janeiro, em 1985, e evoluindo profissionalmente como gestor de serviços de saúde, alinhado à formação e atuação em programas e sistemas de melhoria da qualidade e segurança assistencial, tendo como foco a implantação e desenvolvimento de padrões e requisitos utilizados internacionalmente para avaliar e conceder selos, como parte da metodologia de acreditação da JCI, que hoje atua em mais de 100 países no mundo, além do Brasil. O grande desafio é sensibilizar e estabelecer novos patamares de melhoria de qualidade e segurança de cuidados aos pacientes em instituições brasileiras, o que tem sido possível na minha trajetória de mais de 20 anos de trabalho nesse segmento. Uma atividade complementar é minha atuação como professor em programas de formação de nível de especialização e pós-graduação, incluindo também MBAs. Minha formação tem ainda o alcance do título de mestre, na linha de Avaliações de Sistemas, e a publicação de diferentes materiais, entre os quais destaco o livro publicado em 2015: *Qualidade e segurança em saúde: os caminhos via Acreditação Internacional – relatos de experiências*.

3. Quem da sua história de vida inspirou/motivou na sua carreira?

Minha inspiração vem, principalmente, da figura de meu pai. Um homem que sempre se mostrou sensível às condições e necessidades de terceiros, tendo demonstrado elevado valor de benevolência, o que me levou a buscar a formação em uma profissão que pudesse contribuir com a qualidade de vida das pessoas, de forma ampla, tendo então me graduado como enfermeiro e posteriormente como gestor em serviços de saúde, área onde me mantenho até a data atual.

4. Alguma história na gestão de pessoas que gostaria de compartilhar?

Tive a oportunidade de atuar como enfermeiro assistencial e gestor de equipe em instituições públicas e privadas, onde sempre busquei estimular e trabalhar a qualificação como parte do desenvolvimento profissional das pessoas que compunham as equipes com as quais trabalhei. Uma de minhas atuações preferenciais, até hoje, é a de instrutor/professor de programas de formação, especialmente nas linhas de especialização, pós-graduação e MBAs, por meio do que é possível também influenciar e ensinar acerca de ferramentas, meios e métodos de gestão de pessoas em instituições de saúde, sempre com o foco na melhoria contínua da qualidade e segurança de processos assistenciais, ou seja, do cuidado prestado a pacientes/indivíduos.

5. Alguma história de relacionamento com o cliente que gostaria de destacar?

Na atuação como profissional e gestor de saúde, um dos princípios básicos é a habilidade em manter atenção às necessidades, assim como a relação humanizada com pacientes e seus familiares/cuidadores. A busca por um serviço de saúde nao é uma opçao, mas sim uma necessidade motivada por algum distúrbio ou condição inadequada do estado de saúde de um indivíduo que, no momento que entra em uma instituição, passa a ser chamado de "paciente". É importante, portanto, se destacar que uma das habilidades ou competências esperadas de qualquer profissional de saúde é a capacidade de se relacionar com pessoas/indivíduos em seus momentos de aflição ou de vulnerabilidade, momento no qual o ouvir, amparar e cuidar ganham destaque no relacionamento com pessoas/pacientes.

6. Quais dicas daria para aqueles que estão iniciando a carreira profissional?

Nunca se sinta satisfeito com aquilo que aprendeu ou recebeu como informação na sua formação inicial. Seja sempre curioso, de forma positiva, no sentido de estar sempre atento, buscando agregar novos conhecimentos, ampliando assim suas oportunidades e capacidades de estar em um processo contínuo de aprendizado.

7. Ao recrutar um profissional, quais características comportamentais são consideradas fundamentais?

Na atualidade, essas expectativas e atributos se mostram cada vez mais alinhados à nova dinâmica de seleção e recrutamento profissional pelas empresas nos diferentes segmentos. No segmento em que atuo, o de Serviços de Saúde, não se espera somente recrutar profissionais com competências técnicas destacáveis, mas sim com atributos pessoais que envolvam empatia, relacionamento, humanidade e atenção com aspectos da pessoa ou do indivíduo. Em grande parte dos processos de doença, a verdadeira causa não tem somente origem física ou orgânica, mas sim alterações ou desequilíbrios de condições emocionais, sensoriais, afetivas ou mesmo sociais. Se o profissional que atende não tem capacidade de perceber e atuar sobre esses aspectos, com certeza, a assistência ou o cuidado não será prestado em sua melhor qualidade.

8. Qual legado gostaria de deixar para a sociedade?

O de acreditar que, mais importante do que atuar com competências técnicas, recursos e tecnologias de última geração, é necessário ter valores humanos como princípios centrais de qualquer profissão, especialmente no que envolve prestação de cuidados em saúde. Acredito estar alcançando esse legado, pois as repercussões e retornos que recebo no desenvolvimento de meu trabalho têm demonstrado que profissionais, instituições e alunos com os quais tenho contato e com os quais realizo parte de meu trabalho são muito positivas nesse entendimento dos valores humanos, que sempre insisto em abordar e destacar.

9. Quais os reflexos das práticas de cidadania empresarial para organizações, profissionais e sociedade?

São e devem ser absolutamente estimuladas e praticadas cada vez mais. A cidadania expressa mais do que a prática principal de uma empresa, na venda ou oferta de serviços/ produtos, que mesmo tendo características relevantes em benefício de seus clientes/ usuários, pode ter seu alcance limitado. A cidadania se amplia para a sociedade, mesmo com aquela relacionada mais diretamente com o público-alvo de uma empresa. A cidadania empresarial, quando bem aplicada, pode alcançar resultados de valores inestimáveis, no bem maior de propiciar condições e recursos que uma autoridade, Estado ou nação não sejam capazes de oferecer, preenchendo lacunas que criam pontes pelas quais os cidadãos podem encontrar novos caminhos.

10. Cite alguns líderes que, em sua opinião, são inspiradores.

Mahatma Gandhi, Martin Luther King e Nelson Mandela.

11. Como você define o papel da liderança?

Liderar é, primeiro, conhecer seus liderados. Entender não somente suas responsabilidades ou capacidades associadas ao trabalho profissional, mas, essencialmente, conhecer os valores, atributos e expectativas pessoais. Nenhum profissional/trabalhador atua sem ter suas características pessoais como parte de suas rotinas e, portanto, o bom líder é aquele/aquela que consegue estabelecer a valorização e o reconhecimento do que é melhor de uma pessoa e que pode efetivamente ampliar ou qualificar sua atuação como profissional. O bom líder se relaciona, se integra, escuta, reconhece e, principalmente, estimula e apoia pessoas.

12. O que você faz para manter-se motivado?

Entender que sempre há positividade, mesmo onde e quando se depara com o pior, com o inesperado que confronta, com alguma porta se fechando. A capacidade de se tirar aprendizado e valor de situações adversas é uma característica importante em um ambiente profissional ou pessoal. Sou adepto do: pare, pense, respire e conte até dez, antes de uma resposta intempestiva. Minha linha é: observe atentamente, analise, reconfigure e encontre uma solução, mesmo que temporária, com benefícios comuns. Motivação é também um atributo pessoal que deve ser continuamente realimentado.

13. Qual a importância da inovação nas organizações?

Se falamos não somente de inovação profissional ou tecnológica, a importância ganha maior abrangência, porque considero importante a capacidade de inovação humana, nas relações diárias. Liderança ou convivência inovadora incluem modelos, métodos, ferramentas, comportamentos ou práticas que combinem novas possibilidades e novos ganhos. A inovação não deve ser definida ou adotada em uma sala de reunião, mas sim no que conduzimos como atitudes e comportamentos no dia a dia como profissionais, líderes e seres humanos. Inovar, no meu conceito, é mais "se reinventar".

14. Como você realiza o *networking* de maneira efetiva?

Por meio, primeiro, do relacionamento com um maior número possível de pessoas no meu ambiente pessoal e profissional. A existência e utilização dos recursos de mídias sociais e redes de relacionamento proporcionaram uma ampliação significativa de minha *network*. Mas sou seletivo na escolha de meios ou métodos que tenham organização e estruturas que incluam objetivos e práticas com interesses comuns, mas que também agreguem valor e relacionamentos positivos, benéficos, sejam de fins pessoais ou profissionais. Eu me mantenho ativo e sou agente de captação e de estímulo às trocas e aos compartilhamentos, com focos preferencias nas oportunidades que construam e agreguem conhecimentos.

15. Do que você sente saudades?

Das relações saudáveis e diretas que se faziam na ausência dos recursos tecnológicos que hoje substituem, por exemplo, o abraço fraternal de um parabéns por uma mensagem de *WhatsApp*. Sinto muita falta das relações humanas diretas e sensíveis em todos os níveis.

16. Do que você tem orgulho?

Do alcance de verdadeiras transformações que o meu trabalho produz em profissionais e em instituições de saúde. Um percurso difícil, mas possível, de implementar melhorias efetivas em processos de cuidados aos pacientes, seja em nível público ou privado, porque, o paciente, ser humano, é indistinto dessa classificação. Processos e programas com os quais trabalho, com base na metodologia de acreditação internacional, me fizerem orgulhoso, nesses mais de 20 anos de atuação, ao ouvir diretamente de pacientes frases, entre outras, como: "Aqui eu me sinto plenamente bem atendida, mas especialmente bem cuidada como pessoa".

17. Qual o significado da palavra felicidade?

É um estado de espírito, de prazer, de sensações. Felicidade é ter o coração e a mente tranquilos e apaziguados.

18. Qual a sua citação favorita e por quê?

"Cuida de seus pensamentos, porque se tornarão suas palavras. Cuida de suas palavras, porque se tornarão seus atos. Cuida de seus atos, porque se tornarão seus hábitos. Cuida de seus hábitos, porque se tornarão seu destino." (Mahatma Gandhi)

Destaco esse pensamento, porque expressa o que devemos construir como parte dos aprendizados em nossas vidas.

19. Quais são seus *hobbies* preferidos?

Colecionar e ouvir músicas e assistir a filmes.

20. Qual sonho você gostaria de realizar?

Poder desenvolver o maior número possível de melhorias em processos assistenciais de unidades/instituições de saúde que compõem o Sistema Único de Saúde (SUS) no Brasil, podendo assim alcançar o maior grupo populacional que recorre aos cuidados de saúde em nosso país e que ainda recebe atenção e assistência de baixa qualificação.

21. Qual mensagem de motivação gostaria de deixar para os leitores deste livro?

Que acreditem que é possível promover mudanças e, especialmente, as que possibilitam melhorias, sendo a melhor ferramenta para esse objetivo o aprendizado contínuo e, como consequência, a transmissão inalcançável de conhecimentos em benefício de outros, porque conhecimento não ocupa espaço e é absolutamente positivo.

22. Com base em suas memórias, qual o legado que você gostaria de deixar para a humanidade?

A oportunidade de expandir e garantir a educação como bem maior de qualquer ser humano em toda a sua vida, permitindo assim contribuir com a sua melhor condição de bem-estar, assim como propagado pelos meus líderes inspiradores, citados anteriormente.

Galeria de fotos

Hilton Vargas Lutfi

Empresa:
Clínica Médica Ojén

Função:
Sócio e Diretor Clínico

1. Como e onde iniciou-se sua trajetória profissional?

Iniciei minha carreira profissional no Hospital Geral de Vila Penteado, onde me deparei com a verdadeira realidade da saúde pública brasileira, população carente com escassez de recursos, nos virávamos para dar um atendimento ortopédico digno e de qualidade para a população.

2. Quais os principais desafios e resultados vivenciados ao longo da sua carreira?

Como todo médico, abdicamos de muito tempo de lazer com a família e amigos, enquanto eles estavam em festas e viagens, eu estava batalhando em plantões e congressos, e casei na residência e logo fui pai, então tinha que estudar e trabalhar e cuidar da família, isso me fez amadurecer muito cedo e sempre buscar algo mais, para dar o melhor para eles.

3. Quem da sua história de vida inspirou/motivou a sua carreira?

Meu pai sempre foi minha fonte inspiradora, desde 5 anos, passava uma semana das férias o acompanhando nos hospitais e adorava, sempre me fascinou a medicina, nunca me vi fazendo outra coisa, e ele sempre foi muito respeitado no mundo ortopédico, o que só me fez aumentar minha responsabilidade de manter a tradição da família, meu pai veio de família humilde com 7 anos, ajudava meu avô na feira em Marília, interior de São Paulo, e com seu esforço se tornou dono de uma das maiores clínicas ortopédicas de São Paulo, a Clínica Ortopédica Brooklin, e nunca me deu moleza, e isso me fez ser quem eu sou hoje, todos os dias agradeço por ter ele como presente em minha vida, sendo meu mestre na vida e na profissão.

4. Alguma história na gestão de pessoas que gostaria de compartilhar?

Durante a pandemia, tive meu momento mais complicado como gestor de pessoas, do dia para noite os atendimentos ortopédicos abaixaram em 70% e os hospitais diminuíram pela metade o número de plantonistas, sendo na grande maioria pais de famílias, que não podiam ficar sem seus empregos, tive uma reunião com todos e falei para que se dividissem para que ninguém saísse prejudicado, como sempre agi, com lealdade com eles, entenderam e agora após cinco meses do início da pandemia, os plantões estão voltando à escala, normalizando, e me agradecem pela minha ação, pois muitos chefes de equipe como eu se desesperaram devido à queda do rendimento mensal e começaram a dar plantão, mas não dormiria com minha consciência tranquila se fizesse isso.

5. Alguma história de relacionamento com o cliente que gostaria de destacar?

Como médico, temos um relacionamento muito próximo com nossos pacientes, tenho alguns pacientes que marcaram minha carreira, mas tem uma que chamo de minha cliente preferencial, chamada Helena Alfaro, uma senhora que me adotou como neto, uma das minhas primeiras pacientes como ortopedista, fiz inúmeras cirurgias nela e sempre é a primeira pessoa que me liga nos meus aniversários e são pessoas como ela que me fazem ser apaixonado pela minha profissão.

6. Quais dicas daria para aqueles que estão iniciando a carreira profissional?

A medicina está passando por um momento complicado, com inúmeras faculdades sendo abertas e nem sempre de boa qualidade, colocando milhares de novos médicos no mercado de trabalho, a dica que eu dou é que estudem e se especializem, pois sempre terá trabalho para os bons profissionais especializados e quem não fizer isso em breve não terá campo de atuação.

7. Ao recrutar um profissional, quais características comportamentais são consideradas fundamentais?

As principais características são caráter, pois podemos ensinar uma pessoa ruim tecnicamente a melhorar, mas falta de caráter é imutável, e proatividade, que é algo que levo em conta na hora de contratar, pessoas acomodadas não têm espaço no meu time.

8. Quais os legados profissional e pessoal que gostaria de deixar para a sociedade?

O legado profissional que gostaria de deixar para a sociedade é fazer uma medicina com amor e paixão sempre dentro da ética e baseada em evidências científicas, para sempre dar o melhor tratamento aos meus pacientes. O legado pessoal foi nunca ter que falar mal ou passar por cima de alguém para conseguir meus objetivos na vida, não criei inimigos e posso dormir tranquilo, que se errei foi tentando fazer o melhor.

9. Quais os reflexos das práticas de cidadania empresarial para organizações, profissionais e sociedade?

Hoje, uma empresa não pode estar voltada apenas ao lucro, elas têm que criar projetos por se sentirem corresponsáveis por problemas da sociedade onde estão inseridas e transmitir esses valores aos seus clientes, as empresas que não entenderem isso estão fadadas ao fracasso.

10. Cite alguns líderes que, em sua opinião, são inspiradores.

Edson Bueno, que veio de uma família humilde e criou a Amil e se tornou um dos homens mais ricos do Brasil, com fortuna estimada em R$ 3,1 bilhões, e Muricy Ramalho, ex-jogador e técnico do São Paulo, pessoa apaixonada pelo que faz, determinado, se joga de corpo e alma nos seus objetivos, muito parecido comigo profissionalmente, sem deixar que seu ego tome conta de suas atitudes, sempre agindo com ética e caráter, quem nunca viu uma palestra dele, vale a pena, recomendo, de aprendiz de Telê Santana, se tornou um mestre na profissão e na vida.

11. Como você define o papel da liderança?

Ser líder é ser exemplo dentro da sua instituição, não adianta você determinar algo e fazer ao contrário, determinar os caminhos e fazer com que todo o seu time esteja engajado, se sentido parte do todo, o líder atual é rígido, mas não tirano, corrigir sem menosprezar, esse é o papel do verdadeiro líder.

12. O que você faz para manter-se motivado?

Sempre me atualizo, buscando novos objetivos pessoais e profissionais, como diz o ditado: camarão que dorme a onda leva.

13. Qual a importância da inovação nas organizações?

Hoje, os estudos mostram que com a tecnologia e fácil acesso à informação o conhecimento se multiplica em 73 dias, isso quer dizer que todos os jovens profissionais, quando saírem da faculdade, já estarão desatualizados, e para se manter atualizado, você tem que ler em média 18 artigos científicos diários dentro da sua especialidade, então as empresas e profissionais que não se inovarem para acompanhar o mercado ficarão para trás.

14. Como você realiza o *networking* de maneira efetiva?

O *networking* tem que ser diário: quem não é visto não é notado, mantenho meu currículo lattes e LinkedIn sempre atualizados e tomo muito cuidado com minhas postagens nas redes sociais, para não fazer um *antimarketing* digital.

15. Do que você sente saudades?

Tenho saudades da minha infância, das minhas férias em Itanhaém, junto com minha família e meu saudoso tio José Carlos, mais uma vítima da Covid-19, que me mostrou que a verdadeira felicidade da vida está nas coisas que o dinheiro não compra, como ensinar um sobrinho a andar de bicicleta, pescar, jogar bola ou empinar pipa, quantas aventuras, quantas memórias, quanta alegria.

16. Do que você tem orgulho?

Tenho orgulho da minha família, todos sempre prontos para ajudar uns aos outros, é sempre uma festa quando estamos juntos.

17. Qual o significado da palavra felicidade?

Felicidade é poder acordar todo dia e estar cercado de pessoas e lugares que você ama, e fazer o bem sem olhar a quem.

18. Qual a sua citação favorita e por quê?

"Lute com determinação, abrace a vida com paixão, perca com classe e vença com ousadia, porque o mundo pertence a quem se atreve e a vida é muito bela para ser insignificante."
(Charles Chaplin)

Essa citação é um lema que levo para a vida e diz muito da pessoa e profissional que tento ser.

19. Quais são seus *hobbies* preferidos?

Adoro esportes, principalmente o futebol, minha grande paixão, gosto de ir ao estádio e ver o São Paulo jogar junto com a minha família, e jogar tênis, são esses meus *hobbies* preferidos.

20. Qual sonho você gostaria de realizar?

Gostaria de no futuro me juntar à Cruz Vermelha e promover saúde pelo mundo, deve ser uma experiência sensacional.

21. Qual mensagem de motivação gostaria de deixar para os leitores deste livro?

Tem uma frase do Michael Jordan que acho sensacional: *"O talento vence jogos, mas só o trabalho em equipe ganha campeonatos"*. Então, se cerque de pessoas do bem e motivadas, que você conseguirá seus objetivos.

22. Com base em suas memórias, qual o legado que você gostaria de deixar para a humanidade?

O legado que gostaria de deixar para a humanidade é que a vida vale a pena, como diz o pensador Roger Stankewski: *"Não viva de aparências, elas mudam. Não viva de mentiras, elas traem você. Não viva somente pelos outros, eles um dia o trairão também. Não viva da opinião alheia, tenha a sua e esta será sua verdade!"*. Faça seu próprio caminho, siga suas intuições, erre, acerte, faz parte do aprendizado, mas sempre com ética e respeito ao próximo, esse é meu lema.

Galeria de fotos

Hugo Ludwig Werninghaus

Empresa:
Grupo Q-Max do Brasil

Função:
CEO

1. **Quais as competências essenciais para o profissional do futuro?**

   a) Flexibilidade Cognitiva, ou seja, ampliar as maneiras de pensar, imaginar diferentes caminhos para resolver os problemas que surgem diante de nós. Habilidade de expandir os interesses pessoais e profissionais, sair da zona de conforto e se relacionar com pessoas que desafiam suas visões de mundo. Quanto mais flexível o profissional for, mais facilmente ele será capaz de enxergar novos padrões e fazer associações únicas entre ideias.

   b) Negociação, com o vertiginoso crescimento e ampliação do aprendizado das máquinas e a consequente automação do trabalho, as habilidades sociais serão mais importantes do que as operacionais, ou seja, a capacidade de negociar com pares, gestores, clientes, fornecedores e equipes está no alto da lista de habilidades desejáveis.

   c) Julgamento e tomada de decisões, com o volume de dados que as organizações estão reunindo é cada vez maior a necessidade de profissionais capacitados não somente para agrupá-los, mas para interpretá-los, porém também capazes de tomar decisões. Acredito que o profissional do futuro deverá examinar números, encontrar *insights* nas informações analisadas e utilizar o *big data* para tomar decisões estratégias nas empresas.

   d) Inteligência Emocional, reconhecer e avaliar as emoções das pessoas, estabelecendo empatia com esses sentimentos e produzir os resultados desejados. Compreende ainda identificar os sentimentos próprios que nos motivam, e assim gerir as emoções dentro de nós.

   e) Coordenação com os outros, profissionais com fortes habilidades interpessoais, que sejam capazes de se relacionar bem com colegas de trabalho e superiores, que saibam se coordenar com os outros.

   f) Gestão de pessoas, apesar do aumento da automação das atividades, funcionários sempre serão os recursos mais valiosos das empresas. Como ser humano, os funcionários têm dias ruins, ficam cansados, doentes, distraídos e desmotivados, desse modo, a importância da gestão de pessoas torna-se fundamental, pois saber gerenciar pessoas significa saber motivar equipes, maximizar a produtividade e responder às necessidades dos funcionários.

   g) Criatividade, ser criativo sendo capaz de conectar informações aparentemente díspares, construir novas ideias para apresentar algo "novo". Os novos produtos e tecnologias vêm exigindo dos profissionais uma boa dose de criatividade, pois mesmo com toda a ascensão da robótica avançada, as máquinas não possuem, não pelo menos até este dia, a capacidade criativa do ser humano, sendo assim, a criatividade se tornará uma habilidade imprescindível.

   h) Pensamento crítico, ser um pensador crítico sempre foi uma habilidade importante, porém ela se tornará ainda mais valiosa. Pensamento crítico envolve lógica e raciocínio, onde o profissional deve ser capaz de usar a lógica e o raciocínio para questionar um problema ou desafio, considerar várias soluções e colocar os "prós" e "contras" na balança, a cada nova abordagem.

   i) Resolução de problemas complexos, a resolução de problemas complexos é uma habilidade que deve ser lapidada e aprimorada em cada profissional. Consiste na capacidade de resolver problemas novos e indefinidos em ambientes reais, construída a partir de uma base sólida de pensamento crítico.

Em resumo, o profissional do futuro precisará ter a capacidade mental extremamente volátil para assim ser capar de solucionar problemas que nunca foram identificados anteriormente, problemas esses que ficaram cada vez mais complexos. Profissionais com grande capacidade para resolver problemas complexos serão os profissionais mais demandados em todas as profissões no futuro.

2. Em sua opinião, a Inteligência Artificial pode alterar o nosso estilo de liderança?

Sim, a Inteligência Artificial já está alterando o estilo de liderança, isso porque a AI pode ser de grande ajuda ao gestor, concedendo maior agilidade na tomada de decisão e permitindo a aplicação de abordagens criativas dentro das organizações.

A AI pode proporcionar uma gama de informações aos gestores, tais como informações privilegiadas, as quais são baseadas em diversas análises dos dados gerados internamente, realizadas de forma automática. Essa análise poderá melhorar o tempo de resposta a qualquer risco e/ou oportunidade que venha a surgir.

Mais um ponto positivo da AI é que por meio das análises preditivas o gestor poderá testar cenários e visualizar possibilidades de futuro, propiciando um desenvolvimento a longo prazo mais bem planejado.

3. Quais atitudes do líder conquistam a cooperação da equipe?

Os líderes são capazes de conquistar a cooperação da equipe por diversos aspectos, porém alguns desses aspectos são essenciais, tais como:

• Cabe ao líder fazer com que os liderados se sintam seguros, confiantes e confortáveis no ambiente de trabalho;

• Ter habilidade para tomar decisões, sabendo agir em diferentes situações, e no encorajamento de sua equipe para os membros tomarem suas próprias decisões;

• Comunicar com convicção e efetividade. Ter habilidades de persuasão, simpatia, e expor ideias de acordo com o entendimento do receptor;

• Instigar a equipe a alcançar mais, ler as pessoas e perceber nelas suas melhores aptidões, incentivando-as a colocar esses potenciais em prática para melhorar o desempenho, provocando um constante crescimento da equipe e da organização em geral;

• Reconhecer os talentos, realizando *feedbacks* constantes e incentivando os membros da equipe por meio de elogios e de críticas construtivas;

• Ter atitude positiva com uma postura de otimismo e entusiasmo, ter a responsabilidade de motivar a equipe;

• Estar sempre disposto a aprender mais, o conhecimento o ajudará em várias etapas da vida. Sempre manter a vontade de avançar e crescer;

• Não cabe ao líder arrogância, superioridade e autoritarismo, ele deve atrair as pessoas por mostrar-se coerente nas atitudes, ter conhecimento de sua área e de suas habilidades, estar disposto a ajudar, incentivar e expandir os domínios dos demais e seus, deve ter a intenção de investir em relacionamentos mutualmente benéficos, ser admirado por suas características – admiração essa que se transforma naturalmente, e essa em autoridade e inspiração.

4. Como o *design thinking* pode contribuir com a resolução de problemas e criação de oportunidades nas organizações?

Segundo Tim Brown, *design thinking* é uma abordagem para a inovação, centrada no ser humano e baseada no escopo de ferramentas do *designer* que visa a integração das necessidades das pessoas às possibilidades tecnológicas e aos principais requisitos para o sucesso do negócio.

Sendo assim, é possível utilizar o *design thinking* para planejar melhores soluções tendo, como ponto de partida, os problemas e as necessidades de cada cliente, e não apenas um formato predefinido.

Ter empatia, ou seja, a capacidade de se colocar no lugar do outro, é um excelente caminho para entender as necessidades de cada situação, seja ela no ambiente corporativo ou no entendimento das necessidades de um cliente em um projeto novo. Colocar-se na posição, discutir as necessidades e ideias, para então poder ofertar uma solução criativa e que satisfaça as necessidades em cada uma das situações.

5. Fale sobre aprender com os erros e aproveitar as oportunidades.

Se alguém acreditar que iremos acertar sempre, estará cometendo um enorme equívoco, posso afirmar, após mais de 20 anos de carreira, todas as vezes em que acertei de primeira foi sorte. Errei e erro muito, o que me dá uma chance de ser uma pessoa melhor e, consequentemente, um profissional melhor.

Quanto a aproveitar as oportunidades, o fato é simples, cada oportunidade estará disponível para nós uma única vez, basta saber se estamos dispostos a agarrá-la e então descobrir se vamos errar ou acertar.

6. Fale sobre resiliência.

Quando se está na posição de líder ou gestor, lidar com problemas, adaptar-se a mudanças, superar obstáculos ou resistir à pressão de situações adversas, entre outras, são ações corriqueiras. No início da carreira, isso tem-se como algo mais complicado de se lidar, porém, com as experiências de vida, tanto pessoal quanto profissional, essas situações ficam mais fáceis de se lidar, não que em algumas não temos dificuldade, porém tenho um método muito eficiente, que tento ensinar às pessoas, que é: para um problema ou uma decisão muito complicada, que traz impactos relevantes, coloque uma noite no meio para decidir, e caso ainda não seja suficiente, coloque outra.

Decisões no calor da emoção e/ou muito rápidas tendem a se converter em erros, não que decisões tomadas com mais parcimônia também não estejam fadadas ao azar do erro.

7. Quais valores são importantes para você?

Confiabilidade; fidelidade; responsabilidade; comprometimento; integridade.

8. Como você conseguiu deixar sua marca?

Demonstrando competência, comprometimento, conhecimento e respeito pelas pessoas e empresas por onde passo.

9. Quais habilidades pessoais você adquiriu com a sua vida executiva?

Ser mais tolerante; saber escutar; entender que uma história tem sempre três versões, a minha, a sua, a verdade; se perde mais do que se ganha, mas até quando perdemos ganhamos experiência e conhecimento.

10. O que faz você feliz?

Pessoalmente, minha família me faz feliz, minha esposa Fabiana, meus filhos Laura, Lívia e Gustavo, a sorte de ainda ter meus pais e meus cachorros.

Profissionalmente, cada conquista me faz feliz.

11. Como você concilia a vida pessoal com a profissional?

Esse é um tema difícil, realmente uma das coisas que requerem muita conversa. Tenho esposa e filhos, a sorte de ter uma esposa que leva a vida profissional tão a sério quanto eu, e filhos que entendem a necessidade do trabalho, mas faço questão de reservar tempo para todos, um tempo onde até falamos da importância do trabalho, simplesmente estamos juntos, conversamos a respeito do cotidiano, das dificuldades e belezas que nos deparamos, rindo, viajando, um tempo só nosso.

12. O que você não tolera?

Mentira, falta de comprometimento e reconhecimento.

13. Quando erra você reconhece isso?

O reconhecimento do erro é um fato importante no plano do ser humano. O reconhecimento do erro faz parte do processo de crescimento, mas para que esse reconhecimento seja completo, devemos reconhecer o erro verdadeiramente, ou seja, reconhecer o erro de forma aberta e integral, para nós e para os demais.

14. Quais os sonhos não realizados?

Os que estão no papel e os que ainda não sonhei.

15. Como você lida com a frustração?

Não posso dizer que não nos frustramos, nos frustramos com decisões, escolhas, pessoas, etc. Porém a melhor forma de lidar com as frustrações é encarar os erros, aprender com eles e seguir em frente mais fortalecidos e com a certeza de um aprendizado que nos fará mais fortes e resistentes a novas frustrações, pois a frustração faz parte do processo de aprendizado e quem não se frustra não aprende, e quem não aprende não cresce e não evolui.

16. Como você se define?

Corajoso e encorajador.

17. Como você mantém o foco para a realização dos seus objetivos?

Manter o foco para a realização dos objetivos está diretamente relacionado aos objetivos. Por quê?

Simples, se o objetivo determinado estiver fora do alcance de suas necessidades e/ou de suas reais intenções, esse objetivo estará suscetível à perda do foco.

Para tanto, minha meta para manter o foco para a realização dos meus objetivos é traçar objetivos que me motivem, que me deixem confortável a conquistá-los.

18. Qual a sua visão sobre a solidão do poder?

Em minha opinião, poder somente traz solidão se você não souber utilizá-lo, sendo um bom líder e sabendo utilizar esse poder, assim não existirá a possibilidade de solidão, mas sim uma liga de seguidores, os quais estarão ao seu lado pelo prazer de estar, por sua competência, conhecimento, reconhecimento e preocupação com os demais.

19. Fazer o que gosta é fundamental para o sucesso?

Pela minha experiência, e também baseado na experiência de outras pessoas que conheço, posso afirmar que só teremos sucesso se fizermos o que gostamos, que nos dá prazer. Prazer esse de não se importar com o dia da semana, a hora do dia, ou qualquer outra variável, mas sim somente de se importar em estar fazendo o melhor dentro da escolha profissional ou da carreira que fizemos.

É possível obter sucesso sem fazer o que se gosta, porém esse sucesso não estará recheado de prazer e admiração.

Galeria de fotos

Irene Azevedo

Empresa:
Lee Hecht Harrison

Função:
ICEO Practise Leader

ALTA GESTÃO | REGISTRO BIOGRÁFICO

1. Como e onde você iniciou a sua trajetória profissional?

Eu iniciei a minha trajetória profissional na IBM, onde eu trabalhei por 26 anos, sendo que inicialmente eu comecei como subcontratada de uma empresa de serviços aduaneiros, porque eu ingressei na empresa no setor de importação e exportação, dois anos depois me possibilitou entrar como funcionária em outro setor, por causa da disponibilidade de vagas, como secretária, e passei por diversos cargos até chegar às Operações América Latina de uma unidade de negócio.

A IBM estava oferecendo um programa de demissão voluntária e eu não tinha recebido a carta para aplicar, mas eu vi toda a minha trajetória e desafios que vivenciei, e um pouco antes de abrir o programa, eu tinha falado ao meu chefe que não queria ficar mais em operações e ele me remanejou, e como eu não estava no momento em uma posição de recurso crítico, vi uma oportunidade de repensar sobre a minha carreira e sair.

Mesmo não sabendo o que eu queria, eu sabia o que não queria e isso facilitou muito para direcionar os meus futuros desafios profissionais. Como eu passei pelo setor de qualidade, podia agregar valor em recursos humanos, já que eu tinha uma visão de negócios e durante a minha trajetória treinei e desenvolvi pessoas para suportar a estratégia de qualidade da empresa.

Gerenciei o programa de desburocratização, que foi um sucesso no Brasil inteiro, sendo a primeira empresa a replicar o programa criado pelo ministro da época da área, Hélio Beltrão, que estimulava os colaboradores a dar sugestões, e nós montamos um instituto, onde eu fui presidente e achei que podia usar essas habilidades para fazer o que eu gosto.

Pedi para sair e comecei a repensar sobre a minha carreira, e quando você sai de uma empresa em que passou 26 anos, você está acostumado com a organização e o seu *networking* está envolto da empresa, e tive que começar um trabalho para ser conhecida como recursos humanos. Fiquei ainda 6 meses buscando uma recolocação e achei que tinha feito uma loucura quando eu recusei uma proposta para trabalhar em uma *joy venture* da IBM com outra empresa, assim que eu anunciei sair da corporação.

A IBM me recontratou para fazer um projeto em recursos humanos para implantar administração salarial delegada, 360 *on-line* e criar uma nova cultura, devido à renovação de profissionais. Além de eu assumir algumas unidades de *marketing* em São Paulo, e como eu conhecia todos os diretores, foi maravilhoso e doloroso ao mesmo tempo, porque você voltar e não ter mais o poder é totalmente diferente, mas foi uma experiência fundamental para eu ver como era o mercado.

E, nesse momento, um *headhunter* me encontrou, e por querer ser consultora e achar que essa carreira iria prolongar a minha vida profissional, decidi apostar. Desde então, exceto dois anos em que eu fui fazer recursos humanos para a Ticket, e foi espetacular porque eu precisava ter em meu currículo uma passagem por recursos humanos, já que eu não tinha, e depois eu voltei para a mesma empresa de *hunting* para continuar a minha carreira em consultoria.

Após essas duas etapas, agora na Lee Hecht Harrison, retomei a carreira executiva, tomando conta de uma unidade de negócios, atendendo os clientes. Hoje em dia, usando todos os recursos que possuo, posso dizer que sei vender, tenho ampla rede de contatos e daqui a pouco vou completar o mesmo tempo de carreira dentro da IBM porque eu já tenho 50 anos de carreira.

2. Quais os principais desafios e resultados que você vivenciou ao longo da sua carreira?

O primeiro desafio que eu tive foi a desburocratização da IBM, que era fazer com que esse programa se solidificasse, para mudar a cultura de uma organização através de um projeto como esse, você precisa de muita resiliência. O segundo desafio foi quando saí da IBM e entrei no mundo de *hunting*, que era um mundo novo, e naquela época as pessoas que estavam nesse mercado sempre foram de recursos humanos, conhecidos.

Eu tive que dar dois passos atrás na minha carreira para entrar como consultora e, após seis meses, eu me tornei gerente, trazendo contas e me desenvolvendo. Eu tive desafios quando eu entrei na própria Lee Hecht Harrison, que antigamente era DBM, e quando eu assumi uma posição de gestão, já com 64 anos, tendo que voltar ao mercado corporativo mais sólida.

E o terceiro desafio foi deixar uma parte do meu trabalho, de nível internacional, e focar na minha unidade de negócio, que era só para transição e um montante menor. Enquanto isso, eu me preparei para uma próxima etapa de carreira para fazer as coisas que eu gosto, posso agregar valor e estou nesse caminho porque eu gosto de vender, estar ativa, ver projetos andando e adoro essa unidade que ajudei a criar e atender os clientes.

3. Quem da sua história de vida inspirou/motivou a sua carreira?

Lógico que você encontra durante a sua carreira diversas pessoas que motivam você, mas a primeira inspiração foi a dificuldade que os meus pais passaram, o meu pai era muito rico e perdeu tudo. Desde garota, eu estudei em um colégio excelente, porque a minha avó pagou os meus estudos, e a minha mãe me educou para trabalhar, e com 20 anos iniciei no mercado, porque eu sabia que eu só dependia de mim.

O meu pai era uma pessoa extremamente positiva, apesar de ele ter perdido tudo, ele nunca foi rancoroso e me inspirou, porque sempre olhava a vida com otimismo. Durante a IBM, tive dois chefes, João Malheiros, logo que entrei, me ajudou a ingressar no meio corporativo e me ensinou tudo que eu podia aprender sobre importação e exportação para poder desempenhar aquela função, e acho que nunca tive a oportunidade de agradecer, farei isso pós-morte.

A segunda inspiração na empresa foi o meu último chefe, Mauro Gonçalves, que foi uma inspiração de brilhantismo, e o humor pode fazer as coisas de modo mais leve, e o seu jeito bem-humorado e irreverente cativou os clientes, e eu acho que eu peguei essa coisa dele. Eu tenho que agradecer a todos os chefes que eu tive, cheguei onde eu estou hoje porque cada pessoa que passou pela minha carreira teve um papel importante, ao me ajudar a me tornar uma pessoa melhor.

4. Alguma história na gestão de pessoas que você gostaria de compartilhar?

Naquela época na IBM, tínhamos uma secretária que atendia um *pull* de gerentes e consequentemente atendia o meu gerente e toda a sua equipe, e havia uma oportunidade para essa pessoa ir para uma outra posição que ela queria, e fiquei negociando com o meu chefe e o responsável pelo outro setor. Consegui que o chefe do setor, desejado pela secretária, fizesse uma entrevista com ela, e para a nossa alegria, a minha indicada foi contratada.

Ao final do processo, ele me disse que era inacreditável eu não fazer o que eu não queria e lembro que quando fiz um processo seletivo na Mariaca, o Marcelo me perguntou o que meu chefe diria de mim e falei exatamente que não faço nada que eu quero e isso é uma fraqueza, mas também uma fortaleza.

5. Alguma história no relacionamento com o cliente que você gostaria de destacar?

Eu me lembro de uma vez que eu institui o que se chamava *costumer satisfaction workshop*, onde a gente pegava o cliente, levava as pessoas de vendas e analisávamos com elas pontos de satisfações para o cliente, e um dos participantes não gostava da IBM, e pegamos uma pessoa que estudou em uma faculdade que todo mundo se achava o máximo, apesar de eu ser de uma ótima faculdade também, que é a UFRJ, e foi uma das reuniões mais difíceis.

Eu me lembro que eu usei todas as técnicas, inclusive de neurociência, e pedi para ele explicar melhor esse descontentamento, e no final, conseguimos resolver um pouco essa percepção da nossa qualidade, que era a intenção do evento, e o mais interessante foi que, anos depois, ele se tornou meu cliente de *outplacement*.

6. Quais dicas você daria para aqueles que estão iniciando a carreira profissional?

Primeiro, não tenha medo de arriscar, hoje em dia principalmente, faça aquilo que dá prazer, porque estamos em um mundo que está cada vez mais complexo, onde terá sucesso se estiver ligado com o seu propósito, porque as organizações estão se transformando e não voltarão mais ao físico.

Provavelmente vai voltar uma parte *on-line* e a maioria das pessoas não terá mais uma mesa que seja sua, e quando for ao escritório, sentará onde está disponível, e a conexão que fica são os seus valores e é isso que vai fazer o seu sucesso.

Lembro que queria fazer os cursos de Sociologia e Economia, adoro política, mas a minha mãe aconselhou cursar Administração de Empresas na UFRJ, que era o único curso à noite e me permitia trabalhar enquanto eu estudava. As empresas eram diferentes e quando foi em 1992, vi que a IBM ia mudar e precisei me mexer, e hoje não tem saída, o sucesso acontece quando você gosta do que faz.

7. Ao recrutar um profissional, quais características comportamentais você considera fundamentais?

Ao estar recrutando uma pessoa mais sênior, o profissional deve ter a capacidade de resolver problemas complexos, ter coragem, ser resiliente e colaborativo, criativo, proativo são características que vão predominar no cenário atual.

8. Qual legado você gostaria de deixar para a sociedade?

O meu propósito é que as pessoas possam falar que eu fui uma pessoa que de alguma maneira pude agregar valor em suas vidas, e eu pautei a minha carreira hoje com esse foco. Temos que trazer o protagonismo e acreditar que podemos criar um ambiente que seja possível com políticas, organizações abertas, mas para isso, a mulher precisa mudar o seu comportamento cada vez mais para que isso possa ser verdade.

9. Quais os reflexos das práticas de cidadania empresarial para organizações, profissionais e sociedade?

Se as organizações não fizerem o seu papel, vamos voltar ao que era no início da década de 1970, onde as empresas tinham um papel social muito maior do que só dar emprego. Porque há uma parcela da sociedade que precisa ser retreinada para não ficar sem nada.

10. Cite alguns líderes que, em sua opinião, são inspiradores.

Eu admiro líderes que tenham humildade de reconhecer que é a hora deles deixarem para outras pessoas continuar o trabalho deles, e isso eu chamo de uma pessoa ter uma completa consciência de si mesmo, suas fortalezas, e consegue descobrir um novo caminho, e por isso admiro a história de Anita Roddick, criadora da *The Body Shop*, e continuou representando a empresa, sendo relações públicas da empresa.

E tem uma líder inspiradora do momento que dá orgulho ser mulher, que é a Angela Merkel, porque ela cuida do povo e da comunidade europeia, sendo firme e dura, tendo todas as características do equilíbrio entre o masculino e o feminino, quer dizer, é o amor e a ação juntos, porque ela vai para cima.

Agradeço a ela porque é um exemplo de mulher numa liderança espetacular, e se eu tivesse que enaltecer uma liderança, seria Merkel, porque acho que a mulher precisa de exemplos como esse, assim como a primeira-ministra da Nova Zelândia, Jacinda Ardern, e Sheryl Sandberg, diretora de operações do *Facebook*, que fala sobre liderança feminina.

Eu citei quatro mulheres porque precisamos de exemplos para firmar esse conceito de que você pode fazer coisas grandes pela sociedade, e quando você consegue unir o amor e a ação, equilibrar o masculino com o feminino, faz grandes coisas.

11. Como você define o papel da liderança?

É nada mais que guiar a sua equipe para um alvo futuro através do exemplo. Liderar é fazer e seguir o que diz, em inglês conhecido como *walk the talk*, e motivar a equipe de acordo com as motivações individuais, levando em consideração que cada um de sua equipe tem um estilo diferente de atuação, e se você conseguir reunir tudo e inspirar para que eles atinjam objetivos comuns, isso para mim é liderar.

12. O que você faz para se manter motivada?

Eu faço o que eu gosto e isso me motiva, sou uma pessoa em constante processo de autoconhecimento e isso me ajuda a definir as minhas motivações atuais, em busca de me conhecer melhor sempre.

13. Qual a importância da inovação nas organizações?

Inovar leva as organizações para o futuro e encontrar soluções para que possam ter resultados diferentes. As empresas precisam contratar pessoas que pensam diferente e levar em consideração os valores e crenças dos candidatos para que possam ter melhores resultados dentro da organização. Já automatizar os processos não é considerado inovação, mas sim melhorias, porque ajuda a resolver problemas do passado.

14. Como você realiza o *networking* de maneira efetiva?

O *networking* é fundamental para a sua carreira e hoje, como está todo mundo sobrecarregado, ele é um desafio para todos. Eu gerencio a minha agenda para que eu possa manter a minha rede ativa e procuro atender duas vezes na semana pessoas que me pedem. Mas eu entendo que é uma via de mão dupla porque ao mesmo tempo que faço isso, alguém se lembra de mim e me resgata.

É um exercício diário, principalmente agora que as pessoas estão em casa trabalhando mais com os negócios, estão mais difíceis, eu diria que manter o relacionamento vivo é fundamental, mas também é um grande desafio.

15. Do que você sente saudades?

Cada período da minha vida foi importante e quando eu olho para trás, eu gosto do hoje. Mas se eu olhar a minha infância, eu sinto saudade de passar férias nas casas dos meus avós em Petrópolis, no Rio de Janeiro, e daquele tempo que a gente podia brincar na rua, descia nas ladeiras, ia brincar no rinque de patinagem.

Sinto falta de viver em um lugar seguro, andar pelo calçadão de Copacabana, ir para a universidade de ônibus sem me preocupar com sequestros e assaltos.

16. Do que você tem orgulho?

Eu tenho orgulho da minha carreira, quando eu vejo que comecei como secretária e terminei minha jornada na IBM como operações da América Latina. Depois iniciei uma nova fase da minha carreira, como consultora de *hunting*, até chegar à Lee Hecht Harrison, alcançando uma posição de destaque e tomando conta de uma unidade de negócios.

17. Qual o significado da palavra felicidade?

Felicidade é fazer o que você gosta, ter saúde e uma família que está junto, suporta você. Outra coisa que eu me orgulho é da minha filha, com toda a sua coragem de assumir o que gosta, por ser trans.

18. Qual a sua citação favorita e por quê?

"O que não te mata, te fortalece." é uma frase que o meu avô sempre dizia, e foi uma coisa que durante a minha vida inteira eu aprendi disso. Com todos os desafios, a gente não tinha dinheiro, minha avó pagava os meus estudos, e por tudo que passamos, fui para um colégio público para depois ir aos Estados Unidos, em um dos primeiros intercâmbios do Brasil.

19. Quais são seus *hobbies* preferidos?

Eu adoro cinema e, principalmente nessa época de pandemia, ver filmes e séries tira você um pouco da realidade, porque quando você liga a televisão é o tempo todo notícias, e não aguento mais ouvir sobre a Covid-19. Gosto também de comer bem, dançar, estou aprendendo *hip-hop*, fazer atividades físicas, não gosto de musculação, mas é importante fortalecer minha musculatura para ter mais qualidade de vida.

No momento em que conquista essa conexão com o seu corpo, você tem o físico, mental, espiritual e emocional, e se você cuida de tudo isso, você está mais preparado para o que der e vier.

20. Qual sonho você gostaria de realizar?

Quando me projeto, fico muito inquieta e impaciente, isso é um dos meus pontos de atenção, e o meu sonho é que eu seja essa pessoa que trabalha para as coisas, mas tem a paciência de esperar as coisas acontecerem como têm que acontecer.

21. O que você aprendeu com a vida, que você gostaria de deixar registrado nesta obra?

Eu aprendi com a vida que você não tem aonde chegar, só tem que caminhar e chegará em lugares que jamais imaginaria. Temos que olhar o presente como uma grande oportunidade de construir o futuro, diz a obra de Cartola sobre o poder do agora, é usar o presente. O futuro você vai construindo e o que passou torna-se uma referência.

Quando eu me separei do meu primeiro marido, eu queria encontrar um grande amor e, após três casamentos, aprendi que o meu grande amor é a minha filha, e ela me possibilitou ter um objetivo e chegar aonde cheguei.

22. Qual mensagem de motivação você gostaria de deixar para os leitores deste livro?

Leia todas as histórias deste livro e pegue o que você acha de interessante para sua vida e, principalmente, faça uma caminhada em direção a você mesmo, porque somos as nossas próprias fontes de motivação e felicidade.

23. Com base no que você vivenciou, ao longo de sua vida corporativa, qual o segredo do sucesso para ir da teoria ao topo?

Eu só podia contar comigo mesma e com meu otimismo, nunca vejo o copo vazio, e até nas minhas fotos de criança, é perceptível o meu olhar de alegria. Minha filha e eu éramos muito parecidas quando bebês, mas se você comparar os nossos olhares, eram completamente diferentes.

Galeria de fotos

Jairo Tcherniakovsky

Empresa:
99 TECNOLOGIA LTDA. (Brasil) /
DiDi Chuxing (China)

Função:
Diretor de Compliance e
Gerenciamento de Riscos LATAM

1. Como e onde você iniciou a sua trajetória profissional?

Nasci, cresci, estudei, me formei, casei e construí minha família em São Paulo. Advogado de formação pelo Largo de São Francisco, minha aspiração profissional de jovem era ser diplomata. Com o tempo fui me apaixonando pela vida empresarial corporativa. Desde a graduação trabalhei em renomados escritórios de advocacia e depois migrei para empresas, além de cursar MBA em *Marketing* e Finanças, concluir uma especialização em Direito Empresarial e conseguir uma certificação internacional de *Compliance*. Desde então, tenho trabalhado em várias empresas top no mercado (Kodak, Mercedes-Benz, TÜV Rheinland, Telefônica/Vivo, 99/DiDi Chuxing) que ajudaram a me tornar o profissional que sou hoje. Ocupo a cadeira de diretor sênior de *compliance* e gerenciamento de riscos da 99/DiDi Chuxing, região LATAM.

2. Por que trabalhar com *compliance*?

Comecei minha carreira praticando advocacia sempre com o viés de "buscar" a justiça. Com o tempo aprendemos que o mundo real funciona diferente dos livros e que a melhor justiça é aquela que satisfaz seu cliente. Com o passar dos anos, isso me incomodou demais e tive a chance de começar a trabalhar num projeto sobre controles internos para a Lei SOX americana, ficando responsável pelos testes de eficácia, desenho de controles internos e separação de exemplos efetivos. Automaticamente passei a ser responsável também por políticas corporativas, comunicação interna e treinamentos. O tempo foi passando e a cada investigação interna era preciso revisitar o processo, e melhorar todos os *gaps* e propor novos controles para garantir que tal fato não ocorresse novamente.

Comecei a ser referência dentro da empresa de como orientar os outros a seguir o caminho correto, praticar os valores da organização, revisar práticas internas e garantir o cumprimento delas. Já estava praticando o que se chama hoje em dia de *compliance*, mesmo antes do tema chegar ao Brasil da forma como conhecemos hoje.

Quando começou a ser criada a área de *compliance* nas empresas, decidi que ali seria o meu lugar, onde estou há quase 15 anos.

3. Quais os principais desafios e resultados que você vivenciou ao longo da sua carreira?

Os principais desafios da minha carreira se concentraram em conseguir ter minha voz escutada. Mostrar capacidade técnica e ser reconhecido pelos temas que defendo e quero propagar. Quando uma pessoa consegue atingir esse nível, é uma porta de entrada para conseguir galgar mais degraus no desenvolvimento profissional. Acaba se tornando uma referência dentro da organização em que trabalha e para seus pares no mercado, o que é imensamente gratificante.

4. Quem da sua história de vida inspirou/motivou na sua carreira?

Em cada empresa que trabalhei, identifiquei um líder como exemplo do que gostaria de atingir durante minha jornada. Ao identificar esse profissional, passo a estudá-lo, analiso como se comporta em reuniões com outras áreas e com a alta liderança. Dessa forma, fui coletando experiências ao longo da carreira de bons (e maus) exemplos profissionais, que me ajudaram a compor o profissional que sou hoje.

5. **Alguma história na gestão de pessoas que você gostaria de compartilhar?**

Busco fazer reunião de *feedback* sempre quando necessário. Comigo não funciona esperar a determinação do RH ou o "momento certo" no bimestre ou semestre. Para mim, o momento certo é o hoje! Em minhas reuniões com cada um do time, procuro extrair o que há de melhor em cada profissional e ensino a todos o que aprendi na marra: ninguém pode se autossabotar diante de um desafio ou projeto. Acredite em você, foque no que quer atingir quando entregar e peça ajuda quando necessitar. Cada um tem suas potencialidades (que devem ter maior foco comparado com cada fragilidade!).

6. **Alguma história de relacionamento com o cliente que você gostaria de destacar?**

Importante destacar o incansável trabalho de uma equipe de *compliance* para propagar a cultura de ética dentro de uma organização. Num primeiro momento, ninguém precisa (ou quer) o *compliance* por perto, mas à medida que mostramos o real valor agregado de previamente se pensar (e mitigar) potenciais riscos que impactam na reputação da nossa marca ou nos negócios em geral, fica realmente gratificante ser parte dessa transformação cultural.

7. **Quais dicas você daria para aqueles que estão iniciando a carreira profissional?**

Provavelmente os jovens de hoje não gostarão destes conselhos: estudar e ter paciência para se autodesenvolver e estar pronto para os próximos passos. Com esses dois atributos, sua hora de reconhecimento vai chegar.

É preciso confiar em você mesmo, se capacitar cada vez mais para conseguir ajudar a sua empresa a fazer negócios de forma segura e com a proteção necessária, prevenindo os riscos que podem ocorrer.

8. **Ao recrutar um profissional, quais características comportamentais você considera fundamentais?**

Nem falo aqui de experiência e capacidade técnica. Isso é fundamental, mas não é tudo. Brilho nos olhos é tudo! Se após apresentado o projeto, o desafio, o trabalho e as expectativas para aquele cargo os olhos do profissional ainda estiverem brilhando, você já acertou 80% na sua seleção.

Para mim, um bom profissional é aquele que antecipa uma necessidade e traz soluções muitas vezes sem alguém pedir. Obviamente, esse alinhamento leva tempo para se construir, e na maioria das vezes é imperceptível no momento da contratação. Mas através de um bom processo seletivo e técnicas de entrevista é possível propor situações ao candidato para que ele exponha qual seria sua conduta em determinadas situações.

9. **Qual legado você gostaria de deixar para a sociedade?**

Meu legado é um só, para minha vida profissional e a pessoal: ser íntegro não dá trabalho! Ser transparente não dá trabalho!

Se você é íntegro no trabalho e na vida pessoal com sua família, você torna sua vida mais fácil, você concentra seus esforços na melhoria contínua da harmonia profissional e pessoal de todos a sua volta.

Já tive que me afastar de gente que pensa diferente, paciência. Cada um segue o caminho que deseja. Uns querem o caminho mais fácil, outros querem o caminho mais perigoso e cada um tem sua jornada.

Quando eu presenciava o esforço que certas pessoas faziam para manter uma mentira em pé ou uma situação familiar errada ou um trabalho sem fundamento como essencial, eu ficava impressionado como com isso perde-se mais tempo fazendo o errado do que focando no certo.

10. Quais os reflexos das práticas de cidadania empresarial para organizações, profissionais e sociedade?

Realmente estamos vivendo tempos diferentes de antigamente quando uma organização ou profissional não podia, ou pelo menos não era aconselhável, demonstrar seus valores pessoais e defender suas bandeiras sociais da forma como é feito hoje. Atualmente, uma empresa ou profissional que não se posiciona diante da diversidade, responsabilidade social, discriminação de qualquer forma ou qualquer outro tema demandado pelo grande público terá problema de identidade com o consumidor. E uma empresa precisa fazer isso de forma genuína, caso contrário o consumidor percebe e o efeito será contrário.

Neste momento atípico que estamos vivendo, estamos presenciando muito essa questão. As pessoas no geral perderam a paciência de se relacionar com as demais. A intolerância está escalonada a níveis absurdos. Precisamos respeitar aos demais sempre, independentemente da cor da pele, da raça, da religião que pratica, das roupas que veste ou da pessoa que ama. Um lado da pandemia mostrou que durante o isolamento social precisamos nos manter conectados cada vez mais forte, mas por outro lado, trouxe exatamente essa intolerância pela diferença de opiniões que cada um quer imperar no seu discurso.

11. Cite alguns líderes que, em sua opinião, são inspiradores.

Pela oratória e capacidade de engajar uma audiência, cito Barack Obama (ex-presidente dos EUA entre 2009 e 2017). Tenho muito respeito por ele e gostaria que nosso país tivesse políticos como Obama no Congresso Nacional.

Já pela gestão e inspiração dos demais líderes de uma organização, gosto do Jack Welch (ex-CEO da GE). Seus discursos sobre gestão de negócios e de pessoas são fascinantes.

Realmente pessoas inspiradoras!

12. Como você define o papel da liderança?

Líder é aquele que inspira e ao mesmo tempo extrai o melhor de cada profissional para realizar suas tarefas. A capacidade de identificar o potencial de um profissional que não sabia do que era capaz e fazê-lo entregar um trabalho de alto nível é uma satisfação enorme para um gestor.

13. O que você faz para se manter motivado?

Constantemente recebo *feedback* de que sou uma pessoa positiva. Que sempre olho o copo meio cheio. Eu tento manter o foco no lado positivo de tudo que me cerca. Mesmo quando estou em gerenciamento de crise (profissional ou em casa), temos que olhar o que podemos aprender dessa situação. Como posso melhorar como ser humano após aquilo passar.

14. Qual a importância da inovação nas organizações?

Uma organização que não inova certamente está fadada ao fracasso. Tive o prazer de trabalhar na Kodak exatamente no momento do aparecimento das câmeras digitais. Os executivos da época não acreditaram na inovação do segmento, não foram visionários e não deram chance à inovação. Não é preciso falar mais nada...

15. Como você realiza o *networking* de maneira efetiva?

De forma geral, a participação em eventos do setor e contatos profissionais são os meios mais frequentes de se manter atualizado e conectado. Por incrível que pareça, durante essa pandemia da Covid-19, participações em *webinars*, conversas com colegas, apoio das empresas de consultorias e sessões de alinhamento entre profissionais que estão passando pelos mesmos desafios cresceram de forma exponencial. Eu vejo um movimento positivo nesse momento de aprimorar ainda mais os contatos profissionais para enfrentarmos juntos esses desafios e gerenciarmos o que será esse "novo normal" daqui em diante.

16. Do que você sente saudades?

Que pergunta difícil... Existem pessoas que me ajudaram a ser a pessoa que sou hoje e já não estão mais fisicamente presentes. Todas elas me fazem falta: avós, avôs, meu pai e meus sogros. Levo os ensinamentos de cada um deles comigo a cada dia. Tirando essas pessoas maravilhosas, ressalto situações que tenho saudades: minhas férias anuais em São Vicente (SP), onde passávamos as férias dos meses de julho, janeiro e fevereiro enquanto meu pai trabalhava durante a semana. Quando ele chegava às sextas-feiras, era uma grande festa com toda a família.

Além disso, aquele momento de chegar em casa após a escola primária e sentir o cheiro do almoço pronto feito pela avó que morava conosco (sopa, arroz, feijão, bife à milanesa ou macarrão com carne em cubos), sentar com ela para almoçar e comentar sobre como foi a escola, são momentos saudosos que consigo captar na minha memória facilmente.

Ou aos domingos, quando saíamos cedo toda a família para passar o dia no clube de campo onde meu pai comandava os campeonatos de futebol e organizava um churrasco de almoço, e no final da tarde íamos toda a família para a casa dos meus avós paternos terminar o dia longo de domingo, são lembranças de momentos que realmente fazem falta.

Finalmente, tenho saudades das tardes que saía com minha mãe para acompanhá-la no seu trabalho de revendedora de joias. Sempre damos risadas quando lembramos da minha sinceridade quando as clientes me perguntavam o que eu achava daquelas peças. Levei vários beliscões na perna naquela época....

17. Do que você tem orgulho?

Na minha vida profissional, meu maior orgulho é colocar minha opinião e experiência em tudo que faço para exercer minha profissão e proteger a empresa e seus executivos, com aquilo que acredito ser a melhor prevenção, assessoria e gerenciamento de riscos possíveis.

Já na minha vida pessoal, meu maior orgulho é a família que me acompanha. Minha esposa é a responsável por fazer com que eu sempre queira me aprimorar e crescer profissionalmente, e é indescritível a sensação quando vejo nos meus filhos toda a minha experiência e da minha esposa se formando neles. Constatar nossos valores e princípios sendo praticados por eles é impagável.

18. Qual o significado da palavra felicidade?

Para mim, felicidade não está diretamente relacionada à riqueza material. Felicidade para mim muitas vezes é conseguir promover um diferencial na vida de outras pessoas.

Quando alguém pede um conselho pessoal, uma orientação profissional, uma recomendação, entendo que essas pessoas enxergam na gente uma pessoa confiável e que querem se espelhar ou ter um caminho semelhante. Isso me traz felicidade.

Precisamos ser gratos a tudo que alcançamos e conquistamos em nossas vidas. Ensino isso muito a meus filhos diariamente. Reclamar é fácil, estar descontente é fácil, mas aceitar a realidade de nossas próprias limitações é bem difícil. Quando começamos a agradecer por tudo que temos, e ensinamos aos demais que para ter o que não temos precisamos lutar e melhorar como seres humanos para conquistar, tudo fica mais fácil.

19. Qual a sua citação favorita e por quê?

Minha citação favorita não é conhecida pelos outros porque veio dos meus pais e me ajudou a formar o meu caráter e até mesmo trabalhar com *compliance* e gerenciamento de riscos.

Já diziam meus pais quando eu era pequeno: *"O que for seu agarre e não solte, já o que não for, não toque!"*.

20. Quais são seus *hobbies* preferidos?

Ficar com a família, viajar (não a trabalho, por favor) e fazer exercícios físicos ao ar livre.

21. Qual sonho você gostaria de realizar?

Meu maior sonho é presenciar a formação profissional dos meus filhos. Que eu consiga proporcionar tudo o que eles precisarem para ter uma formação de qualidade e se consolidar como profissionais respeitados, reconhecidos. Quero que eles sejam pessoas do bem e que consigam inspirar os demais a sua volta.

22. O que você aprendeu com a vida que gostaria de deixar registrado nesta obra?

Aprendi, aprendo e continuarei aprendendo: nada vem à toa! Tudo é fruto de muita dedicação, trabalho, suor e lágrimas. Existem momentos tranquilos e existem momentos difíceis, e cada um deles é importante para o amadurecimento e conquista desejados.

23. Qual mensagem de motivação você gostaria de deixar para os leitores deste livro?

Estudantes, foquem nos estudos! Não é preciso ir a todas as festas, todos os churrascos e todas as baladas. Selecione algumas e no resto do tempo estudem, se dediquem.

Jovens profissionais, paciência para o próximo passo! Busquem a cada dia aprimorar suas técnicas para buscar o próximo degrau para seu crescimento profissional. Seu reconhecimento virá no momento adequado, assim que as pessoas perceberem o valor agregado de ter você por perto.

Profissionais experientes, se necessário, se reinvente, busque um diferencial em sua formação e crie oportunidades para mostrá-lo.

24. Com base no que você vivenciou, ao longo de sua vida corporativa, qual o segredo do sucesso para ir da teoria ao topo?

No meu caso, certamente estudo e paciência foram fatores essenciais. Cada vez que eu ouvia um "você não está preparado ainda para ter mais responsabilidades", eu voltava para o estudo e me cercava de pessoas que poderiam me ajudar a enxergar o potencial que eu tinha para dar asas aos meus anseios. Quando eu comecei a acreditar mais em mim do que apenas no que os outros me davam de *feedback*, eu consegui me desvencilhar de chefes e conseguir gestores na minha vida profissional. Hoje em dia, eu procuro sempre ser gestor a todos que estão no meu time e aos demais profissionais que me procuram.

25. A quem você dedica sua participação nesta obra?

Fácil resposta: minha esposa. A Raquel é o meu porto seguro e é a pessoa que me ensinou a ser melhor a cada dia desde que começamos a namorar, em 29/1/1998. Ela é quem sempre me puxou para cima e me fez acreditar em mim mesmo. Ela me questiona (até demais), me desafia a crescer e a melhorar como ser humano sempre. Ela que me ensinou a sempre ajudar ainda mais o próximo e prestar atenção nas necessidades de quem está a nossa volta para estarmos sempre disponíveis a contribuir.

Com certeza, com ela aprendi as melhores lições que nenhum livro ou experiência profissional pode nos ensinar: ser resiliente, saber ceder, negociar – o casamento é uma escola prática. As bases de tudo são o respeito e a vontade de querer construir junto, o resto é consequência.

Juntos estamos criando nossos dois filhos para esse mundo complicado. Uma luta diária que mais parece um jogo de *videogame* com fases cada vez mais difíceis, mas, com certeza, com ela ao meu lado tudo fica mais fácil.

Neste ano, estamos completando 20 anos de casamento, e o melhor de tudo isso é olhar nos olhos dela e afirmar, com toda segurança do mundo, que se eu estivesse em 29/5/1999, eu a pediria em casamento de novo! Sim, tive que aprender a guardar todas as nossas datas comemorativas.

Raquel Smaletz Tcherniakovsky, amo você e obrigado por me proporcionar uma vida cheia de emoções (de todos os tipos).

Galeria de fotos

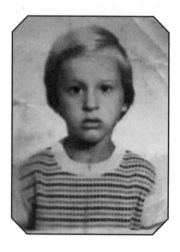

José Benedito Ramos Valladão Júnior

Empresa:
Teladoc Health Brazil

Função:
Medical Coordinator

ALTA GESTÃO | REGISTRO BIOGRÁFICO

1. Como e onde você iniciou a sua trajetória profissional?

Nasci no interior de São Paulo, em Aparecida. Filho de pai médico e mãe psicóloga, foi natural me encantar pela área de saúde ainda durante a infância. Pelos relatos de meus familiares, eu dizia que queria ser médico desde quando eu me conheço por gente. E, de certa forma, eu tenho que concordar, pois é algo que sinto que sempre esteve presente comigo e nem consigo recordar a partir de que idade isso possa ter surgido. Fato é, que esse sentimento de querer cuidar e poder ajudar outras pessoas foi tornando-se algo cada vez mais forte e real. Durante a adolescência, a decisão pela medicina se consolidou de forma estruturada, objetiva e reflexivamente como parte indissociável de minha construção identitária. E, com isso, aos 12 anos de idade eu possuía uma nítida e extrema certeza sobre ser médico e uma implacável obstinação pela Faculdade de Medicina da Universidade de São Paulo (USP). Felizmente, tive o privilégio de meus pais sempre terem condições de me oferecerem ensino em ótimos colégios e sempre me apoiarem nos estudos. Apresentando toda estrutura e meios ideais, eu sabia que basicamente a única coisa que eu precisava fazer era estudar. E assim foi. Terminei o ensino fundamental com louvor e, durante o ensino médio (à época, primeiro, segundo e terceiro colegial), estabeleci rigorosamente uma rotina de 12 horas de estudo por dia. Nessa época, tive a percepção com clareza de que o conhecimento era algo extremamente importante e objeto de poder em nossa sociedade. Extremamente engraçado, pois pelo simples fato de tirar notas boas nas provas, meus familiares, amigos, professores e até quem nem me conhecia direito me achavam inteligente, imaginavam que eu tinha algum dom, que era confiável, honesto, bom caráter, uma boa pessoa. Como eu disse, anteriormente, a única coisa que eu fiz foi simplesmente estudar e ir bem nas provas, isso não implica em nenhuma dessas qualidades. Eu até posso ter alguma ou outra qualidade, mas o que as pessoas não entendiam era que eu simplesmente estudei. Isso sempre me incomodou e ainda hoje tento me desvencilhar ao máximo dessas associações inadequadas que as pessoas fazem.

Reflexão à parte, encerrei então o ensino médio e, por ter iniciado a escola mais cedo, vim morar sozinho em São Paulo aos 16 anos de idade. Essa cisão da idade precoce da proximidade e segurança do ambiente familiar foi bastante impactante. Tive, naturalmente, que construir defesas robustas para conviver com o distanciamento de meus pais e lidar com a saudade. Nesses momentos, entendemos o valor insubstancial do carinho e amor que carregamos e que foi alimentado por nossos pais ao longo de anos de nossa vida, além das raízes sobre quem somos e de onde viemos semeadas desde nossos avôs e avós. O amor de nossa família, em qualquer momento, lugar ou situação, é e sempre será uma constante. Carregar esse sentimento comigo, onde quer que eu esteja e com qual adversidade me depare, me preenche sempre com segurança, tranquilidade e com a força necessária para seguir em frente e superar meus problemas, dificuldades e erros.

Pois bem, iniciei então a graduação na Faculdade de Medicina da Universidade de São Paulo (USP). Eu me lembro muito bem que em uma das primeiras aulas nos dividimos em pequenos grupos, em que o professor falava um pouco sobre a história da faculdade e sobre a profissão. Para os alunos se apresentarem, o professor pedia para que cada um contasse como foi o dia que soube de sua aprovação na faculdade. Como vocês devem imaginar, o normal foram incríveis relatos de felicidade extrema, festa, dias de comemoração etc. E aí, quando chegou minha vez... Bom, sabe aqueles momentos que depois que passam, você pensa: "Por que eu simplesmente não falei o que as pessoas queriam ouvir e segui minha vida?" Como eu acredito que mais do mesmo, do normal, do comum, não acrescentará em nada a você, leitor, vamos lá, vou contar como foi o dia em que soube de minha aprovação. Estava em casa, tranquilamente, curtindo as férias dos estudos e das provas dos vestibulares, me permitindo não ser produtivo, em fazer qualquer besteira ou coisa tola. Acordei e continuei a ler um livro de aventura que tinha começado naquelas férias. O resultado sairia em poucas horas naquela manhã. Nossa, eu estava muito aflito para ver esse resultado, que coisa, estava já desesperado esperando, sem dormir e tudo. Claro que não! Estava tranquilo em casa, como falei no começo. Saber que o dia do resultado era aquele só me enchia o saco de me lembrar de coisas que não iam me acrescentar em nada naquele momento. Independentemente do resultado naquele dia, faltaria ainda pelo menos um mês até a matrícula na faculdade ou para o cursinho. Se o resultado fosse um ou outro, seriam coisas que só mereceriam minha atenção daqui pelo menos um mês. Sinceramente, que preguiça! A coisa mais importante naquele momento era estar em casa na minha cidade natal – talvez meus últimos dias tão perto dos meus pais e das minhas raízes – e fazendo o que eu quisesse. E, afinal de contas, o livro da minha vida estava particularmente muito bom e me rendendo bons momentos. Para desapontamento dos meus colegas de turma, eu nem me preocupei em ver o resultado no horário em que saiu. Continuei lendo o meu livro feliz da vida. Depois, tive um ótimo almoço com meus pais e irmão, em que conversamos sobre a vida e amenidades quaisquer. No final da tarde, entre uma e outra página do livro, resolvi espreguiçar um pouco, abri o computador para ouvir música e verifiquei minha aprovação na faculdade. Que demais, incrível, foi muito bom certificar-me de que as coisas seguem como planejado. Voltei para o meu livro, pensando: "Poxa, agora fodeu. Estava aqui de boa, agora se eu falar para os meus pais, vai virar uma maratona... Vamos comemorar, vamos passar na casa da vó, dos tios, das tias, vizinhos, vamos trazer o povo pra cá... Conclusão: vou me dar 1-2 dias de sossego e para me preparar para a felicidade dos meus pais e família". Passados dois dias, terminei meu livro, curti minha casa, meus pais e irmão no meu ritmo e, então, contei a eles e parti para a maratona. Foi incrível compartilhar a felicidade dos meus pais e família. A minha avó mudar o discurso de que não iria morrer enquanto eu não passasse na faculdade para: "Não vou morrer enquanto não ver você formado e cuidando de mim!". Essas situações, sim, tiveram mais valor e foram mais marcantes para mim do que o resultado de aprovação em si, que como observei foi mais um momento de certificação de um resultado obtido, de um objetivo alcançado, de um trabalho feito. E, o mais importante, o marcador do início de uma nova etapa com novos desafios e projetos. A partir deste breve relato, gostaria de compartilhar algumas compreensões pessoais, que me são caras e entendo que têm o seu valor em qualquer fase de nossas vidas, seja aos 16, 40 ou 60 anos: vivencie suas vitórias e conquistas pessoais da sua maneira, mas sempre que possível, respeitando um momento preservado e próprio, que não se confunda com uma série de emoções de outros. Há um fino, singelo e traiçoeiro caminho que o poderá levar da satisfação pessoal ao excesso de vaidade. Tenha cuidado, clareza do resultado obtido e das responsabilidades advindas. Compreenda os próximos passos que se delinearão dali em diante. Uma conquista nunca é um fim, mas sim o meio para algo maior. Tenha um intervalo, no seu ritmo, e siga em frente. Prepare alguém e, no momento oportuno, confie a ele seus sonhos!

2. Qual sua maior paixão?

Já no primeiro ano da faculdade, com a minha clareza e determinação habituais, defini a minha especialidade médica. "Ah, mas você irá viver muitas coisas e conhecer a medicina de fato durante os seis anos da faculdade, com certeza, vai ainda mudar e retroceder muitas vezes, e só vai decidir no final..." Esse tipo de pensamento me é extremamente estranho. Conhecendo-me profundamente e sabendo o que eu quero, não há possibilidade alguma de titubear ou mudar em uma decisão que faz parte de minha essência. Negar isso talvez faça parte das piores resoluções que possamos ter o risco de adotar em nossas vidas, pois incorre em violar e anular quem você é. E qual seria a especialidade escolhida? Com extrema convicção, foi a especialidade de Medicina de Família e Comunidade. Mas que especialidade é essa? Os especialistas em Medicina de Família são médicos formados e competentes em prestar cuidados personalizados e continuados a indivíduos e suas famílias independentemente de idade, gênero ou órgão acometido, sendo por definição e formação capazes a responderem a pelo menos 85% dos problemas de saúde. Da criança ao idoso, do indivíduo à sua família, em todas as fases do ciclo de vida! Em alguns países, também é conhecido como o médico de cabeceira. O médico que conhece e acompanha você. O profissional que sempre você procura primeiro para qualquer necessidade de saúde. Um médico que, sobretudo, é especialista em você! E assim foi, durante a faculdade toda, era comum as pessoas me questionarem: "Mas você tem certeza? Porque não fazer uma especialidade com mais *status* como cardiologia ou oncologia, ou uma especialidade mais chique como dermatologia ou cirurgia plástica?" Só faltava seguir em uma profissão pelo resto da minha vida e doar o meu tempo para o que é bonito ou o que é chique, ainda mais conforme o que os outros acham... Não, definitivamente não. Em minha visão, é extraordinariamente improvável você se sentir completo ou alcançar sucesso, realizando algo que não gosta, que não acredita. Por isso, meus valores, meus princípios e minhas decisões sempre se remetem ao que faz sentido para mim e o que concerne a quem sou. Era muito simples. Eu não tinha decidido lá atrás ser médico, traçado todas essas metas e objetivos, conquistado uma porção de coisas, para chegar à faculdade de medicina e cuidar do coração, cuidar da pele ou apenas de criança ou de velhinhos. Minha identificação com a Medicina é e sempre será com o ser humano, e não com partes dele. Ser médico da forma mais pura e plena possível sempre foi o meu ideal pessoal. Assim, para meu pleno contentamento, existe uma especialidade que justamente é especialista em ser médico, a medicina de família e comunidade. A residência médica, então, apenas corroborou a minha escolha e consolidou a minha especialidade como parte indissociável de quem eu sou e do que sou apaixonado em fazer. Acredito que nos deparamos não apenas com uma, mas com inúmeras paixões ao decorrer da vida: existem as passageiras, as marcantes e aquela que define você. Indiscutivelmente, a medicina de família é a minha maior paixão e ela me define. Com segurança, ser médico de família não foi meramente uma escolha profissional, mas representa minha vocação, minha missão, o resultado de uma busca por aquilo que eu amasse fazer, que eu fosse bom e que fosse o que o mundo precisasse. A medicina de família é minha maior paixão, é a minha vida!

3. Quais os principais desafios e resultados que você vivenciou ao longo da sua carreira?

Um dos maiores desafios ao qual me deparei em minha carreira se remete à construção de todo um projeto de Atenção Primária à Saúde que se tornasse referência.

Enquanto médico do corpo clínico do Hospital Sírio-Libanês, esse era meu grande desafio. Estamos falando de um dos hospitais de excelência do país e considerado entre os mais importantes hospitais do mundo. Logicamente, por toda sua história, relevância em saúde e poder na sociedade, a força da instituição facilitaria que o projeto ganhasse relevância, mas até lá seria necessário percorrer um inumerável conjunto de desafios, passando por intensas discussões técnicas, se colocar à prova e chegar ao seu limite incontáveis vezes, além de conquistar lideranças e legitimidade perante a instituição. Estamos falando há alguns bons anos atrás de um cenário em que o conceito e importância da Atenção Primária à Saúde não eram nem considerados pelas grandes instituições de saúde do país. Na verdade, muitas vezes, pelo contrário, era visto de forma negativa ou nociva a todo um projeto de saúde fundamentado no cuidado hospitalar, centrado em ultraespecialidades, uso de alta tecnologia, grande consumo de medicamentos, equipamentos e procedimentos (Atenção Terciária à Saúde). Para quem não é ou não tem experiência com a gestão no setor saúde, é interessante uma certa contextualização. O que se vivencia em ambientes corporativos de grandes empresas relacionados à hierarquia, competitividade, cobrança, perfeição, em geral, não chega próximo ao extremismo que se configura dentro do meio médico. Trata-se de uma profissão com um curso de graduação de 6 anos, de forma integral, com posterior residência médica (especialização) de 2 a 5 anos, totalizando no mínimo 8 a 11 anos de formação, sem considerar qualquer estudo complementar, aprimoramento ou pós-graduação (mestrado, doutorado). A jornada de trabalho durante a residência médica chega, não raro, a 100 horas por semana, vivenciando cotidianamente problemas e sofrimento aos quais você é o responsável por dar respostas, e não existe espaço para titubear ou errar, o seu objeto de trabalho é a saúde e, muitas vezes, a vida de uma pessoa. Nesse âmbito, o espaço para mudar algo ou fazer diferente é exíguo, imperam as verdades absolutas, infalíveis e inquestionáveis dos médicos professores e chefes. A discussão possível de alguma mudança é como um processo científico rígido e minucioso, requer um volume de conhecimento, provas, testes e justificativas consideráveis e, talvez, com muito esforço e empenho, se consiga estabelecer uma nova maneira de seguir adiante. Dentro desse cenário, imagine um espaço dominado por renomados médicos do país e do mundo, professores doutores, catedráticos, com uma bagagem estrondosa de saber e experiência em seus cabelos brancos, em que, de repente, você se depara e se enxerga: um jovem de 27 anos chegando a uma instituição de saúde tradicionalíssima e sólida, basicamente com a cara e a coragem, um bocado de sonhos e os bolsos repletos de conhecimento técnico. Não sei vocês, mas em alguns momentos da vida eu paro e penso: "Eu podia estar na praia". Mas não! Desistir? Jamais!! Então, após muito trabalho, incontáveis noites sem dormir (e, outras tantas, quase não dormindo), chegamos a um modelo que conseguisse atender ao objetivo quádruplo em saúde: [1] satisfação do paciente, [2] satisfação do profissional de saúde, [3] uso racional de recursos e gastos, [4] melhores desfechos e resultados clínicos. Logo, os resultados em redução de custos e melhores indicadores de saúde foram surgindo, e conseguimos experimentar uma resposta de maior sustentabilidade para o modelo de saúde fundamentada em uma robusta atenção primária, com especialistas em medicina de família. Hoje, o Hospital Sírio-Libanês configura-se como a instituição hospitalar com o maior e mais qualificado projeto de Atenção Primária à Saúde do país, chegando a mais de 20 unidades de Atenção Primária e já ultrapassando mais de 100 especialistas em medicina de família em seu corpo clínico. A partir dessa experiência pioneira exitosa, inúmeras outras instituições de saúde do país atualmente também desenvolvem projetos de Atenção Primária à Saúde. E, acima de tudo, fundamentados em nossa missão institucional de conviver e compartilhar, esse conjunto de projetos pioneiros se transbordou para importantes e históricas transformações do sistema de saúde em nosso país. O exemplo de uma instituição forte como o Hospital Sírio-Libanês em desenvolver um projeto robusto de Atenção Primária à Saúde, investir e torná-lo um de seus projetos prioritários repercutiu em todos os setores de saúde (pública ou suplementar). Prosseguimos, então, em nossa missão de desenvolvimento da Atenção Primária à Saúde no país, apoiando empresas em projetos de saúde corporativa e na criação de unidades *InCompany*, apoiando iniciativas públicas, prestando consultoria e auxílio a municípios na construção de seus modelos de atenção primária, sendo referência em capacitação e formação na área através de cursos de pós--graduação e ensino a distância, disseminando e compartilhando conhecimentos em eventos e pesquisas.

4. Quem da sua história de vida inspirou/motivou na sua carreira?

Minhas melhores qualidades certamente vieram dos meus pais. A incrível paixão e doação de meu pai pela Medicina. Sua disciplina, adoração pelos estudos e por ensinar. Sua dedicação, esforço e seus conselhos. O companheirismo e presença contínua de minha mãe, que me apoiou em todos os momentos (os bons e os ruins) e me mostrou o que é bondade, fé, esperança, e me ensinou a sempre lutar pelos meus ideais e pelo que acredito. Eu me lembro vividamente dela me dizer quando ainda era pequenino: "Nunca diga impossível, nada é impossível!"

5. Quais dicas você daria para aqueles que estão iniciando a carreira profissional?

Conheça-se profundamente, conecte-se com as pessoas de forma verdadeira, observe, escute.

6. O que você faz para se manter motivado?

O que me movimenta, acima de tudo, é: sentir o cheiro de café pela manhã, o olhar nos olhos da minha mulher, estar com a minha filha, as lambidas do meu cachorro, a busca cotidiana para que meus alunos sejam melhores do que sou e que meu trabalho proporcione um valor real de benefício para as pessoas e seus modos de caminhar na vida.

7. Do que você sente saudades?

Da minha infância e dos familiares que se foram.

8. Do que você tem orgulho?

Meu maior orgulho remete-se aos livros que escrevi, destacando-se dois deles: *Manual de Medicina de Família*, da USP, e *Fundamentos e Práticas em Medicina de Família*, do Hospital Sírio-Libanês. O primeiro deles guardo um carinho e admiração especial, por ter sido meu primeiro livro publicado e por receber a notícia da diretoria da faculdade no dia do lançamento de que se tratava do médico mais jovem (à época, estava com 27 anos) da história da Faculdade de Medicina da USP a publicar um livro oficial da faculdade como primeiro autor. Fato histórico à parte, a verdade é que poder entrar na biblioteca de locais tão preciosos para mim (a faculdade, que por anos e ainda hoje é a minha casa, e o hospital, que me acolheu em minha vida profissional), com tanta história e ilustres professores e médicos, e ver o seu livro nas estantes, é algo extremamente recompensador. Mas, acima de tudo, me orgulho em saber que através desses livros o meu conhecimento e o meu trabalho não se encerram em mim, mas se perpetuam nas novas gerações.

9. Qual o significado da palavra felicidade?

A felicidade me transparece mais nas pequenas coisas do dia a dia do que em grandes realizações. As nossas realizações significam trabalho árduo e cumprimento de uma meta, um objetivo previsto, enquanto pequenos acontecimentos do nosso dia, muitas vezes imperceptíveis, como fragmentos de fala, escuta, toque, olhares, não são previsíveis e não estão sob o nosso controle, mas são dispostos de forma singular e única no tempo e nas relações humanas. Queria eu ser romântico e desonesto ao mesmo tempo, e dizer a você, querido leitor, que suas realizações o tornarão felizes. Mas não, o que, na minha experiência, posso antecipar, é que não! No máximo, nossas realizações nos deixarão aliviados, orgulhosos, satisfeitos e com o dever cumprido, vaidosos. E o caminho de alimentar a vaidade em busca de felicidade é, na verdade, uma enorme armadilha.

10. Qual a sua citação favorita e por quê?

"Quem respeita nossos sonhos tem nosso respeito. Quem sonha nossos sonhos tem nossa cumplicidade!" Essa é minha citação favorita, por ter sido dedicada a mim em um momento muito especial, e por significar tanto sobre o que somos, o que aspiramos e o que compartilhamos.

11. Quais são seus *hobbies* preferidos?

Sou apaixonado e fascinado pela nossa capacidade de imaginação, por isso, invariavelmente, adoro ler. Assistir a filmes e séries é outro dos meus passatempos prediletos. Mais recentemente, adquiri o *hobby* de jogar jogos de tabuleiro modernos, que me remetem à infância e me cativam, por nos permitir sair por algum momento do mundo virtual e ter um melhor momento para interagir e compartilhar alegrias de vida com a família e amigos.

12. Qual sonho você gostaria de realizar?

Ver uma Atenção Primária à Saúde forte em todo o nosso país, entregando cuidado real e efetivo às pessoas e propiciando que vivam mais e melhor.

13. Com base no que você vivenciou, ao longo de sua vida corporativa, qual o segredo do sucesso para ir da teoria ao topo?

Comprometimento talvez seja a melhor característica atrelada ao que entendemos por sucesso. Isso implica em saber claramente seus objetivos, valores e ideais, para usar todo seu esforço em alcançá-los. Significa também um comprometimento real e profundo com as pessoas, em apoiar e garantir que estejam bem e que cresçam juntos. Ninguém chega a nenhum lugar sozinho!

Galeria de fotos

José Geraldo Falcão Britto

Empresa:
LabGovernance empresarial,
FGV, BSI Internacional

Função:
Consultor / Professor / Escritor / Auditor

ALTA GESTÃO | REGISTRO BIOGRÁFICO

1. **Como e onde você iniciou a sua trajetória profissional?**

    Iniciei minha vida profissional na indústria eletroeletrônica, em indústrias como Directv/RCA Victor e Sharp do Brasil. Na cidade de São Paulo.

2. **Quais os principais desafios e resultados que você vivenciou ao longo da sua carreira?**

    Grandes desafios, como cuidar de clientes, de desafios que meus clientes tinham. Ao longo da carreira, foram assessorias realizadas em mais de 1.500 empresas, de grande, médio e pequenos portes. Onde os desafios eram colocados em contrato, e precisávamos atender. Um dos grandes desafios foi levar grandes empresas a reestruturações e certificações internacionais, para atendimento às normas de alta *performance*, como Gestão de Riscos, Governança e Gestão de Continuidade de Negócios. Em todos os projetos que fui contatado, obtivemos sucesso, e os resultados foram alcançados.

3. **Quem da sua história de vida inspirou/motivou na sua carreira?**

    Em muito meu tio, irmão de minha mãe. Que foi e é um grande empreendedor e empregador.

4. **Alguma história na gestão de pessoas que você gostaria de compartilhar?**

    Tenho um grande amigo, que se tornou irmão, Henrique Quintana. Trabalhou comigo, onde pude desenvolvê-lo, em meio a muitas adversidades, mesmo familiares. Por dois longos anos, pude ver de perto seu desenvolvimento, pessoal, profissional, e pude acompanhá-lo até em sua formatura. Hoje ele é um grande profissional, também da área de consultoria. De grande destaque.

5. **Alguma história de relacionamento com o cliente que você gostaria de destacar?**

    Tive um grande desafio de reestruturação internacional, em instalações no Brasil, da empresa Syngenta Fertilizantes e Transgênicos, onde através de grandes desafios pudemos levar a empresa a conquistar certificações internacionais na área de Riscos Ambientais e Riscos do Trabalho.

6. **Quais dicas você daria para aqueles que estão iniciando a carreira profissional?**

    Ter sempre em mente que existem deficiências inúmeras a serem resolvidas. E, portanto, grandes oportunidades. Nunca recuse soluções de problemas. Resolva sempre o problema de alguém. Esteja pronto para ser convocado, sempre com desafios que lhe colocarão à frente.

    Nunca procure lugares para atuar sem problemas. Lugares perfeitos não existirão. Sempre precisarão de pessoas competentes. Ao escolher a carreira, faça uma boa pesquisa, de tendências, profissões em alta, necessidades das empresas, e qualifique-se para essas tendências.

    E qualifique-se sempre para lidar com pessoas. Procure sempre desenvolver suas habilidades de relacionamento pessoal e de desenvolvimento de equipes.

    Seja sempre um facilitador e lidere sempre a conduta íntegra e positiva para ajudar outras pessoas a resolver seus desafios.

7. **Ao recrutar um profissional, quais características comportamentais você considera fundamentais?**

    Sempre contratar pela conduta ética, íntegra e moral. E deixar para que as habilidades sejam desenvolvidas depois.

8. Qual legado você gostaria de deixar para a sociedade?

No campo dos projetos, deixar um legado de grande projeto acadêmico internacional, integrador e que fosse além das fronteiras entre países. Que pudesse integrar problemas sociais e empresariais globais, que colocasse profissionais na vanguarda de soluções.

No campo da formação do indivíduo, procuro sempre deixar o legado da integridade em todos os projetos, e de conduta moral.

E sempre deixar claro que os problemas que passamos hoje são riscos ignorados no passado.

Cuidar de projetos sociais e de menores, ensinando a formação profissional do futuro.

E ministrando aulas, desde 2008 já se passaram mais de 2.500 alunos. Onde podemos deixar sempre uma marca de mensagem de força, não se abater frente aos desafios, e estar sempre posicionado de forma competente frente às necessidades que surgirem.

9. Quais os reflexos das práticas de cidadania empresarial para organizações, profissionais e sociedade?

Total. A liderança das empresas, através de condutas éticas, é visivelmente absorvida pelos colaboradores. E as más condutas também. Quando uma organização se envolve em casos de desvio de integridade, por exemplo, a moral de todos os funcionários vai abaixo. Todos se entristecem, e a recuperação das pessoas fica cada vez mais difícil. É importante que a empresa (e sua conduta) tenha uma clara visão de que forma uma sociedade.

10. Cite alguns líderes que, em sua opinião, são inspiradores.

Nosso principal líder é Jesus Cristo, sempre. Um homem que nos salvou.

Mahatma Gandhi, que superou grandes adversidades em nome da paz e da liberdade.

11. Como você define o papel da liderança?

Exerço a liderança pelo convencimento e para motivar meus colaboradores, seguidores e alunos a superar obstáculos, identificando suas características de forças.

12. O que você faz para se manter motivado?

Sou coerente com o que penso, aconselho a fazer. Com apoio na execução e análise justa quando dos resultados negativos. Dou apoio à solução de problemas que eles não conseguem suportar ou executar.

13. Qual a importância da inovação nas organizações?

A inovação é a chave para a sobrevivência. Seja para superar os riscos (de maneira sistêmica) ou inovar de forma disruptiva, inovar sempre colocará a empresa em uma situação de manter-se viva e operando. Assim como aconselho alunos individualmente. Para isso, é necessário que seja rompida a cultura do velho. O arcaico, o protecionismo e as práticas velhas do passado.

14. Como você realiza o *networking* de maneira efetiva?

Realizando aulas diretas com mais de 2.500 alunos e estando em contato em consultorias e auditorias, com mais de 1.500 empresas. É um contato intenso. Assim como aconselho alunos individualmente. Um contato intenso e em grande escala.

15. Do que você sente saudades?
Da vida simples do campo.

16. Do que você tem orgulho?
Das amizades que construo e mantenho ao longo dos anos.

17. Qual o significado da palavra felicidade?
Sentido de fazer as pessoas realizadas e felizes.
Sentido de realização pessoal.
De vencer o sofrimento, qualquer que seja.

18. Qual a sua citação favorita e por quê?
A melhor forma de construir o futuro é planejá-lo.
"Eu gosto do impossível, é lá que a concorrência é menor." (Walt Disney)

19. Quais são seus *hobbies* preferidos?
Campo, mar, animais, leitura e música.

20. Qual sonho você gostaria de realizar?
No campo dos projetos, gostaria de realizar doutoramento e deixar um legado de grande projeto acadêmico internacional (Brasil-Portugal) integrador e que fosse além das fronteiras entre países. Que pudesse integrar problemas sociais e empresariais globais, que colocasse profissionais na vanguarda de soluções.

21. O que você aprendeu com a vida que você gostaria de deixar registrado nesta obra?
O maior ensinamento que a vida me trouxe é de que devemos sempre vencer as sete chagas da humanidade ou os sete pecados capitais. Eles destroem as relações, os projetos, os sonhos e todo e qualquer tipo de evolução individual e coletivo.

22. Qual mensagem de motivação você gostaria de deixar para os leitores deste livro?
Nunca acreditem no que falam sobre o fim.
Busque sempre o seu método e meio de inovar e sobreviver.
Quando o outro define o conceito de fim, ele coloca suas frustrações na definição do conceito.
Esteja sempre distante de pessoas tóxicas.
E alimente seu espírito com esperança e planos de vida.

23. Com base no que você vivenciou, ao longo de sua vida corporativa, qual o segredo do sucesso para ir da teoria ao topo?
Estar sempre preparado para desafios e soluções de problemas.
Assumir uma postura corporativa colaborativa.
E manter sempre sua integridade e ética.

Galeria de fotos

Juliana Jermolajevas Aboud

Empresa:
99

Função:
Latam IT Manager

1. Como e onde você iniciou a sua trajetória profissional?

Apesar de hoje exercer função de alta gestão em uma gigante global, o princípio das minhas experiências profissionais foi aos 13 anos, em uma oficina eletrônica, perto de casa. Lá, exerci diversas atividades, e a mais frequente era a montagem de placas com componentes eletrônicos (resistores, capacitores, *leds*, transistores, soldagem etc.). Mesmo ainda, adolescente, já aprendi que a repetição traz agilidade e conhecimento.

2. Quais os principais desafios e resultados que você vivenciou ao longo da sua carreira?

Ainda no período de início de carreira, trabalhei informalmente como assistente, no transporte escolar. Dessa vez, aproveitei para desenvolver habilidades de comunicação e adaptação.

Também na informalidade, fiz parte de um grupo de vendedores de filtros de água. A venda ocorria via *telemarketing* e, em um segundo momento, por reunião presencial. Foi a oportunidade perfeita para melhorar a minha capacidade de negociação e superar a timidez.

Fiz um curso social-profissionalizante, no ESPRO, e iniciei um trabalho temporário, como jovem aprendiz no cinema. Recebia, com um sorriso no rosto e na voz, pessoas empolgadas para assistirem aos seus filmes, recolhia os ingressos e desejava que aproveitassem aquele momento.

Paralelamente, aos 15 anos, comecei um trabalho voluntário, na ONG Projeto Criança Aids. O voluntariado foi o responsável pelo meu primeiro emprego formal: me tornei operadora de caixa em um hortifrúti, após entregar o convite da festa das crianças da ONG, pessoalmente, ao gerente do local. O voluntariado me ensinou a ser solidária, trabalhar em equipe e ter empatia. Melhores humanos, melhores profissionais.

Posteriormente, exercendo a mesma função, passei a trabalhar para uma padaria 24 horas, um momento bem marcante e desafiador, em minha trajetória. Eu almoçava na própria padaria e recebi a ordem de cumprir somente 15 minutos de almoço, mas bater o ponto como se fizesse uma hora de pausa. Nessa época, exercia jornada dupla, sendo uma formal e a outra não. Atuava também como recepcionista, em uma academia de dança. Os 15 minutos não eram suficientes para que eu conseguisse fazer a refeição e, por muitas vezes, tinha que segurar a segunda jornada com o que eu tinha conseguido comer, até voltar para casa. Todos os funcionários aceitavam essa condição sem nada dizer, já que a alternativa era perder o emprego. Esse foi um momento importante em minha vida, porque comecei a perceber que os donos não se importavam tanto com os colaboradores, pois, na sua impressão, todos eram "facilmente substituíveis".

Foi então que entendi que eu precisava ser diferente! Percebi que deveria conseguir executar tarefas mais complexas e, então, a necessidade de estudo se tornou imprescindível. Prestei o primeiro vestibulinho na Escola Técnica Estadual Getúlio Vargas: sem sucesso. Minha única opção naquele momento era o ensino gratuito. Na segunda tentativa da escola técnica, obtive êxito e escolhi o curso de Técnico em Telecomunicações, pois lendo os descritivos, foi a opção com a qual eu mais me identificava, mesmo sem saber, ali, a profundidade dessa escolha. Essa foi a porta de entrada para o mundo corporativo!

Por meio do curso técnico, ingressei no estágio em uma mantenedora de PABX. A princípio, tímida: era a primeira vez que eu colocava salto alto e roupa social para trabalhar. Tudo completamente diferente do que eu estava acostumada! Agora, as pessoas ao meu redor tinham conhecimentos diversos e eram inspiradoras, o ambiente era um prédio chique e bonito de uma zona empresarial de São Paulo!

Durante o período de estágio, passei por diferentes departamentos, o que me trouxe uma boa visão sistêmica. Na área técnica, minha função era digitar as ordens de serviços, transformando o documento físico em um arquivo digital, dentro do sistema. Eu lia cada relatório, tentando entender as soluções e como os técnicos de campo atuavam. Em pouco tempo, fui movida para a área comercial, na qual fiquei responsável por elaborar propostas e, por fim, dar assistência aos vendedores. Antes de terminar o estágio, procurei o gerente comercial e lhe relatei um problema. Ele me perguntou o que eu achava que deveríamos fazer, diante daquela situação. Eu estava somente esperando uma solução vinda da parte dele, afinal ele era a pessoa mais experiente no local. Foi então que aprendi que eu nunca deveria levar um problema a ser resolvido, sem antes pensar em ao menos duas sugestões de solução. Foi um momento importante de quebra de paradigma.

Na sequência, trabalhei em uma operadora como técnica em telecomunicações, sendo a primeira mulher na composição do time. Percebi que havia desenvolvido uma boa capacidade de comunicação e isso me diferenciava na área técnica.

Ingressei, no mesmo período, na faculdade com a bolsa que consegui do ProUni. Eu me formei tecnóloga, em três anos, e segui com o complemento dos conhecimentos teóricos para, por fim, me graduar em Engenharia de Telecomunicações, em um total de cinco anos e meio.

A Engenharia não foi acolhedora. Mais uma vez, estava diante do desafio de ser uma das poucas mulheres na sala de aula. Isso faz com que sua nota seja um comparativo para os demais, com que todos prestem uma atenção diferente quando você tira uma dúvida, com que haja uma pressão extra desconfortável na apresentação de trabalhos. Fui a única mulher a me formar, daquela turma. Mantive a todo momento a persistência e resiliência como aliadas.

Sobre representatividade, algumas coisas melhoraram: tempos depois, tive a oportunidade de mudar para uma operadora VoIP. Eu já não era a única mulher da área técnica e tive chance de aprender uma tecnologia diferente das que eu já dominava.

Estava bem contente, profissionalmente, quando descobri o câncer de minha mãe e, a partir de então, precisei ganhar mais dinheiro. Um amigo da empresa anterior me ligou falando de uma oportunidade: a vaga era para trabalhar em uma empresa muito mais longe. O deslocamento seria mais difícil, mas teria um salário maior. Expus a situação, com sinceridade. A empresa não pôde cobrir a proposta, mas garantiram que as portas estariam abertas, caso eu desejasse retornar. Nesse momento, aprendi a importância de uma conversa sincera e como é relevante deixar sempre um bom legado.

Depois de nove meses atuando nessa nova oportunidade, todos os que foram contratados para esse desafio tiveram que ser demitidos, pois o projeto em que trabalhávamos havia fracassado. Tentei contato com a empresa anterior, a que eu tanto gostava, para perguntar se ainda havia alguma possibilidade de voltar a trabalhar lá. Um dos donos estava desfazendo a sociedade naquele momento e me chamou para conversar. Após um bate-papo, entendemos que havia uma possibilidade de construirmos algo juntos, e então iniciei um novo projeto: ajudar a construir uma empresa do zero.

Comecei trabalhando de casa e fazendo pesquisas, pois não existia ainda um novo CNPJ e muito menos um espaço de escritório. Dimensionamento, planejamento, negociação, implantação, configuração e suporte. Esses foram alguns dos desafios superados. Aprendi muito! As áreas comercial e técnica fizeram parte do meu dia a dia, junto com uma pitada de empreendedorismo, pois me sentia muito dona do negócio.

Iniciei em paralelo minha terceira graduação em uma faculdade pública: Análise e Desenvolvimento de Sistemas. Após o período de estruturação, companhia construída e com tudo funcionando de forma sustentável, aceitei o desafio de trabalhar em uma empresa através de uma indicação de um colega de faculdade. Não fiquei muito tempo, pois me senti atraída por uma proposta de trabalho no cliente da empresa anterior: uma *startup*, o Vivareal. Foi um grande marco na minha vida!

Fazer parte de uma *startup* é sensacional! Eu arriscaria dizer que, depois disso, é difícil voltar a trabalhar em empresas tradicionais. O clima é diferente, começando pelas pessoas, em sua maioria bem jovens e cheias de energia, ideias inovadoras e disruptivas, além de muita diversidade! A filosofia *work hard, play hard* é levada a sério.

Ajudei o Vivareal a crescer construindo o time de TI responsável pelos pilares de redes, servidores e telecom. Até este momento, eu tentava equilibrar a parte técnica, colocando a mão na massa de vez em quando, mas, ao ser questionada sobre em qual segmento de carreira eu gostaria de atuar, tive que tomar uma decisão: especialista ou coordenadora? A decisão foi árdua, mas escolhi atuar na gestão por gostar de impactar positivamente a vida das pessoas.

Aos poucos aprendi a lidar com o fato de não executar tanto a parte técnica, priorizando o direcionamento e desenvolvimento do time. Cresci muito, atuando com diferentes perfis de analistas, e trouxe a diversidade como realidade para o time.

Comecei a utilizar metodologia ágil e suas cerimônias para as entregas, até o momento em que não se fez mais necessário o papel de coordenação para aquele time, que poderia responder diretamente ao gerente.

Após um período de seis meses sabáticos, aceitei o desafio de coordenar um time na 99, *startup* que se tornou o primeiro unicórnio brasileiro. Comecei com o time de *help desk*, e em três meses assumi os pilares de redes, servidores e telecom. Eu me tornei gerente de TI da América Latina, sendo responsável pelo time de tecnologia de sete países, até o presente momento. O maior desafio, sem dúvida nenhuma, é manter a entrega ágil de *startup*, mesmo depois de ter virado multinacional chinesa, após ser comprada pela Didi.

Em paralelo, fiz um MBA de Gestão em TI, entendendo que, quando se opta por uma área como a de tecnologia, o aprendizado jamais cessará e o conhecimento se torna rapidamente obsoleto. A necessidade de se manter atualizada é constante para uma área com novidades diárias!

Hoje, atuo com um time da América Latina se comunicando em espanhol e com uma liderança chinesa falando em inglês. Isso sempre me instiga a melhorar, além da comunicação, o entendimento de outras culturas.

3. Quem da sua história de vida inspirou/motivou na sua carreira?

Ao longo desta jornada, convivi com pessoas muito competentes, que me ensinaram e me inspiraram. Dentre elas, devo citar:

Brian, CEO do Vivareal, um americano que fala muito bem português, possui uma humildade incrível, além de uma ótima capacidade de inspirar as pessoas a seguirem uma mesma direção.

Duda, que me proporcionou uma mentoria em momentos difíceis do desenvolvimento de código no período sabático. Jogamos algumas categorias de esporte juntas, representando a universidade, e ela me mostrou a parceria de um time, mesmo fora de campo.

Talu, que me inspirou com seu estilo de gestão muito focado nas pessoas, e me influencia até os dias atuais, através de toda sua articulação na comunicação oral.

Will, um colega de trabalho que se tornou um grande amigo após demonstrar toda sua integridade e parceria, dentro e fora da companhia.

E, por último, mas não menos importante, minha família. Meus pais, mesmo com pouco estudo, me ensinaram o mais importante: honestidade, integridade, respeito, resiliência, paciência e otimismo.

4. Alguma história na gestão de pessoas que você gostaria de compartilhar?

Um dos desafios enfrentados na carreira de gestão foi o de dar *feedbacks* difíceis. Estudei técnicas (p.ex. a SCI – situação, comportamento e impacto, comunicação não-violenta etc.) e as coloquei em prática, aos poucos e com sucesso. Em uma das primeiras vezes, o *feedback* era para a melhor analista da equipe, uma pessoa de personalidade forte, que precisava de um pouco mais de empatia. O receio era de frustrá-la e desmotivá-la a ponto de perdê-la da equipe. Após a nossa conversa, ela nada falou a respeito, dizendo somente que precisava digerir aquela informação. No dia seguinte, ela me agradeceu falando que provavelmente esse foi o motivo da demissão dela na empresa anterior, e que nunca havia recebido um *feedback* sobre seu comportamento. Ela ainda foi sincera, dizendo que não conseguiria mudar da noite para o dia, tendo em vista que era algo enraizado há anos, e eu me propus a ajudá-la. Fechamos uma bela parceria desde então.

5. Alguma história de relacionamento com o cliente que você gostaria de destacar?

Em uma das minhas visitas presenciais, na época em que eu trabalhava em campo, o dono da empresa para a qual eu prestava serviço falou para o cliente que enviaria alguém da engenharia para atendê-lo. Quando cheguei ao cliente, ele me recebeu dizendo: "Eu achei que a empresa mandaria um engenheiro para me atender".

Naquele dia, resolvi um problema complexo de diagnóstico e auditoria, diante de algumas pessoas que estavam duvidando daquele resultado. Entendi que o estereótipo está enraizado em nossa cultura, mas que eu poderia contribuir para mudar essa visão de mundo.

6. Quais dicas você daria para aqueles que estão iniciando a carreira profissional?

O caminho é longo e existem diversas opções. Cresça com os obstáculos e agregue aprendizados ao longo da jornada. Mantenha a persistência, resiliência e espírito colaborativo.

7. Ao recrutar um profissional, quais características comportamentais você considera fundamentais?

Soft skills como proatividade, dedicação, comunicação assertiva, espírito de equipe e colaboração são tão essenciais quanto ter um ótimo *hard skill* para um especialista técnico. O profissional também deverá se manter atualizado e com pensamento criativo, buscando sempre a inovação.

8. Qual legado você gostaria de deixar para a sociedade?

A colaboração na construção de empresas incríveis, além do impacto positivo gerado na vida das pessoas ao redor.

9. Cite alguns líderes que, em sua opinião, são inspiradores.

Bill Gates, Nelson Mandela e Steve Jobs são exemplos inspiradores de líderes. Esses líderes, com suas características, motivaram muitas pessoas e conseguiram diversos seguidores.

10. Como você define o papel da liderança?

A liderança deve ser vista como:

- Bússola, direcionando o time;
- Facilitadora, quebrando barreiras;
- Questionadora, incentivando o pensamento por diferentes perspectivas;
- Motivadora, engajando a equipe pelo propósito.

11. O que você faz para se manter motivada?

Entendo os porquês e tento causar o maior impacto possível em tudo o que me envolvo. Enxergo oportunidades de crescimento em cada obstáculo.

12. Qual a importância da inovação nas organizações?

A inovação passou a ter papel essencial com o avanço rápido da tecnologia. As empresas que optam pelo tradicionalismo e conservadorismo tendem a ficar obsoletas e podem sofrer graves consequências ao longo dos anos.

13. Como você realiza o *networking* de maneira efetiva?

Grupos de tecnologia, eventos e *LinkedIn*.

14. Do que você tem orgulho?

Eu me permiti seis meses sabáticos. Durante esse tempo, mergulhei na experiência de fazer sozinha o TCC da terceira graduação, colocando um projeto pessoal em prática: desenvolvi um aplicativo, um *marketplace* do bem que tinha como propósito conectar quem precisa de ajuda, com quem pode e quer ajudar. O nome do projeto é "Mude o Mundo".

A curva de aprendizado foi grande! Passei por modelagens, prototipação, linguagens de programação, banco de dados em nuvem, estrutura documental e, por fim, conquistei um trabalho que foi prata da casa na Faculdade de Tecnologia de São Paulo. Esse projeto é um grande orgulho que tenho.

15. Qual o significado da palavra felicidade?

Felicidade é um momento de alegria, que em sua maioria é compartilhado. Muitas vezes com a família, com amigos e diversas vezes também com os colegas de trabalho. Em alguns momentos, a felicidade chega através de uma conquista, outras, de um instante de paz e, ainda, por ter quem amamos ao nosso redor.

16. Qual a sua citação favorita e por quê?

"Aqueles que passam por nós não vão sós, não nos deixam sós. Deixam um pouco de si, levam um pouco de nós." (Antoine de Saint-Exupéry)

Essa citação é perfeita e mostra como estamos todos conectados de alguma forma, além de nos fazer refletir sobre nossa influência e impactos causados.

17. Quais são seus *hobbies* preferidos?

Gosto muito de esportes. Permaneço representando a universidade jogando nos times de vôlei, basquete, futsal, tênis de mesa e natação.

Considero também como *hobby* o trabalho voluntário: me engajo em diversas causas e sempre que possível me envolvo com ações sociais.

18. Qual sonho você gostaria de realizar?

Já realizei um sonho, que foi fazer um mês de voluntariado no continente africano. Ainda tenho uma lista de países a conhecer e o sonho de ver a Aurora Boreal.

19. O que você aprendeu com a vida que gostaria de deixar registrado nesta obra?

- Cada ser humano é único e carrega consigo aprendizados, perspectiva de vida, valores, bagagens e experiências particulares;
- Treinar é essencial para o desenvolvimento de habilidades diversas;
- Não existe meritocracia. Não temos oportunidades iguais para todos, desde a infância;
- A vida é limitada e precisamos perceber rápido o que é realmente importante para nós;
- Trabalhar por um propósito, e não só como obrigação, faz com que você seja um ser humano mais completo e feliz;
- Você sempre pode ensinar algo a alguém e sempre poderá aprender com as pessoas e com as situações;
- Obstáculos são desafios e oportunidades;
- Questione o *status quo*;
- A colaboração e cocriação constroem entregas mais robustas e completas;
- A diversidade é essencial para construirmos soluções abrangentes;
- A comunicação assertiva evita erros e alinha expectativas;
- Mantenha, sempre que possível, as portas abertas;
- A integridade é valiosa e devemos tê-la como premissa básica para qualquer situação;
- O que você pensa e conhece não é toda a verdade. Esteja sempre aberto e seja flexível;
- Estamos todos de passagem nesta vida. Sempre que possível, faça a vida de alguém ser um pouquinho melhor, por causa da sua existência.

20. Qual mensagem de motivação você gostaria de deixar para os leitores deste livro?

Todos os dias, temos uma oportunidade única de dar o nosso melhor. Faça cada dia valer a pena.

21. Com base no que você vivenciou, ao longo de sua vida corporativa, qual o segredo do sucesso para ir da teoria ao topo?

Ser responsável pela sua trajetória é essencial para o sucesso. Não pense que o sucesso de sua vida ou sua carreira depende de outras pessoas. Você é o protagonista! Faça o melhor que puder com aquilo que tiver.

Galeria de fotos

Julio Cesar Majzoub Vieira

Empresa:
HCor

Função:
Diretor Comercial

1. Como e onde você iniciou a sua trajetória profissional?

Iniciei minha trajetória em 1996, aos 14 anos de idade, em uma locadora de vídeo e games, apoiando em um pouco de tudo, passando por atendimento ao público, organização, compras etc. Passei os primeiros quatro anos da minha carreira nessa empresa, que passou por importantes transformações de modelo de negócio, decorrentes da mudança da tecnologia e da entrada da pirataria. Foi uma importante fase da minha carreira, que me trouxe ensinamentos, em especial voltados à responsabilidade.

2. Quais os principais desafios e resultados que você vivenciou ao longo da sua carreira?

Apoiar na transformação de negócios que vinham com modelos tradicionais, mas com grandes atrasos em relação aos movimentos de mercado, tendo que liderar programas com mais de 20 projetos, com diversas lideranças e precisando mudar o *mindset* de todos os envolvidos. Passei por esse momento em mais de uma empresa e, em dúvidas, é um grande desafio de crescimento profissional em relação a conhecimentos, desafios e relacionamentos interpessoais.

3. Quem da sua história de vida inspirou/motivou na sua carreira?

Meu pai. Ele veio de uma origem mais simples, de uma pequena cidade do interior de São Paulo, e liderou a construção de uma nova história na sua família, com muito esforço e dedicação. Ganhou notoriedade profissional em um momento de grandes transformações do mundo corporativo, com a entrada da tecnologia e instabilidades no país, e em um segmento de altíssima competitividade (bancário).

4. Alguma história na gestão de pessoas que você gostaria de compartilhar?

Sabemos que grande parte da evolução de um profissional se dá por sua capacidade de trilhar a carreira, com desenvolvimento acadêmico, novos desafios, entregas de resultados e capacidade de aprender. Acredito, porém, que há uma parcela significativa do líder no estímulo e desenvolvimento dos subordinados. Gosto de olhar ao redor e ver pessoas que se desenvolveram ao longo do tempo e que, de alguma forma, participei desse processo.

5. Alguma história no relacionamento com o cliente que você gostaria de destacar?

Lembro quando comecei a trabalhar em hospital e me deparei com a necessidade de negociar contas com clientes inadimplentes. Muda muito o seu *mindset*, pois quem passou por carreira em financeiras, por exemplo, está acostumado a lidar com dívidas relacionadas a cartão de crédito, veículo, cartão de lojas, dentre outras; passa a ter que lidar com o tratamento médico de um ser humano doente ou com um familiar doente, muitas vezes sem condição de realizar o pagamento e com a necessidade de encontrar uma forma de tratar a doença, mas na modalidade particular; passa a ter um sentimento muito forte envolvido e o perfil do negociador muda muito. Digo que você passa a ter um nível de empatia muito diferente.

6. Quais dicas você daria para aqueles que estão iniciando a carreira profissional?

Estamos em uma era em que a velocidade da informação e das mudanças está em um patamar que nunca havíamos vivido na história. É importante que jovens profissionais invistam nos estudos, entendendo a história, como chegamos até aqui e quem foram os grandes líderes que conduziram tudo isso, mas sobretudo é importante estarem preparados e flexíveis para reaprender. Sabemos que dentro de 20 anos grande parte dos empregos de hoje serão substituídos por máquinas e robôs, e que outros empregos nascerão, então vejo ser de extrema relevância nosso aprendizado contínuo e a habilidade de confrontar zonas de conforto, estarmos muito desenvolvidos.

7. Ao recrutar um profissional, quais características comportamentais você considera fundamentais?

Gosto de profissionais audaciosos. Aqueles que buscam novos conhecimentos, que querem aprender coisas novas, que não estão presos a velhos hábitos e que podem contribuir sempre com a construção de novos métodos, ideias e formas novas de se fazer o mesmo, independentemente da área ou da carreira. A competitividade do mundo corporativo chegou a um nível em que a descentralização da capacidade de inovação para os profissionais na ponta se tornou um diferencial.

8. Qual legado você gostaria de deixar para a sociedade?

Quero ser lembrado como um profissional progressista, que sempre ajudou as empresas e as pessoas a evoluírem em seus produtos, seus conhecimentos e sua capacidade de entrega.

9. Quais os reflexos das práticas de cidadania empresarial para organizações, profissionais e sociedade?

Os diversos modelos mudaram muito, ao longo do tempo, a forma de se fazer negócio. A consolidação do capitalismo trouxe muitas coisas positivas, como a melhoria da competitividade, evolução de empresas e produtos, mas também um lado mais perverso, com competitividade desleal. Durante muito tempo isso foi parte do jogo, mas o movimento de evolução das sociedades e padrões de comportamentos esperados dos indivíduos conduziram as empresas a se adaptarem. As sociedades foram neutralizando problemas de discriminação, proteção, desvios comportamentais e éticos, e isso teve um impacto muito forte nas empresas. Vejo esse modelo na verdade de forma inversa. São as práticas dos movimentos das sociedades que implantam mudanças de cidadania empresarial e esse é um caminho sem volta. Aos poucos, cada vez menos será tolerado competição e lucro a qualquer custo, sem que haja uma causa e uma entrega de valor associados.

10. Cite alguns líderes que, em sua opinião, são inspiradores.

Admiro líderes que tiveram papéis importantes na transformação da história, independentemente de serem decorrentes de modelos ideológicos ou apenas inovações e transformações. Gosto muito das histórias bíblicas de Moisés e Josué, pela capacidade de ambos de liderar seus povos e ir em busca de novos sonhos e ideais, assim como recentemente temos as histórias de Martin Luther King, Nelson Mandela e Mahatma Gandhi. Eu me espelho muito também em líderes visionários que trouxeram uma nova forma de se fazer as coisas e com um conceito que forma o conteúdo e a tendência, como Bill Gates e Steve Jobs.

11. Como você define o papel da liderança?

Acredito muito que o líder é um facilitador, que apoia e direciona a equipe para a execução de suas atribuições. O líder deve estar presente, perto do time, discutindo, sugerindo, acompanhando, cobrando resultados e, principalmente, ajudando a trilhar o caminho.

12. O que você faz para se manter motivado?

Vejo a motivação muito como um estado de espírito escolhido por cada indivíduo. São as máximas da vida quando vemos pessoas que possuem muito, mas estão depressivas, enquanto outras com menos são felizes e se mantêm sempre motivadas. Há uma questão de saber lidar com as situações da vida, lutar por aquilo que se quer e aprender a viver o benefício e as coisas boas de cada fase.

Acredito, também, que todos temos importantes gatilhos para a motivação. Eu sou muito motivado pela adrenalina do desafio, do novo, de metas, de atingir resultados, da competição. Preciso sempre estar "devendo" algo para buscar a superação. Há a necessidade de gerenciar bem isso, porque apesar de me motivar, pode desgastar as relações sociais e cansar as pessoas mais próximas.

13. Qual a importância da inovação nas organizações?

É uma questão de sobrevivência. Estamos em uma fase de muitas mudanças, que também aparecem em uma velocidade muito grande. São raros os produtos ou serviços que não sofreram grandes transformações nos últimos dez anos, e quando pensamos nas tendências do mundo, em cada segmento para os próximos dez anos, não conseguimos imaginar que se mantenham iguais. Passamos por épocas na humanidade em que grandes revoluções vinham a cada 100 anos ou mais. Isso ocorre agora no máximo a cada nova década, logo, a inovação e a adaptação a ela se tornam questão de sobrevivência.

14. Como você realiza o *networking* de maneira efetiva?

O avanço da tecnologia e das redes sociais facilitou muito o *networking*, principalmente para não deixarmos o tempo afastar algumas relações. Não acho que tenha o mesmo impacto de uma relação pessoal, como um café ou um almoço, mas entendo ser o mais prático hoje para apoiar na manutenção e na ampliação do *networking*, e é como tenho mantido a proximidade com as pessoas.

15. Do que você sente saudades?

Eu tento não ser saudosista. Valorizo tudo o que foi feito no passado e reconheço a importância da evolução que tivemos no mundo corporativo, mas sempre entendo que estamos em um bom momento para agir. O mundo corporativo é extremamente complexo e sempre apresenta grandes oportunidades, seja para evolução e inovação, seja para correção de alguma rota.

16. Do que você tem orgulho?

É sempre mais difícil para famílias que vieram de uma origem simples construir uma história de vitórias e de sucessos quando competem em um mundo em que a desigualdade social define grande parte das vantagens competitivas. A história da minha família, muito no esforço de nossos pais para manter nosso nível de educação, é sem dúvida o maior orgulho de minha vida. Uma família com uma origem relativamente mais simples teve a liderança de um pai com um grande crescimento no mundo corporativo, decorrente exclusivamente do seu esforço e sucesso no trabalho, proporcionando a condição a três filhos de estudarem e fazer especializações. Isso mudou o rumo de nossas vidas.

17. Qual o significado da palavra felicidade?

É difícil atingir um estado de felicidade porque a maioria de nós busca ser totalmente eficiente em todos os âmbitos de nossas vidas. Gosto muito da teoria da Roda da Vida, que separa nossas vidas em dez áreas (família, espiritual, financeiro, acadêmico etc.) e tenta estabelecer uma visão macro de como estamos e como gostaríamos de estar. Quando conseguimos olhar isso de cima, percebemos que nunca conseguimos estar 100% bem em tudo e que isso dificilmente será atingido, nos ajudando então a estabelecer prioridades em nossas vidas e aprendendo a conviver melhor com pouca energia destinada a alguns assuntos. Isso ajuda no processo de busca da felicidade. Para mim, em especial, tenho três áreas que procuro sempre manter com alto desempenho: família, vida espiritual e vida profissional. São coisas que me completam e, sem dúvida, aumentam minha sensação de felicidade.

18. Qual a sua citação favorita e por quê?

"Se eu tivesse oito horas para cortar uma árvore, passaria as primeiras seis horas afiando o machado." (Abraham Lincoln)

Gosto dessa frase porque vejo muito hoje no mundo corporativo esforços sendo feitos com pouco resultado em atividades que poderiam ser otimizadas. No Brasil, nós focamos muito pouco em planejamento e controle, e vamos muito direto para a operação, mas não necessariamente estudando o negócio e focando no que é mais importante e de forma mais produtiva. Quando colocamos método, controle e liderança em atividades antes pouco trabalhadas nesse sentido, temos ganhos exponenciais não vistos ou imaginados até então.

19. Quais são seus *hobbies* preferidos?

Gosto de conhecer o novo. Viajar para lugares desconhecidos, conhecer culturas novas, estudar sobre um tema que não conheço, liderar processos ou áreas novas. Com isso, acabo tendo muito prazer em atividades do cotidiano, como ver vídeos em canais no *YouTube*, conhecer cidades e lugares com práticas completamente diferentes.

20. Qual sonho você gostaria de realizar?

Espero poder contribuir com a continuidade do crescimento e educação das gerações de minha família, assim como meus pais proporcionaram isso a mim e minhas irmãs.

21. O que você aprendeu com a vida que gostaria de deixar registrado nesta obra?

A vida é feita de ciclos, composta de momentos de picos e de vales. Todos nós vamos passar por momentos de sucesso e momentos de fracasso, e vamos aprender em todas as fases. Com o passar do tempo e a vivência em diversas situações, aprendemos a lidar melhor principalmente com as fases de fracassos e perdas, em especial para quem é muito competitivo (que é o meu caso). Você aprende a aceitar essas fases e a lutar para recomeçar. Você fica mais forte, mas precisa passar pelo vale.

22. Qual mensagem de motivação você gostaria de deixar para os leitores deste livro?

Definam a sua Roda da Vida. Veja o que é importante para vocês, planejem e trabalhem o melhor que puderem para isso, olhando menos ao redor. O mais difícil, tentem não sofrer por aquilo que importa menos para vocês, já que não haverá tempo, energia e dinheiro para fazer tudo.

23. Com base no que você vivenciou, ao longo de sua vida corporativa, qual o segredo do sucesso para ir da teoria ao topo?

Não é só uma questão de esforço, mas também uma questão de estar no lugar certo e conhecer as pessoas certas. Acaba tendo, sim, um pouco de influência do contexto em que está, mas o que vai diferenciar você dos demais é o quanto está preparado para ir além, fazer diferente, entregar mais. É preciso a preparação, com conhecimento e estudo para que, somados a uma dedicação superior, você seja capaz de apresentar na prática mais que os outros. Há a necessidade de ser audacioso, assumir riscos, se colocar à frente da linha de batalha.

Galeria de fotos

Ladmir Carvalho

Empresa:
Alterdata Software

Função:
Presidente

1. Quais os desafios da liderança no cenário atual?

Estamos vivendo em 2020 um cenário completamente diferente de outros anos, onde aconteceu uma aceleração violenta nas transformações das profissões, o que afetou expressivamente a forma de liderar. Tenho atualmente 57 anos, e a idade média na Alterdata são 29 anos, num universo de 1.800 colaboradores, o que significa que tenho que ter estrutura de liderança baseada nos valores deles e não nos meus, pois isso facilita expressivamente a linha de comando. Tenho que fazer centenas de jovens produzirem e estarem motivados, o que não é uma tarefa simples, em função da dinâmica mental das gerações mais jovens, pois a minha geração "curtia a chegada", enquanto os mais jovens de hoje "curtem o caminho", ou seja, minha geração dizia que compraria uma casa na praia quando se aposentasse, viajaria para um país distante quando tivesse recursos, que sonhava em ser diretor da empresa em 20 anos, mas os mais jovens de hoje querem comprar o carro importado imediatamente, querem o desafio hoje, querem comemorar as vitórias diariamente. São dinâmicas mentais completamente diferentes, e para isso o líder não pode querer que todos sejam iguais a ele, mas sim compreender o que precisa fazer para motivar pessoas distintas.

Isso quer dizer que o líder atual precisa conviver com essas realidades diferentes e, mais do que isso, precisa ser um orientador que abre as mentes de todos para os desafios que nem mesmo ainda conhecemos.

2. Qual a sua dica para os que desejam acelerar a carreira?

Percebo desde o colégio, passando pela graduação universitária, na pós-graduação que fiz, e ainda no MBA, que existem três tipos de estudantes:

1) Os Nerds: aqueles que estão no topo da lista de eficiência, são muito inteligentes, tiram nota máxima em quase todas as matérias, mas em geral são introspectivos e têm poucos amigos;

2) Os Bagunceiros: aqueles que estão na parte extrema oposta dos *Nerds*, são desatentos, não levam nada a sério, atrapalham os colegas em sala de aula e não se comprometem com objetivo nenhum;

3) Os Normais: este é o grupo do meio, alunos comprometidos, entregam os trabalhos em dia, matam poucas aulas, tiram entre 7 e 9 nas provas, mas são muito bons de relacionamento, se comunicam bem, namoram, vão a festas, têm amigos e praticam esportes.

Percebi ao longo da vida que, no grupo dos Bagunceiros, praticamente todos se deram mal na vida, não construíram carreiras sólidas, não possuem empregos de qualidade e muitos deles têm problemas de família. Por outro lado, vi alguns poucos *Nerds* se darem bem, alguns passando em concurso público, mas a maioria inacreditavelmente não deu certo, e eu acredito que seja por falta de comunicação, proatividade e relacionamento. Já no grupo dos Normais, em que me enquadro, estão as pessoas que tiveram mais sucesso nas mais diversas profissões, o que me faz ter a certeza que ser inteligente é importante, mas não basta, é fundamental ter outras habilidades, como por exemplo ser comunicativo e bom formador de relacionamentos, e essas habilidades sempre me ajudaram bastante na minha carreira pessoal. A vantagem dos *Nerds* é que, ao lerem este texto, já estão entendendo tudo, aonde quero chegar, e rapidamente compreenderam que precisam adquirir algumas competências para terem sucesso. A desvantagem dos Bagunceiros é que nem ao menos estão lendo este livro e, por isso, não estão entendendo o que precisam fazer, o que certamente os faz estar numa ciranda negativa difícil de ser quebrada.

Dessa forma, sugiro que as pessoas busquem ter mais habilidades genéricas, *soft skills*, que possam contribuir para terem, além do conhecimento técnico da universidade, competências como liderança, adaptabilidade, influência, vendas, negociação, falar em público, curiosidade, inovação, resolução de problemas e, acima de tudo, saber fazer perguntas.

3. Como você desenvolve a sua inteligência emocional para manter o equilíbrio produtivo e positivo?

Em 1989 fundei, junto com meu sócio, José Ronaldo da Costa, a Alterdata Software, uma empresa que chegaria em 2020 a ser uma das seis maiores empresas de *softwares* brasileiras, e acredito que isso tenha relação direta com comportamento e não apenas com conhecimento técnico ou inteligência, pois desde o início da minha carreira, sempre fui muito observador de mim e dos outros, prestando atenção nas minhas qualidades e defeitos, e criando referências profissionais positivas e negativas. O conhecimento sobre mim me fez ir adquirindo inteligência emocional para lidar com pressões e tensões, me fez criar um plano pessoal de melhoria contínua para que eu estivesse o tempo inteiro ganhando novas habilidades. As minhas referências positivas eram baseadas em clientes, pois eu ficava o tempo inteiro tentando entender por que eles tinham sucesso, o que faziam, como se comportavam, o que liam, que congressos frequentavam. As minhas referências negativas eram usadas para eu definir claramente o que não fazer, como não me perder, como não me contaminar, o que sempre me ajudou bastante. Acho muito importante as pessoas terem referências para saberem com clareza se estão indo bem ou mal, e para isso sempre tive o Bill Gates, presidente da Microsoft, como uma das minhas referências, porém eu não tenho o número do telefone dele para tirar dúvidas, sendo assim, o que acho realmente importante é termos referências para que possamos ter acesso, perguntar, questionar, entender a forma de pensar frente a alguns problemas, enfim, ter acesso, o que sempre fiz com esses clientes que eram minhas referências.

Outro elemento importante para se ter inteligência emocional é a sua capacidade de motivar as pessoas, ter empatia e principalmente saber ouvir, todos são elementos que podem ser aprendidos.

4. Como você define o seu estilo de liderança?

Desde garoto que algo acontece comigo que eu não sabia explicar, pois quando eu tinha 12 anos de idade fui jogar futebol e me colocaram como capitão do time, quando fui para a faculdade me colocaram como representante da turma, presidente da comissão de formatura e orador dos formandos de 1986, já fui síndico muitas vezes, já fui líder de várias entidades de classe e grupos empresariais, e inclusive já recebi muitos convites para me candidatar a prefeito da minha cidade, o que sempre recusei. Hoje cheguei à conclusão de que tenho algo de liderança que é um pouco nato e um pouco que foi desenvolvido com treinamento. Tenho uma predominância de ser um líder carismático e envolvente, mas consigo me transformar em outro estilo de líder, dependendo das circunstâncias, e acho que aí está a magia. Na sociedade em que vivemos, temos que convencer as pessoas na maior parte do tempo, mas em momentos de crise é importante agir com energia e força para atingir os objetivos. Se eu pudesse elencar uma das maiores habilidades para termos sucesso, eu colocaria a liderança no topo da lista de prioridades.

Sempre fui um gestor formador de pessoas, o que me ajuda também na liderança, na linha de comando. Desde a fundação da Alterdata que procuro ser um gerador de conhecimento, e mesmo que a empresa tenha 1.800 colaboradores, estou frequentemente envolvido em ministrar treinamentos dos assuntos mais diversos, pois para ser um líder empático e carismático é importante estar próximo, ouvir a todos e criar o ambiente para ser acessível.

5. Como criar uma cultura corporativa de orientação ao cliente?

Quanto mais próximo fico do grupo, mais consigo motivá-los, sentir o coração de cada um, perceber as necessidades ocultas, o que retroalimenta a liderança e a formação de cultura da organização, pois acredito ser fundamental para uma empresa ter alguém sendo o guardião da cultura, que está o tempo inteiro protegendo o centro dos valores éticos e morais que regem os princípios mais fundamentais da organização. A postura do líder como alicerce forte da cultura contribui expressivamente com a difusão dos valores pela empresa inteira. Não obstante, é fundamental entender que o presidente da empresa não deve e não pode ser a estrela central da organização, pois ele precisa ter embaixo dele pessoas muito mais capacitadas e hábeis, o principal executivo tem que se posicionar como um movimentador de talentos, um gerador de conhecimento e não como a pessoa que tem todas as respostas. Sempre pensei que preciso ser o que menos sabe de cada assunto na empresa, mas o que conhece e sabe mais das pessoas da estrutura, sempre achei que não posso brilhar sozinho, mas tenho que fazer os *alterdatanos* brilharem no que cada um faz na organização, e por isso na maior parte do meu tempo estou construindo marca e formando pessoas. Não posso permitir que a cultura da empresa se perca com o crescimento, e para isso faço algumas coisas interessantes, e a mais significativa é uma atividade que chamamos de "Encontro com o Presidente", trata-se de um encontro no auditório com transmissão para o Brasil inteiro, onde eu e meu sócio falamos para todos os colaboradores novatos com até dois meses de empresa. Nesse momento, contamos casos, situações que demonstram os valores da organização, como chegamos até o hoje e aonde queremos chegar. Eu acredito que passar a cultura aos mais novos de empresa ajuda a mantermos a cultural geral viva.

6. Como você cria equipes mais motivadas e comprometidas com o negócio?

O centro do comprometimento é fazer todos sentirem-se parte de um todo, perceberem que possuem voz ativa, que a empresa espera que contribuam com as ideias, e para isso temos que ser transparentes, por essa razão que na Alterdata apresentamos a todos os números da companhia de forma aberta, ou seja, todos sabem quanto estamos faturando, onde estamos tendo melhor *performance* e onde estamos com problemas. Motivamos todos, no sentido de que os problemas são o nosso maior combustível para melhorar.

Motivar a equipe não pode ser uma falácia, tem que ser algo concreto e real alinhado a todos os níveis hierárquicos da organização.

7. Cite um exemplo de oportunidade que você encontrou na dificuldade.

Na Alterdata, temos como cultura sedimentada que são as dificuldades e complexidades que nos tornam mais preparados para os ambientes mais desafiadores, não temos medo dos problemas, pois entendemos que são eles os impulsionadores da inovação e construção do próximo ciclo da organização, e um ótimo exemplo é o que está acontecendo em 2020, pois este texto está sendo escrito em julho de 2020, ou seja, entramos em quarentena há três meses atrás, quando colocamos todos os *alterdatanos* para trabalhar em *home office*, e dali para frente começamos um plano de guerra, mudando praticamente tudo na empresa, métodos, processos, treinamentos, forma de liderar, jeito de vender, controles no desenvolvimento, tudo foi adaptado à nova realidade, o que tornou a Alterdata uma empresa mais ágil, mais inovadora, mais criativa, atendendo melhor os clientes, tendo todos os colaboradores mais alinhados, ou seja, a Alterdata está melhor do que era no início da pandemia, certamente sairá desta crise fortalecida, mais agressiva comercialmente, mais preparada para futuras adversidades, tudo porque entendemos que são em momentos de instabilidade como este que mais se cresce e se reinventa. E o mesmo aconteceu em 2015, quando o Brasil entrou numa crise financeira junto com o restante do mundo, gerando problemas de falência em muitos dos clientes da Alterdata. Em 2016, estávamos no auge da crise no país, perdendo clientes por problemas financeiros, e resolvemos criar um modelo matemático de análise preditiva de felicidade, um algoritmo que analisa diariamente a base completa de clientes, checando 22 características de comportamento e descobrindo padrões que podem ser sinais de infelicidade, tudo com assertividade de 94%. Este modelo matemático fez a empresa perder 35% a menos de clientes em 2017, fazendo a Alterdata crescer mais do que a média do seu setor durante esse período de crise financeira, ou seja, estávamos na mesma tempestade do que todos os nossos concorrentes, mas o nosso navio navegava mais rapidamente, o que nos fez ganhar espaço no mercado.

8. Qual erro você cometeu que foi um grande aprendizado?

Para ter uma cultura de inovação e reinvenção, é importante entender que o erro é parte do aprendizado. Na Alterdata, entendemos claramente que a velocidade é mais importante do que a precisão, ou seja, para sermos muito rápidos, erraremos em alguns momentos, o que não é um grande problema se o erro for detectado rapidamente e corrigido para que no próximo ciclo sejamos melhores. No passado, já cometi o erro de contratar pessoas baseado apenas no currículo e não no caráter, o que foi um grande desastre, por ter demorado para perceber o desvio de conduta do contratado, mas isso me fez melhor para construir um departamento de RH que tem inúmeras forma de minimizar possíveis erros nas contratações, e mesmo assim não ter a fantasia de que acertaremos sempre, mas sim um mecanismo de observar o recém-contratado por um tempo, para caso tenhamos errado, desligá-lo no menor tempo possível. Então, entendo que a cultura do erro é parte da cultura geral de uma empresa ágil.

9. Compartilhe a sua experiência como *coach* individual ou de equipes.

Grande parte das reflexões leva a pensar que tudo são pessoas, os clientes são pessoas, os colaboradores são pessoas, os fornecedores são pessoas, o que faz com que uma das maiores competências de um bom profissional é ser exímio gestor de cérebros e corações. Quando o líder é apenas um excelente técnico, não terá tanto sucesso como o gestor que entende das mazelas dos seres humanos, o quanto cada um é diferente do outro, o quanto precisamos dar comandos diferentes para pessoas distintas, ou seja, um dos maiores desafios do líder é compreender que não é o conhecimento técnico dele para ter as melhores respostas que tornará a empresa melhor, mas sim a capacidade que tem de fazer as melhores perguntas para os liderados encontrarem as respostas, e poderem brilhar. O desafio do líder é fazer os outros brilharem, usar o melhor de cada um, contribuir com o desenvolvimento dos liderados, é ser respeitado por ser justo e honesto. Detalhes como esses contribuem expressivamente para a formação de pessoas motivadas e comprometidas com o negócio, pois acredito que são os detalhes que fazem a grande diferença, por exemplo, na Alterdata temos uma pesquisa de satisfação anual, um momento que todos podem escrever o que quiserem num questionário que tem perguntas de múltipla escolha e também dissertativas. Ocorre que eu, como presidente da empresa, leio uma por uma, do cargo mais simples ao mais alto na organização, leio todas as pesquisas pessoalmente, e respondo umas 40% delas, dando um parecer e orientando cada um, isso me ajuda a compreender os detalhes que no dia a dia eu não consigo ver, mas também contribui com a formação profissional de cada um e a motivação de todos, pois eles precisam ter a certeza de que o líder está junto, que está na mesma trincheira de guerra com todos. Por essa razão, muitos me acionam pedindo opiniões pessoais, como o curso superior que pretendem fazer, investimentos pessoais que desejam, enfim, me permitem orientar, o que acho muito importante.

10. Em sua opinião, como será o futuro do trabalho?

Vejo um futuro promissor para a Alterdata, pois a empresa continua se estruturando e investindo pesado em inovação, o que tem feito a organização não parar de crescer por 31 anos consecutivos, e certamente uma das minhas maiores missões é criar *alterdatanos* cada vez mais preparados para os desafios que estão por vir, pois a sociedade está em mutação e um novo ritmo está sendo imposto. Acredito que nos próximos anos todas as profissões serão adaptadas a essa nova economia, será muito importante ter em mente que precisamos aprender sempre, quanto mais veloz formos na aquisição de novas competências, mais sucesso teremos.

11. Qual o seu propósito de vida?

As pessoas vêm um empresário de grande porte e acham que o que move essa pessoa é o dinheiro, o balanço e o resultado da sua respectiva empresa, mas mesmo que isso aconteça com alguns, não é o que me move. Dois aspectos me movimentam:

a) A eficiência de tudo o que faço me coloca tão atento que não aceito fazer algo mais ou menos, tudo precisa ter um alto padrão de excelência para eu ter orgulho de mim mesmo. Não aceito nem nos meus momentos de lazer, cuidando do jardim na minha casa, que seja malfeito. Esse grau de exigência é transmitido a todos que trabalham comigo, o que acaba gerando uma corrente forte de melhoria contínua, que me alimenta de satisfação.

b) Ser a inspiração para outras pessoas é importante para mim, sinto que Deus me deu algo em que preciso ajudar outros a terem um caminho mais fácil. Tenho uma certa habilidade de comunicação e transmissão de conhecimento, e por isso me realizo fazendo centenas de palestras para milhares de empresários ensinando, orientando, ajudando cada um a acelerar as suas respectivas carreiras. Muitos empresários estão focados nos clientes, ou seja, no resultado dos clientes, mas o meu foco nos clientes são as pessoas que estão dentro das empresas, que são os clientes da Alterdata, o que me deixa feliz é tornar a vida do empresário mais tranquila, mais lucrativa, e contribuir para os projetos que ele tenha. Meu foco está nas pessoas, e por isso me dedico tanto para dar treinamentos e orientações aos *alterdatanos*, para terem mais e mais sucesso na carreira, me realizo quando descubro um ex-funcionário que hoje é executivo de uma multinacional, pois me dá a sensação que de alguma forma eu contribuí com a carreira e a vida dessa pessoa.

12. Qual a sua definição de sucesso?

Sucesso é pessoal, cada um enxerga de uma forma, mas a essência é atingir os seus objetivos. Quando alguém não tem um objetivo claro, não conseguirá saber se atingiu o sucesso. O meu maior sinal de sucesso é ser uma referência para muitos empresários, ser respeitado e ser ouvido para eu poder orientar e ajudar com visões e reflexões, para tornar mais fácil a jornada dos outros, o que me motiva bastante. Para isso, preciso fazer a Alterdata ser um sucesso; para ter credibilidade, porém, me sinto mais feliz pela referência que sou para as pessoas do que pelo tamanho do lucro da empresa.

13. O que você faz para transformar o mundo e deixar o seu legado?

O meu maior desejo é deixar como legado uma empresa justa, séria, honesta, que cresceu a vida inteira com lisura e comportamento exemplar, e por isso sonho com *alterdatanos* admirados como profissionais diferenciados e que realmente contribuem com a construção de um país melhor, para mostrar que é possível ter sucesso sendo honesto, sério e responsável.

14. Qual mensagem você gostaria de deixar para a sua família?

Eu gostaria de agradecer, pois a minha família me apoia em tudo o que faço, ajudando a dar segurança e confiança em minhas ações e projetos. A minha família sabe o quanto me dedico com amor a todos que amo.

Galeria de fotos

Leandro Souza

Empresa:
Amarq Consultoria em Benefícios

Função:
Diretor Comercial e Marketing

1. Como e onde iniciou-se sua trajetória profissional?

Eu tenho muito orgulho do início da minha carreira profissional!

Para explicar como iniciei a minha carreira, preciso contextualizar e trazer a todos vocês aquele momento.

Eu tinha 14 anos de idade, e meu pai estava desempregado, devido a uma crise recorrente ao seu ramo de atuação, e foi necessário adaptar todas as rotinas financeiras de nossa humilde casa e família, e naquela época a casa onde morávamos tinha quatro cômodos, me lembro que estava na sala sem que meu pai e a minha mãe soubessem, e os dois tinham um hábito muito lindo, eles conversavam todos os dias pela manhã, e meu pai, em um tom de desabafo, comentou com a minha querida mãe que poderia faltar nossos alimentos, e que certamente naquela semana haveria os cortes das concessionárias de luz e de água, e esse momento foi um dos mais impactantes da minha adolescência despreocupada, e nos tons de suas vozes havia bastante tristeza e angústia por um certo fracasso, como os dois estavam sofrendo naquele momento, transcende os cômodos daquela casinha simples. E eu não sabia, até aquele momento, que estava escondido, que eles estavam sofrendo tanto, e eles, como pais muito sábios, haviam disfarçado o cenário para que eu não ficasse preocupado, e foi naquele instante que tinha certeza de que não poderia ficar sem fazer nada pela minha família. E, então, começo a minha carreira profissional sendo engraxate de sapato aos 14 anos de idade, com medo, mas sabendo que eu poderia fazer a diferença nos pés das pessoas que cruzassem o meu caminho.

Eu sempre fui muito desastrado, consequentemente minhas roupas estavam sempre sujas com graxa de sapatos e as minhas mãos manchadas pelo trabalho, mas foi nesse momento que decido aprender a tocar violino, pois através da música poderia expressar meus sentimentos de medo e de alguma forma ser intelectual, afinal, quantas pessoas tocavam violino e engraxavam sapatos ao mesmo tempo? Eu me tornei o engraxate musicista.

2. Quais os principais desafios e resultados vivenciados ao longo da sua carreira?

Acredito que a vida é feita de diversos capítulos, uns mais intensos e outros mais mansos, nestes meus 34 anos de existência, acredito que todos foram extremamente importantes, com bastante força e resiliência, vou destacar em fases a minha carreira, com tópicos, e tentar ao máximo traduzir mudanças e desafios que foram acionados na jornada de minha vida.

a) **Engraxate de Sapato** - Aos 14 anos, começo com as minhas responsabilidades profissionais, é aqui que aprendo sobre o amor em nossa vida profissional, meu lema é gerar para cada sapato engraxado um cliente feliz, e com o tempo fui descobrindo que poderia ser diferente dos outros engraxates e tornar a experiência das pessoas que procuravam pelos meus serviços a melhor. É aqui que desenvolvo o hábito de ler todo tipo de notícia, para gerar conteúdo e culturalmente abordar quaisquer temas que forem propostos.

b) *Office Boy* - Aos 18 anos, tenho muitas incertezas, como qualquer jovem, e dúvidas, penso que nunca conseguiria algo diferente, porém decido mudar, e procuro uma nova oportunidade de trabalho, peço muita ajuda a Deus em minhas orações e mando o primeiro currículo para a minha relação de *networking*, e logo consigo uma entrevista, e nessa fase da minha vida, entendi que as relações humanas podem, sim, nos ajudar a conquistar nossos objetivos.

Indo para a entrevista, no ônibus, olhei para a traseira de um caminhão e estava escrito: "Não seja nota 7, seja nota 10".

E aquilo foi muito impactante, e cheguei à entrevista consciente de que precisava ser nota 10 para conseguir aquela vaga de emprego.

Eu queria muito aquela vaga para me tornar alguém novo, e eu não poderia perder. A fé em Deus me fazia pensar que aquela vaga era minha, fez com que um milagre acontecesse e que, no outro dia, eu recebesse uma ligação dizendo que tinha sido aprovado.

Todo o começo é difícil, tinha um certo olhar de perseguição e eu não achava que era capaz de desempenhar as minhas tarefas, quanto medo e afago acumulado, e um dia cheguei à minha casa, coloquei os meus pés no sofá e disse para a minha mãe: "Não sou capaz, é muito difícil". E tenho certeza que aprendi uma das maiores lições de vida da minha mãe. Ela respondeu com uma voz forte e com a certeza absoluta que só as mães podem ter. Disse: **"Deus não escolhe os capacitados, Ele capacita os escolhidos"**. E foi nesse momento que tive certeza de que poderia contar com Deus e o meu esforço para superar todos os novos desafios que pudessem surgir. Segundo o meu gestor, na avaliação de desempenho e *feedback*, estava fazendo um excelente trabalho, meses depois, como *office boy*, comecei a dar o meu melhor para ajudar outras áreas após terminar as minhas funções, e tudo o que eu podia fazer para ajudar o time comercial em especial, eu fazia. Desde pegar um cafezinho até retirar fotocópias nas impressoras.

c) Consultor Comercial - Aos 22 anos, recebo uma ligação em meu ramal, era o CEO da empresa, com uma voz bastante séria, me chamava em sua sala, lembro da sensação e o medo que senti, foram passos longos até aquela sala, quando me deparo vejo as pessoas em sua sala com rostos felizes, dizendo: **"parabéns"**. Foi ali que recebi minha oportunidade de sentar na minha primeira cadeira comercial de uma empresa, após as comemorações, lembro da grande responsabilidade que assumi ao aceitar o desafio, foi nesse momento que soube que nunca mais na minha carreira poderia terceirizar algum insucesso, eu estava assumindo uma função em que os números traduziam minha *performance* e responsabilidade pelo crescimento da companhia.

d) Coordenador Comercial - Aos 24 anos, tomo uma decisão superdifícil na minha trajetória, mudar de empresa, mas aprendi a avaliar a minha carreira baseada em fatos e valores.

Aos 26 anos, recebo um novo cargo, que até então não tinha na empresa, coordenador comercial, para um projeto de mudança cultural e desenvolvimento de um novo posicionamento mercadológico comercial, nessa empresa tínhamos uma cultura de vendas e atendimento para clientes *middle* e *corporate*, e teria que desenvolver com todas as áreas uma nova cultura de linha de atendimento, implantação e vendas.

Meus caros, reforço que pensei no momento "que incrível essa oportunidade", mas a cultura de uma empresa é algo intrínseco e aprendi nessa fase a delegar melhor e influenciar pessoas, para o caminho traçado pelos acionistas.

e) Gerente Comercial Jr. - Aos 28 anos, recebo minha promoção para gerenciar um time de 26 colegas, e quando você tem uma equipe maior, você aprende na marra sobre famílias, situações diversas que os colegas estão inseridos na sociedade, e é nesse momento que comecei a utilizar a área de Recursos Humanos como aliada e não como um departamento que apenas faz folha de pagamento e gestão dos benefícios.

f) Gerente Comercial Sr. - Aos 31 anos, a empresa que atuava e me sentia parte da cultura é incorporada a uma multinacional líder mundial no segmento, é nessa fase que mudo novamente, através de um convite da alta liderança e gestão de recursos humanos, para um novo momento da carreira, assumindo como um dos gerentes de projeto de parceiros estratégicos com uma média de 600 parceiros na minha carteira, nessa fase eu passo a multiplicar meu conhecimento em treinamentos com esse público, e percebo a importância da comunicação chegar a todos, e como podemos ter ruídos em comunicações escritas. Não existe objetividade no que tange à comunicação, pessoas são DNA's e digitais diferentes, e são impactadas de diversas formas, então começo a traduzir percepções através de *feedbacks* direcionados, sobre os pontos abordados e aplicados. Nessa fase, desenvolvo o conceito de trabalho modelo 360°, onde a dinâmica tinha cinco multiplicadores executivos de processos de alta *performance*, focados em treinamento e gestão de tempo, com visão de empreendedorismo.

g) Diretor Comercial e de *Marketing* - Aos 33 anos de idade, tomo a decisão de assumir uma carreira de Diretoria em uma outra empresa, uma diretoria comercial e de *marketing*, para um novo ciclo da minha carreira; após uma análise dos negócios e conceitos de posicionamento da empresa com o time de comitê executivo, criamos uma universidade corporativa, um programa de empreendedorismo para parceiros e uma nova forma de comunicar aos clientes, e com o time de inteligência de *marketing* lançamos uma nova linha de produtos, aumentando a percepção e projeções comerciais, mesmo em época de retenção na economia e pandemia.

3. **Quem da sua história de vida inspirou/motivou na sua carreira?**

Tenho uma lembrança da minha infância aos 4 anos de idade, lembro da minha mãe me buscando na escola, e minha mãe para ajudar o meu pai vendia roupa de porta em porta. E eu tinha o maior orgulho de estar com minha mãe nessas jornadas, pois ela dizia no caminho: "Nós escolhemos ficar sentados esperar a venda chegar ou podemos ir atrás em porta a porta".

Em meu subconsciente da infância, trouxe o hábito da perseverança para sempre continuar.

4. **Alguma história na gestão de pessoas que gostaria de compartilhar?**

Eu lembro de receber uma colega para fazer parte do meu time de gestão de vendas, ela, por determinação da empresa, tinha extinguido o seu departamento do qual era coordenadora, e no papel de gestora, foi necessário desligar todos os seus sete colaboradores, havia nela como profissional uma sensação de fracasso por não ter conseguido reverter os números e estava assustada, com muitos traumas, e em uma conversa inicial de nosso trabalho, ela trouxe que estava desmotivada e que tinha interesse em ser desligada.

Aprendi com o tempo que a gestão não é dar a resposta, mas sim mostrar o caminho para respostas, e percebi na comunicação e sondagem que o ponto da desmotivação estava concentrado na insegurança do novo, e não por falta de alinhamento dos valores dela como colaboradora da empresa. Minha história que quero compartilhar é esta: uni o propósito com os porquês, e alinhado com os valores dessa colega, traçamos um plano para o futuro e a estratégia programada. Após ela me apresentar todo esse material que construiu, lembro de dizer que um dia estaria sentado em uma plateia vendo essa colega ser homenageada, recebendo um grande prêmio em vendas, após dois anos estava sentado na banca presenciando, de fato, essa profecia ser cumprida.

5. Alguma história de relacionamento com o cliente que gostaria de destacar?

Na minha carreira profissional de vendas, tem uma empresa que me emociona muito sobre superação, pois iniciei uma negociação com um *prospect* de grande porte e diversas vezes em comitê recebi a mensagem que deveria retirar do *pipeline* a previsão de vendas, pois nao tínhamos chances devido ao produto e cenário atual da análise diagnóstica daquela empresa, mas nessa negociação aprendi que devemos estar atentos a todos os detalhes, com escuta ativa, e anotar todos os pontos relevantes, pois quando seguimos essas pequenas regras e estudamos o cenário sob essas variáveis, conseguimos desenvolver soluções fora da caixa, e claro, nunca esquecendo da fé, julgo esses pontos como primordiais para alcançar resultados. E como conclusão, conseguimos após *insights* diferentes trazer esse grande cliente para a empresa a qual representava. O mais agradável foi perceber e amadurecer que em alguns negócios as críticas devem ser ouvidas, mas analisadas, se tivesse desistido, não estaria aqui registrando esse momento de sucesso e soluções personalizadas na inovação.

6. Quais dicas daria para aqueles que estão iniciando a carreira profissional?

Minhas dicas são: seja humilde; quando não entender pergunte; estude e não tenha preguiça de ler; seja nota 10 em todos os aspectos de sua vida e não nota 7; acredite em seus sonhos e trabalhe para concretizar! Só você pode definir os seus limites.

7. Ao recrutar um profissional, quais características comportamentais são consideradas fundamentais?

As características comportamentais que considero importantes são: autoconhecimento; resiliência; obter foco em alta *performance* e resultados; não tenha medo de expor seus defeitos e fraquezas.

8. Qual legado gostaria de deixar para a sociedade?

Nossas vidas profissional e pessoal fazem parte de quem somos e não existem duas, somos as duas ou quantas forem necessárias. Na minha opinião, devemos manter o equilíbrio. Nossas vidas são curtas demais para nos preocuparmos com bobagens e opiniões alheias que não nos agregam em nada. Tenha paz no seu trabalho, estudos, família e com o meio em que você desfruta os seus momentos. Não importa quantas pessoas lerão este livro, ou a parte da minha história, o que fico feliz é que se puder impactar alguém, já terá valido a pena. Escute bem, você é especial! Se eu acredito em você, que está lendo a minha história e está conectado comigo, você deve acreditar também. **Faça coisas inimagináveis!**

9. Cite alguns líderes que, em sua opinião, são inspiradores.

O principal líder na minha vida é **Jesus Cristo**, independe de crenças ou religiões, ele trouxe grandes exemplos de liderança e me faz entender que o verdadeiro propósito de liderar é servir, e não ser servido.

Minha esposa Gisele – uma mulher de garra e inspiração, que luta pelo melhor de nossos filhos e nossa família, uma mulher exemplo e que escolheu com coragem abdicar de sua carreira profissional para dedicar-se em tempo integral por amor aos nossos filhos, além de corajosa, amorosa, ela me inspirara que liderar é cuidar e orientar.

10. Como você define o papel da liderança?

O líder estimula o novo, enobrece e germina novos pensamentos e realizações, potencializa e acrescenta. Corrige os pontos fracos, mas fortalece ainda mais os pontos fortes.

11. O que você faz para manter-se motivado?

Acordo um dia de cada vez, respiro, planejo e vou.

12. Qual a importância da inovação nas organizações?

Inovar é surgir, elevar e trazer, mover e acrescentar algo.

As corporações que não inovarem e possuírem visão holística dificilmente sobreviverão em nosso mundo atual chamado de "novo normal", estamos enfrentando um inimigo que não é possível enxergar a olho nu, mas que trouxe um peso de inovações.

13. Como você realiza o *networking* de maneira efetiva?

Eu acredito na experiência que você agrega às pessoas com as quais você se relaciona, e como posiciona-se na mente do indivíduo com o qual comunica-se, minha experiência nessa situação é transferir as minhas melhores qualidades, e não importa o nível social de quem estou me relacionando, mas sim a mensagem que desejo passar. Esse conceito permite que as pessoas do meu vínculo social me reconheçam e indiquem para outras pessoas, me tornando referência no meu setor.

14. Do que você sente saudades?

Do aconchego das pessoas que partiram e de alguma forma trouxeram excelentes ensinamentos, principalmente do meu saudoso pai, que me trouxe valores que nenhuma instituição de ensino poderia me ensinar.

15. Do que você tem orgulho?

Da minha história humilde e superação, e de não dar ouvidos para pessoas que em algum momento disseram que não seria possível ou criticaram meu modelo de ser e agir. Hoje comprovo através desta literatura que somente você pode delimitar os seus limites. Tenho orgulho de quem eu me tornei como ser humano e de meu papel na sociedade.

16. Qual o significado da palavra felicidade?

Ser feliz é conhecer o seu interior e não ter arrependimentos pelas suas falhas, e saber que nem sempre seus dias serão felizes. Saber que somos apenas pessoas e que podemos fazer coisas incríveis ao mesmo tempo.

17. Qual a sua citação favorita e por quê?

"O choro pode durar uma noite, mas a alegria vem pela manhã." (Salmos 30:5)
Porque traz esperança e fé nos momentos de adversidades.

18. Quais são seus *hobbies* preferidos?

Cantar, tocar violino e em alguns momentos ser comediante.

19. Qual sonho você gostaria de realizar?

Impactar um milhão de pessoas uma a uma com o meu humor e trazer felicidade para quem, por dificuldades da vida, deixou de acreditar em si próprio.

20. Qual mensagem de motivação gostaria de deixar para os leitores deste livro?

Nem todos deverão me amar ou até mesmo gostar de mim, mas terão que reconhecer e respeitar a minha história!

21. Com base em suas memórias, qual o legado que você gostaria de deixar para a humanidade?

Começo a responder com uma metáfora bem conhecida, mas na minha versão Leandro Souza.

Se a vida trouxer apenas limões para seu caminho, faça uma grande limonada com as raspas dos limões, depois pegue as sementes que sobraram e o bagaço para adubar, plante em seu jardim, regue com amor e, com o tempo, faça a colheita desses novos limões e depois de colher... chegou a hora de vender para a humanidade.

Não reclame da sua história jamais, ela é quem você é e o que você representa, não olhe para os lados, para comparar-se com os seus amigos, colegas, não julgue ou imagine que para os demais é mais fácil do que é ou foi para você.

Meu amigo, levante a cabeça e escreva sua história com amor, pois você será o que faz no agora.

Você já sabe aonde quer chegar?

Galeria de fotos

Leonardo de Assis Santos

Empresa:
Cadarn Consultoria, Nohau Escola e Artemis Negócios Culturais e Sociais

Função:
Sócio

1. Como e onde você iniciou a sua trajetória profissional?

Eu considero que minha carreira começou na Faculdade de Economia que cursei na UFF/RJ, na empresa júnior Opção Júnior Consultoria. Trabalhei durante dois anos lá, entre 2001 e 2003. Foi uma experiência muito gratificante e de crescimento pessoal e profissional. A Opção me ensinou a trabalhar, a como me portar, a valorizar o cliente, a gerenciar pessoas em um ambiente de trabalho, sendo fundamental para o meu desenvolvimento.

2. Quais os principais desafios e resultados que você vivenciou ao longo da sua carreira?

Acredito que, em termos de atividade empresarial, não haja maior desafio do que empreender no Brasil. Eu abri a Cadarn em 2007, mas só utilizava a empresa para realização de trabalhos adicionais ao meu emprego na época de Cortex. Quando eu resolvi sair da Cortex e estruturar efetivamente uma empresa de consultoria, entre 2015 e 2016, junto com Débora Yuan, eu não tinha noção do quanto isso mudaria a minha vida. A montanha russa de sentimentos, a euforia de fechar negócios, a tristeza pelos erros, os custos que o nosso país nos impõe... Tudo é extremamente desafiador e intenso.

A Cadarn hoje tem 4 anos de existência e é vista como uma referência na prestação de serviços de consultoria no setor de inteligência e estratégia para áreas de compras e isso é motivo de muito orgulho, apesar do imenso caminho ainda a percorrer.

Na Ártemis, empresa da qual sou sócio desde 2018, também temos um grande desafio: profissionalizar a atividade cultura no Brasil. A empresa tem um modelo de negócio inovador e que pode gerar muitos resultados. As demais sócias, Priscilla Cadete e Letícia Santos, são excelentes parceiras. Acredito muito nesse negócio.

Apesar dos mais de 2 bilhões de reais que já gerei de resultado para meus clientes ao longo desses 12 anos na carreira de consultor, acredito que o resultado maior esteja na quantidade de pessoas que já trabalharam comigo e que hoje ocupam cargos de gerência e diretoria em grandes empresas do Brasil. Tenho muita satisfação e orgulho do trabalho que desenvolvi junto com essas pessoas.

3. Quem da sua história de vida inspirou/motivou na sua carreira?

Os meus pais, Jorge e Iolanda, são as pessoas que mais me inspiraram na carreira e na vida. Ambos são líderes comunitários por meio da atuação pastoral na Igreja Católica. Meu pai tem um estilo de liderança mais reservado e calmo. É muito ponderado nas colocações. Minha mãe faz mais o estilo de liderança carismática, mão na massa, motivadora. Lidera pelo exemplo.

Eles passaram por muitas dificuldades na vida e criaram três filhos com toda a dignidade do mundo. Todos os filhos se tornaram pessoas boas e empreendedoras. Meus pais foram, e são, pessoas fundamentais em qualquer sentido de minha vida.

A minha esposa é um alicerce importante em todo este caminho. A Livia sempre esteve ao meu lado nos momentos mais delicados como gestor de empresas e como empreendedor. Sem o apoio dela, todos os dias, com certeza, os desafios teriam sido muito mais difíceis de serem superados.

4. Alguma história na gestão de pessoas que você gostaria de compartilhar?

Gerir pessoas é sempre um grande desafio, mas considero que é uma característica positiva minha. Acredito que a vivência dentro do ambiente comunitário e pastoral da

Igreja Nossa Senhora das Graças foi importante. Na vida pastoral, todas as pessoas são aceitas. Você tem que trabalhar para incluir as pessoas, descobrir seus talentos, apostar que elas serão capazes de executar. Essa experiência me ensinou a ver o melhor das pessoas, a ter empatia por elas, a trabalhar pelo seu acerto e crescimento. Acredito que isso foi fundamental para a formação do meu estilo de liderança.

Sempre fui atento às potencialidades das pessoas, procurando ensiná-las, mostrar do que são capazes e como podem executar melhor suas atividades, por meio de caminhos alternativos e melhor organização. Sempre com um sorriso no rosto.

Acredito que trabalhar com um sorriso no rosto seja muito transformador e motivador. Meus alunos sempre salientam isso. O sorriso torna a bronca mais leve e o elogio mais cativante (risos). Poucas pessoas sabem o poder que um sorriso e um "você vai conseguir", "eu confio em você" ou "você tem potencial" tem na vida de um profissional, ainda mais em um ambiente estressante como o do dia a dia de uma consultoria.

Acredito que os momentos de maior dificuldade acabam sendo aqueles em que a atuação do gestor de pessoas fica mais exposta. Durante a crise econômica, houve uma demissão grande na Cortex. Eu fui o executivo escolhido para realizar o anúncio no escritório de São Paulo. Foi bem duro realizar o trabalho no dia e nas semanas seguintes, manter a moral das pessoas. Contudo, precisava ser realizado. Então, a cada dia fui realizando a recuperação da confiança dos funcionários com o desenvolvimento dos projetos e o atingimento dos resultados. Nós tínhamos uma meta de reduzir os custos de atendimento ao cliente em mais de 50%. Trabalhando juntos, chegamos a 65% de redução sem demitir mais nenhum colaborador, e isso eu considero uma grande vitória, alcançada por meio do trabalho com as pessoas, pois melhoramos nossa forma de trabalhar, nos tornamos mais eficientes e começamos a dar conta de mais atividades com processos.

Da mesma maneira, já na Cadarn, o trabalho de motivação é fundamental. Os anos de 2017 e 2018 apresentaram grandes desafios para todas as empresas da área de consultoria. Você tem que manter a cabeça no lugar e a equipe unida para desenvolver o melhor trabalho. Apenas trabalhando em conjunto e cuidando das pessoas é que conseguimos atingir os resultados.

5. Alguma história de relacionamento com o cliente que você gostaria de destacar?

O trabalho de consultoria nos proporciona muitas experiências de parceria com clientes. No caso da queda da barragem da Samarco, todo esforço que desenvolvemos na Cortex para auxiliá-los na gestão da crise me marcou bastante. Foram madrugadas e diversas semanas de trabalho intenso para apoiar o cliente em um momento muito delicado. Eu era o gestor da área de *Customer Success* e coordenei a maior parte dos esforços da nossa força-tarefa para conseguir apoiar o cliente da melhor forma. Até hoje encontro pessoas da empresa e elas lembram do trabalho, esforço e parceria daqueles dias.

6. Quais dicas você daria para aqueles que estão iniciando a carreira profissional?

Descubra cedo as coisas em que é bom e as características que o diferenciam, dedique tempo para aprimorá-las. O mundo será cada vez mais dos excelentes.

Exercite continuamente a sua capacidade de aprendizado. É muito provável que as pessoas tenham que mudar de atividade profissional duas a três vezes ao longo da vida.

Trabalhe a sua marca pessoal. Hoje, todo mundo tem que entender que é uma marca. Cultivar a sua marca com atributos positivos vai elevar a sua atratividade no mercado.

Desenvolva empatia pelas pessoas. Saber se colocar no lugar do outro e trabalhar positivamente tende a ser um diferencial no futuro. Especialmente em um momento em que vemos cada vez mais as pessoas tendo dificuldades de se relacionar, ouvir e compreender o outro.

Aprenda a ser resiliente e focado. As frustrações só tendem a aumentar em um mundo de múltiplas possibilidades e mudanças constantes. Acredito que o nível de ansiedade vai dominar a maior parte das pessoas. Conseguir ser resiliente e manter um propósito, uma direção, um objetivo, pode ser um grande diferencial. Desenvolva a sua inteligência emocional para isso.

Aprenda a programar. Nem que seja para criticar o que foi feito. Na sua maior parte, as soluções serão, de alguma forma, influenciadas ou evoluídas por meio da tecnologia.

7. Ao recrutar um profissional, quais características comportamentais você considera fundamentais?

Valorizo bastante pessoas bem-humoradas e apaixonadas. Isso contagia o ambiente de trabalho. Pessoas que gostam de estudar e de aprender me cativam. Quem tem disposição para se manter aprendendo tem uma possibilidade de crescimento exponencial.

Pessoas educadas. Atualmente, está cada vez mais difícil encontrar pessoas que sabem se dirigir ao outro. Pessoas que respeitem opiniões e saibam divergir.

8. Qual legado você gostaria de deixar para a sociedade?

Gostaria de ser lembrado profissionalmente como um bom parceiro e um viabilizador. Uma pessoa que sabe tanto desenvolver negócios e projetos de sucesso quanto formar pessoas, líderes.

Como pessoa, gostaria de ser lembrado como um indivíduo alegre, que sabe cativar, que deixa o ambiente mais leve e agradável. Alguém que deixa os outros à vontade. Alguém com quem as pessoas têm prazer em estar junto pelo que ela é.

Quero continuar crescendo com a Cadarn e com a Ártemis e talvez com outros negócios. Quero que sejam empresas cada vez mais reconhecidas, fortes e transformadoras.

9. Quais os reflexos das práticas de cidadania empresarial para organizações, profissionais e sociedade?

É um caminho necessário e sem volta. Vivemos em um mundo cada vez mais interligado e conectado. Dependemos cada vez mais uns dos outros. Muito do valor que as empresas entregam é feito por seus fornecedores, por exemplo. Trabalhamos cada vez mais em rede e ter visibilidade sobre nossos parceiros e suas práticas torna-se cada vez mais fundamental. Então acho que esse é o primeiro reflexo. Seremos cada vez mais cobrados sobre as práticas que a nossa rede de suprimentos e de distribuição desenvolvem.

Isso exigirá maior confiança, colaboração e competição. As empresas terão que trabalhar em conjunto e trocar informações. A centralização tende a ter pouco espaço.

10. Cite alguns líderes que, em sua opinião, são inspiradores.

No meio empresarial, Bill Gates é um cara que eu admiro muito. Ele é muito completo, sóbrio, não perdeu o seu jeito de ser com o sucesso. Tem um trabalho fantástico de desenvolvimento de ideias para solucionar os problemas da nossa sociedade. O valor que ele já entregou para o mundo é difícil de medir.

No meio esportivo, eu tenho no Bernardinho uma liderança que gosto muito. Ele é muito apaixonado, persegue a perfeição, tenta elevar sempre o nível do seu time. É um cara que eu olho e me vejo sendo daquele jeito na beira da quadra, arrebatado, jogando com o time o tempo todo. Pena não ter o talento de treinador dele (risos). Adoro esporte. Acredito que o esporte é um microcosmo da vida. Tem parceiros, tem obstáculos, tem relacionamento, tem dor, tem superação... o esporte ensina muito, promove muitas reflexões sobre a vida.

Espiritualmente, São Francisco de Assis é uma liderança muito presente para mim. Estudei em uma escola franciscana quando criança e isso marcou muito minha vida. São Francisco é um grande exemplo de dedicação, simplicidade, amor ao próximo e paz. A visão dele de que somos um instrumento para tudo que pode ser bom é muito inspiradora, cativante e motivadora.

11. Como você define o papel da liderança?

O que define o líder é sua capacidade de extrair o máximo de suas equipes. Encontrar o papel de cada pessoa no time, para que a equipe seja melhor de forma contínua, sustentável. Um líder que não cuida da sanidade e felicidade de sua equipe não está dentro do que eu acredito.

12. O que você faz para se manter motivado?

Eu tenho facilidade de me automotivar e sou uma pessoa bastante resiliente. Acho que tudo isso ajuda. Então, vou mentir se disser que tenho algum segredo especial nesse sentido (risos).

Eu foco no objetivo e vou. Tenho dificuldade de fazer coisas sem sentido, mas, no que eu vejo sentido, eu consigo desenvolver motivação.

Vibro muito e divido bastante com minha esposa e minhas sócias as conquistas. Vibrar as pequenas vitórias gera um sentimento bom de ir em frente. Acho que isso ajuda.

13. Qual a importância da inovação nas organizações?

A inovação é um componente importantíssimo para o crescimento das empresas e para sua sustentabilidade no longo prazo. A empresa que não é capaz de aprender, se renovar e criar soluções fatalmente padecerá.

14. Como você realiza o *networking* de maneira efetiva?

Gosto de participar de eventos. Acredito que dá uma oxigenada e sempre conhecemos pessoas novas, parceiros potenciais e aprendemos coisas.

Gosto de trocar informações e discutir assuntos pelas mídias sociais empresariais. Participo de alguns grupos específicos de áreas de negócios.

Sempre tento me encontrar com as pessoas que considero interessantes e que me fazem refletir sobre o meu trabalho e sobre as coisas que estão acontecendo no mundo, a fim de cultivar tais relacionamentos.

15. Do que você sente saudades?

Tenho saudades da minha adolescência, do tempo que eu passava com os amigos naquela época. Nós nos falamos quase toda semana, mas era um relacionamento diferente.

Muita parceria, diversão, inocência e capacidade de ser abundantemente feliz com dez reais no bolso (risos).

Tenho saudades da minha avó que faleceu há alguns anos. Ela teve grande participação na minha criação. Toda vez que preparo carne assada eu lembro dela.

16. Do que você tem orgulho?

Da família fantástica que eu possuo. Tenho pais maravilhosos que são um grande presente em minha vida. Tenho um relacionamento excepcional com as minhas irmãs, Leilane e Letícia. Quando a gente se encontra é sempre muito bom. Nos apoiamos bastante, mesmo sendo bastante diferentes. Tenho também uma esposa sensacional. Um tesouro que tento fazer feliz da melhor forma que eu posso.

Tenho orgulho também da minha origem e de como influenciou a forma como eu sou, como eu trabalho e como eu me relaciono com as pessoas. Sou de Duque de Caxias, do Corte 8 (um bairro de classe social mais baixa). Ter uma origem humilde já me colocou em situações difíceis, mas também me deu força para superar as limitações e os obstáculos.

Tenho orgulho das minhas empresas, Cadarn e Ártemis. Acho que elas ainda têm muito para entregar de valor para a sociedade.

Tenho orgulho das pessoas que eu consegui desenvolver. O resultado delas me engrandece e traz uma sensação boa de missão cumprida como formador.

Tenho orgulho de conseguir manter boas e antigas amizades. Tenho amigos com quem me relaciono há mais de 30 anos, isso me deixa muito feliz.

Só tenho o que agradecer a tudo que eu conquistei e recebi todos esses anos, graças a Deus.

17. Qual o significado da palavra felicidade?

Felicidade é passar o máximo de tempo com as pessoas que você ama, com relações saudáveis. É ter liberdade para fazer as escolhas que desejar. É ter boa saúde para fazer as coisas que gosta.

18. Qual a sua citação favorita e por quê?

"Não há responsabilidade maior do que ser importante na vida de alguém."

Essa frase é de Iolanda de Assis Santos, conhecida como minha mãe (risos). Minha mãe falou essa frase pela primeira vez em uma conversa no café da manhã entre nós dois, quando estávamos debatendo o carinho que uma pessoa tinha por ela e como isso exigia responsabilidade por parte dela. Essa frase marcou demais a minha vida e tento sempre lembrar dela quando eu percebo que sou importante para uma pessoa ou para uma organização.

Ser relevante é um poder, mas também uma responsabilidade. Quanto mais importante eu me torno para alguém, mais influência eu tenho sobre a vida dela, e por isso eu preciso ser continuamente mais atento e empático.

19. Quais são seus *hobbies* preferidos?

Gosto de cozinhar, me relaxa. Adoro quando a comida que eu preparo fica gostosa.

Gosto de ler livros. Tento alternar assuntos relacionados a negócios e crescimento pessoal com ficção. Tenho um fraco por romances históricos. Bernard Cornwell é meu autor favorito.

Gosto de assistir a séries e filmes. Estou tentando diversificar cada vez mais os países produtores para conhecer diferentes culturas e formas de enxergar o mundo.

Gosto muito de estar com as pessoas, meus amigos, jogando papo fora, contando histórias, rindo, debatendo sobre assuntos da vida.

Gosto de sair por aí e caminhar e conversar com minha esposa.

Mas o amor dos *hobbies* são as viagens. Adoro conhecer lugares diferentes e culturas.

20. Qual sonho você gostaria de realizar?

Quero ser pai. Espero realizar esse sonho um dia.

21. O que você aprendeu com a vida que gostaria de deixar registrado nesta obra?

Um sorriso e bom humor sempre abrem portas (risos).

A vida é dura. É difícil mudar a sua realidade sem muito esforço, força de vontade, coragem e boas pessoas ao seu lado. Lute para realizar seus objetivos e se cerque de bons parceiros. Ninguém conquista nada sozinho. Você vai tropeçar, vai cair e vai precisar de gente para apoiá-lo.

22. Qual a mensagem de motivação você gostaria de deixar para os leitores deste livro?

Não tenha medo de errar. O erro é a consequência natural de tomar decisões. Se você quer ser gestor, especialmente de alto escalão, você vai tomar muitas decisões, e parte delas serão equivocadas. É a consequência natural da posição e da função.

Aprenda com o erro. Potencialize o seu acerto. Crie coragem para superar seus receios e medos.

23. Com base no que você vivenciou, ao longo de sua vida corporativa, qual o segredo do sucesso para ir da teoria ao topo?

Falando de vida corporativa, acredito que o atingimento de bons resultados está relacionado a dois fatores: muito trabalho e um pouco de sorte.

A sorte tem um papel no sucesso. Situações específicas podem facilitar o caminho em determinado momento da sua trajetória. Contudo, a sorte é uma derivada da exposição às oportunidades. Se você não é uma pessoa que se expõe, diminui as chances de ser uma pessoa que será vista. Dessa forma, é fundamental arriscar e trabalhar a sua marca pessoal e profissional.

Depois que as coisas dão certo, muitos trabalharão para desenvolver uma retórica que explicará o seu sucesso. Porém, provavelmente, esses resultados estarão mais relacionados às noites sem dormir, aos finais de semanas trabalhados, ao tempo dedicado ao aprendizado, ao tempo abdicado de sua família e amigos do que a uma única ação e escolha fundamental. Então se dedique, pois as chances de bons resultados serão maiores, mesmo que não garantidas.

Galeria de fotos

Letícia Rosas

Empresa:
Amil

Função:
Diretora Serviços de Saúde,
Care Delivery

1. Como e onde iniciou-se sua trajetória profissional?

Para falar da minha trajetória profissional, resgato um pouco da história da minha família: de origem simples, meus pais não chegaram a concluir o atual ensino fundamental II, tendo minha mãe trabalhado desde muito cedo como babá, na roça, como colhedora de café, como costureira e, quando houve necessidade, como sábia estruturadora de um lar, e meu pai como servente, auxiliar gráfico e encarregado de gráfica, onde veio a aposentar-se. Foi dessa maneira que deram o melhor de si e orientaram os três filhos, sendo eu a mais nova, com muitos anos de diferença, que vim em tempos de maior estabilidade financeira, ainda que modesta, e experiência de vida.

Lembro que pude desfrutar da experiência de uma escola particular do bairro vizinho, através de uma bolsa de estudos que a empresa na qual meu pai trabalhava arcava com parte do valor. Para os meus pais, a escolha pela educação, em detrimento de qualquer outra opção, era o melhor caminho a seguir naquele tempo, e pensando no futuro (e eu, hoje, sou apenas gratidão). Além disso, havia os investimentos em materiais escolares, uniformes e transporte escolar. Dessa forma, não dispúnhamos de condições para despesas extras, como um curso de inglês, por exemplo. Por sorte, a escola dispunha de todas as atividades extracurriculares possíveis e eu estava em todas as que eu podia conciliar, inclusive futebol, pois precisava equilibrar as melhores notas com as atividades esportivas que eu tanto gostava, porque eu sempre fui movida a desafios. Ao final do ensino fundamental II, na formatura, acabei ganhando uma medalha por ser a aluna com melhores notas e mais participativa em todas as categorias.

Contudo, quando fui para o segundo grau, eu queria ter coisas e não tinha coragem de pedir ao meu pai, afinal, ele continuava a pagar uma escola técnica sem bolsa de estudos, uma vez que eu já sabia que queria seguir os caminhos da área da saúde e estudava Técnico de Patologia Clínica. Dessa forma, aos 15 anos, comecei a trabalhar inicialmente como temporária, como promotora de vendas da empresa Tectoy Brinquedos e Eletrônicos, e estava alocada dentro da loja Mappin do Shopping Center Norte. Nesse trabalho, eu fazia todas as coisas: recebia e conferia a mercadoria, contava o estoque para fazer novo pedido, fazia relacionamento com o cliente, sabia quais eram os melhores e piores produtos e quais os motivos (oportunidades de melhoria) do ponto de vista do cliente, era estoquista e repositora de prateleira, fazia demonstração de produto e batia meta de venda. Trabalhava de quinta-feira a domingo, das 13h às 22h, e era muito feliz. Com meu primeiro salário, comprei um tênis e fiquei extasiada com a sensação de conquista e liberdade.

O próximo passo foi a entrada na área da saúde, nos Laboratório Lavoisier, aos 18 anos, na função básica de técnica de laboratório, de onde galguei todos os degraus para chegar aonde estou hoje, como diretora dos serviços de saúde da Amil, com muita gratidão por poder ter vivenciado todas as experiências.

2. Quais os principais desafios e resultados vivenciados ao longo da sua carreira?

São 25 anos de muitos desafios e projetos.

Pensando nos principais, nos primeiros anos trabalhando no Lavoisier, na gestão de laboratórios e imagem, em unidades de atendimento, o maior desafio foi o meu desenvolvimento e formação como líder, gerenciando a dinâmica diária, os temas financeiros, a logística de funcionamento, a gestão de conflitos e as diferentes pessoas. Passados quatro anos, assumi um cargo de assistente do gestor do negócio corporativo, auxiliando-o na dinâmica diária das unidades, na construção do orçamento e posteriormente nos assuntos relacionados à expansão e abertura de novas unidades, que ficaram sob minha responsabilidade.

Já promovida para a área de Expansão e Implantação de Laboratórios em Unidades Hospitalares, meu primeiro desafio foi implantar o nosso laboratório em um hospital de Porto Alegre – desde sistemas, máquinas, pessoas, *links, racks* e tudo. Foram oito meses de planejamento e trabalho, distante de casa e da família. No dia da virada, tudo pronto: hora agendada, *checklist* feito, áreas de suporte prontas, entrada do sistema autorizada [suspense]... Queda de *link*. Motivo: rompimento da fibra ótica. E cadê o link de redundância contratado? Passava pela mesma fibra ótica rompida!!! Só nos restava voltar e aguardar restabelecer a fibra, o que ocorreu cerca de 3 horas depois. Tudo ocorreu conforme o esperado, inclusive as instabilidades, inconsistências e ajustes necessários. Enquanto isso, pedimos pizza para a equipe jantar e conseguir aguentar a virada da noite. Aprendizados que só a experiência nos traz. Hoje em dia, realizamos implantações em períodos de 60 dias, dependendo do tamanho, claro.

Já em operadora de planos de saúde, tive a experiência de conduzir um processo de Direção Técnica da Agência Nacional de Saúde (ANS). Tive esse privilégio e durante esse ano eu mergulhei em todas as normativas, todos os indicadores de desempenho, todos os relatórios referentes às operadoras de saúde. De uma forma simples e direta, começamos a implantar na nossa operadora melhorias nos processos e algumas de tecnologia para nos adequarmos às exigências necessárias. Após um ano de trabalho, incluindo o desafio da mudança de sede da empresa, que estava entre os nossos compromissos, tivemos o nosso plano de ação para saída do processo de Direção Técnica deferido pela ANS.

3. Quem da sua história de vida inspirou/motivou na sua carreira?

Os que me inspiraram sempre foram meus pais, que na sua simplicidade e humildade fizeram o melhor que puderam por cada um dos filhos.

Tive mentores durante meu caminho pelos quais tenho gratidão, reverência e grande carinho: Antonio Carlos Gaeta, meu primeiro mentor, que enxergou meu potencial e foi quem me deu a primeira oportunidade, e proporcionou meu desenvolvimento, sempre com conversas muito francas, mesmo que duras.

Mara Dreger, que me motivou e me inspirou a querer ser uma mulher na posição de liderança, com voz para poder agir, em um universo tão masculinizado. Foram muitos os aprendizados na construção dos BSCs, dos orçamentos, de planilhas Excel, de tabelas dinâmicas, de análises financeiras. Eu me identifiquei muito com o histórico de vida muito parecido devido à nossa origem humilde.

Daniel Coudry, que foi o divisor de águas e o impulsionador da minha carreira, que me colocou desafios cada vez maiores, que me trouxe os muitos ensinamentos da área corporativa, que precisamos "repriorizar" sempre, e que me ensinou que as coisas mais importantes vêm primeiro (*first things first*).

4. Quais dicas daria para aqueles que estão iniciando a carreira profissional?

Quando estamos no início da carreira profissional, existe uma energia voraz no peito e uma vontade de transformar tudo o que já existe, fazer tudo de forma diferente: que seja mais rápido, com menos custo, qualidade igual ou superior ou seja mais eficiente. Isso é ótimo! É esse sentimento que traz a evolução contínua. Questione sempre e seja um eterno inconformado, sempre buscando novas soluções.

No entanto, lembre-se o quanto a experiência pode ensinar e economizar tempo, pois como você, os líderes mais experientes já vivenciaram situações adversas e as resolveram através de soluções que podem ter sido boas ou ruins, e assim você pode aprender com eles. Ouça a voz da experiência.

No trabalho com o seu time, lembre-se de que você tem pessoas de estilos diferentes com competências que se completam. Identifique e extraia o melhor de cada um; lidere e seja um *team building*. Quando tiver conquista em seus resultados, enalteça a importância do trabalho da sua equipe e divida o sucesso desses resultados com eles.

Se você não souber a resposta para algum questionamento ou direcionamento, não se envergonhe em responder "eu não sei" ou "eu não tenho essa resposta". "Vou me informar e voltaremos a nos falar". Certamente esse posicionamento trará mais transparência, credibilidade e confiança do que qualquer outra resposta incorreta.

Nas situações de conflito, lembre-se de que toda história tem três lados: a história real, o lado que se sente prejudicado e o lado agredido. Ouça todos os lados e versões. Veja se existe alguém isento que possa lhe explicar os fatos. Só então reflita, elabore cenários e procure ser imparcial no caso da necessidade de alguma tomada de decisão.

Seja sempre humilde e gentil. Lembre-se de que a arrogância e a grosseria podem dizer mais sobre o comportamento de quem pratica do que de quem o recebe.

Ouça o cliente. Ele sempre tem as respostas para tudo o que precisamos saber.

5. Ao recrutar um profissional, quais características comportamentais são consideradas fundamentais?

Com a mudança do mercado e suas demandas, do comportamento de consumo e das novidades tecnológicas, as características comportamentais dos profissionais também se alteram.

Inteligência emocional para atuar em/com ambientes, grupos e situações complexas, que mudam com frequência, além de ter autoconhecimento e autocontrole; ter visão sistêmica do negócio, de como a sua área contribui/impacta o negócio e as áreas parceiras; ter capacidade de enxergar novas oportunidades; ter capacidade de análise de dados e tomada de decisão; ter bom relacionamento interpessoal; ser um gestor de pessoas alternando os estilos de liderança, construindo um time confiante e engajado, e priorizando o resultado do trabalho do time em detrimento do trabalho individual; e por último, capacidade de planejamento e de priorização e "repriorização" constante.

6. Quais os reflexos das práticas de cidadania empresarial para organizações, profissionais e sociedade?

As práticas de cidadania empresarial geram um ciclo virtuoso para a empresa. Os profissionais passam a enxergar a empresa de uma forma diferente, não tão monetizada, mas sim como uma empresa que reverte recursos em prol da comunidade; dessa forma, eles têm orgulho do pertencimento e querem permanecer na empresa, além de recomendar a empresa, de não falar mal. O mesmo acontece com a sociedade no entorno que observa os trabalhos executados para a comunidade e acaba sendo uma promotora da empresa. Já as organizações que recebem a ajuda ou recursos, ou ainda os trabalhos voluntários, ao divulgar em suas mídias sociais, só colaboram para melhorar a imagem da empresa em questão.

7. Cite alguns líderes que, em sua opinião, são inspiradores.

Cito aqui dois líderes, em pontos específicos: Barack Obama – pelo seu carisma, sua empatia, sua preocupação com as minorias, ainda que nas limitações dos cenários políticos; Steve Jobs – por seu lado visionário e inovador, por seu lado determinado e obstinado de criar o que ninguém imaginava poder existir, que nunca desistiu.

8. Como você define o papel da liderança?

Fazendo um paralelo, a liderança é o grande maestro da orquestra. É o líder quem planeja e sabe a hora correta de cada um dos seus liderados atuar (ou seja, o momento certo de cada instrumento entrar na música) e qual é a contribuição máxima que cada um pode dar. O líder já vivenciou inúmeras situações e é através da sua experiência e da sua vivência que a área pode se planejar, e se antecipar aos problemas ou resolvê-los mais rapidamente. O resultado do time é reflexo direto da condução e do trabalho da liderança.

9. O que você faz para manter-se motivada?

Nunca me esqueço que o CEO de uma das organizações, muito visionário e muito sábio, nos disse em uma das reuniões:

"Precisamos trabalhar com propósito e paixão, todos os dias. Se você começar a se levantar pela manhã se questionando ou reclamando por ter que ir trabalhar, algo está muito errado. Você precisa reavaliar onde você está, se você quer estar e o que está errado. E decidir".

Essa é a maior verdade que sempre trago comigo, e sempre aplico e pondero no período em que permaneço nas empresas onde atuo.

Então, primeiramente, me mantenho motivada através de desafios que estejam alinhados ao meu propósito e pelos quais eu me apaixone.

Em seguida, definida a estratégia (conforme a dinâmica de cada organização), me motivo através dos indicadores de desempenho, por traçar o plano estratégico e conduzir o time para atingir e se possível ultrapassar a meta, mas não só isso, eu sou apaixonada mesmo por liderar, por formar times fortes, engajados, de alta *performance*, que saibam suas metas e tenham autonomia, coragem e tomada de decisão para atingi-las, pois feito isso, o resultado será apenas uma consequência.

10. Qual a importância da inovação nas organizações?

Inovar significa a sobrevivência e perenidade para as organizações. Para que qualquer organização se mantenha competitiva, fornecendo produtos ou serviços de valor agregado para o cliente, ela precisa antever e aplicar as inovações aos seus processos, produtos e serviços.

11. Do que você sente saudades?

Tenho saudades de uma infância simples, de montar quebra-cabeça com meu pai aos domingos e comer macarronada com frango assado e depois pudim de leite, da liberdade de brincar na rua e andar de bicicleta, sendo que a mãe só dizia o horário que tínhamos que voltar e até onde podíamos ir; do tempo em que podíamos ir à casa da vizinha ou da tia tomar café da tarde sem avisar com antecedência; era só levar o pãozinho quente ou um bolo que a mãe fazia – a gente só lavava a mão e o rosto e ia de chinelo mesmo, rapidinho. E o Natal? Ah, o Natal era na casa do vô, com todos os primos, com o presépio enorme, muitas comidas. Tudo simples, e cheio de amor.

Depois vem a saudade do pai e da mãe, que foram embora tão cedo, tão rápido. Do pai me esperando chegar da faculdade na esquina quando chovia, da mãe dormindo no sofá para esquentar a janta; depois que casei, iam levar a feira para mim, cuidaram tanto da neta querida – propriedade deles mais do que minha. Tantas memórias afetivas, tantas imagens, tantas cores e *flashes*, tantos cheiros, tanto amor. Se pudesse pagar para visitar esses momentos do passado, quem não?

12. Do que você tem orgulho?

O maior orgulho da minha vida é a minha família: meu marido Ricardo, com quem estou casada há 21 anos, e meus dois filhos, Beatriz, 18 anos, e Guilherme, 11 anos. Esse é o meu **Projeto de Amor** mais complexo e de maior sucesso, que nunca estará completo, sempre está em melhoria contínua e crescendo. Sou muito grata a Deus Pai por me abençoar tanto e conceder um companheiro de vida e dois filhos tão maravilhosos.

Eu sempre trabalhei e estudei muito. No trabalho, por muitos anos viajei bastante, semanalmente. Minha filha me via pouco. Meus pais eram vivos e ajudavam muito nessa época, assim como minha família. E eu sempre tive apoio total do meu marido, que nunca me cobrou, sempre me estimulou. Claro que fomos moldando e nos adaptando até que estivesse adequado às nossas necessidades, não estou dizendo que foi fácil. Mas em relação ao crescimento profissional, nossa relação sempre foi marcada por muito planejamento, companheirismo, respeito, conversa, admiração mútua e estímulo.

13. Qual o significado da palavra felicidade?

Felicidade tem livre tradução para cada um.

Para mim é um estado de gratidão diário, por estar viva a cada dia, com a minha família cheia de saúde, por olhar um novo dia de céu azul ou um lindo pôr do sol, por sentir um abraço de quem estava ausente, ter a oportunidade de trabalhar, por ajudar pessoas que precisam e fazer a diferença, ainda que seja para um de cada vez, ajudar outras mulheres e estimular que elas possam chegar a ser o que querem ser, olhar para o céu e para o mar e saber que existe um Deus maior olhando e cuidando de mim, essa é a minha felicidade.

O significado da palavra felicidade é infinito, pessoal e intransferível.

14. Qual a sua citação favorita e por quê?

Minha citação preferida é da poetisa Cora Coralina, que diz: *"Mesmo quando tudo parece desabar, cabe a mim decidir entre rir e chorar, ir ou ficar, desistir ou lutar; porque descobri, no caminho incerto da vida, que o mais importante é o DECIDIR".* Porque para que qualquer coisa aconteça na nossa vida é necessário que haja uma decisão. Se essa decisão não for nossa, ela será tomada por alguém. Precisamos ter a coragem de olhar para aquilo que precisa ser decidido, entender o que faz sentido para a nossa vida no curto, médio e longo prazos, enxergar o que virá junto com a decisão tomada, como devemos estar preparados dentro do possível. Sempre peço a ajuda de Deus, e decido, entendendo que sempre fiz o meu melhor, e que estou em um processo de aperfeiçoamento contínuo.

15. Quais são seus *hobbies* preferidos?

No tempo livre, costumo estar junto com a minha família. Gostamos de cozinhar juntos, descobrir novos filmes. Gosto muito de ler, entender novos assuntos e meditar. Estou iniciando aulas de canto e piano, sonhos de infância transformando-se em realidade. Nunca é tarde demais!

16. Qual sonho você gostaria de realizar?

Eu quero conhecer a maior quantidade de países (lugares específicos) do mundo que eu conseguir. Uma das coisas que eu mais gosto de fazer é viajar, de conhecer novos lugares, povos, línguas, observar e entender os valores, as crenças, as culturas, os hábitos e as tradições, como são os comportamentos e estilos de vida.

17. Qual mensagem de motivação gostaria de deixar para os leitores deste livro?

A primeira pessoa que precisa acreditar em você é você mesmo. Sinta-se capaz, não se desvalorize e não deixe que as outras pessoas façam isso com você.

Desenvolva o autoconhecimento e quando você identificar aquilo no que não é bom, tenha pessoas na sua equipe que sejam.

Ame o que você faz, faça com paixão, seja o que for, ainda que seja um meio para chegar ao seu real objetivo.

Pense que todo o dia é uma possibilidade, que você nunca sabe quem vai encontrar e que como você existem milhões, então precisamos fazer a nossa parte e ser o melhor que podemos ser.

18. Com base em suas memórias, qual o legado que você gostaria de deixar para a humanidade?

Profissionalmente, eu gostaria de deixar um legado de sucessivos trabalhos em equipe e de transformação de muitas equipes e pessoas, tendo como consequência os resultados das áreas e dos negócios. A paixão por servir e transformar "sonhos" de projetos em realidades. Pessoalmente, eu tenho buscado ajudar ao próximo sempre, através de todas as oportunidades que eu tenho. Aos que estão próximos ou que estão longe e chegam até mim. Esse é o meu retorno ao universo, através de gratidão.

Galeria de fotos

Lídia Gordijo

Empresa:
Pitzi

Função:
Diretora HR & Customer Experience

1. Como e onde iniciou-se sua trajetória profissional?

As pessoas consideram o primeiro emprego sempre atrelado ao primeiro registro em carteira, esse não é o meu caso. Posso dizer que minha carreira começou ajudando meu avô a vender pastel em um carrinho pequeno, eu tinha 8 anos de idade, mas me lembro perfeitamente do meu papel. Além de estar com meu avô Domingos Gordijo, eu tinha as tarefas de entregar e confirmar o sabor do pastel aos clientes e a incrível função de abrir os refrigerantes de garrafa, claro que acompanhado de um sorriso, minhas primeiras experiências de WOW. Além de ser o melhor pastel do mundo, tinha uma jornada diária ali, que deixava o sabor do pastel único, por ser todo artesanal e por ter o coração da família no pequeno negócio. Depois disso, em 1993, com apenas 13 anos de idade, comecei minha jornada profissional como recepcionista de uma pequena agência de empregos na região do ABC, que tinha como objetivo mão de obra temporária voltada à indústria de artefatos plásticos e cosméticos. Estudava no período matutino em uma escola pública de Diadema e trabalhava no período da tarde até iniciar o segundo grau. Ainda na mesma empresa, comecei a ajudar na parte de folha de pagamento até ir para o DP (evolução do RH), onde, de fato, iniciei a jornada no recrutamento de pessoas. Além de novo, tinha uma inspiração diária, minha mãe Conceição Gordijo, que além da inteligência e a tão falada empatia, conseguia trazer novos *deals* inimagináveis para tão pequeno negócio e assustava a concorrência já consolidada no segmento. Tive sorte e sei que essa base foi rica para que eu me tornasse o ser em desenvolvimento que sou hoje.

Prossigo na jornada, em empresas que foram marcos na tecnologia, AOL Brasil, no suporte *help desk*, CSU Card System, em atendimento, até que finalmente encontrei um outro propósito, transformar a realidade de comunicação das pessoas, entrei na *startup* tão desejada por todos: TIM Brasil.

Tive oportunidade na TIM de iniciar no atendimento em geral, passando por diversas áreas, já que pessoas que se destacavam poderiam transitar entre as áreas e "escolher" o melhor lugar para estar, sem movimento financeiro, mas com o pensamento de desempenhar melhor algo e aprender. Não tive oportunidade de até então iniciar uma graduação, pois escolhi constituir família extremamente jovem. Com 16 anos, já estava casada no papel e tomei a decisão de ser mãe, ou seja, com 19 anos já era mãe de Sabrina Santiago.

A tão sonhada faculdade chegou como mandatória, para conseguir outras posições que já estava apta a exercer, tinha que ter um curso superior, logo, com bolsa de 70%, iniciei a jornada na Faculdade Bandeirante de São Paulo, cursando Letras. Logo após a matrícula, no dia seguinte apliquei para a área de treinamento, onde fiquei por dois anos, e logo depois assumi a cadeira de supervisão, e logo após a coordenação de áreas estratégicas da companhia. Depois disso, concluí a faculdade de Análise e Desenvolvimento de Sistemas, queria entender o mundo da tecnologia, da lógica. E, por fim, finalizei um MBA em Gestão de Projetos.

Entre todas as áreas que trabalhei, sempre gostei de me envolver onde tinha problemas, desde analista, gostava de pegar os casos mais difíceis, minha meta sempre era concluída no número exato, nem mais, nem menos, pois os casos mais problemáticos sempre os puxava para que eu pudesse resolver. Entre processo, qualidade, treinamento e liderança, foram exatos dez anos de trocas, desenvolvimento de pessoas e meu desenvolvimento como profissional.

Um dia, parei e pensei: para onde mais posso ir? E como tudo que jogamos ao universo retorna com possibilidades, tive um convite surreal de iniciar um projeto de uma *startup*: a 99. Uma empresa com pouquíssimos funcionários, mas promissora, poderia dar certo, mas poderia dar muito errado também. Arrisquei, fui, construí o melhor atendimento do Brasil, disruptivo, com minha cara, desenvolvendo pessoas e tirando CX da mão de obra barata para mão de obra estratégica, construí *cases*, sou *benchmark* vivo, e me orgulho de ter participado da construção do primeiro unicórnio brasileiro.

2. Quais os principais desafios e resultados vivenciados ao longo da sua carreira?

Desafios existem diariamente, se você fizer ou construir algo maior e melhor, com toda certeza terá que fazer um planejamento que custará tempo e, acima de tudo, terá que listar todos os itens onde precisará atuar. Meu principal desafio foi meu para comigo, meio louco de escrever, mas tentarei explicar. Quando saí de um modelo tradicional de empresa e gestão, eu tinha uma zona de conforto, por conhecer o modelo de negócio, suas propostas futuras e 100% da empresa, além do elo, tem o fator confiança, que pode ser algo demorado de se conquistar.

Quando cheguei à 99, encontrei tribos, prestem atenção no plural, exatamente isso, tribos diferentes, com histórias de vida diferentes, classe social, conhecimento de mundo e cultura. Foi um choque, e me coloquei muitas vezes à prova, me perguntando se aquele era o meu lugar. Eu me sentia inferior, e não tenho vergonha de declarar aqui, pois dentre todos, eu era uma das mais velhas, apesar dos meus 32 anos na época, divorciada e com uma filha. Eu tinha duas opções: sair e me contentar em não tentar ou me resignar, com a hombridade de assumir que teria que aprender muitas coisas, mas que EU tinha garra e experiência de algo também não vivido por muitos que estavam ali também. E fiz, foi duro, acertei, errei, fiquei com vergonha por não saber, sorri, comemorei, chorei muito, mas me tornei forte e consegui pouco a pouco conquistar o meu espaço. Transformei o atendimento tradicional denominado "*call center*" e mudei o *mindset* não só do cliente final, mas da empresa como um todo. Todos reconheceram que o atendimento é uma das áreas mais importantes de qualquer companhia.

Saí de oito analistas de atendimento para quase 2.000 posições, sendo elas próprias e com parceiros, tendo como bandeira a experiência do cliente e ser "fonteamento" de dados, decisões, novos negócios etc. Foi, de fato, a experiência mais desafiadora e gratificante que um profissional pode ter em sua memória, transformar e se superar.

3. Quem da sua história de vida inspirou/motivou na sua carreira?

Minha primeira inspiração foi meu avô, Domingos Gordijo, que trabalhou muitos anos em uma empresa de laminação em São Caetano do Sul, onde entrou como ajudante e se aposentou como chefe da área em que atuava. Ouvi muitas histórias, do trabalho, inúmeras, e quando pensei "agora ele se aposenta", veio a surpresa da vida. O velho Mingo volta com a ideia de vender pastel. Não era só vender, ele montou em sua garagem uma cozinha, onde preparava as massas, os recheios, eu me lembro de muitas máquinas, de um barulho ao fundo, na madrugada, ele trabalhava até as 8 horas da noite todos os dias, e depois de chegar em casa, em vez de descansar, passava o restante da noite e um pedaço da madrugada fazendo massa, recheios, e montando os melhores pastéis para vender no dia seguinte. Tenho a lembrança clara de que essa decisão foi para ajudar os filhos e netos, porque apenas com sua aposentadoria não conseguiria fazer com que esse sustento fosse suficiente.

Minha segunda inspiração foi minha mãe, Conceição Gordijo, que além de ser uma mulher forte, foi responsável pela minha criação e de meus irmãos (Lilian, Mariana e Fernando), nos mostrou que sempre há uma possibilidade. Sozinha, montou seu próprio negócio, tendo somente o ensino médio, e ajudou muitas pessoas a ter emprego naquela época. Sempre procurava inovar com seus recursos, e era uma excelente administradora, fechava bons negócios rapidamente, tinha confiança e conhecia bem o seu produto e cliente, o que era diferencial para a entrada no mercado de mão de obra temporária.

Além das inspirações familiares, tive outras, ajuda e mentoria de profissionais que fizeram muita diferença na minha jornada e ajudaram a me tornar versões melhores de mim.

Estelita Perez, Carla Santos, Gilberto Oliveira e Adriana Veríssimo foram os gestores que me acompanharam logo no início da minha carreira, em gestão de pessoas.

Pedro Somma, meu primeiro gestor na 99, trocas duras e sinceras cheias de aprendizado.

Luís Bernardes, que, de fato, pegou em minha mão e me mostrou onde eu estava e para onde deveria ir, para chegar ao meu objetivo.

Leduar Staniscia, cara incrível, cheio de conhecimento e humildade.

Camila Nascimento e Juliana Dias, além de grandes profissionais, grandes amigas.

Henrique de Carvalho Silva, meu parceiro, bom ouvinte e observador, me trazia perspectivas e olhares que, por muitas vezes, não conseguia perceber. Henrique conseguiu trazer novos horizontes para minha jornada e me ajudou com a valorização do meu trabalho.

4. Alguma história na gestão de pessoas que gostaria de compartilhar?

Formei muitos gestores ao longo destes 20 anos, tenho várias histórias que posso trazer aqui, mas acredito que o melhor é concatenar e trazer algo único e que pode ser exemplo para os novos gestores que virão.

Independentemente do escopo de trabalho, além de conhecer o seu time, pergunte qual objetivo profissional e objetivo de vida dentro do prazo de três meses, um ano e três anos. Coloque sempre um desafio semanal ou diário, seja nas demandas do dia a dia, seja para um novo conhecimento de mundo.

Todos os desafios de entrega e soluções de problemas, explore com o time o que pode ser feito, peça ideias, coloque seus colaboradores como donos da área, compartilhe todos os objetivos da empresa e da área em geral, e os coloque como protagonistas das futuras entregas e, principalmente, como protagonistas de suas carreiras.

5. Alguma história de relacionamento com o cliente que gostaria de destacar?

Histórias de relacionamento com o cliente poderiam se tornar livros ou uma série na Amazon e/ou Netflix. Tenho uma história que, de fato, está marcada em minha trajetória, por ajudar nossos "amigos taxistas", era assim que meu time e todos da empresa os chamavam, realmente ajudamos esses amigos a entrar na era digital. Todos os dias, ao abrir a casa 99 para atender os taxistas, escutávamos que a *internet* era pouca e que o celular não "aguentava" ter aquele aplicativo, outros pontos eram "não sei mexer", "não tenho e-mail" etc.

Fazendo o exercício da empatia e tendo como propósito ajudar os taxistas na inclusão digital, e também conseguir ser exponencial no segmento, decidimos por deixar disponível a copa para esquentarem comida, banheiro disponível com chuveiro, se assim fosse necessário e, também, todos estavam à disposição para ensinar a entender e manusear de forma correta seus celulares, configuração, inclusão de *apps*, discutir sobre melhor plano de dados etc... Com isso, incluímos em nosso pequeno espaço uma mesa e uma cadeira, onde tínhamos um cara muito bacana chamado Jhonny, que vendia planos de celular abaixo dos custos de uma operadora normal, justamente para ajudar com mais essa etapa de jornada.

Não foi à toa que quase fomos expulsos do escritório, saímos de 10 atendimentos/dia para quase 300. De fato, construímos uma rede de relacionamento e conhecimento. Eu me lembro com clareza que todos os dias o time recebia mimos, como potes de sorvete, chocolates, bolos e presentes que não possuíam tanto valor financeiro, mas tinham muito significado.

6. Quais dicas daria para aqueles que estão iniciando a carreira profissional?

Encarem todo tipo de trabalho como único, seja curioso e tenha fome de aprender. Acredite, o conhecimento somado a um propósito pode transformar uma ideia em um marco.

Seja ambicioso e não ganancioso, observe como as pessoas acima de você trabalham, peça a elas algumas atividades com as quais você possa contribuir, para entrega de algum projeto ou atividade. Faça um plano de vida para você com seus objetivos traçados para três meses, seis meses e um ano, reserve um espaço de sua agenda para que você possa desenvolver seus objetivos a cada ano, tenha um plano de longo prazo, imagine onde gostaria de estar daqui a 5 anos, isso é importante para nortear, e também essa informação ficará armazenada em seu subconsciente. Nunca deixe de estudar, nunca deixe de se atualizar e, principalmente, de se desafiar todos os dias.

7. Ao recrutar um profissional, quais características comportamentais são consideradas fundamentais?

Às vezes, dependendo de onde você esteja e o que precisa, é melhor um bom pacote de *soft skills* do que um de *hard skills* invejável.

Estou convicta de que pessoas que tenham seus valores de vida já claros acabam tendo perfis comportamentais definidos e mais facilidade de serem identificadas para uma contratação. Gosto de trabalhar com pessoas que tenham propósito, sejam éticas, criativas, inovadoras, que tenham resolução de problema como premissa e, acrescentaria por último, gestão de equipe. Com absoluta certeza, é fácil conseguir que profissionais com essas *skills* citadas acima consigam sucesso em qualquer área, esses profissionais são os famosos "coringas", "peças de xadrez".

8. Qual legado gostaria de deixar para a sociedade?

Meu legado é fazer com que as pessoas reflitam que tudo é possível. O *drive* para que algo aconteça é ter seus sonhos escritos em um lugar onde possa olhar e se perguntar: estou no caminho certo? Seja persistente, não desista mesmo quando tudo mostrar que vai dar errado. Posso afirmar que o que sentimos na superação é tão bom quanto o que sentimos na conquista de algo. Quando tudo estiver caminhando e você olhar o que já percorreu, faça a reflexão de quando deverá retribuir ao mundo tudo aquilo que conquistou, seja compartilhando seus conhecimentos e suas experiências de vida ou seja fazendo a diferença na vida das pessoas que passarão pelo seu caminho.

Sonhe, planeje, estude, tenha pessoas que são inspirações por perto, peça ajuda e não desista.

9. Quais os reflexos das práticas de cidadania empresarial para organizações, profissionais e sociedade?

As empresas hoje tomam consciência de que é necessário contribuir com o desenvolvimento social e ajudar automaticamente em todo o ciclo de sustentabilidade. Responsabilidade social está na moda, e ainda bem que está na moda, todas as empresas hoje querem ser exemplo e referência, as pessoas hoje, ao olhar cultura e valores de uma empresa, além do alinhamento pessoal, buscam entender a contribuição dessa empresa para esses eixos. Tudo isso pode ser iniciado com pequenos projetos partindo das lideranças.

10. Cite alguns líderes que, em sua opinião, são inspiradores.

Bill Gates, Jack Welch, Walt Disney, Nelson Mandela, Oprah Winfrey, Steve Jobs e Barack Obama são líderes que devem ser estudados, para que todos que trabalham no desenvolvimento de pessoas e que têm como objetivo construir um *case* de sucesso saibam que as pessoas são o maior bem que uma empresa pode ter.

11. Como você define o papel da liderança?

Todo líder tem como missão compartilhar os objetivos de uma companhia, alinhar o que se é esperado de cada um, qual seu papel dentro do time e organização, e o mais importante, um líder precisa atuar como mentor e mediador na rotina do dia a dia.

As entregas de um líder mostram o potencial, a qualidade e a dedicação de uma equipe, time desenvolvido tem a premissa de conter líderes exponenciais.

12. O que você faz para manter-se motivada?

Manter-me motivada é quase algo enigmático, a motivação aparece de muitas formas, pelo projeto de vida, por seu impacto na vida das pessoas e, principalmente, pela sua evolução como ser. Minha motivação é, de fato, ser alguém que conseguiu colaborar com algo, o peso será dado de acordo com quem foi impactado, às vezes o pouco esforço que fiz foi algo de grande impacto para o outro. Minha maior motivação é me superar todos os dias e ver minha contribuição para a evolução da vida de alguém.

13. Qual a importância da inovação nas organizações?

Sem inovação não há desafios e não há perspectivas de construir algo disruptivo e exponencial. A inovação nos tira da zona de conforto, nos traz desdobramentos que não imaginávamos ter, mostra o quão longe podemos ir e, por consequência, conquista objetivos jamais imaginados.

14. Como você realiza o *networking* de maneira efetiva?

Sempre olhando que são as pessoas que são referências em determinados assuntos, dependendo da popularidade, e se alguma pessoa for figura pública, olhar quem já trabalhou com essa pessoa, artigos, trabalhos desenvolvidos etc. Além disso, sempre me mantenho à disposição para trocas, ajuda, participação em eventos, palestras e o que for de meu alcance contribuir. Lembre-se de que a vida é uma troca constante.

15. Do que você sente saudades?

Dos almoços de domingo em família, da mesa farta e com muita conversa alta, como bons italianos e espanhóis, que se transformaram em paulistas. Sinto falta das festas de final de ano com todos os amigos e familiares, e principalmente uma saudade boa da infância, minha mãe e meu avô (*in memoriam*).

16. Do que você tem orgulho?

De ter conseguido me tornar a cada dia minha melhor versão. De ter conseguido me graduar, falar idiomas diferentes e, principalmente, impactar a vida das pessoas de alguma maneira. Tenho orgulho de ser a "Lídia", filha da Binha, que foi mais longe do que todas as expectativas, e eu ainda nem comecei. Orgulho de ter irmãos que fizeram sua própria história, mesmo tendo perdido sua base principal tão cedo, histórias que dão orgulho e que nos fazem pensar o quão orgulhosos nossa mãe e nosso avô estariam de nós.

17. Qual o significado da palavra felicidade?

Felicidade é poder tirar aquele sorrizinho do canto da boca, quando você enxerga que as coisas evoluíram, é ter o suficiente para ter tranquilidade na cabeça, é ser cercada de pessoas queridas e que fazem parte de você. Felicidade é ser fragmentada de experiências boas, de troca de conhecimento, perdas, ganhos, mas que no final trazem o propósito de viver o hoje.

18. Qual a sua citação favorita e por quê?

"*O maior sentido da vida é dar sentido à vida.*" Faça da mudança a sua rotina!

19. Quais são seus *hobbies* preferidos?

Esportes em geral, mas gosto de uma boa puxada de ferro, corrida, música e dança, com certeza.

20. Qual sonho você gostaria de realizar?

Em um futuro breve, terei um projeto sem fins lucrativos, em que conseguirei impactar a vida dos jovens de baixa renda e das pessoas que precisam de ajuda para recolocação profissional. Um novo país e uma nova esperança são frutos de profissionais éticos e com conhecimento.

21. Qual mensagem de motivação gostaria de deixar para os leitores deste livro?

Acreditem, estudem, sejam curiosos, tenham a humildade de errar, falhem, mas nunca desistam.

22. Com base em suas memórias, qual o legado que você gostaria de deixar para a humanidade?

Não escolhemos onde nascemos, mas podemos escolher onde estaremos.

Trilhar um caminho que faça sentido para sua vida é possível, mesmo que tudo seja extremamente difícil e desafiador.

Meu propósito é ajudar as pessoas na construção e na ressignificação para que tenham evolução constante e impactem o mundo positivamente.

Busque seu propósito de vida.

Galeria de fotos

Luciana Rodriguez Teixeira De Carvalho

Empresa:
EXECUT MED

Função:
CEO

1. Como e onde iniciou-se sua trajetória profissional?

Nasci na cidade de João Pessoa, na Paraíba. Bisneta de imigrante espanhol, e filha única mulher, de três filhos sempre fui vista como destemida, corajosa e aventureira. Cresci rodeada de exemplos que sempre me inspiraram e me orgulharam. A linha acadêmica e da gestão me circundaram ao longo da minha infância e adolescência por intermédio do meu avô Serafim e de minha mãe, Janete. O ano de 1990 foi marcante na minha vida, pois fui convidada para vivenciar uma experiência na Inglaterra onde, como bolsista de uma instituição religiosa, participei de uma experiência em um grupo denominado Root Group, composto por 186 (cento e oitenta e seis) jovens de países distintos. Morei na cidade de Bristol e prestei serviços comunitários, e todos os trabalhos em que me envolvi estiveram voltados para a área da saúde. Essa experiência me oportunizou ainda vivenciar a língua e a cultura inglesa. Lá realizei os exames de língua na Cambridge University e na Pitman UK Examination, cujos certificados, ao retornar ao Brasil, me permitiram lecionar durante anos na Cultura Inglesa. Foi um ano que me possibilitou um crescimento pessoal e profissional imensurável. Ao retornar ao Brasil, adentrei na Universidade Federal da Paraíba, onde cursei Nutrição. Após concluir o curso, ingressei no PSF (Programa de Saúde da Família) no município de Cabedelo (PB), pioneiro na integração de nutricionista ao quadro multidisciplinar. E, ainda, desenvolvi trabalhos em várias secretarias de saúde de municípios do interior do meu Estado, voltados à prevenção de doenças e promoção da saúde escolar. E um em especial muito me marcou. Pois, para que eu pudesse chegar à cidade de Barra de Santana para ministrar cursos às merendeiras daquele município, eu sempre pegava um "pau de arara" (caminhão para transporte de pessoas muito comum no nordeste, que é composto por varas cobertas com uma lona), para que eu pudesse chegar até o local. Foram momentos difíceis, mas que me realizavam e muito contribuíram para o meu crescimento ao longo da vida. Posteriormente, fui trabalhar no Serviço Social do Comércio (Sesc Paraíba), onde coordenei um programa de saúde voltado à segurança alimentar e nutricional. Em seguida, para acompanhar meu esposo, que havia passado em concurso público, passei a residir na cidade de Brasília. Cidade que me acolheu de braços abertos e muito me oportunizou na ampliação do conhecimento, na minha versatilidade, e me ensinou a administrar, formar equipes e engajar pessoas. Brinco ao dizer que meu coração hoje é brasiliense. Resido aqui até hoje. Aqui me tornei especialista em Saúde Pública, mestra e doutora do Programa de Pós-Graduação em Bioética pela Faculdade de Ciências da Saúde Darcy Ribeiro, na Universidade de Brasília (UNB). Fui professora substituta da área de Nutrição Social da UNB e tutora voluntária do Programa de Educação Tutorial. Fui ainda tutora do curso de Gestão em Políticas de Alimentação e Nutrição da Fundação Oswaldo Cruz e ainda hoje ministro cursos para residentes de Enfermagem e Medicina na Fundação de Ensino e Pesquisa em Ciências da Saúde. Paralelamente, a minha carreira acadêmica crescia e eu me apaixonava pela Gestão em Saúde, exercendo cargos como o de diretora executiva interina, diretora de controle de qualidade, gerente de programas de promoção da saúde e prevenção de doenças, analista de epidemiologia e analista de programas assistenciais, todos galgados na GEAP Autogestão em Saúde, a segunda maior operadora de autogestão do país. Foram anos de muita conquista, aprendizado, mas principalmente de muita resiliência.

Saí com o sentimento de haver completado o ciclo na empresa. Experiência adquirida que me permitiu ocupar, atualmente, os cargos de diretora executiva da operadora Saúde Sim e CEO da Execut Med, prestando assessoria e consultoria a diversas outras operadoras de saúde, clínicas e hospitais do Distrito Federal e Estados. Atividade prazerosa, tanto pela natureza do negócio, como pelas pessoas que lido. Sentimento de realização profissional plena.

2. Quais os principais desafios e resultados vivenciados ao longo da sua carreira?

O maior desafio é o de como motivar as equipes de trabalho, pois a motivação é o combustível para os demais pilares que permitem o alcance das metas e objetivos de cada instituição. A razão é simples: toda empresa precisa do esforço individual de cada um de seus funcionários para crescer. E para que haja comprometimento, todos precisam estar motivados e imbuídos do propósito de suas áreas, mas sem esquecer do todo, coadunando com as missões das empresas às quais fazem parte. Um funcionário totalmente "sem vontade" de exercer suas funções tem sua produtividade parcialmente ou completamente prejudicada, o que faz com que ele tenha vontade de deixar a empresa na primeira oportunidade que lhe surgir. Imaginemos uma organização vista de fora. Pensemos em quais são os pontos que motivam um funcionário. Entre os principais aspectos, destaco os incentivos econômicos (bônus ou salários chamativos), a missão da empresa (empresas sociais, sustentáveis ou que visam o bem se destacam nesse sentido), possibilidade de crescimento (também conhecido como plano de carreira) e, ainda, os desafios proporcionados. Basicamente, cada colaborador irá se apegar a um ou mais desses aspectos na hora de se sentir motivado a trabalhar (e principalmente a continuar) na empresa. Estabelecer metas – e persegui-las – foi o que sempre vivenciei e o que estabeleço. Alcançá-las foram e são os resultados daquilo que você planejou. É muito satisfatório poder enxergar aquilo que você estipulou e planejou sendo mensurado por meio de indicadores e sendo refletido como resultado de sua gestão.

3. Quem da sua história de vida inspirou/motivou você na sua carreira?

Aprendi as minhas práticas de vida com meus pais e avós. Onde adquiri valores e constituí meu senso crítico do certo e errado. A inspiração vem deles, mas em especial da minha mãe, pois identifico-me com ela em muitas aptidões, perseverança, batalhadora incansável, mãe e esposa.

A motivação vem da família que constituí, Alexandre, Rafael e Gabriel, minha razão de existir e meu estímulo diário. Ao meu lado, me apoiam em todas as decisões e projetos.

4. Alguma história na gestão de pessoas que gostaria de compartilhar?

Para garantir a motivação dos meus colaboradores, seja como gestora direta ou em consultorias, metas são pautadas para cada departamento/área, bem como individuais – afinal, quando a pessoa sabe que os objetivos da empresa são os mesmos que os dela, isso a motiva a continuar. Ofereço *feedbacks* individualizados e periódicos, pois acredito que as pessoas não são iguais umas às outras e merecem tratamento diferenciado. O *feedback* ajuda a motivar funcionários já não motivados por alguma razão a corrigir erros e, é claro, a oferecer gestão de modo muito mais humanizado. E sempre apostei na meritocracia –

reconhecendo os funcionários da própria empresa, considerando seu histórico, os que tiveram os resultados desejados, independentemente de seus cargos. Esse reconhecimento pode ser realizado por meio de prêmios, promoções, aumento salarial, treinamentos diferenciados, dentre outros. Além disso, uma boa comunicação é imprescindível, evitar falhas de comunicação entre a empresa e o funcionário é um aspecto importantíssimo. A boa comunicação precisa ocorrer entre colaboradores e gestores, entre funcionários, entre as diferentes áreas, entre diretores e corpo gestor, enfim, entre todos que compõem a empresa. Essa integração é o que evita ruídos, facilita o diálogo e permite que todos estejam imbuídos do alcance às suas respectivas missões.

5. **Alguma história de relacionamento com o cliente que gostaria de destacar?**

Construir uma parceria longa e de sucesso com o consumidor não é uma tarefa fácil, mas necessária caso qualquer instituição queira continuar prosperando. Sendo assim, devemos, diariamente, fortificar o seu relacionamento com o cliente, o que só é possível com base na confiança. No entanto, sabemos que, quando se trata de confiar no outro, precisamos demonstrar a importância que o consumidor tem para a nossa empresa e acompanhá-lo de perto. Ao construir uma relação de qualidade com os clientes, conseguimos aumentar o engajamento deles com a marca, além de promover a fidelização e a poupança de recursos, pois conquistar/ reter os consumidores tem um custo menor que angariar outros. O relacionamento com o cliente também auxilia na identificação de falhas e pontos de melhoria na empresa, pois, ao ouvi-lo, é possível analisar quais serviços ou produtos estão o deixando mais insatisfeito e, com isso, investir no aprimoramento. Desse modo, surgem novas oportunidades e nova visão de mercado, ao entender o que os consumidores esperam da gente. Por isso, o relacionamento com o cliente deve ser tratado como prioridade. Tenho implementado três ações que sempre deram retorno imediato. A primeira é realizar um diagnóstico do nosso público-alvo (clientela). Conhecê-los e entender como podemos atendê-los com maior agilidade e eficiência. Depois aplicamos boas práticas de relacionamento, todo cliente necessita sentir-se acolhido. Para tanto, saber que antes de uma oportunidade de venda o cliente é um ser humano e a paciência, a cordialidade, a empatia e a atenção são primordiais durante o atendimento. E, a terceira, implantar ferramentas que melhorem o atendimento e a qualidade (*softwares*, revisão de *scripts*). Essas ações foram implementadas por mim e os resultados de satisfação foram alcançados junto às operadoras de saúde, bem como em clínicas e hospitais.

6. **Quais dicas daria para aqueles que estão iniciando a carreira profissional?**

• **Invista no seu autoconhecimento,** pois conhecer a si mesmo é determinante para escrever sua história, com todas as experiências enriquecedoras, metas atingidas, projetos concretizados e vitórias alcançadas. O autoconhecimento é o caminho para obter clareza sobre suas reais convicções e motivações. Essa compreensão está diretamente ligada à sua carreira e ao trajeto a ser trilhado, o qual deve estar alinhado aos seus valores e propósitos, pois sua carreira é parte fundamental na construção de sua vida e tudo se torna único.

- **Estabeleça metas para si.** É comum que muitas pessoas acabem confundindo metas com objetivos. E isso pode ser um grande problema, principalmente na hora de criar um planejamento pessoal, profissional ou, até mesmo, empresarial. Por isso, definir seus objetivos – e mensurar sua produtividade – pode contribuir para o alcance das suas metas.
- **Crie suas estratégias.** Como você pretende chegar ao estado desejado? Sendo melhor no que faz? Adquirindo novos conhecimentos, como especialização, cursos, congressos? Se você almeja um cargo melhor, quais são os requisitos que devem ser atendidos? Além do desenvolvimento técnico, você também tem aprimorado as suas habilidades comportamentais? Como você pode criar oportunidades para si? Apresentar projetos de impacto para a organização em que faz parte? Procurar uma empresa que atenda melhor aos seus anseios? Iniciar um empreendimento próprio? Mas e como criar estratégias de sucesso? O primeiro passo é, sempre, definir seus objetivos.
- **Defina qual o propósito e onde pretende chegar na sua vida profissional.** Depois disso, analise o mercado e construa um plano de ação, trace objetivos estratégicos. Crie um mapa, um organograma no qual poderá ver claramente o que é preciso fazer para alcançar o sucesso, em quanto tempo e cada passo que será preciso dar.
- **Acredite em seu potencial.** Crescer demanda esforço, dedicação, abdicação, escolha de prioridades. Pode doer um pouco, mas é preciso sair da zona de conforto e enfrentar o desconhecido. Nem sempre tudo acontece conforme planejado. Trabalhe sua autoestima para fortalecê-la. Acredite em você.

7. Ao recrutar um profissional, quais características comportamentais são consideradas fundamentais?

- **Capacidade de comunicação.** Essa característica essencial pode se desdobrar em várias outras, também bastante importantes no ambiente corporativo e em acordo com o público (externo, interno, chefes), capacidade de ouvir e de se atualizar.
- **Espírito de liderança.** A capacidade de dirigir pessoas efetivamente, extraindo o melhor de cada um para alcance de grandes resultados, é cada vez mais valorizada.
- **Foco.** A atenção, a vontade de entregar no tempo prometido.
- **Trabalhar em equipe.** As pessoas que gostam de trabalhar em equipe são mais confiáveis, comunicadores e mais ativos.
- **Conhecimento intrapessoal e interpessoal.** Conhecer suas próprias emoções permite conhecer as emoções dos outros mais facilmente e, então, terá a capacidade de relacionamento interpessoal.
- **Criatividade.** Esse é o diferencial de fazer as coisas "fora da caixa", de maneira mais rápida, diferenciada.
- **Flexibilidade, resiliência, capacidade de adaptação.** A pessoa que é flexível, resiliente ou adaptável consegue transcender desafios, lidar com pressão e ser brando em diversas situações.
- **Integridade.** Busco pessoas com alma e essência em boa conduta. Pessoas reconhecem integridade quando são íntegras.

8. Qual legado gostaria de deixar para a sociedade?

Sem dúvida, apostarei de ter deixado contribuições dentro da minha profissão que evidenciem partilhas de minhas conquistas e aprendizado. Socializar sempre minhas estratégias de luta com a equipe, buscando o crescimento pessoal de todos – e, claro, no exercício pleno de uma cidadania voltada para o bem comum.

E se, com quem convivi, tiver marcado e deixar levar ou incorporar, o pouco que seja, algo duradouro, de certa forma, sei que os inspirei.

9. Cite alguns líderes que, em sua opinião, são inspiradores.

Jorge Paulo Lemann, com sua capacidade de diversificação nos negócios, ele é um excelente negociador e um grande visionário. De tenista pentacampeão brasileiro a fundador de um banco, se tornou o maior empresário do mundo. Inspira por sua capacidade de identificar potencial em negócios diversos, adquirir empresas com dificuldades de gestão, corrigir as deficiências e desenhar novas estratégias de crescimento. Howard Schultz, dono da Starbucks, que é reconhecido por características marcantes, como sua genialidade, persistência, carisma e zelo, com os funcionários. E Josué de Castro, grande médico e geógrafo que escreveu o roteiro da sua vida na luta por soluções da fome.

10. Como você define o papel da liderança?

A liderança deve oferecer às pessoas uma visão de longo prazo que impele suas vidas com significado; deve apontar a direção e mostrar como todas as suas ações são uma parte indispensável de um todo maior. O verdadeiro líder estabelece vínculos saudáveis com sua equipe. Procura socializar a realidade e o contexto da sua gestão, com transparência e respeito para com seus subordinados. Comunica-se com a ética em todas as suas ações, práticas e políticas.

11. O que você faz para manter-se motivada?

Alimento meus sonhos dia após dia.

12. Qual a importância da inovação nas organizações?

Para mim, inovação é o desafio diário. Recomeçar, inovar na busca das melhorias, implementar novas estratégias, novas tecnologias. É preciso tratar a inovação de maneira transparente desde a estratégia até a execução, desde o desenvolvimento de novos produtos e serviços até a melhoria de processos internos. E, nelas, todas as pessoas precisam estar envolvidas, na sustentação de uma cultura de abertura, de colaboração e criatividade.

13. Como você realiza o *networking* de maneira efetiva?

Participando frequentemente de eventos diversos (presenciais ou à distância), correlacionados a minha vida profissional e, ainda, por meio das redes sociais. O *networking* se constitui uma sólida rede de comunicações para a troca de experiência, informações e conhecimento.

14. Do que você sente saudades?

Gosto da minha infância e dos tempos da universidade.

15. Do que você tem orgulho?

Tenho orgulho do que já construí na minha vida: a família, meus filhos, minha profissão. Sinto orgulho da minha história de vida.

16. Qual o significado da palavra felicidade?

Felicidade é ausência de dor ou tristeza. É a plenitude de satisfação, de contentamento e bem-estar.

17. Qual a sua citação favorita e por quê?

"Não sei… se a vida é curta. Ou longa demais para nós, mas sei que nada do que vivemos tem sentido, se não tocamos o coração das pessoas." (Cora Coralina)

18. Quais são seus *hobbies* preferidos?

Pescar, mar, lago me transmitem paz e intensidade. Energia e encantamento.

19. Qual sonho você gostaria de realizar?

Viver cercado dos meus bens mais preciosos, pais, filhos, esposo, da minha família.

20. Qual a mensagem de motivação gostaria de deixar para os leitores deste livro?

É preciso caminhar na esperança e viver o hoje intensamente.

21. Com base em suas memórias, qual legado você gostaria de deixar para a humanidade?

Queria poder contribuir para que, especialmente, nessa mudança de comportamento social pós-pandêmico, as pessoas valorizassem mais a vida e a saúde. Enxergassem o outro com mais respeito e amor.

Galeria de fotos

Luís César Pio

Empresa:
Herbicat

Função:
Presidente

ALTA GESTÃO | REGISTRO BIOGRÁFICO

1. Como e onde iniciou-se sua trajetória profissional?

Filho de agricultor, fui criado muito perto dos desafios e dos valores da agropecuária. Meu pai, de pouco estudo e muita sabedoria, colocou como meta que seus quatro filhos deveriam estudar e só ajudar na fazenda depois da escola.

Daí eu aprendi duas lições: fazer o que era justo e honesto, e o compromisso de entregar a meta posta.

Na década de 1970, me lembro de dois grandes desafios para o Brasil como país: ser autossuficiente em alimentos e sair da dependência do petróleo, criando uma matriz de combustível renovável.

Dizia-se que o Brasil seria o celeiro do mundo e agronomia era a profissão do futuro. Nessa época, acompanhei no campo a cultura do café, além de tomate, melancia, arroz e milho nas reformas das pastagens para o gado.

Sempre tive maior habilidade na área das ciências exatas e quando chegou a época da decisão da profissão, optei por Engenharia Agronômica. Pensava em três áreas dentro do curso, algo em conservação de energia na agricultura, mecânica de solos e tecnologia de aplicação de agroquímicos.

Com 17 anos de idade, tirei a licença para pilotar aviões monomotores – brevê – e sonhava em ser piloto agrícola.

No ano seguinte, passei na Unesp de Jaboticabal para Engenharia Agronômica. Era a única faculdade com o curso de Tratamento Fitossanitário, onde encontrei o Prof. Dr. Tomomassa Matuo, único professor dedicado à tecnologia de aplicação no Brasil.

Foi aí que começou um novo ciclo na minha vida profissional.

2. Quais os principais desafios e resultados vivenciados ao longo da sua carreira?

Meu primeiro trabalho foi em Pesquisa e Desenvolvimento de Agroquímicos para uma empresa multinacional americana, sediada em Goiânia (GO). A área de trabalho ia de Minas Gerais até o Pará. Para quem morava no Estado de São Paulo, enfrentar as distâncias, sem comunicação, poucas opções de hotéis e postos de combustíveis nas estradas foram os primeiros desafios da minha vida, tanto na área profissional como na pessoal.

Tive a oportunidade de conhecer muito o Brasil, e uma região em franca abertura de trabalho, com projetos interessantes. Foi onde iniciei o desenvolvimento pessoal para enxergar os negócios junto às melhores tecnologias.

Depois de 4 anos, voltei para São Paulo em outra empresa multinacional, para trabalhar com assistência técnica para produtores de cana. Permaneci por um ano e meio, tempo importante para criar uma rede de amigos e profissionais do setor, que até hoje é importante na minha carreira.

Por volta de 1986, tive um período de muitas dúvidas e incertezas, mas a esperança e disponibilidade de melhorar os processos de aplicação de agroquímicos estavam sempre presentes.

Em 1986, fui desligado da empresa, e o então ministro da Fazenda do governo do presidente Sarney criava uma nova moeda, o Plano Cruzado.

Foi tempo de repensar minha atividade para o futuro.

No mesmo ano, fundei uma empresa para comercializar agroquímicos e prestar serviços de assistência técnica aos produtores rurais. No primeiro momento, os resultados foram muito bons, mas o final do Plano Cruzado levou muitas empresas novas e sem grande capital a se tornarem inviáveis.

Pensei em criar uma empresa para trabalhar com assistência técnica para agricultores na área de tecnologia de aplicação, mas entendi que era necessário conhecer mais administração para montar esse negócio.

Sempre apostando no conhecimento, fiz cursos de Administração no Senac e depois fiz um MBA pela FGV, para aprimorar as técnicas da área administrativa.

Em 1988, resolvi deixar os agroquímicos como centro dos negócios e parti para um trabalho voltado à melhoria das aplicações. Avaliar equipamentos de aplicação, sugerir novas tecnologias para os pulverizadores, treinamentos para essa mão de obra, enfim, tudo que pudesse complementar essa operação com a visão de longo prazo.

Para garantir receita recorrente, iniciei uma parceira com uma empresa americana que, naquele momento, era a líder do mercado nacional em pontas de pulverização no Brasil e no mundo, a Teejet.

Escolhi criar uma empresa que não havia similares no mercado, com poucos dados estatísticos, tendo que desenvolver uma forma de analisar e estimar potencial sem muita base. E felizmente acho que acertei na minha escolha.

Começamos os trabalhos com pontas de pulverização, recomendando de forma mais correta, depois passamos para os componentes do circuito (filtros, porta bicos com antigotejos, comandos elétricos) e, em 1988, iniciamos as instalações dos controladores eletrônicos de pulverização em campo.

Ao mesmo tempo, lançávamos nosso primeiro pulverizador.

Fomos um dos pioneiros no trabalho de redução de derivas com gotas grandes nas aplicações, trabalhos de cobertura de alvos específicos, sistemas de filtragem e agitação da calda. Fomos também pioneiros a indicar, vender, treinar e reparar os computadores nos equipamentos de pulverização. Marcamos nossa presença nas culturas de cana-de-açúcar, citros e floresta.

Com a expansão dos negócios, iniciamos a busca pelos melhores fabricantes do mundo na área de tecnologia de aplicação e começamos parcerias com fornecedores internacionais e nacionais que precisavam de parceiros para levar boas tecnologias para os agricultores. Não apenas comercializamos, mas identificamos mercados onde os equipamentos tecnológicos fossem favoráveis ao produtor.

O maior desafio atual é conviver e competir com as grandes corporações internacionais que oferecem equipamentos com essas tecnologias embarcadas.

Outro desafio é crescer na área digital com inovações incrementais e competir com as grandes empresas do setor. Mas isso também é uma motivação.

Atualmente, temos alguns parceiros com os quais desenvolvemos projetos específicos, como as aplicações com *drones*, sistema de identificação de ervas daninhas por imagem usando inteligência artificial e aplicações localizadas, reduzindo a introdução de agroquímicos em área total, mapeamento das características do solo para adequação de doses de herbicidas, entre outros estudos com produtos biológicos.

Hoje, o foco da empresa está em garimpar os conhecimentos tecnológicos e colocar à disposição dos produtores em busca de melhores resultados na produtividade e na sustentabilidade do setor.

3. Quem da sua história de vida inspirou/motivou a sua carreira?

Sem dúvida, o primeiro que me motivou foi meu pai. Ensinamentos de valores, princípios e estímulo de trabalho, respeito às pessoas e meio ambiente, e tudo sobre a vida e amor na família. Assim que eu fui talhado.

Depois, um agrônomo que trabalhava no Banco do Brasil em Catanduva, Dr. Hélio Casale. História longa para contar aqui.

Na universidade, meu orientador Prof. Dr. Tomomassa Matuo, que tenho a honra de poder chamar de amigo e meu segundo pai. Pessoa com os mesmos princípios da minha família, com o viés da cultura japonesa, foi além de um professor, orientou e incentivou minha criatividade, a aceitar desafios e criar soluções. Meu primeiro emprego profissional foi ele quem deu o aval inicial.

Na profissão, amigos como José Carlos Christofoletti, Yasuzo Ozeki e José Maria Fernandes, que trabalhavam na área de tecnologia de aplicação e, por algum motivo, me apoiaram e me ajudaram a desenvolver conhecimentos técnicos e práticos no campo.

Outros profissionais e amigos abriram muitas portas para mim, como Carlos Rossi, Marçal Zuppi, Prof. Dr. Laércio Zambolim, entre outros.

Posso, aqui, até cometer algum erro de esquecer nomes importantes.

4. Alguma história na gestão de pessoas que gostaria de compartilhar?

Na nossa empresa, desenvolvemos profissionais de sucesso, que hoje estão trabalhando na Embrapa, em universidades, gerência de usinas e outras empresas do setor. Outros passaram para a concorrência, nos dando trabalho extra e exigindo também nossa evolução.

Tenho muitas histórias, mas gostaria de lembrar de uma, a qual me desperta contentamento.

Um garoto veio fazer entrevista na empresa e alguém disse que ele não seria contratado, pois se preparou pouco e não gostava de estudar. Após a entrevista, eu propus a ele desempenhar um trabalho simples. Ele queria iniciar já no dia seguinte. Passado muito tempo, ele me contou essa passagem e eu me lembrei desses detalhes. Hoje, com quase 20 anos atuando na empresa, ele desenvolve um trabalho muito importante de atendimento técnico aos clientes.

Antes da formação, eu procuro pessoas de aprendizagem fácil, que buscam o conhecimento na vida cotidiana e depois estudam para entender o princípio técnico. Que tenha proatividade, lealdade e gratidão, valores que estão sendo esquecidos na nossa sociedade.

Assim como o que citei, tenho orgulho de ter no time 10 ou 12 pessoas que estão há anos nos agraciando na prosperidade da empresa e prosperando também.

Muitos entraram na empresa jovens, fazendo estágios nas suas áreas de formação técnica ou de nível superior. Temos um programa que custeia 50% da mensalidade dos cursos ligados ao negócio. Tantos outros estudaram e cresceram na organização.

5. Alguma história de relacionamento com o cliente que gostaria de destacar?

Tenho muitas passagens com diversos clientes que marcaram minha vida.

Ainda como um jovem técnico convencido de que sabia tudo, eu estava entusiasmado mostrando para um grupo de gerentes de uma empresa que poderia ter grandes melhorias na aplicação. No meio, chega um novo participante. Continuei com minhas explicações sem saber de quem se tratava. Essa pessoa passou a perguntar de algo que eu já havia falado. Daí aparece um embate, mas nem vou me prolongar.

A lição aprendida foi a respeito da necessidade de conhecer as pessoas, dar atenção antes da informação. Era o dono da empresa. Depois ficamos bons amigos e trabalhei com o grupo em consultoria por muitos anos.

Outro caso emblemático. Imagine uma pequena empresa de tecnologia que inicia a fabricação de pulverizadores, com capital para investir na melhor tecnologia de aplicação para prestação de serviços em grandes clientes.

Como mostrar o *top* da tecnologia em 1988, com pulverizadores equipados com controladores eletrônicos de aplicação? O risco de ter qualquer problema, para ambos os lados, era grande. Aí nasceu outra grande parceria por mais de dez anos.

6. Quais dicas daria para aqueles que estão iniciando a carreira profissional?

O que vou dizer é simples e muito difundido.

Identifique o que gosta, faça com muito amor, tenha resiliência para suportar as diversas fases da profissão. Essa proposta já foi dita por Confúcio, 500 anos a.C.

Trabalhe em grupo e entenda as limitações dos outros, aprenda com quem sabe mais, não fique disputando conhecimento. Forme um time com sua equipe de trabalho, seja qual for sua posição dentro do grupo. Saiba que no meio do caminho vai encontrar muita coisa a ser feita que você pode até não gostar, mas faz parte do jogo.

Inteligente é quem muda rápido de opinião quando reconhece que o outro tem razão. Fácil trabalhar assim.

7. Ao recrutar um profissional, quais características comportamentais são consideradas fundamentais?

Além de procurar se conta com as características dadas para qualquer profissional, procuro pessoas com valores de alta qualidade, corretas, que tenham religiosidade.

Como profissional, proatividade, criatividade, iniciativa, compromisso com resultados, trabalhar em grupo e grande desejo de aprender.

É muito mais fácil formar um técnico que formar um caráter.

8. Qual legado gostaria de deixar para a sociedade?

Podemos olhar o mundo do ponto de vista humano e técnico.

Do ponto de vista humano, temos que desenvolver pessoas para a vida. Ser um apoio para melhorar as pessoas e a sociedade onde vivemos.

Como técnicos, temos que produzir alimentos e energia, garantindo o bem ao meio ambiente, a saúde do trabalhador e dos consumidores.

No meu caso específico, usar as técnicas de aplicação de agroquímicos para reduzir o uso inadequado, mantendo ou aumentando a eficácia com produtividade e segurança.

Gestão ampla do processo, usando técnicas sustentáveis, como garantir a segurança contra a entrada de problemas nas nossas lavouras. Buscar as novas tecnologias de biológicos, além dos controles mecânicos possíveis.

9. Quais os reflexos das práticas de cidadania empresarial para organizações, profissionais e sociedade?

Não podemos continuar a pensar em empresas como apenas acumuladoras de dinheiro e poder. Desenvolver cidadania e conhecimento dos colaboradores é obrigação intrínseca das empresas.

Temos um exemplo bem atual.

Usando os conhecimentos aplicados na agricultura, nossa empresa pôde desenvolver sistemas de higienização das mãos com baixo consumo de água e alta eficiência. Não é nosso negócio e nem nosso mercado. Desenvolvemos alguns equipamentos para desinfecção de ruas e acabamos doando para algumas prefeituras, onde o problema do novo coronavírus se mostrava mais impactante.

10. Cite alguns líderes que, em sua opinião, são inspiradores.

Sou de uma geração que valorizou muito Antônio Hermírio de Moraes, entre outros, que dedicou muito da sua vida ao negócio.

Eu vi nesses profissionais o que se chamaria de *workaholic*, mas entendi que, como gostam muito do que fazem, o trabalho é assunto de férias.

Analisando a vida dessas pessoas, aprendi que deveria melhor equilibrar o trabalho, a família, o lazer e outras atividades. Mas o trabalho precisa continuar divertido.

11. Como você define o papel da liderança?

Conseguir selecionar e incentivar pessoas a viverem um sonho real é um dos maiores objetivos do líder.

Aprendi que alguns que trabalharam comigo, inteligentes, capazes, com muito potencial, não tinham o mesmo sonho que o meu, ou da nossa empresa.

Deixe essas pessoas seguirem seus sonhos. Apoie para que sejam felizes nos seus caminhos.

12. O que você faz para manter-se motivado?

Eu continuo acreditando que vai dar certo.

Gosto de encontrar soluções e criar outras, ou melhor, novas formas de fazer algo. Do mais simples ao mais sofisticado.

13. Qual a importância da inovação nas organizações?

Vivemos em um mundo da inovação.

Temos que evoluir nossos processos internos apoiados pela tecnologia inovativa. O que podemos fazer ou melhorar com a inovação tecnológica disponível para nosso negócio?

O que temos de inovação para vender e entregar ao nosso cliente?

Na área de produtos e serviços, estamos lançando alguns produtos muito interessantes usando inteligência artificial, processos automatizados de operação, mais seguros, práticos, eficientes e eficazes.

Tecnologia tem que dar retorno em prazo curto, tem muita evolução.

14. Como você realiza o *networking* de maneira efetiva?

Sou uma pessoa de poucos relacionamentos extra trabalho e família.

Para manter um contato mais amplo, eu, que sempre gostei de compartilhar conhecimento, me tornei palestrante e consultor no tema de tecnologia de aplicação.

Certa vez fui convidado, de última hora, para substituir um grande palestrante do segmento. A preocupação dos organizadores era enorme. Era para um grupo de mais de 300 alunos em um curso de Agronomia. Eu, que já havia trabalhado como professor em cursinho preparatório de vestibular, dei um show. Passei a ser o palestrante oficial no ano seguinte.

Outra vez, estava fazendo um curso de especialização na Universidade Federal de Viçosa (MG), em 1993. Naquele ano, o número de alunos era o maior dos últimos anos e a aula prática estava comprometida. O grupo foi dividido em dois e eu fiz uma parte da aula prática.

No ano de 1995, passei a ser professor convidado da UFV na área de tecnologia de aplicação ao lado do meu grande mestre Prof. Dr. Tomomassa Matuo.

15. Quais são seus *hobbies* preferidos?

Sou uma pessoa de poucas ações fora do trabalho, mas não sou mais um maluco pelo trabalho.

Ficar no campo, curtindo um quintal, arrumando uma irrigação do jardim, fazendo algum móvel artesanal simples, recuperando coisas velhas, entre outras ações no campo.

Viajar, conhecer e sentir um pouco mais da história do Brasil e da humanidade.

16. Qual mensagem de motivação gostaria de deixar para os leitores deste livro?

Deixem de pensar no final do mundo, dos nossos empregos, dos nossos bens, e comece a ver o quanto do nosso trabalho ajuda o mundo que vivemos.

Vamos reconsiderar algumas das nossas atitudes individualistas e tratar de fazer mais pelo coletivo. Assim todos ganham.

Não estou sendo um sonhador. Não é pedir que façamos algo ruim para nós, mas sim pensar mais no coletivo do que no individual.

17. Com base em suas memórias, qual o legado que você gostaria de deixar para a humanidade?

Temos que produzir alimentos saudáveis e manter o planeta em que vivemos.

Existe tecnologia para isso e muito está sendo feito, basta sermos mais racionais e ter visão mais holística.

Tenho feito uma pequena parte desse caminho:

• Capacito pessoas, proativas e criativas na minha área de trabalho.

• Desenvolvo equipamentos e processos de resultados para todo tamanho de agricultura.

• Vivo a vida de agricultor e sei os desafios e dores dessa classe. Faço o melhor da minha parte e convido os produtores vizinhos a conhecer o que faço para melhorarem comigo.

Galeria de fotos

Luiz Roberto Londres

Empresa:
Instituto de Medicina e Cidadania

Função:
Diretor-Presidente

1. Quais os momentos mais importantes da sua carreira?

Os momentos mais importantes de minha carreira têm duas etapas: o aproveitamento de ocasiões fortuitas e o desenvolvimento das oportunidades criadas por esses encontros. Ia fazer arquitetura, mas um almoço no Bar Lagoa com um amigo de infância que me disse que queria ser médico mudou minhas perspectivas: ele não tinha nenhum médico em sua família e a minha era repleta desses profissionais. Uma reprovação no exame vestibular resultou no convite para estagiar com quem me havia reprovado, o eminente cientista Carlos Chagas Filho, que me ligara na véspera da prova, que por ele seria ministrada, para dizer que as minhas notas eram as melhores em todas as outras provas. Lá trabalhei com Antonio Paes de Carvalho, que me introduziu na fisiologia cardíaca. Lá conheci inúmeros Prêmios Nobel e, nesse período, fui levado à minha primeira viagem ao exterior para um congresso em Buenos Aires presidido por Bernardo Houssay, também Prêmio Nobel.

Outros momentos importantíssimos, outros meros acasos ou encontros fortuitos, aconteceram ao longo do tempo e foram aproveitados por mim. Assim foi a definição pela cardiologia, assim foram os inúmeros momentos responsáveis tanto pela transformação da Clínica São Vicente de clínica de repouso a um hospital geral, bem como os que me levaram ao Mestrado em Filosofia e a participações no Conselho Federal de Medicina na construção do Código de Ética Médica e dos eventos de criação dos Simpósios de Humanidades Médicas.

2. Quais as competências essenciais para o profissional do futuro?

A principal de todas, para aqueles que irão exercer funções em empresas, é entender que estão lidando com pessoas ao seu redor, sejam colegas, superiores ou subordinados. E valorizar os lados subjetivos de todos com quem tenham algum contato. Mais ainda, entender que ordens não costumam acrescentar, tanto quanto a definição dos objetivos a serem atingidos. Portanto, a criação de um ambiente onde todos se sintam confortáveis e acolhidos é algo fundamental, tanto para o progresso da instituição quanto à percepção, não só dos que lá trabalham, mas daqueles que dela se servem. E para aqueles que exercerão sua profissão pessoalmente, o constante alargamento e aprofundamento da visão e da compreensão relativas a seus objetivos, deixando de perseguir cegamente um objetivo predeterminado.

3. Em sua opinião, a Inteligência Artificial pode alterar o nosso estilo de liderança?

A Inteligência Artificial, por mais avançada que seja, jamais irá suplantar a inteligência natural, pois ela está basicamente apoiada na objetividade, enquanto a inteligência natural leva em conta os dados subjetivos de cada um. Caso isso não seja respeitado, vamos lembrar da frase icônica de Nelson Rodrigues que falava dos "Idiotas da Objetividade", pois a mesma objetividade pode ser interpretada de várias maneiras na dependência de quem as vê. Um grande exemplo são as ilusões de ótica que podem ter duas e, às vezes mais, interpretações por vezes conflitantes.

A seguir, alguns testes através de ilusões de ótica para vermos que a mera visão pode nos enganar completamente (o último, ver de perto e ver de longe):

 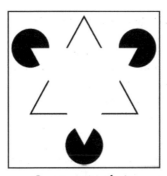 

Idade dessa mulher?   Quantos triângulos?   Einstein ou Marilyn?

As linhas horizontais são paralelas?

4. Quais atitudes do líder conquistam a cooperação da equipe?

Importante que entendamos a enorme diferença que costuma haver entre um líder e um chefe. Quando me chamavam de chefe eu corrigia dizendo que era, na verdade, um colega de trabalho cuja única diferença consistia na amplitude das responsabilidades de cada um. A minha, como presidente da instituição, era a mais ampla de todas, mas meus conhecimentos em relação a cada uma das áreas, sem dúvida, eram mais limitados dos que lidavam com elas. Um chefe dá as ordens de atuação enquanto um líder define os objetivos e tanto motiva quanto se coloca à disposição daqueles que são chamados de seus subordinados.

5. Como o *design thinking* pode contribuir com a resolução de problemas e criação de oportunidades nas organizações?

O *design thinking*, termo do qual só tomei conhecimento recentemente, me parece adequado tanto para a resolução de problemas quanto na criação de oportunidades nas organizações. Ele adapta o raciocínio lógico à criatividade de cada momento, ao inconsciente, aproveitando instintos diversos.

Respondendo a essa questão, lembrei-me do poeta espanhol Antonio Machado, com dois dos seus poemas que abaixo transcrevo:

Caminante, son tus huellas
el camino y nada más;

Caminante, no hay camino,
se hace camino al andar.
Al andar se hace el camino,
y al volver la vista atrás
se ve la senda que nunca
se ha de volver a pisar.
Caminante no hay camino

Érase de un marinero
que hizo un jardín junto al mar,
y se metió a jardinero.
Estaba el jardín en flor
y el marinero se fue
por esos mares de Dios.
sino estelas en la mar.

6. Fale sobre aprender com os erros e aproveitar as oportunidades.

Aprender com os erros é basicamente aprender que não é só para lamentá-los e, muito menos, para conservá-los na memória, ou mesmo repousar sobre eles. Assim como os empecilhos existem para serem ultrapassados, erros existem para serem corrigidos. Para tanto é preciso perscrutar todas as situações que nos levaram a eles, sejam elas objetivas ou subjetivas, persistentes ou circunstanciais. Para que os erros aconteçam, podem ser por meros imprevistos ou uma falha de nossa parte relativa à situação em si.

7. Fale sobre resiliência.

Uma boa definição para resiliência: é a capacidade de o indivíduo lidar com problemas, adaptar-se a mudanças, superar obstáculos ou resistir à pressão de situações adversas, como choque, estresse, algum tipo de evento traumático, entre outras. Conheci esse termo há pouco tempo, mas vejo que ele me acompanhou ao longo de minha vida. Acredito que o principal para que isso aconteça é a fixação constante do nosso foco nos objetivos a serem atingidos. E esse objetivo, mesmo permanente, é composto por sucessivas alterações dos focos do momento. Obstáculos e outras situações adversas existem para serem ultrapassados e não se tornem impeditivos para que se atinja o objetivo em questão.

8. Quais valores são importantes para você?

Noam Chomsky, um eminente filósofo norte-americano, tem um livro cujo título já nos dá uma bela aula: *O lucro ou as pessoas*. O lucro é de extrema importância tanto para a manutenção da empresa como para a sua evolução. Mas não deveria ser considerado como um fim em si mesmo, mas sim como o resultado de ações a serviço da sociedade. Mas isso acontece, com frequência, em detrimento dos demais. Vejam as listas da Forbes dos bilionários por todo o mundo. Suas fortunas crescem, cada vez mais concentradas, tendo como consequência o crescimento da pobreza no mundo. Portanto, considero o valor mais importante as pessoas, para quem devemos dirigir nossos mais nobres sentimentos, como o amor, a caridade, a amizade, o companheirismo, o respeito e tantos outros.

9. Como você conseguiu deixar sua marca?

Seguindo determinados princípios, a maioria genéricos, aprendidos ao longo da idade e outros específicos assimilados ao longo da atividade em questão. O mais importante, a conduta ética, foi aprendida em família, observando a conduta de meus pais e nos colégios e nos meus mestres e em outras situações coletivas. Outro ponto importante foi o de perseguir os objetivos não se sujeitando a dificuldades no percurso. E, pela minha experiência, essa conduta foi a grande responsável para que os objetivos fossem alcançados.

10. Quais habilidades pessoais você adquiriu com a sua vida executiva?

A principal foi lidar com as pessoas. Aprendi isso tendo de lidar com os médicos, que eram os verdadeiros clientes do hospital, pois eram eles que direcionavam os pacientes para lá. E para lá iam os grandes figurões da época. Eu era um jovem médico formado, com poucos anos de experiência, e passei a entender o símbolo da Medicina, Esculápio ou Asclépio – um semideus. Quantos desmandos emocionais eu presenciava, mas sabia que não podia entrar em confronto com eles, médicos, pois eram eles que direcionavam os pacientes para o hospital que eu dirigia. Para corrigi-los, aprendi que deveria conscientizá-los de suas posições, e era esse autoconhecimento que trazia as correções de suas atitudes e que desaguavam nos sentimentos de respeito e até de amizade.

11. O que faz você feliz?

Em primeiríssimo lugar, poder fazer um bem ao próximo, o que talvez seja a coisa mais significativa em minha vida. Nunca esperei um retorno a esses meus gestos, mas ele sempre vinha, mesmo que por vezes silencioso. Isso se refere também à vida familiar – onde mais do que mera convivência, proporcionar satisfação aos meus é profundamente significante. E inserido no trabalho com as realizações profissionais e cercado de pessoas, e no prazer dos passeios solitários pela minha cidade e pelo seu entorno.

12. Como você concilia a vida pessoal com a profissional?

Em primeiro lugar, mantendo cada uma em suas residências, tanto familiar quanto profissional. Eu me dedico profundamente aos meus afazeres, mas não deixo que eles atrapalhem o convívio com cônjuge e filhos e, mais abertamente, com amigos e com ações de lazer, como passeios, idas a restaurantes e cinemas e outras. E na minha sala de trabalho, eu, filho de nordestino, tinha uma rede onde com uma certa frequência me deitava lendo livros. Constantemente, portanto, a minha vida profissional era colorida pelo prazer pessoal. Além de poder dizer que o próprio trabalho, em si, era um grande prazer.

13. O que você não tolera?

Não tolero o pessimismo! Nem o desencanto! Nem a agressividade! Nem o desprezo! Sempre que algumas dessas situações apareciam trazidas por terceiros, procurava, através de conversas e, por vezes, ações, fazer com que esses sentimentos desaparecessem. Repito sempre que jamais me deixo agredir por ações tantas vezes agressivas; não deixo que elas atinjam meus sentimentos. Simplesmente as reconheço e lido com elas da maneira que for possível. E o resultado desse tipo de ação é, quase sempre, o desaparecimento da agressividade alheia.

14. Quando você erra, reconhece isso?

Fico sempre atento à minha caminhada e, consequentemente, aos possíveis erros ou mesmo simples enganos. E, para isso, além dos dados objetivos, o reflexo das ações executadas na subjetividade de clientes e companheiros de trabalho. A percepção e a interpretação de todos ao nosso redor fazem parte da nossa caminhada, podendo auxiliá-la ou, por vezes, dificultá-la. Portanto, reconhecer erros e enganos é fundamental para o sucesso de nossa empreitada.

15. Qual o sonho não realizado?

Eu modificaria essa pergunta e diria: "Qual o sonho ainda não realizado?" Considero que o sonho não realizado torna-se com frequência um pesadelo. Na minha experiência, os caminhos para a execução de praticamente todos os sonhos eram crivados por comentários que mostravam, segundo os que os emitiam, um enorme risco para a instituição. Mas graças à minha persistência, a Clínica São Vicente deixou de ser uma clínica de repouso e tornou-se a pioneira em diversos setores. "Cirurgia aqui no alto do morro?", "Qual cirurgião vai subir aqui para operar?", "CTI em hospital privado?", "Você acha que paciente privado vai repartir o quarto com outros?", "Emergência aqui?", "A Rocinha vai descer em peso para ser atendida". E assim por diante. E foi graças a essa persistência que a Clínica São Vicente tornou-se um hospital modelar.

Agora não mais na Clínica São Vicente, outros sonhos tomam conta do meu futuro. Através do Instituto de Medicina e Cidadania – http://medicinaecidadania.org.br/ – pretendo perseguir de maneira crescente as seguintes metas: atendimento gratuito em comunidades carentes, disseminação da Medicina não alopática (que não usa remédios), reconstrução da saúde pública, residências para idosos, publicação de livros (médicos famosos fora da Medicina, terapias não alopáticas, humor e duas coletâneas de artigos).

16. Como você lida com a frustração?

Procurando ultrapassá-las, pois, para mim, as frustrações sempre perduraram por breves momentos de minha vida e, quando apareciam, tudo o que me passava pela cabeça era como ultrapassá-las; e sempre consegui, mesmo aquelas que se afiguravam como absolutamente impossíveis de serem corrigidas.

17. Como você se define?

Meu pai era um colecionador de edições do *Dom Quixote*. Sua Cervantina, como se dizia, era a segunda do mundo e foi doada à Biblioteca Nacional, depois de seu falecimento. Eu diria que sou um Quixote sonhador! Persigo os sonhos como Dom Quixote perseguia os moinhos de vento. Além de Miguel de Cervantes, vejo a definição de quem eu sou em obras de outros autores. Do pintor e poeta José Paulo Moreira da Fonseca: "No tempo tua morada é a viagem". Do filósofo espanhol José de Ortega y Gasset: "Eu sou eu e minha circunstância e se não a salvo não me salvo". Do poeta também espanhol Antonio Machado: "Caminhante, não há caminho, se faz caminho ao andar".

Assim sou eu: mesmo parado em repouso, viajo pelo espaço e pelo tempo. Mesmo isolado de todos, me sinto inserido nas minhas comunidades próximas e mesmo distante. Fazer o bem ao meu redor é, sem dúvida, minha principal tarefa na vida. No hospital, minha atuação principal era na prática médica; agora, no Instituto de Medicina e Cidadania, é tanto a teoria médica quanto o exercício da cidadania.

18. Como você mantém o foco para a realização dos seus objetivos?

Considero dois tipos de foco, assim como acontece com o foco do olhar: o do momento e o do movimento. Enquanto o foco do momento é específico e permanente, o do movimento se dá pela sucessão dos focos dos momentos que se sucedem. Apreciar os momentos mesmo fortuitos foi talvez o grande causador dos sucessos que tive ao longo da vida. Costumo dizer que "sucessão" pode também ser o aumentativo de "sucesso". Manter o foco permeável às oportunidades que aparecem nos levará mais longe do que manter o foco apenas no objetivo atual. Aproveitar os acasos é uma boa janela para o futuro e, no meu caso, foi essencial para que construísse minha vida profissional.

19. Qual a sua visão sobre a solidão do poder?

Ouvi numa ocasião de um médico homeopata a frase: "Você gosta de estar sozinho, mas sabendo que tem gente à sua volta". Achei absolutamente adequada para a minha posição ao longo da vida. Era exatamente isso que eu sempre procurava e nunca me senti em solidão, muito menos no exercício do poder, em minha vida profissional. Lá ficava isolado em minha sala, com enorme prazer, sabendo que bastava eu abrir a porta para encontrar as secretárias e, logo depois, diversos funcionários e médicos. Ao ver essa pergunta, lembrei-me de uma frase do teólogo alemão Paul Tillich, que diz: "A linguagem criou a palavra solidão para expressar a dor de estar sozinho. E criou a palavra solitude para expressar a glória de estar sozinho". A minha solitude me dava grande saber e impedia que, em qualquer grau, aparecesse a solidão.

E do ponto de vista social, o poder isolado é altamente pernicioso à sociedade. Importante que aqueles servidores públicos, principalmente os que ocupam os cargos mais altos na democracia, como presidente da República, governadores, prefeitos, senadores, deputados, vereadores, magistrados, estejam altamente cientes do que acontece na realidade do povo que os elegeu e que pagam os seus salários.

20. Fazer o que gosta é fundamental para o sucesso?

Sem dúvida alguma. Fazer o que se gosta nos traz tanto prazer que nos faz continuar nesta jornada, seja no trabalho, seja nos momentos de repouso. E isso nos dá também a felicidade de viver. Fico perplexo vendo algumas pessoas à minha volta morando no pessimismo, no desencanto, na tristeza. Não conseguem perceber que a força para corrigir esses momentos desagradáveis está dentro delas e, pior ainda, quando essa força floresce, essas pessoas a colocam para baixo novamente, culpando seus próprios destinos.

Galeria de fotos

Marcelo Dias Ribeiro

Função:
Matemático, Mestre em Economia e Gestor da Área Financeira

1. Como e onde você iniciou a sua trajetória profissional?

Iniciei no município de São Gonçalo (RJ). Sou o filho mais velho de uma família humilde dessa cidade. Minha mãe, vinda de Portugal (daí minha cidadania portuguesa) com 5 anos, e meu pai brasileiro. Meus pais tentaram me proporcionar uma boa escola, mas meu pai ficou doente e não tinha condições de me manter nessa escola. Prestei prova para duas escolas públicas da região, e comecei a estudar numa delas.

Depois de aproximadamente um mês iniciado o ano letivo, o diretor dessa escola particular chamou meu pai na escola e ofereceu vários descontos para eu continuar estudando. Meu pai explicou que, na verdade, não poderia pagar nada, e estava tento até dificuldades de manter o básico na nossa casa. O diretor então mandou me chamar. O diretor disse: "Marcelo, você vai voltar a estudar aqui e vai pagar a sua mensalidade". Na hora, fiquei muito feliz, pois achei que iria estudar pela manhã e trabalhar à noite, mas ele disse que, como eu era um ótimo aluno, que eu pagaria a mensalidade tirando sempre nota acima de 8, e se eu mantivesse, renovaria a minha matrícula.

Assim foi o combinado por anos, até eu terminar meu segundo grau. Passei em Matemática na UFF (Universidade Federal Fluminense), hoje tenho uma gratidão enorme por esse diretor chamado Carlos Marques. Por ter me proporcionado estudar e me ensinando que, no mundo que eu iria encontrar adiante, seria necessário atingir metas para alcançar meus objetivos.

Depois de formado, trabalhei em algumas empresas até 1998, ano em que iniciei no Banco Itaú, onde desempenhei várias funções, chegando ao posto de gestor da área operacional. Depois de alguns anos tocando a área operacional, fui transferido para o setor de agências, no qual me tornei gestor da área em várias cidades. No auge do crescimento nesse setor, atingindo resultados espetaculares, solicitei mudar novamente, pois gostaria de novos desafios, e fui para a área de empresas, que até a ocasião nunca havia trabalhado. Com menos de três meses, recebi a pior notícia até então da minha vida, que foi o falecimento do meu pai, com apenas 58 anos. Fui ao chão e descobri que ele representava para mim muito mais do que eu poderia imaginar. Depois de um tempo, fui conseguindo, ainda com muita dor até hoje, viver sem a presença física dele.

Em 2015, recebi o maior presente da minha vida, a minha única filha Luísa nasceu e mudou completamente a minha vida. Com aproximadamente 9 meses de vida, a pediatra nos chamou para conversar, pois o desenvolvimento de Luísa estava um pouco atrasado. Fizemos inúmeros exames, pois ela não rolava, não andava, não falava e tinha pouca interação cognitiva. Até que, em abril de 2018, conseguimos ter o diagnóstico através de um exame genético Exoma, que diagnosticou uma doença genética rara chamada Syngap 1. O mundo desabou, mas agora tínhamos um diagnóstico (um norte). Essa doença causa crises convulsivas, dificuldades significativas na parte cognitiva, autismo e demais dificuldades paralelas. É uma doença complicada e o dia a dia muito difícil, pois ainda até hoje ela não fala e permanece com pouca interação cognitiva, mas Luísa me ensinou que o tempo de cada indivíduo é diferente, e com ela estou tendo a melhor e mais poderosa formação em como lidar com pessoas e ser um profissional melhor e mais humano. Continuamos tendo muita fé na cura de Luísa e no desenvolvimento da Medicina, acreditando em um mundo melhor e mais adaptativo a todos nós.

2. Quais os principais desafios e resultados que você vivenciou ao longo da sua carreira?

Normalmente, quando estou confortável em uma área, dou um jeito de buscar novos desafios para sair da zona de conforto. Meu grande desafio foi mudar de uma área que não conhecia praticamente nada e chegar a gestor do maior segmento do meu setor atual.

3. Quem da sua história de vida inspirou/motivou na sua carreira?

Um gestor chamado Carlos Marques, pela sua postura ética em todas as suas atitudes, diretor da escola onde estudei, ele tinha uma capacidade de enxergar talentos impressionante.

4. Alguma história na gestão de pessoas que você gostaria de compartilhar?

Uma funcionária, por exemplo, que estava prestes a ser desligada por mau desempenho. Foi transferida para meu setor, onde trabalhou por quase cinco anos, teve grande destaque em toda a região de atuação, sendo até constantemente assediada para trabalhar com outros *players*.

5. Alguma história de relacionamento com o cliente que você gostaria de destacar?

O cliente estava desistindo, pois não conseguia honrar naquele momento suas obrigações, então, ajudamos a reestruturar sua empresa e hoje tem várias filiais.

6. Quais dicas você daria para aqueles que estão iniciando a carreira profissional?

Ser resiliente, dedicado, muito adaptativo, automotivado, ser positivo, construtivo, possuir boa comunicação e ser bastante focado.

7. Ao recrutar um profissional, quais características comportamentais você considera fundamentais?

Ética e caráter, mas com brilho nos olhos, alinhado a um propósito de vida bem determinado.

8. Qual legado você gostaria de deixar para a sociedade?

Um líder ético que é capaz de superar os desafios com leveza no dia a dia.

9. Quais os reflexos das práticas de cidadania empresarial para organizações, profissionais e sociedade?

Um mundo melhor para as próximas gerações.

10. Cite alguns líderes que, em sua opinião, são inspiradores.

Margaret Thatcher, Walt Disney, Martin Luther King.

11. Como você define o papel da liderança?

Exemplo.

12. O que você faz para se manter motivado?

Olhar para minha filha me motiva a ser melhor e lutar para superar as adversidades que venha a encontrar.

13. Qual a importância da inovação nas organizações?
Perenidade.

14. Como você realiza o *networking* de maneira efetiva?
Redes de relacionamento, e tratando bem as pessoas que tenho a oportunidade de me relacionar, sendo justo e humano.

15. Do que você sente saudades?
De meu pai, falecido precocemente aos 58 anos.

16. Do que você tem orgulho?
De quem... minha filha Luísa, que possui uma doença genética rara, Syngap1, e luta diariamente para conseguir progredir com suas limitações.

17. Qual o significado da palavra felicidade?
Um instante que não gostaria que terminasse.

18. Qual a sua citação favorita e por quê?
"Faça o seu melhor, nas condições que você tem, até que tenha condições melhores para fazer melhor ainda." (Mario Sergio Cortella)
Entregar sempre o seu melhor.

19. Quais são seus *hobbies* preferidos?
Música clássica, futebol, leitura.

20. Qual sonho você gostaria de realizar?
A cura da doença genética Syngap1 da mina filha Luísa.

21. O que você aprendeu com a vida, que você gostaria de deixar registrado nesta obra?
Saber lidar com as adversidades, administrar a vida pessoal e a profissional e gerir conflitos sempre com ética e respeito a todos os envolvidos.

22. Qual mensagem de motivação você gostaria de deixar para os leitores deste livro?
Não desista do seu sonho. Mas se não acredita, não perca tempo investindo no tédio diário, mesmo que isso gere uma compensação financeira. Nada como fazer o que gosta todos os dias.

23. Com base no que você vivenciou, ao longo de sua vida corporativa, qual o segredo do sucesso para ir da teoria ao topo?
Gostar do que faz e persistência para alcançar seus objetivos.

Galeria de fotos

Marcelo Couto

Função:
Executivo de Recursos Humanos

1. **Como e onde você iniciou a sua trajetória profissional?**

   Iniciei minha trajetória profissional aos 13 anos como vendedor de flores. Aos 15 anos, meu primeiro emprego formal foi de *office boy*, nas Indústrias Reunidas Francisco Matarazzo, em São Paulo, grupo Italiano bastante tradicional no Brasil. Na época, umas das indústrias mais importantes do país, principalmente no segmento de alimentos – embora operassem em outros setores. Permaneci nas Indústrias Matarazzo até os meus 19 anos, quando precisei cumprir com o serviço militar.

2. **Quais os principais desafios e resultados que você vivenciou ao longo da sua carreira?**

   Os desafios foram muitos, principalmente pelo fato de ter construído minha carreira a partir de níveis bem iniciais em funções administrativas nas organizações. Mas, ao refletir sobre minha carreira, concluo que um dos meus principais desafios foi permanecer focado e nunca ter me desviado de meu propósito, meus valores e meu sentido ético. Sempre pensando e agindo com "cabeça de dono" e procurando dar o melhor de mim em tudo e em todas as oportunidades que surgiam, não importando o nível ou dimensão da responsabilidade. Outro desafio foi não me deixar influenciar pelas pessoas "tóxicas" ou negativas que passaram pelo meu caminho, com a capacidade de reagir de forma positiva a quase todos os desafios apresentados, buscando ver sempre o lado positivo da situação. Os resultados foram surgindo como consequência e proporcionais ao meu esforço ao longo da vida.

3. **Quem da sua história de vida inspirou/motivou na sua carreira?**

   Mesmo correndo o risco de cometer alguma injustiça, eu destacaria primeiramente minha querida mãe (em memória), que com sua simplicidade e pouco estudo, mas com uma visão do mundo muito especial, me ensinou desde muito cedo a importância de ser honesto acima de tudo. Minha mãe certamente foi quem me inspirou e me fez ver que minha única chance de progredir seria por meio dos estudos. Minha esposa Zilda e minhas filhas Priscila e Regina também me inspiraram e me motivam a seguir lutando. Profissionalmente, minhas motivações vieram através das primeiras pessoas que acreditaram em mim, em particular o Sr. Alfeu Bruno Monzani (em memória), diretor de Recursos Humanos na Refinações de Milho Brasil Ltda. Executivo altamente qualificado, com quem aprendi a importância da visão de longo prazo na gestão de pessoas, bem como a disciplina que o ofício exige. Foi um dos primeiros a acreditar em mim, desafiando-me a tomar minha primeira posição de liderança aos 29 anos de idade. Também faço questão de citar o Sr. Fernando Follador, gerente de Recursos Humanos da Refinações de Milho Brasil. Fernando, talvez sem se dar conta, me fez perceber em mim um potencial que eu mesmo não percebia. Por último e sobretudo o Sr. Jorge L. Fiamengui, então presidente e gerente geral da Ingredion América do Sul. Jorge, sem dúvida, é o melhor exemplo de líder em qualquer dimensão que se possa observar. Seu profissionalismo, visão e ética na gestão de negócios e pessoas fizeram total diferença em minha vida e trajetória profissional.

4. **Alguma história na gestão de pessoas que você gostaria de compartilhar?**

   Gostaria de compartilhar uma experiência na qual a força em mobilizar as pessoas em torno de um propósito genuíno ou uma "inspiração", como chamávamos na época, efetivamente gerou resultados com os quais todos se beneficiaram.

A situação surgiu de um processo de desmembramento de empresas, em que uma divisão de negócios de um grande grupo industrial global passou a operar como uma nova e independente empresa (*spin-off*). Os principais desafios para essa nova empresa foram definidos como: mudar o foco estratégico de negócio de *commodities* para uma empresa de ingredientes; redefinir o modelo de operação; fortalecer sua marca interna e externamente; manter os talentos e desenvolver as novas competências alinhadas ao novo direcionamento estratégico.

Como primeiro passo, foi implementada uma nova organização com líderes alinhados ao novo modelo, todos desenvolvidos internamente. Essa liderança buscou elaborar a nova visão e o novo propósito para a empresa que, quando definidos, foram amplamente compartilhados com toda a organização. Diversas equipes multifuncionais foram formadas com o objetivo de discutir em profundidade o tema – propondo os ajustes necessários segundo diferentes perspectivas – e construir os planos estratégicos e táticos para a nova organização.

Por se tratar de um reposicionamento estratégico, a decisão crítica foi não contratar líderes externamente, mas sim gerar oportunidades para as pessoas internamente. Uma série de iniciativas foram desenvolvidas no sentido de reposicionar e capacitar a equipe existente de gestores e profissionais frente aos novos desafios. Programas de desenvolvimento foram implementados, entre eles um programa bastante robusto de capacitação da liderança, um MBA interno criado em parceria com uma das mais importantes universidades de São Paulo, com foco em Marketing Industrial (B2B), Operações e Gestão de Pessoas.

Esse modelo resultou em uma completa mobilização das pessoas em torno da visão e propósito, gerando equipes altamente comprometidas, qualificadas e alinhadas ao futuro da organização. Durante um período entre cinco e sete anos, o nível de retenção de talentos esteve acima de 95% e o clima interno como índice de favorabilidade em torno de 90%, com pessoas orgulhosas em fazer parte do processo de transformação da organização. Sob o ponto de vista de resultados operacionais, todos os objetivos foram superiores aos planos originais. A empresa no Brasil se transformou, o alinhamento estratégico se expandiu para os demais países da América do Sul, influenciando também o direcionamento estratégico da organização globalmente.

Essa experiência provou que mobilizar as pessoas em torno de um propósito, empoderar e criar nas pessoas o senso de pertencimento geram resultados exponenciais.

5. Quais dicas você daria para aqueles que estão iniciando a carreira profissional?

- Tenham sempre a atitude e o comportamento de empreendedores, não pensem como empregados;
- Estudem e estejam sempre preparados para as oportunidades;
- Afastem-se de pessoas tóxicas e negativas que perdem tempo tentando ofuscar o brilho dos outros, em vez de buscarem seu próprio brilho;
- Sejam protagonistas de suas carreiras;
- Deem sempre o melhor de si, não importa o que façam.

6. Ao recrutar um profissional, quais características comportamentais você considera fundamentais?

Honestidade, ética e vontade genuína de encarar desafios.

7. Cite alguns líderes que, em sua opinião, são inspiradores.

Jesus de Nazaré, Nelson Mandela, Franklin D. Roosevelt e Bill Gates (apesar da controvérsia, criou um padrão para computadores ao redor do mundo).

8. Como você define o papel da liderança?

É papel fundamental da liderança criar as condições necessárias para a transformação. O líder orienta a direção, mas permite que as pessoas construam o caminho, dando o seu melhor.

9. O que você faz para se manter motivado?

Procuro me relacionar com pessoas e estar presente em ambientes onde há muito conhecimento, como universidades, por exemplo. Isso me faz perceber que sei muito pouco e me motiva a seguir aprendendo sempre.

10. Qual a importância da inovação nas organizações?

Inovação é fundamental. Organizações que não inovam deixam de existir. Temos muitos exemplos reais de organizações que já não existem por não terem dado a devida atenção à necessidade de inovar sempre.

11. Do que você sente saudades?

Em geral, procuro não ficar conectado ao passado, buscando sempre olhar para frente, mas sinto muitas saudades de quando minhas duas filhas eram pequenas, a interação com elas me proporcionava um sentimento de alegria e plenitude indescritível.

12. Do que você tem orgulho?

Tenho muito orgulho de minhas filhas Priscila e Regina, pelas pessoas e profissionais que são. Também sou muito grato e tenho orgulho de minha trajetória profissional até aqui. Iniciei minha carreira em níveis básicos de entrada nas organizações, e com foco, disciplina e determinação cheguei à posição de executivo internacional. Igualmente, me orgulho por ter tido a coragem de liderar a área de Recursos Humanos por um longo período em uma mesma organização, na qual pude observar e responder pelos resultados de minhas decisões, acertos e erros de minha gestão como líder, processos esses que me fizeram aprender muito. Durante esse período, tive a oportunidade de liderar processos transformadores de gestão de pessoas, sempre orientados à necessária evolução e transformação nos negócios.

13. Qual o significado da palavra felicidade?

Para mim, felicidade é um estado de espírito.

14. Qual a sua citação favorita e por quê?

Vou me permitir mencionar duas citações, as quais influenciam a minha forma de pensar e conduzir minha vida: uma delas é de Bertolt Brecht:

"*There are men who fight one day and are good. There are men who fight one year and are better. There are some who fight many years and they are better still. But there are some that fight their whole lives, these are the ones that are indispensable.*"

Traduzindo: *"Há homens que lutam por um dia e são bons. Há homens que lutam por um ano e são melhores. Há alguns que lutam muitos anos e eles são melhores ainda. Mas há alguns que lutam suas vidas inteiras, esses são aqueles que são indispensáveis".*

A outra, um texto budista (autor desconhecido):

"O mestre na arte da vida faz pouca distinção entre seu trabalho e seu lazer, entre a sua mente e o seu corpo, entre a sua educação e a sua recreação, entre seu amor e sua religião. Ele dificilmente sabe distinguir um corpo do outro. Ele simplesmente persegue sua visão de excelência em tudo que faz, deixando para os outros a decisão de saber se está trabalhando ou se divertindo. Ele acha que está sempre fazendo as duas coisas simultaneamente".

15. Quais são seus *hobbies* preferidos?

• Colecionar canetas raras, em especial as do modelo Parker 51, e algumas outras especiais.

• Outro *hobby* é o ciclismo, sou adepto às pedaladas de estrada de longas distâncias. Tenho em meu histórico, entre outras, a volta ao redor do Lago Michigan, nos EUA; viagem pedalando por mais de 500 milhas pela costa leste dos Estados Unidos, de Virginia Beach a Charleston, na Carolina do Sul, e pedal ao longo do trecho alemão do Rio Danúbio, partindo de Donaueschigen e chegando a Passau, na fronteira da Alemanha com a Áustria. Foram experiências maravilhosas nas quais, pedalando por muitas horas seguidas, era possível combinar o prazer do esporte com um processo intenso de revigoramento e reflexões.

Aproveito para agradecer ao meu amigo Erich Roedel por sua companhia e parceria nesses e muitos outros eventos, e às nossas esposas, Zilda e Vera, por entenderem que essas viagens eram importantes para nós e por nos acompanharem sempre. Agradecimentos também aos nossos filhos por apoiarem e compreenderem a importância desses momentos, em especial às nossas Priscila Couto e Priscila Roedel, por terem nos acompanhado em nossa primeira viagem ao Lago Michigan.

16. O que você aprendeu com a vida que gostaria de deixar registrado nesta obra?

São muitos aprendizados ao longo da vida. Um desses aprendizados é que a humildade é uma virtude que nos ajuda a reconhecer nossa ignorância, o que nos provoca a vontade de aprender sempre; importante também entender que a vida precisa ser pensada e vivida como uma maratona e não um *sprint*, portanto, não tome atalhos, principalmente quando se tratar de aprendizado. Não perder tempo tentando agradar a todos, o importante é ser sempre honesto, verdadeiro e dar o seu melhor em tudo que fizer. Priorize a família, abrace seus filhos e filhas o máximo que puder. Abrace seus pais, agradeça a eles todos os dias pelo amor incondicional dedicado a você e diga que os ama. Agradeça-os em vida, pois quando partirem, farão muito mais falta do que possa imaginar.

17. Qual a mensagem de motivação você gostaria de deixar para os leitores deste livro?

"Você não pode mudar o vento, mas pode ajustar as velas do seu barco para chegar aonde quer." (Confúcio)

18. Com base no que você vivenciou, ao longo de sua vida corporativa, qual o segredo do sucesso para ir da teoria ao topo?

O segredo do sucesso é pensar e agir sempre como empreendedor e ser protagonista de sua vida e carreira. Em uma organização, jamais olhe para o organograma como sendo um plano de carreira ou a única rota de progresso existente, isto é, muito limitante. O importante mesmo é identificar e se preparar para ocupar os espaços organizacionais que levarão você ao topo ou ao nível que aspirar, e esses espaços, na maioria das vezes, não estão descritos nos organogramas funcionais.

Galeria de fotos

Marcelo Madarász

Empresa:
Parker Hannifin

Função:
Diretor de Recursos Humanos para a América Latina

1. Quais os desafios da liderança no cenário atual?

Após ter passado pela área clínica e pelas empresas nas quais atuei, com a experiência de estar à frente de desenvolvimento de lideranças da Natura por alguns anos, quando assumi o RH da Parker na América Latina e fiz a primeira reunião com o time, expliquei que eu não usava cuecas por cima da calça. Após o espanto inicial, veio a compreensão do que eu queria dizer: não sou o super-homem. Vou precisar muito do time para fazer tudo que precisamos. Quando você dá um Google no termo desenvolvimento de líderes, aparecem milhares de artigos, milhares de autores, manuais, regras, teorias, depoimentos. Em recente pesquisa com 818 profissionais de RH, de 15 setores, sobre quais seriam os temas mais relevantes, 68% indicou em primeiro lugar mudança de mentalidade da liderança. Só essa quantidade de material já dá uma ideia do peso e da responsabilidade do líder. Se somarmos a esse quadro a enorme pressão por resultados, muitas vezes no curtíssimo prazo num cenário desafiador como o atual, podemos claramente entender os motivos de tanta doença entre os líderes, e mais ainda sobre a Síndrome de *Burnout*, "um distúrbio psíquico de caráter depressivo, precedido de esgotamento físico e mental intenso, definido por Herbert J. Freudenberger como um estado de esgotamento físico e mental cuja causa está intimamente ligada à vida profissional".

Por esses motivos, penso que o primeiro movimento importante para os profissionais seja o de refletir ampla e profundamente sobre seu propósito de vida e fazê-lo da maneira mais sincera consigo mesmo. Chegando ao propósito, refletir se a posição de líder com tudo que é exigido está ou não a serviço desse propósito. Se não estiver, pensar no que estaria e desenhar novos caminhos. Se estiver, podemos começar a falar de uma boa jornada de desenvolvimento de liderança. Ela deve ter início com o autoconhecimento e ser expandida para: quem eu sou, qual a minha essência, qual meu propósito, minhas competências, talentos, o que me dá prazer e me permite entrar em estado de *flow*, como eu me relaciono com as pessoas e consigo preparar o campo para que cada um também evolua respeitando e honrando o seu próprio caminho. Ser líder é estar a serviço. Ser líder exige também um caminho interior.

Há uma poesia linda do maior poeta de todos os tempos, Fernando Pessoa, que diz:

Trago dentro do meu coração,
Como num cofre que se não pode fechar de cheio,
Todos os lugares onde estive,
Todos os portos a que cheguei,
Todas as paisagens que vi através de janelas ou vigias,
Ou de tombadilhos, sonhando,
E tudo isso, que é tanto, é pouco para o que eu quero.
(Álvaro de Campos)

Da mesma forma que Pessoa cita o que traz dentro do coração, eu gostaria de deixar registrado que as reflexões que proponho são frutos de alguns anos de alguém bastante inquieto e desassossegado que viveu algumas décadas, boa parte delas inserido no ambiente organizacional, mais especificamente em gestão de pessoas, o famoso RH, embora eu particularmente lamente que continuemos usando Recursos Humanos, para falarmos de gente, gente que, como diz a música de Caetano Veloso, "é pra brilhar, não pra morrer de fome". Com as reflexões que proponho não pretendo traçar nenhum tratado ou impor verdades, mas apenas compartilhar pensamentos que tenho, depois de alguns (muitos) quilômetros rodados. Há quem diga que envelhecer é um privilégio, há quem use um palavrão para definir esta fase da vida e eu gosto de trazer algo um pouco mais bem-humorado: passa-se a ter alguma dificuldade para se enxergar sem a ajuda de óculos, mas por outro lado enxergamos idiotas de longe... Enfim, aprendemos com o tempo a tentar não julgar e, também, se bem trabalhado o ego, aprendemos a não querer impor nossas opiniões. Aprendemos que um ponto de vista é só a vista de um ponto e há muitos outros que devem ser considerados e pelo menos respeitados, caso não coincidam exatamente com o que acreditamos.

Comecei minha vida profissional na área clínica (minha formação é Psicologia). Fui acompanhante terapêutico de pacientes psicóticos, trabalhei em hospitais psiquiátricos, tive meu próprio consultório e este *background* me ajudou e continua ajudando muito na gestão de pessoas. Migrei para RH e trabalhei nas empresas Thomson, Camargo Corrêa, Nokia, Natura e, desde 2014, estou responsável pela área de RH para a América Latina da empresa Parker, multinacional americana. Tive uma oportunidade única na vida de um profissional que foi participar de um projeto na Natura chamado Natura Mundi, e eu era responsável pelo desenvolvimento de lideranças. O projeto como um todo, criado para preparar a Natura para a expansão para o mundo, acabou sofrendo muitas alterações, mas a frente pela qual eu era responsável teve uma vida linda e longa, com vários frutos muito ricos, inclusive o da Natura ser reconhecida como a única brasileira a figurar na lista mundial das empresas que melhor produzem liderança (Hewitt Associates e Época Negócios, 2009). A matéria de capa da revista relatava como a Natura havia se tornado referência internacional com um arrojado programa de desenvolvimento de lideranças que associava palestras de monges budistas, técnicas de psicoterapia e um exigente sistema de avaliação de metas e resultados. Embora a matéria não tivesse conseguido dar conta de tudo que aquele primeiro programa que conduzi na Natura fosse, para mim foi uma alegria imensa ter esse reconhecimento. Para mim foi uma escola única, na qual tive oportunidade de trabalhar com a mestra Betania Tanure e, mais tarde, Marcelo Cardoso e tantos outros mestres da melhor qualidade, brasileiros e internacionais. O programa foi o máximo e depois evoluiu para muitas outras ações importantes ligadas ao desenvolvimento de lideranças, como o Programa de Engajamento e a Academia de Liderança Natura, lindamente batizada de Cosmos pelo queridíssimo e único Luiz Seabra, fundador e empresário espetacular que, junto com Guilherme Leal, Pedro Passos e seu corpo de executivos, construiu um império e motivo de muito orgulho para o Brasil e todos os brasileiros, hoje (2020) a quarta maior empresa de cosméticos do mundo.

2. Qual a sua dica para os que desejam acelerar a carreira?

Quando ouço falar em desejo de acelerar a carreira, penso muito numa história que ouvi há muitos anos sobre lagarta e borboleta. Na sábia natureza é assim: a transformação da lagarta em borboleta exige mais de um ano e tem quatro fases: o ovo, a larva, a pupa e o estágio adulto. A alimentação é fundamental para esse processo e eu poderia me estender nesta metáfora, mas não pretendo enveredar para o campo da biologia. Quero apenas expressar uma opinião de que os processos, quando possível, devem respeitar o seu tempo, para que aconteçam de forma efetiva. Claro que há histórias e histórias, mas por que não se permitir viver o processo? Adoro livros e muitas vezes me deparo com alguns cujos títulos que me fazem ter uma admiração imediata. Um deles chama-se *Não apresse o rio*. Ele corre sozinho. A frase que dá título ao livro é da escritora e psicoterapeuta americana Barry Stevens e fala sobre os riscos de se atropelar o ritmo do desenvolvimento. Gosto muito de um conceito budista sobre a passagem do tempo que pode ser traduzido por esta ideia de Buda: "Aqueles que se torturam com o calor do verão anseiam pela lua cheia do outono, sem mesmo temer a ideia de que então terão se passado, para sempre, mais cem dias".

3. Como você desenvolve a sua inteligência emocional para manter o equilíbrio produtivo e positivo?

Sempre que pensamos em evolução, desenvolvimento das diferentes inteligências (já se fala em nove, segundo o próprio autor Gardner), me lembro de uma frase que ouvi e aprendi de uma líder espiritual que tive: orai e vigiai. Vinda do Evangelho, eu associava automaticamente a algo que ela dizia quando algum fator saía do equilíbrio: preste atenção em sua sintonia, em sua vibração. Com isso, eu quero dizer que o equilíbrio é um conceito dinâmico. Perde-se o equilíbrio muito facilmente e você sai de um dos reinos budistas superiores e vai facilmente para um dos reinos inferiores. Cabe a nós praticarmos o exercício de centramento, e para isso, a meditação, o silêncio, a auto-observação e, claro, principalmente o autoconhecimento são fundamentais.

4. Como você define o seu estilo de liderança?

No desenvolvimento humano, muito mais amplo do que desenvolvimento de liderança, considero muito valioso o aprofundamento em conceitos e teorias, os principais autores e a evolução histórica. Após este embasamento teórico, o passo seguinte seria a utilização do conceito na prática. Como o tema evoluiu? Hoje, muito além dos estilos autocrático, democrático, liberal, situacional, fala-se muito no líder *coach*. Gosto muito dessa ideia de contribuir para o desenvolvimento de cada um. Muito mais importante que o rótulo, penso que o líder deva ser facilitador e servidor. Um líder que está a serviço tem tudo a ver com aquilo que acredito ser o meu propósito de vida. Gosto de pensar que se alguém se encontrar com uma pessoa que trabalhou comigo e for indagada de como foi essa experiência, vai ouvir que essa pessoa cresceu muito, evoluiu muito e que eu pude contribuir com esse processo.

5. Como você cria equipes mais motivadas e comprometidas com o negócio?

Aprecio profundamente a ideia de uma visão holística na qual o líder deveria se conhecer profundamente, conhecer seu estilo e o modo como ele se relaciona, conhecer suas crenças e, se possível, tê-las gerenciado, caso descubra algum fator limitante, não projetar suas questões no outro, e se o fizer, saber manejar bem essa dinâmica e vibrar pela evolução das pessoas e do time. Se o líder conseguir convocar e mobilizar as pessoas de seu time para isso, terá uma equipe cuja confiança é a base da relação e conhecedores de seu propósito, poderão avançar na reflexão sobre o propósito da organização, se há aderência de valores. Tudo isso tem a ver com o verdadeiro engajamento possível, a partir da reflexão sobre o vínculo psicológico que se tem com a empresa. Isso conquistado, há a necessidade de se conhecer o negócio, a estratégia, a leitura estratégica dos indicadores, o mercado e principalmente responder à seguinte questão: "Qual é a parte que me cabe desse latifúndio"? O que eu quero dizer com essa pergunta do poema dramático "Morte e Vida Severina", de João Cabral de Melo Neto, é: como eu, profissional de determinada área (não apenas RH), posso contribuir com o negócio e agregar valor? Em termos práticos é responder por que você tem empregabilidade nessa organização. Sei que pode dar uma ideia utilitária, mas não se trata disso. Trata-se de compreender muito bem a dinâmica entre colaborador e empresa, e saber que há um vínculo profissional. Continuo acreditando muito na força de se exercer um ofício que pavimente a estrada para o propósito de cada um. O trabalho precisa ir muito além do ganho do pão nosso de cada dia.

6. Compartilhe a sua experiência como *coach* individual ou de equipes.

Como mencionei, ao citar trecho da poesia de Fernando Pessoa, penso que tudo que vivemos, todas as experiências, todo aprendizado vai se acumulando numa espécie de bagagem. Tem a ver com o seu *know-how*, que junto com sua rede de relacionamentos forma a sua identidade profissional. Aprendemos muito, inclusive com a dor, os fracassos, os erros. Sempre me lembro da minha experiência nos dois hospitais psiquiátricos e da valiosa supervisão do Dr. Andres dos Santos Júnior, um dos meus mestres, quando atendia não apenas individualmente, mas também grupos. Lidar com os grupos de alcoólicos, por exemplo, suas dificuldades, suas fragilidades foi muito rico. Trouxe estas experiências para a formação de liderança, no sentido de que há na jornada humana um espectro de experiências e um verdadeiro e bom líder, deve trabalhar para exercer a empatia e a compaixão. Após muitos anos trabalhando no desenvolvimento de lideranças, tive a oportunidade de ampliar para o desenvolvimento de equipes e times. Essa primeira experiência na Natura, com meus mestres Marcelo Cardoso, Rogério Cher, Frederico Porto, Roberto Ziemer, me preparou para compreender como um ambiente de segurança psicológica, no qual as pessoas se sentem confortáveis para expor vulnerabilidades, cria a confiança que é a base para uma equipe ter alta *performance* e, portanto, agregar valor, garantir sua empregabilidade e colocar-se a serviço de seu propósito. Uma operação ganha--ganha. Mais tarde na Parker, no projeto de Equipes de Alta *Performance*, percebi também a força que é dar aos colaboradores poder de decisão, autonomia, voz. Poderia escrever um livro inteiro apenas sobre essa experiência, mas a escuta que desenvolvi a partir do estudo da psicanálise, a leitura do discurso, o entendimento da dinâmica na organização, com seu lado luz e com seu lado sombra, pavimenta a minha atuação profissional com as pessoas da minha equipe e com os times com quem interajo. Trazer o papel de líder servidor, que escuta, que dá atenção, que se importa, é algo que tento fazer todos os dias.

7. Em sua opinião, como será o futuro do trabalho?

Em alguns anos, a configuração do trabalho será radicalmente diferente do que conhecemos hoje, com, por exemplo, a interação homem/máquina e a necessidade de se gerenciar essa dinâmica, que não sei como será exatamente, mas sei que exigirá de todos os envolvidos uma necessidade de desconstrução radical e de abrir a cabeça para o novo, para o desconhecido, se desapegando de todas as crenças, certezas e do modo como as coisas são feitas hoje. Como disse Luís Fernando Veríssimo, quando a gente acha que tem todas as respostas, vem a vida e muda todas as perguntas. Por esse motivo, uma competência valiosa será aprender a aprender. Será exigido muito do colaborador que quiser operar nesse novo campo.

8. Na a sua visão, como as "novas tecnologias" estão impactando o mundo dos negócios?

Há uma infinidade de artigos a respeito desse impacto, com tudo que a internet promoveu e ainda promoverá de mudanças nos negócios, o que a inteligência artificial fará com a dinâmica dos negócios e da relação do homem com as organizações, o próprio mercado de trabalho, o trabalho em si. Embora existam as teorias de que o homem será substituído pela máquina, outras apontando para tudo de positivo que será possível a partir dessa nova configuração, o que eu consigo dizer de imediato e sendo muito sincero é: não sei. Penso que virão tantas mudanças, que não conseguimos hoje vislumbrar sua totalidade, menos ainda o impacto dessas mudanças. Quando ainda estava na Natura, participei do início das discussões sobre o impacto do negócio digital na relação com as consultoras. Havia uma ala muito preocupada com a quebra desse vínculo tão forte, o que hoje está comprovado é que há mercado para todas as modalidades. A empresa que não se atualizar, não existirá. Há um lado complicado se pensarmos, por exemplo, no caso do Brasil, em leis trabalhistas tão absolutamente antiquadas, e quem as defenda por interesses outros, que não o da evolução e do progresso – vejo claramente riscos de perdermos o trem e o preço disso será muito caro. Gosto novamente de convidar meus mestres e autores para tradução do que penso a respeito de determinados assuntos, e para esse tema chamo Guimarães Rosa:

"Todos estão loucos, neste mundo? Porque a cabeça da gente é uma só, e as coisas que há e que estão para haver são demais de muitas, muito maiores diferentes, e a gente tem de necessitar de aumentar a cabeça, para o total. Todos os sucedidos acontecendo, o sentir forte da gente — o que produz os ventos. Só se pode viver perto de outro, e conhecer outra pessoa, sem perigo de ódio, se a gente tem amor."

9. Cite um exemplo de oportunidade que você encontrou na dificuldade.

Como acredito profundamente na necessidade de se honrar a nossa história, quero honrar tanto a minha história de vida, quanto o que estudei. Tanto pela psicologia, quanto pela psicanálise e mais tarde outras teorias que conheci que envolvem constelação familiar, também chamada de Constelação Sistêmica, que é uma nova abordagem da Psicoterapia Sistêmica Fenomenológica criada e desenvolvida pelo alemão Bert Hellinger após anos de pesquisas com famílias, empresas e organizações em várias partes do mundo, buscando o diagnóstico e solução de problemas e conflitos; *The Work* de Byron Katie, que é uma maneira de identificar e investigar pensamentos que causam todo o sofrimento no mundo, um meio de encontrar paz em si mesmo e no mundo e algumas outras, penso muito na minha história de vida. Minha mãe casou-se aos 16 anos, com seu professor 16 anos mais velho que ela. Teve minha irmã com 18, teve a mim com 21 e separou-se aos 26. Naquela época, isso era quase um escândalo na família e na sociedade. Ela precisou ser muito forte para bancar isso, mesmo sem o apoio da mãe ou da família, e assumir uma nova relação. Mulher separada, desquitada, divorciada, com dois filhos. Tive então que lidar com essa dor: a da separação, a de estar numa dinâmica de separação litigiosa, a de ter um novo pai, enfim, sem entrar no triângulo do drama, a situação de, com 5 anos de idade, enfrentar isso. Claro que com as marcas que um processo desse pode deixar, eu amadureci muito precocemente. Busquei refúgio nos livros e, com isso, consegui fazer a transição da melhor forma possível. Embora esse seja o exemplo mais marcante e forte na minha vida pessoal, tive outras oportunidades de crescimento, que surgiram a partir de momentos muito dolorosos, principalmente envolvendo rupturas e perdas. Vivi duas vezes uma situação profissional muito semelhante, nas quais, por motivos de relacionamento digamos da arte da política, as pessoas para quem eu respondia foram desligadas da organização. Na primeira, acabei assumindo a posição, ainda que de forma interina, e na segunda, tivesse que aprender a desenvolver resiliência a partir da capacidade de leitura dos jogos pessoais, do manejo dos egos, do mundo das organizações e do poder que as pessoas acabam tendo. Como disse uma vez o Cabrera, muitos querem o lado divino, mas só da dimensão do poder, se esquecem da dimensão do amor divino. O fato é que aquilo que não nos mata nos fortalece.

10. Como você vê o empoderamento feminino nas organizações?

Há uma frase de Aristóteles que diz: "Devemos tratar igualmente os iguais e desigualmente os desiguais, na medida de sua desigualdade". A primeira vez que ouvi falar sobre a necessidade de empoderamento feminino, minha primeira reação foi de surpresa por ser necessária essa discussão. A justiça e igualdade de tratamento e oportunidades deveriam ser tão naturais e óbvias que dispensariam qualquer necessidade de atenção especial, simplesmente por não ser necessário lutar por algo natural, de direito. Mais tarde, me lembro de um diálogo que tive com Alexandra Loras sobre a cota racial. Embora eu não tivesse uma opinião formada, tinha uma inclinação muito forte a ser contra pelo simples fato de não conseguir entender que pessoas poderiam ser categorizadas. Para mim, eram todas simplesmente pessoas e ponto. Portanto, que contratássemos as mais adequadas, as mais competentes, as melhores, com maior aderência de valores, pouco importando se seriam brancas, negras, judias, católicas, umbandistas, gays ou seja lá o que for. Alexandra me deu uma aula sobre a necessidade de se corrigir a distorção causada pelo preconceito racial, pelos vieses invisíveis, e compreendi melhor a necessidade de determinadas bandeiras. Nunca tive nenhum tipo de distinção, mas compreendi muito cedo que, mais que ter a presença feminina ou a presença masculina, seria importante que as organizações e as sociedades desenvolvessem com a maior urgência possível os valores femininos. Valores como o cuidar, o acolher, o importar-se. Oxalá um mundo mais justo sonhado por Martin Luther King seja possível e real o quanto antes.

11. Qual a sua opinião sobre a diversidade nas empresas e os seus resultados?

"Se as cores se misturam pelos campos, é que flores diferentes vivem juntas. E a voz dos ventos na canção de Deus responde todas as perguntas."

Há uma série de coisas na nossa vida que desde muito novo eu me questionava, e mesmo depois de adulto, não foi sem dificuldade que compreendi. Algumas delas continuo não compreendendo, mas mesmo sem a dimensão da compreensão, lamento profundamente e me entristeço. Pode parecer bem tolo o que vou expressar, mas meus desassossegos e inquietações começaram com as diferentes línguas. Por que há tantos idiomas? Como teve início o ódio aos judeus? Como foi o processo de um dia um homem branco escravizar um homem negro? Como a escravidão foi permitida? Como o nazismo foi permitido? Como as ideologias justificam a morte de seres humanos? Onde estava a igreja quando tinha poder e permitia a escravidão? Como se deram os horrores da Santa Inquisição? Como um dia alguém entendeu que por um homem amar outro homem ou uma mulher outra mulher devem ser castigados? Como se mata usando como pretexto a religião? Que Deus exigiria assim a morte de seus filhos? Enfim, a lista seria muito grande. A diversidade é a maior riqueza que podemos ter. O impacto das empresas que valorizam a diversidade é traduzido em última instância naquilo que é mais valorizado por alguns segmentos: maior valor de mercado. É triste que ainda se valorize apenas isso ou mais isso do que a possibilidade de uma civilização justa, que respeite todos, de forma igual.

Para minha família e para todas as pessoas que tive a oportunidade de conhecer, de conviver, de ter alguma relação e até mesmo para as pessoas que estão lendo este depoimento e que não conheço. Não acredito muito em conselhos, da forma como se é dado. Acredito na possibilidade de se compartilhar algo e de desejar ao outro o melhor. Quero agradecer pelo que vivemos, quero pedir perdão pelo que eu possa ter feito ou falado, se isso de alguma forma trouxe mágoa ou dor. Quero compartilhar que tudo está entrelaçado e ao desejar a você o melhor, o amor que é abundante e disponível, somos todos que ganhamos com isso. Que possamos todos nos colocar a serviço. Um dia, a sociedade com a qual sonhamos será real a partir de nossos sonhos e ações. Gratidão!

Galeria de fotos

Márcio Pereira de Barros

Empresa:
Grupo Executiva

Função:
Diretor-Presidente

1. Como e onde você iniciou a sua trajetória profissional?

Iniciei minha vida profissional aos 13 anos, no Departamento de Estradas de Rodagem do Estado do Paraná, levado pelas mãos de meu pai (*in memorian*) para trabalhar na Diretoria Geral, no setor de protocolo, distribuindo processos.

Tive nessa fase passagens pelos setores de multas, concorrências e compras, para depois sair e trabalhar no setor bancário.

2. Quais os principais desafios e resultados que você vivenciou ao longo da sua carreira?

Criei a Executiva Assessoria Empresarial e Terceirização, em 1998, com a atividade de terceirização de folha de pagamento.

Comecei em uma mesa, em uma sala de uma empresa de um amigo da época, com um sistema de folha de pagamento e um computador emprestados.

Naquele momento, iniciaram-se os meus desafios como empreendedor, pois comecei a conhecer a minha concorrência, conceituadas empresas de processamento de folha que atendiam grandes empresas, que eram justamente o meu foco.

Pesquisei os serviços que ofereciam, identifiquei brechas em que não atuavam e agreguei os serviços de auditoria, relações sindicais e consultoria de risco às áreas trabalhista e previdenciária.

A estratégia estava certa: fui contratado via sindicato para auditar uma grande empresa, do ramo de chicotes elétricos, que futuramente me contratou para processar a folha de pagamento. Meu primeiro contrato.

Após esse, outros vieram, grandes empresas, onde oferecia o pacote completo de serviços, processamento de folha, consultoria de risco e relações sindicais.

Venci diversos desafios, trabalhava todos os finais de semana, virava noites.

Nesse momento de início de empresa, com muito trabalho e desafios, foi muito importante a ajuda e incentivo da minha esposa e sócia, Sidenia Marise Wendpap, que abdicou da carreira de engenheira agrônoma para juntos construirmos o que é hoje o Grupo Executiva.

Seu apoio foi um dos fatores mais importantes do meu desafio de ser empresário.

Destaco também a colaboração e dedicação dos meus filhos, Eduardo Pereira de Barros, Luana Carine Wendpap de Barros e, futuramente, Antonio Henrique Wendpap de Barros.

Outros contratos vieram, novos desafios, negociações de greves em grandes empresas, onde sempre consegui encerrar os movimentos "paradistas", com negociações satisfatórias para ambas as partes.

Contratei nosso primeiro funcionário, vieram outros contratos, e também outros funcionários, mas eu ainda estava aprendendo a ser empresário.

Digo sempre que aprendemos com nossos erros e não com nossos acertos; aprendemos com nossas dúvidas e não com nossas certezas.

Erramos mais do que acertamos e, em 2007, tive um dos nossos piores momentos: o mercado mergulhou em uma crise.

Inexperiente naquele tipo de situação, em dois meses a empresa perdeu 80% dos contratos – e o restante solicitou redução.

Funcionários tiveram que ser demitidos, restando somente um único.

Minha sócia e eu descobrimos a duras penas que o gerente simpático do banco só é simpático quando você não precisa dele.

Quase falido, comecei a pensar em como sobreviver àquele momento. Entendi que a torre de negócios de folha de pagamento, no meu modelo de negócio, não era suficiente para me manter em um momento como aquele – e também em momentos futuros.

Abri a gaveta da minha mesa e comecei a ver todos os cartões que eu havia recebido dos meus *prospects*.

Coincidentemente, o primeiro cartão era de uma das maiores montadoras de caminhões do país.

Ressalto aqui que, de uma forma tímida, já oferecia nossos serviços de gestão de terceiros e lembrei que, certa vez, havia levado um projeto a essa empresa e que não havia obtido resposta.

Liguei e, para minha surpresa, a pessoa que me atendeu disse que haviam aberto a concorrência e que o prazo final era no dia seguinte.

Recuperei a proposta e fui levar novamente, para tentar mais uma vez.

Passaram-se alguns meses e, exatamente no dia 31 de dezembro de 2007, me ligaram informando que a minha empresa havia ganho a concorrência.

Qual a empresa? Volvo do Brasil.

3. Alguma história de relacionamento com o cliente que você gostaria de destacar?

Fui contratado via sindicato obreiro, para realizar uma auditoria em uma empresa, já citada, no ramo de chicotes elétricos. Não tinha um *notebook*, então levava para a empresa todo dia meu *desktop* para realizar a auditoria. Trabalhei muitas noites e finais de semana para realizar a tarefa contratada, e no final estava com uma planilha com mais de 400.000 células de cálculo.

Fui para a empresa apresentar para os diretores, Srs. Ronaldo Assunção, Rui Assunção e Ronny Czaczkes.

Após apresentação, me perguntaram o que mais eu podia oferecer, expliquei que estava começando uma empresa de processamento de folha, e eles resolveram me dar um voto de confiança, e me contrataram, sem saber, esse foi o principal gesto que me fez acreditar na minha capacidade e competência.

4. Quais dicas você daria para aqueles que estão iniciando a carreira profissional?

Seja, independentemente de qualquer coisa, honesto.

Saiba que você não é, e nunca vai ser, a principal pessoa da sua empresa. Esse papel é de todos.

Seja bom naquilo que apaixona você, e o sucesso será uma consequência.

5. O que você faz para se manter motivado?

Acordo toda manhã com a certeza de que tenho que ser melhor que ontem.

6. Qual a importância da inovação nas organizações?

Minhas empresas são conhecidas por serem inovadoras, tenho como papel principal identificar as necessidades de mercado e transformar junto com a minha área de TI e PMO essas necessidades em soluções com emprego de alta tecnologia embarcada.

O mercado é extremamente dinâmico, as necessidades se consolidam dia a dia, e a empresa que não investe em tecnologia e inovação em seu segmento, seja qual for, está fadada a desaparecer do mercado em um curto espaço de tempo, mesmo sendo ela secular e líder em seu segmento.

Posso citar o caso da Kodak, a maior empresa do mundo em venda de filmes e câmeras fotográficas, que faliu em 2012, pelo simples fato de não ter dado importância às câmeras digitais e, posteriormente, celulares que cumpriam essa função e, para coroar esse erro, foi a própria Kodak quem inventou a câmera digital.

7. Como você realiza o *networking* de maneira efetiva?

Investimos de forma massiva em mídias digitais, realizamos eventos de *networking* com empresas e profissionais previamente selecionados.

Gravamos vídeos institucionais direcionados, nossa área comercial busca nas redes sociais pessoas para relacionamento e futuros negócios.

8. Do que você tem orgulho?

Se estivermos falando profissionalmente, é da minha trajetória como empresário e empreendedor, de onde eu vim e aonde cheguei, sendo diretor-presidente da maior empresa de gestão de terceiros e qualificação de fornecedores, já com projetos de romper as fronteiras, e se tornar uma empresa internacional.

Se falarmos da minha vida pessoal, é de ter uma família da qual me orgulho.

9. Qual a sua citação favorita e por quê?

Não conheço o autor, mas muito me representa em diversos momentos da minha carreira, uma frase curta: "Enquanto uns choram, outros vendem lenços."

Isso representa que em momentos de crise, como a que vivemos neste momento de pandemia, você pode escolher ficar reclamando e se lamentando, ou procurar enxergar uma oportunidade de negócios, eu preferi vender lenços.

Meu diretor comercial, sr. Eli Barranco, em uma das nossas muitas conversas, me brindou com mais uma, que representou de igual forma nossas ações neste momento:

"Um bom profissional é aquele que acerta um alvo, em quem ninguém mais consegue acertar, agora, um excelente profissional é aquele que acerta um alvo que ninguém viu".

10. O que você aprendeu com a vida, que você gostaria de deixar registrado nesta obra?

O que aprendi na vida? A vida por si só me ensinou diversas coisas, que seriam impossíveis de enumerar aqui, mas posso sintetizar na parte profissional, dizendo o seguinte: empreender no nosso país é você ser melhor que você mesmo, dia após dia.

11. Com base no que você vivenciou, ao longo de sua vida corporativa, qual o segredo do sucesso para ir da teoria ao topo?

Saber entender e conhecer a necessidade do seu público-alvo, ter determinação, resiliência, e saber que pelo menos por um bom tempo terá que relegar sua vida pessoal, em detrimento do crescimento dos seus negócios.

Galeria de fotos

Marco Antonio Francisconi

Empresa:
Truckhelp

Função:
CEO

1. **Como e onde você iniciou a sua trajetória profissional?**

   Venho de origem simples, comecei como auxiliar administrativo na oficina de caminhões da minha família, não era onde eu queria trabalhar com 17 anos, mas precisava ajudar meus pais, com o passar do tempo comecei a me interessar pelo transporte e ver alguns problemas e atrasos no desenvolvimento do setor. Com 29 anos, fui um dos primeiros importadores de peças para caminhões do país, com apenas R$ 2.000,00 e ainda não concretizando a primeira operação, pois o fabricante não entregou a mercadoria. Apenas dez anos depois, com o dólar alto e o país em crise, a importação já não era tão atrativa e a manutenção dos veículos de transporte, que era preventiva, se tornou corretiva, para uns, um baita problema, eu vi uma nova oportunidade, estávamos no início dos aplicativos de celular, se falava pouco em *startup*. Criei a minha *startup*, nasceu a Truckhelp, hoje uma plataforma de auxílio ao caminhoneiro, que tem mais de 10 milhões de visualizações e é sinônimo de inovação para o setor.

2. **Quais os principais desafios e resultados que você vivenciou ao longo da sua carreira?**

   Meu principal desafio foi entender um mercado tão complexo e desafiador como o transporte e a manutenção de pesados, sozinho, sem ter tido uma mentoria ou uma faculdade, o resultado que mais me orgulho é ter sido tão importante para o setor a ponto de pessoas de todo o país me mandarem mensagem pedindo ajuda para solucionar problemas de manutenção em suas frotas.

3. **Quem da sua história de vida inspirou/motivou na sua carreira?**

   Vários empreendedores e CEO's de *startups* que hoje são unicórnios no ecossistema.

4. **Alguma história na gestão de pessoas que você gostaria de compartilhar?**

   A dificuldade em encontrar e preparar pessoas que realmente entregue além do esperado.

5. **Quais dicas você daria para aqueles que estão iniciando a carreira profissional?**

   Um bom profissional não é mais aquele que coleciona diplomas, mas sim aquele que domina seu mercado, surpreende nas suas entregas.

6. **Ao recrutar um profissional, quais características comportamentais você considera fundamentais?**

   Na minha opinião, ter atitude.

7. **Qual legado você gostaria de deixar para a sociedade?**

   Ser humilde e estar sempre atento no que acontece ao seu redor, extrair só as coisas boas, paciência, discernimento. Saber que a construção dos degraus do sucesso é feita lentamente, um a um.

8. **Como você define o papel da liderança?**

   Líder é aquele que tem a admiração e o respeito da sua equipe e não aquele que impõe e manda.

9. O que você faz para se manter motivado?

Confesso que tem dias difíceis, mas o esporte e a família são pilares importantíssimos.

10. Qual a importância da inovação nas organizações?

Uma das palavras mais comentadas nas organizações hoje em dia, vivemos um momento em que as mudanças são muito rápidas, e a redução de custos de processo dando as cartas, o que caracteriza todo esse processo no tempo certo é a inovação.

11. Como você realiza o *networking* de maneira efetiva?

Fazendo com que você seja marcante para aquele cliente ou contato, entrando na vida da pessoa, conhecendo melhor, saber o que ela gosta, seus costumes e manias; entendendo tudo isso, consegue fazer que seu assunto seja prazeroso de ouvir e realmente ela queira fazer algo por você.

12. Do que você sente saudades?

Da época de *startup*, onde não tinha medo de errar (risos).

13. Do que você tem orgulho?

De conquistar um espaço importante em um setor como o de transporte, que é extremamente específico e fechado.

14. Qual o significado da palavra felicidade?

Olhar para trás e ver que deixo um rastro de respeito e admiração.

15. Qual a sua citação favorita e por quê?

"Uma das coisas mais difíceis na vida é manter-se firme naquilo que se acredita".

16. Quais são seus *hobbies* preferidos?

Correr no parque e um bom churrasco.

17. Qual sonho você gostaria de realizar?

Terminar uma das três faculdades que comecei (risos).

18. O que você aprendeu com a vida que gostaria de deixar registrado nesta obra?

O levamos desta vida é a sabedoria que adquirimos e os verdadeiros amigos que conquistamos.

19. Qual mensagem de motivação você gostaria de deixar para os leitores deste livro?

A primeira pessoa que tem que acreditar em você é você mesmo, por isso invista e acredite em você.

20. Com base no que você vivenciou, ao longo de sua vida corporativa, qual o segredo do sucesso para ir da teoria ao topo?

Ter atitude e não ter medo de arriscar, pois só temos uma maneira de saber se vai dar certo.

Galeria de fotos

Marcos Strobel

Função:
Diretor Executivo de Tecnologia

Empresa:
Dia Brasil

ALTA GESTÃO | REGISTRO BIOGRÁFICO

1. Como e onde você iniciou a sua trajetória profissional?

Nasci em 1970, em Sorocaba, interior de São Paulo, onde também me criei. Sou o segundo filho de uma família de quatro irmãos. Filho de pequenos comerciantes, acompanhei de perto a batalha diária de meus pais para nos prover das coisas essenciais à nossa criação, sustento e formação. Assim, desde cedo, entendi que nada vem de graça e, por isso, valorizo cada conquista até aqui. Certamente foi uma das mais importantes lições que aprendi.

Talvez seja correto dizer que eu era um admirador, em mais alto grau, da tecnologia, mas não necessariamente um apaixonado.

Para um garoto de 10 anos, meu sonho de consumo era ter um telejogo, mas a máxima ostentação que consegui foi ter um *walkman* alguns anos mais tarde. Parece estranho, mas muito engraçado relembrar isso agora, alguns de vocês me entenderão.

Próximo a terminar meu ensino fundamental aos 14 anos, tinha muitas dúvidas sobre qual profissão seguir, mas tinha muito apreço por Administração de Empresas, talvez por tudo que acompanhei dentro de casa. Minha avó, uma professora de geografia aposentada e muito culta, insistia que para eu ser "alguém" na vida deveria ter um diploma de datilografia. Sabem do que se trata? E lá fui eu fazer datilografia, presente da vovó.

Prestes a iniciar o ensino médio com formação técnica em Administração, fui tentado por dois grandes amigos na época a mudar para Técnico em Processamento de Dados. Era novidade e poderia ser o futuro.

Daí em diante, posso dizer que minha admiração passou a virar paixão.

Entrei na Universidade Metodista de Piracicaba (Unimep) aos 18 anos, para cursar Tecnólogo em Processamento de Dados, era o que tínhamos na época.

Sem recursos financeiros para fazê-lo, pois meu pai estava desempregado, recebi então meu primeiro e mais significativo empurrão.

Meus pais e minha avó me incentivaram a seguir em frente, porém poderiam me suportar financeiramente por apenas três meses. Aqui fui apresentado ao "Poder das Escolhas". E lá fui eu, primeira vez fora de casa e longe de meus pais.

Já em Piracicaba, até então fazendo um "bate e volta" de ônibus intermunicipal, fui procurar um lugar para morar, e eis que chego à pensão da dona Izenita, acho que ela se chamava assim, na rua da Boa Morte, s/n. Caramba, se tinha que me superar, essa era a hora. Para encurtar a história, em meu segundo mês em Piracicaba, consegui um estágio no Núcleo de Ciências Políticas da Universidade, e em troca, 50% de bolsa. Ah! Como aquele diploma de datilografia me ajudou.

Mais tarde, passei a ministrar aulas de reforço acadêmico, e após um concurso interno, acumulei também a função de programador de produção no centro de tecnologia da universidade. Estudava pela manhã, lecionava de tarde e trabalhava de madrugada, das 23h às 7h. De noite? Eu dormia das 18h às 22h. Mas já era autossuficiente, 100% de bolsa, solteiro e com um polpudo salário. Eureca, estava rico!

Não mencionei antes, mas apesar de todos esses acontecimentos, que acredito terem me preparado para a vida, minha vontade inicial era poder cursar a Fatec-Unesp em Sorocaba, e lá fui eu atrás de mais um sonho. Após aproximadamente dois anos em Piracicaba, voltei a Sorocaba, onde cursei a Fatec e me formei. Para me manter nesse período, fui trabalhar no Centro de Processamento de Dados do Banco do Brasil - CESEC, como digitador de cheques e boletos bancários, início da informatização dos bancos.

Vó, você tinha razão sobre a importância da datilografia na vida de alguém! (risos).

Eu me formei em 1992, e nesse período já tralhava em uma empresa de desenvolvimento de soluções, de propriedade de um amigo, o qual tenho o prazer de cultivar a amizade até hoje. Era uma empresa que, hoje em dia, poderíamos chamá-la de *startup*, e ele de empreendedor. Mas logo essa empresa foi adquirida por um grupo maior, e sua sede mudou para São Paulo. Eu fui com ela, e posso dizer que assim iniciei, de fato, minha trajetória profissional.

Muita determinação, preparação, resiliência, sem me esquecer dos valores de vida.

2. Quais dicas você daria para aqueles que estão iniciando a carreira profissional?

Foco! Defina seu "norte", para onde quer ir, identifique seu propósito. Siga sua jornada, e absorva todo aprendizado e conhecimento possível nessa viagem. Mas atenção, você precisará de uma bússola, que chamo de valor. Seus valores irão mantê-lo conectado em sua jornada.

Cargo, *status*, condecorações, *glamour*... são conquistas obtidas ao longo da jornada (faz parte do pacote). Porém esse não será o termômetro que medirá seu sucesso, pois são conquistas que vêm e vão. Por isso, não perca seu foco, não tenha como prioridade cargos e posições. Busque por tudo aquilo que venha a somar, por aprender constantemente, por aquilo que o desenvolva como profissional e pessoa, que o projete, e que no final do dia você tenha aquela sensação de realização.

Faça aquilo que gosta, mas saiba também fazer aquilo que não gosta, pois em algum momento em sua carreira você terá que lidar com isso. Faz parte!

Siga com simplicidade e alegria em tudo que fizer. Não custa nada, mantém você no foco e faz bem.

Por fim, na dúvida, pergunte aos anciãos. Foi o que aprendi com minha avó. A experiência e vivência que carregam certamente tem muito a acrescentar.

3. Ao recrutar um profissional, quais características comportamentais você considera fundamentais?

Para mim, a atitude faz a diferença em um profissional. Atitude eu traduzo na vontade, no desejo, na garra de querer fazer, realizar, transformar. Ação!

Você pode, e em muitos casos deve, adquirir todo o conhecimento possível, para aquilo que se propõe a fazer, ou até mesmo ter alguns dons específicos, ou desenvolver habilidades necessárias, porém, se não tiver brilho nos olhos, não irá muito longe.

Gosto muito daquela frase: "Sem tesão, não há solução".

Então, não espere. Vá e faça!

Em particular, procuro nesses profissionais características como: entusiasmo (brilho nos olhos), motivação (o que move você?), adaptabilidade (afinal, a única certeza que temos é que tudo muda sempre, e devemos ter flexibilidade para acompanhar), generosidade (compartilhe o que aprendeu), ética (mas vou simplificar – tenha o discernimento entre o que moralmente e socialmente é certo ou errado, aja com princípios), transparência (jogue junto, afinal, somos um time, certo?), resiliência (ou equilíbrio emocional, para muitos), respeito (simplesmente não faça ao próximo o que não deseja a você) e liderança (se responsabilize por suas ações).

4. Qual legado você gostaria de deixar para a sociedade?

Profissionalmente, talvez seja prematuro rotular um legado. Primeiro porque acredito que muito mais está por vir e, também, por entender que todas as grandes realizações e conquistas até aqui tiveram sua importância em um contexto específico e não foram obtidas sozinhas.

Agora, pessoalmente, meu maior legado é a família que construí – meus filhos. É indescritível imaginar que tudo aquilo que fiz em minha vida, meus valores, momentos, conquistas, fracassos, aprendizados, enfim, tudo aquilo que aprendi, vi, vivi e ensinei, possam ser levados adiante, não apenas por narrativas, mas sim contados e praticados por dois seres humanos que mudaram minha vida, e certamente irão mudar ou influenciar a vida de outros mais. Obrigado, Patty, por me proporcionar esta dádiva de ser pai.

5. Cite alguns líderes que, em sua opinião, são inspiradores.

Steve Jobs, por sua missão pessoal de mudar o mundo, manter-se fiel às suas crenças e pensar diferente. Sua inspiração, motivação, determinação e crença o levou a atingir sua missão: mudou de vez o comportamento de toda uma sociedade. Dúvida? Quantos minutos você consegue passar no seu dia sem consultar seu *smartphone*?

Barack Obama, por possuir características admiráveis para um líder, uma enorme empatia e capacidade de influenciar. "*Yes, we can!*"

6. Como você define o papel da liderança?

Como um facilitador, um guru, orientador, formador, estrategista e político, quando necessário.

Saber identificar, extrair, engajar, influenciar e potencializar todas as competências, comportamentos e atitudes individuais dos profissionais que juntos a ele trabalham, e orquestrá-las da melhor forma para um propósito em comum.

Um líder tem desafios e responsabilidades para atingir resultados, e o faz pela excelência e competência de seu time.

7. Qual a importância da inovação nas organizações?

Para mim, de forma simples e objetiva, a inovação redefine o jogo, a continuidade de uma organização.

Inovação não necessariamente se trata de tecnologia. Novos comportamentos e experiências de consumo, diferentes formas e modelos de se relacionar e transacionar. Há uma realidade cada vez mais crescente em se consumir serviços por assinatura, por exemplo.

O mundo está mudando e continuará mudando. E cada vez mais rápido, mais dinâmico.

As tecnologias, ou novas tecnologias em si, são um meio, instrumentos para acelerar, melhorar o desempenho e escalar em massa esses novos modelos de negócio.

O ponto crucial está na velocidade e na mudança do *mindset* da cultura organizacional, incentivando o aprendizado constante, a "cultura do erro" e como ela equaciona o "*trade off*" para as organizações, entre se reinventar vs. continuar gerando os resultados no presente.

Aprender, desaprender, reaprender. Ouvi isso recentemente em um *workshop* e trata-se da mais pura verdade.

8. Do que você sente saudades?

Para mim, é impossível não mencionar meu falecido pai. Não quero torná-lo aqui um herói, intocável ou qualquer outro estereótipo de uma pessoa perfeita. Não. Não se trata disso, e não é esse o mérito. Trata-se de uma referência, ou melhor, de um norte com forte influência que até hoje carrego para a vida. Filho de alemão, de poucas palavras, mas generosidade ímpar. Sabe quando apenas a presença de alguém ao seu lado, um olhar, pequenas atitudes confortam, dizem ou fazem muito por você? Saudades, pai, de poder me sentar ao seu lado para assistirmos ao nosso São Bento jogar, entre outras tantas coisas mais, da forma mais simples e divertida que a vida pôde nos oferecer. Descanse!

9. Do que você tem orgulho?

De olhar para trás e reconhecer o valor de cada passo, cada acontecimento, cada batalha, cada superação, para chegar até aqui.

10. Qual o significado da palavra felicidade?

Para mim, felicidade é ter o que é essencial e que me traga uma sensação de bem-estar.
Certa vez, ouvi do professor Mario Sergio Cortella, um filósofo que admiro, que o essencial são as coisas simples da vida, ao alcance de todos nós e que podem, sim, nos remeter a esse estado de bem-estar. Tomar uma xícara de café coado na hora, ou uma taça de vinho, não importando onde, como ou por que, rir em meio ao caos, ter a experiência e sentir o prazer de criar um filho, poder sair de casa todos os dias pela manhã para ir trabalhar ouvindo recomendações da família, "dirija com cuidado e Deus o proteja", poder chegar em casa após uma longa jornada de trabalho e sentir a alegria do João Pedro e da Pietra, meus filhos, com sorriso estampado em seus rostos, ouvindo aquele "oi papai" e ganhar deliciosos beijos e abraços. Crer em Deus, ser grato...
É sentir-me bem comigo mesmo, pois posso estar desacompanhado, porém nunca estarei sozinho.
No mais, temos as coisas fundamentais e necessárias para viver, como dinheiro, mas isso não necessariamente nos traz este estado de bem-estar, e mais, mesmo que o traga, não será duradouro.
Para os psicólogos, religiosos e tantos mais, certamente há outras definições mais sábias e profundas. Eu respeito, mas ainda prefiro as coisas simples para defini-la.
"Simples, essencial, mas não fundamental." (Mario Sergio Cortella)

11. Qual a sua citação favorita e por quê?

"Fod@-c"! Com perdão da expressão, mas não a considere pelo significado tosco, vulgar ou ofensivo.
Eu a vejo pelo lado cômico, divertido, leve, descontraído de se enfrentar uma situação adversa, muitas vezes problemática ou desafiadora. *"Fod@-c"* me liberta, me deixa mais leve, me motiva, me dá energia para seguir em frente e me ocupar com aquilo que realmente merece minha atenção. Funciona como um "advérbio de intensidade".
No mais, *"Fod@-c"!*

12. Quais são seus *hobbies* preferidos?

Adoro viajar, isso enriquece, conhecer outros povos, culturas, formas diferentes de ver e viver a vida. Há alguns anos, também descobri o prazer em cozinhar, pois me traz a satisfação e o bem-estar de estar realizando algo pessoalmente.

13. O que você aprendeu com a vida que gostaria de deixar registrado nesta obra?

O "Poder das Escolhas". A vida é um constante ciclo de chances, aprendizados e oportunidades. Somente você pode e será o único responsável por aquilo que deseja e atrai para sua vida. Então, não reclame, engula o choro, e se não está bom, mude. Você pode, depende apenas de você e o quanto você está disposto a se desafiar, a mudar. Lembre-se, aqui, também, a atitude irá contar a seu favor ou contra.

14. Com base no que você vivenciou, ao longo de sua vida corporativa, qual o segredo do sucesso para ir da teoria ao topo?

Superação, simplicidade, resiliência, integridade, atitude.

Para exemplificar, como disse, sempre morei em Sorocaba, interior de São Paulo, onde mantenho minha família. Há aproximadamente 30 anos, viajo ida e volta para São Paulo, diariamente, onde escolhi trabalhar... e de São Paulo para o mundo.

Há muitas dificuldades e perigos nesta minha rotina. Vi muitas coisas ruins nesse trajeto diário e, graças à Deus, sempre me esquivei delas. Porém, para mim, isso foi uma escolha, o preço que decidi pagar por aquilo que queria fazer.

Hoje tenho zero arrependimento, pois isso também me fortaleceu para tantas outras coisas, pude entender a importância de se usar corretamente o tempo, priorizar e realizar coisas.

No mais, estar atento às janelas de oportunidades ao meu redor e, o mais importante, estar previamente preparado para elas, pois hoje ou amanhã, você não saberá, elas poderão se fechar rapidamente.

Galeria de fotos

Mariano Javier Mercado

Função:
Diretor-Geral

1. Como e onde iniciou-se sua trajetória profissional?

Minha carreira começou na cidade de Córdoba (Argentina), em 2 de fevereiro de 1996, coincidentemente o mesmo dia em que iniciei meus estudos universitários na Universidade Nacional de Córdoba. Na época, um grande amigo, Federico Raffetto, me informou que a empresa em que ele trabalhava estava contratando, e após uma entrevista relativamente rápida, consegui meu primeiro emprego, como inspetor veicular. No início, a jornada de trabalho era de 6 horas, o que me permitia utilizar o período da tarde para assistir às aulas na universidade. Foram anos de muito sacrifício, porque saía da minha casa às 7 horas da manhã e voltava às 11 horas da noite, deixando os finais de semana quase exclusivamente para estudar.

Em 2002, comecei a procurar novos desafios dentro da organização e, após algumas conversas internas, fui transferido para outra divisão da empresa, chamada "Produtos". A posição requeria que me mudasse para Buenos Aires, fato que encarei com muita empolgação, já que se tratava da cidade mais cosmopolita do país. Durante minha passagem por essa cidade, adquiri experiência em várias divisões e conheci por dentro novos serviços, principalmente no segmento das telecomunicações e dos brinquedos; justamente os serviços relacionados a esses produtos me levaram a ter minha primeira experiência internacional, na China, em 2007. O projeto tinha uma duração de 6 meses, mas o que eu nunca imaginei é que depois dessa curta experiência receberia o convite para morar por vários anos no gigante asiático. No total, foram cinco anos, sendo três na China e dois em Hong Kong. Decidir mudar para um lugar tão distante, em quilômetros e culturalmente, não foi fácil, mas sabia que era uma oportunidade única que podia me abrir muitas portas. Foi sem dúvida uma das melhores decisões que tomei na minha vida.

No ano de 2012, as mesmas pessoas que me convidaram para trabalhar na China foram as que me promoveram para mudar para o Brasil, com o objetivo de assumir posições de alta gestão a nível regional. Minha experiência no exterior foi determinante para poder lidar com uma nova realidade, que certamente era muito diferente ao que tenha experimentado em Argentina e na China. Abracei o desafio e novamente senti que havia dado um passo na direção certa. Já aqui no Brasil tive a oportunidade de aprender uma nova cultura, assumir mais responsabilidades, desenvolver novas habilidades, projetar o crescimento de uma organização, fazer novos amigos e curtir novos *hobbies*, entre outros aspectos. Após quase oito anos morando no Brasil, estou muito contente e me sentindo inserido plenamente numa cultura rica e diversa.

2. Quais os principais desafios e resultados vivenciados ao longo da sua carreira?

Desde o momento que começamos nossa vida profissional, sabemos que sempre estaremos expostos a diferentes problemáticas e desafios. No meu caso, foram justamente os desafios os que me ajudaram a crescer profissionalmente. Tenho enxergado esses desafios como verdadeiras oportunidades para me colocar à prova e explorar novos territórios, além de me motivar para atingir objetivos mais ambiciosos.

Os de maior destaque estiveram relacionados à adaptação a diferentes culturas, diferentes países, hábitos, formas de trabalhar e pensar. Essa adaptação tem sido chave para poder desenvolver meu trabalho com maior eficiência e tranquilidade, além de me permitir identificar os elementos necessários para construir uma carreira sólida.

Do lado dos resultados, são muitos os exemplos que vêm na minha mente: desenvolver novas áreas de negócio em diferentes países, comprar uma empresa, reverter resultados negativos, transformar culturas organizacionais, me reinventar ao longo dos anos na empresa, superar profundas crises institucionais, entre outros.

Olhando para atrás, sinto uma grande satisfação pelos resultados e experiências vividas.

3. Quem da sua história de vida inspirou/motivou na sua carreira?

Meus amigos mais íntimos e alguns referentes à época têm sido uma fonte de motivação desde adolescente, devido a toda dedicação e inteligência, mas curiosamente um ex-colega de pós-graduação, Diego Payer, foi quem de alguma forma enxergou em mim o talento para a gestão.

Apesar de ter compartilhado pouco tempo com as aulas, parecia que ele me conhecia muito bem. Talvez o fato de ser europeu e ter se educado dentro de uma outra cultura, fez com que se identificasse com facilidade a algumas características que até esse momento eu desconhecia. Um bom dia, ele me disse: "Você tem que se dedicar à gestão de empresas e de pessoas. Sugiro que você comece por fazer um MBA". Eu nem sabia o que era um MBA...

Esse comentário mudou tudo e foi o início de uma forma de pensar e planejar os próximos passos totalmente diferente.

4. Alguma história na gestão de pessoas que gostaria de compartilhar?

Quando fui transferido para o Brasil, desde Hong Kong não conhecia a equipe, só tinha referências superficiais de algumas pessoas. Embora os conselhos visassem me facilitar o caminho, preferi ignorá-los, porque queria ter uma visão própria de cada um deles.

Os primeiros meses foram de muita observação, de muito diálogo e interação com todos meus novos colegas. Isso foi determinante para identificar talentos e recuperar pessoas que se sentiam desmotivadas pela falta de oportunidades.

Reservar um espaço na agenda para interagir efetivamente com as equipes de trabalho é um exercício que demanda um esforço e dedicação consideráveis, mas os resultados e aprendizados são muito gratificantes.

5. Quais dicas daria para aqueles que estão iniciando a carreira profissional?

Os tempos atuais certamente não são os mesmos que há 25 anos. Hoje existem novas carreiras universitárias, a tecnologia tem avançado a passos agigantados, existem novos empregos, novas regras sociais, novos segmentos de mercado, novos líderes, redes sociais, etc. Embora todas essas mudanças tenham um impacto enorme no mercado de trabalho e influencie diretamente quem esteja começando, atitude, respeito, honestidade e humildade continuam sendo, no meu ponto de vista, os pilares fundamentais para construir uma trajetória sólida e de sucesso.

Não perca tempo com futilidades e pessoas negativas. Procure boas pessoas que sirvam de referência e os desafiem positivamente para crescer, e líderes que os inspirem com palavras, mas principalmente com exemplos.

6. Ao recrutar um profissional, quais características comportamentais são consideradas fundamentais?

As famosas *soft skills* são cada vez mais importantes e atualmente as mais procuradas nas organizações. Pessoalmente, sempre tenho procurado pessoas que sejam éticas, empáticas, humildes, que mantenham uma atitude positiva e a vontade de aprender. Essas características acabam sendo determinantes para a escolha de um candidato, independentemente se tem as habilidades técnicas necessárias para a posição.

Recentemente, li uma frase com a qual me identifiquei imediatamente e reflete em grande parte meu pensamento: "Uma das poucas certezas que temos é que ficar sentado de cara fechada, reclamando sobre a vida, nunca vai mudar nada". Em contrapartida, as sugestões construtivas e bem elaboradas serão sempre bem-vindas. A atitude positiva é um fator essencial no momento de escolher um profissional, não importa o cargo.

7. Qual legado gostaria de deixar para a sociedade?

Desde a minha escola secundária até as empresas nas que trabalhei, tive a oportunidade de aprender ao lado de profissionais que me inculcaram a importância do trabalho bem-feito e da responsabilidade. Esses conceitos têm me impulsionado e motivado a desenvolver vários projetos de diversos impactos, onde consegui pôr em prática tudo aquilo que ia aprendendo. Embora possa mencionar muitos projetos que formam parte de minha vida profissional, talvez o legado que gostaria de deixar seja o mesmo que eu recebi: a importância do respeito, da responsabilidade e do trabalho bem-feito.

Do lado pessoal, sempre tive a sorte e a facilidade de fazer grandes amigos, muitos dos quais mantenho até hoje. A amizade é muito importante na minha vida, e por esse motivo, gostaria de ser lembrado como um bom amigo, uma pessoa com a qual se pode contar.

8. Quais os reflexos das práticas de cidadania empresarial para organizações, profissionais e sociedade?

Da mesma forma que os líderes estão cada vez mais expostos, as organizações também. Uma empresa com responsabilidade social definida pelos seus valores éticos, de transparência, ambientais, entre outros, é sem dúvida um agente que contribui para a construção de uma sociedade melhor.

Os benefícios de se tornar uma empresa cidadã são muitos, entre os quais se destacam a atração e retenção de talentos, fidelização dos clientes, imagem positiva no mercado, aumento de vendas, sustentabilidade no negócio, entre outros. Esse é o caminho para conquistar novos mercados, se ganhar o respeito dos clientes e construir uma estratégia sólida e saudável em médio e longo prazos.

9. Cite alguns líderes que, em sua opinião, são inspiradores.

Ao longo de minha vida, tive o privilégio de conhecer e interagir com seres humanos que têm me influenciado positivamente, como pessoas e profissionais. Meus primeiros líderes têm sido sem sombra de dúvida meus pais e meus avós. Suas palavras, gestos e incontáveis exemplos têm me influenciado e guiado positivamente através dos anos. Relembrar essas vivências me ajuda até hoje a encontrar o equilíbrio em momentos de dificuldade.

Profissionalmente, os senhores Carlos Delich, Lluis Basas Arenillas e Holger Kunz têm sido meus mentores desde o início de minha carreira até os anos mais recentes. Todos eles compartilham características similares, com um alto nível de inteligência técnica e emocional, excelente comunicação com todos os níveis da empresa, prática permanente do *"walk the talk"*, entre outras. Apesar de terem construído carreiras de sucesso e ocupado cargos de alta liderança em instituições prestigiosas, sempre se mostram acessíveis positivamente, ambiciosos e inspiradores. Sou muito grato por ter tido a oportunidade de aprender com eles.

10. Como você define o papel da liderança?

A liderança ocupa um papel central em qualquer organização. Suas decisões, conhecimento, ações, valores, atitudes e comportamentos impactam diretamente no funcionamento de qualquer empresa e os membros que a compõem.

A era digital na que vivemos coloca os líderes ainda mais numa vitrine que transcende os limites da própria organização, obrigando-os, mas também motivando-os, a se superarem constantemente e cumprirem regras cada dia mais desafiadoras.

Ao mesmo tempo, o verdadeiro líder tem o enorme privilégio de influenciar e mudar a vida de muitas pessoas, através de um espírito de serviço, uma qualidade que poucos têm.

11. O que você faz para manter-se motivado?

Há muitos anos, ouvi a frase "a motivação é uma porta que se abre por dentro", com a qual concordo plenamente. Sou uma pessoa curiosa por natureza, e talvez essa característica tenha me ajudado a identificar oportunidades e olhar para frente constantemente em busca de novos desafios e experiências.

Ler material de diferentes fontes, viajar e conhecer culturas diferentes, dialogar com colegas e amigos, interagir com profissionais de diferentes indústrias, entre outras atividades, continuam me ajudando até hoje a me manter motivado para continuar aprendendo.

12. Qual a importância da inovação nas organizações?

Quando comecei minha carreira, há 24 anos, ninguém falava de inovação. Talvez o conceito de inovação fosse mais restrito em algumas indústrias, mas certamente não era popular. Desde o desembarque de grandes empresas como Google, Apple, entre outras, e o notório avanço da tecnologia e internet, o conceito de inovação começou a ser mais divulgado, o que deu lugar à criação de departamentos internos de inovação e também ao crescimento exponencial das *startups*.

Atualmente, tudo gira em torno da inovação, independentemente do tamanho da empresa ou segmento de mercado no qual atue. Num espaço relativamente curto de tempo, a inovação tem se transformado num dos pilares estratégicos fundamentais de qualquer organização. Bem utilizada, e capaz de transformar radicalmente qualquer indústria. Negligenciar ou não dar o espaço devido à inovação fará com que as empresas percam competitividade rapidamente, ou inclusive deixem de existir.

13. Como você realiza o *networking* de maneira efetiva?

Para ser verdadeiramente efetivo, o *networking* deve ser constante e desinteressado, preferencialmente de forma presencial. Participo de grupos específicos de diferentes setores, de eventos, interajo com frequência nas redes sociais profissionais, participo ativamente de *webinars* relacionados a assuntos variados, converso com ex-colegas, ex-chefes e com amigos sobre problemáticas atuais, oportunidades de negócio, entre outros.

Essa interação é muito enriquecedora e produtiva, e abre portas que muitas vezes nem pensávamos que existem. O *networking* deve obrigatoriamente ser parte da agenda de qualquer profissional, principalmente da alta gestão.

14. Do que você sente saudades?

De meus pais, irmã, sobrinho e grandes amigos. Moro fora do meu país há 13 anos e nem sempre é possível viajar para compartilhar com eles. Apesar de existirem inúmeras ferramentas digitais para se comunicar a qualquer momento e com alta qualidade, a presença física é insubstituível.

15. Do que você tem orgulho?

De olhar para trás e ver que consegui fazer algo positivo em minha vida. As diferentes escolhas e experiências durante todos esses anos me enriqueceram como pessoa e profissional. Somos o resultado de nossas escolhas, e para que esse processo de escolher seja bem-sucedido, é necessário estar acompanhado de pessoas de bem que, de uma forma ou de outra, nos influenciam positivamente e ajudam permanentemente. Tenho o orgulho e o prazer de dizer que meus pais, irmãos, esposa e amigos de muitas latitudes são parte desse seleto grupo.

16. Qual o significado da palavra felicidade?

Uma mistura de equilíbrio, paz interior e fé em Deus. A verdadeira gratidão é ajudar aos demais, principalmente aqueles que mais precisam, são aspectos centrais para conseguir esse estado tão desejado por todos.

17. Qual a sua citação favorita e por quê?

"O começo do fim para um indivíduo ou empresa é quando começa a se achar".
Manter a humildade a todo momento, independentemente do momento atual de cada um e da posição no trabalho e na sociedade, é essencial para não cair nessa armadilha.

18. Quais são seus *hobbies* preferidos?

Gosto bastante dos esportes em geral, mas o futebol sempre foi o meu favorito. Comecei a jogar aos 6 anos e continuo jogando até hoje. Outro esporte que desfruto muito é o tênis, embora não o pratique com frequência. A fotografia é também um *hobby* pelo qual tenho paixão e pratico quando tenho algum tempo.

19. Qual sonho você gostaria de realizar?

Tenho sonhos diversos, desde os mais simples até os mais desafiadores. Ver meu time de futebol campeão e poder compartilhar esse momento com o meu pai, viajar junto com a minha esposa e nossas famílias e construir uma casa na montanha são alguns deles.

Os mais desafiadores estão relacionados ao profissional. Os sonhos se constroem com trabalho e dedicação, e por isso coloco meu esforço para algum dia chegar a liderar uma grande empresa ou construir a minha. Quero me sentir realizado como pessoa dessa ou de alguma outra forma, atrelado a alguns sonhos profissionais.

20. **Qual mensagem de motivação gostaria de deixar para os leitores deste livro?**

Tenha um propósito na sua vida e não se separe dele. Talvez não seja fácil de identificar no começo, mas certamente existe; não deixe de procurá-lo. Esse propósito é o motor para acordar todos os dias com a energia positiva e forças necessárias para encarar qualquer desafio.

Seja uma pessoa de bem, com valores sólidos e atitudes nobres que façam a diferença em seu entorno mais próximo. Prepare-se, estude, se interesse, seja curioso, se motive, se envolva, afaste-se do medíocre, não reclame, mantenha uma atitude positiva a todo momento, se reinvente, curta as pequenas coisas, pense como dono e nunca desista. O verdadeiro sabor da vida está mais na jornada do que na chegada.

21. **Com base em suas memórias, qual legado você gostaria de deixar para a humanidade?**

Honestidade, respeito e trabalho.

Galeria de fotos

Mauricio Chiesa Carvalho

Empresa:
Tamarana Tecnologia e Soluções Ambientais

Função:
Head de Recursos Humanos e Responsabilidade Social

1. Quais os momentos mais importantes da sua carreira?

Acho que a cada experiência, a cada momento, temos a oportunidade de vivenciar coisas novas. Estamos em constante evolução. Mas alguns, claro, marcam um pouco mais.

Destaco os que contribuíram – de certa maneira – um pouco mais para estar onde estou hoje, como por exemplo minha formatura de graduação, a primeira oportunidade de lecionar, quando assumi como primo de lobinho e monitor de escoteiro (minhas primeiras experiências como liderança), a primeira vez que estamos nas melhores para se trabalhar e, também, em 2019, ingressado na Academia Europeia da Alta Gestão como membro, e lançado o primeiro livro, e em 2020 ingressar como conselheiro.

2. Quais as competências essenciais para o profissional do futuro?

Altruísmo, inteligência espiritual e emocional. Falar de *hard skills* como habilidades com tecnologia da informação é clichê. É um processo natural – e necessário. Mas estarmos verdadeiramente ligados a um propósito, prezando o verdadeiro interesse pelo bem coletivo, nos libertando de estados egoístas, farão a diferença. Esses *soft skills* o *tech* jamais vai substituir. Ou seja, o *"touch"* sempre estará presente. Quando temos tais habilidades, conseguimos enxergar nosso propósito, nossa missão. E ter claro nosso *Ikigai* definirá – e muito – nossas animosidades. Essa essência, vezes simplista, mas profunda, é o que diferenciará.

3. Em sua opinião, a inteligência artificial pode alterar o nosso estilo de liderança?

O *tech* nunca vai substituir o *touch*. Verdadeiras lideranças saberão usar a tecnologia para agregar valor à sua gestão, mas jamais substituir o papel humano da liderança. O coração. A alma. Para mim, em voga estará – e sempre – algo dito por Jung: "Conheça todas as teorias e domine todas as técnicas, mas ao lidar com uma alma humana, seja apenas uma alma humana".

Ter procedimentos implementados garante a estabilidade e racionalidade do processo decisório. Então, a tecnologia contribui aqui. Mas a definição dessa alma é o ser humano.

4. Quais atitudes do líder conquistam a cooperação da equipe?

Muito além das competências – vulgo CHA (conhecimento, habilidade e atitudes). O altruísmo e a inteligência espiritual e emocional para deixar seu legado. Também entendo que as neocompetências (artigo de Tom Coelho) farão a diferença.

Especialmente, cito algumas. Autenticidade é ser quem é e todos reconhecerem nele essa figura de liderança. Não apenas pelo carisma, mas pela sabedoria e pela postura igualitária. A sociabilidade, ter condições assertivas de conviver em tribos, culturas e pontos de vista diferentes. É saber respeitar. E, acima de tudo, sob o ponto de vista altruísta, é devolver algo para o "mundo" que seja lembrado. É formar pessoas, e ter o compromisso com seu desenvolvimento. Entendendo esse seu propósito de liderança, ele deixará seu legado, que será a sua assinatura de credibilidade. E tal legado será (ou não) a prova real da verdadeira existência de um líder. Afinal, ter credibilidade é poder explicar o que fez, por que fez e como fez para quem quer que seja, além de servir de modelo.

5. Como o *design thinking* pode contribuir com a resolução de problemas e criação de oportunidades nas organizações?

Design thinking (D.T) é o conjunto de ideias e *insights* para abordar problemas, relacionados a futuras aquisições de informações, análise de conhecimento e propostas de soluções. Tal como outras metodologias, como *Canvas*, *Scrum* e *Lean*, são ótimos meios e ferramentas. Contudo, são *"techs"*. Muito além do *design thinking*, se faz necessária a real assimilação da cultura de uma empresa. Parece óbvio, mas precisa ser dito. Assim, entre as cinco etapas do processo de aplicação do D.T. estão a empatia, definição, ideias/alternativas, prototipagem, teste e implementação. Observe que a empatia é o primeiro passo. A ferramenta pode contribuir de maneira racional e efetiva com a implementação de Kaizens e Kaikacos, contribuindo até mesmo para uma ação disruptiva do *status quo*. Porém, para que ele seja usado em sua plena essência, se faz necessário significar o instrumento, considerando os aspectos da cultura organizacional. Se ele for apenas usado no padrão "modinha", como muitas organizações o fazem, ele não apenas não funcionará, mas será um "peso morto" e um entrave à fluidez da organização. E não à toa que a empatia é o primeiro passo. Então, que essa empatia seja utilizada também para perceber como as pessoas percebem a cultura e se essa cultura está apta a receber tal abordagem, e que essa seja perene.

6. Fale sobre aprender com os erros e aproveitar as oportunidades.

É aprendendo com os nossos erros que criamos oportunidades, pois não voltaremos a tropeçar nos mesmos obstáculos. Essa oportunidade de criar um "novo" é o exemplo vivo de que estamos em constante evolução. A experiência nos ajuda a não errar duas vezes na mesma coisa.

7. Fale sobre resiliência.

"Água mole, pedra dura, tanto bate até que..." (provavelmente você respondeu mentalmente). A resiliência nada mais é do que a capacidade de manter o equilíbrio emocional frente a diversos acontecimentos da vida, e ainda sim, sem perder sua essência, seus valores.

8. Quais valores são importantes para você?

Valores morais são os conceitos e pensamentos tidos como corretos ou errôneos por uma pessoa, grupo social ou sociedade. Em ética, valor denota o grau de importância de alguma coisa ou ação, com o objetivo de determinar quais são as melhores ações a serem tomadas ou qual a melhor maneira de viver, ou para determinar a importância de diferentes ações. Para mim, família, espiritualidade, altruísmo e caráter.

9. Quais habilidades pessoais você adquiriu com a sua vida executiva?

Algo simples, que eu já conhecia, mas se fez presente. E seus resultados foram vistos. Poderia citar diversos projetos, habilidades, conquistas, resultados. Mas visitá-la genuinamente e praticá-la de maneira verdadeira me fez comprovar sua efetiva importância e resultado. Tanto que foi o *"Mot"* do meu capítulo no primeiro livro que participei como coautor da Academia Europeia da Alta Gestão – *Memória de líderes da alta gestão, um legado para humanidade,* – edição anterior a esta: a gratidão. Sim. Gratidão.

Segundo definição da Harvard Medical School, gratidão é uma apreciação pelo que um indivíduo recebe, seja tangível ou intangível. Como resultado, a gratidão contribui para que possamos nos conectar a algo maior do que nós mesmos – seja a outras pessoas, à natureza ou a um poder superior. E como resultado: tudo então naturalmente flui e acontece bem mais próximo do esperado ou desejado.

10. O que faz você feliz?

Estar em paz comigo mesmo. Isso é o resultado de uma equação de paz de espírito, genuíno altruísmo e, principalmente, a satisfação de um propósito com consequente legado.

Vale, contudo, definir o que é "feliz": um adjetivo de dois gêneros, que remete a ser favorecido pela sorte; ditoso, afortunado, venturoso cujos desejos, aspirações, exigências etc. foram atendidos ou realizados; contente, satisfeito. Assim, então, uma pessoa "feliz" possui um estado de felicidade. E o que é felicidade?

Felicidade é um substantivo feminino que remete à qualidade ou estado de feliz; estado de uma consciência plenamente satisfeita; satisfação, contentamento, bem-estar.

Então, entendendo o que é feliz e felicidade, é possível responder isso.

Basta mudar "o quê". O livro *Os 7 hábitos das pessoas altamente eficazes* traz a menção das "centralidades" da vida. Uns mais focados na família, outros trabalho. Cada um, cada um. Você pode estar feliz, repetindo a equação em cada uma dessas centralidades, por exemplo. Afinal, leitor, o que faz você feliz?

11. Como você concilia a vida pessoal com a profissional?

Quando você está pleno, permeando dentro do SEU IKIGAI, é um processo natural. Então, quando devo, tenho ou procuro realizar algo é a pergunta que faço: "Devo realizar isso? Se a resposta for SIM, automaticamente existe um equilíbrio entre o lado pessoal e profissional. Então, a meu ver, é um processo fim. Pois, se como meio você tentar conciliar os dois pilares, será uma busca constante que provavelmente não seja satisfeita.

12. O que você não tolera?

Ações, situações ou operações que atentem contra os meus valores. Entendo que permanecer numa nuance dessa se torna uma relação pessoal ou profissional tóxica.

13. Quando você erra, reconhece isso?

Reconhecer o erro, onde o erro faz parte do aprendizado, nada mais é do que estar pleno e bem resolvido. Isso traz consigo percepções adicionais de credibilidade, humildade e sociabilidade. Num primeiro momento, pode sim ferir o ego. Mas, quanto maior a inteligência emocional (e até mesmo espiritual) você tiver, mais assertivo será seu posicionamento para fazer um "alto ajuste de rota". Até mesmo como exemplo de liderança: saber aprender.

14. Qual o sonho não realizado?

Ser pai... algo que quero muito. Fora isso? Só tenho a agradecer.

15. Como você se define? Como você conseguiu deixar sua marca?

Uma pessoa otimista, grata e entusiasta, com fé e genuíno interesse em fazer, no que é possível, a diferença positiva na vida das pessoas. Essas minhas características creio que contribuíram para deixar a minha marca.

16. Qual a sua visão sobre a solidão do poder?

Muito já se falou sobre a solidão do poder, pois é algo quase que natural e automático, à medida que se vai subindo postos numa empresa, na mesma proporção as possibilidades de trocas de experiências, conversas com colegas para aconselhamentos e opiniões vão extinguindo-se.

Ficamos receosos de compartilhar nossas fragilidades. Dialogar sobre situações que até gostaríamos, apertando e deixando passar cada vez menos interlocutores. Assim, a solidão "organizacional" passa a ser mais presente.

Essa solidão gera estresse, angústia, ansiedade e pode levar à depressão. Sentir-se só não é bom e não faz bem a ninguém.

Uma maneira de reduzir isso é participar de atividades sociais, lúdicas, criativas e comunitárias. Pois lá, você será você CPF, e não CNPJ. Outra questão é a delegação. Estabelecer um processo sucessório e desenvolver sua equipe auxiliará a ter a maturidade que você espera e a condição que você precisa para ter um discurso alinhado em relação às suas expectativas. Como se diz: se for lutar com espadachim, saque espada, não recite poemas.

17. Fazer o que gosta é fundamental para o sucesso?

Respondo essa pergunta com outra pergunta: qual o teu *Ikigai*?

18. Neste "novo normal", como você enxerga as mudanças que podem acontecer? Como você lida com a frustração?

Na dicotomia antagônica redundante, nas prosopopeias que colocam a descansar os ruminantes... Truncado, não? Então, vamos traduzir: "O maior inimigo do conhecimento não é a ignorância, mas sim a ilusão da verdade.". (Stephen William Hawking)

Esse texto vago é como você deve se sentir, provavelmente, na necessidade eminente de mudança (ou até mesmo na resistência de o fazer, ou pior, no "eu cego" da Janela, de Johari).

Tempos atrás, li em algum lugar que chega a mais de 50% a insatisfação das pessoas perante suas realizações profissionais: algo interessante de se observar. Mas, se insatisfeito se está, por que não se muda?

Podemos negar ou ignorar essas transformações, lutar contra elas, fingir que elas não nos afetam ou simplesmente abraçá-las a fim de tirar proveito das oportunidades que elas nos oferecem. Muitos sonham em mudar de vez, para serem donos dos próprios narizes. Ou seja, empreender. Mas muitos que empreendem, que já têm seus negócios razoavelmente estabelecidos, sentem falta da vida mais tranquila de empregado, de ter uma renda mais certa, de poder sair na sexta e não se preocupar até segunda.

Isso faz pensar, não é mesmo? **Parece que queremos sempre o que não temos.** Qual a solução então? Estranha dinâmica onde expectativa vira necessidade?

A verdade é que sempre estamos em busca de alguma coisa, e acreditamos que a nossa felicidade reside na próxima mudança que fizermos.

Mas toda mudança deixa de ser novidade e, em pouco tempo, os novos desafios criam outros problemas que começam a criar outras insatisfações. É a necessidade da autorrealização ou busca das necessidades secundárias (ou motivadoras). Mas se motivo é interno, como fazer?

É impossível voltar ao passado. Tudo, e a todo tempo, muda. Essas mudanças podem ser inquietantes, dolorosas e desafiadoras. Porém nenhum profissional deveria se agarrar ao passado, até porque, como escreveu Heráclito de Éfeso (535-475 a.C.), "nada existe de permanente, exceto a mudança".

Mudar é parte inerente da condição de se estar vivo. O que precisamos é aprender a lidar com essas mudanças. E como fazer isso? Talvez, uma solução "plausível" (note: talvez) seria **reduzir nossas expectativas em relação aos resultados que esperamos delas.**

É natural, ao receber o resultado que esperamos (leia-se expectativa) das mudanças que fazemos, termos uma "enorme felicidade". Mas como se quantifica isso? Uma expectativa muito elevada é forte candidata para gerar uma frustração de igual tamanho.

Mas antes de qualquer mudança esperada (porta afora), devemos sim mudar internamente. Parece clichê, mas já ouvi esta sabia frase (e simples) de uma antiga diretora: "O óbvio às vezes precisa ser dito e redito". E sob outra ótica, "Simplicidade: último grau de sofisticação."

Na maioria das vezes, a mudança significa crescimento. Portanto, use o seu talento, uma dádiva divina, para se reinventar a cada dia. Mude de pouco em pouco. Pois "virada" repentina ou sem planejamento pode ser traumática. É como entortar um galho seco: quebrará.

Ocorrendo isso, passamos a enxergar que o que está fora não é nada mais do que o reflexo do que está dentro. Não no sentido dos fatos, mas na forma como interpretamos o que nos acontece.

Todos nós deveríamos seguir o exemplo dado pela própria natureza. Afinal, essas mudanças fazem um bem tremendo aos indivíduos. Eu tenho as visto acontecerem em conversas com profissionais em transição de carreira que estão em processo de "*outplacement*" e "*executive coaching*". Mas, claro, com profissionais de lastro, experiência e formação, e não apenas com um "certificado de uma entidade de capacitação". Até porque, sem base científica e apenas "inferência", será que profissionais (leia-se *coaches*) não tão bem preparados podem, ainda mais, distorcer a visão do que precisa mudar? A tal da banalização do *coaching* que a Rosa Krausz há tanto tempo falava...

Copo meio cheio ou meio vazio? Pois costumamos traduzir o que vemos fora sob os filtros que temos internamente. Assim, será possível buscar novos caminhos, provocar mudanças e se manter bem no processo? Pode ser parte da ação. Mas entender que o velho dizer da famosa redação da Vw "experiência, quem tem, se a todo momento se renova", é simples. É óbvia. E tão óbvia que a seguir estão 25 frases que você provavelmente "já tenha visto, mas não lido". Que permeiam os escritos da humanidade desde que o mundo é mundo. Então, percebemos que a frustração é um sentimento interno em relação à "interferência" do mundo em você. Se você não muda o mundo, pode mudar como reage a ele.

"O segredo da mudança é não focar toda sua energia em lutar com o passado, mas em construir o novo" – **Sócrates, filósofo grego.**

"Você tem que ser o espelho da mudança que está propondo. Se eu quero mudar o mundo, tenho que começar por mim" – **Mahatma Gandhi, pacifista e ativista indiano que promoveu a independência.**

"As pessoas têm medo das mudanças. Eu tenho medo de que as coisas nunca mudem" – **Chico Buarque de Holanda, músico e compositor brasileiro.**

"Em nossas vidas, a mudança é inevitável. A perda é inevitável. A felicidade reside na nossa adaptabilidade em sobreviver a tudo de ruim" – **Buda, filósofo e líder espiritual indiano.**

"As espécies que sobrevivem não são as mais fortes, nem as mais inteligentes, mas sim aquelas que se adaptam melhor às mudanças" – **Charles Darwin, criador da teoria da evolução das espécies.**

"Os filósofos limitaram-se a interpretar o mundo de diversas maneiras; o que importa é modificá-lo" – **Karl Marx, filósofo e sociólogo que deu origem ao marxismo.**

"Quando você não está feliz, é preciso mudar, resistir à tentação do retorno. O fraco não vai a lugar algum" – **Ayrton Senna da Silva - Tricampeão mundial de Fórmula 1.**

"Seja a mudança que você quer ver no mundo" – **Dalai Lama, líder religioso do Tibete.**

"Não considere nenhuma prática como imutável. Mude e esteja pronto para mudar novamente. Não aceite uma verdade eterna" – **Frederic Skinner, psicólogo norte-americano que difundiu o behaviorismo.**

"A mudança acontece quando a dor de mudar é menor do que a dor de permanecer o mesmo" – **Sigmund Freud, médico psiquiatra que desenvolveu a teoria psicanalítica.**

"A mudança é a lei da vida. Aqueles que olham apenas para o passado ou para o presente serão esquecidos no futuro" – **John F. Kennedy, 35º presidente dos Estados Unidos.**

"A mudança é desejável em todas as coisas" – **Aristóteles, filósofo grego.**

"Mude, mas comece devagar, porque a direção é mais importante que a velocidade" – **Clarice Lispector, romancista brasileira.**

"Você não pode mudar o vento, mas pode ajustar as velas" – **Confúcio, filósofo chinês.**

"Não existe nada de permanente, a não ser a mudança" – **Heráclito de Éfeso, filósofo grego.**

"É impossível progredir sem mudança, e aqueles que não mudam suas mentes não podem mudar nada" – **George Bernard Shaw, dramaturgo e romancista Irlandês que recebeu o Prêmio Nobel de Literatura em 1925.**

"Há um tempo em que é preciso abandonar as roupas usadas, que já têm a forma do nosso corpo, e esquecer os nossos caminhos, que nos levam sempre aos mesmos lugares. É o tempo da travessia: e, se não ousarmos fazê-la, teremos ficado, para sempre, à margem de nós mesmos" – **Fernando Pessoa, poeta português.**

"Pouca coisa é necessária para transformar inteiramente uma vida: amor no coração e sorriso nos lábios" – **Martin Luther King. ativista dos direitos civis norte-americano.**

"Humildade. Essa é a palavra-chave em torno da qual se organiza todo o processo de mudança pelo qual passei nos últimos anos" – **Abílio Diniz, empresário de grande sucesso no Brasil**.

Comece desafiando suas próprias suposições. Suas suposições são suas janelas no mundo. Esfregue-as de vez em quando, ou a luz não entrará.

19. E daqui para frente. O que esperar?

Sob uma nova ótica e até mesmo provocante, pode-se fazer uma "neometáfora": a cultura organizacional passa a ser vista como um corpo de uma pessoa. Assim, sua roupagem seria a MVV - Missão, Visão e Valor. O propósito seria a junção da alma e coração. Se antagônicos, nada mais será do que vestir para uma festa de gala alguém apenas com roupas íntimas. Pode ser até bonito, mas é descabido. E o legado? Será como a pessoa será lembrada dessa festa.

O "novo normal" cada vez mais vai evidenciar os trajes corretos. Analogicamente: o conceito *"Dress Code"*, que está em evidência no momento, é um código de vestimenta que indica a maneira mais adequada para se vestir em determinada ocasião. Em voga, em uniformização. Aí que está: muitas empresas montam suas MVV em cima dos modismos mais adequados no momento. Como se fosse uma roupa de ocasião, mas não remete em si o pleno propósito. Assim, o *Ikigai* de pessoas e organizações será mais evidente e mais invocado. A busca de um sentido será constante e o legado será o que mais se espera de uma relação. Quanto maior a aderência dos valores pessoais aos propósitos organizacionais, maior o engajamento. Ninguém se relaciona com quem não confia.

Pouco importará nome de cargo bonito – e que se diga, de passagem, virou até um dicionário paralelo sem ligação nenhuma, no Brasil, pelo menos, como CBO, exemplo: analista de atração de talento (recrutados), gerente de sucesso do cliente (analista comercial) e tantos outros mais. O que importará é o seu *Ikigai*. Além disto, o prefixo "CO" estará presente: coexistir, cocriar, colaborar. Sem contar a economia. Modelo de negócios sociais crescerão e muito.

Essa neonormalidade foi uma situação imprevista, improvável e às vezes apenas consideradas em filme de ficção. E vivemos tudo aqui, agora e já, em tempo real, acelerado pela comunicação tecnológica e sem barreiras. E se deixamos de construir algo maior em cima, o ser humano perderá uma oportunidade talvez nunca vivida e que não se terá uma nova chance, de construir algo maior e melhor.

E, por último, a leveza estará mais presente, pois o ser será mais importante do que o ter. E as organizações e pessoas que não presenciarem isso poderão ainda sobreviver, mesmo que a qualquer custo. O problema é que um dia essa conta chega. Pergunto a você: *você está disposto a pagar essa conta?*

Galeria de fotos

Monique Galvão

Empresa:
Rare Brasil

Função:
Vice-Presidente

1. **Como e onde você iniciou a sua trajetória profissional?**

    Sou baiana, nascida em Vitória da Conquista, cidade do interior da Bahia, passei minha infância no interior, adolescência na capital Salvador, e hoje na idade adulta estou em São Paulo, cidade que me levaria a conhecer 90% dos Estados brasileiros, mais de 40 países e a morar por alguns meses na África, Europa e nas Américas. Meu primeiro emprego foi aos 18 anos, como atendente de *call center*, e a função era bloquear cartões perdidos e/ou roubados. Confesso que na época meu principal objetivo era de financiar minha faculdade de administração, mas sem vislumbrar o a trajetória profissional propriamente.

2. **Quais os principais desafios e resultados que você vivenciou ao longo da sua carreira?**

    O desafio básico da minha carreira foi acesso à educação. Meus pais conseguiram financiar minha formação básica, mas durante o período do meu ingresso na universidade, eles atravessaram uma crise financeira, aliada ao fato de que não fui bem-sucedida no vestibular da universidade pública. Nesse cenário, comecei a trabalhar aos 18 anos, e após 3 meses de experiência, quando iria ser efetivada, fui convidada para atuar na área de vendas em uma empresa de *telecom* para ganhar o dobro do salário da época. Eu tinha o desafio de financiar meus estudos, e por isso aceitei. O primeiro aprendizado naquela época foi entender que o propósito me moveu. A carreira não era meu foco, mas sim financiar meus estudos. Desde então, definir objetivos e propósitos de vida favoreceram o desenvolvimento da minha carreira.

3. **Quem da sua história de vida inspirou/motivou na sua carreira?**

    Sem dúvida, somos o resultado das pessoas que convivemos e que passamos a admirar. Várias pessoas me inspiraram em alguns comportamentos, que quando agrupados caracterizam as minhas habilidades e capacidades atuais. Gostaria de destacar três pessoas que me inspiraram e/ou motivaram: Juliana Metidieri, amiga de infância que se tornou também minha colega de trabalho, que me indicou numa operadora de *telecom*. Ela enxergou um potencial que nem eu sabia que possuía: ser vendedora. Juliana motivou-me a lidar com o público e, naquela época, eu me considerava tímida. Anos depois, já em São Paulo, um colega de trabalho da área de tecnologia, chamado Lourival Jucá, me inspirou a estudar sistemas de informação. Ele não era meu gestor, mas com ele aprendi a buscar mentores com base em seus conhecimentos. Lourival também ensinou sobre persistência, resiliência e paciência. Por fim, destaco Flávia Costa, colega da pós-graduação que mal me conhecia, mas que ao notar que eu estava bem desanimada com meu emprego na indústria de produtos, teve a ideia de me indicar para a indústria de serviços de consultoria. Flávia me apontou competências que não sabia que tinha. Hoje, vejo que um dos grandes saltos da minha carreira foi atuar em consultoria. Deixo registrada minha gratidão aos três e a todos que me inspiraram na minha jornada em busca do conhecimento que contribuiu com meu sucesso na carreira.

4. **Alguma história na gestão de pessoas que você gostaria de compartilhar?**

    Lidar com pessoas, de fato, requer conhecimentos que são complexos e difíceis de aprender na faculdade. Eu já tive o desafio de aprender a contratar, demitir, motivar e desenvolver membros de minha equipe, mas o mais desafiador, sem dúvida, é lidar com pessoas consideradas boas tecnicamente, porém desafiadoras nos aspectos pessoais. Como dar *feedback* sobre comportamentos? Aprendi a fornecer exemplos, fatos, dados e manter a transparência com empatia, e isso favoreceu o sucesso na manutenção do colaborador bom tecnicamente, mas com personalidade forte e desafiadora de lidar.

5. Alguma história de relacionamento com o cliente que você gostaria de destacar?

Eu era analista de negócios em uma empresa de *telecom*, e eles me proporcionaram vivenciar um dia como atendente em uma central de atendimento. Na época, eu produzia especificações técnicas para desenvolvimento de sistemas aos atendentes. Atendi alguns casos, dentre eles um problema com o resgate de pontos do cliente. Anotei o número da linha e fiz *follow-up* do problema, e sempre que parava dava um empurrãozinho no processo. Depois de alguns dias, fui convidada para participar de uma roda de conversa com o presidente e destaquei essa minha experiência, mas o mais importante: salientei que o processo não era ágil e compartilhei que fiz alguns *follow-ups* para fluir. Lembro que o presidente puxou uma salva de palmas, totalmente inesperada, em função da minha atitude. Naquele dia, caiu a minha ficha de que nem todo processo é perfeito ou infalível e que dependia de pessoas mesmo para tudo fluir. Passei a buscar entender mais de pessoas do que de técnicas, e tive a certeza de que ao ter empatia com o problema do outro, você se destaca na organização naturalmente.

6. Quais dicas você daria para aqueles que estão iniciando a carreira profissional?

Buscar conhecimento por meio da educação, mas também por meio de experiências com as pessoas no dia a dia. Todos têm algo a ensinar, independentemente do estágio da carreira em que se encontra. Ter respeito e humildade é importante para abrir um canal fundamental: a escuta. Outra dica é desenvolver quatro habilidades fundamentais: persistência, empatia, resiliência e paciência. Para desenvolver a habilidade técnica, recomendo exercitar a persistência, ter domínio técnico de alto nível permitirá alcançar oportunidades melhores. A empatia colabora na gestão de pessoas e em alavancar resultados em vendas. Resiliência desenvolve o poder de adaptação às situações diversas. Por último, recomendo desenvolver a paciência, pois alguns resultados requerem um processo e o tempo de execução de outras pessoas. Algumas delas só absorverão essas dicas vivendo. Considero que a sabedoria é produto das nossas experiências de vida.

7. Ao recrutar um profissional, quais características comportamentais você considera fundamentais?

Considero fundamental a linguagem corporal, para além da comunicação verbal. É importante saber se o candidato olha no olho, sorri e transmite segurança ao responder a um determinado questionamento. Ter também humildade ao reconhecer que não sabe ou que não é sênior o suficiente é fundamental. Perceber a transparência com respeito é importante para confiar no profissional em caso de uma possível contratação. Por fim, a forma das respostas demonstra a fluidez, estrutura e raciocínio lógico do candidato, especialmente quando compartilhados conceitos seguidos de fatos, dados e exemplos já vividos.

8. Qual legado você gostaria de deixar para a sociedade?

Eu gostaria de guiar outras pessoas a acreditar que o poder coletivo gera impacto positivo para o indivíduo e para a sociedade. Nesse sentido, meu legado seria ajudar outras pessoas a realizar seus objetivos, bem como suportar projetos que permitam a extração de recursos naturais do nosso planeja de forma sustentável. Já trabalhei no setor privado e, mesmo naquela época, nunca fui movida pelo aspecto financeiro apenas, pois acredito que enxergar a profissão aliada a propósitos colabora naturalmente para a prosperidade financeira. Atualmente, trabalho no terceiro setor para reduzir a desigualdade socioeconômica de comunidades vulneráveis que são invisíveis para parte de nossa sociedade. Seria maravilhoso deixar como legado que contribuí para a segurança alimentar dessas populações tradicionais, concomitantemente com a sustentabilidade dos recursos naturais do nosso país e/ou do mundo.

9. Quais os reflexos das práticas de cidadania empresarial para organizações, profissionais e sociedade?

Especialmente neste século, as organizações precisam priorizar as práticas de cidadania empresarial, pois o setor privado emprega milhares de pessoas e, por isso, possui o poder de influenciar o consumo por meio de seus clientes. Nesse sentido, influenciar o consumo consciente, aplicar o conceito de economia circular em seu processo produtivo e mobilizar colaboradores e sociedade em prol de ações de cidadania são ações essenciais para disseminar um novo comportamento que permitirá a utilização dos recursos naturais de forma mais sustentável. O colapso está próximo em algumas cadeias produtivas. A sociedade e as organizações estão atrasados no despertar para essa mudança e, por isso, é importante o investimento na agenda da cidadania empresarial, que poderá influenciar positivamente as cadeias produtivas, começando pelas empresas, seus parceiros, fornecedores, funcionários, governo e consumidores.

10. Cite alguns líderes que, em sua opinião, são inspiradores.

Da Antiguidade, Sidarta Gautama, popularmente conhecido como Buda. Ele foi um líder inspirador, renunciou ao trono de príncipe e se dedicou à busca da erradicação das causas do sofrimento humano. Tornou-se mestre espiritual e fundou o budismo. Da atualidade, Greta Thunberg, a adolescente mulher e autista que aos 16 anos se tornou uma das principais vozes sobre assuntos climáticos, ao cobrar que autoridades combatam o aquecimento global, e por isso inspirou a juventude a se posicionar frente a esse problema complexo.

11. Como você define o papel da liderança?

Ser líder é em parte uma característica nata e em outra parte produto do desenvolvimento pessoal que ocorre por meio da busca por conhecimento. Digo isso porque li alguns livros que ajudaram na construção da minha personalidade de liderança. Um especial foi *Arte da guerra*, escrito pelo mestre Sun Tzu, que foi um estrategista e filósofo chinês. Extraí dele três papéis fundamentais para uma boa liderança: (1) criar e executar estratégias, pois definir estratégia é tão importante quanto saber executar as ações táticas e operacionais em equipe; (2) aprender a tomar decisões com ou sem informação, e para isso é necessário compreender e combinar com a análise de riscos; (3) suportar o desenvolvimento de talentos, pois um líder ajuda e inspira outras pessoas a executar seus objetivos, e isso colabora para alcançar seus próprios objetivos.

12. O que você faz para se manter motivada?

Manter a energia alta e a automotivação é, de fato, desafiador. Eu procuro ser sincera, e essa transparência faz com que o time também seja. Por meio dessa conexão, procuramos alternativas para aumentar o nível de energia mútuo. Somos muito orientados a entregas, e não a horários, e buscamos respeitar as necessidades individuais. Em um período de minha vida, tive muita enxaqueca, reagendei reuniões simplesmente falando a verdade. Quando você demonstra a vulnerabilidade, percebo que o time tenta se ajudar mais. Em suma, para liderar, além de se motivar e se energizar, acredito que é preciso mostrar que não somos o Super-Homem ou a Mulher Maravilha. Dessa forma, o time fica mais integrado e mais aberto a continuar no ritmo, mesmo com a baixa energia ocasional do líder ou de alguém da equipe. Parece contraditório, mas minha experiência tem mostrado que agir com transparência e mostrar a vulnerabilidade permitem manter a equipe mais coesa.

13. Qual a importância da inovação nas organizações?

Inovação é a busca por uma nova forma de resolver um problema, gerando benefício para outras pessoas e algum tipo de valor para quem inova. Nesse sentido, a sobrevivência das organizações depende necessariamente do poder de inovação organizacional, sejam produtos, serviços ou processos. A competitividade neste século está mais exacerbada e é potencializada pelas convergências de tecnologias, que permitem acelerar a inovação por meio de ferramentas digitais.

14. Como você realiza o *networking* de maneira efetiva?

Tão importante quanto conhecer pessoas é manter conexão com as pessoas já conhecidas. Hoje, as redes sociais favorecem muito a manutenção da rede de contatos, mas confesso que um bom café, convite para almoço ou jantar aproxima mais as pessoas. Nem sempre precisamos nos conectar em função do trabalho. As pessoas raramente entregam sua confiança às instituições, pois elas realmente confiam em outras pessoas. Em minhas buscas por conhecimento, descobri a "equação de confiança", que usa quatro variáveis objetivas para medir a confiabilidade, e isso ajuda em um *networking* mais efetivo. Essas quatro variáveis são melhor descritas como: credibilidade, confiabilidade, intimidade e auto-orientação. A equação de confiança fornece uma estrutura científica, analítica e acionável sobre como ajudamos organizações e indivíduos a melhorar seus negócios e suas vidas.

15. Do que você sente saudades?

Saudades de um tempo que não volta mais. Por isso, valorizo muito o agora e o hoje, pois é por meio do tempo vivido que temos as lembranças que nos permitem sentir saudades de pessoas ou situações já vividas. Sendo bem específica, tenho saudades de pessoas que conheci em meu período sabático de volta ao mundo. Algumas delas sei que dificilmente encontrarei novamente nesta vida, e por isso ficam na memória.

16. Do que você tem orgulho?

Tenho orgulho de ser mulher, baiana, parda. Orgulho de aos 20 anos me mudar para São Paulo sozinha e ter cursado duas faculdades simultaneamente em dois Estados de forma paralela. Orgulho de ter energia para viajar pelo mundo por dois anos e ter conhecido mais de 40 países. Tenho muito orgulho de ser reflexo dos "estereótipos" que foram reproduzidos de forma equivocadamente preconceituosa pela cultura brasileira. Somos um país diverso que tem enraizado o racismo, o machismo e o preconceito regional. A educação a que tive acesso, combinada com a persistência, me permitiram realizar muitos sonhos que tenho orgulho.

17. Qual o significado da palavra felicidade?

Interpreto a felicidade como uma combinação entre realidade e expectativa. Considero a equação: felicidade = realidade - expectativa. Se a nossa expectativa for alta e a realidade for baixa, nos sentimos infelizes. Já se a nossa realidade for alta e a expectativa for baixa, logo, nosso índex de felicidade é positivo. Felicidade é, de fato, momentos que vivemos com base em nossas realizações e na relação com a expectativa que geramos. Esse é um exercício diário para mim e esse tipo de sabedoria requer exercitar autoconhecimento.

18. Qual a sua citação favorita e por quê?

"Seja a mudança que você quer ver no mundo." (Mahatma Gandhi) Ele foi um líder pacifista indiano e a principal personalidade da independência da Índia, então colônia britânica. A sua atividade política esteve sempre ligada ao seu pensamento filosófico da não violência e por isso foi considerado uma importante referência histórica para os movimentos pacifistas ocorridos no mundo. Gandhi era o espelho do que ele queria para o seu país e o mundo.

19. Quais são seus *hobbies* preferidos?

Eu amo viajar, o que me permitiu conhecer mais de 40 países, especialmente durante o período sabático de dois anos viajando pelo mundo. Hoje, prefiro ficar em casa cuidando da família, dos animais e das plantas. Adoro colocar a mão na terra e agora viajo mais a trabalho. Nas férias, busco viagens de conexão com a natureza. Também pratico exercício físico, pois além de um *hobby* maravilhoso, também ajuda no controle da ansiedade e favorece a saúde física e, consequentemente, a qualidade de vida. Por fim, leitura e séries. Sou viciada em conteúdo, mas confesso que preciso ter cuidado com esse último *hobby*, pois equilibrar o volume de conteúdo consumido com meditação é fundamental para a saúde psíquica.

20. Qual sonho você gostaria de realizar?

Seguindo o conselho do poeta cubano José Martí, já plantei uma árvore, estou contribuindo como coautora desta obra, e só falta ter um filho! Além desse triplo legado, sonho em atuar com economia circular para reaproveitar o lixo gerado pelo planeta. Os líderes políticos deveriam considerar esse lixo um problema e uma oportunidade, mas nem sempre os governos priorizam políticas públicas nesse sentido. O Brasil é o campeão de geração de lixo da América Latina, representando 541 mil toneladas/dia, segundo a

ONU Meio Ambiente. Hoje, o país consegue reciclar 90% do alumínio descartado. A mudança de comportamento para esse caso de sucesso demorou dez anos. Leva tempo, mas contribuir com a solução desse problema complexo é um sonho totalmente possível, seja por iniciativa pública ou privada.

21. O que você aprendeu com a vida, que gostaria de deixar registrado nesta obra?

Que a maturidade é adquirida por meio da vivência. Quando jovens, pensamos que sabemos tudo, mas não compreendemos que a beleza da maturidade é viver, errar, acertar. Que persistência é mais relevante que inteligência. Se ao longo da vida uma pessoa conseguir unir a persistência à empatia na gestão de pessoas, com certeza, será bem-sucedida na vida, independentemente da carreira ou do estilo de vida que escolher trilhar.

22. Qual mensagem de motivação você gostaria de deixar para os leitores deste livro?

A vida de certezas temporárias prevalecerá em detrimento das certezas definitivas. Viveremos diferentes tipos de vidas em um único ciclo. A estabilidade profissional está aos poucos sendo substituída pelas novas vivências e competências, tais como a resiliência, que está cada vez mais valorizada no mercado em função do dinamismo exigido pela constante necessidade de inovação. Perceber essa nova dinâmica de mundo é fundamental para os líderes gerirem suas equipes de forma que o engajamento seja mantido por meio de um novo indicador: o índice de felicidade. Esse é o novo mundo que valorizará cada vez mais o propósito em detrimento do poder econômico, o valor compartilhado em vez dos monopólios. Dito isso, deixo minha mensagem: nós, líderes, precisamos desenvolver novas competências para também ajudar no desenvolvimento dos futuros líderes.

23. Com base no que você vivenciou, ao longo de sua vida corporativa, qual o segredo do sucesso para ir da teoria ao topo?

Trabalhar em algo que acredita e ao mesmo tempo desenvolver uma visão holística de como a função desempenhada é importante para um determinado processo ou projeto. Percebo muita gente trabalhando pelo salário e tudo bem se a pessoa estiver feliz com a função ou não. Contudo, se existe ambição em se desenvolver dentro dos princípios morais e éticos, obviamente, é preciso entender a importância do trabalho dentro do contexto de uma organização e de se valorizar como profissional qualquer que seja o seu nível. Adiciona-se a isso a proatividade, a busca pelo conhecimento e a humildade como *skills* importantes para ocupar cargos de liderança. Ter a visão holística de um determinado desafio, desenvolver o poder de síntese e ao mesmo tempo gerir pessoas entendendo a individualidade de cada membro da equipe garantem sucesso em qualquer posição ou organização que estiver.

Galeria de fotos

Nilson Bernal

Empresa:
NCB Consultoria Hoteleira

Função:
CEO

1. Quais os desafios da liderança no cenário atual?

São inúmeros os desafios. Precisamos ter esse olhar de que o mercado está sempre em plena transformação. E quando você ocupa uma posição de gestão, você precisa tomar decisões, e muitas vezes são indelegáveis, e com isso em definitivo você irá sentir o peso de ocupar determinado cargo dentro da sua organização. Na minha visão, o maior desafio de qualquer gestor é transformar ou manter a cultura de uma empresa. Fazer com que todos entendam seu papel e que tenham um sentimento de pertencer à causa, ao propósito. As pessoas podem acabar com a cultura de empresa rapidamente, por isso é fundamental transformar qualquer pensamento negativo e pessimista, para a busca de uma entrega excepcional diante das suas responsabilidades. Eu diria de forma muito transparente que primeiro as pessoas, depois o restante. Cuide de seus funcionários, e eles cuidarão dos seus clientes, e a consequência é o resultado.

2. Qual a sua dica para os que desejam acelerar a carreira?

Uma vez gestor, sempre gestor. Respeite o seu tempo e trabalhe para que dia a dia você aprimore seus conhecimentos, que vão muito além do aspecto técnico. Qualquer empresa no mundo irá saber com que está trabalhando efetivamente com o passar do tempo. Portanto, trabalhe em especial o seu comportamento, sua conduta dentro da sua organização. Seja curioso, peça mais responsabilidades, ajude aos demais. Tenha pensamento estratégico e trabalhe de forma inteligente. Entenda sua empresa, conheça sua empresa, busque informações do seu concorrente. Trabalhe com os melhores, aprenda com os melhores. Respeite quem está há muito tempo na empresa. Respeite quem está iniciando na empresa. Todos têm algo a lhe ensinar diariamente. Sozinho você não irá muito longe. Quando chegar ao topo, com consistência e preparo, reconheça, valorize e ajude outras pessoas. Não esqueça das suas origens. Seja transparente, responsável, aberto a novas demandas e desafios. Aceite as dificuldades, são elas que lhe darão mais consistência na sua carreira.

3. Como você desenvolve a sua inteligência emocional para manter o equilíbrio produtivo e positivo?

Eu não conheço nenhuma instituição que ensine uma pessoa a ter equilíbrio e inteligência emocional. Isso se aprende com a vida, com os erros, falhas e acertos de uma forma geral. Erre, mas faça. Se você tem medo de errar e não toma nenhuma atitude quanto a isso, dificilmente saberá se as decisões que deixou de tomar seriam benéficas ou não. Eu sempre trabalhei focado em resultados. Em todas as empresas hoteleiras que tive a oportunidade de trabalhar, tive pensamento focado nos resultados, mas nunca sozinho, sempre valorizando meus pares e equipes. É necessário entender que nada é pessoal, na minha opinião. Tudo é trabalho e profissionalismo, pelo menos é assim que deveria ser. Portanto, você precisa ser melhor do que os problemas que se apresentam na sua vida diariamente. Ser otimista e acreditar que tudo o que acontece no seu dia, na sua rotina de trabalho, é para você se tornar melhor amanhã. Tudo na vida é aprendizado, eu acredito. Procure fazer algo que lhe agrade para se ter uma válvula de escape, independentemente de tudo, faça algo que realmente você se importe e goste. Por fim, trabalho é só trabalho. E ter equilíbrio fará com que você sofra menos. Eu adoro praticar esportes, corridas, ficar com meu filho Andréas Bernal, viajar o mundo com a minha esposa Karen Alana, curtir meus amigos, andar de moto e até tentar não fazer nada.

4. Como você define o seu estilo de liderança?

Se eu olhar para trás e avaliar a minha carreira, afirmo que atualmente mais de dez executivos ocupam cargos estratégicos dentro de companhias hoteleiras. O que quero dizer com isso? Que meu estilo de liderança é fazer com que as pessoas cresçam, aprendam e se desenvolvam. Nunca tive e não tenho medo trabalhar com os melhores. A melhor forma de gestão é a gestão transparente, apresentar e mostrar indicadores e criar uma cultura de conhecimento, aprendizado voltado para a alta *performance*. Fazer com que o outro aprenda a transformar sua empresa, equipes em gestores de resultados. É muito gratificante olhar sua carreira e ver quantas pessoas você ajudou a se desenvolver. O que me motiva é a quantidade de profissionais que está no mercado os quais tive a oportunidade de aprender e ensinar, crescer com esses executivos. Que esses procurem fazer o mesmo por outros tantos que passarão em suas vidas.

5. Compartilhe a sua experiência como *coach* individual ou de equipes.

Recentemente fui convidado para presidir uma companhia hoteleira, nessa ocasião minhas responsabilidades, além dos cargos de diretor presidente e CEO da corporação, incluíam uma transformação de gestão familiar para profissionalizar a empresa, implantar uma nova operação hoteleira, criar um destino turístico e desenvolver o *time-share*. Essa experiência exigiu um acompanhamento pessoal junto às pessoas e equipes em geral, para honrar a cultura da empresa, criar uma mentalidade de alta *performance*, mas, acima de tudo, fazer com que as pessoas me dessem um voto de credibilidade para, através do nosso trabalho em conjunto, apresentar ao mercado que essa transformação seria fundamental para a sobrevivência da empresa. Foi um trabalho de *coaching* individual e de equipes de todas as frentes, da base até os diretores, acionistas, investidores e proprietários. O resultado foi a consistência da imagem da empresa, aumento da visibilidade do negócio e a eficiência dos resultados, assim como o alto índice de satisfação dos clientes, funcionários e fornecedores em geral.

6. Como você concilia os interesses dos *stakeholders* (acionistas) x colaboradores?

Funcionário bom é aquele que pensa como o dono. E acionista quer resultados, portanto, funcionário tem que dar resultados, tem que fazer seu trabalho de forma eficiente e eficaz, e para que isso ocorra na prática, só há um caminho. Esse caminho se chama exemplo. Trabalhar junto, valorizar e investir nas pessoas. Acredito piamente que as pessoas podem sempre fazer mais e melhor, e isso se aplica a todos os níveis. Valorize e reconheça, o resultado vem, cliente reconhece e acionistas investirão cada vez mais em seus patrimônios, gerando com isso cada vez mais emprego e renda.

7. Cite um exemplo de oportunidade que você encontrou na dificuldade.

Todas as empresas têm inúmeras oportunidades. Sempre busquei entregar mais do que me exigiam, ou seja, hotelaria pode ser muito rentável, desde que você estabeleça um trabalho em conjunto com a sua equipe. Trabalhar junto com um time focado em eliminar desperdícios aumentar sua receita, diminui e reduz gastos, custos e despesas. Trabalhar a eficiência diariamente. Em todas as operações hoteleiras que trabalhei ao longo da minha carreira, pude apresentar grandes melhorias em todas as frentes. São essas as oportunidades que você pode aproveitar nas dificuldades do seu negócio. É só trabalhar junto com sua equipe um planejamento estratégico inteligente, e todos ganham com isso.

8. Qual a sua opinião sobre a diversidade nas empresas e os seus resultados?

Saudável desde que exista sempre o respeito de todas as partes. Dê respeito, ganhe respeito e evolva seu time nesse propósito de gestão transparente e trabalho em conjunto. O resultado vem e todos devem ganhar.

9. O que você faz para transformar o mundo e deixar o seu legado?

Em minhas palestras, mentorias, consultorias nas empresas, escolas, organizações em que tenho oportunidade de estar, eu sempre falo que se eu conseguir atingir uma única pessoa, já me sentirei realizado. Se cada um se preocupar em transformar uma única pessoa, já será mais do que o suficiente. Transformar o mundo é muito difícil, diria quase que impossível no atual cenário. Mas faça sua parte bem-feita, já será uma grande ajuda para a humanidade. O meu legado é ajudar tudo e todos nas coisas mais simples da vida. E isso se aplica diariamente. O dia tem 24 horas, então, tente de alguma forma ajudar as pessoas nesse período. Não importa o que, mas ajude, tente ajudar. Tenho certeza de que você poderá deixar algo positivo na vida do outro.

10. Qual mensagem você gostaria de deixar para a sua família?

Respeite seus pais. Respeite seus professores. Respeite seus chefes. Respeite seus amigos. Da vida só levamos as coisas boas que conseguimos fazer pelas outras pessoas. Ajudem uns aos outros. Ajudem os que mais precisam. O orgulho de quem está certo ou errado de nada adianta com o tempo. Família nenhuma que eu conheço é perfeita. Todos erram e, no final, fica o perdão daquele que consegue enxergar ainda em tempo que perdoar é algo divino e vai muito além do nosso simples entendimento. A minha família está espalhada pelo mundo afora, e sempre será minha família, independentemente dos erros e acertos que tivemos ao longo da vida. Se algum dia alguém da minha família ler este livro, receba o meu carinho, a minha admiração, o meu respeito e as minhas sinceras desculpas por talvez não corresponder à altura de cada um. Existem famílias e famílias, de sangue ou não, mas, acima de qualquer coisa, a família ainda é a melhor coisa do mundo. Valorize a sua enquanto é tempo, aqui neste mundo, no qual estamos só de passagem.

Galeria de fotos

Octavius Augustus Uzeda de Azevedo

Empresa:
IBM Latin America

Função:
Vice-Presidente de Vendas

ALTA GESTÃO | REGISTRO BIOGRÁFICO

1. Como e onde você iniciou a sua trajetória profissional?

Eu iniciei minha trajetória profissional em 2008, com a minha graduação em Zootecnia, no Rio de Janeiro, profissão que após tentativas acabei não exercendo. Com a falta de perspectiva como zootecnista, precisei buscar novas áreas de oportunidade e foi na Administração de Empresas e Finanças que, de fato, comecei minha jornada profissional, em empresas de médio porte, até ingressar na IBM.

2. Quais os principais desafios e resultados que você vivenciou ao longo da sua carreira?

Tive uma vida profissional marcada pela disposição de aceitar que mudança é uma constante e que os desafios só engrandecem.

Cada passo da minha carreira foi uma oportunidade de adquirir novos conhecimentos, de conhecer novas culturas, de exercitar empatia, de muito amadurecimento pessoal e de muitas escolhas e renúncias.

Apesar de não ter passado por muitas empresas, foram quatro ao todo, eu vivi a mudança muitas vezes: passei por mais de dez áreas em uma mesma empresa e morei em seis cidades diferentes dentro e fora do país.

3. Quem da sua história de vida inspirou/motivou na sua carreira?

Muitas pessoas nos inspiram em nossa formação, trajetória e ambição profissional. Hoje, refletindo com tranquilidade, vejo que o meu pai foi uma grande inspiração, uma pessoa que precisou lutar muito em sua vida para crescer, formar uma família. Creio que com ele aprendi que não bastava ser inteligente ou bom no que fazemos, mas sim treinar a habilidade de cultivar relacionamentos, isso era fundamental. Um pouco de QI elevado não é suficiente, QE é fundamental.

4. Alguma história de relacionamento com o cliente que você gostaria de destacar?

Uma experiência que certamente marcou minha carreira foram os anos de relacionamento com o Grupo Fiat. Foi minha primeira experiência na área de relacionamento com clientes, após retornar de uma designação internacional em 2005. A IBM tinha uma *joint-venture* com a Fiat e eu fui responsável por coordenar o processo de aquisição dessa empresa e renovação dos contratos de serviços.

5. Quais dicas você daria para aqueles que estão iniciando a carreira profissional?

Se você quer crescer como pessoa e profissionalmente, não pode parar de aprender.

6. Ao recrutar um profissional, quais características comportamentais você considera fundamentais?

Capacidade de demostrar suas habilidades, experiências e humildade para reconhecer suas fragilidades. Ter curiosidade e interesse pelo que não está escrito na oferta de emprego, como entender valores, cultura da empresa.

7. Qual legado você gostaria de deixar para a sociedade?

Ser lembrado como um líder que sempre buscou respeitar e valorizar as diferenças e diversidades que aparecem no trabalho coletivo, especialmente no modo de cada um pensar.

8. Quais os reflexos das práticas de cidadania empresarial para organizações, profissionais e sociedade?

A diversidade de pensamentos é fundamental – se você vive em uma cultura sem conflitos de ideias, não existe evolução.

9. Cite alguns líderes que, em sua opinião, são inspiradores.

Barack Obama, Bill Gates, Sergio Moro e mais próximos da minha carreira, Rodrigo Kede Lima, Francisco Fortes e Marcelo Porto.

10. Como você define o papel da liderança?

Capacidade de motivar, estimular, influenciar e desafiar as pessoas, para alcançarem objetivos muitas vezes pensados como impossíveis.

11. O que você faz para se manter motivado?

Sempre busco oportunidade para questionar o *status quo*.

12. Do que você sente saudades?

Da infância e juventude.

13. Do que você tem orgulho?

De onde cheguei e minha família.

14. Qual o significado da palavra felicidade?

Algo muito bom que vai passar, então aproveite!

15. Qual a sua citação favorita e por quê?

"Cuidado com o que você pede."

16. Quais são seus *hobbies* preferidos?

Correr, *Muay Thai* e cozinhar.

17. Qual sonho você gostaria de realizar?

Curso de culinária na Itália.

18. O que você aprendeu com a vida que gostaria de deixar registrado nesta obra?

Na vida nada é, tudo está.

19. Qual mensagem de motivação você gostaria de deixar para os leitores deste livro?

Nunca deixe de perseguir seus sonhos, nunca tenha medo de mudar, *fail fast, learn faster*.

20. Com base no que você vivenciou, ao longo de sua vida corporativa, qual o segredo do sucesso para ir da teoria ao topo?

Disciplina, resiliência e nunca delegar ou responsabilizar sua carreira para alguém, sempre esteja no *driver's seat*.

Galeria de fotos

Osvaldo Bícego Júnior

Empresa:
OBJ Palestras

Função:
Palestrante

1. Como e onde você iniciou a sua trajetória profissional?

Uma longa história, de muita luta, porém irei resumir.

Nasci na cidade de Campinas (SP), em 12 de junho de 1972.

Minha casa era na periferia da cidade, tudo muito simples, porém com muito amor de meus pais Osvaldo Bícego e Ana Laurizete Bícego, sempre juntos com os meus irmãos Renata e Evaldo Luís Bícego (Evaldinho).

Dormíamos todos em um cômodo, amontoados em colchões espalhados no chão duro, era tudo muito precário, porém com muito amor envolvido.

A rua era de pura terra, buracos por todos os lados, esgoto a céu aberto, mas no período em que vivi ali, construí excelentes relacionamentos e amigos, que guardo em meu coração até os dias de hoje.

A minha trajetória profissional se iniciou em 1984, aos meus 14 anos de idade, na informalidade, recolhia nos campos abertos bem próximos da minha casa estercos que eu mesmo acoplava ao nosso quintalzinho, para secar e depois vender nas residências de pessoas que possuíam seus lindos jardins floridos.

Aprendi a fazer jardinagem junto com meu vozinho, Sr. Luís Bícego, que trabalhou duro até os seus 80 anos de idade, e após o seu falecimento, em 1991, eu me encontrava servindo à pátria amada no Exército Brasileiro, no posto de soldado, no meu primeiro ano de caserna.

Aprendi muito cedo a amar e respeitar o espaço das pessoas, e meu vozinho sempre me dizia: trate os idosos com amor e muito carinho, pois um dia chegará a sua vez, e tudo que semear colherás de volta.

Foto 1 - em 1974, aos 2 anos, com minha mãe.

2. Quais os principais desafios e resultados que você vivenciou ao longo de sua carreira?

Bom, aos meus 25 anos, após ter saído do Exército Brasileiro por tempo de serviço, com a patente de Terceiro Sargento, não havia recursos financeiros para estudar e fazer um cursinho bem preparado, para conquistar o meu sonho, então decidi pegar emprestado os livros do meu primo Tanael Cesar Cotrim, que já havia se graduado em Jornalismo, eu estudei com afinco e fé por conta própria, várias noites, até altas horas da madrugada.

Como o meu sonho sempre foi estudar, foquei na esperança em Deus e na força de vontade de vencer, para agregar melhores condições financeiras a minha família, lutei muito até conseguir entrar pela porta da frente na PUC-Campinas (Pontifícia Universidade Católica de Campinas), no curso de graduação em Ciências Sociais, isso aconteceu e fui aprovado logo na primeira chamada, para fazer o tão esperado e suado curso de graduação. Após alguns anos, me formei e era cientista social.

Depois da minha graduação, logo em seguida me inscrevi para fazer um MBA em Gestão de Vendas e Trade Marketing, na ESAMC, aqui na cidade de Campinas, me formei após um ano e meio de muito estudo e dedicação.

Ufa, já era pós-graduado, e o SONHO de um pobre nascido na comunidade estava realizado.

Após servir ao Exército Brasileiro, iniciei a minha jornada como promotor de vendas no banco Panamericano, do Grupo Silvio Santos.

A vida ficou melhor e fui promovido a coordenador de vendas, era gestor e responsável por 30 colaboradores do atendimento, um desafio gigante, mas com bom entusiasmo e credibilidade fui muito bom aceito pela equipe.

Após alguns anos, decidi sair do Panamericano e assumir novos desafios, como assessor e gestor de negócios, a convite de diretores, no BGN (Grupo Queiroz Galvão), assumi o desafio como coordenador de equipe, na Porto Seguro, como assessor de vendas etc.

Trabalhei como professor convidado na Faculdade Anhanguera, em Campinas (SP), Unidade IV, Jd. Ouro Verde, ministrava aulas nos cursos de graduação nos períodos matutino e noturno, nos módulos de marketing e gestão comercial.

Também não poderia deixar de mencionar a minha eterna gratidão à coordenadora do projeto social onde trabalhei e fui muito feliz, a professora Mariângela Maglioni, agradeço também ao Colégio Notre Dame Cecoia, em Campinas (SP) e a sua direção, assumi o desafio como professor nos cursos profissionalizantes durante quatro anos (2015 – 2019), formei quatro turmas maravilhosas.

Atualmente sou gerente de relacionamento do Banco Votorantim, também palestrante e consultor em finanças pessoais na **OBJ – Osvaldo Bícego Júnior**.

O maior de todos os desafios foi me superar dia a dia, acreditando sempre que dias de prosperidade iriam chegar, pois dependia somente de mim, foram momentos difíceis atravessados na caminhada, porém restaram muitas saudades dos aprendizados da época, que carrego até os dias atuais desta biografia.

Nunca esqueci e não esquecerei as minhas origens, de onde vim e me encontrava, até a chegada neste momento profissional.

3. Quem da sua história de vida inspirou/motivou na sua carreira?

A minha maior fonte de inspiração e ajuda emocional nessas fases foi a minha mãe, Ana Laurizete Bícego, a quem dedico as homenagens.

Apesar da sua pouca instrução acadêmica, apenas o quarto ano do antigo primário, sua sabedoria e insistência foram primordiais para minha formação acadêmica e pós--graduação, ela também sofreu preconceitos na sua fase de juventude, não tinha recursos financeiros para estudar, e desde bem pequena, naquela época, no interior de Minas Gerais, em Piumhi, residia na "roça", trabalhou desde muito cedo na lavoura.

Obrigado mãe, você será sempre a minha guerreira e rainha inspiradora!

Foto 2 - Colação de Grau, graduação, ano 2010.

4. Algumas histórias na gestão de pessoas que você gostaria de compartilhar?

O maior desafio foi quando eu assumi pela primeira vez um time fera de 30 colaboradores no ramo bancário, líderes se constroem ao longo do tempo, e foi assim que a minha equipe se comportou rumo ao crescimento.

Liderar = Amor + Dedicação, saber ouvir e se colocar no lugar do próximo, aprendi muito com todos e continuo aprendendo com cada pessoa dia a dia.

Ouço principalmente os mais experientes, que já vivenciaram o que eu estou vivenciando agora, são dicas extraordinárias e valiosas, uma vez que nos bancos das universidades não se aprende tanto, são experiências vividas em gestões anteriores. Tenho um mentor de 75 anos de idade, é emocionante e gratificante ouvi-lo.

Desenvolvi, treinei e preparei três líderes para assumirem cargos de gestão em outras agências da corporação, uma experiência sensacional de doação e inspiração dia após dia. Aprendi muito treinando pessoas.

5. Alguma história no relacionamento com o cliente que você gostaria de destacar?

Escrevo agora principalmente aos líderes que assumirão novos postos pela primeira vez, respeito, amor, carinho e empatia determinam se você crescerá ou se a sua equipe o fatigará em algum momento. SUCESSO ou INSUCESSO? Dependerá da sua postura.

Um fato verídico que aconteceu comigo em uma companhia de Telecom, atendi um cliente que adquiriu um aparelho Black Berry, em uma de nossas filiais na época, e não conseguia configurá-lo, para entender o que aconteceu, volto um pouco atrás nos fatos, todos os assessores da empresa pleiteavam atender e vender linhas para essa gigante companhia de alimentos e bebidas, esse modelo de sucesso e negócios se encontra na região de Jundiaí (SP), porém ninguém conseguia sucesso na conquista profissional, aí retorno ao pensamento inicial, ao atender o cliente com apenas um aparelho, desprender atenção, gentilezas e principalmente o meu tempo, consegui a proeza e sonho de todos, o cliente, vou chamá-lo de Aguinaldo (nome fictício), ligou na hora após eu ter mencionado o meu sonho de poder atender essa gigante companhia, mas não conseguia, bom, o Aguinaldo me indicou para uma reunião com o presidente do conselho e da *holding* no próximo dia útil.

Resumindo os fatos, eles adquiriram mais de 100 aparelhos e linhas na época, e me indicaram para outra empresa de bebidas do grupo, foram mais de 300 linhas adquiridas, simplesmente por atender e dedicar-me a um cliente.

Quando fizer algo profissionalmente, e principalmente pessoalmente, não pense em retorno, ele será acrescentado naturalmente em sua vida.

Nunca despreze o seu cliente, seja quem for, pois a porta de entrada pode ser ele(a).

6. Ao recrutar um profissional, quais características comportamentais você considera fundamentais?

Ao entrevistar um candidato a vaga, primeiramente noto a sua postura ao entrar na sala e cumprimentar os líderes presentes.

Denota-se também a sua postura e movimentação corporal ao ser questionado por algo, mentiras são detectadas na hora.

O mais valioso é dizer sempre a verdade, ser autêntico e não optar por emitir suas opiniões sobre assuntos como futebol, política, religião, raça, credo etc.

A não ser que o entrevistador pergunte e permita o debate sobre esses assuntos.

Candidato, seja prudente e tranquilo.

7. Qual legado você gostaria de deixar para a sociedade?

Este é um assunto que me relaciona muito ao ser humano, o legado profissional que quero deixar é o exemplo, tudo o que falo e escrevo vivo diariamente, não faz sentido se isso for irreal, a sua palavra é tudo.

Crescimento não são só o material, o espiritual e o comportamental, pois entrelaçam o pacote, ressaltando muito sobre nós.

Já na minha vida pessoal, o amor, a paixão pelas pessoas, o respeito e o carinho, a atenção e dedicação aos projetos sociais, atender os mais necessitados, acredito muito nesses projetos de vida.

8. Quais os reflexos das práticas de cidadania empresarial para organizações, profissionais e sociedade?

Interessante, já ministrei palestras e aulas desse assunto, a cidadania, como todos conhecem, o conceito é muito antigo. Surgiu no século VIII a.C, na Grécia, uma sociedade em que os homens eram considerados livres e iguais, a chamada Polis Grega. Nesse período, a **cidadania** esteve longe de ser universal, apenas era considerado cidadão aquele que possuía riquezas materiais e propriedades de terra.

Engloba o que eu relatei anteriormente, nas empresas, um exemplo dentre vários, a cidadania garante os direitos constitucionais e regula a sociedade.

Nas sociedades, a cidadania permeia a liberdade de expressão, o direito ao voto e a sua manifestação pessoal, dentre outros.

Nas empresas, as gerações de riquezas são amplas e bem definidas, vou dar um exemplo prático já existente, empresas que adotaram embalagens descartáveis e/ou produtos renováveis são bem vistas pela sociedade de consumo.

Cada vez mais cresce o número de clientes dessas empresas, pois se preocupam com o bem-estar dos consumidores, de seus familiares, e principalmente do mundo.

9. Cite alguns líderes que, em sua opinião, são inspiradores.

Tenho alguns, mas destaco três: John C. Maxwell, Tony Robbins, e a brasileira e palestrante Leila Navarro. Sonho em estar um dia palestrando com eles.

10. Como você define o papel da liderança?

A liderança, na minha ótica, é um sacerdócio, pois há muita dedicação, atenção, foco nas pessoas e cordialidade primordiais, se deseja ser um verdadeiro líder, tenha essas e mais atitudes.

Ser líder é servir, ter humildade o suficiente para aceitar e debater opiniões, e muita, mas muita flexibilidade e envergadura.

JESUS: foi o maior líder da atualidade – SERVIU.

11. O que faz para se manter motivado?

A motivação nada mais é do que uma AÇÃO = REAÇÃO = RESULTADO.

Sonhar me mantém motivado, me baseio na história bíblica de José do Egito.

Nunca desistir, jamais se render.

12. Qual a importância da inovação nas organizações?

Muito importante e relevante nos dias atuais, pois a empresa não crescerá sem inovações em suas áreas de tecnologia, logística, vendas, *marketing* etc.

A cadeia de *supply chain* deve ser bem desenhada pelas empresas.

Tempos atuais e mundo globalizado demandam novas ideias e ações rápidas.

13. Como você realiza o *networking* de maneira efetiva?

Através da pura e simples relação social e sinceridade.

O bom *networking* é aquela relação confiável e duradoura sem conflitos de interesses.

O ganha-ganha trará maior relação entre as partes.

14. Do que você sente saudades?

Da minha infância, tudo era muito simples, porém havia muita sinceridade nas amizades.

15. Do que você tem orgulho?

Dos meus pais.

Principalmente de minha mãe.

Meus irmãos também serão acrescentados nesta biografia, são eles: Elaine Renata Bícego Marialva Nogueira e Evaldo Luís Bícego, o caçula da família de três irmãos, o Evaldinho, assim carinhosamente conhecido, hoje com 41 anos completados em 7 de maio de 2020.

Em 2009, um grave acidente de moto o vitimou, colocando-o em uma cama hospitalar, está na condição de tetraplégico até os dias atuais (fez 11 anos – 2009-2020).

O acidente aconteceu no mês de outubro, Evaldinho precisou fazer mais de 30 cirurgias corretivas ósseas, perdeu o rim esquerdo e teve outras complicações, mas continuou e continua lutando pela vida, porém dependendo 100% dos cuidados dos meus pais e da nossa amada e unida família.

Ao chegar ao hospital local, aqui de Campinas (SP), faleceu após 10 minutos sem respirar, mas como somos pessoas de fé, não aceitamos esse fato, iniciamos as nossas preces, junto com parentes, amigos etc.

O hospital nos ligou novamente após um período, relatando o fato de que ele havia retornado à vida sem explicações da ciência, pois já se encontrava em uma cama de necrotério alocado.

Naquele exato momento do contato, estava no centro cirúrgico sendo submetido às cirurgias de urgência/emergência.

Por que relato este caso, pelo simples fato de ter a oportunidade de escrever aqui, friso a importância da persistência e a luta pela vida por dias melhores e por superações diárias.

Milagre!

Sim, puro e divino, o que nos move é a nossa fé, independentemente da nossa religião, crenças, credo etc.

Foto 3 - antes do acidente.

Foto 4 - após dois anos do acidente.

Guerreiro, tenho muito orgulho de você, pois tem lutado pela vida dia após dia, com todas as suas limitações físicas.

Nas dificuldades que a vida apresentar a você, sempre seja o protagonista da situação, e nunca a vítima e o coitado das circunstâncias.

O ditado popular sempre diz: se oferecerem um limão, aceite de bom grado, saiba o que fazer com ele, ou seja, esprema e adoce, assim tomarás um excelente suco.

16. Qual o significado da palavra felicidade?

Simplicidade, ser você mesmo, ter brilho e autenticidade própria.

17. Qual a sua citação favorita e por quê?

Podemos conquistar tudo em nossas vidas!
Bastar sonhar, acreditar e lutar pelos seus ideais.

18. Quais são os *hobbies* preferidos?

Ler, caminhar, palestrar e ficar em casa com minha amada esposa Verônica.

19. Qual sonho você gostaria de realizar?

Palestrar e dividir o palco com Tony Robbins, John C. Maxwell e/ou Leila Navarro.

20. O que você aprendeu com a vida que gostaria de deixar registrado nesta obra?

Muitas são as coisas que eu aprendi com a vida e as relações, porém friso sempre: persistência, garra e SONHAR sem limites.

Não incentivo você a ser um nefelibata, mas estar sempre presente e atualizado, trabalhando seus ideias e conquistas futuras.

Vá lá e faça a diferença!

21. Qual mensagem de motivação você gostaria de deixar para o leitor deste livro?

Nunca desista quando se deparar com os obstáculos da sua vida, pois os desafios são o maior tempero.

Ninguém estará livre de problemas enquanto viver, mas é a maturidade de encarar as circunstâncias que fará de você um campeão.

22. Com base no que você vivenciou, ao longo de sua vida corporativa, qual o segredo do sucesso para ir da teoria ao topo?

Estudar e aprender sempre com as pessoas mais experientes, com seus líderes, também aprendemos muito com os nossos pares, saiba ouvir e, principalmente, ser humilde.

Tenha um mentor na sua vida.

Nunca desistir das suas metas traçadas ao decorrer da sua carreira, pois conheço muitos que desistiram faltando muito pouco para chegar ao topo.

Por onde trabalhei fiz amigos, o sonho de criança se realizou, saí do estado de pobreza e conquistei!

Vá lá, campeão, lidere!

Você pode, você consegue.

Galeria de fotos

Paulo Paiva

Empresa:
Becomex Consulting

Função:
VP Produtos & Alianças

1. Quais os momentos mais importantes da sua carreira?

Sempre que houve rupturas na minha carreira, foram os momentos em que eu mais cresci como profissional. O primeiro momento foi quando a empresa onde eu trabalhava como funcionário contratado passou por uma grande crise e resolveu criar um modelo inovador e, da noite para o dia, passei de funcionário a empreendedor. Criamos o primeiro modelo de franquias no segmento de tecnologia no país. Nossa empresa passou a prestar serviços para a Datasul e comecei a administrar o meu primeiro negócio. Foi um grande desafio, pois tanto o modelo quanto a minha experiência como empreendedor eram pequenos. Nessa época, eu estava com 30 anos e começando a minha carreira como executivo. Felizmente tudo caminhou bem e foram 11 anos de crescimento e prosperidade. Em 2010, a Totvs compra a Datasul e reverte todo o modelo. Era a hora de voltar a ser executivo numa grande empresa de tecnologia, mas quando viramos empreendedores, voltar a ser subordinado de alguém é muito difícil e decidi que era hora de criar o meu próprio negócio. Foi assim que decidi me desafiar e, juntamente com mais cinco sócios, criamos a Quirius Soluções Fiscais. Confesso a vocês que não foi fácil, e por diversas vezes pensei em desistir. Empreender no Brasil é muito difícil. Começamos com um capital que nos mantinha por três meses. Nessas horas, descobrimos os verdadeiros amigos. A primeira pergunta que nos faziam: quem era a Quirius? Quais referências tínhamos no mercado? Uma empresa que está começando tem pouca experiência e muitas vezes era necessário apelar para as amizades construídas ao longo do tempo, para que algumas portas se abrissem. Nessa época, aprendi o verdadeiro significado de resiliência.

Apesar de todas as dificuldades, noites e noites em claro, a Quirius foi crescendo. No final de 2017, depois de alguns anos de parceria, a Quirius fez a fusão com a Becomex, e somos hoje uma das maiores consultorias do Brasil.

2. Quais as competências essenciais para o profissional do futuro?

Resiliência e atitude, julgo como fundamentais em qualquer profissional hoje e no futuro.

A resiliência é a capacidade de persistir sempre na busca do objetivo. Dificuldades sempre existirão, mas não podemos desistir. A atitude é a forma como decidimos agir nas situações que ocorrem. Vejo muitos profissionais, jovens ainda, e que não possuem sangue nos olhos e determinação na condução das suas carreiras. É preciso ir para cima, encarar os desafios, se posicionar e ter determinação para chegar ao objetivo traçado.

3. Em sua opinião, a Inteligência Artificial pode alterar o nosso estilo de liderança?

A IA é um grande desafio dos nossos dias e não tenho dúvida que ela afetará muito a forma como exercemos a liderança. Teremos uma nova ferramenta, capaz de avaliar comportamentos, personalidades e atitudes de uma forma nunca antes vista, e será de extrema importância para entendermos melhor os nossos liderados e aplicar as melhores estratégias capazes de potencializar o melhor de cada indivíduo. Hoje a IA é utilizada de forma ampla em várias situações, que vão desde a Advocacia até a Medicina. Já existem estudos que mostram a efetividade dos diagnósticos gerados pela IA, pois a capacidade de aprendizado é muito grande. Diante disso, não tenho dúvida de que a IA influenciará de forma decisiva no nosso estilo de liderança.

4. Quais atitudes do líder conquistam a cooperação da equipe?

Acredito que a confiança e empatia são as principais atitudes que podem fazer a diferença para qualquer líder. A "liderança é conquistada e não imposta", e nesse aspecto, é necessário a qualquer líder se colocar no lugar do seu liderado e entender suas necessidades, angústias, expectativas, e direcionar suas ações para atender a essas demandas. Um outro aspecto é o líder ter atitudes que gerem confiança em sua equipe. Essas atitudes devem espelhar os valores e convicções que são compartilhados com seus liderados, criando um ambiente colaborativo e de crescimento.

5. Fale sobre aprender com os erros e aproveitar as oportunidades.

A vida é um aprendizado constante e a certeza que temos é que o erro faz parte da caminhada. A grande diferença está na forma como lidamos com o erro. Sempre busquei entender cada situação e transformar o erro numa oportunidade de melhoria e crescimento. Isso faz toda a diferença. Nunca deixei de me posicionar e decidir por medo de errar. Um outro aprendizado é não se frustrar, por muito tempo, com o erro. É natural o sentimento que surge toda vez que erramos, mas isso tem que durar pouco tempo, e o mais importante é entender os motivos que levaram ao erro e tomar ações para evitá-los. Há um ditado que diz que errar é humano, mas persistir no erro é burrice. Dessa forma, entendo que qualquer profissional, ao buscar o sucesso, precisa acumular na sua carreira um conjunto de erros que lhe permita evoluir a cada processo de reflexão e crescimento.

6. Fale sobre resiliência.

A resiliência consiste na capacidade de lidar com problemas, adaptar-se às mudanças, superar os obstáculos e dificuldades e resistir à pressão em situações adversas. Durante grande parte da minha vida profissional, muitos foram os momentos em que precisei praticar a resiliência com sabedoria e discernimento, pois temos que ter a clareza de quando a resiliência extrapola os limites e é necessário revisar a situação e talvez mudar a trajetória, para não insistir em algo que já não faça mais sentido. A resiliência é aperfeiçoada com a maturidade que vamos adquirindo ao longo do tempo, através de uma melhor percepção do ambiente onde estamos inseridos.

7. Quais valores são importantes para você?

Tenho princípios e valores muito bem definidos, e alguns são básicos como honestidade, trabalho em equipe, empatia, resiliência e respeito ao ser humano. Um valor que eu sempre gosto de explorar com a minha equipe é a visão estratégica, que entendo que todo profissional que busca o crescimento precisa ter. Sempre que chegamos numa empresa, é normal ver nas paredes um quadro que define a missão e a visão da empresa. A visão é onde a empresa projeta chegar no futuro, geralmente num horizonte de 5 a 10 anos. A visão estratégica em um profissional é a capacidade de vislumbrar e projetar a sua carreira numa visão de futuro, trabalhando estrategicamente nesse objetivo. A grande questão é alinhar a sua visão com a estratégia da empresa e traçar os objetivos a serem alcançados a cada ano, e que sustentarão ambos os planos.

8. Como você conseguiu deixar sua marca?

Sempre busquei ser um profissional diferente, superar as expectativas dos meus clientes e das pessoas que trabalhavam comigo. Era um profissional muito colaborativo e, quando comecei a exercer a função de gestão, sempre jogava junto com a minha equipe, dando exemplo, buscando incentivar todos a crescer. Minha equipe sempre foi minha principal patrocinadora no meu crescimento e juntos fomos gerando resultados e crescendo. Os valores de que falei anteriormente permearam a minha carreira e, com isso, sempre contei com o apoio incondicional dos meus liderados. Por fim, acredito que consegui ser um líder inspirador, que sempre valorizou sua equipe, aprendeu com os erros e transformou as adversidades em resultados e conquistas.

9. Quais habilidades pessoais você adquiriu com a sua vida executiva?

Empatia, resiliência, inconformismo, foco no resultado e nas pessoas.

10. O que faz você feliz?

O que me faz feliz é estar cercado das pessoas que amo, fazendo o que mais gosto na vida. Felizmente, posso afirmar que sou feliz, pois tenho nestes dois pilares a razão maior de tudo.

Minha família é minha grande base e o motivo maior da minha felicidade. É nela que me inspiro todos os dias para ir atrás dos meus sonhos e me tornar, a cada dia, uma pessoa melhor. Também me faz feliz fazer o bem aos outros, colaborar com o crescimento das pessoas, ensinar o que sei e ver o crescimento das pessoas que ajudei a formar ou liderei. Para um executivo e líder, não tem recompensa maior do que ver o sucesso dos seus liderados.

11. Como você concilia a vida pessoal com a profissional?

Essa é a pergunta mais difícil de responder pois, por muitos anos, foi o meu maior dilema.

Conciliar a vida pessoal com a profissional depende muito da prioridade que damos para cada parte. Muitas vezes, a questão profissional requer mais tempo em horas de trabalho e dedicação, e nesse caso o nosso limite é o tempo disponível para executar tudo o que é preciso. Já a vida pessoal requer um tempo de qualidade para estar junto da família e, nesse sentido, o tempo em horas nem sempre é o maior problema. Às vezes, 15 minutos de qualidade é melhor do que 3 horas "juntos". Foi nesse "tempo de qualidade" que sustentei o equilíbrio entre a vida pessoal e a profissional. Eu me casei e fiquei pai aos 25 anos, e nessa época que mais investimos em nossas carreiras. Sempre me cobrei por perder parte do crescimento dos meus filhos, pois as viagens me deixavam muito tempo fora de casa. Felizmente, sempre tive o apoio da minha esposa, que foi "pãe" (pai e mãe) muitas vezes para eles. Essa dobradinha com a minha esposa ajudou muito na sustentação da nossa família e me permitiu dedicar o tempo necessário para a minha carreira.

12. O que você não tolera?

Há vários comportamentos que eu não tolero, como a falta de comprometimento e responsabilidade com os projetos e a equipe, mentiras e enrolação e, principalmente, a falta de atitude diante das situações que ocorrem. Considero que a pior é a falta de atitude, pois quando isso ocorre, o profissional deixa de direcionar os rumos de sua carreira e entra no estágio do "deixa a vida me levar", e nesse momento entra em cena as desculpas e o famoso jargão do "não fui eu" ou "eu não sabia". Prefiro muito mais os profissionais que, com atitude, cometem erros e buscam melhorar do que os profissionais que vivem nas sombras dos outros e que não se expõem, ficando sempre em cima do muro.

13. Quando você erra, reconhece isso?

Nunca tive problema com errar, pois sempre encarei o erro como uma oportunidade de melhoria. Já errei muitas vezes, mas sempre tive a humildade de reconhecer o erro e buscar construir algo melhor a partir dele, e sempre funcionou muito bem. Tem um episódio na minha carreira em que cometemos vários erros em um projeto onde o cliente sofreu grandes perdas. Ao longo de todo o projeto, sempre fui muito transparente e responsável, não larguei a minha equipe e fui para o *front* ajudar a resolver os problemas que tínhamos criado. Viramos noites e noites comprometidos em resolver, e assim, revertemos a situação. Depois desse projeto, passados mais de oito anos, minha relação com o cliente se fortaleceu ainda mais, e somos, até hoje, grandes parceiros de negócios. O grande aprendizado de tudo isso é ter a humildade de reconhecer os erros e tomar as ações necessárias para sua solução, que não passa por achar culpados e nem desistir. O erro nos fortalece e nos dá a musculatura necessária para continuar crescendo.

14. Qual o sonho não realizado?

Tenho vários sonhos por realizar ainda... Um deles é criar uma instituição de apoio profissional aos jovens carentes da minha cidade. Acredito que o futuro de qualquer pessoa está no trabalho digno, e para isso, é preciso buscar uma profissão e se especializar. Quero criar um centro de formação para os jovens e prepará-los para o mercado de trabalho. Buscar parceria com o meu *networking*, seja para formação ou contratação desses jovens. Um outro sonho é fazer um mestrado e lecionar na universidade. Levar o meu conhecimento para as pessoas é o legado que eu quero deixar.

15. Como você se define?

Eu me defino como alguém do bem, temente a Deus, trabalhador, determinado, amigo, responsável, seguro de si, com objetivos bem definidos, persistente em suas opiniões (um pouco teimoso), empreendedor, bom de coração, que acredita no potencial das pessoas e busca desenvolvê-las.

16. Como você mantém o foco para a realização dos seus objetivos?

Sempre busquei planejar a minha carreira em etapas e traçar os objetivos em cada etapa. Assim, era mais fácil manter o foco e medir o crescimento. Definia a cada ano aonde eu queria chegar, o que iria fazer, e executava o plano. É como nas nossas empresas, todos os anos precisamos definir as metas e objetivos, traçar o plano e executar. Se algo me desviava do foco definido, avaliava e corrigia o rumo. A chave de tudo é saber aonde quer chegar e planejar. Se um barco não tem um destino, qualquer vento o leva para qualquer lugar. Assim é na nossa vida e na nossa carreira.

17. Qual a sua visão sobre a solidão do poder?

Hoje já lido muito bem com isso, mas no início da minha carreira foi bem difícil.

Infelizmente, por mais formação que tenhamos, a vida na prática é bem diferente do que está escrito nos livros. No início, radicalizei demais e me afastei muito das pessoas e da minha equipe. Sempre fui um líder e gestor muito atuante e próximo das pessoas. Quando comecei a crescer mais, alguns relacionamentos precisaram mudar e nem todas as pessoas entendiam. Muitas julgavam, falavam que eu estava mudando, que o poder havia subido à minha cabeça e por aí vai... É lógico que mudamos com o poder, pois com ele vem novas responsabilidades, novas informações, muitas delas confidenciais, novas estratégias, e precisamos filtrar e repassar o que for possível e necessário para as pessoas. Passei a adotar um conceito de "transparência" e deixei claro para a equipe que seria sempre muito transparente com todos, dentro do que poderia ser compartilhado. Isso me ajudou a reforçar o aspecto da confiança que sempre cultivei. É fato que a solidão do poder muitas vezes nos isola em um mundo onde as relações são diferentes, e existe uma linha muito tênue entre você e o seu par ou superior. Seja em termos de confiança, reciprocidade nos estilos de gestão ou proximidade de relacionamento. Estamos sempre avaliando e sendo avaliados. Muitas vezes, não temos ao nosso lado aquele profissional em que sempre confiamos e que era o nosso confidente para a troca de ideias e planos. Nos cabe encontrar, nesse novo ambiente, profissionais com os quais possamos compartilhar das mesmas visões e pensamentos, e que possam minimizar a nossa solidão do poder.

18. Fazer o que gosta é fundamental para o sucesso?

Não tenho dúvida que a chave do sucesso está vinculada a fazer aquilo que gostamos e que nos realiza enquanto profissionais. Sempre encarei o sucesso como uma consequência do meu trabalho e do amor ao qual me dedicava. Quando fazemos o que gostamos, as peças se encaixam como num quebra-cabeça, as ideias fluem e as dificuldades são facilmente superadas. Tenho três filhos com idades entre 20 e 25 anos, e já me deparei com algumas discussões com eles, pois sempre me questionam: "Qual profissão dá mais dinheiro e vai deixar-nos ricos?" A minha resposta é sempre a mesma. A profissão é aquela que eles mais gostarem e se identificarem com ela. Conheço profissionais muito bem-sucedidos e outros totalmente frustrados e medíocres em suas profissões, pois buscaram fazer o que os pais queriam e não o que gostavam. Quando decidi pela minha primeira profissão em Tecnologia da Informação, fui muito influenciado pela profissão da época e que me levaria ao sucesso. Eu me formei e comecei a exercer a minha profissão como programador de sistemas. Passados dois anos nessa função, senti que não era a área que eu queria. Não me identificava em ficar na frente de um computador durante todo o dia. Eu me frustrava com o meu desempenho e rendimento. Com o passar do tempo, fui trabalhar na área de atendimento ao cliente e suporte. Foi como mudar da água para o vinho. Meu desempenho melhorou muito, e pelo fato de conhecer tecnicamente, meu atendimento se diferenciava dos demais. Daquele momento em diante, comecei a trabalhar mais em contato com os clientes, me realizava com o que fazia, e isso projetou a minha carreira até hoje. Quero encerrar a minha participação nesta obra deixando a todos uma reflexão sobre o sucesso. Nunca fui um obcecado por ser um grande executivo de sucesso, apenas busquei fazer do meu trabalho algo que me realizava todos os dias. Venho de uma família humilde, onde nossos recursos eram limitados e muitas vezes tínhamos que correr atrás dos nossos sonhos, por mais difíceis que pudessem parecer. Jamais podemos utilizar como desculpa a falta de recursos, as dificuldades que temos em casa e assim por diante, pois somos os responsáveis por tudo o que vai acontecer na nossa vida. Colheremos o que plantaremos. Não podemos inverter a ordem e buscar colher sem plantar, pois o resultado será totalmente diferente. Se não plantarmos, o que colheremos possivelmente serão as migalhas que alguém plantou e deixou pelo caminho. Até pode ser que essa colheita seja boa por um tempo, mas não se perpetuará, pois não é fruto do seu esforço e da sua dedicação. Busque sempre se especializar naquilo que deseja produzir, pois sem o conhecimento, sua plantação será fraca e possivelmente pouco produtiva. Boa sorte e siga sempre em frente.

Vamos para cima!!!

Galeria de fotos

Pedro Antunes Altomari

Empresa:
Toth Educação

Função:
Cofundador / Diretor Comercial

1. Como e onde você iniciou a sua trajetória profissional e qual caminho percorreu?

Poderia dizer que minha trajetória profissional começou muito cedo, quando acompanhava meus pais nos finais de semana, trabalhando em um segundo emprego. Acho que ali foi o primeiro contato, de fato, que obtive com o mundo profissional. E foi esse contato que me trouxe valores e aprendizados que carrego até hoje. Contextualizando, venho de uma família que sempre lutou e trabalhou muito para conquistar uma melhor qualidade de vida.

Minha mãe vem de uma família muito humilde e pobre da "roça do interior de Santa Catarina", como ela mesma costuma dizer. Com nove irmãos, meus avós nunca tiveram condições financeiras para criar os filhos, passaram por diversos momentos difíceis, passaram fome, não tinham um local decente para morar, tiveram que entregar filhos para outros criarem, porque caso contrário morreriam de fome. Aos 13 anos, minha mãe foi para São Paulo com uma irmã mais velha em busca de melhores condições, e nessa época, ela foi trabalhar em uma casa de uma família para cuidar de crianças que eram mais velhas do que ela, buscando uma forma de superar a realidade de sua família, pois desde cedo batalhou muito, buscou alternativas e condições mais dignas de vida.

Meu pai, filho de imigrantes italianos que vieram para o Brasil em busca de uma vida melhor. Meu avô começou a trabalhar como feirante de rua, vendendo verduras pelas feiras de São Paulo, um "touro" para trabalho. Acordava todos os dias de madrugada para carregar caminhão e montar barraca de feira, sempre valorizando muito o trabalho e suas responsabilidades, e acredito que, trabalhando com o meu avô na feira de rua, o trabalho passou a ser um dos valores do meu pai.

Anos mais tarde, casados, dois filhos, começaram a trabalhar com venda de quadros em feiras de shoppings em São Paulo, como uma segunda fonte de renda para a família. A rotina era cumprida todos os finais de semana, acordavam cedo, carregavam o carro de quadros, montavam o estande na feira e ficavam da abertura ao fechamento. Por não terem onde deixar os filhos, e não querendo incomodar outras pessoas, muitas vezes estávamos com eles nesse processo, já começando a carregar as coisas, "cuidando e vendendo" quadros. Por mais que na época não gostássemos, ali eu passei a entender o sentido e o valor do trabalho. Mesmo sendo um trabalho extremamente exaustivo e abrindo mão do sagrado descanso aos finais de semana, eles nunca deixaram que a exaustão atrapalhasse suas atividades principais.

Meu pai sempre vestiu a camisa de onde trabalhava, sendo aquele cara que entra em uma empresa e que batalha para construir seu espaço, e com 20 anos de empresa surgiu uma proposta para assumir uma regional no Amazonas, algo que mudaria nossas vidas completamente, sair da maior cidade do país para uma região que mal conhecíamos, ou sequer se ouvia falar, foi um grande impacto.

Já no Amazonas, comecei a trabalhar na Prefeitura de Manaus como estagiário de nível médio. Trabalhei em um núcleo ligado a Brasília, sem gestão direta no local. Tive que aprender a me virar, entender a importância de fazer relacionamentos e fazer as coisas acontecerem. Eu me destaquei e logo depois fui transferido para o núcleo de gestão de pessoas da Secretaria de Planejamento e Administração, o coração da Prefeitura de Manaus. Na prefeitura, aprendemos um pouco da realidade do mundo público no Brasil, ali soube que não era o tipo de vida profissional que eu gostaria de seguir.

Ingressei em uma faculdade de Design de Interface Digital, onde aprendi sobre a criação de aplicativos, animações, modelagens tridimensionais, área na qual sempre fui apaixonado, e nesse período, através do bom *networking* do meu pai, consegui em uma empresa que prestava serviços para as indústrias de Manaus uma oportunidade de aprender modelagem tridimensional na prática. Não era exatamente a modelagem que aprenderia na faculdade, mas fazia parte do mesmo universo. Não era um emprego, mas sim uma atividade em que um moleque curioso passaria algumas horas do dia na empresa para aprender. Claro que não foi como imaginava: com alguém o tempo todo ao meu lado me ensinando o que precisava saber, sem interrupções. A realidade era que, com a correria dos trabalhos, mal tinha uma pessoa ao meu lado, e vendo a necessidade deles, comecei a me oferecer para ajudar, a aprender o processo industrial, passei a conhecer sobre diferentes tipos e classes de metais e polímeros. Ali aprendi uma frase que marcou minha vida profissional: "Soldado que está no quartel, quer serviço". Desde então, passei a me dedicar ainda mais ao que acontecia ali dentro e, assim, me ofereceram uma proposta de trabalho para iniciar no mundo das compras, um dos grandes gargalos da empresa na época. Nesse novo setor, tive que aprender a desenvolver fornecedores, fazer cotações, montar tabelas e principalmente estudar sobre materiais, para que serviam, suas normativas, nomenclaturas, tudo o que permeava esse universo, o qual nem sequer sabia que existia. Passei a me interessar nesse período ainda mais pelo processo produtivo e conheci através de um dos sócios da empresa o *Lean Manufacturing* e o *Six Sigma*, e me apaixonei pelas ferramentas da Engenharia de Produção, passei a auxiliar no desenvolvimento de projetos e em pouco tempo comecei a visitar clientes para o desenvolvimento de projetos para as linhas de produção de diversas multinacionais, como Honda, Sony, Panasonic, Harley Davidson e muitas outras grandes empresas do Distrito Industrial, mas nunca assumindo o papel de vendedor, pois sempre tive uma certa aversão à área de vendas, apesar de realizá-las.

Assumi novas responsabilidades e passei a liderar a produção, definir as sequências de projetos e processos que entravam na empresa, além de continuar as atividades principais como comprador. Conquistei o respeito de todos que estavam na linha de produção da empresa e consequentemente assumi mais projetos e clientes. Discuti e desenvolvi projetos, tendo reuniões gerenciais e principalmente enfrentando uma enorme barreira chamada respeito. Nesse período, comecei a me destacar, e como aprendi muito depois, "prego que se destaca toma martelada", e tomei muita martelada por ser muito novo, por não ser formado em Engenharia, por não ter nenhuma qualificação em processos ou materiais, e tive que provar o que sabia e tinha estudado na prática. Passei a ter que estudar mais, fui colocado em situações constrangedoras, que com meu conhecimento, provei o que estava fazendo, e apesar de todas as porradas, consegui! Acredito que tenha sido um dos maiores aprendizados profissionais na minha vida.

Com o passar do tempo, atingi o limite de crescimento dentro dessa empresa, os desafios não eram mais os mesmos, e apesar de amar o que fazia, parecia faltar algo, principalmente o fator desafio. Nessa época, minha namorada e maior incentivadora, Jana, me mostrou um processo seletivo para uma empresa que não conhecia, e nele me inscrevi, mesmo sendo uma vaga para a área comercial.

Após inscrito, várias etapas e muitos candidatos, recebi uma proposta de trabalho para uma empresa educacional de abrangência nacional para comercializar cursos de pós-graduação. Esse foi o novo desafio profissional que me motivou, além da oportunidade de fazer minha primeira especialização.

Ali, aprendi como funcionava o universo educacional, e principalmente a tratativa com o cliente final, pois até então meu contato era entre empresas. O mundo b2b possui "regras de conduta", onde o respeito profissional é uma premissa básica, independe do gostar ou não da pessoa. Já no mundo b2c, nunca sabemos o que esperar, pois o cliente final não possui filtros.

Comecei as atividades, que consistiam na sua maioria em vendas de cursos por telefone, e no primeiro mês odiei, não gostava de ficar ligando para as pessoas, achava incômodo, não era a rotina que buscava para mim, não eram os desafios aos quais eu estava acostumado, mas ali lembrei de algo que meu pai me ensinou com palavras e com o exemplo: se me comprometi e assinei um contrato, tinha que fazer! Lembrei também que precisava trabalhar, persistir para construir meu nome, pois esse seria um fator determinante na minha vida e na forma como as pessoas me enxergariam profissionalmente.

Decidi continuar, aprender, me desenvolver, e nos seis primeiros meses consegui compor o ranking nacional dos melhores vendedores da empresa. Nesse período, passei a me apaixonar por vendas, pela arte de vender, por como funcionava aquele processo, tanto para mim quanto para o cliente. Eu me apaixonei de tal forma que minha primeira especialização foi o MBA Executivo em Gestão Comercial. Eu me tornei assumidamente um vendedor.

Nessa empresa, descobri uma outra paixão, o mercado educacional, que não entendia como funcionava, mas é um mercado fascinante, que mexe e transforma a vida das pessoas, e ali pude fazer esse papel, ser a chave que virava na cabeça das pessoas e abria um novo mundo de oportunidades. Passei por momentos incríveis com reconhecimento e agradecimento de pessoas que mal conhecia, e tudo isso foi por ter transformado suas vidas, e isso me trouxe uma satisfação indescritível. Desse ponto em diante, jamais saí do mundo educacional e não me vejo em outro mercado.

Conheci pessoas que contribuíram para minha evolução profissional, que permitiram o meu desenvolvimento, costumo brincar que fui "domesticado" para trazer resultados, onde meu objetivo era baseado em resultados. Aproveitei as oportunidades que ali me foram dadas, conquistando meu espaço, errando, aprendendo e descobrindo um dos pontos-chave do mundo: as pessoas. Precisamos delas para que tudo aconteça, mas quando falamos de resultados, falamos de números, e com a oportunidade de gerenciar equipes a nível nacional, com cabeças e culturas distintas, tive uma grande dificuldade. Nesse momento, descobri que precisava mudar, me adaptar e me desenvolver, precisava me especializar na gestão, na liderança, e essa foi minha atitude, me especializei novamente para entender e enfrentar as dificuldades do dia a dia. Todo esse processo construiu a pessoa que sou, pessoal e profissionalmente. Hoje entendo o que é liderança, a necessidade dos resultados e as ferramentas que tinha em minhas mãos para o desenvolvimento da minha equipe e colegas de trabalho, além do desenvolvimento e transformação das pessoas através da educação.

2. Quais os principais desafios e resultados que você vivenciou ao longo da sua carreira?

Os maiores desafios dentro da minha história profissional se basearam no respeito e competência que tive que demonstrar e conquistar por ser muito novo. Além do grande desafio que fui descobrir na gestão de pessoas, sendo esse talvez um dos pontos de maior dificuldade na vida profissional, lidar e liderar pessoas totalmente distintas, um caminho que, claro, errei muito, e tive meus acertos, mas tive que buscar aprender e me especializar na área, que me trouxe uma visão do que era, de fato, a liderança e gestão de pessoas.

Os resultados vieram de formas diversas, não somente em números, mas o resultado que obtive como reconhecimento daqueles que mudaram de vida ou realizaram sonhos através do meu trabalho, da minha "venda".

Pode parecer uma boa frase para um livro, mas com o tempo aprendemos que o retorno financeiro é consequência, e que cumprir com aquilo que você se propôs a fazer com ética e corretamente é o maior resultado. E fazendo isso da maneira correta, as pessoas passam a confiar e abrir portas, permitindo que você tenha mais resultados.

3. Quais dicas você daria para aqueles que estão iniciando a carreira profissional?

É fundamental acreditar, correr atrás do que quer, defina seu propósito, seu objetivo, de forma clara e precisa. Entender que as adversidades existem e são fundamentais para nosso crescimento.

E, claro, "prego que se destaca toma martelada", e que enquanto você toma essas marteladas, continue persistindo e acreditando. É muito fácil enxergar o "copo meio vazio" ao invés de enxergá-lo "meio cheio". Só você tem a oportunidade de enxergar "meio cheio".

Defina metas e as faça com vontade, que o problema não vai ser o mercado ou o mundo lá fora, mas sim a sua falta de vontade, atitude, fazer acontecer (*get it done*).

Se não tem a experiência, busque formas de mostrar que talvez ela não seja tão necessária para o que precise executar, que seu conhecimento e vontade podem fazer acontecer.

Aprenda a vender! Sim, aprender sobre vendas é uma habilidade fundamental para qualquer pessoa, nós nos vendemos o tempo todo, para nossas famílias, amigos, relacionamentos. Aprenda a vender, pois você precisa se vender para o mundo profissional, precisa se vender para um cliente contratar seu produto ou serviço, precisa se vender para um recrutador no processo seletivo. Faça com vontade e determinação, que o resto será o resultado das suas atitudes. É o ditado que sempre ouvimos: "só colheremos aquilo que plantamos".

4. Qual legado você gostaria de deixar para a sociedade?

O maior legado profissional que posso deixar através do meu trabalho é o conhecimento, e esse é e sempre será o meu maior propósito e o da Toth Educação.

Quando decidimos iniciar uma nova trajetória, eu e meus sócios nos deparávamos com a mesma dificuldade enquanto gestores, o profissional despreparado e generalista do mercado de trabalho, e isso nos incomodava. Então, buscamos uma nova proposta, criar um instituto para os incomodados, um instituto para aqueles que não aguentam a mesmice, que querem fazer acontecer, que não querem ficar parados, que estão cansados da rotina e não ficam reclamando da vida, mas sim buscam soluções e agem.

Pois acreditamos que os incomodados transformam, criam, imaginam, inventam e inspiram. São essas pessoas que agem e mudam as coisas. Todo esse desenvolvimento parte da educação, de uma base de conhecimentos que permitirão tudo isso.

O legado pessoal é ligado à minha família e principalmente à minha filha, e acho que o maior legado que eu poderia deixar para ela é o exemplo, comprometimento, persistência e garra. Entender que as adversidades são comuns na vida de todos e que começar do zero para construir ou reconstruir é fundamental.

5. Como você realiza o *networking* de maneira efetiva?

Aprendi com um líder que em todo canto existe um *prospect*, ou seja, em todo lugar existe um possível cliente e que devemos estar atentos a isso, que devemos enxergar as possibilidades e potenciais de cada um, e a melhor forma de se fazer isso é construindo um *networking*, algo que na cultura brasileira ainda é escasso, mas a construção de relacionamentos e contatos é a base de um profissional.

Trate bem as pessoas, se interesse por elas e por suas histórias, veja o que você pode fazer para auxiliá-las, e consequentemente os resultados desse relacionamento trarão frutos.

A construção do *networking* pode ser estratégica, traçada e baseada no relacionamento que precisa construir para chegar a algo ou alguém, mas grande parte desse relacionamento pode vir daquela pessoa que menos espera, por isso, entender que em todo lugar existe um possível cliente ou contato para negócios é a base para a construção de um *networking*.

6. O que você aprendeu com a vida que gostaria de deixar registrado nesta obra?

Os maiores aprendizados que tive em toda a minha carreira foram em relação à execução, simplesmente ir e fazer acontecer. Aprendi que as coisas começam a acontecer quando as executamos, e a execução é uma das grandes dificuldades que vejo nas pessoas. Além disso, em minha vida profissional, sempre busquei enxergar o copo meio cheio, enxergar o lado positivo e otimista nas coisas, por mais difíceis que pareçam. Alguns aprendizados vieram da criação, como "sabendo usar não vai faltar!", frase que cresci ouvindo do meu pai. Aprendi que deveria trabalhar para construir meu nome, criar um legado, algo no qual as pessoas poderiam citar como exemplo ou se lembrar de quem eu sou. Nesses anos no mercado educacional, aprendi que a educação transforma vidas, conheci muitas pessoas e histórias ao longo da minha carreira profissional, e saber das transformações, as conquistas alcançadas ou geradas através da educação mudaram a forma como encarava as coisas, me deram um propósito, um sentido, e por isso sempre digo: jamais parem de aprender.

7. Qual mensagem de motivação você gostaria de deixar para os leitores deste livro?

Acredito que motivação é um processo interno, que vem de cada um, se posso contribuir ou orientar em algo, seria em relação à construção de um propósito, buscar algo que internamente motive você a agir, levar ao pé da letra o significado da palavra motivação, somente com esse propósito atingirá seus objetivos. É natural fazer promessas de que vamos fazer isso ou aquilo, mas quantas vezes levamos essas promessas adiante? Quantas vezes cumprimos o que prometemos de maneira eficaz? Eis o questionamento que precisamos nos fazer diariamente, por que preciso fazer isso? E achar um propósito e motivo que farão você atingir seus resultados de maneira duradoura e eficaz.

Galeria de fotos

Raquel Parente

Empresa:
PagueVeloz

Função:
Diretora de Gente & Gestão

1. Como e onde você iniciou a sua trajetória profissional?

Eu sou a caçula e a única mulher de três filhos. Os meus pais nasceram em Mombaça, interior do Ceará. Meu pai sempre teve um espírito empreendedor, e decidiu se mudar para São Paulo para melhorar de vida. Durante 20 anos, ele fez de tudo, até que foi apresentado à profissão que o acompanharia até hoje: corretor de imóveis. Acabou se tornando referência na cidade, e aos 40 anos, montou a sua própria imobiliária.

Minha mãe foi professora, depois passou em um concurso público e, após alguns anos, meu pai a convidou para administrarem juntos o negócio. Devido a toda luta que meus pais tiveram para construir sua própria empresa, eles tinham uma grande expectativa de que eu e meus irmãos seguíssemos com os negócios, os meus irmãos continuaram com o seu legado, mas eu decidi seguir a minha própria carreira no mundo corporativo.

Aos 16 anos, comecei a trabalhar com eles na área administrativa/ financeira, porém algo dentro de mim dizia que esse não era o meu caminho. Resolvi procurar um especialista para me ajudar a entender o meu perfil. Participei de um processo de orientação vocacional no Mackenzie. Psicologia foi uma das profissões fortemente recomendadas ao final do processo. Então, comecei a pesquisar quais eram as melhores faculdades para esse curso, o que ensinavam na grade curricular, quem eram as referências e, além disso, conversar com profissionais para entender os desafios do meio.

Agradeço a Deus por me dar esta sabedoria desde tão jovem e me fazer escolher a profissão que amo até hoje. Um fator decisivo na minha escolha foi o pai do meu namorado na época, hoje meu marido. Grande referência na psicologia criminal, tínhamos conversas intermináveis sobre Psicologia, sociedade e crime. Meu sogro, Alvino Augusto de Sá, foi, de fato, o maior psicólogo criminalista do Brasil, com mais de 30 anos de experiência no sistema penitenciário e professor de uma das maiores universidades do país.

Prestei vestibular nas melhores faculdades de São Paulo e consegui passar no Mackenzie, fator de muito orgulho, pois meus pais não tinham nível superior e ser aprovada em uma das melhores universidades do país me dizia que eu estava no caminho certo. Lembro como se fosse hoje, eu era aluna do 2º semestre, mas queria entender a profissão na prática, e pedi ao meu sogro, que na época era professor no 5º ano do curso de Psicologia no Mackenzie, para me deixar fazer uma visita com ele e sua turma à penitenciária.

Eu fiquei tão ansiosa que cheguei uma hora antes do combinado e acabei conhecendo a diretora de RH da Escola de Administração Penitenciária. Conversei por um bom tempo com ela e na sequência segui com a visita com o professor Alvino e seus alunos do 5º ano. Alguns dias depois, meu sogro falou que a diretora de RH, "Leda", gostaria de conversar comigo. Aceitei o convite para o processo seletivo e comecei a estagiar em seu departamento após ter sido aprovada no processo.

Foi nesse período que me apaixonei pela área. Aos poucos, fui me dando conta de que gostaria de seguir na área de psicologia organizacional. Depois dessa experiência, busquei estágios em empresas privadas e atuei em empresas como Catho, Webb, Capgemini, Locaweb, Leveros e agora a PagueVeloz. Além disso, morei três anos na Nova Zelândia, onde tive a oportunidade de conhecer o mercado de trabalho neozelandês, trabalhando em empresas como Simpson Grierson e Elephant Training.

2. Quais os principais desafios e resultados que você vivenciou ao longo da sua carreira?

Ao longo da minha trajetória, me deparei com vários desafios, e o primeiro deles foi **seguir minha intuição e fazer o que eu acreditava que me deixaria feliz**. Não seguir nos negócios da minha família foi o primeiro teste de resiliência que a vida me aplicou, e por diversas vezes ouvi comentários de que eu não iria conseguir me destacar ou que era um desaforo não seguir o que o meu pai construiu.

Mas tudo isso me dava mais motivação para seguir em frente, fazendo o que eu amava, trabalho deveria ser sinônimo de prazer. Além disso, ter sucesso profissional e mostrar aos meus pais que eu era capaz de construir a minha própria história eram demonstrações importantes para mim. Outro momento muito desafiador foi concluir a minha graduação, nesse período, meus pais tiveram uma crise financeira e não tinham mais condições de pagar os meus estudos. Batalhei e consegui uma bolsa de estudos de 75%.

Outro grande desafio foi aprender um segundo idioma, inglês. Não adiantaria ter experiência, competência profissional e boa formação acadêmica sem falar inglês. Arrumei as malas para passar um mês na Nova Zelândia, acabei tendo uma experiência maravilhosa de três anos.

Embarquei no meu sonho após pedir licença não remunerada no trabalho. Renovei meu visto três vezes até conseguir passar no vestibular para um curso técnico que me proporcionava visto por mais dois anos e oportunidade de trabalhar legalmente. Esse foi outro momento desafiador e precisei decidir entre voltar ao Brasil para seguir no meu trabalho ou pedir demissão e viver tudo o que aquele momento poderia me proporcionar. Pedi demissão, ajustei os pontos com a empresa e segui no intercâmbio, o que viria a dar (e deu) muito mais longevidade a minha carreira.

Aprender inglês e ter a vivência profissional internacional era um sonho e coloquei na minha cabeça que voltaria para o Brasil apenas quando atingisse esse objetivo, e com isso, vivi umas das melhores experiências da minha vida. Conheci diversas culturas, estudei, fiz novas amizades, ganhei experiência profissional em outro país, cresci, enfim, realizei meu sonho.

Durante o intercâmbio, aprendi muito mais que o idioma. Ganhei autoconhecimento, me dei conta de que meus valores, cultura e a família são pilares importantes para mim. Aprendi que nós brasileiros somos criativos e muito bom no que fazemos.

Além de fazer o que me deixava feliz, concluir a graduação e aprimorar o inglês, meu quarto desafio foi voltar para o Brasil e cuidar do meu lado pessoal, retomei o contato com meu ex-namorado e hoje meu atual marido, após três anos sabáticos e com foco em nossas carreiras, nos encontramos e recomeçamos na construção da nossa família. O que descobri é que o segredo é o equilíbrio, olhar a sua vida em 360º e entender que é preciso construir o legado pessoal.

No lado profissional, como "regredi" em meus cargos enquanto vivi no exterior, me deparei com amigos já ocupando posições gerenciais, retornei o meu *networking* dois meses antes de voltar e falei sobre os meus novos planos, que era cursar na universidade dos meus sonhos, Harvard, nos Estados Unidos, e depois reiniciar a minha carreira no Brasil.

Ao chegar no Brasil, já tinha três entrevistas agendadas, sendo uma para retornar ao meu emprego anterior, outra para trabalhar em uma consultoria de remuneração e a última para criar uma área de RH do zero. Após diversas conversas com as empresas e alguns profissionais de confiança, agradeço ao *coach* João Mendes, que me ajudou e entendeu meu perfil e minhas aspirações profissionais, conquistei uma vaga na Locaweb.

Meu primeiro desafio foi construir a área de desenvolvimento organizacional, com uma equipe híbrida e profissionais formados por pedagogas, psicólogas, profissionais que atuaram no suporte, cobrança e TI. Esses perfis contribuíram para criar um ambiente rico em diversidade e assim conseguimos criar projetos incríveis, como Reformulação do *Onboarding* com foco na jornada do colaborador.

A ideia era personalizar o conteúdo de acordo com a necessidade de cada profissional, e elaboramos programas de desenvolvimento de liderança e jovens talentos, Avaliação de Performance, calendário de treinamentos técnicos e comportamentais, e conduzimos mais de cinco aquisições de empresas. Após três anos, fui promovida a gerente da área, e nesse período implantei a metodologia OKR – *Objetive Key Results* – na empresa.

O projeto durou dois anos. Mapeamos todos os indicadores de *performance* da empresa e construímos os rituais de gestão. Além disso, implantamos uma plataforma de capacitação e desenvolvimento profissional. Implantamos a plataforma, com mais de 140 cursos, em tempo recorde de três meses. A plataforma trouxe conectividade, flexibilidade e mobilidade, ganhando 95% de adesão já no primeiro dia. A plataforma foi uma ferramenta fundamental para o desafio de integrar as empresas que viríamos a adquirir, cinco aquisições no total.

O auge do reconhecimento do sucesso da plataforma foi o convite para a participação no Congresso Europeu de Recursos Humanos, *Club Talentsoft 2017*, onde tive a oportunidade de apresentar como foi a implantação do Projeto Conecta (nome dado à plataforma) e os resultados alcançados, representando os clientes da América Latina.

Tudo isso nasceu de uma competição anual interna da empresa. Nosso time ficou em 4º lugar na competição, mas como eu acreditava no projeto, conversei com o presidente, pedindo para dar sequência ao projeto, independentemente da posição do nosso time na competição. O que nos motivava a colocar o projeto no ar era o propósito. Após reunião do conselho, a empresa nos forneceu verba e equipe para conduzir, e como já existiam diversas plataformas no mercado, o nosso foco foi na produção de conteúdo e na escolha da plataforma que melhor atendesse aos nossos objetivos.

Esse projeto nos ensinou a ter resiliência, foco e muito propósito. Não estávamos fazendo aquele projeto para nós mesmos, queríamos criar uma ruptura no modelo de educação da empresa na época, com foco em treinamento presencial. **Sonhe grande e sempre acredite em você, porque os resultados almejados serão a consequência da sua dedicação**. Não aceitei um não como resposta e tentei insistentemente, até a última esperança.

No mesmo ano, recebi o convite para assumir toda a área de RH, e fui promovida a *head* de gente e gestão da Locaweb, sucedendo Claudia Abjbeszyc, executiva referência em minha carreira, a quem me reportei por dez anos. A Cláudia me ensinou tudo sobre Capital Humano. Fui responsável por todos os subsistemas de atração, desenvolvimento, operações de RH, *endomarketing*, cultura e *performance*. Liderar cinco coordenações, 25 profissionais, com responsabilidade direta por 1.400 profissionais, distribuídos por São Paulo, interior, Curitiba, Porto Alegre, Florianópolis e Recife.

Sentar-me nessa cadeira foi a realização de um sonho, um projeto de mais de 18 anos.

No mesmo ano em que assumi essa posição, 2017, decidi complementar minha formação acadêmica. Eu já tinha uma boa formação com foco em humanas. Como estava me tornando executiva, havia chegado o momento de trabalhar o *gap* de gestão e administração, com foco em números e exatas. Ingressei no MBA Executivo do Insper. Sabia que o desafio seria grande e precisava me preparar para lidar com a nova realidade. Eu era uma jovem com 33 anos, formada em humanas e a única mulher no *board* da Locaweb, ingressando em curso com uma sala de aula formada por engenheiros, administradores, empreendedores e profissionais de negócios em sua grande maioria. Eu era a única psicóloga da minha turma no Insper. Foram dois anos de muitos e grandes desafios, praticamente os dois anos mais difíceis da minha vida. Eu me cobrava tanto e me dedicava tanto que cheguei a adoecer. Mas esse processo foi silencioso, eu entregava as minhas metas, fui promovida novamente e continuava trilhando um caminho de sucesso. Foi quando de repente comecei a sentir um vazio muito grande e decidi buscar um *coach*. Entendi o que era prioridade e o que me motivava. Além disso, eu estava há oito anos na empresa e precisava encerrar aquele ciclo para viver novos desafios.

Eu fui formada pela Locaweb, mas sentia falta de um outro CNPJ para entender o meu perfil de liderança. Sou uma profissional muito *hands on* e, por incrível que pareça, me frustra ficar longe da execução. Para completar, meu marido trabalhava na Locaweb, indo muito bem na área comercial, ocupando posição de gestão. Em função de uma questão de conflito de informações, uma das condições para eu fosse promovida a *head* de RH seria a saída dele da empresa.

Esse não é um processo fácil para nenhum casal. Eu agradeço demais ao meu marido por todo o apoio que me deu e por renunciar aos seus sonhos para que eu continuasse crescendo na empresa.

Depois de muitas análises, cheguei à conclusão de que era a hora de mudar e encarar novos desafios em um ambiente diferente. A lição que esse período me ensinou foi que **a vida é feita de ciclos, e temos que saber o momento de encerrar um ciclo e iniciar outro com novos horizontes.**

Como queria algo novo, aceitei o desafio de ser diretora de Gente & Gestão da Leveros, uma empresa de 41 anos focada no segmento de climatização, refrigeração e eficiência energética. A empresa tinha um plano de expansão agressivo e a missão era abrir o escritório corporativo de São Paulo, profissionalizar a área de Gente e reformular o projeto de gestão de resultados.

Foi um processo bem desafiador, por eu ter sido a segunda executiva que não era da família e a única mulher. Em um ano e meio, conseguimos estruturar o time de Gente & Gestão, alcançar os objetivos, implantar a gestão de indicadores e conquistar o *Great Place to Work*. Conhecer o universo de varejo e *e-commerce* foi muito gratificante. As decisões são tomadas de forma muito rápida e dinâmica.

Temos que ter o *Time to Market*, além disso, o varejo trabalha com margens bem justas e, portanto, gestão de custo é um fator primordial para a sobrevivência do negócio. Todos, independentemente da área, têm que controlar e administrar os custos de forma eficiente, e pequenos ajustes geram resultados incríveis. Aprendi muito sobre métricas de negócios, indicadores de gestão, custo e tomada de decisão rápida.

Foi no meio da pandemia que recebi um convite para ingressar em uma *fintech*, a PagueVeloz. O mundo das *fintechs* sempre me atraiu, não só pelo seu potencial, mas porque é o elo entre os mercados de finanças e tecnologia. Eu sempre gostei muito do mundo da tecnologia, e aliar isso ao mercado financeiro seria algo que agregaria muito a minha carreira.

Aceitei o desafio e, em dois meses, já colocamos em pé e executamos um plano que já vinha sendo estudado pelos executivos, execução essa que foi um dos motivos da minha contratação. Trabalhamos muito, mas em dois meses colocamos o plano em prática e dobramos de tamanho. A empresa vem trimestre a trimestre provando o seu potencial: batemos recorde de vendas, ampliamos a área de atuação no Brasil, conquistamos mais de 100.000 clientes.

Ao longo da minha carreira, percebi que adoro fazer projetos de implantação, criar disrupção, fazer processo de *change*, por mais desgastante e desafiador que seja, estar na linha de frente, falar com meus clientes, entender o negócio e como a área de Gente pode contribuir com a estratégia da companhia.

Prefiro trabalhar em ambientes informais, dinâmicos e com autonomia. Construir algo com a sua marca é muito gratificante e realizador. Mas todos esses *insights* foram possíveis depois de um processo de autoconhecimento profundo, passando por terapia, *coaching* e *mentoring*. Acredito que o primeiro passo para o sucesso profissional é se autoconhecer, entender o que motiva você, seu estilo de trabalho, suas prioridades, e atrelar isso ao seu propósito de vida é algo transformador.

E, por falar em propósito, o meu é: **através da minha energia, paixão e criatividade, proporcionar cada vez mais ambientes de aprendizado e troca de experiências, com foco no desenvolvimento humano.** O processo de autoconhecimento é um filme que cada um de nós precisa assistir para tirarmos as próprias conclusões e aprendizados. Os erros e acertos da nossa carreira é que fazem o nosso legado profissional.

3. Alguma história na gestão de pessoas que você gostaria de compartilhar?

A arte de liderar e inspirar pessoas é algo dinâmico e em constante transformação. Cada equipe é única e você tem que saber diagnosticar e definir o estilo de gestão que aquela equipe precisa. O que aprendi ao longo da minha carreira é que temos que observar os cenários ao nosso redor, ouvir as expectativas das pessoas e saber conectar os achados com o nosso plano estratégico.

No início da minha experiência de gestão, meu foco era fazer certo, ter controle e colocar o meu estilo de trabalho. Ao longo do tempo e dos *feedbacks* que recebi de meus liderados, gestores e pares, descobri que o segredo é construir junto, que temos que nos autoconhecer e trabalhar muito a capacidade de comunicação. Essa clareza na troca de informações é fundamental para alinhar expectativas e criar um canal de comunicação claro.

Você e os membros devem construir juntos os "combinados" daquela equipe. Quando deixamos claras as regras do jogo e respeitamos a individualidade das pessoas, conseguimos criar conexões incríveis. Lembro quando fui promovida a *head* da área de Recursos Humanos da Locaweb, coloquei muita energia e dedicação aos projetos, um nível alto de entrega e qualidade, e com isso a equipe começou a entrar em exaustão. Lembro do dia em que uma liderada me chamou para conversar e falou que não aguentava mais, que estava passando por problemas pessoais e que meu estilo de gestão estava colocando ainda mais pressão. Ela não estava mais feliz em trabalhar na empresa e principalmente comigo.

Em outras palavras, ela me falou que preferia quando eu era par dela, mais próxima e humana. Isso doeu muito, mas percebi que estava obcecada por resultado a qualquer custo e estava levando o meu time ao esgotamento. Refleti e, após buscar conselho com minhas mentoras, retomei a conversa com essa liderada após uma semana. Agradeci ao *feedback* e pedi opinião de como ela achava que eu deveria conduzir o projeto, e com base nesse retorno, elaborei junto com as minhas coordenadoras os "combinados" para o time de Gente & Gestão.

A partir desse dia, a nossa comunicação melhorou muito e tivemos a oportunidade de conhecer o estilo de trabalho de cada um e como iríamos trabalhar juntos dali para frente. Entendi que a minha missão era de engajá-los no propósito maior da área, visando conquistar os resultados esperados. Esse aprendizado é válido para tudo em minha vida, no campo pessoal e também no profissional.

4. Qual mensagem de motivação você gostaria de deixar para os leitores deste livro?

Uma vez eu ouvi que a vida acontece fora da sua zona de conforto, e essa frase possui um significado muito forte para mim. Viver é uma evolução constante, onde nos conhecemos mais em cada situação que passamos, acertando e errando pelo caminho. É assim que construímos o nosso legado na humanidade. Steve Jobs disse uma vez: **"Só conseguimos ligar os pontos quando olhamos no retrovisor".** Os aprendizados fazem sentido à medida que experimentamos e conseguimos conectar fatos.

Eu adoro a palavra conectar, porque ela é o sentido da vida. Passamos a vida inteira conectando os pontos da nossa história, não é possível viver sem vivenciar as experiências profundamente. Sair da zona de conforto nos permite entender os nossos pontos fortes, limites, medos e expectativas.

Acredito que a grande beleza da vida não está somente nos acertos, mas também em ter força o suficiente para recomeçar quando preciso. Levantar-se e persistir nos sonhos com resiliência, para conseguir evoluir como ser humano e extrair o melhor do potencial.

Entender que estamos em constante evolução e que podemos ressignificar as nossas vidas. Como diz o nosso poeta roqueiro Raul Seixas:

"Eu prefiro ser
Essa metamorfose ambulante
Do que ter aquela velha opinião
Formada sobre tudo"

Então, se conhecer, se permitir, se reinventar, perdoar, perdoar-se e se conectar consigo mesmo é um lindo processo chamado VIDA.

Galeria de fotos

Reinaldo José de Oliveira

Empresa:
MAGMA Engenharia do Brasil

Função:
Key Account Manager

ALTA GESTÃO | REGISTRO BIOGRÁFICO

1. Como e onde você iniciou a sua trajetória profissional?

Iniciei minha trajetória profissional em janeiro de 1995, como estagiário de Técnico em Metalurgia, na fundição da empresa Metal Leve, em Santo Amaro, São Paulo (SP), após ter concluído o curso técnico no Senai, em Osasco (SP). No entanto, gostaria de compartilhar uma experiência de trabalho, anterior, que eu tive, aos 13 anos de idade (em 1988), a qual foi muito importante para mim. Eu comecei a ajudar meu pai, Moacir, na venda de sorvetes no centro de Osasco. Nos primeiros dias, eu só levava almoço para ele e retornava para casa, pois eu estudava à tarde. Nas minhas férias, comecei a ficar por lá ajudando meu pai o dia todo. Eu gostava de atender os clientes e ouvia com atenção as dicas do meu pai, de como eu deveria tratá-los. Entregar o sorvete em mãos para o cliente era uma exigência do meu pai. Além disso, a embalagem deveria estar impecável. Receber o dinheiro do cliente (na época não se aceitava cartões no carrinho de sorvete) e entregar o troco, em mãos, com as notas sem que estivessem amarrotadas. Essas foram as primeiras dicas que recebi, do meu pai, sobre como tratar bem os nossos clientes, pois eles eram fundamentais para o sucesso das vendas. Eu queria trabalhar com vendas de pipoca. Compramos o primeiro pacotão (com 30 unidades). No meu primeiro dia, deixei com meu pai no carrinho de sorvete algumas unidades e saí caminhando pelas ruas do centro de Osasco, com aquele "pacotão de pipoca" nas costas (você pode imaginar a cena). Aproximadamente duas horas depois eu reencontrei meu pai, ele havia vendido algumas unidades e eu nenhuma. Foi aí que ele me perguntou se eu estava oferecendo aos clientes ou somente caminhando com aquele "pacotão" nas costas. Eu disse que não havia oferecido a ninguém (afinal, a vergonha não me permitia). Ele me deu, então, uma importante lição de vendas: "Como as pessoas irão saber que você está vendendo pipoca, se você não oferece a elas?" Hoje eu sei que: o produto que mais se vende é aquele que mais se oferece. Aprendi com meu pai, em 1988, aquela lição prática, que foi muito importante. Cheguei a vender, dias depois, 120 unidades por dia (4 pacotões). Eu utilizo até hoje na minha atividade profissional, em vendas, o simples conceito de: tratar com respeito os meus clientes. Reconheço a verdadeira importância deles.

2. Quais os principais desafios e resultados que você vivenciou ao longo da sua carreira?

Foram muito os desafios. Posso destacar alguns: a) vencer a timidez aos 13 anos, para vender pipoca (em 1988), talvez tenha sido o primeiro de todos; b) iniciar a trajetória profissional como técnico em metalurgia (em 1995), após formado no Senai, em um momento delicado do mercado; c) trabalhar empenhado e alinhado com os objetivos da empresa, e conquistar a efetivação, após 50 dias de eu ter iniciado o meu estágio; d) superar as questões culturais ao ser transferido para uma outra unidade de negócios da empresa (em 2001); e) mudar o rumo da minha carreira profissional ao iniciar um trabalho (em 2005), em uma nova área e empresa, em vendas – na qual trabalho, com muita alegria e comprometimento com os negócios, atualmente.

3. Quem da sua história de vida inspirou/motivou na sua carreira?

Eu seria injusto com as pessoas, citando apenas alguns nomes, pois com toda certeza esqueceria de muitos. Considero que a minha carreira – com 25 anos de trabalho – contou com a ajuda de muitas pessoas. Eu sempre procurei estar próximo daqueles que se prontificavam a me ajudar. Eu, constantemente, peço ajuda e conselhos. Sempre fui ajudado por muitos colegas no trabalho (e sou até hoje, com frequência), por isso tenho procurado retribuir ajudando sempre.

4. Alguma história na gestão de pessoas que você gostaria de compartilhar?

Sim, sem citar os nomes das personagens. A história é muito boa. Lá pelos anos 1996/1997, o meu chefe (na época) solicitou ao RH a efetivação de um jovem de 19 anos, estagiário da empresa. O RH, pelos procedimentos normais, solicitou que o profissional realizasse alguns exames básicos. No exame de acuidade visual, detectou-se uma perda parcial da sua visão, em um dos olhos. De posse daquele resultado, o RH reprovou a efetivação do jovem. O meu chefe analisou aquele documento e foi ao RH solicitar que mesmo assim o jovem fosse efetivado, alegando que ele não iria destruir a vida profissional de uma pessoa de 19 anos, e que daria, sim, a oportunidade a ele.

5. Alguma história no relacionamento com o cliente que você gostaria de destacar?

Eu não pretendo citar uma história, mas faço questão de destacar o quanto considero fundamental a relação com meus clientes, para o sucesso do meu trabalho, para a minha *performance* profissional, o cumprimento das minhas atividades e para o sucesso da empresa, evidentemente. Felizmente, são diversas as histórias positivas que eu vivenciei nestes meus 25 anos de trabalho.

6. Quais dicas você daria para aqueles que estão iniciando a carreira profissional?

Para quem está iniciando a carreira profissional, a minha dica é bem simples: que você deve estudar muito, quando achar que já estudou o suficiente, estude mais um pouco. No trabalho, se dedique ao máximo ao cumprimento de suas atividades, procure não faltar e não chegar atrasado. Jamais prejudique outro profissional – um(a) colega, por exemplo – e tenha paciência com aqueles que não possuem a mesma experiência e o mesmo ritmo de aprendizado que você possui. Ajude os(as) colegas de trabalho. Seja ético(a). Não troque de emprego simplesmente porque o salário na outra empresa é maior, ou os benefícios são mais generosos. Caso você tenha essa oportunidade, avalie com calma, pense bem, seja justo com a empresa na qual você trabalha, que lhe deu a oportunidade de chegar onde você está. Não tenha pensamentos ou ações maldosos. São dicas básicas, porém, acredito que são úteis e, quem sabe, possam ajudar as pessoas em início de carreira.

7. Qual legado você gostaria de deixar para a sociedade?

Fico feliz por motivar profissionais a se empenhar e se dedicar mais à empresa na qual trabalham, atender com excelência seus clientes e buscar sempre ampliar seus conhecimentos. Se eu, de fato, conseguir motivar algumas pessoas, vou deixar um legado profissional importante. No campo pessoal, sempre defendi a conscientização e o senso crítico. Penso que as pessoas não podem aceitar a informação, ou a notícia, como ela é comunicada hoje em dia, sobretudo nas redes sociais e formas mais ágeis de comunicação, sem que seja feita uma análise crítica. Na mídia tradicional também, a análise crítica é sempre muito bem-vinda. Devemos questionar, com bom senso, é claro, as informações que nos são repassadas. Por fim, outro legado, que poderia se assim dizer, eu gostaria de deixar, é o exemplo da ajuda que tenho procurado dar aos colegas que precisam se recolocar. Fico feliz em promover uma ponte, de forma voluntária, de vagas disponíveis com profissionais que procuram emprego. Sempre digo que esse trabalho voluntário só irá se encerrar quando nenhum profissional que eu tenha acesso esteja sem emprego e/ou uma renda para o seu sustento.

8. **Cite alguns líderes que, em sua opinião, são inspiradores.**

Conheço muitos líderes inspiradores. Vou citar alguns nomes – e correr o risco, é claro, de ser injusto por não citar outros. Farei disso uma singela homenagem aos líderes que são inspiração para mim: Ana Cláudia König; Antônio Dellaretti Neto; Aquiles Braghetto; Carlos Eduardo Silva; Cátia Silene Ap. B. Oliveira; Danielo Souza; Douglas Cracco; Émerson Sousa; Fábio Rampasso; Horácio Rocha; Janete Dias; Jeanlis Brito Zanatta; João Carlos Portescheller; Joel Lima; Kempees de Oliveira Andrade; Luís Carlos Guedes; Marcus Gimenes; Mário Pizetta; Maurício de Oliveira Júnior; Miguel Avellar; Nestor Neitzke; Reginaldo Andrade; Reyler Bueno; Ricardo Pugliesi; Roberto Eron Rizzi; Roberto Mero Sotero de Menezes; Sânzio Augusto Caetano; Sérgio Aparecido dos Santos; Tânia Gurgel e Wendell Lopes. Sou grato por ter encontrado tantos líderes, na minha vida, que me inspiram. Esses são alguns nomes de excelentes profissionais e líderes, que se tornaram, na jornada da vida, meus grandes amigos.

9. **Como você define o papel da liderança?**

Não é fácil definir, no entanto, concordo com o consultor Vicente Falconi, quando ele diz que o(a) líder é responsável por 70% do que acontece em uma organização. As coisas boas ou ruins devem ser atribuídas, de certa maneira, à liderança, uma vez que o(a) líder poderá, por sua vez, conduzir o grupo para o caminho "A" ou "B", e com isso obterá, consequentemente, determinados resultados. A liderança política, de um grupo social, nas famílias, nas empresas, seja onde for, deve ter plena consciência do seu papel, e estar preparada para exercer a sua importante função como líder. Ele(a) deverá ser apaixonado(a) por pessoas. Não poderá se descuidar em momento nenhum, na minha opinião, do seu papel de líder. Diferentemente do que sempre se pensou, a liderança pode ser aprendida. O(a) líder poderá buscar em treinamentos o conhecimento necessário para desempenhar, com excelência, sua atividade como líder. Não há como estar na posição de líder e achar que é um *status*, simplesmente. Você só será um(a) verdadeiro(a) líder se estiver disposto(a) a servir. Não há, a meu ver, como pensar de maneira diferente, achando que é superior(a) aos seus liderados. Se você pensar dessa forma, estará equivocado(a), e no caminho errado em relação às suas atribuições na posição de liderança. Nestes dias, li uma frase do consultor e palestrante Douglas Marangoni, que eu gostei bastante: "O maior erro de um(a) líder é tratar o bom funcionário e o ruim da mesma forma. O bom desanima e o ruim não melhora".

10. **O que você faz para se manter motivado?**

Eu acordo todos os dias procurando ser melhor do que fui ontem. O que me motiva, de verdade, é a responsabilidade que tenho com a minha família, sobretudo com a nossa filha Maria Fernanda, que tem atualmente 13 anos, e precisa muito dos meus exemplos e dos meus ensinamentos. A leitura de bons livros é importante e contribui. A minha família

– nossa filha e minha esposa Cátia – me apoia no meu trabalho, nos estudos e na minha evolução pessoal e profissional. Não há como não me motivar, tendo uma família tão abençoada como a minha.

11. Qual a importância da inovação nas organizações?

A inovação é imprescindível para todas as organizações, seja nos processos, métodos, na forma de atuar no mercado ou nos produtos, entre outros. As organizações devem estar sempre atentas para as melhorias que podem ser implantadas no seu negócio. A pesquisa, o conhecimento, o diálogo e a interação com o mercado e seus clientes são fundamentais para direcionar as inovações, que produzirão riqueza e contribuirá para a prosperidade do negócio. Para que a inovação não passe a ser apenas um "modismo", e fique na teoria, a dica que eu dou é que as empresas observem oportunidades com a inovação, de maneira que ela possa contribuir com a redução dos custos e/ou aumento das receitas. A inovação deve ser uma das prioridades na estratégia de uma empresa. É uma oportunidade, por meio da inovação, da empresa ter sustentação para o que, na minha opinião, deve ser um dos objetivos de uma organização: a perpetuação do negócio. E perpetuar não significa ter os mesmos produtos, ou atuar da mesma maneira, por muitos anos, ou décadas, é, com o devido cuidado, observar as tendências do mercado, inovar o produto ou serviço, o processo e a forma como conduzir as suas atividades, adaptando à realidade e às demandas do mercado.

12. Como você realiza o *networking* de maneira efetiva?

Eu sempre valorizei muito as minhas amizades (acredito que, por eu ser filho único, isso foi ainda mais intenso em toda a minha vida) e os relacionamentos profissionais, inclusive. Tenho procurado manter contato frequente com os profissionais do mercado e fortalecer meu *networking*. Nem sempre são possíveis os encontros presenciais, em função das agendas e das distâncias físicas, no entanto, manter um contato via e-mail, telefone e hoje em dia fazendo uso das redes sociais e dos meios de comunicação ágeis tem me auxiliado bastante na troca de experiências e em bate-papo. Não dispenso um bom café e sempre que a agenda permite – dos meus colegas e a minha – tenho procurado marcar uma conversa. Não há nada que substitua uma boa conversa presencial, uma boa prosa para troca de ideias com os amigos. Isso me faz aprender sempre e crescer, pessoal e profissionalmente.

13. Do que você sente saudades?

Eu não tenho como negar que a palavra saudade passou a ter um sentido diferente, logo após o falecimento da minha mãe, Hercília, em 29/11/2018. No entanto, sinto, é claro, saudade em outro grau, da minha infância, dos bons momentos e das brincadeiras, dos primeiros anos da escola, da convivência com os colegas no curso técnico do Senai e demais cursos que fiz. Dos primeiros anos no trabalho, de muitas pessoas com quem eu convivi, enfim, saudade das coisas boas já vividas, porém a saudade da minha mãe, não posso negar, passou a ser marcante na minha vida.

14. Do que você tem orgulho?

Eu sou feliz e sinto muito orgulho de ter chegado aos 25 anos de trabalho, tendo cultivado muitas amizades, respeito profissional pelo mercado e amigos. De ter ajudado diversos profissionais a encontrar um trabalho (muitos eu sequer conhecia). De ter ensinado muitos colegas. As minhas conquistas sempre foram acompanhadas de honestidade, ética e princípios. Isso me dá muito orgulho, graças a Deus, e me motiva a continuar no mesmo caminho, sem prejudicar as pessoas. Sou feliz por ter sempre me comportado de maneira correta com todos, considerando sempre a mesma forma como eu quero que as pessoas se comportem comigo e com aqueles que eu amo.

15. Qual o significado da palavra felicidade?

Eu, sinceramente, penso que a felicidade plena não existe. O que existe, sim, são momentos de felicidade. Somos responsáveis por boa parte (não a totalidade, é claro) desses momentos que vivemos. Dessa forma, eu tenho procurado fazer o melhor que eu posso para mim, a minha família, a empresa na qual eu trabalho, os meus colegas, e com isso, eu crio um ambiente favorável para a felicidade. Portanto, a meu ver, significa viver o melhor daquele momento, em equilíbrio e harmonia. A consciência tranquila contribui muito com um ambiente de felicidade.

16. Qual a sua citação favorita e por quê?

Uma das citações que eu gosto bastante é a seguinte: "Seja a mudança que você quer ver no mundo.". (Mahatma Gandhi)
Ela é simples, tem significado próprio e não requer muita explicação.

17. O que você aprendeu com a vida que gostaria de deixar registrado nesta obra?

Aprendi muita coisa: que devemos amar mais, abraçar mais e conviver mais com aqueles que amamos. Os dias passam rápido, nem sempre vamos conseguir fazer tudo o que gostaríamos, temos, portanto, que priorizar. Em relação ao mundo corporativo, aprendi que a sonhada promoção acontece mais por uma "certa coincidência" e convergência de fatores do que (somente) por méritos. Não há justiça plena, pelo contrário, tem-se bastante injustiça. Você não deverá criar muitas expectativas. Viva a sua vida, com gratidão. Seja simples. Compartilhe o amor e pratique a solidariedade.

18. Qual mensagem de motivação você gostaria de deixar para os leitores deste livro?

Celebre o presente – o dia de HOJE – com a sua família e amigos. Não fale mal das pessoas. Trate todos como você gostaria de ser tratado. Agradeça por seu trabalho e seus estudos. Lembre-se do seu passado com alegria e faça planos para o futuro. Sei que isso é óbvio e básico, no entanto, espero que você concorde que são coisas simples, as mais importantes da nossa vida. Tenha fé. Seja grato por tudo, sobretudo pela sua vida.

Galeria de fotos

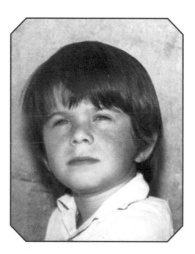

Renata Martins de Oliveira

Empresa:
Micromed Biotecnologia Ltda.

Função:
CFO, CHRO

1. Como e onde você iniciou a sua trajetória profissional?

Sou a filha mais velha dos meus pais, e logo na infância, como irmã mais velha dos meus irmãos Rodrigo e Fernanda, naturalmente sempre me vi no papel de ser referência para eles. Entendo que daí começa minha trajetória de liderança. Devo toda essa minha trajetória até aqui e que ainda virá a eles!

O desejo de fazer tudo certo para ser então exemplo no desenvolvimento do caráter, valores e conhecimento deles me levou a ser uma referência, para toda a família, de correção, de responsabilidade e, mais tarde, de dedicação à vida profissional.

Refletindo sobre esse meu desejo de ser exemplo que me acompanha desde criança, posso concluir que nunca foi um peso, ao contrário, sempre foi prazeroso e natural, e uma das minhas maiores realizações é perceber quando consigo influenciar positivamente a vida de alguém, ou pelo exemplo ou no trabalho diário de acompanhamento e *feedback* dos profissionais que tive a oportunidade de trabalhar ao longo da minha carreira.

2. Quais os principais desafios e resultados que você vivenciou ao longo da sua carreira?

O início da minha vida profissional foi muito difícil. Não havia perspectivas favoráveis. Não tive oportunidade de estudar em boas escolas, ou de estudar outra língua, minha maior tristeza na época do colégio era chegar ao final de um ano letivo sem que os professores conseguissem terminar o livro didático do período. Eu tinha a sensação de que estava perdendo todo aquele conhecimento das próximas páginas. Era como ter que descer do trem no meio da viagem.

Ao longo da minha vida adulta, especialmente nos relacionamentos pessoais e profissionais que fui construindo, pude perceber que eu tinha razão, eu tinha perdido informações especiais que estavam naquelas páginas. Mas, por outro lado, sempre me senti parte desse grupo que tinha tido acesso ao conhecimento, e para eles eu estava nesse mesmo nível com uma vantagem em relação ao emocional e à capacidade de agregar as pessoas, e criar vínculos, carinho e consideração, e me orgulho muito disso.

Para mim foi fundamental, para superar o desafio da diferença de estrutura de ensino formal, não me vitimizar e acreditar que eu poderia buscar equilibrar essa equação. Já trabalhando em Belo Horizonte, morando de aluguel, e economizando cada centavo até na alimentação, busquei uma faculdade de alto nível e com uma dose de esforço extra, entrei e me formei em Administração na Pontifícia Universidade Católica de Minas Gerais, depois tive a oportunidade de fazer pós-graduação em Finanças na Fundação Dom Cabral. Relembrando aqui esse período, me pego tentando entender como consegui equilibrar as contas e fazer tanta coisa com um salário tão baixo. Pagava aluguel, faculdade, transporte, alimentação, tirei carteira de motorista, às vezes viajava, ajudava minha família e, muito inconformada em pagar aluguel para morar e com um desejo grande de começar a construir um patrimônio, comprei um apartamento financiado, pequeno, mas que fui decorando com muito carinho e foi um passo importante também para manter minha motivação e orgulho pessoal.

3. Quem da sua história de vida inspirou/motivou na sua carreira?

Para não me estender tanto, vou citar as principais mulheres que inspiram/motivam a minha vida.

Minha mãe, que é minha grande motivação e inspiração em todos os sentidos. Superou todos os desafios impossíveis e construiu uma família cheia de amor, ética e união.

Cibele, minha referência diária por muitos anos, fonte de inspiração profissional e pessoal e que humildemente compartilha com todos sua energia vibrante e que compartilhou comigo ao longo desses anos também seus tesouros, a sua família e amigos, e hoje tenho também como grande inspiração, D. Maria Eugênia, por seus valores, seu conhecimento profundo e assertivo de tantos assuntos que não consigo contabilizar todos aqui e por sua beleza e elegância, será sempre uma referência para mim.

Minha tia Dinha, e um pouquinho mãe, Graça, uma das minhas referências como "administradora". Com coragem e humildade, aceitou o convite e os conselhos da irmã mais velha, mudou a trajetória da sua vida, acolheu um amor puro e, ao longo dessa história de amor, administrou os recursos da sua família com sucesso.

Inácia, *in memoriam*, nunca vou esquecer do seu desejo de ter estudado, especialmente para poder conversar sobre todos os assuntos do universo com seu filho, doutor em Direito Empresarial, e sempre demandante de conversas e reflexões sobre todos os assuntos, o que ela achava não ser capaz de atender. De fato, ela simplesmente sabia sobre tantas coisas pelo seu interesse natural sem ter tido as oportunidades, portanto, era sim uma boa interlocutora.

Minha grande motivação: as(os) profissionais com que tive a oportunidade de trabalhar e que me ensinaram tudo. Humildemente sempre agradeci e continuarei sempre agradecendo a vocês pela confiança que depositaram em mim de que eu seria capaz de ouvir, entender, direcionar, buscar soluções, enfim, aprendi pela confiança depositada, espero ter atendido às expectativas e contribuído um pouco pelo que vocês fizeram por mim. Os nomes são muitos, e cada um sabe que o seu está aqui nesta lista, que é extensa, sorte a minha.

Além de todas as experiências vividas juntos, que me proporcionaram desenvolvimento e alegrias, todos hoje são grandes amigos.

Entre toda a riqueza que tenho acumulado com essas amizades especiais, que foram fundamentais em momentos críticos da minha vida, tenho uma muito preciosa que me acompanha, me fortalece e me emociona há mais de 20 anos, Iara.

4. Quais dicas você daria para aqueles que estão iniciando a carreira profissional?

São muitas as "dicas" que vêm à cabeça, porque muitas coisas são importantes no dia a dia para construirmos uma carreira profissional, mas o ideal é começar pelo princípio, pelo essencial: o amor. Palavra que sempre soa piegas, mas é a essência de tudo. Escolher uma atividade profissional que você entende que vai dar prazer em realizar no dia a dia, e a partir daí exercitar com amor, sempre buscando as vantagens e o lado positivo que o fez escolher aquela profissão, o propósito das suas metas, a contribuição que pode dar para a vida das outras pessoas e para a organização. Certamente, quando olhamos com amor todas as obrigações e "cobranças", os resultados virão, o reconhecimento e a motivação para continuar e fazer sempre melhor.

5. Ao recrutar um profissional, quais características comportamentais você considera fundamentais?

Brilho no olho! Aquela energia vibrante que move as pessoas a superar os desafios com alegria e coragem.

6. Qual legado você gostaria de deixar para a sociedade?

Intimamente desejo ser exemplo de conduta ética e de muita atenção ao "Ser Humano" e ao "Ser Feliz", tanto profissionalmente, como nas minhas relações pessoais e comigo mesma.

7. Cite alguns líderes que, em sua opinião, são inspiradores.

Nelson Mandela, por sua capacidade de sentir empatia, por sua força e equilíbrio, e por sua perseverança, ou seja, força e paciência para não desistir do que se é e do que se acredita.

8. Como você define o papel da liderança?

Fundamental, todos precisamos de líderes para cada aspecto da vida em sociedade. O líder deve agir com muita responsabilidade e amor. A liderança deve ser humilde e presente para escutar e entender, inspiradora para gerar motivação para a inovação e assertiva no mapeamento dos perfis e oportunidades de desenvolvimento de talentos.

9. O que você faz para se manter motivada?

Eu me envolvo com as pessoas e busco criar relações positivas.

10. Qual a importância da inovação nas organizações?

Vital, a inovação é que amplia os caminhos e pode perpetuar as empresas. Sem inovar, a organização está fadada à paralisia e a deixar de existir. As organizações precisam criar uma cultura de inovação em todos os colaboradores, aproveitando as boas práticas e ideias e incentivando a todos para que a inovação aconteça em todos os aspectos da empresa, não só nos produtos, mas também nos processos e nas relações internas e com o ambiente.

11. Do que você tem orgulho?

Das relações construídas profissionalmente, que também são hoje grandes amizades.

12. Qual o significado da palavra felicidade?

Exercitar o amor. Acredito que tudo que fazemos com amor nos traz felicidade, especialmente as coisas mais simples, que são as que preenchem nosso dia a dia.

13. Qual a sua citação favorita e por quê?

"Só se vê bem com o coração. O essencial é invisível aos olhos." (Antoine de Saint-Exupéry)
Porque acredito muito que se não nos envolvermos de coração, não haverá aprendizado, não haverá resultado duradouro e felicidade. Só um consumo de energia em vão.

14. Quais são seus *hobbies* preferidos?

Na infância e adolescência, tinha o sonho de ser bailarina, mas sabia que minha família não tinha condição de investir nesse sonho. E, hoje, um dos meus *hobbies* é atividade física. Eu me apaixonei pelos "treinos funcionais" e sigo praticando para me energizar e manter a forma física. É muito gratificante sentir nosso corpo reagindo à prática e aos estímulos.

15. Qual sonho você gostaria de realizar?

Gostaria de escrever a biografia da minha mãe. É uma história de luta, coragem, persistência, amor e muito sucesso. E quem sabe, escrever outros livros. Aqui neste livro, sinto o gostinho desse desejo.

16. O que você aprendeu com a vida que gostaria de deixar registrado nesta obra?

Aprendi que só aprendemos pelo olhar do outro. O nosso olhar é o que já sabemos. Mas não é fácil exercitar esse entendimento e se apropriar disso. E, também, acredito que viajar, conhecendo novos lugares, culturas e pessoas, nos proporciona um aprendizado de fato, real e além. É dos melhores presentes que podemos nos dar e proporcionar a alguém.

17. Qual mensagem de motivação você gostaria de deixar para os leitores deste livro?

Cuidar de si, antes de tudo. Como na mensagem da tripulação no início de um voo, "coloque a máscara em você antes de colocar nas crianças ou em alguém com dificuldade". Não é um ato de egoísmo, ao contrário, precisamos estar bem ou não poderemos fazer nada pelo outro ou por nós mesmos. Além disso, as relações não podem ser fardos, mas sim amor e aprendizado.

18. Com base no que você vivenciou, ao longo de sua vida corporativa, qual o segredo do sucesso para ir da teoria ao topo?

Trabalho.

Galeria de fotos

Renato Jorge Galvão Teixeira

Empresa:
VR Benefícios

Função:
Diretor Executivo – Tecnologia da Informação

🅖 ALTA GESTÃO | REGISTRO BIOGRÁFICO

1. **Conte como foi sua trajetória pessoal e profissional. Quais os principais desafios e resultados que você vivenciou?**

Vivi minha infância e adolescência no sudoeste da Bahia, em uma cidade chamada Itaquara, que atualmente tem pouco mais de 7 mil habitantes. Nasci 13 anos depois da minha única irmã, que saiu de casa aos 17 anos para estudar Enfermagem em São Paulo. Logo, fui praticamente filho único.

Depois de terminar o ensino médio, aos 17 anos, tentei vestibular em faculdades públicas para Medicina e Engenharia, tanto em Salvador quanto em São Paulo. Não passei em nenhuma delas.

Assim, vim para casa da minha irmã em São Paulo para trabalhar e fazer cursinho. Procurei emprego na lista de classificados dos jornais. Achei alguns anúncios para trabalhar em supermercados, lanchonetes, *call center*, entre outros. Levei currículo a cada um deles, mas nada de conseguir emprego.

Um dia estava na avenida Santo Amaro e depois de mais um insucesso de um emprego que vi em anúncio no jornal, resolvi andar pela avenida e entrar em supermercados e lanchonetes procurando emprego, mesmo sem saber se eles tinham vagas disponíveis. Chegava na "cara de pau" procurando o gerente da loja. Não sou muito bom no improviso, mas o desejo de estudar era tamanho que resolvi encarar. Ao encontrar o gerente da loja, me apresentava e contava minha história: estou procurando um emprego para pagar um cursinho pré-vestibular, você tem uma vaga?

Depois de passar por algumas lanchonetes e supermercados, acabei entrando em um Pão de Açúcar. Falei com o gerente e ele disse que estava precisando de um balconista para o setor de frios no período da madrugada. Então falei para ele: acabou de achar seu balconista. Esse foi meu primeiro emprego, balconista no setor de frios responsável por repor e fatiar frios.

Com o emprego garantido, agora era o momento de iniciar o cursinho. Fiz a prova de bolsa de estudos para o cursinho Objetivo e consegui 50% de bolsa no período da noite. Bingo, com esse desconto poderia pagar o cursinho com o salário que recebia do Pão de Açúcar. Agora era fazer o cursinho a noite e na sequência trabalhar durante a madrugada no supermercado.

Fiquei nessa rotina durante dois meses, até minha irmã comentar que viu no jornal que estava aberta as inscrições para o Cursinho da Poli (um cursinho beneficente mantido pela escola Politécnica da USP para pessoas com baixo poder aquisitivo). Por coincidência, no dia anterior, quando estava no ônibus indo para o Objetivo, ouvi a conversa de duas pessoas sobre esse tal de Cursinho da Poli. Eles comentavam que era um cursinho muito bom, mas que a concorrência para entrar era absurda, eram 27 vagas e já havia quase 3.000 inscritos.

Contei essa história para minha irmã e disse: estou fora, imagina que vou conseguir passar. Contudo, ela disse: encara mais essa, você não tem nada a perder. Mete as caras e se for da vontade de Deus você vai conseguir. Não é que consegui entrar.

Como o valor do cursinho da Poli era bem baixo na época, conseguia me dedicar 100% aos estudos sem precisar trabalhar. Contei o que tinha acontecido para o meu gerente no Pão de Açúcar, agradeci imensamente a oportunidade e pedi as contas.

Fiquei dois anos estudando nesse cursinho. Estudava mais de 12 horas por dia, até que consegui entrar em Engenharia na Escola Politécnica da Universidade de São Paulo. Carrego até hoje na lembrança o dia que vi o meu nome na lista de aprovados para Engenharia. Foi um dos dias mais felizes da minha vida, inesquecível. Enfim, estava na faculdade pública tão sonhada.

Porém, existia mais um ponto que precisava ser equalizado, como me manter financeiramente na faculdade. Foi aí que entrou em cena as bolsas disponíveis na USP. Brinco que nessa época tinha mais bolsas que prostitutas. Consegui bolsa moradia no CRUSP (Conjunto Residencial da USP), bolsa alimentação para almoço e jantar nos restaurantes da USP (famoso bandejão), bolsa de estudo da AEP (Associação de Ex-alunos da Poli) e depois de finalizar a bolsa da AEP consegui uma bolsa de iniciação científica do CNPq. Fiquei com a bolsa da CNPq até 2002, quando consegui meu primeiro estágio na área de TI no Internet Banking Pessoa Física (IBPF) do Unibanco. No final de 2003, fui efetivado nessa área como analista de sistemas.

Certo dia, o superintendente da área de negócio de canais digitais lançou um desafio para nossa TI. Os sites do Unibanco eram lentos comparados à concorrência, e ele gostaria que nosso site fosse o mais rápido do mercado.

Como sempre gostei de pesquisar e de um bom desafio, fui entender o que poderia ser feito para atingir o resultado desejado. Para minha surpresa, vi que já existia uma técnica de compactação da comunicação entre os servidores do banco e o navegador no computador do cliente, mas que não estava sendo usada. Só basta realizar algumas configurações no servidor do banco para ativar essa funcionalidade. Resultado, com a ativação dessa técnica e alguns ajustes, conseguimos junto com o time de TI deixar os sites do banco os mais rápidos do mercado e reduzir em 50% o custo por ano do investimento feito em *link de internet*.

Com o sucesso dessa ação, em 2005, fui convidado para participar de um grupo de prospecção de novas tecnologias e o desafio agora era outro: combater a fraude que estava aumentando muito na *internet* e demais canais do banco.

Nesse novo desafio, o time conseguiu realizar várias provas de conceito e implementar algumas soluções. Em 2007, fui convidado para fazer parte da área de Prevenção a Fraudes do Unibanco e gerenciar os projetos do banco ligados à redução de fraudes. Como resultado desses projetos, foi possível reduzir em 90% a fraude do canal internet e controlar os demais canais. Fiquei nessa área até 2011, mesmo depois da fusão entre Itaú e Unibanco, quando fui convidado para coordenar a área de canais digitais de TI dos cartões pré-pagos da Alelo.

Em 2012, foi criado um projeto dentro da Alelo para montar uma carteira digital capaz de concorrer com os subadquirentes do mercado e carteiras digitais que estavam surgindo no Brasil ou vindos do exterior. Fui o líder da TI nesse projeto com o objetivo de entender o mercado e buscar soluções ou empresas para aquisição. Fiquei nesse projeto até 2013, quando fui chamado para liderar na TI uma nova solução que a Alelo, junto com a Cielo, Claro, Bradesco e Visa, estava construindo para usar o celular como meio de pagamento dos cartões pré-pagos da Alelo. Junto com esse projeto, acabei assumindo a área de TI de desenvolvimento dos cartões pré-pagos, do aplicativo e do site voltado para os portadores e usuários dos cartões benefícios da Alelo.

No final de 2017, encerrei o meu ciclo na Alelo e busquei um novo desafio na VR Benefícios. O objetivo agora era desenhar e implementar uma nova arquitetura de sistemas. A VR Benefícios estava voltando para o mercado com todo o vapor e precisava de uma arquitetura ágil, robusta e alinhada aos padrões de mercado. Atuei nessa frente até outubro de 2018, quando recebi o novo desafio de assumir toda a área de Tecnologia da empresa. Atualmente, essa é minha nova missão nessa empresa fantástica que tanto me apoiou e vem apoiando.

2. Quem da sua história de vida inspirou/motivou na sua carreira e vida pessoal?

Li esses dias sobre Isaac Newton e vi uma expressão que ele usava: "Sobre ombros de gigantes". Essa expressão ficou famosa quando perguntaram para Newton de onde vinha tanto conhecimento e criatividade, a resposta dele foi incrível: "Se vi mais longe, foi por estar de pé sobre ombros de gigantes".

Longe de mim querer ser comparado a Newton em conhecimento e criatividade, mas tenho certeza de que "se vi mais longe, foi por estar de pé sobre ombros de gigantes". Gigantes como meu pai Renato Teixeira, minha mãe Maria Teixeira, minha irmã Yrma Salles, os meus tios: Abimael Teixeira (tio Bima), Baldoino Teixeira (tio Badu), Eloina Teixeira (tia Loi), Mab Teixeira (tia Mab), Railton Teixeira (tio Ray – em memória); e demais primos, primas, tios e tias. Grato sou a Deus por ter a honra de ter esses gigantes na família.

3. Quais dicas você daria para aqueles que estão iniciando a carreira profissional?

Invista em uma boa formação técnica. Agarre as oportunidades que a vida proporciona. Seja sempre honesto e nunca ache que você é mais esperto que os outros. Respeite e trate bem as pessoas, independentemente do cargo ou nível hierárquico. Construa e cultive bons relacionamentos na vida profissional e pessoal.

4. Ao recrutar um profissional, quais características comportamentais você considera fundamentais?

Paixão pelo que faz, vontade de aprender e se desenvolver, proatividade, honestidade, ética, educação, gentileza e inteligência emocional.

5. Como você define o papel da liderança?

O sucesso de uma empresa está nas pessoas. É papel fundamental de um líder motivar, direcionar e desenvolver pessoas.

6. O que você faz para se manter motivado?

Segundo Maslow, o homem se motiva quando suas necessidades são supridas, como realização pessoal, autoestima, necessidades sociais, segurança e necessidades fisiológicas. Uso as minhas realizações como um dos combustíveis para minha motivação. Outro combustível: meus objetivos.

Não acredito muito no verso da canção *Deixa a vida me levar*, que diz: "Deixa a vida me levar (vida leva eu!)". É preciso traçar objetivos e buscar atingi-los na jornada da nossa vida. Terminar o estudo colegial, fazer um cursinho para entrar em uma faculdade pública, buscar como se manter na faculdade, terminar a faculdade, achar um emprego, evoluir na carreira, casar, construir uma família, ter filhos, educar e orientar a filha, construir um "pé de meia" para ter uma aposentadoria confortável são alguns dos meus objetivos que me motivaram e motivam a viver.

7. Qual a importância da inovação nas organizações?

É senso comum achar que inovação e invenção são palavras sinônimas, mas segundo Joseph A. Schumpeter, em *Business Cycles - a theoretical, historical and statistical analysis of the capitalist process*, a invenção ocorre independentemente de qualquer necessidade prática, podendo até ser uma descoberta, devido a um acidente feliz. Já a inovação surge em um esforço para lidar com uma determinada situação econômica.

Para diferenciar esse conceito, Schumpeter cita, como exemplo, o surgimento do automóvel como uma invenção e não uma inovação. O autor destaca ainda que o automóvel não resultou de uma pesquisa de mercado ou "necessidade" economicamente consciente. Ele surgiu de uma "necessidade" certamente subconsciente, sem necessariamente ter um valor econômico associado. Segundo Schumpeter, a "necessidade" economicamente relevante foi criada pela indústria pós-surgimento do automóvel.

Ele define a inovação como a criação de uma nova função de produção, podendo ser uma nova mercadoria, nova forma de organização, como uma fusão, a abertura de novos mercados. Já segundo Everett M. Rogers em *Diffusion of innovations*, inovação é uma ideia, prática ou objeto percebido como novo por um indivíduo ou uma entidade, sendo uma nova alternativa ou opções para resolver problemas. E Thomas S. Robertson, em *The process of innovation and the diffusion of innovation*, enfatiza que inovação não fica só no campo da ideia, precisa ser concebida e trazida à realidade.

Assim, inovação não é somente inventar algo novo. Inovação é uma ideia ou pensamento, prática ou comportamento, objeto ou função de produção percebida como novo por um indivíduo ou entidade que precisa gerar valor econômico, ser concebido e trazido à realidade para resolver problemas.

Sobre esse conceito, qualquer empresa que queria se diferenciar dos concorrentes ou buscar se manter no mercado por um longo período precisa inevitavelmente investir em inovação.

8. Como você realiza o *networking* de maneira efetiva?

Mantenha contato com os bons colegas de trabalho pelas empresas por que você passou. Uma abordagem que pode ser usada é contatá-los para tirar alguma dúvida técnica ou buscar uma solução para algum problema.

Construa bons relacionamentos internos e externos na empresa, seja transparente e sincero.

Trate seus fornecedores como parceiros. Eles também fazem parte do seu *networking*. Muitas pessoas colocam a culpa dos insucessos dos projetos da empresa, nos fornecedores ou tratam os mesmos com bastante arrogância. Usam a máxima: "o cliente sempre tem razão".

Busque conhecer outras empresas. Faça *benchmark*. Participe de feiras e eventos.

9. Do que você tem orgulho?

Da trajetória da minha vida. Foi nela que construí minha família que tanto amo, os meus amigos que tanto admiro e a minha carreira acadêmica e profissional que tanto batalhei.

10. Qual o significado da palavra felicidade?

Tenho como guia da felicidade em minha vida uma parte do poema Felicidade, de Vicente de Carvalho, que é uma das minhas citações prediletas, ele diz: "Essa felicidade que supomos, (...). Existe, sim: mas nós não a alcançamos. Porque está sempre apenas onde a pomos e nunca a pomos onde nós estamos". Esse poema exprime nossa condição humana de incapacidade de sermos felizes por não valorizarmos o que a vida nos oferece.

Corremos tanto atrás de coisas que acreditamos que podem trazer uma maior felicidade e esquecemos de aproveitar melhor o que temos e o que já conseguimos. Trago isso como um mantra na busca de crescimento profissional e pessoal na jornada da minha vida.

11. Quais são seus *hobbies* preferidos?

Adoro o *hobby* modelismo, principalmente aeromodelismo e automodelismo.

12. Qual sonho você gostaria de realizar?

Gosto muito da área acadêmica e tenho o sonho de um dia empreender, montando uma escola ou faculdade ou algo ligado à educação.

13. O que você aprendeu com a vida, que você gostaria de deixar registrado nesta obra?

"Meu filho, tenha sempre em mente que a vida é uma escola e não outorga diploma ao aluno". Cresci com meu pai falando essa frase. Por mais que nos dediquemos à nossa vida acadêmica, profissional, pessoal e espiritual, sempre teremos algo a aprender e a aperfeiçoar. E por mais que eu aprenda e me aperfeiçoe, tenho certeza de que existem pessoas ao meu lado com muito mais conhecimento para me ensinar. Essa é a beleza da escola da vida que não outorga diploma ao aluno, mas que proporciona aprendizado com o legado da humanidade e troca de experiências e emoções com o nosso próximo. Viva a vida!

14. Qual mensagem de motivação você gostaria de deixar para os leitores deste livro?

Anteriormente mencionei que as minhas realizações e os meus objetivos são dois combustíveis para minha motivação. Portanto, caro leitor, não deixe a vida levar você. Defina seus objetivos de vida, acredite em você, tenha disciplina, resiliência e persistência. Comemore cada conquista como única. E lembre-se: "Essa felicidade que supomos, (...). Existe, sim: mas nós não a alcançamos. Porque está sempre apenas onde a pomos e nunca a pomos onde nós estamos". Seja feliz!

15. Com base no que você vivenciou, ao longo de sua vida corporativa, qual o segredo do sucesso para ir da teoria ao topo?

Invista tempo para cultivar bons relacionamentos. Seja ético, empático, transparente e sincero. Transmita confiança. Desenvolva as pessoas, entenda que um líder é tão bom quanto boa for sua equipe. Desenvolva o autoconhecimento, entenda seus pontos fortes e aspectos que precisam ser fortalecidos. Trace seus objetivos de carreira, seja resiliente e persistente. Procure investir em seu desenvolvimento.

Galeria de fotos

Ricardo Fernandes de Miranda

Empresa:
Deloitte

Função:
CIO

1. Quais os momentos mais importantes da sua carreira?

A oportunidade de viver no exterior foi um ponto marcante na minha vida. Experiências internacionais são sempre ricas. Além disso, tive oportunidades de liderar e concluir com sucesso vários projetos de transformação com níveis de complexidade operacional, funcional, geográfica e política muito grandes. Destaco um exemplo de quando fui alocado para um time multifuncional de uma grande empresa multinacional para definir um novo modelo de negócio baseado na *internet*. Foi um grande aprendizado, num mundo totalmente novo para a época, uma convivência diferente com um time multidisciplinar e um convite à criatividade. Em pouco mais de um ano, o canal digital operava cerca de 90% das vendas da empresa na América Latina.

2. Quais as competências essenciais para o profissional do futuro?

Vejo o profissional do futuro mais colaborativo e mais aberto, com mais conteúdo e sem medo de se expor. Aquele que se reinventa a todo momento e consegue entregar resultados com maestria. Ser protagonista é o que faz a diferença.

3. Em sua opinião, a inteligência artificial pode alterar o nosso estilo de liderança?

Não diria exatamente que haverá uma alteração nos estilos de liderança, mas certamente mudará muito os negócios e o modo de liderar. A liderança terá que se adaptar, pois a tomada de decisão e as atividades executadas pelo ser humano se tornam mais estratégicas.

4. Quais atitudes do líder conquistam a cooperação da equipe?

Acredito muito na liderança pelo exemplo. Um líder precisa ser consistente em qualquer situação antes de mais nada. Também importante cuidar do time, tanto em bons momentos como nos ruins. E o melhor momento para verdadeiramente conhecer o líder é em situações adversas.

5. Como o *design thinking* pode contribuir com a resolução de problemas e criação de oportunidades nas organizações?

É uma metodologia que agrupa várias disciplinas em uma visão holística do problema, colocando o ser humano no centro e em um ambiente colaborativo e experimental. Essa abordagem contribui bastante com a transformação das organizações.

6. Fale sobre aprender com os erros e aproveitar as oportunidades.

Lembro das frases "fazer do limão, uma limonada" e "reconhecer o erro rápido e corrigir". Errar é desconfortável e pode trazer consequências, mas faz parte da vida profissional e pessoal. São nesses momentos que precisamos ter resiliência e refletir sobre os aprendizados.

7. Quais valores são importantes para você?

A ética é um valor inegociável. Valorizo pessoas que sejam transparentes, consistentes e genuínas.

8. Como você conseguiu deixar sua marca?

A melhor marca que podemos deixar em nossas carreiras é fazer a diferença na vida das pessoas. Isso pode ser conseguido com o convívio, a proximidade e o verdadeiro interesse pelas pessoas.

9. Quais habilidades pessoais você adquiriu com a sua vida executiva?

A vida executiva requer intensidade e traz como contrapartida um ganho de experiência. Acredito que a observação e a negociação foram as habilidades que a vida executiva mais me trouxe como aprendizados.

10. O que faz você feliz?

Conquistar objetivos, meus próprios ou de terceiros, com os quais estou de algum modo envolvido. A felicidade do próximo também me traz felicidade.

11. Como você concilia a vida pessoal com a profissional?

Assunto muito discutido e com frequência relacionado à alusão da arte de rodar vários pratos. Vivemos momentos na vida em que somos mais exigidos de um lado ou de outro, uma espécie de pêndulo. Não acredito em constância plena na conciliação da vida pessoal e da profissional.

12. O que você não tolera?

Falta de ética, ausência de atitude e não assumir responsabilidades.

13. Quando você erra, reconhece isso?

Sim, e na sua totalidade. Importante sermos transparentes nesses momentos, além de propositivos. Os erros podem ser corrigidos e podem trazer aprendizados. Inaceitáveis são os erros recorrentes, pior ainda, os repetitivos.

14. Qual o sonho não realizado?

Recebo muito da vida e ainda não consegui retribuir na mesma proporção. Seria um trabalho filantrópico para ajudar pessoas em situações difíceis ou desprovidos de boas oportunidades. Algo relacionado com a minha área de atuação (Tecnologia e Transformação Digital), em que tenho aptidão e gosto por repassar conhecimentos.

15. Como você se define?

Sou otimista e inquieto por natureza. Tenho gosto por fazer as coisas bem-feitas, por mais simples que sejam.

16. Como você mantém o foco para a realização dos seus objetivos?

Eu anoto as minhas metas e estabeleço datas, mas apenas isso não basta. Traço uma estratégia e relaciono as atividades necessárias para alcançar os objetivos. O mundo atual é pleno de distrações e manter o foco requer mais atenção do que no passado.

17. Fazer o que gosta é fundamental para o sucesso?

Paixão e doação normalmente precedem o sucesso. Quando o trabalho se torna um martírio, muito provavelmente o profissional está no lugar errado.

Galeria de fotos

Ricardo Pinto Lapa Filho

Empresa:
Finch

Função:
Vice-Presidente

1. Como e onde você iniciou a sua trajetória profissional?

A minha trajetória profissional começou cedo na cidade de Recife, capital de Pernambuco, no nordeste do Brasil. Prestei o vestibular para a Universidade Católica de Pernambuco e ingressei no curso para bacharel em Direito aos 16 anos. Fui contratado como estagiário do escritório Monteiro e Filho Advogados, onde trabalhei por dois anos. Na segunda metade da faculdade, entrei para um escritório maior, o Martorelli Advogados, também no Recife. Por fim, quando completei minha graduação, prestei o exame da Ordem dos Advogados do Brasil (OAB) e abri meu próprio escritório, em que atuei por quatro anos.

2. Quais os principais desafios e resultados que você vivenciou ao longo da sua carreira?

O meu primeiro desafio foi ter ingressado em uma das melhores faculdades da região do nordeste brasileiro, a Universidade Católica de Pernambuco. O segundo desafio foi o exame da Ordem dos Advogados do Brasil (OAB), feito ao final do curso de Direito. Logo depois, enfrentei desafios mais complexos que expandiram horizontes e despertaram minhas habilidades, ou seja, oportunidades que me ensinaram muito e contribuíram diretamente para a minha formação profissional, como o ingresso no programa *Master of Business Administration* (MBA) da Kellogg School of Management, na Northwestern University. Meu objetivo era cursar uma das cinco melhores faculdades do mundo, visando direcionar meus estudos para o ambiente corporativo de negócios, desmembrando da área jurídica. Em princípio, eu tinha pouca informação de como funcionava a pós-graduação e como era a sua forma de ingresso, mesmo assim preparei-me durante dois anos e fui aprovado no início de 2009 para início em setembro do mesmo ano. Graduei-me no MBA em Kellogg com especialização em Finanças e Marketing. Durante a pós-graduação, tive o meu segundo grande desafio: ingressar na empresa líder de consultoria empresarial mundial McKinsey & Company. Novamente, fui colocado à prova porque tudo era muito novo para mim, eu era um advogado formado no Recife e à época sentia-me pouco exposto à informação, ao conhecimento. Seguir para a área de consultoria, sempre foi uma das minhas prioridades e é uma das especialidades da McKinsey. O processo seletivo era penoso: concorrer com cerca de 150 candidatos muito especializados, com nível superior alto. Estudei e me aprofundei sobre o processo, e após cinco entrevistas, fui um dos dois admitidos para o Programa Summer da McKinsey, uma fase de experiência com duração de dois meses para uma possível efetivação *full-time*.

A conclusão do MBA tinha sido bem difícil, pelas circunstâncias de viver no exterior somadas a uma nova língua, uma nova cultura. Mas o *Summer* da McKinsey foi extremamente complexo: não tinha consciência das ferramentas, era novato tanto na área de consultoria como no tipo de indústria do projeto corporativo que eu estava encarregado de gerir. Tive que performar durante dois meses e meio para conseguir receber a oferta. Estava com a "espada na cabeça" o tempo todo. O *Summer* é um período curto para mostrar sua competência, com um nível de concorrência muito alto. O caminho que encontrei para solucionar esse problema foi a adaptação, passei a conhecer mais as minhas próprias habilidades. Aproximei-me de quem dominava as ferramentas do negócio para compreender e aprender. Minha facilidade de relacionamento interpessoal e a realização de pesquisas em livros, na internet e em outras fontes deram suporte para garantir o meu desempenho. Assim que percebi que o projeto dentro do *Summer* estava distante do meu perfil, pois era um projeto com características analíticas bastante complexas, consegui migrar para um outro voltado à área de varejo, com a necessidade de aplicação de criatividade às soluções. Para obter boa avaliação, foquei na construção e consolidação dos relacionamentos. Concluí que o *Summer* mede a capacidade de aprendizado do candidato. Desenvolvi e colhi da experiência habilidades e competências que levo para a vida: principalmente a resiliência para identificar rapidamente o que eu tenho à disposição e focar no desafio. Além da habilidade para lidar com a pressão da curta duração da experiência e ainda desempenhar um bom papel dentro de um ambiente como esse. Por fim, receber a oferta para o emprego *full-time* em 2011 foi uma das melhores sensações da minha vida, a sensação de trabalho bem-feito. Por outro lado, era a minha primeira vez exposto à prova, de fato, no mundo corporativo. Passava por processos de avaliação e a cada seis meses era uma nova provação, permaneci nessa corrida durante sete anos e meio. Comecei a lidar com projetos de indústrias distintas, sócios distintos, times distintos, e aprendi a navegar com todas em ambientes muito diversos. O aprendizado vem, mas o caminho é doloroso. Na consultoria, lidava com diferentes cenários o tempo inteiro. Quem busca a McKinsey costuma ter problemas complexos com investimento muito alto, é um cenário com foco nas empresas, e você está sendo monitorado não só pelos clientes, mas também por todos os consultores da McKinsey. Exige-se do consultor mais informações do que a pessoa que vive há anos trabalhando na respectiva área. Ou seja, você deve estar preparado para adaptar-se a tudo. Foram anos de aprendizado, muitas provações. Obtive sucesso porque agi com resiliência, tinha facilidade no relacionamento interpessoal, foco nas características positivas dos projetos, rapidez nas respostas aos *feedbacks*, complementando com a construção de pontes dentro da própria empresa.

Após sete anos, uma pergunta me guiava: "Será que depois de toda essa bagagem, de todo esse aprendizado, havia outro lugar para aplicar minhas habilidades e experiências?". Tinha percebido que minhas fortalezas eram a área comercial, gestão, empreendedorismo e relacionamento interpessoal. Recebi propostas de várias empresas importantes e acabei escolhendo a Korn Ferry, uma consultoria americana de capital aberto gigantesca que me trouxe inúmeras conexões, múltiplas vendas, aprimoramento de novos negócios e desenvolvimento patrimonial. Tornei-me *senior client partner* da empresa e fui protagonista: alavanquei junto ao meu time um aumento significativo das vendas. De uma receita de 700 mil dólares passamos para 2,2 milhões de dólares em um ano de execução e, nesse momento, deparei-me com um problema: estávamos gerando um volume muito grande de trabalho para poucos recursos disponíveis. Nesse impasse, a problemática dos entregáveis nunca era solucionada. E vibrava em mim a continuação da minha intensa vontade de fazer a diferença.

Foi quando em 2019 entrei para a Finch Soluções, uma empresa brasileira prestadora de serviços na área de tecnologia, em que enxerguei a oportunidade de viver um *case*, de reforçar a construção de um legado, com mais liberdade de criação. Uma empresa que tem tudo a ver comigo, baseada na economia moderna, na convergência para área do Direito, na inteligência e tecnologia para operações: era a minha satisfação profissional. Tornei-me vice-presidente executivo para aplicar na Finch a minha experiência de consultoria e resolução de problemas complexos. Desbravá-la sem esquecer o passado, como no *Summer* da McKinsey, em que cheguei sem as ferramentas, mas encontrei caminhos mesmo assim. Corajoso e autoconfiante profissionalmente.

3. **Quem da sua história de vida inspirou/motivou na sua carreira?**

Meus pais sempre me incentivaram desde o início para fazer Direito, e continuaram na minha sequência profissional, financiaram meus estudos, estiveram sempre presentes ao meu lado.

4. **Alguma história na gestão de pessoas que você gostaria de compartilhar?**

De todos os episódios e etapas que vivi, tenho em mente a supra importância do desenvolvimento do time para o sucesso de todos, a união para a conclusão dos objetivos. Posso compartilhar o exemplo de quando estive na Korn Ferry, onde tinha um time direto de oito pessoas – quatro foram promovidas, uma recebeu proposta do Quinto Andar (*startup* brasileira com alto potencial de crescimento) e outras três conseguiram liderar áreas/soluções, passando a ser protagonistas nos seus setores.

5. **Alguma história de relacionamento com o cliente que você gostaria de destacar?**

Através da minha facilidade em criar relacionamentos, consegui me conectar com vários dos principais líderes do país, nomes importantes da economia brasileira, criando um bom relacionamento profissional através de um ambiente agradável para negociações, sem esquecer a ética da relação profissional, algo que sempre foi muito natural para mim. Dos clientes que servi, fiquei bastante conectado com vários expoentes de setores distintos. Exemplos: Roberto Quiroga, fundador do Mattos Filho, Tito Amaral, CEO da Machado Meyer, Marcelo Alecrim, presidente do Conselho da Ale Combustíveis, Andressa Lamana, VP de RH da CBA, Antonoaldo Neves, presidente da TAP, Paulo Sales, presidente da Baterias Moura, Amarilio Macedo, presidente do Conselho J Macedo, Tulio Landim, CEO da Track & Field.

6. **Quais dicas você daria para aqueles que estão iniciando a carreira profissional?**

Não deixe a ansiedade tomar conta de suas decisões e não se iluda com as primeiras decisões da vida profissional, porque essas decisões não vão necessariamente direcionar o resto de sua trajetória. Há tempo de tomar outras escolhas ao longo da vida, não oprima oportunidades futuras. Fique atento às sinalizações do futuro, economias modernas, tecnologias da área escolhida. Não tenha medo de arriscar. Tenha resiliência, persistência, troque informações, procure, pesquise, inteire-se.

7. **Ao recrutar um profissional, quais características comportamentais você considera fundamentais?**

Busco essencialmente a ética, o potencial de aprendizado, a fidelidade, o respeito, a honestidade. Gosto de recrutar pessoas com novas contribuições, novas visões, tudo somado à vontade/capacidade de aprender.

8. **Qual legado você gostaria de deixar para a sociedade?**

O legado é mostrar que o desenvolvimento não tem fronteiras, o próprio ser humano impõe limites que não existem. Sou otimista. Quebrei barreiras por todo meu caminho e gostaria de revelar que as pessoas, quando querem, quando se empenham no caminho/objetivo, fazem as barreiras desaparecerem.

9. Cite alguns líderes que, em sua opinião, são inspiradores.

Roberto Quiroga, Josep Guardiola, Sergio Moro, Nicola Calicchio, Renato Mandaliti, Eduardo Campos.

10. Como você define o papel da liderança?

É um papel que precisa ser exercido de forma genuína, um processo inclusivo e não forçado, a liderança é alcançada e não imposta. É uma posição de responsabilidade de tomada de decisão para prever medidas e impactos. Um papel solitário e cauteloso no exercício de ser transparente, mas não entregar todas as informações, que devem ser dosadas para o melhor desempenho do time.

11. O que você faz para se manter motivado?

O que me motiva é o quanto consigo beneficiar as pessoas que importam para mim (cada vez mais pessoas, mais círculos), em comunhão com o meu sucesso na carreira. Irradiar coisas boas aos meus pais, minha esposa, meus familiares, meus amigos e colegas de trabalho. O que me motiva também é o reconhecimento de meus pares, equipes e gestores do resultado do meu trabalho.

12. Qual a importância da inovação nas organizações?

A importância é 100%, é total. As organizações que não inovarem serão ultrapassadas. Hoje, a inovação é o campo fértil dos próximos tempos. Anteriormente, a produtividade, o *compliance* e o aumento de eficiência operacional eram prioridades para o destaque da empresa. Atualmente, a inovação é o divisor de águas.

13. Como você realiza o *networking* de maneira efetiva?

Sempre cultivei meu *networking*. Entregava projetos e criava espaços para o lado pessoal dentro do lado profissional. Quando você cria esse ambiente, é mais fácil manter o *networking* e envolver pessoas. O que faço para nutrir minha rede é conseguir beneficiar de forma ética e profissional os meus novos contatos através da conexão interpessoal. Por isso, prezo por tratá-las bem e criar um cenário agradável.

14. Do que você sente saudades?

Eu tenho saudades da pouca responsabilidade da juventude, dos momentos sem tantos compromissos pessoais e profissionais, fases de problemas menores, mais leves.

15. Do que você tem orgulho?

Eu tenho muito orgulho da minha trajetória, na qual tracei um caminho diferente do que foi me dado originalmente, onde nasci. Quando olho para a minha juventude, a maioria das pessoas ficou no mesmo lugar, acredito que pude desbravar um pouco mais, não enxergando limites para novas mudanças.

16. Qual o significado da palavra felicidade?

Acredito que são momentos em que você não necessariamente controla e que acontecem. Ocasiões que você aprecia uma ou mais coisas que estão acontecendo: um jantar, uma viagem, uma conclusão de um objetivo profissional. Momentos curtos que não dependem de você, são independentes, são a junção de uma série de fatores que lhe dão prazer, acontecendo em convergência durante certo tempo.

17. Qual a sua citação favorita e por quê?

"It isn't the burdens of today that drive men mad. It is the regrets over yesterday and the fear of tomorrow. Regret and fear are twin thieves who rob us of today" (Não são os fardos de hoje que enlouquecem os homens. São os arrependimentos de ontem e o medo do amanhã. Arrependimento e medo são ladrões gêmeos que nos roubam hoje), do autor Robert Hastings. É minha citação favorita, porque acho que arrependimentos do passado não devem existir, tudo é aprendizado, devemos melhorar, fazer de forma diferente. O medo do futuro não pode existir, senão vamos deixar de viver. Com arrependimento do passado ou medo do futuro você não consegue aproveitar ou usufruir do prazer do momento presente. Porque o presente é uma ponte entre o que você fez e o que você deseja no futuro. E essa ponte só é sólida se a base do passado for compreendida e aprimorada e se o futuro for o mais concreto possível para manter a resiliência em relação aos objetivos.

18. Quais são seus *hobbies* preferidos?

Gosto muito de estar com meus familiares, viajar, assistir a esportes em geral e beber vinho.

19. Qual sonho você gostaria de realizar?

Ter um filho e ser alguém que possa contribuir de forma relevante para a sociedade em alguma área. Ser alguém que tenha feito algo relevante ou diferente, em quem as pessoas possam se inspirar, no fato ou na trajetória.

20. O que você aprendeu com a vida que gostaria de deixar registrado nesta obra?

A nossa trajetória depende de nós mesmos, alguns com mais dificuldades e outros com menos, depende de nós irmos ao encontro do que sonhamos, através de resiliência, para construir caminhos e diminuir barreiras para tudo: saúde, finanças, relacionamentos, empregos, intelecto.

21. Qual mensagem de motivação você gostaria de deixar para os leitores deste livro?

Nunca desista dos seus sonhos. Sonhos são feitos para serem realizados. O espaço da vida é muito longo para qualquer tipo de limitação momentânea.

22. Com base no que você vivenciou, ao longo de sua vida corporativa, qual o segredo do sucesso para ir da teoria ao topo?

Resiliência, positivismo, honestidade.

Galeria de fotos

Roberta Dias Ribeiro

Empresa:
SulAmerica

Função:
Gerente

1. Como e onde você iniciou a sua trajetória profissional?

Iniciei minha trajetória profissional no segmento da saúde privada. Em abril de 2000, fui admitida por uma operadora de saúde, classificada como autogestão, ligada à Embratel/CLARO. Na Organização PAME, comecei no cargo de assistente administrativo até ocupar, em 2014, a gestão de operações médicas e odontológicas. Em 18 anos de atuação, reportava a mim uma equipe de alta *performance*, totalizando mais de 100 colaboradores com perfil multidisciplinar, tais como: gestores médicos, odontólogos, psicólogos etc.

2. Quais os principais desafios e resultados que você vivenciou ao longo da sua carreira?

O principal desafio é o aprendizado contínuo no cuidado em gestão de pessoas, pois o capital humano faz a diferença na entrega de resultados. As metas financeiras são consequências de suas habilidades técnicas, e isso só é naturalmente possível quando o ambiente de trabalho está com informações uniformizadas e com o engajamento de toda a equipe. Essa escolha e cuidado resultam em oportunidades, que superam todas as expectativas. A exemplo, recentemente escolhi integrar outra organização, a SulAmérica, e percebi que os valores que estudei em minha trajetória são comuns a várias empresas, inclusive, a minha avaliação de desempenho sempre resultou em ser referência interna em qualquer ambiente profissional, porém o mais relevante é a certeza de que o senso de dever, a maturidade profissional e a gestão de pessoas criam automaticamente resultados acima das expectativas.

3. Quem da sua história de vida inspirou/motivou na sua carreira?

Há 2 anos, conheci o trabalho da VP SulAmérica, Patrícia Coimbra, e foi uma inspiração para continuar a minha jornada profissional com a valorização do cuidado com o próximo. Em 2014, iniciei o mestrado em Sistema de Resolução de Conflitos, cuja tese foi o tema em Saúde Suplementar, e recentemente me permiti escrever um artigo sobre mediação de conflitos no ambiente de trabalho.

4. Alguma história na gestão de pessoas que você gostaria de compartilhar?

Tenho a gratidão de ter depoimentos de vários profissionais, vivenciamos momentos incríveis nesta trajetória, porém o mais importante foi um colaborador que começou no cargo de auxiliar geral e, em um determinado momento, ele me procurou para saber para qual escolha acadêmica o perfil dele estaria mais adequado. Após algumas trocas de informações, ele voltou com a opção pelo curso de Direito, e hoje ele diz que abençoa a mim todos os dias em suas orações, pois participei desse momento importante de sua vida, pela felicidade que o encontrou. Obviamente, algumas barreiras enfrentou, na ocasião, quando escrevemos juntos uma carta à universidade pedindo desconto para sua matrícula. E, hoje, como advogado, tem conseguido se realizar em desenvolvimento contínuo na sua profissão. Sinto orgulho em fazer parte do seu desenvolvimento, como de muitos outros colaboradores que reportaram a mim.

5. Alguma história de relacionamento com o cliente que você gostaria de destacar?

O cliente deve ser o centro de nossa missão profissional, independentemente da área de atuação. Escolher como propósito avaliar os processos de forma a encantar o cliente deve fazer parte da nossa rotina. Lembro de um cliente que tinha um ruído na comunicação com a organização à qual me encontrava vinculada, e o conhecia por outro vínculo profissional. Ele me disse que tinha um prazo para entregar um relatório ou ele não permaneceria com o contrato, e outras consequências. A solicitação dele não era razoável, certamente não entregamos na forma da expectativa do cliente. Hoje, a empresa, representada por esse executivo, é formadora de opinião dos serviços, pois transformamos a relação de forma que a empatia e a reciprocidade se fizeram presentes e ainda permitiram novas oportunidades de negócios após a mediação do conflito.

6. Quais dicas você daria para aqueles que estão iniciando a carreira profissional?

Tenha foco, cuide do relacionamento em todas as oportunidades e tenha sempre responsabilidade em suas ações.

7. Ao recrutar um profissional, quais características comportamentais você considera fundamentais?

Inspiração em sua comunicação, senso de dever em sua trajetória e conhecimento técnico para ocupação do cargo com responsabilidade.

8. Qual legado você gostaria de deixar para a sociedade?

A busca constante pela justiça e responsabilidade em suas ações, pois não é fácil a trajetória e as decisões que precisa cuidar em cada fase. A responsabilidade de um líder é definir a realidade, por isso, a transparência na minha comunicação.

9. Quais os reflexos das práticas de cidadania empresarial para organizações, profissionais e sociedade?

Efetiva educação corporativa, pessoal e coletiva.

10. Cite alguns líderes que, em sua opinião, são inspiradores.

Eu cito a trajetória de Maria Silvia Bastos Marques, com a sua vontade inabalável em realizar o seu propósito. Registro o agradecimento à mestre Juana Dioguardi, pela arte de negociar, pelo uso de técnicas de mediação de conflitos e pelos ensinamentos nas aulas. E, especialmente, à minha inspiração nesses 20 anos de relacionamento no mercado de saúde, em âmbito nacional, ofereço minha admiração à Dra. Rosa Celia, fundadora e presidente do Pro Criança Cardíaca, pois ela é idealizadora. O desenvolvimento de ideias é algo transformador.

11. Como você define o papel da liderança?

Liderança é definir a realidade, ser transparente em suas ações e entregar valores.

12. O que você faz para se manter motivada?

Foco no cuidado das relações, ter efetivo e amplo relacionamento no mercado.

13. Qual a importância da inovação nas organizações?

A inovação é essencial para conseguir mais sucesso no foco do cliente.

14. Como você realiza o *networking* de maneira efetiva?

Organizo prioridades, sendo fundamentais as trocas de informações por diversos canais, participações em eventos e dedicação de tempo para estreitar relacionamento a cada oportunidade. O aprendizado deve ser contínuo e a boa relação requer empatia, reciprocidade e cuidado com o próximo. A consequência de um bom relacionamento oferece oportunidades de novos negócios.

15. Qual a sua citação favorita e por quê?

A liderança deve buscar referência na prática do "3C": comunicação entre todos; capacitação contínua; cuidado nas relações.

Porque para mim a liderança com seriedade e a gratidão são o caminho para a realização das práticas em referência.

16. Qual mensagem de motivação você gostaria de deixar para os leitores deste livro?

Fomentar a formação de mediadores com propósito de ajudar pessoas a se realizar profissionalmente e empresas a ser mais produtivas, superando obstáculos e ruídos na comunicação. Adoção da prática de mediação nas relações entre lideranças e liderados, valorizando a qualidade dessas relações.

Galeria de fotos

Roberto Pina Figueiredo

Empresa:
SEVENSETE

Função:
CEO and Founder

1. Quais os momentos mais importantes da sua carreira?

Eu acredito que, em qualquer carreira, os momentos importantes são aqueles que ajudam a nos formar, os que contribuíram para chegarmos aonde estamos. Eu, por exemplo, comecei empreendendo aos 9 anos de idade, me aventurando a vender flores e pipas nas feiras livres e sorvetes picolés pelas ruas do bairro onde nasci e cresci. Foi assim que aprendi a me relacionar com as pessoas, a vender e já conseguir ganhar meu próprio dinheiro para ajudar minha mãe a compor o orçamento de nossa família. Aos 14 anos, já tinha uma carteira de trabalho e fui trabalhar como *office boy* (profissão que nem existe mais!) em uma indústria química. Lá eu fiquei por 9 anos. Ainda aos 23, mas já com alguma bagagem de experiência, me tornei responsável pelas áreas contábil, custos e fiscal e já liderava 18 pessoas. Essa fase foi muito importante para minha formação contábil/financeira e para meu desenvolvimento como gestor de pessoas.

Saí para um desafio na Proceda, um braço de tecnologia e processamento do Grupo Bunge&Born. Lá, já numa área de Controladoria, tive a oportunidade de me relacionar com pessoas que valorizavam demais o estudo e a formação técnica e intelectual, e que, consequentemente, exigiam muita qualidade em qualquer trabalho desenvolvido. Isso me ajudou muito na formação de um *mindset* para avaliação econômico-financeira de negócios.

Em 1994, ingressei em um projeto de grandes bancos nacionais que veio a se tornar a Visanet, hoje Cielo, que é líder no mercado de adquirência de transações de cartões de crédito e débito, e nela pude ocupar o cargo de vice-presidente de finanças. Depois de longos nove anos, saí para fundar a Visa Vale, hoje Alelo, uma empresa de *vouchers* alimentação, refeição, combustível, pedágio, dentre outros produtos, também líder em seu segmento. A partir daqui, a pedido dos bancos sócios fomos construindo o Grupo Elopar, que é formado pela Cielo, Alelo, Stelo, Elo Bandeira, Banco Digio, Veloe, Elo Holding etc. Fui CFO por um bom tempo na maioria dessas empresas e me dediquei ao cargo de CEO da Stelo por dois anos. Nessa passagem, me formei como executivo e tomei gosto por *startups*, porque cada uma dessas grandes empresas nasceu de alguns "powerpoints". Aprendi demais a liderar pessoas e pude consolidar minha formação acadêmica em instituições como USP, ESPM, Kellog e INSEAD.

A partir de 2018, tomei uma das decisões mais importantes da minha carreira e da minha vida: saí do grupo Elopar e abandonei a vida de executivo para realizar o sonho de construir a SEVENSETE, uma *venture builder* que hoje investe em mais de 24 empresas (*startups*) de diversos setores da economia. E, novamente, em pouco tempo, fui capaz de aprender muito sobre os outros mercados e segmentos. Esse é o fascinante mundo do empreendedorismo. Acredito fortemente que agora estou vivendo o momento mais importante de minha carreira e me sinto muito feliz por isso.

2. Quais as competências essenciais para o profissional do futuro?

Antes de se falar sobre competências essenciais para o profissional do futuro, cabe discorrer um pouco sobre nossa incapacidade de se prever as profissões do futuro, como elas irão se desenvolver e quais serão extintas.

Assim, pensar nas competências desse profissional não me parece um exercício de futurologia, mas sim de percepção desse momento de transformação que estamos vivendo.

Acredito que as habilidades nas ferramentas digitais nem se discute, é um mantra que se deve perseguir 24 horas por dia.

No meu ambiente tenho falado bastante em conhecimento do comportamento humano, não só nas questões relacionadas à liderança, gestão de pessoas, trabalho em equipe e inteligência emocional, mas também nas questões mais profundas sobre comportamento "humano" do cliente, do concorrente e dos agentes em torno do negócio.

Outra competência que acredito ser essencial ao profissional do futuro é o que eu chamava de inconformismo positivo e que hoje se usa como pensamento crítico. É aquele cara dos "porquês", aquele que questiona o status quo em busca da evolução a todo momento.

Vejo também que nos será muito útil o indivíduo da execução, aquele que faz, que "põe a mão na massa", pois vivemos em um tempo que se fala muito sobre inovação e isso acaba criando um exército de teóricos.

Por último, penso no inovador, o criativo, aquele que usa dessas características para resolver problemas, julgar e tomar melhores decisões, para reconhecer a necessidade das pessoas e propor novas soluções, produtos e serviços.

3. Em sua opinião, a inteligência artificial pode alterar o nosso estilo de liderança?

A IA é um caminho sem volta. As empresas que negligenciarem o poder desse tipo de tecnologia talvez estejam escrevendo seus últimos capítulos. Li nesses dias que numa pesquisa realizada por importante e renomada consultoria mundial, 85% dos executivos entrevistados irão investir em IA para colocar seus negócios em outro nível de competitividade.

Sendo assim, a liderança já vem alterando seu estilo de tomadas de decisão para um modelo muito mais rápido e assertivo, tornando as empresas muito mais produtivas. E, por que não dizer, tornando a própria liderança mais produtiva. Notem que a IA pode fornecer também tomadas de decisão internas, por exemplo, identificando a falta de entrosamento entre áreas ao observar a dinâmica de troca de *e-mails*. O líder será refém da IA numa visão muito positiva.

4. Quais atitudes do líder conquistam a cooperação da equipe?

A atitude essencial para um líder conquistar a cooperação da equipe é ter interesse genuíno pelas pessoas. Saber o que elas querem e o que almejam no profissional e no pessoal.

Eu destacaria também a transparência e lealdade com o time a todo momento. Jogar sempre aberto, com franqueza, e não esquecer nunca de ser justo, ou seja, tratar os diferentes de modo diferente. Saber dividir as glórias, palcos e angústias. Comemorar sempre que possível os pequenos progressos. Acima de tudo, surpreender positivamente seu time todos os dias.

5. Como o *design thinking* pode contribuir com a resolução de problemas e criação de oportunidades nas organizações?

A competição exige das empresas ações rápidas, seja para corrigir ou para a inovar seus serviços e produtos. Contudo, não é fácil acertar se realmente as correções e inovações irão atender de forma plena os clientes e se eles aceitarão pagar por isso. Portanto, prazos e retrabalho podem ser cruéis.

Diante desse cenário, a metodologia do *design thinking* visa resolver esse problema, descobrindo de forma mais rápida e eficaz se uma ideia é boa ou não.

Ela se baseia na agilidade em testar se uma solução inicial atende às necessidades dos clientes e se possui uma factibilidade técnica, isto é, se é viável do ponto de vista tecnológico e das restrições do negócio.

O método consiste em identificar, investigar e validar um problema para, posteriormente, criar, desenhar, prototipar e testar uma solução com usuários reais.

Essa técnica nos permite criar e testar seu sucesso num curto espaço de tempo.

Acredito que para aqueles que quiserem sobreviver em mercados extremamente competitivos, a utilização do *design thinking* será essencial.

6. Fale sobre aprender com os erros e aproveitar as oportunidades.

O erro é essencial para a evolução. É por conta dele que aprendemos e corrigimos as rotas, e com isso alçamos resultados positivos e importantes. Não gosto dos extremos, por exemplo, uma empresa que valoriza demais o erro desperdiça tempo e dinheiro, o erro não pode ter seu fim nele mesmo. O inverso também é verdadeiro, uma empresa que coloca o CPF em todo erro cometido cria um ambiente ruim para inovação.

É preciso entender que errar faz parte do jogo e quem aprende com os erros acaba acertando mais lá na frente.

7. Fale sobre resiliência.

Talvez a resiliência seja a mais importante competência a se desenvolver, seja para um executivo, um empreendedor ou qualquer trabalhador.

Estamos falando da capacidade de viver sob estresse, transpor barreiras, trabalhar com dificuldades e sob pressão extrema e sempre voltar ao seu ponto de equilíbrio e serenidade. A forma como vivemos e trabalhamos hoje, sem muita resiliência, nos manterá sempre à beira de um abismo.

O mundo VUCA (acrônimo das palavras em inglês: *Volatility, Uncertainty, Complexity* e *Ambiguity*) nos impacta diariamente e a resiliência aparece como uma das capacidades mais abrangentes para nos manter seguindo em frente. Do que adianta ter um estilo ágil para contornar a volatilidade, se a incerteza permeia o tempo todo? Uma única ação pode ter inúmeras consequências e, dependendo da complexidade do cenário, surge a dificuldade de planejamento inerente à ambiguidade dos aspectos tão diretos e ao mesmo tempo pouco claros que o compõe. A resiliência funciona como uma bússola para nos apoiar a ultrapassar esse nevoeiro de questões.

8. Quais valores são importantes para você?

Gosto muito e me sinto bem em um ambiente colaborativo, onde as pessoas são respeitadas e valorizadas, onde o bem comum vem à frente das questões individuais. Desenvolvimento pessoal e coletivo dentro de muita transparência e retidão. Acredito que bom humor pode caminhar lado a lado com a responsabilidade. Procuro não me relacionar com pessoas individualistas, aproveitadoras, egoístas, sem caráter.

9. Como você conseguiu deixar sua marca?

Sempre vesti a camisa das empresas pelas quais trabalhei e defendi com afinco os ativos dos acionistas, porém minhas entregas sempre foram através das minhas equipes, onde sempre valorizei e cuidei de cada pessoa. Dessa forma, sempre fui reconhecido, tanto pelos sócios como pelos colaboradores.

10. Quais habilidades pessoais você adquiriu com a sua vida executiva?

Penso que nascemos com algumas habilidades que ao longo da caminhada executiva vão se forjando mais intensamente e se tornando sua marca, enquanto outras você passa a utilizar com menos intensidade.

Uma que me chama bastante atenção é o autoconhecimento, que facilita muito nossa jornada, pois se trata da habilidade de sermos conscientes sobre nós mesmos, de conhecermos nossas forças e fraquezas, agindo com muito mais assertividade.

Relações interpessoais, flexibilidade, gestão de pessoas e proatividade também foram habilidades adquiridas ao longo da trajetória, mas não posso deixar de citar a tomada de decisão como uma característica completamente fortalecida na vida executiva.

11. O que faz você feliz?

O que me faz feliz é poder ajudar as pessoas, poder dividir o que aprendi e vivi. É encurtar os caminhos e ao mesmo tempo deixar as pessoas viverem as emoções de se trilhar o caminho mais conturbado. É estar por perto para poder ser um ouvinte, um braço, um ombro ou uma simples companhia para um café e um bom bate-papo.

É construir, ajudar a construir e dividir o construído. Acho pesado dizer que minha felicidade é a felicidade das pessoas que gosto, mas sei que passa bem perto disso.

12. Como você concilia a vida pessoal com a profissional?

Penso sempre que o equilíbrio é a melhor escolha para conciliar a vida pessoal com a vida profissional, e que você só é pleno se estiver cumprindo os diversos papéis que possui de maneira adequada. Somos indivisíveis e únicos, o pai é o irmão, que é o filho, que é o executivo, que é o amigo, que é o marido, que é o gestor, que é CEO... Você não pode viver um único papel em detrimento dos demais por muito tempo.

13. O que você não tolera?

Não tolero decisões baseadas em estudos rasos, mentira, falta de empenho e de compromisso, preguiça, atropelo e falta de vontade. Não tolero também pessoas mesquinhas, falsas, aproveitadoras, que não respeitam os demais.

14. Quando você erra, reconhece isso?

Acho que com a maturidade vem a facilidade de rir dos próprios erros e, assim, podemos conviver melhor com eles e aproveitá-los como alavancas para melhorar sempre. O passar do tempo e as experiências nos mostram que o reconhecimento dos erros, principalmente dentro de nossas equipes, só nos fortalece como líderes e seres humanos.

15. Qual o sonho não realizado?

Até agora, o que mais me frustra é ainda não ter conseguido realizar um projeto que envolva educação e esporte para crianças e adolescentes.

16. Como você lida com a frustração?

Não lido muito bem com a frustração e por isso me permito ficar por alguns dias mais pensativo e introspectivo, para conseguir superar. Não deixo esses dias se prolongar, mas me dou essa "colher de chá".

17. Como você se define?

Um cara simples que batalhou muito e continua a batalhar, que gosta demais de construir novos negócios, que sempre busca estar acompanhado do melhor time e que se realiza vendo que contribuiu com a realização das pessoas.

18. Como você mantém o foco para a realização dos seus objetivos?

Para manter o foco, cultivo uma certa obstinação em atingir meus objetivos. Eu escrevo muito, anoto bastante e cultivo esse hábito junto às pessoas que trabalham comigo – nosso escritório tem quadros para anotações em todos os ambientes. Também sempre coloco metas adicionais para mim, que garantem que sempre estarei seguindo adiante. Quando as realizo e olho para trás, fico satisfeito, mas logo volto e me cobro do próximo desafio.

19. Qual a sua visão sobre a solidão do poder?

Acredito sim que junto com o poder vem a solidão. São os ossos do ofício.

Por mais que você queira criar mecanismos de decisão compartilhada, a última decisão sempre será sua. Minha sugestão é assumir a condição do último a falar e se cercar de tudo e de todos para ser o mais justo possível.

O poder tem seu custo, mas não acho que seja caro, desde que ele não corrompa seus valores.

20. Fazer o que gosta é fundamental para o sucesso?

Certamente essa é a pergunta mais fácil de ser respondida! Nenhuma dúvida sobre isso! Aliás, todos deveriam ser orientados a buscar fazer o que gostam e ganhar seu dinheiro dessa forma. Sei que às vezes somos levados a fazer coisas que talvez não sejam as que mais queremos e que exigem da gente muito mais empenho.

Já quem consegue trabalhar naquilo que gosta, além de ser abençoado, tem todo seu trabalho facilitado, com menos esforço e com mais qualidade nas entregas. E assim, o sucesso obviamente fica mais fácil de ser atingido.

Galeria de fotos

Rodrigo de Souza Silva

Empresa:
Engineering do Brasil

Função:
Head of Agile Transformation Center of Excellence

1. Como e onde você iniciou a sua trajetória profissional?

Sou nascido e criado na periferia da zona leste de São Paulo. Vindo de uma família de classe baixa, a vida nunca foi lá muito fácil, como para a grande maioria da população brasileira.

Uma família de pessoas humildes e batalhadoras, cheia de princípios e valores que norteiam toda a minha trajetória pessoal e profissional. Não passei por necessidades, porém tudo era muito restrito e algumas coisas consideradas "luxo".

Dado esse contexto, iniciei minha jornada profissional bem cedo, aos 12 anos de idade já trabalhava para ter acesso a alguns "luxos" que por razões óbvias não podia exigir da minha família, como um tênis da moda, ou dinheiro para jogar fliperama. Com 14 anos, tive meu primeiro emprego formal. Era *office boy*, profissão quase extinta atualmente. Embora um trabalho cansativo (andar de 6 a 8 horas por dia), me ensinou muita coisa, pois para ser *office boy* é preciso desenvolver a capacidade de gestão de tempo (na época, não tinha ideia do que era isso), foco, priorização, organização e, acima de tudo, senso de sobrevivência.

Sempre vi a educação como a única ferramenta de desenvolvimento social com potencial para mudar a minha realidade, e foi nisso que concentrei meus esforços.

Eu me formei em Análise de Sistemas em 2000. Mesmo sendo autodidata e já exercer profissionalmente a função de analista desenvolvedor, sabia que a conclusão da graduação era um passo importante para meu desenvolvimento profissional. Atuei como analista desenvolvedor por alguns anos, passando por grandes empresas como Editora Nobel, Redecard, Sanofi (Farmacêutica). Foi na Sony (Eletrônicos) que dei início a minha jornada como líder. Um momento extremamente desafiador. Estava saindo totalmente da minha zona de conforto, não me sentia minimamente preparado para isso, mas sabia que era o caminho que queria seguir. Sabia que estava pronto para dar o próximo passo na minha carreira. Estava pronto, não capacitado. Acredito que para algumas situações na vida não dá para se preparar totalmente. É preciso vivenciá-las. Em minha jornada como líder, também passei por altos e baixos. Diversos desafios, vontade de voltar para meu mundo de desenvolvedor, mas os aspectos da gestão de pessoas, estratégia de negócios, processos empresariais me fascinavam.

Tive a felicidade de conhecer empresas de diversos setores: Indústria de Bens de Consumo-Eletrônicos (Sony), Indústria de Cosméticos (Natura), Editora e Provedora de Conteúdo (Thomson Reuters), Educação (Laureate) e atualmente Consultoria de Tecnologia (*Engineering*).

Toda essa jornada formatou meu estilo de liderança, me deu oportunidade de conhecer outras áreas fora de TI (fui *head* de operações por dois anos) e de participar de um programa de *coaching*, parte do programa de líderes da Natura, com o extraordinário Nélio Bilate, onde pude descobrir a minha paixão por compartilhar conhecimento.

Fui fazer meu Mestrado em Engenharia de Software e botar em prática minha paixão, lecionar. Ok, não durou muito, foram dois anos tentando conciliar minhas responsabilidades corporativas com minhas responsabilidades e desafios de um acadêmico, mas foi extremamente recompensador poder causar um impacto positivo tão grande na vida daqueles jovens, cheios de inseguranças, medos, às vezes arrogância, mas, em sua maioria, com vontade de expandir seus horizontes, assim como eu fiz no início da minha jornada.

2. Quais os principais desafios e resultados que você vivenciou ao longo da sua carreira?

Sem querer propor nenhum tipo de posicionamento ideológico, minha carreira, por conta da minha origem, por si só já foi um desafio. Tendo que lutar para não fazer parte das estatísticas, conquistar um espaço de destaque e respeito não foi nada fácil.

Mas um desafio que me marcou muito foi a transição da área técnica para a área de gestão. Eu sabia que a mudança era necessária para seguir com o desenvolvimento da minha carreira. O processo de transição foi bem desafiador, mas era justamente esse desafio que me motivava a buscar cada vez mais conhecimento e capacitação. Por esse motivo mantenho, de forma consciente, como um dos principais desafios, a busca implacável pela excelência em gestão de pessoas. Liderar de forma inspiradora, buscando servir de exemplo, respeitando genuinamente o outro e construindo vínculos sólidos, é meu maior desafio.

Considero os resultados como a consequência daquilo que você se colocar como propósito. Às vezes estão sob sua responsabilidade, às vezes apenas sob sua influência, e em outras vezes só podemos observar. Um dos resultados mais felizes que já tive foi a oportunidade de estruturar uma área de operações, partindo do zero, como uma página em branco, agregando outras áreas da empresa que anteriormente trabalhavam de forma independente e isolada, construindo um time coeso, com propósito, que entendia o seu papel e importância na organização.

Esse trabalho resultou em pessoas efetivamente engajadas, com sentido e propósito no trabalho, segurança psicológica para inovar, experimentar, e errar, sempre aprendendo com as falhas, além de retorno econômico com redução de custos operacionais, melhor gestão de custo de estoque, redução do índice de falta de produtos, aumentando receita, visibilidade e transparência, dentre outros.

3. Quem da sua história de vida inspirou/motivou a sua carreira?

Minha história de vida é marcada por várias pessoas que me motivaram e inspiraram. A começar pelos meus avós, que me criaram e forneceram a base de valores que carrego até hoje em minha carreira.

Minha esposa também é uma fonte de motivação, laboratório e desafio diário.

Não existe experiência de liderança servidora mais intensa que um casamento. É um exercício constante de olhar para as necessidades do outro, buscando fazer seu melhor para servi-lo.

Tive diversos líderes ao longo desta jornada que foram essenciais para meu desenvolvimento. Todos contribuíram para minha evolução. Não vou citar todos aqui, mas os que tiveram maior influência. O primeiro foi Alexandre Winneschhofer, responsável por me dar a primeira oportunidade como líder na Sony. Ele, mesmo sabendo que não tinha experiência formal como líder, mas ciente de que eu já exercia liderança por influência, ofereceu essa oportunidade.

O segundo grande inspirador foi Vishal Parek. Um cara fantástico, de raciocínio objetivo, carismático, superinteligente, que me ensinou muito e me forçou a sair da minha zona de conforto e experimentar novas perspectivas corporativas.

Sem ordem de importância, o terceiro dessa lista é Ícaro Varzoni. Acho que de todas as pessoas que influenciaram minha carreira, Ícaro me inspira por ter um histórico de vida muito parecido com o meu, embora tenhamos pequenas diferenças de estilos, acreditamos nos mesmos valores e princípios.

Para fechar a lista, Gary Kohlheim. Além de um líder inspirador, com um olhar focado no lado humano das relações, me ensinou a reconhecer minhas capacidades e a desenvolver ainda mais a empatia pelas pessoas do time, além de ter se tornado um amigo para a vida toda.

4. Quais dicas você daria para aqueles que estão iniciando a carreira profissional?

Antes de falar sobre dicas para o profissional em início de carreira, queria falar rapidamente para as pessoas que estão se preparando para entrar no mercado profissional. A primeira recomendação: estude muito. Estude tudo aquilo que você entende que faz parte do universo profissional que você quer seguir, com isso você vai se sentir mais bem preparado para quando as oportunidades chegarem.

Para quem já está no mercado de trabalho, minhas dicas são: seja curioso, busque aprender cada novo tema que for apresentado, desenvolva a cultura do aprendizado contínuo, esteja pronto para ajudar outras pessoas, busque trabalhar com o que gosta e não apenas com o que trará retorno financeiro (que deverá ser a consequência do trabalho), aprenda inglês e, por último, desde o início equilibre trabalho, família, lazer e espiritualidade.

5. Qual legado você gostaria de deixar para a sociedade?

Gostaria de deixar como legado muitas coisas que infelizmente não estão 100% ao meu alcance, mas, como líder, busco deixar esse legado no meu microcosmo de atuação. As principais são: respeito, ética, equidade e justiça.

Também busco deixar como legado uma cultura de contribuição. Acredito que quando um líder desenvolve sua capacidade de genuinamente pensar nas pessoas e se entrega nessa missão, acaba recebendo muito mais do que doa.

Muito mais do que projetos ou resultados financeiros, quero que meu legado esteja pautado pelo impacto positivo que eu tenha causado na vida das pessoas que fazem ou fizeram parte dos meus times e sociedade em que estou inserido.

6. Cite alguns líderes que, em sua opinião, são inspiradores.

Tenho alguns líderes que me inspiram, o primeiro que vem a minha mente sem dúvida é Jesus. Embora minha formação religiosa influencie nessa escolha, mesmo deixando esse viés de lado, foi uma das pessoas mais influentes da história. Dentre outras pessoas excepcionais que influenciam diretamente no modelo de liderança que acredito e sigo, estão: Peter Drucker, Abraham Maslow, Simon Sinek, Edwards Deming, John Nash, Satya Nadella, Nélio Bilate. Esses são os líderes que admiro pela sua contribuição intelectual e social.

Existem aqueles que admiro por conta do sucesso de suas empresas, tais como: Jorge Paulo Lemann, Luiz Seabra, Luiza Trajano, Steve Jobs, Jeff Bezos, Larry Page, Bill Gates e Brené Brown.

7. Como você define o papel da liderança?

Em debates e bate-papos, defendo minha convicção de que o papel da liderança é definido pela capacidade de alguém influenciar indivíduos a encontrar o seu extraordinário e colocar isso a serviço de um bem coletivo comum. O papel do líder é servir o seu grupo, não ser servido por ele. É trabalhar para inspirar as pessoas por meio dos seus exemplos, servindo como uma "estrela-guia" de ações e atitudes para que cada indivíduo cresça.

Para mim, um excelente líder é aquele que tem a capacidade de entender as diversas situações e necessidades e agir de forma a maximizar os resultados para essas situações, sejam relacionadas aos colaboradores, clientes ou à comunidade onde exerce essa influência.

8. O que você faz para se manter motivado?

Minha motivação vem da ausência de rotina. Busco me engajar em novos projetos, novos desafios e aprender temas novos. Também procuro cultivar um bom equilíbrio entre trabalho, vida familiar e vida social, mantendo ativos alguns dos meus *hobbies*.

9. Qual a importância da inovação nas organizações?

Para iniciar, uma citação: *"Loucura é querer resultados diferentes fazendo tudo exatamente igual."*

Acredito que quando Albert Einstein falou isso, não estava se referindo à necessidade atual das empresas em inovar.

Inovação não é uma escolha, mas sim uma necessidade. Não estou falando apenas de inovações disruptivas, as quais chamo de "jogar para vencer" – o termo não é meu, mas utilizado em diversos materiais e *whitepapers* sobre inovação –, também estou falando das inovações evolutivas, as quais chamo de "jogar para não perder".

As empresas precisam inovar constantemente, nem que seja para manter a sua posição. Inovar para se manter competitivas, para não ficar tão para trás a ponto de serem esquecidas. Inovar em processos, em produtos, em gestão, em estratégia.

Nós como líderes também precisamos inovar, a pandemia da Covid-19 vivida por nossa geração tem forçado muitos líderes a inovar em suas abordagens de gestão. *Home Office* era uma prática rejeitada por muitas lideranças. Microgestão de produtividade, baseada em *output* e não em *outcome*, era outra realidade em muitos líderes, e todos se viram forçados a inovar.

Citei anteriormente Peter Drucker como um dos líderes que me influenciam, e uso uma citação dele, ainda que haja algumas discussões em torno da autoria: *"Innovate or die!"*

10. Qual a sua citação favorita e por quê?

Esse é um tema em constante mudança na minha carreira e na minha vida. Atualmente a citação que tenho repetido em minha mente e compartilhado com as pessoas é do Yo-Yo Ma, um violoncelista norte-americano de origem chinesa, considerado um dos melhores do mundo, e que diz: *"It's not about proving anything. It's about sharing something"*.

Essa citação tem ajudado muito no meu crescimento como pessoa e como líder justamente porque corrobora meu propósito de vida: compartilhar. No meu caso, compartilhar conhecimentos.

11. Quais são seus *hobbies* preferidos?

Atualmente meu *hobby* preferido é estudar música e, por consequência, ouvir também. Música está na minha vida desde criança, mas nunca tive oportunidade/incentivo para levar muito a sério, porém, nos últimos quatro anos, tenho me dedicado aos estudos de forma séria, estudando cerca de 10 a 12 horas por semana. Esse *hobby* me ajuda a aliviar as pressões do dia a dia.

Outro *hobby* que gosto demais é fotografia. Esse já vem comigo faz muito tempo.

12. O que você aprendeu com a vida, que você gostaria de deixar registrado nesta obra?

Até aqui foram muitos aprendizados, e tenho certeza de que ainda tenho muito a aprender, mas dada a minha história de vida, o que aprendi e guardo com carinho e orgulho é: o seu ponto de partida jamais poderá definir o seu ponto de chegada. O que define seu ponto de chegada é a sua capacidade de correr atrás dos seus objetivos, ralar muito e ser persistente.

Sempre batalhei muito pelos meus objetivos, sempre aprendi com pessoas maravilhosas e hoje compartilho o pouco que sei, para quem sabe assim servir de inspiração para outras pessoas.

13. Qual a mensagem de motivação você gostaria de deixar para os leitores deste livro?

Gostaria de deixar uma mensagem de otimismo e esperança. Por mais difícil que algumas situações possam parecer, elas estão lá para testar a sua verdadeira vontade. Não deixe nada limitá-lo. Não deixe nenhuma situação dizer que não pode chegar lá (independentemente do que "lá" significa para você). As desigualdades estão aí, isso é uma realidade e temos que lutar para reduzi-las, mas isso apenas significa que você terá que se esforçar um pouco mais que os outros. Seja sempre o protagonista da sua vida. Não espere nada de ninguém, seja do governo ou de outras pessoas. Corra atrás dos seus objetivos, com fé, coragem, ousadia, uma boa dose de loucura e muita persistência.

14. Com base no que você vivenciou, ao longo de sua vida corporativa, qual o segredo do sucesso para ir da teoria ao topo?

Não acho que o "segredo" seja algo assim tão secreto. Em primeiro lugar, acredito no estudo como forma de transformação social, então, parte desse "segredo" é estude muito, se capacite de todas as formas que puder, não somente capacitação técnica, mas dê igual atenção aos *soft skills*.

Em segundo lugar, respeite as pessoas, suas crenças e valores, suas dificuldades e limitações, sendo catalizador de conhecimento.

Por último, não coloque o sucesso como objetivo, o sucesso deve ser a consequência, o resultado obtido com ações que foram definidas pelo seu propósito de vida. Sinon Sinek fala em seu TED sobre o *Golden Circle* para todos começarmos com o "porquê". O "porquê" define o seu propósito, e é isso que vai ajudar você a sair todos os dias da sua cama e enfrentar os desafios da carreira.

Galeria de fotos

Rodrigo Ribeiro Gonçalves

Empresa:
UISA

Função:
Gerente Executivo de Tecnologia Inovação e Automação

ALTA GESTÃO | REGISTRO BIOGRÁFICO

1. Como e onde você iniciou a sua trajetória profissional?

Nasci na pequena cidade de Santa Adélia, interior de São Paulo, filho de uma baiana com um paulista que sempre deram o máximo para criar seus filhos. Como filho mais velho, sempre me senti na obrigação de ser exemplo, e assim espero ter conseguido, tanto para meus pais, quanto irmãos. Assim como muitos brasileiros, minha história não foi fácil, quando pequeno ajudava meus pais nas férias a cultivar mudas de laranja, depois na colheita. Já com meus 14 anos, meu primeiro registro CLT veio em uma rede de supermercados (empacotador de compras), na sequência fui promovido a cartazista, mas sempre acompanhando meus pais nas mudanças, acabei conseguindo uma vaga em uma grande empresa do setor alimentício, nos serviços gerais, fazia de tudo, mas amava tudo que fazia... Até então com meus 16/17 anos, me dedicava todos os dias, trabalhava durante o dia e, no período noturno, lá ia o Rodrigo para o colégio... A vida não era fácil, mas eu adorava, e me recordo com muita alegria... Com meus 17 anos, como muitos jovens, amava Medicina, e com isso o sonho de ser médico, mas um dia, folheando alguns guias estudantis, notei uma tal de Tecnologia da Informação. Eu me recordo como se fosse hoje os dizeres do folheto: "Em 5 anos o Brasil terá um déficit de profissional de tecnologia", e mais, que mais de 70% dos profissionais recém-formados estavam saindo da universidade com emprego garantido.

Ao chegar em casa, avisei minha mãe que queria prestar vestibular e fazer curso superior, ela, com semblante assustada, me apoiou, então fui em frente. Logo saiu o resultado do vestibular, aquela alegria, havia passado no vestibular entre os primeiros da turma, então começou a correria. Como pagar a mensalidade? Matrícula? Então, os anjos, como gosto de dizer, começaram a aparecer em minha vida, o patrão do meu pai pagou a matrícula e as três primeiras mensalidades. Foram quatro anos muito difíceis, viajando 150 quilômetros por dia, mas no final, gratificante.

Ao me formar, já estava trabalhando em uma grande empresa do agronegócio brasileiro, já classificado como analista de sistemas, quatro anos intensos, mas de muito aprendizado.

Ali percebi que queria ser gestor de pessoas e trabalhar não somente com Tecnologia da Informação, mas também com o negócio. Ouvi cada conselho que tive e aproveitei ao máximo dicas de vários mentores.

2. Quais os principais desafios e resultados que você vivenciou ao longo da sua carreira?

Em determinado momento da carreira, sendo responsável pela implementação de um projeto completo de tecnologia e inovação para um *greenfield* sucroenergético nacional, tinha o grande desafio de dividir e competir com demais pares pelo investimento em tecnologia em vez do *core* da empresa, que no caso eram as máquinas essenciais ao processo de produção de etanol e plantio do canavial, e acredite, não foi fácil a conquista do espaço com o core da empresa e, neste caso, foi através da dor e não da explicação. Em determinado momento, em reunião com o conselho da companhia, estava explanando a tese e justificativas para aquisição de infraestrutura de *datacenters* para a companhia, e como estávamos localizados no interior do Estado de São Paulo, com *links* de *internet* apenas via rádio e limitados, não tínhamos a opção de adquirir um *datacenter* em grandes centros, sendo assim, minha recomendação foi pela construção de dois *datacenters* em redundância, visando a alta disponibilidade dos recursos tecnológicos da companhia. Expostos os riscos a todos na reunião, não consegui a aprovação dos dois *datacenters*, mas sim verba para construção de apenas um, mesmo insistindo e apresentando todos os riscos de paradas em faturamento, processo fabril, já que estávamos implantando um nível alto de automação na empresa e tudo mais, fui voto vencido, mas o mais complicado foi ouvir que a tecnologia não era estratégica para a companhia, e investiram mais no plantio, pois o foco eram as fazendas. Mesmo desapontado e pensativo, não desanimei e continuei os projetos, entendendo que cada departamento teria suas prioridades e, no final, a empresa também já teria definido e assumido seus riscos e prioridades. Após a implantação desse *greenfield*, a operação estava a todo vapor quando, após menos de um ano de operação, um tanque com mais de 1 milhão de litros de etanol explode e afeta toda a empresa, um estrondo tremendo nos arredores da planta industrial, todos em choque, bombeiros, ambulâncias e demais órgãos regionais apoiando na operação, graças a Deus não tivemos nenhuma vítima fatal, apenas arranhões em dois colaboradores, mas para meu azar nosso *datacenter* foi atingido em cheio e perdemos todos os nossos servidores e *storage*, desespero total da equipe com a situação, não tínhamos muito a fazer, pois estava tudo ali em um único espaço físico. Nesse tempo, apenas os departamentos administrativos haviam notado a falta de sistema, todos os demais departamentos estavam focados no tanque de etanol, reparos industriais e medição do tamanho do prejuízo, só notaram a falta dos sistemas mais de 60 horas depois, quando foi possível voltar ao faturamento, e 120 horas depois, quando não foi possível reiniciar o processo produtivo, pois todos os servidores de automação haviam sido perdidos durante a fatalidade industrial. Sequencialmente, todo meu time e eu estávamos trabalhando 24 horas por dia para restaurar *backups*, mas o problema maior é que não tínhamos onde restaurar *backup*, fizemos contatos com vários parceiros, a fim de emprestar, alugar, comprar equipamentos emergenciais, no entanto, naquele tempo servidores não se fabricavam no Brasil e o tempo de entrega mínimo era de 90 dias, que sufoco só de lembrar, foram seis meses muito tensos. Começaram então a surgir os verdadeiros parceiros, com empréstimo de equipamentos, mesmo que velhos, para colocar nossa operação operacional nas mínimas condições possíveis.

3. Quem da sua história de vida inspirou/motivou na sua carreira?

Profissionalmente o Sr. José Meyer, responsável pelo meu desdobramento profissional, sendo o primeiro e principal mentor, me chamou a atenção quando necessário, me ensinou quando tinha que ensinar, no entanto, sua principal característica sempre foi colocar as pessoas no centro como parte mais importante de qualquer organização. Além de me inspirar e ser meu mentor, me ensinou o respeito ao próximo, acima de tudo. Infelizmente, com o passar do tempo, nossas vidas tomaram rumos diferentes e hoje não tenho contato, mas levo seus ensinamentos sempre comigo.

4. Alguma história na gestão de pessoas que você gostaria de compartilhar?

A que mais me marcou foi quando, logo no início de minha carreira como gestor, trabalhava em uma multinacional suíça, sendo responsável pelo departamento de tecnologia da informação, já passava das 2 horas da manhã quando meu telefone tocou e o responsável pelo processo industrial me informou que toda a entrada de matéria-prima na empresa estava parada devido a problemas de tecnologia em nossas balanças rodoviárias e automação de processos.

Bem, peguei meu carro e dirigi quase 70 quilômetros no meio da madrugada até a fábrica para corrigir o problema, no entanto, ao chegar à indústria no referido departamento com problema, notei um rádio ligado com o som extremamente alto em uma determinada sintonia de rádio. Até então, tudo normal, fui atendido pelo rapaz, que rapidamente me informou que não sabia o que havia ocorrido, que tudo estava sem comunicação.

Como não me concentro muito bem trabalhando com música, desliguei o rádio e na hora notei que todos os equipamentos de automação estavam desligados, e o rádio ligado à central onde deveriam estar ligados os equipamentos, ou seja, um grande erro do rapaz para ouvir sua música.

Naquele momento, fiquei furioso, esbravejei, briguei e até ofendi o rapaz, devido à irresponsabilidade dele. Resolvido o problema, peguei meu carro e retornei os 70 quilômetros furioso com aquele colaborador, e ao chegar em casa, após uma hora de sono, me levantei e fui tomar café para voltar para empresa, nesse momento contei essa história ao meu pai e afirmei a ele que, ao chegar à empresa, solicitaria a demissão do referido rapaz pelo ato cometido na noite anterior.

Automaticamente, meu pai me interrompeu e perguntou se eu nunca havia errado ou tido oportunidades, e para eu me colocar no lugar daquele rapaz e entender o contexto todo da história. No momento, não concordei muito, mas o alerta do meu pai me chamou a atenção e segui para o trabalho pensativo. No caminho até a empresa, tomei a decisão de entender quem era o rapaz e porque cometeu um erro tão absurdo e simples como aquele. Ao pesquisar junto ao RH, descobri que o problema não era o rapaz, mas sim alguém de muita boa vontade que havia dado uma oportunidade a alguém que nunca teve oportunidade na vida, o rapaz mal sabia ler e escrever, e estava trabalhando sozinho durante a madrugada em um departamento crítico para a companhia. Isso foi um choque para mim... A partir desse momento, procurei esse colaborador, orientei-o e confirmei toda a história do departamento de RH.

5. Quais dicas você daria para aqueles que estão iniciando a carreira profissional?

Nunca desista, estude, persista, lute mesmo nos momentos mais difíceis do seu dia. Em sua trajetória haverá muitas negativas, muitas portas se fecharão, ou nem sequer chegarão a abrir. Mas é muito importante que você não desista e acredite sempre.

6. Ao recrutar um profissional, quais características comportamentais você considera fundamentais?

Sempre, ao recrutar uma pessoa, procuro entender toda sua história e não somente suas qualidades técnicas para execução da função que está concorrendo, o técnico é possível ajustar e adequar a empresa, mas quando se olha para dentro da história do indivíduo, se nota muito mais, consegue-se ver o esforço, a garra e as tradições da pessoa que, lá na frente, podem fazer toda a diferença ao seu time.

7. Qual legado profissional e pessoal você gostaria de deixar para a sociedade?

Não sou uma pessoa *geek*, mas amo tecnologia, automatização, Inteligência Artificial e robotização, mas meu legado para a sociedade será acreditar nas pessoas, elas são os bens mais preciosos de qualquer organização e são as pessoas que farão o mundo melhor. Meu legado será transformar e ser disruptivo através de pessoas e para pessoas, com o apoio da tecnologia para esse fim. Não acredito que os robôs tomarão o lugar das pessoas, pois somos os centros, mas acredito que como seres humanos passaremos por muitas mudanças e nos adaptaremos cada vez mais à tecnologia ao longo do tempo.

8. Cite alguns líderes que, em sua opinião, são inspiradores.

Admiro demais a história de vida e de gestor do Satia Nadella, um estrangeiro que administra e revolucionou uma das maiores empresas de tecnologia do mundo (Microsoft). Ele conseguiu substituir à altura outro ícone que também admiro (Bill Gates) e mudar a rota da empresa através de aplicação de tecnologia para as pessoas, assim a Microsoft deixou de ser uma empresa de venda de *software* para ser uma empresa feita por pessoas para pessoas. Por outro lado, Bill Gates me inspira, pois mesmo aposentado investe boa parte de seu tempo em buscar soluções para problemas da humanidade, principalmente problemas ligados à fome e às crianças da África e do mundo.

9. Como você define o papel da liderança?

Muito complicado fazer uma autoavaliação em nosso papel e estilo de liderança, gosto e pratico a liderança pelo exemplo... sempre digo aos times que temos de ser um só, ou seja, em tecnologia sempre busco que meus times, independentemente do tamanho, sejam sempre #OneITOneTeam. Quando trabalhamos unidos, como unidade, sempre respeitando o próximo, conseguimos realizar coisas incríveis. Em minha opinião, o líder deve agregar, ensinar e unificar em prol de metas em comum, sempre estar analisando o profissional e pessoal, atento aos detalhes e informações.

10. O que você faz para se manter motivado?

Busca por novos desafios, sou apaixonado por um desafio e gosto de ser desafiado a todo momento, para mostrar que é possível fazer simplificar processos, pessoas e estruturas. Sair fora da caixa e executar projetos e demandas fora da minha zona de conforto me instigam a fazer cada vez melhor. Minha família! Acordar todos os dias e saber que tenho pessoas excepcionais, que não se importam com nada além da nossa felicidade, isso me motiva.

11. Qual a importância da inovação nas organizações?

Inovação passa por sobrevivência das empresas, aqueles que não inovarem e encontrarem maneiras diferentes para simplificar seus processos simplesmente deixarão de existir. Penso que a inovação bem aplicada mudará o mundo. Empresas que não tratarem a inovação como *core* correm sérios riscos de se desmancharem ao longo dos próximos anos, veja os exemplos da Kodak, Blockbuster entres outros, que ficaram confortáveis em suas lideranças por anos e anos sem inovar ou transformar e acabaram por sumir do mercado.

Nos dias de hoje, todas as empresas, além de seu core, têm uma necessidade de inclusão de inovação no foco de seus produtos para, assim, se tornarem cada vez mais competitivas e desbravadoras, não correndo o risco de a qualquer momento uma *startup* surgir do nada e surpreendê-la com produtos similares carregados de inovação.

Quando olhamos para as maiores empresas do mundo, notamos as lideranças globais focadas em tecnologia, onde as cinco maiores companhias são tecnológicas, e a cada dia surgem novos unicórnios recheados de tecnologias, disruptivas e muitas das vezes resolvendo problemas cotidianos da população de maneira simples e eficiente, daí a necessidade de grandes organizações pensarem literalmente fora da caixa, e mesmo quando falamos de multinacionais, temos de analisar sob a ótica de que não podem mais se dar ao luxo de pensar e demorar anos para aplicar uma tecnologia diferente ou inovadora.

12. Como você realiza o *networking* de maneira efetiva?

Networking é fundamental a todos, nos tempos em que a informação transcorre o mundo de maneira exponencialmente rápido, eu cultivo meu *networking* através de redes sociais para esse fim, participando de eventos de minha área de atuação, congressos e grupos de estudos com foco em temas do meu interesse. Sempre busco estar em contato com colegas de profissão que conheci em eventos.

13. Do que você sente saudades?

Da família, devido à correria da profissão, muitas das vezes acabo penalizando minha esposa e meus filhos com a distância, pois acabo viajando muito e isso me causa extrema tristeza e saudades. Tenho dois filhos que residem no interior de São Paulo, e a saudade é o maior desafio, no entanto, busco sempre estar em contato com eles, via telefone, videoconferência e outras maneiras, com o avanço tecnológico, a comunicação se torna cada vez mais fácil, mas a saudade sempre é enorme.

14. Do que você tem orgulho?

Para mim, em primeiro lugar sempre vem nossa sustentação, então, tenho um imenso orgulho dos meus filhos e esposa, pois todos os dias são neles que encontro o conforto da família e a paz para tomar as decisões mais difíceis, que muitas das vezes são necessárias, também são eles que aguentam meu mau humor quando algo dá errado no meu dia a dia, resumindo, em poucas palavras, a família é o nosso conforto, e por isso meu grande motivo de orgulho.

Tenho muito orgulho dos amigos que fiz ao longo da carreira nas diversas companhias por que passei, sempre optei por sair e deixar as portas abertas, mas além disso, deixo sempre muitos amigos, pois a amizade torna nossa vida mais prazerosa.

15. Qual o significado da palavra felicidade?

Estar satisfeito consigo mesmo e prover a felicidade a todos ao seu redor, me faz feliz ver minha família e amigos felizes, mas fico muito mais feliz ao plantar o bem todos os dias em boas atitudes, por menor que sejam. Plantar sementes me torna extremamente feliz e colhê-las como fruto me deixa externar toda alegria que o ser humano pode ter.

16. Qual a sua citação favorita e por quê?

Adoro uma citação de Bill Gates: *"Tente uma, duas, três vezes e se possível tente a quarta, a quinta e quantas vezes forem necessárias. Só não desista nas primeiras tentativas, a persistência é amiga da conquista. Se você quer chegar aonde a maioria não chega, faça o que a maioria não faz."*.

Essa citação me inspira nos momentos difíceis e de baixo astral, ainda mais vindo de Bill Gates, uma pessoa que revolucionou o mundo com a tecnologia. No passado, a meta de Bill era colocar um computador na casa de cada pessoa no mundo, e hoje podemos dizer que mais de 90% do mundo têm acesso a dispositivos como computador, *laptops* e *smartphones*.

17. Quais são seus *hobbies* preferidos?

Viajar com a família e me desligar totalmente do meu dia a dia, amo isso, mas também adoro curtir um final de semana com churrasco com os amigos para confraternizar e simplesmente conversar sobre tudo.

18. Qual sonho você gostaria de realizar?

Profissionalmente, tenho o sonho de morar e trabalhar nos EUA ou na Europa por alguns anos, e para isso estou trilhando um caminho para chegar lá, com muita persistência e dedicação, sem nunca desistir, depois penso em me preparar e estudar para CEO, ou melhor, estar preparado para uma oportunidade. Sei que ela irá acontecer, então vou me preparando para esse momento, e quando ele chegar, pretendo fazer a diferença para muita gente.

19. O que você aprendeu com a vida que gostaria de deixar registrado nesta obra?

Aprendi muito, muitas coisas boas e outras nem tanto, e conforme o tempo passa, vamos aprendendo a lidar com nossos sentimentos, tendo maior resiliência e sabedoria nas tomadas de decisão. Uma das coisas que gostaria de registrar é sobre respeito ao próximo, pois aprendi que não importa de onde você veio, sua cor, religião ou condição financeira... no final, sempre somos todos iguais, por isso é extremamente importante termos humildade para com o próximo, além, claro, de respeito total às diferenças, não dá para se viver com intolerância, *bullying*, assédio e tantas outras coisas ruins. Não podemos aceitar. Aprendi de maneira rápida que, com o passar dos dias, chorar não leva a nada, mas lutar e correr atrás sim, o tornará mais forte e abrirá portas mundo afora.

20. Qual mensagem de motivação você gostaria de deixar para os leitores deste livro?

Crie e desenvolva sua própria jornada, com metas claras e objetivos, e em tudo que fizer, faça com amor e busque a excelência a cada dia. Tenha planejamento para sua vida, não saia fazendo loucuras, muitas das vezes você irá errar, e eu espero que você erre. Os erros nos ensinam grandes lições, mas aprenda com eles e não cometa os mesmos erros. Lembre-se: o seu erro não define você, mas sim o tempo que levará para digerir e corrigi-lo, aprenda com ele. Nunca desista de você mesmo ou de ninguém, pois só inspiração não é suficiente, você tem que executar e operacionalizar no menor tempo possível, dentro de parâmetros de qualidade. Seja o exemplo a ser seguido pelos seus colegas, amigos e até adversários, e assim chegará longe. Vivemos em um mundo onde a competitividade está quase sempre acima de tudo, mas nunca esqueça seus princípios de ética, tenha respeito ao próximo, faça tudo com muito amor e dedicação, e no final do dia, todos os seus objetivos serão alçados, e você poderá olhar para trás e enxergar o seu legado com muito orgulho e emoção de quem fez as escolhas certas. Não há nada melhor do que a paz consigo mesmo e ser dono do seu destino.

21. Com base no que você vivenciou, ao longo de sua vida corporativa, qual o segredo do sucesso para ir da teoria ao topo?

Não me considero no topo e gosto de acreditar que nunca o alcançarei, acredito que quando se enxerga do topo da pirâmide, o ser humano tende a relaxar e diminuir a força que o move, então, sempre me motivo me imaginando em um ponto mais alto, fazendo algo diferente, ajudando pessoas a alcançar seus objetivos e companhias a se desenvolver.

Galeria de fotos

Samuel Silva

Empresa:
Conceitto Industrial

Função:
Sócio-Diretor

1. Como e onde iniciou-se sua trajetória profissional?

Minha trajetória profissional começou cedo, desde pequeno meu pai me ensinou que as conquistas sempre serão consequência de muito esforço e trabalho, sempre que queria algum trocado, meu pai negociava comigo alguma tarefa, em pouco tempo percebi que da mesma forma que meu pai poderia me pagar por fazer algo, outros também poderiam o fazer, quando criança, vendi assinatura de jornal, sanduíches integrais que minha mãe fabricava, trabalhei com meu pai e sempre fui descobrindo novos mercados, novos negócios e novas alternativas para ganhar dinheiro. Aos 13 anos, saímos da pequena cidade de Três de Maio, no Rio Grande Sul, e fomos morar em Santa Maria, também no Rio Grande do Sul, fomos levados por uma oportunidade de recomeço, uma vez que as coisas não estavam andando bem naquela época, e passamos por um período de dificuldades, trabalhei com meu pai por mais um ano e pouco e logo entendi que deveria ir atrás de novos rumos, logo conheci uma empresa que trabalhava com venda de itens porta a porta e aprendi algumas técnicas de venda que trago comigo até hoje, com esse aprendizado passei a ganhar uma remuneração interessante e isso me motivava a querer aprender mais e aperfeiçoar essa técnica, no segundo semestre de 2000 eu conseguia faturar em comissões o equivalente a 1 salário mínimo por semana. Eu tinha 15 anos de idade. No ano seguinte, tentei me aventurar empreendendo em um negócio próprio, não obtive muito êxito e logo tive que recuar e procurar novas alternativas. Em 2002, comecei a atuar com venda de *software*, na época o produto era voltado à consulta de cheques e análise de crédito, foi nesse período que aprendi o verdadeiro valor da informação. Comecei a estudar muito sobre soluções e sistemas, pouco tempo depois estava coordenando toda a região sul do Brasil nesse negócio e confesso que estava andando muito bem. Em 2005, iniciei um novo negócio, construindo minha plataforma para esse tipo de solução, por ironia do destino acabei tendo duros problemas financeiros logo na arrancada, acabei fazendo uma sociedade pouco estruturada e rapidamente o mérito se tornou um grande problema, para ajudar a agravar a situação, minha esposa estava grávida e não tínhamos a menor noção de como seguiríamos em frente, de como poderíamos criar nosso filho e dar-lhe uma vida digna. Na época, contei ao meu fornecedor de *software* que teríamos de abortar o projeto, pois estava encerrando as atividades da empresa e não teria condições de seguir em frente. Mas em vez de abortarmos, ele me propôs que fizéssemos uma sociedade e déssemos sequência ao projeto, dessa forma, ele desenvolveria o software e eu tomaria conta da distribuição. Confesso que num primeiro momento fiquei incrédulo, logo aceitei a ajuda e decidi seguir lutando por aquele projeto, o negócio começou a andar e graças a ele, em maio de 2006, quando meu filho nasceu, já tínhamos alguma condição de nos manter e seguir em frente.

Essa parceria foi se intensificando e fomos descobrindo novos mercados, novas oportunidades, e ano a ano íamos crescendo, virei muitas noites em claro implementando sistemas, fazendo análises de dados, subindo servidores e resolvendo problemas de clientes. Em 2010, meu sócio e eu resolvemos alcançar novos horizontes, separamos o negócio dos outros dois sócios e nasceu a Conceitto Sistemas, focada em desenvolvimento de sistemas de automação comercial e industrial. A Conceitto cresceu e logo percebemos que nosso modo de resolver problemas e simplificar processos era aderente a muitos clientes, a automação comercial foi se tornando um negócio secundário, e ano a ano fomos apontando nossos esforços ao atendimento de soluções à indústria, ainda em 2010 implementamos a primeira balança rodoviária, trabalhando sem balanceiro, em 2012 desenvolvemos a primeira versão da nossa solução de carregamento de vagões, em 2013 participamos das primeiras grandes obras no norte do país, em 2014 implementamos CFTV alfandegado e ISPSCODE em portos na cidade de Rio Grande, em 2015 entramos no setor sucroenergético e em 2019 no mercado de celulose. Nesse período todo, desenvolvemos as mais diversas soluções para atender às operações de diversos locais. Aprendemos que nenhum sistema, tecnologia ou solução será bom o suficiente se não aderir à necessidade do cliente e se não trouxer ganhos a ele. Isso tem nos proporcionado fidelidade de nossos clientes e indicação de novos negócios. Hoje, estamos presentes em cinco Estados brasileiros e espero que os próximos anos nos levem ao fortalecimento nos mercados que atuamos, assim como à conquista de novos mercados, até mesmo fora do Brasil.

2. Quais os principais desafios e resultados vivenciados ao longo da sua carreira?

Os principais desafios sempre foram manter o rumo mesmo em momentos difíceis, tivemos algumas sérias crises ao longo desses anos, saímos de cada uma delas mais fortes, mas sempre foi um grande desafio superar esses momentos, lidar com o julgamento e a descrença é mais complexo do que qualquer problema técnico, com o tempo fui entendendo que, de fato, chegar a algum lugar está associado ao quanto você aguenta ser resiliente e seguir em frente mesmo quando tudo parece conspirar contra seus objetivos.

3. O que traz inspiração para você?

Os desafios, aquilo que parece inatingível, inalcançável, aquilo que me faz olhar para trás e pensar: "Quem diria que..." Esse sabor da conquista, ou de ter à frente a possibilidade de fazer algo que nunca imaginei ser possível ou de meu alcance, me injeta uma energia inexplicável, e sempre que isso acontece me sinto muito bem.

4. Alguma história na gestão de pessoas que gostaria de compartilhar?

Dentro de minha equipe todas as pessoas que se consolidaram são aquelas em que de alguma forma pude sentir confiança, a qualificação técnica sempre foi importante, porém nem sempre essencial, tenho pessoas que iniciaram sua história conosco sem qualquer qualificação ou com conhecimento básico no que iriam desempenhar. Apesar disso parecer apavorante e, de fato, em alguns momentos é, entendo que acabamos proporcionando como empresa oportunidades de formação e crescimento aos que passaram pela Conceitto. Havia uma época em que para ser contratado por um concorrente bastava o colaborador informar que trabalhou mais de seis meses na Conceitto, isso era o suficiente para que esse colaborador tivesse conhecimento e metodologia para integrar sua equipe e prover resultado. Por um tempo, isso me frustrou e hoje vejo que é apenas o reflexo de que, apesar de todos os erros que possamos ter cometido no dia a dia, ao final das contas, podemos estar fazendo um bom trabalho.

5. Alguma história de relacionamento com o cliente que gostaria de destacar?

Sempre gosto de citar um cliente com quem começamos a nos relacionar em 2014, ele nos contratou para entregar um produto que tínhamos pronto, já em 2015, quando fomos entregar a solução, percebemos que mesmo com todas as reuniões de planejamento, sabíamos muito pouco da necessidade real da operação do cliente, não entendíamos qual era o motivo de ser a quarta empresa a tentar atendê-lo nessa demanda, tão logo começamos a implementar, descobrimos. Além dos desafios de sistema, ainda tivemos de lidar com uma forte resistência da operação do cliente, isso me levou, em um dado momento, a permanecer dentro da planta do cliente por 39 horas. Depois de muito trabalho e diversas noites sem dormir, criamos nesse cliente uma linha de produtos em que somos especialistas até hoje. Esse *case* nos levou a um próximo degrau e possibilitou novas oportunidades, assim como aumento da credibilidade à empresa, para atender a outros clientes. Nesse *case*, aprendemos que a melhor solução que pode existir é a que atende e dá resultado ao cliente.

6. Quais dicas daria para aqueles que estão iniciando a carreira profissional?

Saia da zona de conforto, sempre que estiver confortável, desconfie. Nada, absolutamente nada, é conquistado por ninguém de forma lícita sem muito estudo e trabalho, quando menciono estudo, me refiro a formações ou não formações, eu mesmo não possuo nenhuma formação superior, mas já afastei diversos mestres e doutores da minha área, isso não torna fútil qualquer formação que seja, longe disso. Apenas ilustra que formação é apenas um pequeno pedaço de tudo, ela poderá proporcionar a você um início melhor, porém, o que vai fazer ao longo dos dias em sua carreira é o que vai definir aonde você vai chegar, conhecimento, educação, cordialidade e capacidade de agir sob pressão, vão determinar muito até onde pode ir. Desde que comecei minha vida profissional, leio pelo menos 15 horas por semana, sobre todos os assuntos, mas especialmente sobre algo que preciso entender ou aprender para atingir algum objetivo, seja profissional ou pessoal. E, acima de tudo, acredito que histórias de sucesso devem ser inspiradoras, mas cada um tem a sua, não tente fazer igual a uma ou outra pessoa, use as histórias delas para referência, mas nunca como uma ordem a ser seguida, as decisões que tomo todos os dias são baseadas no contexto em que vivo e nas condições que tenho para tomá-las, isso não quer dizer que você ou qualquer outra pessoa tenha de tomar as mesmas decisões e isso vai refletir em resultado igual, muito pelo contrário, o resultado de qualquer decisão está muito mais atrelado à análise da demanda do que à ação a ser tomada em si.

7. Ao recrutar um profissional, quais características comportamentais são consideradas fundamentais?

Sempre que converso com alguém, independentemente do assunto que se trate, tento me conectar com essa pessoa para falar de algo, procuro fazer isso sempre que há esse tipo de interação. Quando vou recrutar um profissional, tento me conectar a essa pessoa e entender de que forma ela pode somar no meu processo, procuro analisar sua postura mediante questionamentos, procuro contrariá-la para ver suas reações, procuro fazer perguntas que façam essa pessoa expressar suas opiniões e reações sobre diversos assuntos. Dessa forma, procuro extrair o comprometimento de quem está sendo recrutado, sua capacidade de tomar iniciativa, resolver problemas e trabalhar em sintonia com a empresa e equipe existente.

8. Qual legado gostaria de deixar para a sociedade?

A convicção de que objetivos, por mais distantes que possam parecer, estão menos distantes no próximo passo, sempre se pergunte qual é o próximo passo, não importa de onde você venha, ou o que já fez, o que vai fazer de hoje em diante sempre será uma nova escolha ou a afirmação de outra já feita anteriormente. Por mais que você conquiste, sempre haverá novos desafios e oportunidade de ir além.

9. Quais os reflexos das práticas de cidadania empresarial para organizações, profissionais e sociedade?

São excelentes, contribuirão fortemente para uma sociedade melhor, as empresas são feitas de pessoas, ações humanas determinam resultados promissores ou catastróficos à organização e à sociedade. Se pudermos usar as organizações como ferramentas de construção cidadã e melhoria do entorno em que estão, por que não o fazer?

10. Cite algumas pessoas que, em sua opinião, são inspiradoras.

A humildade de Ayrton Senna, a força de Bernardinho, a postura de Roger Federer, a inteligência de Steve Jobs, a visão de Bill Gates, o exemplo de dedicação de Kobe Bryant.

11. Como você define o papel da liderança?

Na minha opinião, há muitos anos, o líder é aquele que ensina pescar, caso você pesque um peixe que não consiga tirar da água, o líder vai unir forças com você e ajudá-lo com isso. Liderar não é apenas delegar, tampouco é executar, liderar é estar atento às necessidades à sua volta e agir onde for necessário em prol do resultado conjunto de uma equipe, se hoje delegar resolve a demanda, ótimo, porém se amanhã tiver de delegar e executar, ótimo também. Equipes vencedoras colocam objetivos à frente dos cargos, ou seja, se eu sou o cara do RH, mas estão precisando de minha ajuda no atendimento, não há motivo para não ajudar por um tempo, se isso não causar prejuízo ao RH, com isso garanto o bom atendimento e mantenho o RH saudável. Se o RH passa por uma seleção e o atendimento está controlado, um atendente pode ajudar a organizar a fila e dar fluidez ao processo. Todos ganham com isso, o objetivo comum proporciona o objetivo individual, já o individual pode atrapalhar o objetivo comum. Liderar é saber identificar isso e agir para que ambos sejam atingidos.

12. O que você faz para manter-se motivado?

Talvez algumas pessoas possam definir isso como ambição, eu chamo de motivação, mas, de fato, o que me motiva é o desafio, é me perguntar: "Já que cheguei até aqui, aonde posso ir agora?" Por muitas vezes, vejo olhares à minha volta do tipo: "Cara, você nunca está satisfeito?" Respondo a esses olhares: "Não, por que estacionar se posso ver o que mais tem à frente?"

13. Qual a importância da inovação nas organizações?

A inovação já deixou de ser importante, passou a ser necessária, a organização que não consegue entender isso infelizmente tende à morte orgânica, pois não se trata mais de uma questão de vitrine ou melhoria de ambiente, se trata de necessidade de sobrevivência num mercado cada dia mais competitivo e exigente. Inovar já é sinônimo de sobreviver, quem não enxergar isso pode ter grandes dificuldades no mercado em que atua.

14. Como você realiza o *networking* de maneira efetiva?

Faço isso me comunicando, acredito, aliás, que a única forma de realizar *networking* é se comunicando com todos que possam passar pelo nosso dia, em dado momento, ensino em centenas deles, aprendo, em outros apenas jogo um pouco de conversa fora para descontrair, mas em todos eles de alguma forma os laços vão sendo criados e isso vale mais do que qualquer quantia em dinheiro. Talvez esse tenha sido o melhor aprendizado que tive com meu sócio, no momento em que iniciamos nossa trajetória juntos, isso me trouxe até aqui e tenho certeza que me levará muito longe ainda.

15. Do que você sente saudades?

Acho que saudade se refere a algo que não posso mais viver. Tenho as pessoas que mais amo perto de mim, não consigo conviver com saudade nessas condições.

É claro que ao longo dos anos algumas convivências foram se tornando menos frequentes, porém trato como boas lembranças e procuro aproveitar quando posso ter esse contato, mas sei que essas pessoas estão próximas mesmo geograficamente distantes.

Poderia sentir saudades de momentos que passei ou de lugares que vivi, mas também trato como lembranças, e apesar de ter cometido erros até aqui, todos me ensinaram muito, tendo consciência disso, o que poderia ser saudades são boas lembranças, pois estou melhor do que estava há um tempo atrás, e isso me dá a tranquilidade de seguir em frente.

16. Do que você tem orgulho?

Do caminho que tracei e da família que construí.

17. Qual o significado da palavra felicidade?

É uma definição muito pessoal, para mim é paz de espírito. Não está atrelado a algo ou alguém, apenas a cada um de nós.

18. Qual a sua citação favorita e por quê?

"A vida é muito curta para ser pequena." Gosto dela porque realmente acredito que o ser humano é capaz de traçar seu futuro, o passado ninguém pode alterar, mas o futuro sempre será fruto de nossas escolhas, e pensar pequeno ou pensar grande dá o mesmo trabalho, então, por que se acomodar?

19. Quais são seus *hobbies* preferidos?

Viajar, praticar esportes, em especial o tênis, conhecer pessoas e lugares.

20. Qual sonho você gostaria de realizar?

Pode até parecer clichê, mas meu sonho é conseguir proporcionar condições para que meus filhos realizem seus sonhos. Apesar de não depender exclusivamente de minhas ações, serei muito realizado se conseguir isso.

21. Qual mensagem de motivação gostaria de deixar para os leitores deste livro?

Você é do tamanho dos objetivos, os problemas servem para nos mostrar que temos capacidade de resolvê-los, por vezes eles nos empurram a acertar os rumos, e logo à frente podemos até agradecer por algo não ter saído como planejamos inicialmente, pois o aprendizado pode ser maior do que o resultado esperado num primeiro momento.

22. Com base em suas memórias, qual legado você gostaria de deixar para a humanidade?

Ainda me considero muito jovem, mas se for para falar em legado, espero deixar à humanidade a certeza de que sempre vale a pena lutar, tenho muita clareza de que a diferença de quem consegue algo para quem fica pelo caminho está na próxima etapa, acredito na frase do personagem Rocky Balboa quando diz que não é o quão forte você bate, mas quanto aguenta apanhar e seguir em frente. Resiliência e persistência sempre serão a ponte entre o "não deu certo" e o "você tem muita sorte".

Galeria de fotos

Sandro Freitas Oliveira

Empresa:
Unigel

Função:
Head de Auditoria Interna, Gestão de Riscos e Compliance

1. Como e onde você iniciou a sua trajetória profissional?
Iniciei como *trainee* na PwC em 2008.

2. Quais os principais desafios e resultados que você vivenciou ao longo da sua carreira?
Dividi a resposta entre PwC e Tronox.

a) Pwc:
Dentro da PwC, gerenciava um setor que prestava consultoria empresarial para grandes empresas referente às áreas de definição e avaliação de indicadores de riscos estratégicos, táticos e operacionais, elaboração de políticas e procedimentos, otimização de processos de fechamento contábil e acompanhamento e implementação das recomendações propostas por esses trabalhos, além de avaliação de riscos e controles dos processos de grandes corporações a fim de mitigar impactos financeiros e legais, falhas no registro de demonstrações financeiras ou da própria operação do negócio, atuando com diferentes ERPs como SAP, Oracle e Protheus. Trabalhava com uma equipe de 11 pessoas, administrando uma carteira de clientes de diversos setores da economia que atuam no Brasil e exterior.

Principais resultados individuais alcançados:
• Promoção antecipada de consultor sênior para supervisor;
• Avaliação de *performance* "acima do esperado" no ciclo 2014/2015;
• Alcance da meta de receita em dois anos que atuo em cargo de gerência;
• Desenvolvimento da consultoria de "Business Control Advisory" na região nordeste.

Principais resultados corporativos alcançados:
• Incremento de receita líquida de 200 mil reais em 2013/2014 para 1,2 milhões em 2014/2015 na minha área de atuação;
• Aumento na margem da minha área de atuação de 42% em 2013/2014 para 45% em 2014/2015;
• Desenvolvimento de dois sucessores para minha posição;
• Desenvolvimento de um novo portfólio de consultoria ("Business Control Advisory") na região nordeste, que representou uma receita bruta gerada de aproximadamente 500 mil reais numa localidade sem muita cultura de aquisição desse serviço.

b) Tronox (out.16 até mar.20):
Recebi o desafio de desenvolver e liderar uma nova área de GRC (Governança, Riscos e *Compliance*) no Brasil para a empresa em que pude estruturar um *case* de sucesso que desencadeou em premiações e autoria de um livro sobre a nossa experiência ("Seja a Mudança que sua Organização precisa – GRC").

Principais resultados individuais alcançados:
• Premiado na Filadélfia (EUA) como o melhor *case* mundial do setor de GRC pelo *software* ACL;

- Palestrante no CLAI 2018 (Congresso Latam de Auditoria Interna do IIA), CONBRAI 2019 e IIA México 2019 sobre o *case* de sucesso na implementação do setor de GRC na Tronox;
- Autoria de um livro sobre a nossa experiência: "Seja a Mudança que sua organização precisa – GRC".

Principais resultados corporativos alcançados com auxílio nas melhorias dos processos:
- Redução do prazo de recebimento de 70 para 45 dias (De set.16 a set.18);
- Aumento do prazo de pagamento de 30 para 40 dias (De set.16 a set.18);
- Aumento em 300% na receita de venda de sucata;
- Implementação de testes de monitoramento contínuo para a Lei Anticorrupção.

3. Quem da sua história de vida inspirou/motivou na sua carreira?

Tive grandes referências na minha vida profissional, porém dois marcaram a minha carreira como grandes mentores:

a) Ricardo Santana, sócio na época da PwC e hoje sócio da KPMG, que me trouxe conceitos mais avançados de GRC e me colocou sempre fora da minha zona de conforto, confiando na minha capacidade para gerenciar desafios;

b) Paulo Dantas, diretor presidente da Tronox Brasil, que confiou em mim para desenvolver e implementar um setor de GRC na unidade Brasil da Tronox, sempre demonstrando os melhores caminhos nesse processo e me ensinando muito sobre gestão de uma grande companhia.

4. Alguma história na gestão de pessoas que você gostaria de compartilhar?

Quando cheguei à Tronox, a área de GRC não existia, e como não queria que me vissem como um simples gestor de auditoria com imagem "policialesca", busquei em todo momento me inserir no dia a dia das pessoas, com mesa próxima dos colegas e sem sala, realizando café da manhã de boas-vindas e desenvolvendo um *workshop* mensal para ouvir os diferentes problemas e riscos das pessoas no cotidiano do trabalho.

Acredito que esse foi o fator principal para o sucesso do nosso *case* de implementação, cujo resultado foi um livro, resultados financeiros, convites para palestras e premiações, mas principalmente a confiança das pessoas que relatam que "GRC é o setor que me faz pensar e prever!"

5. Alguma história de relacionamento com o cliente que você gostaria de destacar?

Além de bons resultados financeiros na PwC com clientes recorrentes, após sair, por fazer trabalhos em conjunto com eles, pude manter um bom relacionamento, a exemplo do time da Brookfield Ambiental, no qual fizemos um projeto de consultoria para melhoria de processos em que o resultado foi tão bom que recebemos avaliações positivas e reconhecimento da empresa.

6. Quais dicas você daria para aqueles que estão iniciando a carreira profissional?

Eu gosto sempre de aconselhar quem está começando, buscar sempre atividades e experiências que tirem da zona de conforto. Se a pessoa tem medo de falar em público, busque experiências em projetos em que possa apresentar, tem timidez, exercite em trabalhos que exija um maior relacionamento interpessoal. Trabalhos desafiadores são os melhores para amadurecer o profissional em diversas habilidades fundamentais para uma carreira de sucesso.

7. Ao recrutar um profissional, quais características comportamentais você considera fundamentais?

Gosto muito do profissional que está aberto a aprender e que demonstre interesse em ser desafiado. Ele pode até ainda não ter as *expertises* necessárias, mas entendo que, com esse perfil, o seu sucesso será muito mais duradouro e conciso.

8. Qual legado profissional e pessoal você gostaria de deixar para a sociedade?

Gostaria muito de replicar as técnicas que geraram resultados financeiros na implementação de um setor de GRC (Governança, Riscos e *Compliance*), dividindo a experiência que tivemos aqui na Tronox em palestras e cursos. O objetivo é demonstrar a importância desse setor para as organizações, apresentando os resultados positivos que ele traz. Por esse motivo, acabei escrevendo um livro lançado em 2019 para dividir essa experiência e disseminar cada vez mais a importância de uma área de GRC.

9. Quais os reflexos das práticas de cidadania empresarial para organizações, profissionais e sociedade?

Além de ajudar na produtividade e resultados financeiros, agrega valor não somente para as empresas como para toda a comunidade, tendo em vista que boas práticas de cidadania empresarial são replicadas para toda a cadeia e dissemina princípios coletivos e de sustentabilidade.

10. Cite alguns líderes que, em sua opinião, são inspiradores.

Gosto muito de Jorge Paulo Lemann, Vicente Falconi, Barack Obama e Warren Buffet.

11. Como você define o papel da liderança?

O líder é alguém que lidera até nos seus erros, demonstrando humildade para sempre buscar o melhor para o time.

12. O que você faz para se manter motivado?

Eu sempre busco desafios, tanto no meu dia a dia dentro da organização como fora. Todo ano estou procurando criar projetos e ideias que sejam inovadoras, ouvindo outras experiências e sempre trazendo novidades para a minha rotina e pessoas que convivem comigo.

13. Qual a importância da inovação nas organizações?

Total. Se não buscarmos inovar, não se agrega valor e ficamos parados no tempo.

14. Como você realiza o *networking* de maneira efetiva?

Gosto de utilizar as mídias sociais para passar conhecimento adquirido acerca da minha área e divulgar trabalhos e palestras que eu faço. Uso também para disseminar vídeos sobre temas diferentes de gestão e GRC para sempre me manter conectado com a minha rede de contatos. Adicionalmente, para as pessoas mais próximas, busco sempre agendar um almoço, encontros ou conversas para me manter sempre presente e trocar experiências.

15. Do que você sente saudades?

Dos amigos que moram longe, pois faz parte da nossa rotina ter essa dinâmica de viver em locais diferentes e perder um pouco esses contatos que antes eram do cotidiano.

16. Do que você tem orgulho?

De ser reconhecido por sempre buscar um aprendizado novo, de sempre trazer novidades e nunca me cansar de proporcionar coisas diferentes.

17. Qual o significado da palavra felicidade?

Família e amigos.

18. Qual a sua citação favorita e por quê?

"Tenha medo da zona de conforto, ela não vai lhe ajudar a chegar ao melhor resultado".
Acredito que o caminho do sucesso é sempre se desafiar e buscar coisas diferentes e novas. Entendo que a melhor forma de se sentir vivo é tentar fazer diferente.

19. Quais são seus *hobbies* preferidos?

Futebol e cinema.

20. Qual sonho você gostaria de realizar?

Profissionalmente: atingir cargos globais em comitês ou conselhos administrativos. Pessoalmente: ter dois filhos(as) com a minha esposa.

21. O que você aprendeu com a vida que gostaria de deixar registrado nesta obra?

Nunca se desesperar com as dificuldades da vida e das situações profissionais, e sempre buscar a felicidade no hoje e não no amanhã.

22. Qual a mensagem de motivação você gostaria de deixar para os leitores deste livro?

Façam a sua carreira com desafios, mas nunca deixem de curtir os momentos.
Arrisquem muito, ouçam muito, entendam que o insucesso faz parte do jogo e sorriam sempre.
Tenham certeza de que essa é a melhor receita que eu aprendi para ser feliz!

23. Com base no que você vivenciou, ao longo de sua vida corporativa, qual o segredo do sucesso para ir da teoria ao topo?

Arrisque sempre, ouça sempre, aprenda sempre e não desista nunca!

Galeria de fotos

Silvana Gomes Regitano de Lima

Empresa:
Nuseed

Função:
Global Supply Chain Director

1. Como e onde você iniciou a sua trajetória profissional?

Recém-chegada da Inglaterra, onde aperfeiçoei meu inglês durante dez meses, mergulhei nos estudos para me preparar para o vestibular. Um aspecto importante nesse momento em minha vida, aos 18 anos de idade, foi o impacto de minha experiência fora do país. Voltei com a visão de uma carreira internacional, a qual me permitiria obter um grande aprendizado profissional e pessoal, experimentando outras culturas, lugares, tecnologias, podendo deixar em cada experiência um pouco do meu legado.

Com minha determinação, acabei ingressando na Escola Superior de Agricultura Luiz de Queiroz, Universidade de São Paulo, no curso de Engenharia Agronômica. Esse curso me deu um leque de opções de onde atuar no mercado. Pude identificar que as áreas que mais me atraíam eram: Finanças Aplicadas ao Agronegócio, Gestão dos Negócios Agroindustriais, Macro e Microeconomia, Análise e Elaboração de Projetos de Investimentos. Isso já indicava meu desejo de começar minha carreira envolvida em decisões de negócios.

Participei de projetos do governo e instituições privadas nas áreas que estavam em alta como: biotecnologia, manejo sustentável de defensivos agrícolas. Assim que me graduei, o mercado de trabalho estava desafiador, então passei alguns anos na busca de oportunidades no setor privado. Iniciei como coordenadora de *marketing* em uma pequena empresa do setor de agronegócios, onde pude presenciar a extensão do nosso país, as diferenças entre as tecnologias utilizadas no campo, rodando centenas de quilômetros para poder me fazer presente na realidade dos agricultores.

As portas foram se abrindo para posições comerciais (vendas e *marketing*) em outras e maiores empresas, em várias localidades no Brasil. Após alguns anos, próxima de clientes, passei a liderar projetos coordenados pelo corporativo, de maior abrangência. De Vendas para Gerência de Produto, *Marketing* e, então, abri meus horizontes para Finanças.

A flexibilidade na mudança de posições e diferentes funções na companhia me ajudou a realizar o que buscava, começar minha carreira internacional.

O primeiro passo foi mudar-me com minha família para o México para assumir a posição de líder de planejamento de produção para Américas Latina e do Norte. Como parte de meu plano de desenvolvimento, passei a gerenciar a fábrica no norte do México, a primeira mulher nessa posição.

A mudança seguinte não ocorreu muito depois. Nos mudamos para Singapura, onde minha responsabilidade ampliou-se, para liderar as operações da Ásia Pacífico, cujo foco foi o redesenho do modelo de operações. Minha mais complexa e completa experiência, tanto profissional como pessoal. O resultado de meus dois anos na Ásia me deu exposição para minha mudança ao Missouri (EUA), onde passei a liderar as 15 fábricas de manufatura da América do Norte.

Após sete anos expatriada, decidimos ficar como residentes permanentes nos Estados Unidos.

Ao tomar essa decisão, minha carreira tomou novos rumos e passei a atuar em posições globais. Passei a liderar os times globais de Planejamento de Produção, Serviço ao Cliente e Logística para uma das divisões da empresa. A posição englobava a responsabilidade de definir a visão, as estratégias, bem como liderar os times de execução e operação.

Os cinco anos que atuei na posição global me permitiram encontrar o que visualizei aos 18 anos: viver a diversidade cultural, de ideias, de formação acadêmica, a interdependência entre países, a possibilidade de entender o contexto de cada mercado.

A empresa para a qual estava trabalhando há 23 anos me proporcionou grande parte de meu desenvolvimento e as experiências sensacionais com minha família. Essa organização passou por um longo período de integração por ter sido adquirida, e se tornou a maior empresa do setor em que atua.

Esse foi o momento chave para minha decisão, seguir um novo caminho com empresas para as quais eu pudesse usar meus conhecimentos da indústria, de manufatura, gestão de operações e formação de times a contribuir para o seu crescimento.

Era o momento de elaborar a minha visão de *supply chain* para o sucesso da empresa, ter autonomia para tomar decisões com erros e acertos e deixar o meu legado: construir um ambiente de trabalho de extrema colaboração, resiliência e valorização dos indivíduos. Poder desenvolver profissionais de alta *performance* que possam liderar futuras gerações de vencedores.

2. Quais os principais desafios e resultados que você vivenciou ao longo da sua carreira?

Um dos desafios ao longo de minha carreira foi, em cada novo país e nova função, construir um time baseado em confiança e alta contribuição. Aprendi que é fundamental dar o tempo de estabelecer a relação com o time, entender o que motivava cada um, como envolvê-los nas soluções e comunicar o novo direcionamento das operações.

Outro grande desafio foi ter que liderar uma nova função, a qual me faltava a *expertise* técnica. Foi incrível descobrir que um bom líder pode entregar e até superar as expectativas do negócio formando um time com esse conhecimento, que demonstre uma atitude ética e positiva, direcionada pela visão e motivação de seu gestor. Vivi de perto vários exemplos de gerentes de finanças se tornarem diretores de RH de sucesso, o mesmo com profissionais de vendas em manufatura.

Ha alguns anos, a agroindústria não contava com muitas mulheres atuando em vendas, no campo. Fui a primeira agrônoma em vendas, a primeira gerente de fábrica onde atuei no Brasil, ou a primeira líder de manufatura do Paquistão. Em cada uma dessas experiências, sentia o desconforto dos clientes, ou funcionários. Eu não me sentia e nem me via diferente de nenhum deles como profissional. Sempre com naturalidade, minha maneira colaborativa e focada na solução dos problemas, conseguia reverter a situação e ganhar o respeito e admiração dos mesmos.

Com relação ao progresso da minha carreira, aprendi algo muito valioso e verdadeiro: "O dia que você não tiver mais influência no rumo de sua carreira, está no momento de mudar".

3. Quem da sua história de vida inspirou/motivou na sua carreira?

Minha mãe foi uma mulher forte, muito sábia, que enfrentava os problemas de maneira prática e com coragem. A maneira que ela via a vida me fazia pensar que nada era impossível. Ela ficou viúva quando eu tinha 11 anos e passamos a viver uma nova realidade, maior atenção aos gastos e nosso futuro. Com a mudança drástica, amadureci rápido. Tive clareza de que se eu não fosse atrás de meus sonhos, ninguém mais iria. Logo, comecei a encontrar maneiras de criar minha "independência" e traçar planos para o que buscava. Minha mãe vibrava com cada conquista minha, mesmo quando isso significava estar mais distante. Seus exemplos e atitudes me fizeram ser a mulher determinada, resiliente e movida a novos desafios que sou hoje. Meu lema de vida: "Nada é impossível, até que se prove o contrário".

Tive um líder no trabalho que me influenciou a encontrar minha realização profissional, minha paixão pelo que faço hoje e a trajetória para construir minha carreira internacional.

Decidi mudar da área de negócios para manufatura, inspirada em sua liderança, sua ética, seu compromisso com a excelência. Como diretor regional de manufatura e pelo seu conhecimento, sua transparência e sua participação ativa nos resultados do negócio, era muito respeitado pelos times de operações, líderes regionais e globais. Sempre presente e com seu jeito colaborativo e desafiador, mantinha o time motivado a trabalhar para o sucesso da empresa.

Foi quem trouxe abertura a toda a liderança a tomar risco na minha mudança funcional, numa posição de bastante influência e impacto no negócio. Como líder de finanças em manufatura, minha responsabilidade englobava Controladoria & Custos de oito fábricas, e reporte para o *"headquarters"* nos Estados Unidos. Um grande aprendizado em um momento em que a empresa passava pela integração de três aquisições. Tive total apoio do mesmo para fazer mudanças importantes organizacionais e autonomia para construir o qual, em dois anos, passou a ser reconhecido como o time de mais alta *performance* nessa área. Um líder que deu as ferramentas e proveu inspiração para trabalhar com foco e motivação.

Com o sucesso do trabalho e a exposição com líderes da companhia, esse acabou sendo o pontapé inicial para iniciar minha trajetória em outros países e construir minha carreira em *Supply Chain*, nos mudamos para o México.

4. Alguma história na gestão de pessoas que você gostaria de compartilhar?

Gostaria de ressaltar a importância de uma avaliação justa dos talentos dos indivíduos. Uma avaliação mais ampla, com pareceres factuais, e avaliando o escopo do trabalho em questão frente aos talentos deles. Acredito muito mais no poder de maximizar o uso das fortalezas do que continuamente buscar desenvolver aspectos de extremo esforço e desgaste dos indivíduos. A paixão e a natural habilidade do ser humano transformam.

Deve-se levar em consideração no momento de elaboração do plano de carreira de seu time que cada indivíduo tem o direito de escolha de seu futuro, sua carreira e da busca de sua missão.

5. Alguma história de relacionamento com o cliente que você gostaria de destacar?

O momento em minha vida que mais vivi com o cliente, que considero o usuário de nossos produtos, foi quando eu tive o papel de representante de vendas. A empresa na qual trabalhava tinha o conceito de priorizar o canal de vendas. Meu foco foi no treinamento e influência das equipes de vendas, pois eram as que geravam demanda de nossos produtos.

Nossos clientes, os agricultores, vistos como inovadores, de sucesso, de alta reputação na comunidade, são o modelo a ser seguido.

Com isso, minha estratégia foi identificá-los e trabalhar na satisfação deles, visando a preferência por nossos produtos, principalmente ao se tratar de um produto que estava em vias de ser bombardeado por genéricos. Tive que estabelecer alternativas de serviços e informações que os beneficiassem, de tal forma que mantivessem a lealdade.

Resultado: *market share* acima de 80% no território em que atuava e como consequência respeito dos canais de vendas, concorrentes, da comunidade e principalmente parceria com os usuários.

Foi uma prazerosa experiência. De ganha-ganha.

6. Quais dicas você daria para aqueles que estão iniciando a carreira profissional?

Desenhe seu plano com base em seus sonhos e aspirações, tendo em mente uma visão holística de sua vida, isto é, como ficam suas aspirações pessoais junto às profissionais.

Um plano claro, aberto a mudanças, perseverante, que deixa rastros éticos e verdadeiros no caminho, trará consigo uma gama de seguidores e chegará ao destino desejado com muita satisfação e robustez.

7. Ao recrutar um profissional, quais características comportamentais você considera fundamentais?

Depende da posição em questão, algumas características são mais críticas que outras.

Em geral, o fundamental para mim é: ética profissional, resiliência, adaptabilidade, atitude positiva, criatividade e comunicação.

Se estivermos buscando posições de liderança de pessoas com grandes desafios de mudança: todas acima citadas e capacidade de inspirar e motivar seu time e seus pares, capacidade de trabalhar colaborativamente com outras funções, tomar riscos, coragem com honestidade, demonstrar sabedoria nos julgamentos.

8. Qual legado você gostaria de deixar para a sociedade?

Parte de meus valores são a colaboração e a transparência. No trabalho, o que mais busco é uma relação de 1+1 = 4. Isto é, se trabalharmos juntos com os mesmos objetivos, sem priorizar interesses pessoais, o resultado será surpreendente. Creio que este é um dos meus fortes legados: **como chegar além do esperado juntos.**

Porém, **o meu grande legado** é viver a vida com paixão, atitude positiva, fé, sempre buscando crescer como ser humano, mãe, esposa, filha, irmã, amiga, e influenciar os que vivem ao meu redor a tomá-lo como um exemplo para suas vidas.

Acredito muito que sentir-se feliz é uma escolha. Vamos ter dias de frustração, tristeza, agonia, raiva. A escolha em como lidar com os sentimentos, qual intensidade e por quanto tempo nos prendemos a eles, faz toda a diferença. Atitude positiva é a chave para sentir a beleza da vida, a porta para o sucesso em uma empresa, facilitadora de soluções, impulsionadora para agir.

9. Cite alguns líderes que, em sua opinião, são inspiradores.

Jesus Cristo, com Sua figura humilde e Seus consistentes atos de bondade, generosidade, condizentes com suas palavras e seus ensinamentos, lutou pela sua missão e ainda hoje muda a vida de milhões de pessoas.

Outros, como Nelson Mandela e Martin Luther King, conseguiram mudar o curso das comunidades em que viveram, ganharam respeito e conquistaram muitos seguidores.

Acredito que cada um tem sua missão na vida, deixa algum aprendizado ou age como transformação na vida de outros. Devemos buscar entender qual é a nossa missão e trabalhar nela, pois assim nossa vida terá um propósito.

10. Como você define o papel da liderança?

Para mim, o líder é aquele que serve de modelo na sua maneira de agir e de pensar. Aquele que ganha a admiração, respeito e confiança baseado na coerência de seus atos, no valor que vê em cada indivíduo e o trata como tal. Aquele que consegue comunicar e inspirar a todos com sua visão/inspiração e colocar dentro dos anseios de cada um o desejo de contribuir para alcançá-lo.

11. O que você faz para se manter motivada?

Primeiramente, sou uma pessoa de atitude positiva e me automotivo diariamente com introspecção, com oração, participando ativamente das situações nas quais vivo (trabalho, amizade, família). Tenho que me sentir incluída, produtiva, útil, e viver novas experiências. Sou movida a mudanças, buscando me desafiar sempre.

Mas a confirmação do reconhecimento expresso pela gratidão, admiração, respeito, e o que solidifica e alimenta minha motivação.

12. Qual a importância da inovação nas organizações?

Sem considerar a exigência do mundo atual, quando não há mudança, transformação, inovação, a tendência dos indivíduos é se acomodar, deixa de estar em estado de alerta para o que ocorre ao seu redor. Isso leva ao que considero "cegueira do comodismo". Liga-se o automático.

Sem inovação, não se sobrevive mais. Nem as empresas, nem mesmos pessoas e profissionais.

Inovação é a mola propulsora para se sustentar e diferenciar como competidor, a fonte de motivação para essa nova geração que espera respostas instantâneas, do constante obsoleto.

13. Como você realiza o *networking* de maneira efetiva?

Gosto de manter um *networking* efetivo e genuíno.

Minha prioridade é conectar-me com pessoas que sinto possibilidade de troca de conhecimento, de experiência, de um sincero desejo de ambas partes poder agregar à relação, ainda que seja somente por camaradagem ou afeição.

Estou participando ativamente das mídias sociais do *LinkedIn*, *Instagram*, grupos de *WhatsApp* e *sites* das empresas inovadoras. Com os que busco manter um contato mais próximo, falamos periodicamente sobre o mercado, momento atual, *mentoring*, prospecção de talentos.

Mantenho um contínuo contato com *headhunters*. Da mesma maneira que eles podem ser um ótimo canal para participar de uma oportunidade, quando oportuno, indico candidatos que vejo "bons encaixes" para suas posições em aberto.

14. Do que você sente saudades?

Tenho saudades de minha família completa. Dos tempos em que as várias gerações de nossa família celebravam juntas aniversários, Natal, Páscoa, Copas do Mundo, Ano Novo.

Posso listar uma enormidade de momentos de alegria e diversão, muito calor humano. Os pilares da minha família já se foram (pai, mãe, padrasto, irmão).

Tenho saudades de um mundo com mais desse calor humano. Onde se prezava pela vida e convivência com o outro. Onde havia aprendizado do perdão e da reaproximação.

Sinto que hoje a confiança, o respeito, a convivência, o importar-se com o outro estão dando lugar ao individualismo, às tecnologias e ao medo gerados pela incerteza frente ao mundo atual.

15. Do que você tem orgulho?

Em primeiro lugar, da minha linda família, em especial meu marido, Emerson, quem foi corresponsável por cada conquista em minha vida, como meu parceiro, amigo e muitas vezes até "psicólogo".

Tenho orgulho de tudo que conquistei na vida e no trabalho, sempre tendo como norte meus valores. Muitas vezes, as conquistas vieram mais tarde que o esperado, mas nunca deixei de persistir e ter o benefício de ver que valeu a pena.

16. Qual o significado da palavra felicidade?

É a habilidade de conseguir viver com qualidade e equilíbrio todos os aspectos da vida que nos dão sentimento de plenitude: Espiritualidade & Criatividade, Saúde & Bem-Estar, Família & Convívio, Amigos (sociabilização), Trabalho (realização & propósito).

17. Qual a sua citação favorita e por quê?

"O homem é do tamanho de seu sonho." (Fernando Pessoa)

Minha vida tem me provado que todas as vezes que defini meus objetivos (meus sonhos), acreditei ser possível e lutei por eles, pude alcançá-los. Cabe a nós fazê-lo.

18. Quais são seus *hobbies* preferidos?

Adoro animais, principalmente cachorros. Um de meus *hobbies* sempre foi poder entreter meus cachorros, passar meu tempo com eles. Participei como voluntária do APA (Animal Protective Association, em Missouri, EUA), onde cuidava dos animais para adoção. Uma alegria!

Sempre estive envolvida em alguma atividade física como balé, pilates, ginástica aeróbica, caminhada. Sempre com o propósito de bem-estar.

19. Qual sonho você gostaria de realizar?

Gostaria de poder continuar por muitos anos a dividir minhas experiências e inspirar profissionais e indivíduos a lutar pelos seus sonhos e viver mais próximos da plenitude. Tenho como objetivo atuar como mentora e/ou conselheira com foco em indivíduos em um momento de muito conflito e sofrimento. Gostaria de poder ajudar a transformar suas vidas.

20. O que você aprendeu com a vida que gostaria de deixar registrado nesta obra?

Aprendi na vida que minha felicidade não depende de ninguém, cabe a mim conquistá-la todos os dias.

21. Qual mensagem de motivação você gostaria de deixar para os leitores deste livro?

A minha maior paixão é o milagre da vida. Acredito que somos presenteados uma vez, com o poder de fazer dela o que bem entendemos. Tenho escolhido ser feliz, lutar pelos meus sonhos, atrair pessoas de grande valor e com relações duradouras, ter bem-estar para viver cada experiência por completo.

Abra os olhos para essa beleza e se entregue.

Galeria de fotos

Silvano Dias

Empresa:
ODK TECH Soluções em Tecnologia

Função:
Chief Operations Officer

1. Como e onde iniciou sua trajetória profissional?

Minha inicialização no mundo corporativo foi inusitada. Aos 13 anos de idade, consegui meu primeiro emprego no cargo de *master office boy*. Nesse emprego, dei os meus primeiros passos no tal *networking*. Meu pai era funcionário da Usina de Açúcar e Álcool Santa Elisa (hoje Louis Dreytus Group Company), no município de Sertãozinho, em São Paulo, "minha querida cidade adotiva", que é vizinha de minha cidade natal, Pontal.

Essa empresa tem em seu quadro de colaboradores um tipo de menor aprendiz cujo trabalho compreende meio período. Lá aprendíamos o básico de forma educativa e instrutiva. Para crianças e adolescentes vindos do campo, trabalhar era diversão e conferia *status* no círculo social. Ganhávamos uniformes e almoçávamos no refeitório. Só isso já nos bastava. Em nossa concepção lúdica, nem precisávamos ter proventos. Definitivamente foi uma etapa fundamental em minha formação profissional.

Nessa usina, tive a oportunidade de ter acesso direto aos grandes líderes da corporação. Construí alicerce e fomentei expectativas quanto ao meu futuro. Ao completar 18 anos, senti naturalmente a necessidade de voar, pois havia sido contaminado pelo "vírus" do Eu posso. Senti que deveria dar o segundo passo: deixar o campo e tentar a sorte na cidade. Com apoio de meu pai, lancei-me e conquistei um emprego no setor bancário – conexão à primeira vista. Meus pais me apoiaram em tudo, dando-me toda a condição de manter os estudos em todas etapas.

Jovem, cheio de energia e esbanjando ritmo, obtive minha primeira promoção, simultaneamente com minha transferência para São Paulo, com apenas seis meses de Banco Real. Acho que acabei exagerando no ato de me destacar. Lá estava eu quietinho na roça e olhe o problemão que arrumei.

2. Quais os principais desafios e resultados vivenciados ao longo da sua carreira?

Contraditório eu falar sobre esse viés. Meu principal desafio era superar a timidez e as barreiras de interação com pessoas estranhas a mim. Abrir mão daquele jeito matuto. Imagina como era dramático enfrentar o público? Para ilustrar, aceitei o emprego no banco mediante a promessa de que minhas funções seriam exclusivamente de retaguarda. Cômico, né? Mas exigi esse compromisso e, ainda sim, contrataram-me. Lógico que me ludibriaram. No terceiro mês, já estava exercendo funções junto ao público.

De forma natural, saí de copiloto e assumi o comando. Deixei a fazenda e assumi um grande desafio na metrópole. Os benefícios foram visíveis. Ganhei notoriedade no meu círculo de convivência, deixando de ser um profissional anônimo. Fato que me motivou e abriu uma gama de possibilidades. Derrubou medos, timidez e afins. Adquiri experiência de dez anos em um.

3. Quem da sua história de vida inspirou/motivou na sua carreira?

Falar sobre minha referência me emociona. Minha inspiração veio de um homem muito nobre, semianalfabeto, porém um guru – meu velho pai Mauricio Dias (*in memoriam*). Eu era muito menino, mas lembro dele me dizendo: "Filho, o pai vê você claramente caminhando em avenidas nobres, lá na metrópole de São Paulo, usando terno fino e dando orgulho a nossa família". Eu ouvia as palavras dele, mas no meu íntimo pensava que meu pai era meio louco. Vivíamos na roça. Nem na cidadezinha íamos. Como que ele me via lá em São Paulo e ainda por cima de terno?!

O tempo foi passando e, sem me dar conta, fui trilhando exatamente como ele havia dito. Meu pai me passava confiança e segurança com atitudes simples, porém profundas. Ele saiu do Vale do Jequitinhonha (MG) com 14 anos. Veio a pé para São Paulo, pegando caronas e sem dinheiro. Buscava conquistar o mínimo, porém conquistou o máximo. Gerou uma família linda com quatro filhos. Deu casa e estudo a todos.

E, nessa história, claro, está inserida minha rainha, Dona Antônia Pereira (*in memoriam*). Mãe e anjo ao qual sou eternamente grato. Proprietária de uma sabedoria e pureza fora da curva, de um poder de entrega absurda, sua união com meu pai me proporcionou um alicerce blindado. Ambos me chancelaram a receita do respeito, educação, amor e honradez. Ensinaram-me que colhemos o que plantamos e a ser amigo inclusive de inimigos.

Sempre tive apoio da minha esposa, Simoni Dias – uma guerreira que sempre me apoiou, levantando a bandeira do vai dar certo e, do faça chuva ou faça sol, venceremos; meu chão para minhas ousadias. Minha filha, Michele Vieira, com seu jeitinho maroto, inspirou-me a lutar. Amiga de todos os dias que, mesmo distante, é tão presente. Ouço dela que sou o melhor pai do mundo, que já me considera um vencedor. Pior que acredito nas palavras dela e me energizo.

4. Alguma história na gestão de pessoas que gostaria de compartilhar?

O tempo e maturidade conquistada fizeram-me enxergar em alta resolução essa referência de gestão. No meu primeiro emprego, na Usina Santa Elisa, ganhei uma oportunidade de ouro. Foi lá que meus tabus e barreiras foram quebrados. Mesmo com pouca idade, convivi com toda hierarquia do organograma da empresa, graças a minha função de *master office boy* (a qual muitos desprezam). Felizmente, tinha acesso também ao presidente da empresa, um executivo da mais alta capacidade, o Sr. Maurilio Biagi Filho. Com muita classe, ele me ensinou que podemos tratar de igual para igual qualquer profissional, desde que estejamos dentro das normativas, tenhamos respeito e responsabilidade. Por vezes, "perdeu" tempo conversando comigo e demais funcionários. Na época, o quadro funcional passava de 5.000 colaboradores. Vivenciei a gestão completa, onde me relacionava com todos, desde o faxineiro ao CEO, sem aquele friozinho na barriga.

Destaco outra história providencial. Observem a coincidência. Duas empresas diferentes que ao chegar identifiquei o mesmo ambiente. Atuei como gestor no Clube Vale Encantado, cujo diretor era Isaias Araújo, e o Grupo Cicomac, com o diretor Reinado Cariuska. Alguns funcionários atestaram que esses diretores eram "chave de cadeia", enérgicos e de poucas palavras. Iniciei minhas atividades e fui mapeando o ambiente. Resumindo, esses diretores carregavam uma dinâmica profissional exímia. Eram organizados, pontuais, com atitudes inerentes ao cargo que ocupavam, porém exigentes em prol da empresa. Resultado: os que criticavam eram exatamente as "ovelhas negras" corporativas. Esses temidos profissionais apontaram minhas falhas, souberam me corrigir de forma construtiva e aplaudir meus acertos. Contribuíram para lapidar o profissional o qual me tornei. Hoje, ambos são referências profissionais e meus amigos pessoais.

5. Alguma história de relacionamento com o cliente que gostaria de destacar?

Lidar com esse contexto é tão contagioso. Exercer suas funções com primazia gera paixões, independentemente do cargo; encanta e fideliza seus clientes. É tão fascinante que boa parte de meus clientes tornou-se meus amigos pessoais. O segredo? Transparência e utilizar uma linguagem que permita a conexão entre as partes, sem ser protocolar. Embora eu não consiga, pois trago na veia o gingado interiorano – aquele slogan do olho no olho.

Numa operação com um grupo varejista, fizeram um piloto conosco, fechando 10% do RFQ. Satisfeitos, pleitearam fechar com 100% das lojas, execuções para todo Brasil com prazo restrito. Recusei face ao prazo curto para execuções, pois dependeríamos das concessionárias para a dinâmica. O cliente insistiu. Somado a isso, a conta era expressiva, gerando anseios pelo volume. Pelo profissionalismo e responsabilidade, acabamos declinando.

Justificamos nossa recusa através da nossa postura de consciência acerca das responsabilidades do processo. Nossa escolha é sempre optar pela bandeira da transparência, preservando nosso conceito de profissionalismo. Evidente que isso gerou uma sensação de frustração em minha equipe. Nossa decisão preservou o princípio de respeitar os limites, blindando-nos de comprometimentos fora de padrão. Resultado, a empresa que ganhou a concorrência não cumpriu o contratado, retornando à operação a nossa plataforma, porém, adequando-se às normas e tornando-se executável tal RFQ.

Dessa situação, subtraímos que o não nos salvou. Poderíamos ter comprometido nossa estrutura e colocado o nome de nossa empresa em descrédito. Foi fundamental calibrar o ponto de equilíbrio, alocando no eixo todos canais envolvidos.

6. Quais dicas daria para aqueles que estão iniciando a carreira profissional?

Determine metas e pesquise tudo inerente ao tema. Use e abuse da ferramenta humildade e tenha gurus em que se espelhar. Segue abaixo uma receita básica, porém funcional:

- Façam o simples; perguntem quantas vezes for necessário, melhor um chato evitando falhas do que o esperto gerando prejuízos;
- Importante: avalie bem o ambiente; aquele ditado: "Jamais chegue em um rio desconhecido e salte. Antes estude o ambiente";
- Tenha resiliência. Não pode ser um mero pseudônimo. Convivência em grupo e crises emblemáticas devem ser tratadas e não pulverizadas.

7. Ao recrutar um profissional, quais características comportamentais são consideradas fundamentais?

Por princípio, aprecio enxergar o profissional como um todo. Candidato robotizado e todo formal gera um invólucro prejudicial. Tento identificar o grau de responsabilidade, profissionalismo e sinais de comportamento para conviver em grupo; a tal resiliência não deve se limitar à teoria. Normalmente, filtro excluindo perfis que enfeitam pavão. De conformidade com a área técnica, exige-se conhecimento, contudo, deve haver conexão com o conjunto, pois fidelidade e confiança nos geram a segurança em contratar um profissional.

8. Qual legado gostaria de deixar para a sociedade?

A maturidade me fez compreender que o estado profissional e pessoal é homogêneo. Ambos são construídos através do respeito, da honradez, da disciplina, das crenças e dos propósitos. Referencio como legado quatro pilares:

- Respeito e foco, independentemente de sua patente;
- Evoluir profissionalmente e academicamente, evitando estagnar;
- Valorizar cada passo de sua caminhada;
- Preservar suas raízes como princípio.

Preservando esses pilares, seguramente sua trajetória estará blindada. Tenha foco e batalhe com determinação, respeitando o fator tempo e obstáculos. Tenha consciência de que obstáculos são diferentes de problemas. Os obstáculos exigem suas ações e os problemas são limitações independentes de ações.

9. Quais os reflexos das práticas de cidadania empresarial para organizações, profissionais e sociedade?

Quando há conscientização social e cultural, a estrutura toma corpo de forma natural, pois ambas se fundem para o bem comum, respeitando meio ambiente e todo o ecossistema. Integrar essa esfera é cabal. As diferenças de qualidade de vida reduzem, há menos discriminações e mais humanização. Essa concepção é a linha mais direta dos aprimoramentos sustentáveis, pois se a fonte é pura, os ramais tendem a seguir o fluxo.

10. Cite alguns líderes que, em sua opinião, são inspiradores.

São fontes que balizam nossa trajetória, destacarei os de cabeceira: Ayrton Senna, o poder da humildade o faz triunfal; Barack Obama, exemplo de liderança de alta performance; Nelson Mandela, exemplo de ideais absolutos; Jesus Cristo, líder incontestável; Silvio Dias, poder de conjugar alma e coração com maestria.

Graças a Deus, tenho cardápio vasto de líderes, impossível graduar prioridades, cada qual expressa valores na minha caminhada: professora Eunice, Tomiji Odaka, Aparecido Campanini, Vivaldo Curi, Marcelo Martinez, Arlindo Almeida, Arnaldo Fonseca, Marco Carbone, Ana Paula Ymioca, Roberto Deus, Simeia Faria, Uiara Santos, Marcelo Aisen, Tadeu Masson, Fabio Modesto, Geraldo Cesar, José Luiz Souza, Luiz Cunha, Vanderlei Senhorini, Celso Antunes e Terezinho Souza, entre outros. Meu sucesso decorreu de rica inspiração, vou limitar-me a esse rol.

11. Como você define o papel da liderança?

Exercer esse papel é um ato de entrega sem se prostituir pelo ego. No momento em que há o comprometimento de fato, a orquestra flui (quase) por si só e os processos seguem seu fluxo natural. O líder também comete erros e deve ter habilidade, sabedoria e humildade para se reintegrar. Defino líder como um exemplo a ser seguido. Deve ter consistência em suas atitudes, sendo fundamental ser proativo e transparente.

12. O que você faz para manter-se motivado?

Fé. Acreditar veementemente no que pratico. Independentemente de adversidades, meu foco fica blindado. Passei por tempestades e furacões e só me mantive motivado por ter essa clareza de ideais. Chave principal: tenha foco.

Em 2011 e 2017, tive altas turbulências em minha trajetória profissional. Minha superação decorreu desse estado de confiança e maturidade. Fruto de erros e acertos armazenados em minha construção, transformados em alicerce pra superar 2020.

13. Qual a importância da inovação nas organizações?

Atestado de sobrevivência, ao contrário estão fadadas à estagnação. Ser contrário à inovação é controverso à existência, principal arma do crescimento. Inovar otimiza e raciona tempo a tudo. Enfim, não há espaço no mundo contemporâneo para os que não praticam inovação. Os custos são equalizados de forma direta às automações tecnológicas, ferramentas propulsoras frente à concorrência.

14. Como você realiza o *networking* de maneira efetiva?

Como retratei, desde os 13 anos ingenuamente já o praticava. Exerço essa pauta de forma ativa desde então. Pratico virtualmente e in loco. Seja em eventos corporativos, de lazer ou viagens. O segredo é exercer, de fato, o *networking*, e não contatar uma vez por ano e catalogar como rede. Tem que existir envolvimento. Ter integração para utilizar em oportunidades justificáveis. Faço uma analogia com o uso do plano de saúde. Tenho que ter e só utilizo em caso de necessidade de fato. O princípio básico do *networking* é a manutenção. A má utilização dessa ferramenta pode desqualificar em cascata.

15. Do que você sente saudades?

Saudades de meu pai Mauricio e minha mãe Antônia. Das histórias e da superação que triunfaram, dos longos bate-papos que fazíamos de madrugada. Da minha filhinha pequenina assistindo aos espetáculos de circo e eu pagando "micos". Do tempinho de escola. Da visita à casa de meus avós onde eu, minha prima Claudia Binhardi e Betinho íamos cuidar dos porcos com meu avô. Nas brincadeiras com os meus quatro irmãos: Joel, sempre folgado; José Luis, sempre o mais ativo e arteiro; Silvio, só observando, pois a bronquite o cansava; hoje, livre desse mal. Saudades daquelas inocências, de cantar o hino nacional toda quinta-feira na escola, de tomar refrigerante só aos domingos. Da primeira vez que entrei no Bar Pinguim em Ribeirão Preto.

16. Do que você tem orgulho?

Da vida, da minha fé, da primeira vez que usei terno na avenida Paulista, profetizado por meu pai. Só não lembro dele me dizer quando irei sair; já se vão 29 anos... Orgulho de ser brasileiro, da minha cidade Sertãozinho, à qual muito me regozijo. A essência de meu orgulho está na plenitude da honradez. Com a consciência de que para chegar aonde cheguei, inclusive aqui, escrevendo este livro, segui o que meus pais me ensinaram: usar sempre a verdade, ter dignidade, não como qualidade, mas sim como obrigação, algo normal. Ter respeito, humildade e não ter vergonha de ser ético. Enfim, orgulho de ser o Silvano Dias. Para chancelar esse sentimento, registro nesta obra com muito orgulho a meus pais, Mauricio Dias e Antonia Pereira.

17. Qual o significado da palavra felicidade?

Na minha concepção, felicidade é tão nobre que não pode ficar tanto tempo na pista. Digamos que seja tal qual uma Ferrari ou a modelo Gisele Bündchen, que fazem presença e logo saem da pista/passarela. Essa ausência os faz sublimes. De igual teor é a felicidade. Ela é tão sublime que para gerar mais encantos faz aparições e retira-se. Esse é o segredo. Do contrário, não seria felicidade. Esse sentimento é estado de presença, é comunhão de alma e coração, são compostas de detalhes e toques simples.

18. Qual a sua citação favorita e por quê?

Meu meio copo d'água está quase cheio!

Tenho como preceito de vida que ter crença na vitória, no positivismo e nos princípios que a fé tem poder de transformações, mediante ações em prol do ensejado, me fazem crer na excelência. Esse princípio me conduziu ao que sou hoje, tanto na esfera pessoal como na profissional. Com essa receita, sou ilibado em minha formação como homem, cidadão e profissional.

19. Quais são seus *hobbies* preferidos?

Família, amigos e viagens com frequência. Curtir a natureza e saborear culinárias regionais. Coleciono amizades longas. Anualmente, programo visitas *in loco* a alguns amigos, momentos em que exercemos sabatinas entre os presentes. Falamos de nossos erros e acertos, no regresso sempre saciado das lembranças e com laços renovados.

20. Qual sonho você gostaria de realizar?

Um deles estou realizando neste projeto, o destino ou lei do retorno me presenteou com esse sonho, estar nesta parábola é indescritível, porém real. A alta gestão contribuiu com esse ensejo.

Tenho bons sonhos, dentre os quais curtir mais intensamente minha família, conhecer lugares no Brasil e exterior. Fazer aula de canto e assistir a um show da cantora Céline Dion. E, como bônus, retornar a Nova York para assistir a um *show* na *Broadway* com minha filha e curtir Las Vegas com minha esposa.

21. Qual mensagem de motivação gostaria de deixar para os leitores deste livro?

Temos autonomia em determinar nossos limites e sou prova viva disso. Saí da roça e conquistei na vida muito além do que imaginara. Tenho meu escritório e residência exatamente no local que idealizei. Conquistei essa autonomia com atitudes simples, dignas, preservando minhas raízes. Então, para você que está nesta leitura, digo primeiro que, por estar lendo esta obra, já demonstra atitude. Agora basta implementá-la com ações e foco. O fator tempo se encarregará de ajustar os demais degraus. É lei da Física.

22. Com base em suas memórias, qual o legado que você gostaria de deixar para a humanidade?

Faça o simples; o complexo e robusto têm efeitos plastificados. Na minha simplicidade e humildade, não deixo aqui ouro como legado. O poder é magnífico, desde que respeite as diferenças e dificuldades do próximo. Façam o exercício do ouvir e respirar mais. Contemple o que há de melhor, denominado vida. Quando sentir que está contagiando pela sua essência, e não pelo seu poder, esse será o seu legado, o qual deve buscar e acreditar.

Galeria de fotos

Simone Feu

Empresas:
Topfour Consultoria e Healthbit Portugal

Função:
Diretora

1. Quais os momentos mais importantes da sua carreira?

Ao longo de nossa carreira, por vezes estamos mais concentrados na representatividade financeira dos nossos projetos, outras vezes nas experiências como gestores de pessoas ou ainda orgulhosos pela participação em algum processo disruptivo e inovador para o setor de atuação. Entretanto, penso que o leitor deve estar repleto de relatos sobre feitos e realizações com foco na carreira, então, preferi relatar casos curiosos, que mais servem para divertir e trazer leveza à esta leitura do que qualquer outro objetivo. Esta história se tornou memorável na área de seguros. Certa vez, uma senhora chegou ao endereço da consultoria com meu nome anotado num bilhete, dizendo aos seguranças que só sairia dali depois que falasse comigo. Era caso de vida ou morte. Identificou-se como esposa de um dos colaboradores de uma grande empresa, nossa cliente, salientando que precisava muito de ajuda. Alguém na empresa onde o esposo trabalhava citou meu nome e, assim, chegou até a nossa consultoria que gerenciava os seguros daquele importante cliente.

Após orientar que procurasse o RH da empresa, soube que ela se recusou a deixar o local, até que me encontrasse. Era tão cedo e ela afirmava ter viajado por toda a noite... Resolvi atendê-la.

Cheguei à sala de reuniões e encontrei uma senhora franzina, delicada, abalada pela doença renal grave do marido, que já se encontrava em estado terminal.

O seu pedido era para que eu conseguisse antecipar o valor do seguro de vida.

– Quero dar um final digno a ele!

Pensei na legitimidade daquele pedido. No sentimento que a levava a vir de tão longe para pedir algo que lhe seria por direito concedido logo após a morte do marido, mas ela desejava reverter o benefício para o bem-estar dele. O amor... que linda lição de amor estava diante de mim naquele momento.

Retornando à visão técnica que a situação exigia, apesar de requerer confirmação médica sobre o estado real do esposo, havia a possibilidade de ajudar aquele casal.

Convocamos uma junta médica da seguradora para aquela mesma tarde e recebemos a resposta positiva para a antecipação do pagamento – 100% do valor a ser pago por morte seria antecipado com a validação da área médica da seguradora, e o segurado, excluído da apólice. Caso encerrado, *happy end.*

Na mesma tarde, recebi a ligação da diretoria de RH nos parabenizando e confessando que foi ela quem forneceu o meu contato, mas não sabia que a esposa viajaria mais de 400 quilômetros para pessoalmente pedir ajuda pelo marido.

Algumas semanas depois, a mesma diretora de RH me telefonou desesperada, informando que o antigo colaborador, antes à beira da morte, agora está se apresentando ao RH da empresa para ser reintegrado ao trabalho, suspendendo a licença médica.

Achei que algum engano estava ocorrendo. Não poderia ser. Os médicos da consultoria e seguradora atestaram o estado terminal...

O amor é mesmo a força mais poderosa do universo.

Naquela época, não havia uma central única de doadores de órgãos e aquela esposa, que receberia como viúva o valor do seguro para desfrutar tranquilamente, resolveu comprar com aquele valor antecipado um rim novo para seu esposo, que ao se recuperar, retornou à empresa para se apresentar como apto ao trabalho exercido ao longo dos últimos 25 anos.

A empresa o reintegrou ao trabalho e nós tivemos que retorná-lo à cobertura do seguro – mesmo após o pagamento integral por antecipação de morte.

Teríamos que explicar detalhadamente o que, de fato, ocorrera e, assim, agendaram uma reunião com o *board* da seguradora. No corredor, enquanto aguardávamos, pude ouvir o questionamento ríspido:

– Como explicaremos ao ressegurador?

Entramos na sala de reuniões e logo veio a confirmação de que o amor tem mesmo várias formas, assume muitas nuances. Abordamos o delicado tema, convictos de que havia respaldo técnico e médico, mas a situação era no mínimo atípica e requeria muita habilidade.

Ao concluirmos a explicação, o CEO da seguradora levantou-se, deu-me um abraço e disse que o dinheiro não poderia ter sido mais bem utilizado. Era o amor ao próximo que se abria como uma janela no sorriso daquele executivo, mostrando que o coração estava em casa.

Apesar de uma passagem simples, esse foi um dos pontos altos da minha carreira, pois permitiu que eu levasse ao trabalho a essência que, acredito, deve nos mover a cada dia. Nessa simples experiência, reunimos diversas competências, mas a mais importante característica de um líder é levar ao seu trabalho o caráter cristão. Não, não me refiro ao aspecto religioso, mas ao conceito de que somos todos irmãos. Sem caridade, não há felicidade – e essa frase nos leva ao tema seguinte desta entrevista.

2. Quais as competências essenciais para o profissional do futuro?

Não há dúvida sobre a necessidade de adaptação. Certamente, a resiliência figura entre as qualidades de um líder mais apontadas como necessárias para resistir às pressões que os novos tempos trazem de forma ainda mais rápida. Meu convite aos leitores desvia o olhar para aspectos mais simples do cotidiano. Tivemos que ver de perto quem esteve sempre próximo. E será que sempre vimos? Nas empresas não é diferente. Será que conhecemos quem realmente preparou nosso *budget*? Quem preparou nossos paraquedas? Será que conhecemos o que pode motivar cada uma de nossas equipes? Muitos de nós conhecem apenas poucos de nós. Tenho dúvida se competências são suficientes para que um líder desenvolva seu papel. Empatia, originalidade e legitimidade são aspectos importantes para a validação do líder diante de seus liderados.

Traçamos estratégias de médio e longo prazos que consideram dados quase precisos e fundamentam cada investimento, cada parceria, cada região a ser considerada, mas, ainda assim, algo inesperado surge e torna nula qualquer estratégia. O que permanece intocada é a capacidade de gerar empatia, a capacidade de liderar, de convencer de que o caminho é o que está sendo apontado. Isso é conduzir uma equipe, é mantê-los firmes no propósito do grupo.

3. A inteligência artificial pode alterar nosso estilo de liderança?

A inteligência artificial pode contribuir preciosamente para o estilo de liderança, mas não creio que possa alterar a forma como o líder impacta seus liderados, sua comunidade, seu setor, seu país. O estilo de liderança vem de nossas origens, de nossas próprias experiências, de nossas raízes, de nossas crenças – todo o resto eu creio que possa contribuir para melhorar o estilo de gestão, mas não acredito que se possa criar um líder com técnicas, conceitos e treinamentos. E os liderados percebem quando um líder é nato ou fabricado, "pasteurizado".

4. Quais atitudes de um líder conquistam a cooperação da equipe?

Ao longo da minha carreira, testemunhei executivos competentes, honestos e excelentes para níveis intermediários de gestão serem preparados para assumirem cargos de CEO. Aos olhos dos que se beneficiariam daquela mudança ou dos que queriam ser convencidos de que o projeto de sucessão "daria certo", foi tão fácil quanto errado negligenciar a falta de aptidão para tomada de decisão quanto conveniente ressaltar as qualidades do candidato – que eram muitas, mas não sustentam a jornada de imprevistos e obstáculos que a vida corporativa oferece para a posição de liderança. Testemunhei serem, alguns anos depois, "promovidos literalmente" como vítimas de quem lá os colocaram. Jogo empatado com a ascensão tão rápida quanto a queda – e prova de que, em se tratando de alguns aspectos como talento humano, nada artificial poderá ser tão poderoso quanto à forma natural e espontânea de quem realmente tem o talento nato para liderar.

O líder proativo e que demonstra pessoal envolvimento com seus propósitos estimula os liderados a seguirem seu exemplo.

5. Como o *design thinking* pode contribuir com a resolução de problemas e criação de oportunidades nas organizações?

O compromisso do líder com a verdade e com a certeza de que sabe aonde quer chegar o torna alerta para a maioria das adversidades, para os obstáculos, e permite que haja contribuição pessoal ao processo de liderança. Ele precisa se antecipar à maioria das dificuldades, precisa circular no meio de atuação e fora dele, tem que estabelecer conexões fortes e de interesse mútuo com *players* de diferentes mercados, setores.

O *design thinking* é realmente uma poderosa ferramenta, permite a integração de habilidades, utiliza metodologia que promove estratégias criativas para solução de problemas, promove o engajamento, contribui em muito para a tomada de decisão, mas ainda assim não substitui a liderança, a capacidade de comando, de tomada de decisão em que muitas vezes não cabe modelos matriciais ou tão democráticos. É preciso um pouco mais de coragem para escrever algo que pode facilmente ser usado contra mim ou considerado autoritário, mas o fato é que se o líder deve dar o norte, o caminho, definir a melhor forma de atingir os objetivos, logicamente, considerar a opinião de todos os envolvidos é fundamental e isso é bem diferente de ser um líder que só consegue tomar decisão após consenso – ora, um líder, um CEO, deve existir exatamente para tomada de decisão quando não se obtém consenso. Receio que excessivos mecanismos para coleta de informações, de aferição de resultados, de compilação de dados e análises estatísticas sirvam para um mundo ideal que já não existe mais, são paliativos para a gestão por vezes enfraquecida de liderança.

Quando encontramos a ideal aplicação da ferramenta de *design thinking*, que promove a participação do grupo e facilita a consolidação das mais diferentes soluções sugeridas para o mesmo problema, a liderança promove alterações substanciais no planejamento, sem contudo deixar de contribuir com o conhecimento inerente à experiência e à troca de informações no setor e todos os demais benefícios de um líder sobre suas responsabilidades na entrega de resultados para a operação.

6. Fale sobre aprender com os erros e aproveitar as oportunidades.

Aprender com os erros é sempre uma dura tarefa. Torná-la proveitosa a partir da observação do outro é um deleite.

Por vezes, culpamos os demais ou a empresa por alguma situação e esquecemos de que, apesar de sermos "atores da peça", no teatro da vida tudo sempre está relacionado a nós e há sempre uma programação maior, distante de nossa compreensão que não nos permite ver de imediato para onde estamos sendo levados.

Os erros são preciosas ferramentas de ajuste. Tão eficazes quanto nossa predisposição a aprender com eles. Já as oportunidades são sempre preciosas. Ou fonte de real conhecimento ou de rica experiência, pois nunca sabemos onde uma pequena oportunidade irá nos levar. Algo que pode começar pequeno torna-se gigantesco e vice-versa.

7. Fale sobre resiliência.

Exatamente nesses momentos da vida profissional, quando temos a oportunidade de aprender com os erros, devemos usar a resiliência, a capacidade de adequação, de seguir com nossas competências e o que a empresa espera de nós diante de situações adversas. Certa vez, encontrei um amigo que daria uma entrevista para uma importante revista sobre resiliência, e durante nosso animado almoço, em que compartilhava todas as pesquisas que havia feito sobre aceitação, resiliência, adaptação ao novo, gestão nas situações adversas, *crisis management* e tantos outros aspectos que eram tão interessantes, durante a sobremesa, quando passamos aos temas de família, amigos etc... ele me confidenciou que estava sofrendo muito com a notícia de que o filho mais novo assumira ser gay. Por alguns instantes, não reconheci meu amigo, exatamente aquele que me fizera ter um almoço recheado de tanto conhecimento sobre temas como adaptação ao "novo".

Consegui retornar ao tema principal de nosso encontro, para perguntar onde ele aplicaria nessa situação, tantas técnicas, premissas e discursos ensaiados (e convincentes). Concluí que, sem conhecermos a natureza do outro, suas motivações, suas dores, angústias e experiências, dificilmente saberemos por onde começar a busca pelo entendimento mútuo. Nas dificuldades que a vida normalmente nos traz, é que percebemos se fomos preparados para enfrentar desafios e se temos convicção de que estamos realmente prontos ou se apenas colocamos em prática o que nos foi apontado como ideal.

A construção do nosso caráter requer profunda reflexão sem interferência do que julgamos que o mundo espera de nós. São muitos nós. Muitos a desatar até que a corda chegue ao seu limite máximo e possa, assim, servir de guia aos que queiram retornar ao barco.

Espero que meu amigo consiga estar no mesmo barco que o filho e que a corda esteja bem esticada o mais rápido possível, não importando quem esteja a bordo, mas a lição que a história me trouxe é que, diante dessa situação, o mais importante é resistir ao julgamento sobre o que pensamos estar à deriva e nos mantermos concentrados em desatar nossos próprios nós.

Concentrar na corda que acolhe e permite o retorno ao barco pode dar propósito à nossa travessia, mas sobretudo pode salvar, caso sejamos nós que estejamos em mares sombrios, sem sequer termos consciência.

8. Quais valores são importantes para você?

A honestidade é o valor mais importante para mim. Sempre, desde muito cedo, ocupei cargos de confiança e poder quase ilimitado sobre as operações que comandei. Muito me orgulha manter todas as portas abertas e com histórico de satisfação não só pelos resultados, mas sobretudo pelas amizades e pela retidão. Todo o resto torna-se menos importante se não houver honestidade.

9. Como você conseguiu deixar sua marca?

Não me sinto muito confortável abordando temas como "deixar marca" e "fazer história", mas sempre fui seduzida por desafios gigantescos, e me envaidece admitir que sempre pedi e pude contar com ajuda de executivos brilhantes para conquistar os resultados que colecionei. Tive a sorte de ser liderada por executivos e chefes incríveis, e essa sinergia da equipe na liderança nos possibilitou influenciar positivamente muitos outros.

10. Quais habilidades pessoais você adquiriu com a sua vida executiva?

Todos os treinamentos, vivências e experiências que a vida corporativa me proporcionou colaboraram para que eu me aprimorasse nas habilidades pessoais. Quando nos aprofundamos num processo de transformação, todos ao nosso redor são beneficiados. O que mais me ajudou com essas experiências foi desenvolver a capacidade de organização, planejamento e habilidade para "orquestrar" tantas demandas pessoais dentre as obrigações profissionais. Descobrir tempo para *hobbies*, lazer, esportes, amigos e troca afetiva de um modo geral nos permite ter sempre mais tempo para contribuir com a sociedade, colaborando para um mundo melhor.

11. O que faz você feliz?

A vida me faz feliz. A sensação de que consegui executar tudo o que me propus a realizar. Essa sensação de dever cumprido, maravilhosa e rápida, sempre seguida pela vontade de recomeçar com novos desafios.

12. Como você concilia a vida pessoal e a profissional?

Mesclar as demandas da vida pessoal e as obrigações profissionais passa a ser uma prática diária e todos os envolvidos percebem quando há uma certa organização entre os "cenários". Quem não descobre tempo adicional para pensar no ser amado e cultivar a prática da sedução, de provocar o interesse, de cuidar-se mais para sentir-se mais atraente, melhor disposto? Creio que o mesmo acontece quando estamos enamorados por algum novo projeto. Em todos os casos, a contribuição do companheiro, da família e dos que nos assessoram é essencial para que haja sempre uma surpresa positiva durante esse equilíbrio entre papéis desempenhados. Sou muito grata a todos que me ajudaram, apoiaram e assessoraram durante a carreira corporativa.

13. Como você se define?

Como definir a si mesmo é sempre uma tarefa árdua, em que tentamos não incorrer no erro de expressar uma visão equivocada de nós mesmos, gosto de atuar em diversas atividades, conhecer pessoas, iniciar parcerias, estabelecer relacionamento com fornecedores, sempre atividades ligadas à comunicação, ao estratégico e, sobretudo, ao tático – gosto dos detalhes da operação.

14. Como você mantém o foco para realização de objetivos?

Esse perfil mais dinâmico que discriminei anteriormente sofre maior exposição e, não deixando passar em branco o fato de que uma mulher com autonomia para tomada de decisão num mercado esmagadoramente masculino causa no mínimo alguma estranheza em determinados ambientes, em situações específicas – e até mesmo para isso, é importante disciplina desde a noite anterior para programar como será o seu dia e separar tempo e energia para o que virá sem avisar – sempre vem. Em cargos com interface comercial ou institucional, absorvemos incontáveis demandas, acessos inadequados e incontroláveis, pedidos prometidos pela gestão anterior, geralmente gerenciamos demandas reprimidas e todos sempre querem algo específico, uma exceção, um depoimento, uma reunião, enfim, atender a todas as demandas requer muita disciplina e cuidados com a saúde em tempo integral.

15. Qual a sua visão sobre a solidão no poder?

Ao contrário do que algumas pessoas fantasiam, sobre alternarmos restaurantes premiados, viagens intermináveis e sempre conhecer os locais mais concorridos em cada cidade visitada, ao fim de um dia exaustivo, o maior desejo é voltar para casa, para minha atividade física, meus livros, para os braços de quem eu amo, para a minha fé, minha religiosidade, e perceber que além de todas as demandas de uma vida corporativa posso receber o pedido para preparar um sanduíche caprichado em plena madrugada, já saí muitas vezes para buscar filhos em festas, já recebi amigos com problemas emocionais ou conjugais que após um bom chá quente foram dormir no quarto de hóspedes para acordarem no dia seguinte com a certeza de que seus segredos estão guardados e o desejo de que tudo ficará bem é genuíno. Ter um guardião dos nossos segredos é um privilégio que desfruto há muito pouco tempo – e garanto que isso faz toda a diferença na vida. Recomendo uma escolha paciente e criteriosa sobre quem pode ser o guardião dos seus segredos – e então nunca mais sentirá solidão.

É mesmo maravilhoso experimentar a sensação de que a vida é repleta de relações de confiança, de amizades verdadeiras, de intimidade, de cumplicidade, de laços estabelecidos de forma tão estruturada, que se tornam mais fortes do que os laços consanguíneos – e ao menos na minha vida, o conjunto dessas relações é capaz de eliminar a sensação de solidão que o poder traz.

16. Fazer o que gosta é fundamental para o sucesso?

Se sucesso nesse contexto inclui felicidade, sim, o mais importante é realmente fazer o que se gosta. Não importa qual a empresa, qual a localização, o ramo de atuação. Eu não poderia viver trancada numa sala de reunião por todo um dia ou receber diretrizes não passíveis de serem executadas por mim e que dependessem de um sistema matricial esquizofrênico de tomada de decisão, como já testemunhei em algumas empresas.

Acredito também que escolher de forma criteriosa as pessoas com quem vamos trabalhar faz muita diferença, pois da mesma forma que as afinidades multiplicam as facilidades, valores e caracteres diferentes dos nossos podem frustrar a iniciativa corporativa e sobretudo o objetivo que deveria ser sempre comum.

Alguns executivos ainda se concentram nos aspectos práticos de uma proposta de trabalho, como benefícios, remuneração total, valorização das ações nos últimos anos, M & A, etc... mas, acima de todos esses aspectos palpáveis, creio que a maioria dos executivos passará a considerar com mais importância a saúde mental, a qualidade do tempo que será destinado à empresa e sobretudo a história da qual pretendem fazer parte em médio e longo prazos.

Nesse conceito, encontramos a justificativa para que as empresas tenham cada vez mais dificuldade na busca de executivos, caso não haja uma liderança fortalecida e bem posicionada. Em termos de contratação, as características do líder muitas vezes se tornam mais importantes do que as características da própria empresa. Novamente, percebemos que o fator humano se sobrepõe naturalmente a todos os demais.

E diante dessas palavras que reúnem algumas experiências de vida profissional, eu me pergunto se temos novos tempos ou se estamos retornando lentamente ao mundo que jamais deveria ter deixado de ser.

Galeria de fotos

Simone Freire

Empresa:
Agência Nacional de Saúde Suplementar (ANS)

Função:
Ex-Diretora

1. **Como e onde você iniciou sua trajetória profissional?**

Iniciei minha carreira na Agência Nacional de Saúde Suplementar (ANS), em 2002, como servidora temporária, atuando na área de controle interno. A ANS é uma agência reguladora, que, dentre outras, tem a função de normatizar, estabelecer regras para o funcionamento de todo o mercado de saúde privada no Brasil. Em 2005, fui aprovada no concurso da instituição, como analista, e em 2007, novamente aprovada, em outro concurso, dessa vez como especialista em regulação de saúde suplementar. A partir de 2012, passei a ocupar posições de chefia, como coordenação e gerência, chegando à Direção da ANS em maio de 2014, onde estou até o momento, tendo sido a primeira servidora de carreira a alcançar esse posto. A posição de diretor em agências reguladoras somente é conferida a alguém após a aprovação em sabatina no Senado Federal, com a devida votação do nome também em plenário.

2. **Quais os principais desafios e resultados que você vivenciou ao longo de sua carreira?**

Como diretora de fiscalização de todas as operadoras de planos privados de assistência à saúde do Brasil, desde 2014, os desafios são inúmeros e diários. A fiscalização de planos de saúde abrange o controle das atividades de aproximadamente 800 empresas, em especial no relacionamento dessas com seus quase 50 milhões de clientes. Cada pessoa no Brasil que possui plano de saúde pode apresentar uma queixa à ANS, e é a Diretoria de Fiscalização, pela qual sou responsável, que atua nesses casos. A cada ano, recebemos mais de 300 mil chamados, e registramos 90 mil reclamações, em média. Cada caso é tratado individualmente. No início do exercício de minha função como diretora, um grande desafio se apresentou, que dizia respeito à organização da própria operação de fiscalização de planos de saúde no Brasil, que precisou ser inteiramente redesenhada. Os recursos disponíveis eram subutilizados, com pouca eficiência, num processo de trabalho moroso e sem resultados efetivos. A reestruturação da área demandou dedicação, conhecimento técnico e paciência, já que alterações profundas requerem também a mudança da cultura organizacional incidente naquela atividade. Alterei a forma e os trâmites dos processos de trabalho, reescrevendo normas que se mostravam absolutamente superadas, para conferir celeridade e segurança, eliminando, inclusive, fases inteiras do processo, que apenas serviam para postergar sua conclusão. Também foi preciso modificar o organograma da Diretoria, extinguindo áreas desnecessárias, agrupando atividades correlatas e compondo um fluxo lógico de trabalho, com a consequente realocação dos profissionais. A partir da constatação de um expressivo passivo de trabalho, estabeleci metas de produtividade para toda a equipe e institui bonificações para melhores desempenhos. Todo esse "choque" de gestão gerou muitas críticas, o que era devidamente esperado, e contar com uma equipe alinhada, dedicada e confiante na minha liderança foi essencial para implementar as mudanças necessárias.

Nesse pacote de alterações, um enorme desafio que trouxe resultados expressivos e satisfatórios foi a reestruturação de um instrumento de mediação de conflitos que opera sob minha direção e atinge milhares de pessoas todos os anos. A cada vez que um consumidor de plano de saúde tem um desacordo com a empresa que contratou, ele pode acionar a ANS para reclamar, e temos uma ferramenta que induz as operadoras a resolver o problema diretamente com o seu cliente, em curto prazo. Todos os anos, os índices de resolutividade das demandas apresentadas aumentam, chegando aos atuais 91%, o que é motivo de orgulho para toda a equipe envolvida. Significa dizer que, através desse instrumento, 9 de cada 10 reclamações são resolvidas sob o ponto de vista regulatório, fazendo com que as pessoas não precisem buscar o Poder Judiciário, cumprindo também o papel social de nossa atuação.

Após apenas dois anos da implementação de todas as mudanças, os resultados surpreendentes que as alterações promovidas trouxeram já eram inquestionáveis e fomos inclusive premiados por isso. Sob minha gestão, houve arrecadação recorde de multas aplicadas às operadoras de planos de saúde, não há mais passivo de processos e uma resposta rápida é dada às pessoas que buscam nosso serviço.

A posição de direção, em minha área, faz com que muitos desafios externos também se apresentem com frequência. Regular um mercado como o de saúde privada requer firmeza e determinação, porque as pressões são fortes e constantes, mas, essencialmente, exige um profundo conhecimento técnico sobre o assunto. Até porque, embora eu responda diariamente pela área de fiscalização, tenho participação direta e ativa em todas as matérias que atingem esse segmento de mercado, já que a regulação incide também sobre os aspectos econômico-financeiros das empresas, sua capacidade de prestar a assistência à saúde que oferecem, o correto cumprimento dos contratos, a decisão sobre incorporação de novas tecnologias em saúde, tudo sem jamais deixar de cuidar das pessoas que adquirem esses planos. Há inúmeros interesses e conflitos entre os atores regulados, é um mercado relevante para a economia do país, sendo essencial para quem dirige essa instituição não perder de vista seu papel de mantenedor do equilíbrio entre todos os envolvidos.

3. Quem da sua história de vida inspirou/motivou na sua carreira?

Minha mãe, Conceição, sem qualquer dúvida. Uma mulher forte e suave, justa e assertiva, dona de uma fé contagiante e inabalável. Eu a vi ir trabalhar todos os dias de minha vida, cuidando de um processo de trabalho enorme, liderando muitas pessoas com afinco e doçura, simultaneamente. Minha mãe me ensinou princípios que são balizadores de todas minhas ações, mesmo após tantos anos de carreira. A opinião dela é determinante para todas as grandes decisões de minha vida.

4. Do que você tem orgulho?

De toda minha trajetória. Venho de uma família que, durante minha infância e adolescência, não dispunha de condições financeiras avantajadas, de forma que meus irmãos e eu começamos a trabalhar muito cedo. Meus irmãos mais velhos começaram a trabalhar com 10 e 12 anos de idade, e eu com 15 anos, a perpetuação de uma situação que também foi dos meus pais, que começaram mais cedo ainda. Estudei e trabalhei simultaneamente por toda minha vida adolescente e adulta, e a maioria do meu tempo acadêmico passou em colégios públicos. Tive sorte em contar com a estrutura moral e ética de minha família, para sempre ser guiada ao caminho da dedicação. Fui vendedora em shopping, trabalhei em cartório extrajudicial, na prefeitura da cidade onde morava, e cheguei a abrir um pequeno escritório de advocacia quando me formei. Precisei, porém, voltar a procurar emprego, porque a vida do recém-formado é bastante difícil. Quando fui selecionada para trabalhar na ANS, num processo de melhor currículo e entrevista, me mudei de Barueri, cidade da Grande São Paulo, para o Rio de Janeiro, sozinha, aos 23 anos de idade, tendo estado apenas uma vez na cidade. Nesse início, meu contrato era renovado a cada seis meses, e havia a tensão permanente de ser rescindido. Foi nesse cenário que passei a me dedicar a estudar para o concurso da instituição, tendo sido aprovada nos dois que eu concorri. Foi com muita dedicação e empenho que meu caminho me levou à Direção, o mais alto patamar de onde trabalho, posição da qual me orgulho por ter sido indicada não uma, mas duas vezes a ela, e mantenho meu propósito de diariamente entregar um bom resultado para toda a sociedade atingida por minhas decisões. Sinto orgulho e satisfação plena cada vez que o processo de trabalho que dirijo recebe um agradecimento ou elogio, quando uma pessoa nos escreve para dizer que resolveu um problema através do nosso trabalho. Não há crítica no mundo que supere a sensação de realmente fazer a diferença positiva na vida das pessoas.

5. Como você define o papel da liderança?

O papel da liderança vem sofrendo alterações bruscas, conforme vamos evoluindo como sociedade. Hoje, felizmente, não temos mais espaço para formações hierárquicas extremamente rígidas, onde a posição de um elemento, e apenas ela, era fundamento para todas as determinações e ordens dadas. Creio que atualmente alguns requisitos são essenciais para uma liderança de sucesso, e busco aplicá-los constantemente em minha posição. Em primeiro lugar, o líder deve ter uma visão clara de todo o processo de trabalho sob sua responsabilidade, e de onde se busca chegar, o que é um pouco mais do que um bom planejamento. Não basta um mero enfoque nos objetivos da empresa, é necessária uma sinergia entre essas metas e as dos membros da equipe, para que o sucesso alcançado seja, de fato, de todos os envolvidos. Assim é que entendo a capacidade de motivar, como outro requisito indispensável para o exercício da liderança, para que as pessoas tenham um engajamento real e verdadeiro no projeto de trabalho, juntamente com o conhecimento específico sobre o que se está liderando. Também considero essencial a capacidade de reconhecer talentos e delegar tarefas, além de uma dose considerável de energia, para diariamente despertar o mesmo nos demais colegas. Cito aqui uma situação vivenciada por mim. Ao assumir meu atual cargo, me deparei com um enorme passivo de processos em minha área, aproximadamente 52.000, todos de anos anteriores. Havia um sentimento generalizado entre os membros da equipe de esgotamento, pela atuação num processo sem resultado. Para além das mudanças de rumo que relatei, uma solução simples para esse problema seria estabelecer metas individuais diárias. Contudo, isso seria apenas uma determinação, que não modificaria o ânimo de todos os envolvidos, apesar de ser necessária na situação. Combinei a estipulação da meta, não a punições ou ameaças aos que não a alcançassem, mas sim com premiação para aqueles que a superassem, gerando um impulso positivo. Um tempo depois, implementei um projeto todo desenvolvido pela minha própria equipe, que permitia que as pessoas pudessem trabalhar de casa em alguns dias da semana. Esse projeto foi vital para o sucesso da missão, que era acabar com o passivo de trabalho, já que aliou um genuíno desejo da equipe com o evidente e inquestionável ganho de qualidade de vida para os que aderiram, resultando numa produção bastante acima do que era combinado, razão de celebração e orgulho. Porém, mais importante, resultou numa equipe satisfeita e feliz com o que faz, realmente comprometida com todo o projeto e empenhada em alcançar os objetivos macro, que são de todos.

6. Ao recrutar um profissional, quais características comportamentais você considera fundamentais?

Inicialmente, se a pessoa demonstra determinação e disposição para assumir responsabilidades. Acredito firmemente na relevância de todas as atividades envolvidas em qualquer processo de trabalho, já que cada uma delas é parte essencial do todo. Assim, é preciso que se estabeleçam elos de confiança entre todos, capazes de gerar a certeza de que cada um se dedica ao que faz, para garantir não somente correção do que foi feito, mas também a segurança do próximo, na fase seguinte. Boa capacidade de comunicação, iniciativa e empatia também são diferenciais significativos nos profissionais que se destacam. E, embora esteja longe de ser fundamental, uma boa dose de bom humor é sempre muito bem-vinda.

7. Quais dicas você daria para aqueles que estão iniciando a carreira profissional?

Considero indispensável adquirir conhecimento, de todas as formas, não somente na formação acadêmica, mas principalmente na vida. Muitas vezes me deparei com situações difíceis em que meus anos todos de estudo não foram determinantes para a solução. Claro que uma base sólida do conhecimento teórico da área escolhida é vital e inquestionavelmente relevante, mas há outras fontes de aprendizado igualmente valiosas, como nossa família e suas histórias, nossos amigos, nossa própria vivência, que devem ser igualmente absorvidas. Estar sempre aberto a oportunidades também muda nossas carreiras. É preciso estar disposto a assumir novos desafios, a mudar quando necessário e não temer errar, já que isso é parte do processo.

Não é exatamente para quem está muito no início da carreira, mas uma dica que sempre passei para quem trabalha próximo a mim, e que considero das mais importantes, é que se você está numa posição de liderança, deve preparar um sucessor. E deve prepará-lo com dedicação e lealdade, transmitindo tudo que sabe. As oportunidades surgem para os que se destacam, e você deve ter a tranquilidade de poder subir na carreira sabendo que deixou alguém preparado para sucedê-lo. E quando chegar ao próximo posto, faça tudo outra vez.

8. O que faz para se manter motivada?

Estabeleço novos desafios constantemente, sejam metas profissionais ou desejos pessoais, como fazer uma boa viagem nas férias ou concluir um mestrado. Considero essencial ter objetivos, de diferentes dificuldades, para manter um rumo constante e não deixar que os percalços da vida esmoreçam minha vontade. Também busco com frequência a companhia de qualidade de minha família e amigos, que sempre são capazes de me energizar, de fazer com que eu não esqueça quem eu sou, de onde vim, onde cheguei e para onde estou indo.

9. O que você aprendeu com a vida que gostaria de deixar registrado nesta obra?

Aprendi que todas as situações são reversíveis. Muitas vezes enfrentamos fases repletas de problemas, em que tudo parece dar errado o tempo todo, nos desanimando. Minha experiência me ensinou a respirar, continuar e esperar, porque as coisas mudam. Da mesma forma, quando estamos numa fase extremamente positiva, devemos vigiar e compreender que a vida são ciclos mesmo, não adianta lutar contra isso. Uma outra lição valiosa que a vida me ensinou foi a buscar o que eu quero, a não ficar parada esperando que as coisas se resolvam sozinhas ou que caiam em minhas mãos. Ou seja, tomar as rédeas da minha vida, e não ela de mim.

10. Com base no que você vivenciou ao longo da sua vida corporativa, qual o segredo do sucesso para ir da teoria ao topo?

Entender que não há vitória sem dedicação, que cada passo em sua carreira é valioso, seja do tamanho que for, e que cada etapa vencida merece ser devidamente celebrada.

Galeria de fotos

Tânia Aparecida Fernandes Gurgel

Empresa:
TAF Consultoria Empresarial

Função:
Presidente

1. **Se você pudesse voltar no tempo, o que você faria em sua carreira de forma diferente?**

    Minha carreira foi guiada por oportunidades e desafios de superação, entendo que Deus direcionou minha trajetória e meus passos, pois tudo que vivi e que muitas vezes não entendi o porquê, hoje percebo que na realidade ele estava me fortalecendo, todo meu aprendizado que hoje aplico na minha vida profissional, porém, no fundo, não mudaria nada, mas me falta um detalhe que é o investimento em me aprofundar em outros idiomas, entendo que ter domínio de mais de um idioma é muito importante na carreira, todavia por não ser muito fluente em inglês, quando precisei, me utilizei de membros de minha equipe ou mesmo de tradutores em reunião, que, de certa forma, acabaram me ajudando, pois como conheço um pouco, nível intermediário, enquanto me faziam perguntas e as pessoas traduziam, eu tinha tempo de pensar na resposta, pois dominar o idioma pensando nas regras tributárias brasileiras é complicado.

2. **Como se diferenciar em um mercado competitivo?**

    Temos que ter iniciativa, coragem e arrojo para enfrentar os desafios e o novo, o medo não abre oportunidades, eu sempre estive disponível e colaborativa, acho que essas são ações que fazem um diferencial no mercado.

    Aceitei fazer muitos trabalhos pelo aprendizado, sim, sem cobrar, hoje são fontes de renda para mim, a bagagem que colhi não tem preço, adoro estudar e sempre procurei formação técnica profissional aliada ao que amo fazer, sou analista de sistemas, contadora e advogada, essas áreas muitos acham que não estavam alinhadas, no mercado atual elas se entrelaçam, e entender as consequências das ações, além de planejar o futuro, é estar antenada e preparada para o mercado, isso é fundamental. Adoro esta frase: "Se você está procurando uma grande oportunidade, descubra um grande problema.". (Monge Martinho Lutero)

3. **Ao recrutar um profissional, você considera mais relevante o critério técnico ou comportamental?**

    O critério comportamental é muito importante e o técnico conseguimos ensinar, se o profissional tiver força de vontade, caráter e disciplina, mas o comportamento já dá mais trabalho. Deus não escolhe pessoas capacitadas, Ele capacita os escolhidos.

4. **Qual decisão você teve que tomar rapidamente? Os resultados foram alcançados?**

    Não vou dizer que sempre acertei quando tomei decisões rápidas, mas posso dizer que tudo foi um grande aprendizado em minha vida, quando faço um balanço de minha vida, percebo que alcancei resultados jamais sonhados, um deles de que muito me orgulho é ser membro da alta gestão, e os resultados dessa minha escolha me enobrecem, pois me sinto muito feliz em participar desse grupo.

5. **Compartilhe uma experiência relevante como mentora.**

    Meu trabalho está direcionado à área de controladoria e à área tributária, como adoro compartilhar conhecimento e experiências, procuro em todas as ocasiões ajudar as pessoas e empresas, demonstrando os caminhos, alternativas e os resultados, como também os reflexos, caso haja condutas não estruturadas, procuro traçar um desenho da situação atual e proponho novos caminhos; certa ocasião, estava em Fortaleza atendendo um cliente, sou de São Paulo, e me liga um empresário desesperado querendo falar comigo, e esse trabalho que estava fazendo em Fortaleza demoraria quase uma semana, mas o empresário estava aflito dizendo que se não retornasse a São Paulo, a empresa dele quebraria, na ocasião não tinha esses sistemas informáticos que temos hoje, mas durante o período em que estava lá, mesmo sem conhecer profundamente a empresa, comecei a atender pelo telefone e lhe encaminhar ações que ia monitorando, através dos *feedbacks* dele, primeiro foi o resgate da estima, assim, depois de horas desenhando alternativas que em parte ele implementou de primeira, já foi possível controlar o caos que estava acontecendo, por sigilo não irei mencionar aqui, assim em conjunto e com confiança recíproca, desenhamos um novo modelo de gestão, sua empresa não quebrou, aliás, parou de dar prejuízo, mas foi um trabalho maravilhoso de construir, isso já faz mais de dez anos, e até hoje essa empresa existe, e ele foi muito grato, atravessamos juntos todos os desafios, e o mais belo: somos muito amigos até hoje.

Já no ramo acadêmico, sim, sou professora de MBA na área tributária e de gestão empresarial, sou muito grata por ter ajudado muitos alunos, meus filhos de Deus, sou persistente, demonstro a eles que o "não" já temos e que somos capazes de transformar o mundo se acreditamos em nossos sonhos e colocamos ações para torná-los reais, sempre conversando, demonstrando *cases*, pedindo que leiam outros artigos, biografias inclusive, atualmente peço que muitos leiam os livros da alta gestão, há vários artigos que demonstram que a vida não é fácil, mas quando não desistimos, alcançamos o que queremos.

6. O empreendedor interno pode ser um agente de transformação?

Entendo que empreender não significa somente a ação prática de criar um negócio próprio, mas, sim, é uma atitude de inovar, de se dedicar integralmente a transformar ideias em realidades, assim toda pessoa que quer transformar, mudar os caminhos com muito afinco e força interna, tem o poder de ser esse agente de transformação, eu particularmente adoro incentivar e acreditar em transformações, o novo me atrai.

7. Quais os benefícios da Governança Corporativa?

O tema Governança Corporativa tem importância mundial, sendo um conjunto de boas práticas para aumentar a confiança das partes interessadas (investidores, acionistas, fornecedores, colaboradores, parceiros etc.) perante os administradores de uma empresa.

Por meio de escolha de regras, normas e princípios, se dá transparência, com trabalho corporativo e integrado, na escolha de mecanismos que devem ser sempre analisados para que se verifique se estão proporcionando um melhor desempenho econômico e institucional.

As empresas que implementaram têm como resultado a mudança da forma de gerir e controlar o seu negócio, há melhorias nos resultados financeiros (e em seus resultados intangíveis) com a aplicação das melhores práticas de Governança Corporativa.

Mas todo esse processo tem que ser construído com regras claras, não impostas, com a sinergia e o entendimento do todo, dando sentido à rotina do negócio, gerando mais agilidade, transparência e autonomia às atividades da empresa, implante a Governança independentemente do tamanho da empresa, pois são belos os frutos que são gerados.

8. Como reconquistar um cliente?

Por que reconquistar o cliente que já foi seu?

Sim, começo esta resposta com esse questionamento, primeiro entendo importante entender o porquê do distanciamento, isso porque parto da premissa, e sempre foi assim, de que todos os meus clientes são especiais, nosso trabalho é de *personal consult*, pois encaramos o empreendimento de nosso cliente como se fosse nosso próprio, há uma sinergia entre as equipes, procuramos sempre superar as expectativas, identificando a sua real necessidade naquele momento, não de uma forma burocrática ou de difícil implantação, não apontamos somente problemas, mas, sim, a solução e a forma de executar, capacitamos as equipes internas do cliente, porque entendemos que todos devem evoluir, transferimos conhecimento a todo instante, assim como relatado anteriormente, entendo que a relação com o cliente não pode se findar ao término de um contrato, temos que continuar informando a ele sobre seu mercado, e na medida que identificamos novas oportunidades, nosso diálogo está recente e marcamos para demonstrar o novo a esse cliente, com muito entusiasmo, sempre meus clientes se sentem valorizados e lembrados, a contratação do novo trabalho se torna prazerosa a ambas as partes.

Agora, um conselho, se você se deixar esquecer, e nunca ligar ou mesmo se mostrar antenado no mercado de atuação que ele está ou novos que ele pode almejar, a chance de você ser lembrado fica comprometida.

9. Cite um momento de negociação em que a sua liderança foi primordial.

No processo de negociação, não há um momento específico, o líder tem que ter a capacidade de se comunicar de maneira clara, objetiva e honesta, com todos em todas as fases. Tenho como prerrogativa estar sempre engajada em todas as fases, isso se torna um diferencial, seja pela minha experiência como também pelo conhecimento que sempre compartilho, assim não seria justo citar um único momento, até porque acho que o líder tem que ser participativo e estar junto com sua equipe, agora, quando estamos apresentando um trabalho ou uma etapa aos nossos clientes, vejo que todos ficam felizes com minha presença, não importa o tamanho, gosto muito de valorizar o cliente, o trabalho que desenvolvemos, e gosto de comemorar todas as fases e metas alcançadas.

10. O líder deve ter uma visão humanista?

Primeiramente, para ter uma equipe motivada e comprometida, você tem que valorizar o ser humano, considerar as referências pessoais (cognitivas e emocionais) do outro.

Proporcionar o ambiente de trabalho agradável, as informações e metas devem ser claras, ou seja, desenvolver em conjunto uma linha de trabalho e etapas faz com que todos abracem o projeto ou negócio.

Hoje, com esse mar de informações, as equipes devem estar cientes da importância de cada pessoa, cada elo e tarefa desempenhada, independentemente da etapa, ela só é concluída se todos executarem, o trabalho é de um time.

O reconhecimento é a fonte da motivação. Uma equipe que se sente prestigiada e apoiada enxerga o céu como limite.

Mas, às vezes, para alcançar esse estágio, é necessário que a liderança conheça a vida de sua equipe, identificando quais são as verdadeiras motivações pessoais de cada indivíduo, seus desejos e sonhos, e eu busco com muito carinho ajudar todos a transformar sonhos em realidade, a cada passo nessa direção, tenho a satisfação de fazer parte de sua história, isso faz toda a diferença em minha vida e equipe.

11. Gestão com pessoas ou gestão de pessoas?

A gestão é com pessoas, sim, o mundo interage de outra forma quando temos essa percepção, temos que entender que o bem ou mesmo capital mais relevante de uma empresa são as pessoas, capazes de transformar, inovar, de criar, de emocionar todos ao seu redor. Quando aplicamos o modelo de união, transformamos a equipe em um time de campeões. Há uma frase que gosto muito, que é esta: "Nada para eles sem eles. A gestão deve ser, portanto, com eles, com pessoas".

12. Como fazer mais com menos?

Amando o que se faz, para quem você faz e como você faz. O amor é a palavra-chave.

13. Como você desenvolve os talentos da sua equipe?

Primeiramente, para ter uma equipe talentosa, motivada e comprometida, o ambiente de trabalho tem que ser agradável, as informações e metas devem ser claras, ou seja, desenvolver em conjunto uma linha de trabalho e etapas faz com que todos abracem o projeto ou negócio.

Hoje, com esse mar de informações, as equipes devem estar cientes da importância de cada pessoa, cada elo e tarefa desempenhada, independentemente da etapa, ela só é concluída se todos executarem, o trabalho é de um time.

O reconhecimento é a fonte da motivação. Uma equipe que se sente prestigiada e apoiada enxerga o céu como limite.

Mas às vezes, para alcançar esse estágio, é necessário que eu entre na vida da equipe, identificando quais são as verdadeiras motivações pessoais de cada indivíduo, seus desejos e sonhos, e busco com muito carinho ajudar todos, transformá-los, em realidade, a cada passo nessa direção, sinto que isso faz toda a diferença.

Nesses anos, percebi que as pessoas estão em busca de aprendizado constante, assim é preciso procurar trazer inovações, novas técnicas, metodologias e *feedback*, se você investir no ser humano e prestigiá-lo, elogiando nos acertos e cumprimento de metas, orientando nos erros e nos resultados abaixo do esperado, você estará inspirando-os a serem melhores em todos os sentidos.

14. Como você muda o mundo?

Difícil mudar o mundo, entendo que podemos refletir o que queremos para o mundo através de nossas ações, digo que recebemos o que refletimos ao universo, quanto mais ações maravilhosas emanar, mais o universo trará de volta, simples assim, você transforma tudo ao seu redor.

15. Como você lida com os obstáculos da vida e o quanto você é persistente?

Como já citei, são os obstáculos da vida que criam oportunidade de aprendizado, sou muito religiosa, sei que Deus me protege, me guia e me ilumina, não desisto fácil, assim, com muita fé, acredito em tudo que faço e procuro fazer com muito zelo e amor, sempre tive que lutar muito por tudo que conquistei, me dou muito a todas as ações que me proponho a fazer, tudo que semeamos com amor se transforma em grandes colheitas.

16. Descreva como você é hoje depois dos aprendizados da vida.

Sou uma pessoa com muita gratidão a tudo e a todos, pelos ensinamentos que a vida me proporcionou.

17. Conte um momento de muita felicidade.

Quando alcancei a graça de cura, há alguns anos, fui diagnosticada com um tumor na cabeça, desmaiava e já estava conformada que em breve partiria, pois os médicos que me acompanhavam me diziam que teria pouco tempo de vida, minha mãe não se conformava, aqui confesso que não acreditava muito em milagres, mas graças a Deus, e principalmente à fé de minha mãe, que aos poucos foi me demonstrando que para Deus nada era impossível, passei a acompanhar minha mãe à igreja, e em uma missa de cura, onde pedia muito a Deus por essa cura, senti uma coisa estranha, e o padre disse que havia uma pessoa ali com um problema muito sério de saúde, já desenganada, tudo isso durante a celebração da missa, em outro momento, ele falou: "Creia, Deus está curando você". Nesse momento, senti uma chama na cabeça, e quase desmaiei.

Falei para minha mãe, que estava ao meu lado: "Mãe, acho que Deus me tocou, fui curada, mãe". Fiquei de uma forma que até hoje não sei descrever muito bem, quase em outra órbita.

Mas senti, no fundo da alma, que naquele momento eu estava curada, em plena celebração da missa, ao sair não fui direto para casa, liguei para os médicos, dois são grandes amigos até hoje, disse a eles o que tinha acontecido, implorei para realizar uma ressonância naquele mesmo dia, e fui direto para o hospital.

Chegando lá, um dos meus amigos logo chegou e foi falar com a equipe interna, consegui realizar exames e, naquele dia, tive a melhor notícia de minha vida, que Graças a Deus o tumor não estava mais lá, todos ficaram surpresos, mas eu não, sabia que Deus tinha um novo propósito em minha vida, e minha missão não estava acabando, ao contrário, mudei muito a forma de viver e de encarar minha fé, e de demonstrar a todos o quanto Deus é maravilhoso.

18. De quais pessoas você sente saudades?

De todas as pessoas que amei e que já estão no plano celestial ao lado de Deus, este com Deus de certa forma que me dá o conforto que tenho.

19. Na vida, o que realmente importa?

Minha família e meus amigos, estar com eles não tem preço.

20. Como você avalia a relevância de registrar a sua biografia nesta obra literária?

Ao escrever nesta obra, estamos deixando registrado nossa história, pensamentos e legado para várias gerações, isso me faz participar de um projeto tão lindo, foi lendo artigos, livros, que encontrei experiências e caminhos em minha vida, que eu possa neste artigo fazer a diferença na vida das pessoas e que elas possam me conhecer melhor.

Galeria de fotos

Thaís Diniz

Função:
Head de Experiência do Cliente

1. Como e onde iniciou-se sua trajetória profissional?

Sempre gostei de ser financeiramente independente, não achava justo depender exclusivamente dos meus pais, por isso, aos 15 anos, comecei a trabalhar.

Trabalhei com eventos e turismo, e acabei me formando na área, mas quando conheci o *Marketing*, me apaixonei. Fiz pós-graduação em Gestão Estratégica de *Marketing* e comecei a buscar o "trabalho dos sonhos", mas ele não chegou nessa época. Aproveitei todas as oportunidades que surgiram para me movimentar entre áreas e empresas, sempre disposta a aprender sobre novas atividades, o que ampliou minha atuação dentro da área de *Marketing*.

Trabalhei em uma gigante *telecom* por quase dez anos, uma grande escola para mim. Mas no final dessa jornada aceitei um novo desafio, que me fez sair completamente da zona de conforto, saindo de uma posição estável para uma empresa que estava em *turnaround*, mais um baita aprendizado!

Acredito que os desafios que nos deixam mais vulneráveis são os que podem nos trazer mais evolução. E foi aí que eu descobri o universo da experiência do cliente, vivenciando na prática a transformação da empresa para a cultura centrada no cliente. Desde então, venho me aprimorando nessa área.

2. Quais os principais desafios e resultados vivenciados ao longo da sua carreira?

Um dos desafios mais difíceis foi assumir pela primeira vez uma posição gerencial, liderei um time de 32 pessoas. Além da curva de adaptação e pressão por resultados, tive que fazer um grande corte de funcionários, não foi nada fácil.

Outro desafio foi liderar e vivenciar uma transformação digital dentro de uma empresa tradicional. Acredito que todas as grandes companhias já estabelecidas estão na era digital neste momento. Empresas grandes estão buscando a agilidade de uma *startup*, mas a cultura é a principal barreira ainda. Em uma das empresas que trabalhei, essa mudança foi rápida e dolorosa para muitos, e foi necessário entender o que motivava as pessoas da equipe a não aceitar a mudança, e ajudá-las nessa transformação, que era inevitável.

E não há caminho de volta, o mercado todo vive esse momento, todos precisam entendê-lo, aceitá-lo e iniciar o processo de transformação individual.

3. Quem da sua história de vida inspirou/motivou na sua carreira?

Poderia citar alguns grandes executivos com quem trabalhei, e a quem sou extremamente grata, eles mudaram minha vida. Foram as pessoas certas cruzando meu caminho no momento certo. Mas minha maior inspiração de trabalho são meus pais. Eles sempre batalharam muito, são exemplos de que ter garra e disciplina resulta em sucesso.

4. Alguma história na gestão de pessoas que gostaria de compartilhar?

Gosto muito de gerir pessoas e já tive diversas situações de retenção e resgate de colaboradores que são motivo de orgulho para mim. Conhecer as pessoas com seus valores, medos e anseios, de forma autêntica, é essencial para um plano de resgate.

Ser uma líder propulsora é minha meta diária, entender o que faz as pessoas mais felizes e produtivas é fundamental para alcançar os objetivos dos projetos.

Frequentemente pergunto para o time como eu posso ajudar. Ouço desde temas do dia a dia de trabalho até coisas pessoais, isso direciona minha estratégia de gestão. E não é só ouvir, é necessário fazer as perguntas certas, ouvir o que está sendo dito, mas também entender o que não está sendo dito.

5. **Alguma história de relacionamento com o cliente que gostaria de destacar?**

Sou apaixonada por Experiência do Cliente, e sou muito feliz por ter encontrado meu propósito nisso. Acredito que a cultura centrada no cliente é o que deveria mover todas as empresas, o que infelizmente ainda não é uma realidade. O lado bom dessa história é que tem muito a ser feito no mercado. As empresas tradicionais estão se transformando nesse sentido, embora não seja algo tão simples. O retorno financeiro não é imediato, por isso, grande parte dessas empresas opta por um movimento mais lento.

É necessário ter estratégia para toda a jornada do cliente, porém sempre haverá mais investimento na etapa de compra, muitas vezes a empresa tem um bom *marketing* digital, um eficiente *e-commerce*, mas pouco investimento na fidelização e retenção de clientes. E não adianta investir no melhor *software* de CRM (*Customer Relationship Managment*) se não tiver gestão de processos! Procedimentos que realmente reduzem o esforço do cliente.

Fazer o básico bem-feito é muito mais efetivo do que tentar "encantá-lo" com descontos e presentes no dia do aniversário, por exemplo.

Frequentemente escuto coisas do tipo: "Conheço muito bem meu cliente, sei exatamente o que ele quer, então, não é necessário fazer pesquisa". Isso é um erro muito comum em empresas com o *mindset* tradicional. Precisamos trabalhar com foco na solução de um problema real e não tentar criar uma necessidade. É mais importante colocar esforço em uma boa pesquisa para entender qual a "dor" do cliente e, assim, entregar uma solução ou produto que praticamente se vende sozinho do que investir um caminhão de dinheiro em ações de *marketing* para convencer o cliente de que seu produto atual é bom.

Ser centrado no cliente começa de dentro para fora (transformação da cultura interna), com direcionamento de fora para dentro (cliente deve ser a base para a tomada de decisão).

Deveria ser simples, todos nós somos clientes e gostamos de ser atendidos de acordo com a promessa do produto ou serviço que estamos contratando, a empatia deveria ser natural em qualquer relação, principalmente numa relação empresa-cliente.

6. **Quais dicas daria para aqueles que estão iniciando a carreira profissional?**

Construa desde cedo sua marca no mercado, fale abertamente qual sua especialidade. Quais suas habilidades? Como você quer ser conhecido?

Lembre-se de que você não é seu emprego atual. É muito comum atribuirmos o profissional à empresa que ele trabalha. Fale sobre você e, com naturalidade, "venda" seu conhecimento, dessa forma, quando sair da empresa em que trabalha, você continua sendo o profissional que você é, independentemente do seu crachá.

Faça sua história e, principalmente, aprenda a contá-la de maneira positiva, reforçando pontos de aprendizado e progresso.

Tenha muita determinação e foco, mas não ideias fixas. Faça um planejamento para alcançar seus sonhos, com objetivos claros.

Não se apegue ao cargo ou à posição em uma empresa, se não estiver feliz, mude de área ou de profissão a qualquer momento da vida. Não existe isso de mudar de carreira: carreira é tudo que você viveu até aqui. Nada que você viver será um tempo perdido, tudo é aprendizado, quanto mais abrangente, melhor. A experiência é resultado do seu conhecimento somado ao tempo.

Divulgue seus sonhos! Fale abertamente sobre seus objetivos, especialmente para pessoas que admira. Conquistamos coisas através de pessoas que nos oferecem oportunidades, e essas pessoas precisam lembrar de você na hora certa, quando poderá surgir desde uma oferta de emprego até uma parceria para empreender ou mesmo um curso específico que vai ajudá-lo a chegar lá.

7. Ao recrutar um profissional, quais características comportamentais são consideradas fundamentais?

Os aspectos comportamentais sempre contam muito, principalmente por conta da cultura ágil e times multidisciplinares. Nesse sentido, considero como características fundamentais:

- **Resiliência:** capacidade de lidar com problemas, pressão e adversidades.
- **Gestão de mudança:** principalmente ser aberto às mudanças e aceitar novos processos e projetos. Trabalhar em equipe é primordial. Também destaco: automotivação, proatividade e ter uma boa capacidade de comunicação.

8. Qual legado gostaria de deixar para a sociedade?

Acredito num futuro em que as empresas serão mais justas e transparentes, com valores mais humanos e que sejam reais. É isso que, de fato, vai tornar um cliente fiel, a identificação com o propósito significativo e envolvente da marca, o quanto ela impacta positivamente na sociedade, o que deve ser usado como base para tomadas de decisão.

É um movimento que já vem acontecendo há alguns anos, mas ainda está longe de ser massivo no mercado, até mesmo porque exige uma mudança completa no modelo de negócio tradicional, porém é exatamente isso que fará com que a empresa prospere de forma contínua.

Quero poder contribuir de forma ativa nessa virada de *mindset* e quero ser parte do time de profissionais que mudaram o mercado nesse sentido, tornando a relação empresa-cliente mais empática.

9. Como você define o papel da liderança?

Um tema fundamental dentro das empresas e fora delas, principalmente nos tempos em que vivemos hoje em dia, o chamado Mundo VUCA (sigla em inglês para: volátil, incerto, complexo e ambíguo), em meio à transformação digital.

Importante que as empresas entendam que os líderes precisam ser preparados, pois ainda encontramos o antigo *mindset* de hierarquias e modelos organizacionais.

Por isso, é essencial que os líderes sejam transformados para que possam transformar.

O novo líder deve ter o olhar no resultado da relação entre a jornada do colaborador versus o atingimento de metas, e no quanto está sendo satisfatório para ambos.

Outro ponto importante é tornar o ambiente, de fato, mais ágil e leve, estimulando o comprometimento da equipe com a claridade dos objetivos, gerando assim mais confiança no processo.

E, apesar das incertezas e muitas mudanças de percurso que certamente ocorrerão nessa nova realidade, estabelecer uma base sólida é fundamental. É isso que inspira, motiva e cria a sinergia necessária para trazer todos a bordo novamente.

Devemos aprender a celebrar o erro/aprendizado, pois ganhamos de todos os lados, mesmo num projeto que não trouxe grandes resultados financeiros de imediato, certamente o aprendizado direciona os próximos passos e acertos. É preciso evoluir, e isso inclui experimentar e testar mais.

10. O que você faz para manter-se motivada?

Fazer uma boa entrega do meu trabalho é imprescindível e a sensação de dever cumprido é muito gratificante. Isso exige que eu tenha uma boa gestão do tempo e da minha produtividade, por isso planejo minha semana, priorizando os temas mais importantes e com metas factíveis, para não gerar frustração ou ansiedade.

Tenho grandes objetivos e metas de vida, mas somente vou alcançá-los com pequenos avanços diários. Aproveito a jornada, não somente a chegada.

Claro que, quando atinjo meus desafios, eu celebro grandemente, mas também me dou recompensas ao longo do caminho.

11. Qual a importância da inovação nas organizações?

Inovação é sobrevivência. Mas é importante entender as razões para inovar, quais os tipos de inovação e qual a maturidade de inovação da empresa.

Inovar abrange não somente o produto ou serviço em si, mas diversas frentes dentro da empresa, como: novos processos, um possível novo modelo de negócios, *big data*, tecnologia e, claro, a cultura, e essa pode ser a grande barreira.

É necessário estar aberto à reinvenção do negócio, o que inicialmente pode parecer arriscado, mas que pode gerar muito mais faturamento a longo prazo.

É fundamental fazer a manutenção da empresa no mercado, sabemos que empresas gigantes morreram por resistir à inovação. Além disso, a mensagem que uma marca que inova passa para o mercado é de pioneirismo, que está oferecendo o melhor dentro de sua área de atuação, se tornando muito mais atrativa e rentável.

12. Como você realiza o *networking* de maneira efetiva?

Na minha opinião, as comunidades são o melhor caminho! Participo ativamente de comunidades e *meetups* de gestão, inovação e experiência do cliente. São grupos de redes sociais para troca de experiências. Tem muita gente engajada fazendo coisas incríveis no mercado. Conhecer todas as práticas atuais de segmentos diferentes do meu abre caminhos tanto para inovações quanto para conhecer as pessoas chaves que podem me ajudar de alguma forma em algum projeto.

13. Qual o significado da palavra felicidade?

Tenho uma gratidão enorme pelo meu processo de transformação e amadurecimento. Não costumo relacionar sofrimento à realização, acho que existe uma crença muito enraizada na nossa sociedade sobre isso, mas tudo depende do ponto de vista. Acredito que, dentro das oportunidades que cada um tem, devemos escolher o melhor caminho com base nos nossos valores. Hoje, me sinto realizada profissional e pessoalmente, o tal trabalho dos sonhos que busquei no início da carreira é, na verdade, o alinhamento dos meus valores pessoais ao resultado do que produzo e à realização do meu propósito.

14. Qual sonho você gostaria de realizar?

Acabo de realizar meu maior sonho, ser mãe. Esse foi o projeto de vida que mais me ensinou, me mostrou que não tenho o controle de tudo. Pois ele não aconteceu no momento exato que eu planejei, foram quatro anos de espera. Mas hoje tenho a certeza de que meu filho veio no melhor momento possível!

Ainda tenho muitos sonhos para realizar, entre os meus próximos objetivos, está fundar minha consultoria em neurociência do consumidor, mas ainda estou no início dessa jornada.

Galeria de fotos

Thiago Isola Braga

Empresa:
Fundação ASSEFAZ

Função:
Gerente Nacional de Saúde

1. Como e onde iniciou-se sua trajetória profissional?

Minha trajetória profissional iniciou-se ainda quando cursava Sociologia na Universidade de Brasília, na forma de estágio, na Secretaria Nacional Antidrogas, ligada à Presidência da República. Eram bem raros os estágios para esse curso, e consegui a vaga para o período da manhã, e concentrei as matérias da universidade no período da tarde. Apesar da pompa inicial que essas informações podem sugerir, e do uso obrigatório de terno e gravata (primeira vez na vida), a função era trabalhar como atendente no 0800 e despachar material didático sobre o tema para todo o país.

Esta observação entendo ser importante para comparar a noção e a ética de trabalho do Thiago dos anos 1990 com o atual. Naquele momento, passada a empolgação inicial da primeira ocupação oficial remunerada, da primeira bolsa que recebi na conta, a sensação era de frustração com o trabalho. Hoje enxergo como foi um período rico de aprendizado, e como uma noção mais clara de propósito teria feito eu enxergar minhas atribuições como importantes para a vida de várias pessoas. Procuro inculcar nas minhas filhas desde agora, mesmo com 8 e 7 anos, como todo trabalho é importante não só pela dignidade que nos traz, mas pela oportunidade de servir à sociedade. Basta ampliar a visão.

2. Quais os principais desafios e resultados vivenciados ao longo da sua carreira?

Além dos desafios inerentes ao mercado de trabalho, que se intensificaram na virada do século, minha falta de foco foi um fator que me trouxe dificuldades adicionais. A conhecida dificuldade de "identificar o que se quer fazer na vida". Essa condição me fez iniciar e experimentar muitas frentes, incluindo fazer outra graduação, a Educação Física, e desistir delas antes do tempo necessário para que dessem os frutos esperados. Outra condição que me dificultou foi meu *mindset*, minha cosmovisão ou mais popularmente "a noção sobre mim e o mundo".

Percebia desde bem novo que tinha capacidade de ouvir e gravar todo tipo de informação com muita facilidade. Contudo, tinha uma timidez que me restringia demonstrar essa qualidade e outras, como liderar e me relacionar com colegas de faculdade e trabalho. Quando fui me estabelecendo na área negocial e consultiva, sempre tive uma resistência em migrar para a área de Saúde Suplementar, devido ao temor não só de ser comparado com meu pai, que é uma referência nacional na área, como de me preocupar de que minha jornada fosse manchada por um pretenso favorecimento por meu sobrenome.

Esse foi o último obstáculo. Os primeiros por uma combinação de providência e amadurecimento foram aprimorados e me ajudaram a galgar cargos e reconhecimento. Mas faltava encontrar o "meu porquê". E ele estava em ajudar o maior número possível de pessoas a terem acesso a cuidados integrados, de qualidade, resolutivos e sustentáveis. E a soma do que parecia ter sido apenas perda de tempo em experiências desconexas construiu meu *mindset* atual, e tem graças à Deus me dado a alegria do reconhecimento do meu trabalho.

3. Quem da sua história de vida inspirou/motivou na sua carreira?

Escolher apenas uma pessoa na minha história para ser minha inspiração seria injustiça com algumas pessoas fundamentais.

Minha mãe me deu exemplo de uma ética de trabalho germânica. A de sempre buscar a excelência em tudo o que se assumir como incumbência, a não se dar ao luxo de descansar enquanto não tiver entregado esse compromisso.

Meu pai me passou a paixão pela gestão da saúde e ousar pensar e agir de maneira disruptiva.

Minha esposa sempre encontrou uma maneira de me tirar da minha zona de conforto e me incentivar mesmo contra todos os prognósticos contrários. Ela pesquisa e me apresenta *insights* e conteúdo que eu nunca buscaria.

Há professores, colegas e conhecidos de quem de alguma forma modelei aspectos que principalmente eram deficiências minhas. Mas essas três referências são o tripé da minha jornada.

4. Alguma história na gestão de pessoas que gostaria de compartilhar?

A gestão de pessoas é simplesmente o que existe de mais importante numa instituição. Encontrar o equilíbrio entre nosso temperamento e objetivo e os dos colaboradores, com a missão, visão e valores da instituição, só é possível para quem ama pessoas e resultados.

Minha história com gestão de pessoas na verdade se repetiu mais de uma vez na minha vida, com algumas pequenas diferenças circunstanciais. Em quatro oportunidades, cheguei para assumir a gestão de uma área/unidade/região, após passar por processo seletivo (bom frisar), onde todos ou grande parte dos colaboradores da área participaram. Em uma delas, quando assumi a posição, na hora percebi que o clima não era dos mais acolhedores para mim. Em uma das oportunidades em que perguntei sobre uma informação específica da área, recebi a resposta "que eu deveria saber, já que estava naquele posto". Existia várias possibilidades de lidar com esse tipo de situação, mas só uma delas se alinhava com meus princípios, e independentemente de dar certo ou não, me deixaria em paz. Então optei por me dedicar a identificar as necessidades individuais da equipe. Um precisava de reconhecimento, já que contava que seria escolhido para o cargo que eu ocupava. Outro necessitava nos momentos de tensão de se sentir protegido. Outro precisava de orientação para buscar sair da zona de conforto.

Dessa forma, trabalhando, servindo cada um nesses aspectos, enquanto aos poucos dominava tecnicamente o conhecimento específico necessário para tomar as decisões, colocando minha abordagem, fui vencendo a indisposição inicial, transformando numa relação de confiança, avançando para uma constatação por parte deles de que eu tinha meus méritos para estar ali, até chegar ao patamar de ser validado como líder. Como essa especificamente não havia sido a primeira experiência, pude aproveitar melhor a jornada e observar a evolução, deixando de ser uma situação estressante para se tornar um campo de experimento para minha teoria de como as pessoas devem ser geridas para alcançarem os resultados que elas e a instituição esperam.

5. Alguma história de relacionamento com o cliente que gostaria de destacar?

Na época em que trabalhei como diretor comercial de um grupo que prestava serviços de consultoria e auditoria, devo ter me reunido com mais de 300 empresários de diversos ramos. Era novo para o cargo, 30 e poucos anos, e num jantar com dois empresários muito antigos e conceituados na região sul de Santa Catarina, quando eu empolgadamente contava meus planos de ascensão corporativa e financeira, à base de muita viagem e quase nenhum tempo em casa, com minha filha mais velha com apenas 1 ano, um deles, de maneira muito carinhosa, fez a seguinte consideração: "Thiago, conheço todos os grandes empresários da cidade. Na época áurea daqui, quando todos faturavam fortunas, deram tudo do bom e do melhor para seus filhos, menos atenção. Uma grande parte desses filhos hoje em dia é uma dor de cabeça para eles, pois não tiveram a orientação correta. O quero dizer para você é que busque proporcionar as melhores condições possíveis para sua família, mas o limite é você poder estar presente e cuidar, proteger, orientar e divertir. Isso vai fazer muito mais diferença do que qualquer escola ou coisa que você comprar para elas". Foi uma lição que nunca me esqueci e exemplifica como sempre consegui me relacionar com *stakeholders* pautado pela ética, honestidade, muitas vezes divergindo, mas aprendendo com eles e algumas vezes construindo laços de amizade.

6. Quais dicas daria para aqueles que estão iniciando a carreira profissional?

Gosto muito de conversar com aqueles que estão iniciando a carreira profissional e compartilhar minhas experiências, com muito mais erros que acertos, no intuito de despertar neles a obsessão de encontrar o quanto antes o "porquê" de suas vidas, o que os faz levantar da cama todo dia com vontade de fazer a diferença. E procurar tornar isso uma ocupação. Pode parecer utopia, que somente jogadores de futebol conseguem ganhar dinheiro fazendo o que gostam, mas não é. Digo para eles que todos temos um dom e uma missão para empregá-lo. E quando esses dois itens se encontram, invariavelmente vão trazer realização e reconhecimento.

Outra dica que dou é procurar encontrar pessoas que as inspirem e estudá-las para descobrir seus hábitos e ideias, para usá-las como modelos. Isso pode encurtar o caminho e economizar um bocado de tropeços. Mas nunca confundam isso com se tornar *cosplay* de alguém. Não terá autenticidade e as pessoas perceberão.

E, para fechar, que sempre tenham o propósito de servirem com maior prioridade do que serem servidos. Que pautem suas ações por esse princípio, terão não só o respeito das pessoas, mas sua lealdade.

7. Ao recrutar um profissional, quais características comportamentais são consideradas fundamentais?

Sempre digo que devemos contratar caráter, conhecimento nós ensinamos. Lógico que dito dessa forma soa bastante simplista, mas o objetivo é chamar a atenção para quando for avaliar um profissional, que as perguntas podem demonstrar como ele lida com situações que envolvem lealdade, assumir a responsabilidade mesmo que a custo de prejuízo pessoal, o quanto ele investe e almeja se desenvolver, como se relaciona com seus pares, subordinados e superiores, devem ter um peso maior que as que demonstram seu conhecimento técnico.

8. Qual legado gostaria de deixar para a sociedade?

Não separo meu legado profissional do pessoal. Estão interligados. Quero que as pessoas estejam convencidas de que é possível chegar onde se almeja, aliando honestidade, consigo e com os outros, sacrifício e doses de indignação e ousadia. Desejo que as pessoas sempre pensem em pegar aquilo que as motiva, que serve para resolver problemas de outras pessoas, e pensem como escalar isso para o maior número possível. Que não negociem seus princípios por nenhum atalho, mesmo que resulte em dar dois passos para trás ou pior. Que sempre estejam atrás de conhecimento, atentos para questionar seus paradigmas e andando junto com aqueles mais sábios e capacitados que si mesmos.

9. Quais os reflexos das práticas de cidadania empresarial para organizações, profissionais e sociedade?

Todas as organizações, independentemente de seus portes, estão inseridas e prestando serviços à sociedade.

Quando se estabelece uma política de práticas constantes de cidadania empresarial, há ganhos de engajamento dos colaboradores com suas funções, pois a missão da empresa torna-se tangível, e dos consumidores com a organização, pois o discurso da empresa ganha autenticidade, é exponencial.

Profissionais que conseguem ver o resultado do seu trabalho na sociedade tornam-se mais proativos e focados nos resultados, gerando um ciclo virtuoso no sistema.

A sociedade passa a realizar uma seleção natural, prioriza organizações que demonstrem na prática não visar apenas o lucro.

10. Cite alguns líderes que, em sua opinião, são inspiradores.

Citar apenas alguns líderes como inspiradores é sempre um risco certo de se cometer injustiças e omissões imperdoáveis. Mas vamos lá.

O maior de todos sem dúvida é Jesus Cristo, perfeito em todos os aspectos.

Daqui em diante, os demais, apesar de possuírem suas falhas, conhecidas ou não, me inspiram em modelar minha liderança no exemplo deles.

Leônidas I de Esparta, Oskar Schindler, Martin Luther King, Winston Churchill e Eli Pinto Jr. foram ou são homens que vislumbro um dia ter desenvolvido algumas de suas virtudes.

11. Como você define o papel da liderança?

O papel da liderança é primariamente servir. Para isso, ela deve trazer segurança, orientação, motivação e resultado.

12. O que você faz para manter-se motivado?

Procuro todas as manhãs, bem cedo, antes de todos acordarem, me concentrar no que tracei para aquele dia e visualizar aonde desejo chegar. Isso me permite resistir aos desafios e às frustrações.

Também faço uma análise diária, semanal, mensal e anual dos pontos e objetivos que determinei, para verificar os avanços e erros, determinando assim as coordenadas para meus objetivos.

Comemoro e relembro as vitórias, pequenas e grandes, para manter acesa a vontade de persistir.

13. Qual a importância da inovação nas organizações?

A inovação é a adaptação às mudanças antes que seja tarde demais. Ela pode ocorrer antes de todo mundo, típica das organizações visionárias. Depois de consolidada e validada, deixa de ser inovação propriamente dita.

As organizações precisam ter áreas e garantir condições para que as pessoas preparadas para isso possam ter uma rotina que proporcione o surgimento e a experimentação das ideias que se tornaram as inovações capazes de gerar valor.

14. Como você realiza o *networking* de maneira efetiva?

Regularmente participo dos eventos da área como inscrito ou convidado, mantenho regularmente em menor ou maior constância o envio ou troca de mensagens, ligações, cafés etc. com pessoas de diversas áreas, além de ler e comentar o conteúdo de cada colega e pessoas que admiro o que produzem.

15. Do que você sente saudades?

Da minha infância e juventude. Incluindo erros e frustrações, fui muito feliz. Saudade das pessoas que participaram dessas etapas e não tenho mais contato.

16. Do que você tem orgulho?

"Se alguém quiser se orgulhar, que se orgulhe de me conhecer e de me entender; porque eu, o SENHOR, sou Deus de amor e faço o que é justo e direito no mundo." (Jeremias 9:24)

17. Qual o significado da palavra felicidade?

Conseguir, mesmo com tantos defeitos e limitações, reconhecer a tempo as dádivas que Deus proporciona, e assim se deleitar nas mais simples até as grandiosas.

18. Qual a sua citação favorita e por quê?

"Quem tem por que viver pode suportar quase qualquer como." (Nietzsche)

19. Quais são seus *hobbies* preferidos?

Meus *hobbies* favoritos são esportes (futebol, *jiu-jitsu*), andar de moto, fumar charuto, ouvir música com minha esposa e assistir a filmes com minhas filhas.

20. Qual sonho você gostaria de realizar?

Tenho vários sonhos, um deles é levar minhas filhas para conhecer a Disney.

21. Qual mensagem de motivação gostaria de deixar para os leitores deste livro?

O mundo não só pode como deve ser um lugar melhor para as pessoas viverem. A responsabilidade é de cada um de nós. Tudo que fizerem que seja com esse objetivo. As demais coisas como sucesso, dinheiro, reconhecimento etc. serão consequência disso e chegarão num momento em que serão aproveitados com muito mais sabedoria.

22. Com base em suas memórias, qual legado você gostaria de deixar para a humanidade?

Que apesar de diversas imperfeições, possa ser lembrado como alguém que não se acovardou quando as pessoas ao redor precisaram de proteção; como alguém que, mesmo contra todas as circunstâncias, entendeu que nenhum sacrifício seria grande demais em prol de entregar à sociedade condições melhores de realizar seus sonhos; como alguém que sabia que cada minuto nesta vida era um privilégio gracioso e, se encerrando cedo ou muito tarde, era grato ao Criador por tudo que recebeu, seja deleitoso ou sofrido.

Como alguém que as pessoas que conheceram de alguma forma tenha ajudado em algo e vão sentir falta, mesmo que por pouco tempo.

Galeria de fotos

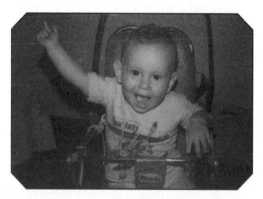

Thomaz Naves

Empresa:
RecordTV Rio

Função:
Diretor Comercial e de Marketing

1. Como e onde você iniciou sua trajetória profissional?

Comecei minha vida profissional em Minas Gerais, em Belo Horizonte, trabalhando nas empresas da minha família. Como minha família tinha um grupo de empresas, foi uma escolha natural. Tive esta oportunidade, comecei como *office boy*, fazendo pagamentos em banco, pegando ônibus... Depois, trabalhei como auxiliar de escritório e fui crescendo dentro das empresas. A minha família tinha também uma empresa de mineração e eu trabalhei lá também como *controller*. Eu trabalhava lá dentro. Chegava em casa parecendo um tijolo, risos, de tanta terra na roupa, no cabelo, no meu carro. Foi uma oportunidade incrível, mas um trabalho pesado. Foi uma experiência muito boa.

Algo que eu via muito nas empresas da minha família era a coisa da vaidade, da briga entre executivos, que é muito prejudicial para o acionista. Eu testemunhava os atritos e pensava: "Quem está se prejudicando é o acionista". Desde então, não tenho mais tolerância com disputa de poder, vaidade, vi como era prejudicial para a minha família, que era a dona do negócio. Depois de um tempo, decidi andar por minhas próprias pernas, pedi demissão e, no dia seguinte, dei uma sorte danada: convidado para uma entrevista de emprego na Coca-Cola, fui contratado, com um pacote de benefícios que incluía um automóvel. Meu tio, quando chegou em casa e viu o carro, não acreditou.

Foi uma sorte muito grande. Mas a partir daí nunca mais voltei a trabalhar com a minha família.

Na minha trajetória, duas coisas foram importantes: hoje não quero ouvir fofocas de outras pessoas, que o fulaninho fez isso ou aquilo, eu não acredito nisso. Todos temos que pensar no acionista. É o acionista que bota o dinheiro dele, que paga nossos salários, que corre os riscos. Ele precisa de toda nossa dedicação, todo nosso esforço, profissionalismo, para que o negócio dele funcione. Aprendi isso trabalhando no negócio da minha família. Desde então, em toda empresa que trabalho, ajo como se a empresa fosse minha. Eu me sinto como se fosse um acionista. Acho que cada funcionário deveria se sentir um "pouco dono". No caso da RecordTV, os acionistas valorizam este meu jeito e me sinto dono daquele pedaço, responsável pelo resultado e pelos objetivos.

2. Quais os principais desafios e resultados que você vivenciou ao longo da sua carreira?

Adoro desafios. Se tem uma coisa que me motiva é desafio.

Por exemplo, quando ingressei na Cemusa, uma empresa estrangeira que estava chegando ao Brasil, era um desafio totalmente desconhecido. A Cemusa era uma *startup* de um negócio que não existia no Brasil na época.

Fui rumo ao desconhecido: não conhecia a disciplina nem o modelo de negócio. Nesta ocasião, cheguei ao limite da minha capacidade de me autodesafiar. Cheguei a desistir, porque na época ainda não tinha uma experiência na área comercial. Minha vivência até então era em *marketing*. Mas tinha um desafio com meta de venda, tinha objetivos comerciais, me deu um frio na barriga. Foi aí que o diretor da empresa me convenceu, dizendo que eu era um vendedor de ideias. Foi quando entendi que o profissional de *marketing* é isso: um vendedor de ideias, que sabe apresentar coisas, produtos, que envolve e encanta pessoas, que traz gente para o *game*. O profissional de *marketing* encanta.

E, como resultado, em cinco, seis anos fiz um trabalho muito forte de crescimento de faturamento da Cemusa no Brasil. O ano em que saí, 2006, foi o maior faturamento da empresa no Brasil até hoje.

Na RecordTV, assumi também um grande desafio. Gosto de desafios: chamo para mim a responsabilidade, me autodesafio. Na ocasião do convite, a RecordTV Rio faturava R$ 25 milhões/ano. Fiz uma análise do cenário: era a terceira emissora do país, e o meio TV aberta contava com 65% do bolo publicitário total no Brasil. Calculei o PIB do Rio de Janeiro, apliquei a participação do Rio no bolo total e cheguei à conclusão de que havia um caminho, que a emissora estava faturando menos do que o seu potencial. Vi que havia uma possibilidade real de trazer dinheiro para a emissora. E aí foi outro enorme desafio. Multiplicamos o faturamento de R$ 25 milhões para R$ 220 milhões. Descobri na emissora como trabalhar com liberdade e criatividade. Uma empresa que sempre me deixou livre para conseguirmos juntos fazer um trabalho excepcional.

3. Qual a importância da formação de uma boa equipe?

Adoro ter gente competente comigo. Tem pessoas que contratam gente pior do que elas mesmas, porque têm medo de que o outro cresça e fique melhor do que ela. Eu penso diferente: não aceito ninguém que não seja, no mínimo, mais competente do que eu. E protejo minha equipe. Se a pessoa trabalha comigo, a responsabilidade do time é toda minha.

4. Como você realiza o *networking* de maneira efetiva?

Acho que relacionamento, troca, *networking* são palavras mal empregadas às vezes. As pessoas falam muito em *networking*, mas não sabem como isso funciona na prática. Por exemplo, eu tenho uma base de dados que foi construída ao longo de toda a minha carreira. Não me relaciono só com pessoas que interagem hoje com a RecordTV. Eu me relaciono com pessoas que conheci há 30 anos. Isso vai me dando uma densidade relacional que me proporciona integrar pessoas, e avançar com ideias e negócios. As pessoas não entendem essa regra do funcionamento do tabuleiro. Eu tenho uma percepção que foi construída sobre mim, de que eu "resolvo as coisas". As pessoas às vezes me ligam porque pensam: "Liga para o Thomaz que ele resolve". Isso vai me dando uma marca, de que você é um profissional que contribui. Se alguém me pede uma coisa, eu dou um jeito de resolver.

5. Qual a importância da gestão de pessoas?

Todas as pessoas que encontramos no nosso dia a dia são importantes. Precisam de muito pouco. Às vezes, só precisam de um cumprimento, um aperto de mão. Talvez por isso, todos os câmeras e repórteres da emissora tenham essa impressão de proximidade comigo. Porque faço questão de dar atenção. Esse lado humano é importante. Não somos diferentes. Temos os mesmos sentimentos, problemas. Choramos da mesma forma, temos as mesmas dores, problemas de família. Todos somos iguais. Tratar de uma forma atenciosa é minha forma de demonstrar que todo mundo é igual. E não só dentro da empresa. Em toda minha vida e em todos os meus relacionamentos. Por exemplo: sou amigo de todos os guardas da guarita daqui da rua. Mando pão de queijo, mando garrafa de café com leite, pergunto se estão com fome. Nosso dia a dia é se preocupar com as pessoas que estão próximas da gente.

6. Quem da sua história motivou/inspirou na sua carreira?

Duas pessoas foram muito importantes: meu tio, Newton Paiva, com os conselhos iniciais. Ele me ensinou a priorizar, a decidir entre estudar ou ficar em barzinho com amigos. Aproveitar a vida no sentido de que seja útil para você. Senão, a vida passa e você não fez nada, você passou a vida toda em barzinho com os amigos. Meu tio era *workaholic* e me ativou um senso de responsabilidade muito forte e muito cedo em mim. A duras penas. Ele me fazia acordar às 5 horas da manhã e a trabalhar até tarde. Trago essas lições dele comigo até hoje.

E, também, o empresário José Isaac Pérez, fundador e acionista da Multiplan: a maior escola que alguém poderia ter na vida. Do *marketing* à percepção do consumidor. Como José Isaac Pérez diz, ele não trabalha com *shopping*, mas com o "prazer de satisfazer às pessoas". Esse é o princípio do *marketing*. E ele sempre primou por isso: desde o desenvolvimento do produto até a construção dos *shoppings*. Levo muitas lições dele para a minha vida pessoal. Ele dizia, por exemplo: "Thomaz, um produto pode ser bom, mas com o *marketing* ruim, não vai a lugar nenhum. Mas um produto ruim com um bom *marketing*, ele até vai decolar", dentre muitas outras lições.

7. Quais são suas dicas para quem está iniciando a vida profissional?

Tentar ser melhor do que a média do seu setor. Por exemplo, nunca fui de querer ir embora mais cedo. Sempre estendia meu horário um pouco. Pensava que o chefe podia precisar de mim. E fui gerando diferencial nas pequenas coisas. Sempre quis fazer diferente. Nunca quis fazer igual ao que era feito. E sempre saí fazendo. Prefiro quem erra fazendo do que quem erra não fazendo. Prefiro acreditar e sair fazendo do que deixar passar. Realizar. Fazer coisas. Estou na RecordTV há 12 anos e todo dia tem coisa para fazer. E olho para a frente e penso: nossa, como ainda tem coisa para fazer!

8. Ao recrutar um profissional, quais características você considera fundamentais?

Atitude. Astral e energia positiva. Não contrato profissional mal-humorado. Espírito "fazedor". A maioria dos profissionais que trabalharam comigo estão bem na vida. Todos meus gerentes de *marketing* cresceram profissionalmente.

9. Que legados profissionais e pessoais você gostaria de deixar?

Profissional: compartilhar as experiências do dia a dia com os profissionais que comigo convivem. Se eu conseguir que os meus funcionários que trabalham comigo aprendam algo e cresçam profissionalmente, só isso já valeu.

Pessoal: o trabalho das entidades. Pouca gente valoriza esse tipo de trabalho em entidade e associações porque é voluntário, sem remuneração. E a sociedade está muito voltada para a remuneração. Eu me sinto na obrigação de devolver ao mercado o que o mercado e as empresas me deram. É uma espécie de regra de sustentabilidade para o mercado. O mercado de *marketing* sustentável. Recebi muita coisa do mercado, tenho que devolver. O trabalho à frente da ABMN, as palestras para as escolas, são algumas das formas de devolver ao mercado o que recebi dele. Servir de inspiração para os alunos é muito gratificante.

10. O que é um líder para você?

É a pessoa que consegue extrair o melhor das pessoas. Leio muito sobre liderança, inclusive para buscar experiências, para ver como me enxergo nessa posição. Acho que quando você quer ser alguma coisa, você tem que se colocar naquela direção, traçar um caminho e seguir. Outra coisa do líder é não querer ter profissionais piores do que ele. Acredito que para crescer tenho que ter bons profissionais abaixo de mim. Meu papel é contratar os melhores para a empresa.

O líder tem também uma forma de ver diferente dos outros. Enxergar um pouco à frente do seu tempo, do dia a dia, do operacional. Ter uma visão panorâmica da situação, e mais cautela no processo decisório. Senao, você vive um caos diário. Colocar a bola no peito, esperar ela cair para você chutar. Digo para minha equipe: "Calma, pense dez minutos que o assunto muda após esses dez minutos. Não precisa responder na hora". Pensar antes de responder. Usar 95% do seu tempo para pensar na resposta e 5% para responder, como dizia Steve Jobs. O líder precisa ter uma capacidade de ver oportunidades onde outros veem um problema ou uma crise.

11. Inovação?

Quando estava à frente do *marketing* do BarraShopping, fiz um trabalho todo em cima de base de dados, quase antecipando o BI de hoje em dia, e criamos o primeiro cartão de fidelidade do Brasil. Iniciamos ali um trabalho de CRM para tentar falar diretamente com o cliente, há 30 anos. Não se falava nisso à época e hoje é uma ferramenta comum do *marketing*. Além disso, lançamos o primeiro cartão de crédito *cobranded* do mundo nesse setor. A receita era tão alta que o banco nos pediu para renegociar o *fee*, tamanho o sucesso do cartão! Eu era diretor de *marketing* e inventei um produto que passou a gerar receita. Esses são alguns dos exemplos de inovação com que conduzo minha carreira, pensando sempre de uma forma diferente.

12. O que faz para se manter motivado?

Minha motivação é inata. Estou sempre motivado.

13. Do que você sente saudades?

Do meu pai.

14. Do que você tem orgulho?

Dos meus filhos.

15. Qual o significado da palavra felicidade?

As pequenas coisas. Só encontro felicidade em pequenos momentos do cotidiano. Os momentos mais felizes estão naqueles que às vezes não percebemos. O cafezinho que você tomou num café na Itália, um bolinho de feijoada, essas pequenas coisas fazem a diferença.

16. Citação favorita?

Vai lá e faz.

17. *Hobbies?*

Gosto de carros antigos, mas estou sem tempo. Gosto também de miniaturas, coleciono.

18. Esporte?

Faço esporte: ginástica, corrida, bicicleta. Faço por obrigação e por prazer. Passei a enxergar a questão da saúde como algo que me dá mais prazer.

19. Sonhos?

Um mundo mais humano, com mais respeito pelos outros, com menos desigualdade social, que me desse orgulho de estar contribuindo para o futuro dos meus filhos e dos meus netos.

20. TV aberta?

Acho uma balela dizerem que a TV aberta está acabando. Existe uma visão equivocada das pessoas sobre a TV aberta, por não serem telespectadores desse meio. Elas não são espectro da população brasileira. Essas pessoas acham que a população pensa da mesma forma que eles. Mas não é verdade. Temos que ter no nosso negócio mecanismos cada vez mais eficientes para levar o nosso produto para os nossos clientes e fazê-los entender a nossa força. Grandes marcas perderam *share* no mercado por terem investido mais em digital do que na TV aberta. O jovem, por exemplo, vem para a TV quando o conteúdo interessa a ele. Temos que focar em conteúdo que interesse ao jovem. Cada vez mais temos que reforçar a importância dos dados e informações de audiência para mostrar aos profissionais de mídia a nossa relevância e desconstruir os dados fornecidos pela "turma" da internet, que produz seus próprios dados, que sequer são auditados. Quando olho para frente, só vejo o crescimento da TV aberta, 75% do que é dito no Twitter é sobre programação de TV aberta. Viveremos agora a onda do *back to basics*.

21. Qual o segredo do sucesso?

Uma vez, um grande executivo me disse que o segredo do meu sucesso não era minha experiência profissional, meu sentido de responsabilidade, nem meu *networking*, mas sim minha capacidade de escolher pessoas. Pensei muito sobre isso e hoje concordo com ele.

22. Fidelidade é uma marca sua?

Sim. Não consigo não vestir a camisa, sempre achei que a empresa onde trabalho é um pouco minha, como falei no princípio. Sou apaixonado. Esta fidelidade é maior que a minha vontade. Hoje, a minha chance de deixar a emissora é praticamente zero. A emissora me deu muitos desafios, me deu muito espaço e sou muito grato à RecordTV por isso. Tenho certeza de que a empresa tem muito a crescer nos próximos anos.

Galeria de fotos

Vanessa Wedekin Montagnoli

Empresa:
BiUP

Função:
Diretora de Treinamento e Desenvolvimento de Produtos

1. **Como e onde iniciou-se sua trajetória profissional?**

Eu costumo dizer que iniciei minha carreira profissional quando tinha 7 anos. Morava numa rua que era passagem de alunos que iam para a escola. Montei um negócio na frente da casa onde morava e comecei a vender folhas de sulfite, borrachas, canetas que minha mãe (na época, diretora de escola estadual) levava para casa. Claro que não durou muito, era apenas uma criança, mas posso afirmar que, ali mesmo, sem ninguém naquela época citar intraempreendedorismo ou empreendedorismo, as características já nasceram comigo. Contextualizações à parte, comecei minha carreira profissional cedo numa construtora como *office girl*. Naquela época, não havia *motoboys*, Rappi, Ifood, Uber... enfim, as empresas contratavam pessoas para fazer serviços de banco, cartório, levar e buscar documentos. E, acreditem, foi a época que aprendi muito mais ainda a falar com pessoas, trabalhar resiliência (mesmo sem saber o que era isso...). Vender ideias, me planejar com horários e tarefas e entender que o mundo é uma vastidão de possibilidades, e ainda nessa época, comecei a dar conselhos de livros que lia (sim, eu sempre amei os livros, herança de uma educação primorosa da minha mãe). Eu compartilhava ideias no ônibus com outros *motoboys*, com alunos da escola e pessoas ao redor. Nessa empresa, fiquei durante sete anos, passei por todas as áreas que possam imaginar, compras, administrativo, financeiro, recepção, vendas, e foi na área comercial, em específico no treinamento e desenvolvimento comercial, que tudo se encaixou na minha vida. Descobri que a vontade de ensinar, de poder ajudar pessoas a se desenvolver, e que isso trazia resultado e mudava a curva de aceleração da empresa, era minha vida. Encontrei meu propósito de vida aos 21 anos. Uma dádiva que considero. Eu sempre oriento as pessoas assim: "Quer descobrir seu propósito de vida? Então, pergunte-se: "O que você faria de graça para o resto de sua vida? E foque nisso, profissionalize-se".

2. **Quais os principais desafios e resultados vivenciados ao longo da sua carreira?**

Desafios existem para gente crescer, para nos inspirarmos e para aprendermos o que fazer ou o que repetir. Acredito que o maior desafio que todos nós temos nas nossas carreiras é como construir e que legado queremos deixar. Isso, com certeza, envolve qual impacto deixei na vida das pessoas, quais resultados entreguei e com quais curvas de aceleramento contribuí. Eu sempre tentei levar a ferro e fogo, principalmente em gestão de pessoas, não fazer com os outros o que não gostaria que fizessem comigo, eu sempre tentei me colocar no lugar do outro e me abster de minhas crenças limitantes ou impulsionadoras, e confesso que esse é um exercício diário.

3. **Quem da sua história de vida inspirou/motivou na sua carreira?**

Parece clichê, mas tenho duas grandes referências na minha vida, por sorte, ou como queiram denominar, eu entrei na vida deles. Meu pai e minha mãe. Meu pai pela visão empreendedora, capacidade de realização, capacidade de vendas, capacidade de transformar uma ideia em projetos extraordinários e por uma resiliência que desconheço que outra pessoa na vida tenha maior. Minha mãe, por educar para a vida, me ensinar o amor pela educação, pelo planejamento, por rotina, por me ensinar o gosto pela leitura, descobrir um novo mundo e ser resiliente.

Além deles, outra grande personalidade que me inspira muito a ser brasileira é Luiz Seabra, fundador e dono da Natura, simplesmente pelo fato de ter conseguido materializar o bem-estar de verdade na vida das pessoas, por ensinar que sempre é possível com análises e visão de mercado colocar projetos no ar na hora certa e, acima de tudo, pela preocupação legítima com o outro. A Natura é assim, é cultural, e a vivência humana lá é muito forte.

E, por último, é recente uma fonte de inspiração chamada Victor Rocha. Considero um grande executivo deste país, foi diretor executivo de uma grande rede de franquias de escolas e hoje é fundador da BiUP. Um grande visionário, preocupado com o outro, resiliente, uma história de superação de vida que vem me ensinando todos os dias a me superar em tudo com muito amor e dedicação. Legitimou meu conceito de que quando trabalhamos com um propósito verdadeiro, com muito foco e muito trabalho, tudo flui.

4. Alguma história na gestão de pessoas que gostaria de compartilhar?

Tive diversos colaboradores ao longo da minha jornada, mas alguns casos específicos me marcaram muito. Não citarei nomes por uma questão de ética. Tive uma colaboradora PCD que, quando começou a trabalhar comigo, estava desmotivada e muito preocupada com sua carreira. Com o acompanhamento e orientação correta, ela se tornou referência em treinamento de PCD para clientes internos e externos e hoje até pensa em publicar um livro. Deixei-a responsável também por criar todos os materiais de treinamento com esse olhar inclusivo. Foi um sucesso.

5. Quais dicas daria para aqueles que estão iniciando a carreira profissional?

Aprendam a vender antes de qualquer coisa na vida. Não importa se você quer fazer medicina, quer ser padeiro, ser professor, ser dentista, o que for, aprenda a vender. Vendas dá estofo emocional, dá resiliência, você aprende a se comunicar, a entender e ler o outro. Trabalhe um ano no início do setor, em uma área de vendas. Pegue um produto e vá de porta em porta vender. É duro, é difícil, mas eu garanto: vai ser a melhor jornada da sua vida. Vai haver dias em que você vai querer desistir, você vai encarar o "não", você vai aprender a conviver com metas, vai aprender a desenhar objetivos e como alcançá-los. Só a área de vendas consegue dar um panorama tão grande para você aguentar o tranco em qualquer profissão e na vida.

6. Ao recrutar um profissional, quais características comportamentais são consideradas fundamentais?

A primeira e mais importante para mim: se ele sabe vender. O profissional que sabe vender alcança o mundo. Entenda, as pessoas que sabem vender se comunicam melhor, têm uma resiliência incrível, capacidade de atingir metas e objetivos, sabem se planejar e são comunicativas.

A segunda e mais importante é a visão empreendedora. No mundo atual, não temos mais espaço para proletariado, para pessoas que pensam que horas entrar e que horas sair. Se um candidato me pergunta como eu vou crescer nessa empresa, o que ela me oferece, eu tenho x competências para ajudar essa empresa a crescer, já tem 95% de chance de entrar.

7. Qual legado gostaria de deixar para a sociedade?

Capacidade de transformar o mundo, através de capacitação, com orientação certa, com prática, com neurociência. Eu quero que as pessoas pensem em mim como alguém que ajudou a transformar algo na vida delas de verdade. Isso para mim basta. Atingi meu propósito.

8. Cite alguns líderes que, em sua opinião, são inspiradores.

Victor Rocha – BiUP, Pedro Passos – Natura, Guilherme Leal – Natura, Luiz Seabra – Natura, Delvecio – Codhab, Flavio Augusto – Wiseup, Cid Pereira – Natura, Alexandre Crescenzi – Natura, Daniel Silveira – Natura.

9. Como você define o papel da liderança?

Liderança tem a ver com a capacidade que você tem de tocar a alma das pessoas de alguma forma. A capacidade de você ser um excelente executor, realizador, mudar vidas, e as pessoas quererem segui-lo por ter mudado a vida delas de alguma maneira. Eu tenho pessoas que trabalharam comigo que até hoje querem trabalhar no meu time. Isso é liderança, vai além da empresa, das metas, dos projetos. Está ligado diretamente ao que de alguma maneira você tocou naquela pessoa e a inspirou.

10. O que você faz para manter-se motivada?

Tão simples como comer, eu sigo meu propósito. E não é clichê. Quando você tem um propósito definido e faz de tudo por ele, você trabalha em estado de *flow*. E trabalhar em estado de *flow* não é trabalhar, é se divertir. Entende que não tem dia, não tem hora. Sem essa de "amanhã é segunda-feira" ou "até que enfim, hoje é sexta-feira". Eu tenho pena de quem pensa assim, sabe por quê? Porque na minha opinião essa pessoa não trabalha com propósito.

11. Qual a importância da inovação nas organizações?

Inovação só faz sentido para mim se tocar vidas de pessoas de alguma maneira, se for para gerar prosperidade. Se for útil. Já vi imensos projetos inovadores que não serviram para nada, muito dinheiro gasto, anos de desenvolvimento em vão. Inovação é tudo, mas você deve ter a capacidade de saber o que a sua organização efetivamente vai ganhar com ela, qual impacto vai gerar.

12. Do que você sente saudades?

Tenho saudade das festas em família, de quando eu era pequena. As pessoas crescem, natural, né? Vai cada um para um lado, cada um com um compromisso, alguns morrem (lei da vida). Mas faz parte. O bom é que eu tive esse passado glorioso, que me gera lembranças e aprendizados maravilhosos.

13. Do que você tem orgulho?

Tenho orgulho de todas as vidas que pude tocar de alguma maneira, tudo que já construí, da pessoa que estou me tornando, do meu filho, da minha irmã. Orgulho dos projetos sociais que já fiz e dos que estou a fazer, que ainda estão em planejamento.

14. Qual o significado da palavra felicidade?

Felicidade para mim é viver em *flow*. Viver o propósito. É acordar todo dia e poder ter a graça divina de trabalhar no que é o seu propósito. Felicidade é poder respirar o ar das manhãs com cheiro de café fresco e dizer bom dia ao novo dia que acaba de nascer.

15. Qual a sua citação favorita e por quê?

"Tudo é possível". Desde que bem idealizado, estudado, planejado, vendido e executado. Gosto porque não tem segredo. Esse é o ciclo perfeito para mim, o que sempre deu certo.

16. Quais são seus *hobbies* preferidos?

Pintar quadros. Eu comecei a pintar quadros com 18 anos, porque era muito acelerada (e continuo) e queria zerar a mente, e não conseguia fazer meditação. Outros *hobbies* são: cozinhar, estudar vinhos e viajar.

17. Qual sonho você gostaria de realizar?

Tenho vários sonhos. Construir uma fundação com educação de qualidade para quem não tem acesso e dar uma profissão a essas pessoas. Ir ver a Aurora Boreal. Ainda vou, claro, mas estou esperando meu filho crescer.

18. Qual mensagem de motivação gostaria de deixar para os leitores deste livro?

Não desistam nunca. Nada é eterno. Eu já tive muitos altos e baixos, mas o que me salvou foram meu propósito (persegui-lo implacavelmente), meus amigos verdadeiros e meus familiares (estar com eles).

Galeria de fotos

Vania Thaumaturgo Capela

Empresa:
Associação Polo Digital de Manaus e Instituto Eldorado

Função:
Presidente da Associação Polo Digital de Manaus e Gerente Executiva do Instituto Eldorado

1. Como e onde você iniciou a sua trajetória profissional?

Iniciei minha carreira aos 16 anos, trabalhando como técnica de manutenção eletrônica em uma empresa que revelava filmes fotográficos e produzia máquina fotográfica, era a única mulher do departamento em uma época em que a presença feminina nessas áreas era rara. No ano seguinte, entrei na faculdade de Engenharia Eletrônica, e logo em seguida mudei de emprego para me tornar técnica de engenharia industrial na Philco, uma fábrica de televisores, áudio, videocassetes e computadores, estudei e trabalhei por todo o período da faculdade, entrando no trabalho às 5 horas da manhã, estudando à tarde e noite, durante esse período, dormia três horas por noite, pois tinha que acordar às 3 horas da manhã para pegar o ônibus. Trabalhei nessa empresa por oito anos, me tornando gerente de engenharia quando tinha 23 anos, esse foi meu primeiro desafio, pois tinha bons conhecimentos técnicos, mas nenhum conhecimento de gestão, porém já possuía uma boa capacidade de autocrítica, o que me fez, aos 25 anos, iniciar um processo de desenvolvimento da minha inteligência emocional, através do ensinamentos de Daniel Goleman, e seu livro *Inteligência emocional*.

2. Quais os principais desafios e resultados que você vivenciou ao longo da sua carreira?

Os principais desafios da minha carreira envolveram, na maioria das vezes, transformar uma fábrica ineficiente em uma fábrica eficiente em custos, qualidade e entrega. Em todos os momentos a que fui submetida a esse desafio, tive sucesso, em primeiro lugar por envolver todas as pessoas nesse processo, desenvolvendo uma visão clara de propósito e do impacto de cada um neste tripé custo-qualidade-entrega. Criando um sentimento de equipe, de "dor de dono" nos membros da organização. Em duas fábricas, umas das primeiras ações foi lavarmos todos o chão da fábrica, organizarmos os equipamentos e materiais de forma que posteriormente todos tivessem zelo e mantivessem aquilo que todos construíram. Em todas as fábricas, desenvolvi, juntamente com as equipes de engenharia e material, novos processos e controles, reduzindo a burocracia e mantendo somente processos e controles que fazem sentido.

Em todas as empresas, mantive comunicação aberta e direta com todos os empregados, levando transparência e respeito a todos. Essa construção fez diferença em todas as plantas que gerenciei, reduzindo inventário e perdas de materiais, paradas de produção, melhorando *feedback* e implementação de ações corretivas e preventivas, elevando o nível de qualidade e consequentemente reduzindo o custo da operação, melhorando a eficácia da entrega. Há três anos, mudei completamente meu ramo de atuação para a área de tecnologia da informação e comunicação. Nesse novo desafio, tive que aprender tecnologias e processos completamente diferentes, mas o aprendizado é algo que me motiva. Trabalhando como diretora administrativa no Sidia, pude desenvolver um trabalho de mudança de reputação da organização diante do ecossistema local, suportar um processo de crescimento e mudança de instalações e posicionar o instituto como âncora no ecossistema local, patrocinando e organizando a primeira feira do Polo Digital de Manaus, de forma a integrar e dar visibilidade a todo o ecossistema e, no ano seguinte, já em conjunto com vários atores do ecossistema e com representantes dos governos municipal e estadual, pudemos realizar a segunda edição da feira, com patrocínio da prefeitura e outras empresas, nesse evento lançamos a governança para o ecossistema chamada de Associação Polo Digital de Manaus, que será responsável por alavancar e consolidar uma nova matriz econômica na cidade.

3. Quem da sua história de vida inspirou/motivou na sua carreira?

Minha primeira inspiração foi minha avó, Francisca, que me ensinou com apenas 3 anos de idade a ler e escrever, também meus pais, Ademar e Fátima, que me criaram com altos padrões morais, e durante minha carreira tive sorte de ter mentores, muitas vezes diretores, que me ensinavam vários aspectos da gestão de pessoas e de empresas, sempre tive por perto verdadeiros mestres, com quem me aconselhava e buscava conhecimentos advindos de uma experiência que eu ainda não tinha, desses posso citar: Vanderley Paixão, José Renato Santiago, Nagao-San, Nick Newman, Clifton Foo, Geert Maes, Ian Stewart, professor José Alberto Machado, Roberto Pinto Martins, pastor David Hatcher, a psicóloga Andrea Oliveira, outros ainda mantenho algum, mas alguns outros fazem parte dessa fase da minha vida e fazem muita diferença.

4. Alguma história na gestão de pessoas que você gostaria de compartilhar?

Citadas acima. Sempre acredito que gestão de pessoas se faz perto delas, dando o suporte necessário para que possam crescer, trabalhando com transparência, confiança e respeito.

5. Alguma história de relacionamento com o cliente que você gostaria de destacar?

Respeito total ao cliente, comunicação direta e transparente! Esses sempre foram meu lema. Nunca medi esforços para atender às expectativas dos meus clientes. Algumas vezes tendo que trabalhar com a equipe 48 horas continuamente para lançar um produto novo no prazo, e mesmo que operacionalmente eu não tivesse que estar presente, estava lá para suar junto. Trabalhando assim sempre, conseguimos reverter situações e crises e transformar a empresa em um ótimo fornecedor. Minha gestão é sempre próxima, ensinando, acompanhando, mantendo o *feedback* contínuo. Sempre digo à minha equipe: "Mantenham o radar ligado, pois dou *feedback* a vocês constantemente e não somente nas seções formais uma ou duas vezes por ano", essa comunicação direta e transparente sempre me ajudou a ter a equipe trabalhando junto. Eu acredito que nosso sucesso como gestor e líder é proporcional à quantidade de pessoas que ajudamos a crescer e, portanto, estou sempre focando no crescimento e desenvolvimento daqueles que trabalham comigo.

6. Quais dicas você daria para aqueles que estão iniciando a carreira profissional?

Faça sempre o seu melhor e faça além da média, sempre. Busque ser melhor hoje do que você era ontem e nunca se compare com os outros, mas com você mesmo. Ninguém vive a vida do outro, portanto, seu referencial é você mesmo, superar-se a cada dia, como um atleta maratonista. Lembre-se que os limites é você que impõe, então você também pode removê-los, mas não ache que isso não dá trabalho ou seja fácil, se assim fosse, todo mundo faria. Mantenha o foco, cuide sempre do bem comum, não tema desafios e seja humilde, esteja sempre aberto a aprender e a corrigir sua rota, quando necessário. Conquiste e mantenha o equilíbrio emocional, essa maturidade levará você a altos patamares, também fará você entender que ninguém é melhor que ninguém, as pessoas têm responsabilidades diferentes, mas são igualmente importantes em seus papéis. Respeite a todos sempre, mesmo quando você tiver que os demitir. Respeite a si mesmo, nunca permita que ninguém haja com desrespeito a você. Mantenha suas posições, se você realmente acredita nelas, mas seja flexível o suficiente para saber que a opinião dos outros importa, mesmo que você não viva em função delas.

7. Ao recrutar um profissional, quais características comportamentais você considera fundamentais?

Traços de caráter: lealdade, honestidade, pois a técnica é facilmente ensinável, o caráter não. Além disso, velocidade, engajamento, confiança e humildade são aspectos importantes.

8. Qual legado você gostaria de deixar para a sociedade?

A construção do Polo Digital de Manaus de forma colaborativa, como um ecossistema forte e como nova matriz econômica da cidade.

9. Cite alguns líderes que, em sua opinião, são inspiradores.

Jesus Cristo é um líder inspirador, falava a palavra certa no momento certo, ilustrava seus ensinamentos, ficava em silêncio quando essa era a melhor resposta, era firme, porém gentil, perspicaz e sábio, e doou tudo o que tinha, sua própria vida, para um bem maior em prol daqueles que nem conhecia.

10. Como você define o papel da liderança?

Liderança é um papel tridimensional, um bom líder lidera para cima, para baixo, em eixo y, para os lados, em eixo x e para dentro de si, e de dentro para fora de si, em eixo z. Existem muitos líderes bidimensionais, que alcançam bons resultados, que transformam suas empresas, que entregam resultados. Mas um bom líder, aquele que deixa um legado, precisa ter a capacidade de conhecer a si mesmo, de se escutar, de se interpretar, para entregar o melhor de si para os outros. Precisa também ter a capacidade de escutar os outros, além de ouvi-los, de se desprover de prejulgamentos condenatórios para extrair o melhor das pessoas.

11. O que você faz para se manter motivada?

Tenho um propósito que não está centrado em mim, e por isso não me abalo facilmente com opiniões alheias, mesmo que procure tirar proveito das críticas. Também escolho os pensamentos que quero que fiquem na minha mente e aqueles que passam e vão para o lixo. Acho que essa capacidade me faz uma pessoa feliz comigo mesma e me faz experimentar a paz, mesmo que as circunstâncias sejam turbulentas. Existe um provérbio bíblico que diz: "Mas vale o homem que controla sua mente do que aquele que conquista uma cidade". Ter o controle sobre seus pensamentos tem um valor que vai além do entendimento, nos permite ter o controle sobre nossa vida, não depender de circunstâncias, e escolher sempre, mesmo que conscientemente sua escolha às vezes possa fazer você parecer fraca, por não reagir, por não pagar na mesma moeda, mas só você sabe que esse tipo de escolha é para os fortes, e somente você saber disso já é o suficiente.

12. Qual a importância da inovação nas organizações?

Lembrando daquela música que diz: "Tudo muda o tempo todo no mundo", reconheço que é esse o mundo que vivemos hoje e que será daqui para frente, as mudanças tecnológicas impuseram uma nova forma de viver, de conviver, de trabalhar, e isso não tem volta. Portanto, as empresas precisam se reinventar, os profissionais precisam se reinventar, a sociedade precisa se reinventar, e é esse o papel da inovação: reinvenção, adaptação e readaptação, algumas vezes, a disrupção para criação de algo totalmente novo.

13. Como você realiza o *networking* de maneira efetiva?

De uma forma natural, não sou tímida, mas tenho uma personalidade introvertida e, portanto, não fico buscando conhecer novas pessoas, mas as conheço e interajo quando a ocasião assim permite, e meu trabalho atual tem permitido muitas interações. Tento fazer com que essas interações sejam positivas para essas pessoas, mas procuro ser eu mesma, assim como tento contribuir para com as pessoas.

14. Do que você sente saudades?

Da casa de madeira, com fogão de barro, sem água e sem luz, que meus avós paternos tinham no interior do Amazonas, era tudo muito simples, mas muito farto. Farto da abundância dos rios, das matas, da terra. Farto da beleza natural, essa casa ficava numa esquina entre o Rio Autaz e um igarapé, tinha um pé de azeitonas pretas na frente, tinha um curral de gado, cavalos e criação de porcos e galinhas. Tinha uma casa de fazer farinha de mandioca, sinto saudades do beiju de mandioca em forma de boneco que minha avó fazia enquanto eu a ajudava a fazer a farinha. Sinto falta da música da floresta à noite, algumas vezes mando a assistente Google tocar os sons da floresta para mim, já experimentou isso? É bom, mas não é a mesma coisa. Sinto falta daquele céu imensamente estrelado à noite e dos inúmeros vagalumes. Também sinto falta dos milhares de borboletas amarelas que voavam sobre a praia na época da vazante do rio. Do barco, que nós amazonenses chamamos de motor, que meu avô pilotava. Sinto falta das histórias que ouvíamos à luz de lamparina, antes de dormir. Eu tive uma infância abençoada e sou muito grata a Deus, aos meus avós e aos meus pais por isso. Eu e minhas irmãs, Kátia e Sirley, aproveitamos muito tudo isso. E depois o Denis, meu irmão. Tivemos a oportunidade de brincar nas ruas com as crianças da vizinhança, uma liberdade que hoje meus filhos, Paulo Victor e Ana Paula, não puderam desfrutar, pois nossa cidade ficou perigosa e violenta por causa do crime organizado. Espero e sonho que um dia isso possa mudar.

15. Do que você tem orgulho?

Tenho orgulho da família que tenho, meu marido Sérgio, homem trabalhador e que daria sua vida por mim e pelos meus filhos sem pensar um minuto. Do meu filho Paulo Victor, inteligente, focado, que possui um coração de ouro, aliás, isso acho que é a marca da nossa família, coração bom. Tenho orgulho da Ana Paula, tão ativa, alegre, inteligente e perspicaz. Deus me deu uma família linda da qual me orgulho.

16. Qual o significado da palavra felicidade?

Felicidade significa estar em paz, consigo mesma e com os outros. Significa poder apreciar as bênçãos grandes e pequenas que Deus nos dá todos os dias, e agradecê-Lo por isso. Às vezes, na correria da vida, achamos que um dia seremos felizes, que teremos isso ou aquilo, que seremos isso ou aquilo, e passamos pela felicidade sem percebê-la. Ficamos criando expectativas que os outros nunca vão alcançar e, por isso, vivemos cheios de frustrações, como se nossa felicidade dependesse do outro. Às vezes, nós mesmos colocamos pesos sobre nossas vidas, que às vezes se tornam pesadas demais, porque a vida já tem seus pesos. Se você conseguir ser feliz com uma xícara de chá, com uma taça de vinho, com um pôr do sol, com o vento, com as flores, com o mar, então será feliz com seu trabalho, com sua família, com suas viagens, com seus prêmios, com você mesmo(a). Se você não conseguir ser feliz com essas pequenas coisas, nunca nada será suficiente para você.

17. Qual a sua citação favorita e por quê?

Do filme *Forest Gump*: "A vida é como uma caixa de bombons, você nunca sabe o que vai encontrar dentro dela, mas sempre pode tirar o melhor".

18. Quais são seus *hobbies* preferidos?

Ler, assistir a filmes e visitar cemitérios. Acho cemitérios lugares fantásticos, que guardam aqueles que por aqui passaram e construíram o mundo que temos hoje. Eles nos entregaram esse chão que pisamos agora com suas histórias, com suas vidas. E voltaram para o chão, mas suas memórias permanecem, pois de alguma forma mudaram o rumo da vida dos que hoje vivem.

19. Qual sonho você gostaria de realizar?

Esse, de escrever um livro. Nunca achei que teria essa oportunidade, até porque não tinha planejado realizar esse sonho. Também tenho o sonho de me tornar uma cientista social, e assim contribuir com o crescimento pessoal e profissional de outras pessoas.

20. O que você aprendeu com a vida que gostaria de deixar registrado nesta obra?

Aprendi que o dito popular "Deus ajuda a quem cedo madruga" é verdadeiro, pois nada se constrói tendo preguiça, fazendo o mínimo necessário e buscando uma vida de diversões. Construção requer trabalho, esforço e foco. A vitória requer desprendimento, concessões, escolhas e algum sacrifício. Você precisa ter clareza do que quer na vida, de onde quer chegar e do que quer construir, não que seu mapa esteja definido no primeiro momento, mas estará claro para você conforme os passos que você der. Pois como disse o gato no livro *Alice no país das maravilhas*: "Para quem não sabe aonde vai, qualquer caminho serve". Então, você precisa ser o leme que guia sua vida, aproveitando o vento que bate na sua vela.

21. Qual mensagem de motivação você gostaria de deixar para os leitores deste livro?

Não acredite em tudo que você ouve ou vê, mas acredite em você. Você tem uma capacidade além da que você acha que tem, então, não perca tempo vivendo a vida de outras pessoas, ou se comparando com elas, aliás, não perca seu tempo com nada, pois o tempo é o único recurso realmente não renovável. Use seu tempo da melhor forma, mesmo que às vezes a melhor forma seja fazer nada. Seja sua melhor versão todos os dias e deixe um legado para aqueles que convivem com você.

22. Com base no que você vivenciou, ao longo de sua vida corporativa, qual o segredo do sucesso para ir da teoria ao topo?

O segredo é foco no trabalho, fazer o seu melhor a cada dia, aprender a cada dia e construir sua melhor versão. É preciso ter em mente o que queremos construir e também usar bem um dos recursos mais preciosos, que é nosso tempo, além disso, é muito importante a autopercepção, automonitoramento, sem isso você anda às cegas, não sabe o que precisa mudar, aprender e desaprender. Para isso é preciso um certo desprendimento, humildade, autoconfiança, pois ao mesmo tempo em que temos que ter firmeza para manter os pontos em que acreditamos, temos que ser justos em assumir nossos erros. Outro ponto muito importante para o crescimento é o relacionamento com as pessoas, manter o respeito, tratamento justo e colaborativo, buscando sempre o bem comum. Eu creio que assim se constrói uma estrada sólida para o crescimento.

Galeria de fotos

Víctor Raúl Martínez Centurión

Empresa:
Peex Brasil

Função:
Sócio

1. Como e onde você iniciou a sua trajetória profissional?

Minha vida profissional começou no Terminal Rodoviário de Assunção, em fevereiro de 1989, quando embarcava no ônibus que me traria do Paraguai para o Brasil para fazer a faculdade. Começava ali a minha saga para ser o profissional que sou hoje.

Sou paraguaio, nascido e criado em Assunção.

O ano de 1989 começava complicado no Paraguai, no dia 3 de fevereiro dava-se início ao golpe de estado que derrubaria depois de 35 anos do poder o então presidente do Paraguai, general Alfredo Stroessner. Foram horas de combate e confrontos entre militares e forças policiais leais ao general por toda a cidade, até que, ao amanhecer do dia 4 de fevereiro, ele finalmente se rendeu e assinou sua renúncia, sendo finalmente derrotado. Esse evento teve um impacto enorme na minha vida. Além do impacto político na vida de todos os paraguaios, ele afetou diretamente meu "começo profissional".

Eu tinha sido aprovado no programa de estudantes do convênio da Embaixada Brasileira no Paraguai, o que me permitiria estudar Engenharia de Produção de Materiais na Universidade Federal de São Carlos, no Brasil. Minha aprovação se deu em dezembro do ano anterior. Em fevereiro de 1989, eu já tinha arrumado todos os documentos e feito todos os procedimentos obrigatórios para estudar fora do país, estava com tudo pronto para viajar. Havia recebido uma carta da Universidade Federal de São Carlos, me citando para me matricular a partir do dia 21 de fevereiro, o problema agora era que as fronteiras do país simplesmente se fecharam por tempo indeterminado. Com isso, ninguém entrava nem saía do país.

Eu precisava viajar para me matricular na data que passaram para garantir minha vaga no convênio. Eu ia diariamente até as empresas de ônibus que faziam a rota Assunção-São Paulo para tentar comprar uma passagem, mas as empresas não podiam vendê-las por causa dessa situação. O desespero começou a tomar conta de mim, quando uma semana depois do golpe militar nada tinha mudado. Dias depois, as fronteiras se abriram e eu finalmente poderia comprar a minha passagem. A minha vontade era de comprar logo a passagem e sair do país, mas era muito cedo para ir e eu não tinha onde ficar, nem dinheiro para gastar, então, conversando com um amigo, Micki Zaldivar, que morava na época em Curitiba com a família, me ofereceu ir para a casa dele esperar o dia da minha matrícula e, depois, ir para São Carlos. Foi o que eu fiz, lá fui eu começar a minha vida profissional.

Fiz Engenharia de Produção de Materiais na Universidade Federal de São Carlos (UFSCAR), sou da turma de 1989, formado no meio do ano de 1995 propositalmente e por uma boa razão.

Como estudante convênio, meu visto no Brasil era de um ano de duração, renovável por mais um, apresentando o atestado de matrícula e histórico escolar junto à Polícia Federal. Como o visto era sempre dado pelo prazo de um ano, meu plano era me formar no meio do ano, e na metade seguinte procurar emprego, a essa altura eu já estava convencido, por diversos motivos, de que o meu futuro seria no Brasil. Assim fiz, me formei, e como planejado comecei a procurar emprego, como todo recém-formado à época fazia, participando dos processos de recrutamento e seleção dos programas de *trainee* que as grandes empresas ofereciam. Os processos foram ocorrendo, as dinâmicas e entrevistas foram acontecendo, a apreensão de passar para a próxima fase aumentava com cada fase que eu avançava, se seguia um alívio ao saber que tinha passado para mais uma etapa do processo seletivo, até que finalmente fui aceito no meu primeiro programa de *trainee*. Primeiro emprego como formado e no Brasil! Meu futuro estava garantido por aqui! A minha felicidade era imensa, mas duraria pouco tempo. Como de praxe, era necessário apresentar alguns documentos necessários para começar a trabalhar, um desses documentos era a carteira de trabalho, documento que com meu visto de estudante não conseguiria tirar. Grande balde de água fria para minhas intenções profissionais no Brasil. Fui dispensado do meu primeiro "emprego" sem mesmo ter começado sequer a trabalhar. Mas não desisti, e continuei a me inscrever e participar de outros processos, pensando "vai que é só essa empresa que pede carteira de trabalho", vale lembrar que essa era a cabeça de um jovem sonhador engenheiro paraguaio, recém-formado, com uma vontade enorme de ficar no Brasil.

A minha procura era incessante, bastava eu ficar sabendo de algum programa de *trainee* que eu me inscrevia. E me chamaram novamente para participar de mais um processo, e de mais um, e mais um, fui aprovado em todos os processos seletivos de que participei, mas esbarrando sempre na carteira de trabalho. Minha dispensa de todos os processos seletivos era automática, na hora que falava que não tinha carteira de trabalho. Já estava quase perdendo a esperança quando fui convidado novamente a participar do processo seletivo do Banco Votorantim. Fui aprovado mais uma vez, mas dessa vez, na hora de dizer que não tinha carteira de trabalho, não fui dispensado, me pediram para voltar para mais uma entrevista uns dias depois. Imaginem meu estado de ansiedade com essa oportunidade. Voltei e não foi uma entrevista, mas uma série de entrevistas, várias pessoas me entrevistaram, pelo menos quatro, que eu me lembre. Ao término das entrevistas, me colocaram numa sala de espera. Uma mulher era a responsável pelo processo, ela entrou na sala em que eu estava e me disse que tinham gostado muito de mim e que estavam vendo o que poderia ser feito para me contratar, que eu deveria aguardar um pouco na sala que, em breve, ela retornaria com uma posição. Se eu já estava ansioso ao não ser automaticamente dispensado, imaginem meu estado de ansiedade enquanto aguardava a resposta que viria. Um par de horas depois, ela voltou e me deu a notícia, eu seria dispensado mais uma vez. Haviam visto todas as formas possíveis de me contratar como *trainee*, e foram muito sinceros me dizendo que não valeria a pena. A essa altura, a minha esperança, que era pouca antes de participar do processo e que havia se transformado em muita aguardando pela resposta, desapareceu. Percebi que não teria jeito, não haveria forma de trabalhar no Brasil sem uma carteira de trabalho e com o visto certo para consegui-la. Mas, de novo, não desisti, continuei procurando emprego nos jornais, mas dessa vez procurando vagas "menos sofisticadas", não buscava mais pelos programas de *trainee*, apenas outros empregos, que, diga-se de passagem, em 1995 não davam em árvore. Além disso, saía e deixava meu CV pessoalmente em lojas, de todo tipo, sapatarias, óticas, restaurantes, moda masculina, feminina, até a um posto de combustível que ficava na esquina do apartamento onde ficava eu fui.

Ficava à espera de uma chamada de qualquer lugar, dessa vez com um pensamento diferente: "Vai que somente as grandes empresas é que pedem carteira de trabalho"... Eu não diria que estava com o pensamento certo, diria "diferente".

Os dias foram passando, um dia ouço um recado deixado na secretária eletrônica do apartamento em que ficava pedindo para me apresentar a uma entrevista e participar de um processo seletivo. Deixaram o local, a data e hora em que deveria estar. Para lá fui eu, prontamente e bem disposto. Fizeram uma entrevista, uma avaliação comportamental e dispensaram todo mundo dizendo que entrariam em contato para nos dizer se continuávamos ou não. Alguns dias depois, tocou o telefone, ao atender, me pedem para novamente participar de mais uma etapa do processo. Dessa vez, foram várias dinâmicas de grupo e simulações para resolver diversos tipos de situações, no fim do dia, o mesmo procedimento da semana anterior, todos dispensados, e aguardar novo contato. Mais um novo contato surgiu, e dessa vez era para uma entrevista com o dono da empresa contratante, eu estava na etapa final. Mais uma entrevista aconteceu e depois dela fiquei aguardando ansioso pela resposta. Dias depois, a resposta veio: aprovado! Eu seria vendedor de cursos da Escola Panamericana de Artes. Antes de começar a trabalhar, passaríamos por um treinamento em vendas de uma semana, dado por uma consultoria contratada. Fomos dez os aprovados. Minha alegria era imensa, mas aos poucos foi se transformando em ansiedade, e se pedirem novamente carteira de trabalho? Deixei isso de lado e fui trabalhar. O treinamento começou com muito conteúdo e muitas coisas novas para aprender, a segunda-feira passou voando e ninguém veio me pedir nada. Na terça-feira, foi igual, dia cheio e muita coisa para entender e aprender, mais um dia se passou voando e eu continuava sem ter que apresentar nada para ninguém, estava começando a acreditar que finalmente daria certo. A quarta-feira começou igual... até que, ao meio do dia, recebemos a lista de documentos necessários para registro e logicamente um deles era a carteira de trabalho. Expliquei a minha situação para a pessoa do RH, ela me disse que entendia a situação, mas que seria complicado me contratar assim, e me pediu para continuar no treinamento, que no fim do dia me daria uma resposta. Continuei no treinamento e no fim do dia a resposta veio, dispensado novamente. A pessoa foi muito amável ao me dar a resposta, e me disse que havia sido um erro deles não terem pedido os documentos no primeiro dia e por isso me convidou a ficar até o fim do treinamento, que seria na sexta-feira. Por se tratar de um treinamento em vendas, ela me disse que poderia me ser útil no futuro e que iria enriquecer meu currículo. A minha decepção era tanta que a última coisa na qual eu estava pensando naquele momento era enriquecer meu currículo, eu não queria um bom currículo, eu queira um emprego. Não tive nem vontade de responder, mas agradeci e disse que iria fazer isso.

Quando voltei para casa no fim do dia, contei o episódio aos meus amigos da república em que ficava, e decidimos sair para beber e aliviar a tensão e a decepção. Saímos e eu não só aliviei a minha tensão e decepção, como as afoguei em álcool. Fomos dormir muito tarde e, no dia seguinte, quando acordei para continuar no curso que estava fazendo, decidi que não iria e continuei dormindo até o meio-dia. Quando finalmente acordei, fui até a padaria e tomei um café da manhã que me fez refletir e decidir que iria voltar para o curso depois do almoço.

Ao voltar, o facilitador me deu uma bronca por eu ter faltado na parte da manhã, expliquei a ele a minha situação e me pediu para ficar até o fim. Na sexta-feira, o treinamento chegou a seu término, todos se levantaram e começaram a sair para descansar e começar a trabalhar efetivamente na segunda-feira, eu também me levantei e fui me despedir do treinador. Ao me despedir, ele me pediu para ficar mais um pouco, pois queria conversar comigo. Esperamos que todos se fossem, sentamos num canto do anfiteatro onde estava sendo dado o treinamento e ele me perguntou se eu não gostaria de trabalhar com ele na consultoria dele. Acho que nem deixei ele terminar de fazer o convite, porque já fui dizendo "olha, se tiver que ter a bendita carteira de trabalho eu não consigo, já tentei várias...", ele me interrompeu e disse, "eu sei, meu convite é para você trabalhar sem ela". E aí, sim, a minha alegria explodiu! Eu não podia acreditar, ele ia falando das condições financeiras e eu só pensando "a que horas que eu digo sim?". Essa pessoa era o Aguinaldo Moreira da Silva, presidente da Thomas International Brasil na época, e que seria meu mentor e posterior sócio por mais de 20 anos. Comecei na Thomas International como consultor de vendas, posteriormente me tornei presidente e depois sócio da empresa. Foram anos aprendendo a trabalhar com pessoas e para as pessoas. Essa experiência foi minha grande escola, a escola que me preparou para depois empreender com outros sócios em outros negócios, como a Peex Brasil, Valiance Coaching, Propzie, Soma Bank e Investo Capital.

Assim iniciou-se a minha trajetória profissional no Brasil.

2. Quais os principais desafios e resultados que você vivenciou ao longo da sua carreira?

Ao longo da minha carreira, me deparei com vários desafios e de todo tipo. Alguns me marcaram mais que outros, mas todos definitivamente me ensinaram coisas que nunca mais esqueci.

Muito novo ainda (com 29 anos), fui nomeado presidente da empresa na qual comecei como consultor de vendas, então coleciono situações que variam desde a minha falta de experiência até uma leitura equivocada da situação ou simplesmente alguma virada no humor da economia.

O primeiro desafio que enfrentei foi dois anos depois de assumir a presidência da Thomas International. O mercado de avaliações comportamentais, que era deserto, começava a se povoar de competidores e se tornar interessante. A cada ano que passava, mais e mais novas ferramentas chegavam ao mercado oferecendo, se não os mesmos serviços, certamente o mesmo produto, ou muito similar ao nosso. Uma guerra de preços se desatou naquela época e nós decidimos não entrar nela, manter nossos preços e oferecer um serviço diferenciado. O resultado dessa decisão foi uma consolidação de nossa empresa no mercado como fornecedora de ferramentas *premium* e a proteção de nossa margem de lucro, que nos permitiria investir em inovação e melhorias de nosso serviço. A própria guerra de preços aconteceu eliminando os concorrentes que apenas ofereciam preço, e acabou criando uma diferenciação entre os competidores desse mercado.

Outro desafio que enfrentei foi quando decidimos investir em paralelo no nosso negócio principal, numa outra oportunidade extremamente inovadora à época, filmagem de atendimentos de cliente oculto. O serviço de cliente oculto já era oferecido por algumas empresas, sobretudo para as empresas de varejo. O trabalho consistia basicamente em definir com a empresa cliente um personagem previamente definido. Tudo o que deveria ser dito ou feito na loja ou durante o atendimento era definido, seguidamente era encontrada uma pessoa que representasse esse papel, a quem era dado o nome de cliente oculto. A pessoa representando o personagem realizava o atendimento, e após esse trabalho, relatórios eram entregues narrando o acontecido e avaliando o atendimento. Nossa proposta era fazer tudo isso com câmeras ocultas portáteis (toda uma novidade para os anos 2000), oferecendo assim ao cliente a possibilidade de "estar" e ver o desempenho do seu profissional, como ele aconteceu no momento, permitindo assim que ele mesmo fizesse a avaliação final do atendimento. Parecia genial, como todo projeto inovador o é quando está no papel. Todos os sócios trabalhávamos na Thomas e cuidávamos do nosso novo negócio, beirando a negligência e dando muito pouca atenção para as pretensões que tínhamos com ele. Resultado disso, fechamos a empresa por falta de *performance*. Aprendizado, negócio sem líder, sem dedicação exclusiva de 100% ao negócio não vai para frente.

Foram tantos os desafios que vou apenas citar mais um que, dentre todos, foi o mais marcante e o que realmente acabou forjando um novo profissional depois de eu ter passado por ele. Após 21 anos trabalhando com a Thomas primeiramente como funcionário, depois como CEO e no fim como sócio da empresa que a representava no Brasil, a Thomas UK nomeou um novo executivo para a posição de COO na Inglaterra. Por alguma razão, desconhecida por mim e muitos dos distribuidores internacionais, ele "cismou" em fazer uma revisão de todos os contratos internacionais. Na primeira vez em que nos encontramos com ele, nos foi apresentado oficialmente como o profissional que foi contratado porque não confiava em ninguém, o que automaticamente levaria qualquer um a pensar: "Se ele não confia em ninguém, porque eu deveria confiar nele?". Com esse pressuposto base, ele começou um trabalho de investigação, intrigas e suspeitas, que somado ao posicionamento inicial (totalmente equivocado, a meu ver) de um dos sócios da operação brasileira, teve consequência nefastas para o negócio. Era o ano de 2015, ano em que a economia brasileira começava a se desmoronar e onde a última coisa que estávamos precisando naquele momento era ter que desviar nossos esforços e energias para resolver os problemas internos que estávamos tendo. A situação se estendeu por quase dois anos, me esgotando completamente, tirando minha motivação, e desviando totalmente meu foco para um assunto que em nada contribuía com o crescimento, ou pelo menos naquele momento, para a manutenção de nosso faturamento em meio da maior crise econômica do Brasil. A receita do negócio despencou 30%. O time estava completamente desmotivado e sem rumo, como eu. Eu olhava para tudo o que estava acontecendo e não podia acreditar que, sem base nenhuma, prova alguma e depois de 21 anos de trabalho na empresa, eu estava sendo questionado moralmente por um profissional que acabara de chegar a menos de seis meses. O desgaste foi tanto que os nervos ficaram mais de uma vez à flor da pele, chegando ao ponto de haver brigas e discussões aos gritos, que beiravam a falta de respeito e má educação entre todos. Não faltaram ofensas e acusações mútuas temperadas com uma absoluta falta de equilíbrio emocional. Vale a pena mencionar que isso me custou uma paralisia estomacal provocada pelo estresse, que me levou ao hospital e a passar pela UTI por três dias. Nesse momento, estava em jogo meu futuro profissional e de vida, o da empresa e o dos meus funcionários, havia tanta coisa envolvida nessa situação que, para sair dela, com o melhor resultado possível, tive que me tornar extremamente forte para aguentar a pressão sem perder o controle, e ao mesmo tempo cauteloso para não ocasionar perdas irreparáveis. Eu meditava, treinava intensamente, lia livros e me enclausurei para não perder o foco. Passado um tempo, comecei a perceber que não estava feliz com o presente, ninguém estaria, mas também não estava feliz com as possibilidades que via no futuro. Subitamente, um dia, uma sensação de clareza foi tomando conta de mim e me fez enxergar que minha história com a Thomas tinha chegado ao fim. Não havia conta que fechasse com a minha felicidade no futuro. Propus a compra da operação para compensar os 21 anos de trabalho, criando a marca e a experiência toda que significava trabalhar com a Thomas, mas foi recusada, sabia que sem sucesso nessa proposta de compra da operação iria deixar muito dinheiro sobre a mesa, mas de novo o valor da minha felicidade no futuro não tinha preço se comparado com isso. Decidi, com o total apoio do meu sócio no Brasil, Edson Rodrigues, que simplesmente sairíamos sem um tostão do negócio e o repassaríamos para o futuro representante. No fim, arcamos com todas as despesas de fechamento da empresa e demissão de funcionários, e eu deixava essa parte da minha história profissional de lado para poder começar uma nova. Após 21 anos, deixava a empresa e todos seus profissionais prontos e treinados para o próximo distribuidor, sem receber sequer um "obrigado" por isso.

Hoje, depois de três anos disso tudo, vejo como foi acertada a decisão que tomei, me libertando para ser um empreendedor em negócios, que aposto, irão se tornar altamente rentáveis no médio/longo prazos. O resultado disso foi fazer parte de cinco outros negócios novos (Valiance Coaching, Peex Brasil, Investo Capital, Soma Bank e Propzie) e parceiro como criador de conteúdo de duas plataformas digitais, uma de *wellness* (Go4Active!) e outra de saúde mental, nutrição e produtividade (Ukor), além de ganhar uma agenda flexível que permite me dedicar plenamente a minha filha de 14 anos e à pratica esportiva que tanto gosto.

3. Alguma história na gestão de pessoas que você gostaria de compartilhar?

Inúmeras!! A que mais me realiza é a do desenvolvimento do meu time de vendas no Brasil e de distribuidores na América Latina para a Thomas International.

No começo, éramos apenas três consultores de vendas e o próprio presidente da empresa vendendo. Eu fui o terceiro profissional a ser contratado e o primeiro jovem sem nenhuma experiência anterior em vendas, ou em qualquer outro tipo de emprego, a fazer parte do time. Logo no começo, percebi que tinha um talento para trabalhar com vendas, com o tempo meu desempenho foi aumentando e se consolidando na empresa. Após quatro anos na Thomas, assumi a presidência da empresa, toda a gestão da equipe de vendas e de todos os colaboradores passou a ser minha. Durante os anos seguintes, outros profissionais se juntaram a nós sempre sob a minha tutela e a do meu sócio no Brasil para serem contratados e treinados. Meus resultados estavam tão bons que me pediram para mostrar o que estávamos fazendo no Brasil à equipe de Buenos Aires, na Argentina. Inicialmente, fui para fazer isso durante uma semana, que se transformou em mais uma ida por uma semana e em mais uma de duas semanas, até que tive que alugar um apartamento em Buenos Aires, porque já estava metade do tempo em São Paulo, metade em Buenos Aires, desse jeito começava minha carreira internacional. Depois de Buenos Aires, foi a vez de Bogotá, e Caracas, e depois Santiago, México, Costa Rica, El Salvador, Lima, Quito e Assunção, minha terra natal. Em todos esses lugares, assim como no Brasil, treinar e gerenciar consultores de vendas foi um grande desafio. Primeiramente, encontrar a pessoa certa para fazer o trabalho proposto, depois treiná-los, e por último gerenciá--los e motivá-los a se manter com a nossa energia única, que era a de vencer sempre, a de pensar ganhador sempre. No processo seletivo da Thomas, contávamos com um grande diferencial, que era a avaliação de perfil pessoal que nós mesmos comercializávamos e na qual éramos craques para identificar perfis de vendas do jeito que a gente queria. Mesmo assim, sabíamos que a proporção de retenção de candidatos era de três para um, a cada três candidatos contratados e treinados, somente um daria certo e ficaria, essa era a conta que sempre fazíamos e que sempre se mostrava certa. Treinar vendedores exige uma habilidade única. Você pode se valer de todos os meios, técnicas e truques para treinar seus vendedores, mas a meu ver, a única maneira efetiva de treinar vendedores é mostrando a eles como você faz, o que você quer que eles façam, treinar pelo exemplo é insubstituível.

O treinamento de vendas inclui o que qualquer treinamento para qualquer produto ou serviço incluiria, apresentações a serem usadas, apostilas a serem mostradas, *folders* a serem entregues, pastas, exemplos de produtos, amostras grátis etc.

O treinamento pelo exemplo vai mais longe porque ele inclui: o que dizer que não está nas apostilas de treinamento nem nas apresentações, como dizer, como se vestir, a que horas chegar, até quando esperar e sobretudo como pensar, que atitude mostrar. Se você não sabe fazer o que você treina não espere grandes resultados, sobretudo em vendas.

Como se não bastasse, você ainda tem que gerenciar e manter o time todo motivado. O desafio é gerenciar pessoas extremamente competitivas, nas quais você mesmo muitas vezes injeta altas doses de adrenalina para vencer e se superar e que exigem muito do seu líder nas mais variadas situações, como lidar com um cliente difícil ou disputando com um colega o mesmo cliente. Meu grande aprendizado, ao gerenciar equipes de vendas em todos os países, foi fazer com eles o que eu gostaria que fizessem comigo. Minha vantagem com nossas equipes era trabalhar com gente com um perfil comportamental muito parecido com o meu, e que fique claro que esse não era o critério para ser contratado. Em todos os processos de seleção, um dos componentes do processo pelo qual todos os candidatos passavam era uma compatibilidade com uma descrição ideal do cargo de vendas antes de serem contratados, assim como eu passei. Ao aprovar os candidatos com o perfil mais próximo do perfil ideal, consequentemente tínhamos um time bastante homogêneo que fazia com que os consultores de vendas e eu tivéssemos o perfil muito parecido. Isso era uma vantagem porque seus medos eram muito parecidos com os meus, seus motivadores também, então, ao pensar em como gerenciá-los e me pôr no lugar deles, minhas chances de acerto eram terrivelmente maiores por ser parecido com eles.

A motivação de equipes de vendas é um capítulo à parte. Como motivar profissionais altamente competitivos e aos quais você mesmo e a própria rotina da área comercial lhes estimula a competir em números e *performance*? Só conheço uma maneira, mantendo sua autoestima elevada. Sem ela não há quem resista à exigência por resultados de uma equipe comercial. Não há quem aguente a tantos "NÃO" e tão poucos "SIM", mas que fazem você se esquecer por completo de todos os "NÃO" anteriores.

Por isso, acho muito importante investir em eventos de qualidade com as equipes comerciais, tratá-los bem e de maneira diferenciada, porque o trabalho que realizam talvez seja o único trabalho em qualquer organização que é medido e sabido por todos.

4. Alguma história de relacionamento com o cliente que você gostaria de destacar?

Em 1999, meu sócio e eu prospectávamos um grande banco nacional. Após várias tentativas de começar a atendê-los, nos deram a possibilidade de fazer um projeto piloto com uma área deles. Consistia em fazer a avaliação de uma equipe utilizando nossa metodologia e sistema e comparar os resultados finais propostos por nós com os propostos pela equipe deles, utilizando a maneira tradicional com que eles avaliavam as pessoas para assim ver se nossa metodologia era compatível com a maneira de trabalhar deles, ou no mínimo, confiável.

O projeto consistia na avaliação de uma equipe de profissionais a serem promovidos, o banco se interessou em saber quais seriam os nossos recomendados a seguirem no processo, e quais os não recomendados, vale a pena dizer que todos eles já haviam sido aprovados pelas suas qualificações técnicas. Fizemos nossa parte, aplicamos as avaliações necessárias, processamos os resultados, empacotamos tudo numa bela apresentação e mostramos o nosso parecer. A nossa metodologia recomendava o corte de pelo menos 70% dos candidatos à promoção e a aprovação para continuar no processo de 30% deles, nosso resultado sempre se baseava na comparação entre os candidatos e a descrição feita pela empresa. O resultado da empresa recomendava exatamente o oposto, a aprovação de 70% e o corte de apenas 30%. A situação poderia ser descrita no mínimo como constrangedora. Os profissionais mais juniores, e alguns nem tanto, responsáveis pelo processo até aquele ponto, sentiram que estávamos confrontando seus resultados e pondo em dúvida as metodologias e práticas que há anos vinham sendo utilizadas por eles na empresa, sentimos que alguns pareceram até ameaçados pela nossa tecnologia e metodologia. O resultado não poderia ter sido pior, fomos retirados do processo, perdemos todo o investimento feito no projeto piloto e ainda ficamos sabendo que haviam dado "ordens explícitas" para que o RH não recebesse visitas ou atendesse qualquer solicitação de nossa empresa ou de algum dos sócios da empresa. Ficamos sem poder falar com essa empresa por longos anos.

Mas o tempo passa e, esse banco, assim como outros do seu tamanho, começou a comprar outros bancos e instituições financeiras de menor porte. Conforme ia comprando essas outras instituições e mantendo algumas práticas de gestão já consolidadas das empresas compradas, eles foram se deparando com muitas empresas compradas que utilizavam a nossa tecnologia de avaliação. Aos poucos, foram vendo como funcionava nossa metodologia nessas empresas menores, além disso alguns profissionais de RH das empresas novas iam assumindo posições no RH do banco comprador e iam renovando assim o quadro de colaboradores, e com isso deixando para trás, aos poucos, a nossa história com o primeiro projeto piloto.

Assim, fomos aos poucos retomando o trabalho com eles, mostrando outros usos e treinando a equipe de RH no uso da ferramenta. Novas frentes foram se abrindo, nosso potencial de negócios ia se expandindo, promovendo uma verdadeira parceria com o RH. O volume de negócios cresceu muito, mas a nosso ver, estava longe de ser o ideal, visto o tamanho da empresa. Continuamos a trabalhar com a seriedade e o profissionalismo de sempre, com eles ficando cada vez mais parceiros, até que surgiu a grande e imperdível oportunidade que somente uma empresa do tamanho deles poderia oferecer, mapear 100% dos seus funcionários, e não somente candidatos a determinadas vagas. Na época, a Thomas não conseguiria atender em tempo a todas as demandas e solicitações específicas do projeto, tentamos de todas as formas, mas não era possível, eles queriam algo que a Thomas não fazia e nunca fez, era uma configuração que teria que ser desenvolvida exclusivamente para esse cliente, e para ser bem sinceros, não nos deram muita atenção com a solicitação. Com muito esforço, conseguimos uma adaptação de uma parte do sistema, que demorou tempo demais para ser implementada e que, por sorte, foi um sucesso, tardio, mas um sucesso. Mas ainda era pouco. Para atender às necessidades do cliente e não perder essa oportunidade única, acionamos nossa empresa de desenvolvimento on-line que acabara de nascer. Chamamos nosso sócio, expusemos a situação, comentei o que deveria ser feito e lhe perguntei se conseguíamos entregar isso, ao que ele prontamente respondeu "sim, vamos tentar".

Desenvolvemos exatamente o que o cliente queria, lhe atendíamos imediatamente e modificávamos qualquer parte do sistema de acordo com qualquer solicitação que nos fizessem. Fomos testados e aprovados, e começamos a trabalhar juntos. O sistema se mostrou tão útil e confiável que as solicitações para acrescentar novas funcionalidades não paravam, foram tantas e tão bem-sucedidas que criamos um time e um produto a partir de tudo o que aprendemos desenvolvendo coisas para esse cliente.

Do outro lado, a Thomas via o faturamento desse cliente saltar para cinco vezes o seu valor inicial.

Não desistir, perseverar, estar preparado e fazer de tudo para solucionar o problema de nosso cliente me levaram a contar esta história.

Muitas histórias começaram com clientes extremamente necessitados de soluções que minha empresa oferecia, outras com clientes que mal acreditavam que poderíamos lhes ser úteis. Seja como for, todos esses clientes admiraram sempre nosso atendimento e dedicação para lhes satisfazer. Isso foi o que aprendi lidando diretamente com nossos clientes, a não me preocupar somente com o meu desafio, que é vender meu produto ou serviço, mas a me preocupar com o desafio do meu cliente, fazendo com que sentisse que eu tinha uma verdadeira preocupação em ajudá-lo a vencer qualquer obstáculo que ele precisasse superar. Isso transformou toda a carteira de clientes da minha empresa numa carteira de fãs e meu melhor cartão de visitas.

5. Quais dicas você daria para aqueles que estão iniciando a carreira profissional?

Poderia lhes dizer de maneira bem simples:

1. Tenha um propósito alinhado com seus valores de vida. O que você faz precisa fazer a diferença em algum aspecto da vida que você valoriza muito e precisa ser feito como você acredita que deve ser feito, em linha com seus valores morais, éticos, de qualidade de vida, etc.

No meu trabalho como *coach*, eu fico surpreso muitas vezes com profissionais bem-sucedidos que se dizem frustrados de alguma maneira com as suas profissões ou funções. Eles sempre foram um enigma para mim como *coach*, era difícil entender como um profissional tão bem-sucedido poderia estar frustrado ou insatisfeito com a atividade que tanto sucesso lhe deu. Com o passar das sessões, ia ficando claro que muitos profissionais desses profissionais haviam conseguido ser bem-sucedidos, mas sem estar alinhados com seus valores, e não eram desalinhamentos de valores éticos ou morais, mas desalinhamento com os valores de qualidade de vida ou familiar. Alguns reclamavam de terem ficado muito pouco tempo com a família, não terem visto seus filhos dançarem na festa junina da escola, não os ter levado nunca à escola ou de não terem participado das reuniões de pais, que eram tão importantes para eles. Outros diziam terem parado de se exercitar ou de ver os amigos, e em alguns casos as consequências eram mais terríveis ainda, como o término de relacionamentos, por exemplo.

Essa experiência me ensinou o valor dessa primeira dica.

2. Tenha SEMPRE um plano delineando aonde você quer chegar. Percebo que muitos acreditam cegamente no ditado "querer é poder" e ficam desejando com toda suas forças o que querem e esperando que elas aconteçam como por um passe de mágica. Para mim, esse ditado serve para entender que o querer é o combustível para ir até onde se deseja, mas não é o carro que leva você lá. Assim como acredito também que somente um carro e combustível prontos e disponíveis não irão nos levar até onde desejamos, o que precisamos é um bom mapa com uma ótima rota. Traçar essa rota no mapa é fazer o planejamento e a boa notícia é que você pode fazer isso antes mesmo de ter o carro! E tem mais boas novas, você pode não ter o melhor carro ou inclusive limitações com o seu combustível, mas se a sua rota for melhor e mais inteligente que a dos seus concorrentes, você pode chegar aonde você planejou e até antes deles.

3. AJA! Isso mesmo, com maiúsculas, porque esta é a dica que irá fazer a diferença. Ficar somente na filosofia e no planejamento não irá lhe tirar do lugar nunca. Aja e se prepare para fazer tudo o que for necessário para chegar aonde você planejou, lembrando agir sempre com propósito e alinhado com seus valores de vida.

Leve isso em consideração, fazer o seu melhor talvez não baste. Canso de ouvir pessoas dizendo que fizeram o seu melhor para conseguir o que queriam, mas não conseguiram, será que fizeram mesmo? Fazer o meu melhor é um conceito bastante intangível e elástico para mim. Vou usar um exemplo simples para demonstrar a minha teoria. Suponhamos que você tem uma boa fama de cozinheiro entre seus amigos e eles o incentivam a se inscrever numa competição de culinária, seguramente você fará o seu melhor para vencê-la. Digamos que você obtenha uma sétima colocação dentre dez participantes e tenha ficado um pouco frustrado porque você gosta de cozinhar e entende que seus pratos são bons e saborosos. Suponhamos que, passado um tempo, você fosse convidado a participar de outra competição culinária, e você decidisse participar de novo, e continua a acreditar na qualidade e sabor dos seus pratos, e decide ir novamente, mas sem fazer mais nada além de simplesmente o mesmo da outra vez, ou seja, fazer o seu melhor novamente. Seria inteligente esperar um resultado diferente? Qualquer um faria algo diferente, melhoraria alguma coisa, estudaria algo a mais, se isso acontecer, o seu melhor de ontem será superado pelo seu melhor de hoje. Fazer o seu melhor em síntese não é um estado fixo, é um estado de evolução constante. Se você quer encostar a mão no teto, irá se esticar o máximo que puder, se não conseguir, tentará pular, muitos param por aí e dizem "dei o meu melhor e não consegui", outros irão pedir a quem está do lado para lhes ajudar, fazendo um "pezinho", e se não der, irão atrás de uma escada, ou de uma cadeira, ou colocarão a cadeira em cima de uma mesa até conseguirem encostar a mão no teto. Farão o que for preciso fazer se entenderem que colocar a mão no teto é a coisa mais importante a ser feita, e desde que os métodos usados estejam alinhados com seus valores de vida, você precisará fazer o que for necessário ser feito para chegar onde você mais deseja, e talvez o melhor que você consegue hoje não seja suficiente, por isso, você precisa estar disposto a aprender, se desenvolver e deixar de lado práticas e crenças dadas por você como certas e imutáveis. Não importa as dificuldades que você tenha que enfrentar, se está no seu plano e você acredita nele, apenas faça.

4. Acredite, sinta-se merecedor do seu sucesso. Fizeram algumas décadas atrás uma pesquisa com os maiores líderes empresariais do mundo, numa tentativa de mapear características comuns a todos eles. Dentre as já batidas, e conhecidas por todos, uma me chamou mais a atenção, foi a de se acharem merecedores das posições em que estavam, e realmente isso faz muita diferença. Eu posso estar numa posição à qual posso ter sido alçado por muitos motivos, mas se não me sentir merecedor dela, dificilmente irei lutar até o meu limite para me manter nela ou me esforçar para ir além. Ao me sentir merecedor, irei defender minha posição com todas as minhas forças, irei fazer de tudo para demonstrar inclusive que posso ir além.

5. Mantenha o equilíbrio entre sua vida profissional e sua vida pessoal, SEMPRE!
Focar somente no trabalho, sem dispor de tempo para aproveitar a vida, acaba sendo nada produtivo.

É sabido e demonstrado pela ciência que a dopamina é o hormônio responsável pela sensação de prazer e já foi nomeada de molécula do foco, motivação e produtividade, ela está intimamente ligada a nosso desempenho. E o que produz dopamina? As atividades de lazer! Portanto, se você quer aumentar a sua produtividade e estar sempre disposto e com a energia em alta, você precisa dedicar um tempo de sua vida ao lazer. Ao promover equilíbrio entre a sua vida profissional e sua vida pessoal, você está aumentando a sua energia e produtividade.

6. Ao recrutar um profissional, quais características comportamentais você considera fundamentais?

Assumo que os valores éticos e morais são *sine qua nom* nessa equação. Portanto, irei me focar somente nos aspectos comportamentais.

Trabalhei por muitos anos da minha vida com times de vendas, gestores e empreendedores. Perfis comportamentais que muito me agradam e com os quais lido com muito prazer e facilidade.

O que procuro em profissionais que trabalham comigo, antes de mais nada, é a sua sagacidade, antes mesmo do que a sua inteligência, procuro pela rapidez de pensamento, de aprendizagem, de leitura do ambiente e reação adequada ao mesmo. Profissionais com essas características são os que eu chamo de sagazes e ligeiros de pensamento, costumam ser ricos em ideias criativas e comumente são possuidores de um senso de humor afiado e muito inteligente.

Outra característica que busco é a capacidade de trabalhar inteligente e intensamente, o que exige um equilíbrio único entre trabalhar muito e inteligentemente. Gosto dos profissionais equilibrados, que conseguem ser "pé de cabra" e "esperto e vagal" quando necessário, isso é, para mim, trabalhar inteligentemente.

Não posso deixar de lado a ambição, essa é uma característica muito importante e que eu valorizo muito. É importante dizer que a pessoa ambiciosa é bem diferente de uma pessoa gananciosa. O combustível de uma pessoa ambiciosa é a sua vontade de vencer, de ser bem-sucedido, desejando assim o que lhe é merecido pelo seu esforço, o combustível de uma pessoa gananciosa é a sua avareza e seu egoísmo, desejando muitas vezes até mais do que é lhe merecido pelo seu esforço.

Atendidas essas caraterísticas, outras como ser direto, objetivo, eloquente, bem-humorado, ágil e ousado poderiam ser aquelas suplementares que procuro nos profissionais que recruto.

7. Qual legado você gostaria de deixar para a sociedade?

Gostaria de deixar o legado de empresas que formaram profissionais diferenciados, que formaram famílias, que deram oportunidades de crescimento profissional e pessoal para todos os que passaram por elas. Sempre gostei de ver como as pessoas que trabalhavam comigo melhoravam de vida com o passar do tempo. Gostava de saber que iriam se casar, trocar de carro, mudar para um lugar melhor ou viajar de férias.

Gostaria também que meu legado profissional seja o de empresas que entregam soluções únicas, diferenciadas e de grande utilidade para o progresso da sociedade. Que apostem em novas ideias e inovação, e que tenham me forçado a me reinventar e de alguma maneira reinventaram seus ambientes de negócios.

Meu legado pessoal gostaria que fosse o de uma trilha de sucesso, como pai, amigo ou qualquer outro papel social que tenha exercido. Que de alguma maneira todas as pessoas que conviveram comigo se sintam tocadas de alguma forma por alguma parte do meu ser e que essa parte as acompanhe sempre. Digo sempre para minha filha que quando eu não estiver mais por aqui é porque eu me transformei, me transformei numa lembrança eterna, permanecendo vivo para sempre na memória dos que me conheceram.

8. Cite alguns líderes que, em sua opinião, são inspiradores.

Muitos profissionais inspiradores para mim não eram necessariamente líderes no sentido de liderar times ou pessoas, mas que certamente eram líderes nos seus setores e segmentos de atuação. E, no meu caso, foram quase sempre atletas que se superaram de alguma forma.

Víctor Pecci, tenista paraguaio que chegou à final de Roland Garros em 1979, e que foi fonte de inspiração para mim quando criança, pela sua força de vontade num esporte em que não havia nenhum paraguaio se destacando, chegando a ser número 9 do mundo.

Ayrton Senna, pela sua dedicação, habilidade e necessidade de superar a si mesmo.

Samuel Klein, por acreditar na força do trabalho honesto e simples, de fazer todo dia um pouquinho a mais, e de grão em grão construir um império como o das Casas Bahia.

9. Como você define o papel da liderança?

O papel do líder é o de fazer com que seus liderados se sintam realizados, competentes e felizes ao cumprir com suas atribuições, sejam elas de qualquer índole. É fazer com que eles sintam que a real motivação do seu líder é, acima de tudo, o bem--estar e sucesso do grupo ou do time, e não somente o dele. Para um líder conseguir isso, ele precisa ser o exemplo, compartilhar seus ideais com os do grupo e se certificar de que eles são os mesmos do seu time, e os necessários e adequados para vencer um desafio assumido, seja ele um desafio esportivo, social ou empresarial. Também não basta estar à frente de um time ou ser o chefe de um time, o líder precisa também ser um membro do time, até para poder entender melhor seu time, suas necessidades, sonhos, virtudes e defeitos.

10. O que você faz para se manter motivado?

Pensar sempre que é possível, que eu posso conseguir. Nunca penso que vai ser fácil, mas que é possível de ser feito. É um exercício mental que faço e tem vários componentes:

• Autoconhecimento, para poder ser realista e não apenas um sonhador;

• Autoconfiança, para poder alimentar o ego com a melhor energia;

• Otimismo, para poder criar os pensamentos positivos que irão atrair as pessoas, os recursos e as oportunidades necessárias;

• Curiosidade de criança, para poder perguntar sem medo em caso de dúvida, imaginar sem limites, criar saídas ou soluções únicas, dizer "não sei" e ir atrás das respostas necessárias;

- Acreditar nas pessoas, porque sozinho e com desconfiança é impossível se manter motivado;
- Ter uma boa saúde, para sofrer menos com as consequências dos momentos difíceis.

11. Qual a importância da inovação nas organizações?

A inovação a meu ver é a essência da evolução humana. Olhando para trás, podemos ver como isso é verdade. Hoje, desfrutamos de melhores condições de vida do que dez anos atrás, temos mais tecnologia do que cinco anos atrás, e vamos estar ainda melhores nos próximos três anos. Uma organização que não se preocupa com inovação desiste de ter um futuro melhor.

12. Como você realiza o *networking* de maneira efetiva?

A melhor maneira de fazer *networking* de maneira efetiva é sendo competente no que você faz de tal forma que o seu trabalho e reputação sejam comentados por todos, sejam eles do seu segmento ou fora dele. Construir uma boa reputação profissional é o melhor cartão de visitas que você pode ter e que facilita realizar qualquer *networking*.

13. Do que você sente saudades?

É um saudosismo romântico, que me remete mais a uma nostalgia de um tempo que passou e que me fez ser o profissional que sou hoje, sinto saudade do meu Corsa 1.0 preto sem ar condicionado com som removível que me levava a todas as minhas reuniões, fizesse chuva fizesse sol. Sinto saudade também dos dias na Universidade Federal de São Carlos, em que os encontros com os amigos se davam sem nenhum motivo ou planejamento prévio, eles simplesmente aconteciam. Bastava cruzar um amigo no campo de futebol, na biblioteca ou no restaurante universitário para mais tarde encontrar com outros dez, isso era muito bom...

14. Do que você tem orgulho?

Meu maior orgulho sem sombra de dúvida é minha filha. Eu me orgulho de poder dar a ela as condições de vida e oportunidades que usufrui e, que espero que ela possa capitalizar mais adiante.

Tenho orgulho da minha história de vida profissional, do meu começo, quando tudo estava pronto para dar errado ou simplesmente não dar em nada. Eu me orgulho dos meus logros, meus empreendimentos, meus amigos, minha família e minha origem.

Sinto também muito orgulho da maneira como ajudei muitas pessoas a construir suas vidas e serem o que são hoje.

15. Qual o significado da palavra felicidade?

A definição de felicidade é a de um estado interno em que conseguimos acessar um bem-estar maior independentemente de situações e aquisições externas, e está intimamente relacionada ao momento presente. Para mim, a felicidade pode se manifestar de várias formas durante o dia, ao terminar um treino, ao vivenciar uma experiência, como conhecer uma pessoa interessante, viajar para algum lugar único ou estar à beira da piscina de um hotel fantástico.

Felicidade para mim é sentir o momento presente com satisfação e ver o futuro com otimismo.

16. Qual a sua citação favorita e por quê?

É uma citação que gosto muito de fazê-la em espanhol: *"El diablo sabe más por viejo que por diablo"* (o diabo sabe mais sobre o velho do que o diabo). É uma citação que os mais velhos entendem melhor do que os mais jovens. A sabedoria depende mais do tempo do que da sua posição. Títulos, diplomas, cargos ou poder não dão sabedoria a ninguém, apenas o tempo cria sábios.

17. Quais são seus *hobbies* preferidos?

Meus *hobbies* preferidos são os esportes. Pratico esportes e participo de competições desde muito novo. Aos 8 anos, comecei com a natação em Assunção, e desde então foram várias as modalidades.

Joguei basquete, pratiquei atletismo (arremessos de peso, disco e dardo), joguei rúgbi, polo aquático, voltei a nadar como adulto, fiz corridas de aventuras e até hoje pratico fisiculturismo. Em todas essas modalidades, competi e busquei alta *performance* com ótimos resultados.

Não está em meus planos deixar de me divertir com meus *hobbies*... então, se me deixarem, pretendo continuar a praticá-los por muitos e muitos anos mais.

18. Qual sonho você gostaria de realizar?

Gostaria muito de poder ter uma experiência como empreendedor nos Estados Unidos ou em alguma cultura muito diferente das que estou acostumado, como a do Brasil e a dos países latino-americanos. Seria extremamente desafiador empreender na meca do capitalismo, aprender como funciona o mercado mais livre do planeta e sentir sua força. Queria muito poder ter a experiência de desenvolver um projeto num ambiente muito mais propício e benévolo para o empreendedor do que o brasileiro, e aproveitar e descobrir se, de fato, empreender num ambiente tão hostil como o brasileiro nos dá efetivamente um diferencial competitivo em condições e mercados mais favoráveis.

Mergulhar tecnicamente no mundo das finanças também é um dos meus sonhos, muito me atrai o mundo das finanças, ao qual nunca pude me dedicar como gostaria, apenas superficialmente. Hoje, devido a meus novos negócios nessa área, sinto que posso ter uma grande oportunidade de mergulhar mais fundo no mundo financeiro e aprender muito.

E, sem dúvida nenhuma, meu maior sonho é ver minha filha crescer e se tornar uma mulher independente, realizada e inserida no mundo como uma grande protagonista.

19. O que você aprendeu com a vida que gostaria de deixar registrado nesta obra?

Aprendi que as coisas têm seu próprio tempo para acontecer com cada pessoa. O que pode ter demorado meses para alguém conseguir, pode me levar anos para eu conseguir. O que pode ter me levado dias para eu conseguir, pode levar meses para outro conseguir. Quando isso ficou claro para mim, eu entendi que cada um tem seu próprio ritmo na vida, que as coisas andam para cada um no ritmo que cada um se permite que andem.

20. Qual a mensagem de motivação você gostaria de deixar para os leitores deste livro?

A mensagem de motivação: acredite em você mesmo e sinta que você merece. Alimente sua autoestima e comemore suas conquistas, elas são o alimento para sua alma se nutrir e poder enfrentar qualquer desafio.

21. Com base no que você vivenciou, ao longo de sua vida corporativa, qual o segredo do sucesso para ir da teoria ao topo?

Não sei se poderia ser considerado um segredo, prefiro dizer que foi a minha descoberta. Trabalhe e não se preocupe somente em receber pelo que você faz, mas também em receber o prêmio pelo que você fez. Às vezes, nos preocupamos excessivamente em ser apenas remunerados adequadamente pelo que fazemos, até antes mesmo de começar a fazê-lo, e perdemos de vista o prêmio que podemos ganhar se fizermos o que tem que ser feito, que muitas vezes é muito maior do que a própria remuneração. Você pode ganhar uma promoção, um bônus, um contato importante, uma amizade ou qualquer outra coisa que pode ser muito mais valiosa do que a sua simples remuneração. Olhe para o futuro também e não somente para o presente.

Galeria de fotos

Vitor Ferreira da Silva Filho

Empresa:
Vision Full Security

Função:
CEO

1. **Como e onde você iniciou a sua trajetória profissional?**

   Iniciei no trabalho muito cedo, na verdade muito cedo mesmo, comecei num açougue como atendente com 12 anos, depois fui trabalhar numa padaria também atendendo os clientes por um ano, e aí então tive o primeiro contrato com Departamento Pessoal e Recursos Humanos, em 1991.

2. **Quais os principais desafios e resultados que você vivenciou ao longo da sua carreira?**

   Desafios: sem dúvida, as grandes crises ao longo dos 30 anos de carreira foram um grande desafio, sempre com equipes bem enxutas e poucos recursos, foi assim que superei todos os desafios. A cada superação, um aprendizado diferente e sempre o, não dá para fazer sempre dava!

   Outro desafio foi manter o clima nas organizações com essas crises, o qual afeta bastante o psicológico das pessoas.

   Conquistas: sem dúvida, colocar a minha organização entre as 10 do país no ranking GPTW do Terceiro Setor foi a minha maior conquista.

   Também no campo pessoal, ter traçado uma meta de carreira e conseguir atingi-la antes do previsto também é uma das minhas principais conquistas, havia planejado chegar à direção de uma empresa aos 45 anos e à presidência aos 55, o primeiro eu consegui aos 39, estou estudando e trabalhando muito para atingir o segundo.

3. **Alguma história na gestão de pessoas que você gostaria de compartilhar?**

   Foi quando pela primeira vez eu senti na pele a interferência de um gestor na vida profissional das pessoas, foi quando trabalhava na mesma empresa que meu pai, e quando ele ficou doente o superior dele foi questionado para deliberar sobre suas férias, e eu, como tinha contato com ele, me dirigi a esse colaborador perguntando se liberaria aquela situação do meu pai, e essa pessoa me respondeu assim: "Vitor, seu pai sempre se dedicou à empresa, o que ele precisar, conte comigo, traga o documento que eu assino". Marco Aurélio Costa Guimarães, isso fez tanta diferença na minha família, que você não tem ideia, sei que já agradeci você por isso pessoalmente, mas faço questão de deixar registrado nesta obra.

4. **Alguma história de relacionamento com o cliente que você gostaria de destacar?**

   Recebi de Edna Vasello Goldoni uma aula de como não se deve desistir do cliente nunca, foi quando eu como seu cliente resolvi rescindir o contrato que tínhamos, ela me disse assim: "Agora preciso usar meus créditos, eu tenho créditos, fizemos um ótimo trabalho até aqui e queria que você levasse em consideração esse crédito". E ela estava certa, tinha muito crédito.

5. **Quais dicas você daria para aqueles que estão iniciando a carreira profissional?**

   Resiliência, perseverança e muita fé em Deus, junta isso a uma pitada de força de vontade, esforço pessoal, planejamento e foco, é sucesso garantido. Lembro que tracei uma meta para minha carreira e para minha vida. Detalhe tudo que quer e procure saber o que precisa fazer para atingir esses objetivos. Às vezes, demora um pouco, mas sua hora vai chegar!

6. Ao recrutar um profissional, quais características comportamentais você considera fundamentais?

Em um profissional, o fundamental é que ele tenha o brilho no olhar, a vontade de fazer e realizar o trabalho, no meu ponto de vista, quem tem vontade faz.

7. Qual legado você gostaria de deixar para a sociedade?

Ensinar às pessoas que a vontade de realizar e o sonhar podem e devem se tornar realidade, e que só dependem de cada um, com esforço individual para realizar.

8. Quais os reflexos das práticas de cidadania empresarial para organizações, profissionais e sociedade?

As práticas organizacionais são refletidas na sociedade, se lembrarmos que o ser humano se comporta de acordo com o meio em que ele é inserido, podemos concluir que a organização tem um papel fundamental para a garantia da manutenção da sociedade.

9. Cite alguns líderes que, em sua opinião, são inspiradores.

Marco Aurélio Costa Guimarães, Antonio Américo Barbosa de Oliveira, Domingos Alfano.

10. Como você define o papel da liderança?

Papel essencial para o desenvolvimento das pessoas, da sociedade e do meio ambiente.

11. O que você faz para se manter motivado?

Viver cada dia como se fosse o primeiro.

12. Qual a importância da inovação nas organizações?

A inovação é vital para o desenvolvimento dos negócios sobre tudo, as pessoas na organização têm que viver o novo todo dia.

13. Como você realiza o *networking* de maneira efetiva?

Em congressos e eventos, de forma que, além de comparecer, sou provocativo e me interesso por conhecer pessoas e outros negócios.

14. Do que você sente saudades?

Da infância, era difícil, mas criativa.

15. Do que você tem orgulho?

Dos valores que meus pais me passaram e das mulheres incríveis que Deus me deu na família: minha esposa Abigail de Almeida e as filhas Brunna Geovanna Almeida Silva, Vitória Macedo Silva, Giulia Catharina Almeida Silva, Anna Clara Almeida Silva e Maria Luiza Almeida Silva.

16. Qual o significado da palavra felicidade?

Prazer de viver e ser livre.

17. Qual a sua citação favorita e por quê?

*"Eu não sou quem eu gostaria de ser,
eu não sou quem eu poderia ser, ainda,
eu não sou quem eu deveria ser. Mas graças a Deus
eu não sou mais quem eu era!"*
(Martin Luther King)

Essa citação é um incentivo para nunca desistir e sempre valorizar as conquistas!

18. Quais são seus *hobbies* preferidos?

Jogar golfe.

19. Qual sonho você gostaria de realizar?

Viajar de carro pelo mundo!

20. O que você aprendeu com a vida que gostaria de deixar registrado nesta obra?

Acredito que tenho muito a contribuir com os jovens e pessoas que querem crescer na vida e na carreira.

21. Qual mensagem de motivação você gostaria de deixar para os leitores deste livro?

"A vida é feita de momentos, e o prazer dos momentos não depende da condição social, situação financeira ou qualquer outra coisa, mas sim do esforço, dedicação e sonho persistente, assim você chegará aonde quer chegar".

22. Com base no que você vivenciou, ao longo de sua vida corporativa, qual o segredo do sucesso para ir da teoria ao topo?

Já se vão 30 anos ininterruptos de trabalho, muita resiliência e persistência, cheguei a ser chamado de burro, verdade, mas burro é quem me diz. Essa pessoa, depois de alguns anos, estava assistindo a um treinamento corporativo do qual eu era o instrutor. Então, se você tiver o máximo de resiliência e quiser atingir seus sonhos, você conseguirá, e, claro, sempre buscando conhecimento.

Galeria de fotos

Wellington Yogi

Empresa:
Access Negócios e Soluções Empresariais

Função:
Founder/Consultor Empresarial

1. Como e onde você iniciou a sua trajetória profissional?

Eu comecei a trabalhar muito jovem, e aprendi desde cedo a dar valor à minha remuneração e à forma que realizava meus gastos. Aprendi que qualquer quantia que ganhasse já ajudaria nas despesas do meu pai no final do mês. Acho que por isso escolhi a área de finanças para iniciar. Comecei minha trajetória em um escritório de contabilidade ainda no primeiro ano de graduação, onde foi possível compreender os princípios básicos de contabilidade e ter os primeiros contatos em funcionamento das empresas. Sempre acreditei na importância de iniciar pela área financeira, e que depois o conhecimento fosse expandido para outras áreas administrativas, ou seja, buscar a especialização na área financeira, com conhecimento em outras áreas correlatas, consequentemente ser um profissional mais completo e criador de valor para o negócio/organização.

2. Quais os principais desafios e resultados que você vivenciou ao longo da sua carreira?

Acho que o grande desafio inicial de todo profissional é equacionar o seu plano de carreira de longo prazo com o desenvolvimento das suas competências, acredito que equacionei e objetivei esses pontos de forma precoce. A partir dessa visão, a construção e o desenvolvimento de oportunidades em busca de resultados ficam mais claros e mensuráveis.

3. Quem da sua história de vida inspirou/motivou na sua carreira?

Minha primeira inspiração foram os meus pais (Paulino e Nina Yogi). Obviamente, tive grandes nomes profissionais que me inspiraram ao longo da minha trajetória, como José Cesar de Faria e Luis D´Angelo (gestores financeiros da Kodak Company), que me inspiraram na precisão de análises; José Hamilton Faria e Rogério Faria (J&J e Embraer, respectivamente), como gestores financeiros e que me inspiraram na visão de processos e negócios; Denis Balagher (diretor de inovação da Ernest&Young) e Marco Antônio Raupp (ex-ministro de Ciência e Tecnologia e diretor-geral do Parque Tecnológico de São José dos Campos), inspirando-me com inovação de negócios e comunicação. Luiz Antônio Tozi (ex-secretário executivo do MEC e diretor da Fatec de São José dos Campos), me inspirando com conceitos de ecossistemas de inovação e modelos de negócios. Outras pessoas que me inspiraram também são: Estevão Tomomitsu Kimpara (Unesp), Raphael Saddy (Engage), Alexander Willy (Willy Group), Alexandre Barros (Nexus), Marcos Resende (Atech), Recielle Santos (Embraer), Jorge Ramos (Embraer), Fábio Guillaumon (EDG), Luiz Ricardo Biscardi (Atech), Henrique Lemos (Lace), Rodrigo Junqueira (Lace), Saint´Clair Nunes (Lace), Daniel G. M. Faria (Engtelco), Delfim Miyamaru (Ezute), Salvador Lemos, Diego Franco (Domus), Gisele Martinoli (Stato) e Fernando Paiva, entre outros, mas a minha maior inspiração na carreira é minha esposa Nucimar Pasturuti Yogi, é ela quem me incentiva e me traz para o centro, dando-me tranquilidade para que eu tome as melhores decisões.

4. Quais dicas você daria para aqueles que estão iniciando a carreira profissional?

A dica que eu daria para quem está iniciando sua carreira profissional é a persistência, acredite no seu potencial, mas esteja 100% certo da carreira que você quer seguir. Não vou dizer que dinheiro não seja importante, mas que você não entre pensando em só ganhar dinheiro. Pense em uma profissão que dê prazer a você e que faria até de graça! A profissão bem definida é "meio caminho andado", o restante é seu empenho e o que você constrói de relacionamento para abrir portas de oportunidades. Não se esqueça de ser ético e aplicar os valores que seus pais ensinaram em casa, também. É muito importante lembrar também que a vivência ou bagagem profissional muitas vezes será mais rica do que você aprendeu em sala de aula, portanto, seja "esponja" e saiba absorver conteúdo para a construção da sua trajetória. Outra dica que eu daria: transmita seu conhecimento para outro profissional, ajude a formar outros profissionais e assim sucessivamente. Será muito importante para você e para outras pessoas também.

5. Ao recrutar um profissional, quais características comportamentais você considera fundamentais?

As características comportamentais que considero fundamentais no recrutamento de um profissional são: a capacidade de colaboração, pois acredito que o cenário corporativo vem passando por mudanças através de perfis e características das novas gerações de profissionais. O ambiente de competição vem perdendo espaço para ambientes de colaboração entre profissionais, com o *mindset*, onde existe espaço para todos e todos ganham através da colaboração. Outra característica muito importante, e que na minha opinião vem se tornando muito frequente no mundo empresarial, é o senso de "dono", onde a característica desses profissionais com *mindset* "empreendedor" exige um comportamento mais profundo em lidar com o negócio. E, por último, eu destacaria a sua capacidade de conexão, no sentido de promover interações e interação para o negócio, pois acredito que esse comportamento conecta pessoas e traz mais dinamismo para a organização.

6. Como você define o papel da liderança?

Assim como um professor é importante para a formação estudantil do indivíduo, a liderança é preponderante na formação e direcionamento de profissionais, principalmente para profissionais em início de carreira e que estão buscando uma referência para seguir de exemplo. O papel da liderança é tão importante que a formação de bons profissionais ou profissionais ruins estão sobe sua responsabilidade. Você já ouviu aquela frase "a equipe é o espelho do seu líder"? Pois é, o resultado depende muito desses líderes. Portanto, em poucas palavras, eu definiria que o papel da liderança seria maestro de talentos, que traz resultados e constrói futuro.

7. O que você faz para se manter motivado?

O que me mantém motivado é saber que estou criando valor para a organização e para minha vida pessoal. Particularmente, eu sou uma pessoa que não se acomoda com resultados e padrões. Procuro novas formas de fazer através de *benchmarks*, estudo novos modelos de negócios e estratégias que possam extrair ao máximo os resultados.

8. Qual a importância da inovação nas organizações?

A inovação é a ponte para o futuro das organizações. Não importa o ramo de atividade, mas acredito que, através da inovação, novos meios, novas formas e métodos possam surgir para contribuir e melhorar produtos, organizações e ecossistemas. Na minha visão, hoje em dia a inovação vem provocando modelos tradicionais e padrões de negócios, além de fazer com que as organizações saiam da "zona de conforto" em busca de novos caminhos ou estratégias diferentes das habituais.

9. **Como você realiza o *networking* de maneira efetiva?**

Na minha opinião, o *networking* orgânico é mais interessante. Procuro incluir nos meus almoços e cafés um bate-papo com meus contatos profissionais de LinkedIn ou profissionais que conheci no dia a dia. Acredito muito no face a face, na conexão de forma presencial onde você consiga conversar de forma mais transparente. Vale lembrar que o *networking* deve ser genuíno, pois não é legal ser por interesse!

10. **Do que você tem orgulho?**

Venho de uma família trabalhadora e de recursos limitados, ao longo de muito trabalho, suor, consegui obter uma profissão e paciência para subir os degraus do mercado corporativo. Do que tenho orgulho? Com certeza, da minha trajetória profissional e das minhas conquistas pessoais com minha família.

11. **Qual a sua citação favorita e por quê?**

Eu não tenho em mente uma citação favorita, mas tenho várias citações que fizeram sentido ao longo da minha vida ou que fizeram sentido em algum momento da minha trajetória, mas acredito que uma frase do primeiro-ministro britânico Winston Churchill resume o que penso: *"O sucesso é ir de fracasso em fracasso sem perder o entusiasmo"*.

Haverá dias e momentos em que as coisas não irão bem, que não darão certo, e o que você aprende com isso é persistência, e acreditar que existe um objetivo maior e que a construção de longo prazo irá necessitar passar por fracassos. O maior aprendizado é a maturidade, a resiliência para saber se remodelar e a experiência adquirida para levantar a cabeça e seguir construindo e não regredindo.

12. **Quais são seus *hobbies* preferidos?**

É claro que amo ficar com minha família, poder passear e viajar por aí. Mas tenho como meu *hobby* praticar esportes, mais especificamente o futebol. Gosto da disciplina tática, estratégica, e "jogo de cintura" para jogar o jogo. Onde jogo minha "pelada" de final de semana, eu também contribuo como conselheiro de administração dessa associação, que leva o esporte para um bairro carente de uma cidade do interior de SP.

13. **Qual sonho você gostaria de realizar?**

Pessoalmente, eu gostaria de realizar o sonho de aumentar a família. Profissionalmente, eu gostaria de ter recursos suficientes para investir em novas e pequenas empresas, no intuito de ajudar a sociedade e deixar um legado através do empreendedorismo.

14. **O que você aprendeu com a vida que gostaria de deixar registrado nesta obra?**

Sempre fui muito observador e bom ouvinte. Portanto, presenciei muitos casos práticos que deram certo ou errado, assim como ouvi histórias de pessoas, colaboradores, amigos e altos executivos que também contaram suas histórias de sucesso e insucesso. Mas aqui vão alguns pontos que gostaria de deixar registrados nesta obra e que vão inspirar